赵馥洁文集

赵馥洁 著

第一卷

中国传统哲学价值论

中国社会科学出版社

图书在版编目（CIP）数据

赵馥洁文集．第一卷，中国传统哲学价值论／赵馥洁著．—北京：中国社会科学出版社，2022.5

ISBN 978 - 7 - 5203 - 9005 - 7

Ⅰ.①赵…　Ⅱ.①赵…　Ⅲ.①价值（哲学）—中国—文集　Ⅳ.①B2 - 53

中国版本图书馆 CIP 数据核字（2021）第 172835 号

出 版 人	赵剑英
责任编辑	朱华彬
责任校对	张爱华
责任印制	张雪娇

出　　　版	中国社会科学出版社
社　　　址	北京鼓楼西大街甲 158 号
邮　　　编	100720
网　　　址	http://www.csspw.cn
发 行 部	010 - 84083685
门 市 部	010 - 84029450
经　　　销	新华书店及其他书店

印刷装订	北京市十月印刷有限公司
版　　　次	2022 年 5 月第 1 版
印　　　次	2022 年 5 月第 1 次印刷

开　　　本	710 × 1000　1/16
印　　　张	35.5
插　　　页	2
字　　　数	511 千字
定　　　价	208.00 元

凡购买中国社会科学出版社图书，如有质量问题请与本社营销中心联系调换
电话：010 - 84083683

前　言

这部文集是我平生从事哲学教学和研究的记录。我与哲学结缘始于1960年，这一年夏天，我高中毕业报考大学时选择了哲学专业。当时，考哲学专业必须加试数学，而我的数学学得并不好，尽管如此，我还是报考了哲学。

那一年，在我的家乡富平县招收哲学专业学生的大学只有西北政法学院，于是我毫不犹豫地报考了这所院校。入学后，适逢大学贯彻落实"高教六十条"，教学秩序良好，读书气氛浓郁，师生关系融洽，同学关系和谐，总之，学习环境非常好。1964年毕业后，我留校从事教学工作。这时，社会主义教育运动（"四清运动"）开始，我被抽调到农村参加"社教"，直到1966年8月下旬即"文化大革命"已开始两个多月才回到学校。回校后因为学校已停课"闹革命"，所以，我未从事任何教学工作。直到1972年5月，西北政法学院遵照上级指示停办、解散。解散时，学校的教职人员被分配到陕西多所高校和机关单位，我被分配到陕西师范大学。到师大后我先在宣传部工作数月，9月师大开始招收工农兵大学生，我即到政教系哲学教研室教学。当时由于旧教材不能用，又无新教材，政教系的马克思主义哲学课主要是辅导学生选读马克思主义经典著作，我先后辅导学生读的著作有：马克思的《关于费尔巴哈的提纲》、恩格斯的《反杜林论》、列宁的《哲学笔记》（选）和《国家与革命》、毛泽东的《实践论》《矛盾论》。收入本文集第七卷的哲学讲义，有的就是当时为教学而写的。

在师大工作七年后，适逢"文化大革命"结束，西北政法学院复校，我又于 1979 年 5 月被调回。复校后的西北政法学院设置了法律系和政治理论系，政治理论系又设立了哲学和经济学两个专业，我被安排在哲学专业从事教学工作。此年 9 月政法学院招收了复校后的首届大学生，我即给这一年级哲学专业的学生讲授马克思主义哲学课。1980 年 9 月我由教研室派往武汉大学哲学系进修，有幸跟萧萐父、唐明邦、李德永等先生学习中国哲学史，期满归来后我就专心从事中国哲学史的教学和研究。开设的课程主要有"中国哲学（史）原著选读""中国哲学史研究法"（包括史料学）等。20 世纪 80 年代初，价值哲学在中国蔚然兴起，我即将自己的治学重点确定为中国传统哲学价值论研究，我给哲学专业的硕士研究生开设了"价值哲学研究""中国传统哲学价值论研究"等课程，撰写关于中国传统哲学价值论的论文，参加有关价值哲学的学术会议，特别是申报了 1989 年的国家社会科学基金课题：中国传统哲学价值论研究。1991 年由陕西人民出版社出版了该课题的最终成果——《中国传统哲学价值论》。该书出版后受到了学术界的关注和鼓励，1994 年12 月该书获陕西省社会科学优秀成果一等奖，1995 年 9 月荣获国家教委全国高等学校人文社会科学研究优秀成果二等奖。此后，我继续在这一领域进行探索和拓展：一是深化对中国传统哲学价值论之思维特征的研究，发表了一系列探讨中国哲学中价值论与本体论、认识论、历史观、人性论相融通的论文，这些论文合编为《中华智慧的价值意蕴》一书，该书由中国政法大学出版社于 2002 年出版。二是探索了中国传统价值观的历史演变，并以此报批了陕西省社会科学基金项目，其最终成果为《价值的历程——中国传统价值观的历史演变》一书，该书由中国社会科学出版社于 2006 年出版。

作为陕西的学者，我十分关注陕西历史上的哲学遗产，因此在研究中国传统哲学价值论的过程中，我把张载及其关学作为自己治学的重要内容，既将关学研究作为一门课程给哲学专业的研究生开设，又撰写发表了不少学术论文，这些论文运用的仍然是价值论方法，其主题则聚焦于关学的基本精神，在此基础上撰成《关学精神论》一书，该书2015年由西北大学出版社出版。其后，我又编著了《关学哲人诗传》一书，于2020年1月由陕西人民出版社出版，在这次汇编文集时我对上述两部著作进行了增订、修改和充实，取名"关学研究"。

在从事教学和研究的同时，我还参与了诸多社会性学术活动和学术组织工作，兼任了一些学会的职务，参加了多次学术会议，举办过多场学术讲座，撰写了不少有关学术发展和社会发展的论文、评论、发言、讲话，这方面的成果汇集成了《哲苑耘言》和《中华文化的价值观念》两个论文集。

阅读和吟咏诗词是我平生的爱好，也是我业余调剂精神生活的重要方式，我的诗词习作曾编为《静致斋诗》，于2015年由上海中西书局出版，今又增入新作，辑成《静致斋诗稿》收入文集。静致斋是我的书斋名，此文集中冠以"静致斋"的著述还有《静致斋哲话》，这是我多年来写的哲理性札记，因记述的所感所思为零散无主线、零碎无体系、零杂无统摄的随时心得，类似古代的诗话、词话、文话之属，故名曰"哲话"。与上述著作一起编入文集第八卷的还有我为《中国儒学辞典》《中国儒学百科全书》所写的辞条的汇总，因为所撰写的条目都是按主编所分派的任务而定的，亦属于无系统之作，故以"静致斋释辞"名之。

需要说明的是，在将上述著述收录本文集时，我尽量按照现在的出版要求进行了修改，特别是修改了一些现在看来不合时宜的内容，补充完善了脚注的版本信息，改用最新的版本等。同时，一些原来常用的词语包括一些地名等专有名词，则保留了原著的用法，未做更改，这样更能体现时代感。

从进入大学算起，我在哲学这片园地里已经耕耘了整整60年，从留校任教到现在，也已度过56年。回顾半个多世纪的治学历程，回望自己在教学和科研方面所留下的雪泥鸿爪，真可谓浮想联翩，感慨良多！而凝结到一点就是：虽然逝者如斯夫，人生的时光已进入桑榆晚景，然而对我来说，思想和学业都还行进在漫漫的长路上！书籍在阅读的路上，文章在撰写的路上，著作在修改的路上，讲义在充实的路上，诗词在推敲的路上……既有的一切，都还没有达到自己所期望的高标准，还未进入自己所追求的高境界。自己已经形成的学术观点和治学成果，都还有待深化、拓展和完善。学术研究只有无限绵延的进路和不断升高的阶梯，但却没有顶峰，永远都不能达到"会当凌绝顶"的境地。所谓的至善之域、至美之境，其实都是学人们持续努力的志向和不懈追求的理想。既然人生和治学永远都处在一个不断追求、不断提升的过程中，那么，自己几十年来所感所思所写而形成的这些著作，只可放在思想认识和学术探索的历史过程中去阅读，只能当作一道在旅途中未臻至境的风景去观赏。在这个意义上，方可引用李白"却顾所来径，苍苍横翠微"之诗句，来表达自己的自慰之情和自觉之识！

本文集的编辑出版是西北政法大学和西北政法大学哲学与社会发展学院的无量功德。学校和学院为了推进学科建设，弘扬学术创新，积累学术成果，延续学脉传承，在经费十分困难的情况下，决定筹措资金，编辑出版这部文集，实在令人感戴无既。学校的孙国华书记、杨宗科校长及其他各位领导十分关心、大力支持文集的编辑出版，并尽力帮助解决困难；哲学与社会发展学院的周忠社书记、寇汉军书记、山小琪院长，亲自领导文集的编辑出版工作，郭明俊副院长负责各项具体事务包括落实手稿录入、清样校对、联系出版等诸多繁重而琐细的事宜。在此，我首先对西北政法大学各位领导和哲学与社会发展学院各位领导表示诚挚的感谢！博士生朱风翔为收集论文、择取编排、校勘文字、编订目录，付出了巨大辛劳；博士生张雪侠为哲学讲义的文稿修正、文字校对等做了大量工作；博士生李伟弟为《静致斋诗稿》的编目和繁简字体的转换和统一，反复编排核对；我的硕士生刘亚玲研究员，多年前就认真仔细地阅读和校对了《静致斋哲话》；哲学与社会发展学院的不少硕士研究生也参加了繁重的手稿录入和清样校对工作。对这些为文集付出过辛勤劳动和珍贵汗水的青年学子们，我特表衷心谢意！而文集所凝结的中国社会科学出版社大力支持的珍贵情义和责任编辑朱华彬先生精心编校的辛勤劳绩，更值得铭记、致谢和赞佩！

　　最后，我为能给中国哲学的学术发展尽一点绵薄之力而由衷地感到高兴，也诚恳欢迎读者不吝批评指正！

赵馥洁

2021 年 11 月 27 日

于西北政法大学静致斋

目　　录

导　　论

价值原理篇

学派取向篇

范畴系列篇

一　义利论

二　德力论

价值思维篇

序

萧萐父

中国哲学史是一门发展着的历史科学，随着研究领域的拓展，研究方法的更新，新的学术成果正不断地涌现出来。赵馥洁同志的《中国传统哲学价值论》，即是一部富有新意的学术专著。

20世纪80年代以来，中华儿女的理论意趣不约而同地集中于文化问题。在新的时代条件下，有人对传统文化进行深沉的反思，有人对西方文化重新审度诠析，也有人专注于人的主体性问题，致力于人的价值和价值论的研究。这种普遍的、全新的文化现象，根源于神州大地如火如荼的改革开放的大潮；人们关注文化问题，旨在促进四化，振兴中华，使古老的中华民族在人类的新世纪重新展现自己的青春。

中华文化，流光溢彩，源远流长；千百年来，潜移默化于炎黄子孙的繁衍变迁之中，孕育着中华民族的发展，积淀成中华民族特有的文化心理结构。价值观念是文化心理结构的深层部分，其对于中华民族发展的影响，尤为深刻。我们民族的哲人，自古以来就觉识到人在自然界中的崇高地位，尊视人的价值，追求真善美统一的理想人格和精神境界。

价值，反映的当是客体对主体的一种意义。历史上的不同社会群体和个体所谋求的主体需要，内容不尽相同，这使得人们对价值的理解也存在差异。人类历史实践的共性，使人们似乎都以追求真善美的境界为共同目标，但历史上人们对作为认识价值的"真"、道德价值的"善"、艺术价值的"美"的具体理解，却各有会心，各有见蔽。在中国，儒家重"义"轻"利"，墨家以"利"为"义"，道家尚"自然"，法家重

"权势"，趣向有别，致使儒、墨、道、法诸家所认定的价值、价值取向、价值标准、价值目标、价值选择均有所不同，不同的价值观在传统文化这一共同体中既相互冲突，又相互涵化，并形成某种相反相成的互补结构，从而产生极为深广的影响。今天 11 亿中华儿女，正在为复兴中华文化拼搏奋进，系统地发掘、清理中国传统的价值理论，必将丰富和滋润社会主义的文化园地。在这样的时代，赵馥洁同志适时地为学术界奉献出《中国传统哲学价值论》，这对于社会主义精神文明的建设无疑是一大贡献。

赵馥洁同志这部著作从"价值原理""学派取向""范畴系列"三个方面考察中国传统哲学的价值理论，资料丰富，考辨翔实，比较完整地勾画出了中国历史上各种价值观念的理论系统。通过全面考察中国传统的价值理论，馥洁同志认为，对价值问题的思考和建立价值理论系统，是中国历史上各派哲学"终极"的"至上"的目标；传统哲学中的本体论是借"天道"以明"人道"，认识论是借"知行"以说"道德"，辩证法是借"阴阳"以言"治平"，历史观是借"理势"以论"至治"。从而把中国传统哲学的本质特征概括为"自然与人伦合一，知识与道德融合，宇宙法则与治世规范统一，'必然'原理与'应然'判断贯通"。这种认识，相比较于把中国哲学的特征表述为"早熟性""伦理型"等，似乎更有理论深度，更接近中国哲学整体结构的实际。于此足证，深入考察中国传统的价值理论，确实能深化我们对中国传统哲学的特征、本质的认识。

具体到中国传统哲学价值论的特征，馥洁同志则将其概述为"重视规范""多元取向""道德主导""内在冲突""相成互补"等。这种认识，使作者考察历史上各派价值理论，不仅着眼于学派的分野，而且关注一学派的内部理论旨趣的同异，注意这种理论旨趣在冲突中的融合，在矛盾中的统一。譬如作者把历史上道家的义利观概括为"义利双弃"，把法家的义利观概括为"崇利简义"，把墨家的义利观概括为"义利兼重"，把儒家的义利观则区别为"重义轻利"和"崇义非利"两种类型。

认为历史上儒家学派创始人孔丘是轻利重义论者，但孔丘并非绝对排斥功利。孔门后学中，荀况力主"义利两有""先义后利""以义胜利"，同样不是绝对的否定利的价值，汉儒董仲舒，乃至于北宋时期的张载、明末清初的王夫之都属于"重义轻利"论者。以孟轲为代表的儒学，把孔丘"重义轻利"的观念发展到极端，"崇义非利"，这种思想为程、朱理学进一步发展，在中国社会产生了深远的影响。中国历史上的义利之辨，在很大程度上是儒学内部的争论，而且历史上"义利兼重"论者亦不限于墨家，《易传》中也有"义利兼重"的观念。两宋时期的李觏、陈亮等人的义利观既吸收了墨家的思想，又事实上发挥了《易传》中的义利观，后来颜元更是明确地主张"正其谊以谋其利，明其道而计其功"，把"义利兼重"的思想发展到了新的阶段。陈亮、颜元并非墨家后学，而是一些以儒者自居的人物，但从理论的价值看，颜元的"义利兼重"论是较为全面的。它的形成是在义利之辨中，实际吸收了不同义利观念的结果。作者这种考察，不仅清理了义利观在中国的孕生形态及其衍生的历史线索，而且突出了义利观念的相成互补，使人们意识到了传统的义利观所蕴含的现实意义和理论价值。研究历史，即是为了开拓未来。作者的这种致思取向，是极为可贵的。这种探讨问题评判历史的角度和尺度，令人耳目一新，使人深深感到作者历史地探究古代价值论的理论发展，是为了发掘优秀思想遗产的现代意义，洞察传统文化中的现代化观念的根芽，探索民族文化传统中的思想精华与现代化的历史接合点。

馥洁同志从事中国哲学史的教学和研究多年，浚求博征，笃学深思，能为学术界奉献出这样有价值的学术著作，当在情理之中。但中国哲学史界致力于价值论研究还是近几年的事，对于一个新开拓的研究领域来说，未知者尚多。我愿与馥洁同志及广大读者一道，在新开拓的哲学原野上励志耕耘，为继承发扬中国传统价值论的优秀遗产，促使传统价值观体系向现代化的创造性转化而努力。

1990 年 12 月于珞珈山麓

卷首自题

（一）

善美源流何处寻？茫茫学海问潮音。

神州自有圣泉水，曾照人间取舍心。

（二）

道法墨儒争短长，乐山乐水费商量。

云端有路通高境，义利天人各一方。

（三）

鱼熊兼得亦难求，历代哲人辩未休。

莫叹百家往不返，慧光智海映千秋。

（四）

龙血玄黄路渺茫，精神何处是家乡？

自强不息天行健，锦绣乾坤绘彩章！

导　论

哲学既包括本体论，也包括价值论。本体论是对世界"是什么""怎么样"的回答，价值论是对世界"应是什么""应该怎样"的回答。对世界"是什么""怎么样"的回答是否正确，要以客观世界的实际——本质和规律为尺度；对世界"应是什么""应该怎样"的回答是否正确，要以主体人的需要——生存和发展的需要为标准。人的活动总是遵循着两种尺度，一是外在尺度，即真理尺度；一是内在尺度，即价值尺度。真理尺度表明，人是按照世界的规律（真理是客观规律在人的头脑中的反映）来行动的，价值尺度表明，人是按照自己的需要来行动的。这两种尺度并非各自独立，而是相互联系的，在社会实践的基础上，价值观念影响着人们对客观世界的认识，认识的结果又制约着人们的价值选择。人的活动乃是在物质第一性的前提下，主观能动性和客观规律性、主体目的性和客体必然性的辩证统一。

哲学价值论所研究的，就是人的活动所遵循的"主体的内在尺度"问题。即客体是否和如何满足主体生存和发展的需要；主体怎样根据自己需要的不同层次来确定客体对于主体的不同意义。简单地说，就是研究世界对于人的意义。具体地说，就是从哲学上解答什么是"好"，什么是"坏"；什么是"福"，什么是"祸"；什么是"利"，什么是"害"；什么是"真""善""美"，什么是"假""恶""丑"……

价值论作为哲学的一个独立部分或成为一种独特的哲学体系（"价值哲学"），兴起于19世纪末期的西方。然而，关于价值问题的哲学思考，不论在西方还是中国都由来已久。中国传统哲学，至少从孔子开始就着力于价值问题的思考，在以后发展的漫长历史中，结出了丰硕的理论成果，形成了鲜明的特色，对中华民族的思想观念、民族心理产生了深远的影响。研究中国传统哲学的价值论，具有十分重要的意义。

一　价值论在中国传统
哲学中的地位

　　中国传统哲学是一个博大精深的理论思维宝库，本体论、认识论、辩证法、历史观、人性论都是它所包括的重要领域，这些方面，过去我们研究较多，已为人们所熟知。但对价值论以往却注意不够。其实，中国传统哲学中价值论思想不但十分丰富，而且处于核心的地位。

　　从各家哲学的主题来看，儒、墨、道、法虽然旨趣有异，但却殊途同归，百虑一致，都把致思的最终趋向确定在世界对人的意义上，归结到价值理想的追求上。儒家鼻祖孔子"不语怪力乱神"，把"与命与仁"作为世界观的核心，其目的是通过弘扬"仁者爱人""为政以德"以恢复周礼；墨家巨子墨翟，把自己的哲学主张概括为尚贤、尚同、节用、节葬、非乐、非命、兼爱、非攻、天志、明鬼等十事，其理想是"兴天下之利，除天下之害"。法家集大成者韩非，宣扬法、术、势相结合的政治哲学，为建立中央集权的封建专制制度进行理论论证。道家哲学大师老、庄，建立了以"道"为本体的形而上学体系，为中国哲学的本体论做出了杰出贡献。然而，他们的"道"既是宇宙万物的根本，又是人们应该追求的理想境界，世界本体和价值渊源合而为一，"体道"的"至人"和"法道"的"至德之世"是最高的人格价值和社会价值。可见，各派哲学无不把价值问题置于核心地位。

　　从哲学的理论体系来看，传统哲学的本体论并非以宇宙的本质为认识的根本目标，而是借"天道"以明"人道"；传统哲学的认识论并非以认识的来源和规律为探讨的最终归宿，而是借"知行"以说"道德"；

传统哲学的辩证法并非以世界的运动过程和规律为研究的至上兴趣，而是借"阴阳"以言"治平"；传统哲学的历史观也并非以历史发展的客观必然性为思考的终极意义，而是借"理势"以论"至治"。总之，自然与人伦合一，知识与道德融合，宇宙法则与治世规范统一，"必然"原理与"应然"判断贯通，是中国传统哲学的本质特征。就是说，价值论渗透于哲学的各个领域，成为其他哲学问题环绕的核心。当然，这并不是说，中国传统哲学的本体论、认识论、辩证法、历史观等理论都没有确定的内容、客观的真理和独立的价值，而是说，这些哲学理论都和价值论紧密联系，并且从"终极""至上"的意义上都服务于哲学家思考价值问题和建立价值论系统。古代哲人们也明确地说明了这一点，孔子曰："知之者不如好之者，好之者不如乐之者。"（《论语·雍也》）孟子云："君子深造之以道，欲其自得之也。"（《孟子·离娄下》）荀子说："君子之学也以美其身。"（《荀子·劝学》）"乐之""自得""美其身"都是指的价值目标，实现价值乃是"求知""为学"的理想境界。

从中国传统哲学的总体特征来看，中外学者对中国哲学特征的具体看法虽说有种种不同，但多数都认为重道德、重价值是中国哲学的根本特色之一。以张岱年先生的概括为例，他在 1937 年撰写的《中国哲学大纲》中认为，"合知行""一天人""同真善""重人生而不重知论""重了悟而不重论证""既非依附科学亦不依附宗教"是中国哲学的六大特色。我认为这六点几乎都与中国哲学重价值有关，或者说，都是重价值的具体表现。在对这些特色的具体解说中，张先生提出的许多观点，也几乎都是在说明中国哲学以价值论为核心的特点。例如，"中国哲人探求真理，目的乃在于生活之迁善，而务要表现之于生活中"；"中国哲学乃以生活实践为基础，为归宿"；"西洋人研究宇宙，是将宇宙视为外在的而研究之；中国人则不认宇宙为外在的，而认为宇宙本根实与心性相通，研究宇宙亦即是研究自己"；"中国哲人认为真理即是至善，求真乃即求善。真善非二，至真的道理即是至善的准则。即真即善，即善即真……宇宙真际的探求，与人生至善之达到，是一事之两面"；"中国思想家认为经验上的贯通与实践上的契合，就是真的证明"。张先生说，有些解说"颇采熊十力先生之意"，可见上述观点非张岱年先生一人之见。到了 20 世纪 80 年代，张岱年先生更加明确地指出："中国传统哲学的核心部分是价值观。"①

此不难看出，价值论在中国传统哲学中处于何等重要的地位。我认为，如果就哲学形态而论，中国传统哲学基本上属于价值哲学。

---

① 张岱年：《文化与哲学》，中国人民大学出版社 2006 年版，第 264 页。

二　中国传统哲学价值论的
结构特征

中国哲学的价值论，无论在思想观点、内容结构上都有自己的特点，这里先就内容结构方面提出一些初步看法：

1. 重视规范

价值理论基本上包括两个层次（或两个部分）。一是价值原理，或叫价值的原理论，它探讨价值的本质、特性、分类、评价等一般性问题，重在解答人们现实生活中所追求的多种多样价值的共同本质问题；二是价值规范理论，它研究人应该追求什么样的价值，在面临着许多价值对象发生矛盾、冲突的时候，人应该做出什么样的具体选择。以此而论，中国传统哲学的价值论，原理论部分相对薄弱，而规范理论部分却十分丰富。虽然，"可欲之谓善""不全不粹之不足为美""富有之谓大业，日新之谓盛德""和为贵"等命题，都是对价值的一般本质的规定，在价值分类、价值评价方面也提出了许多深湛的论点；对主体需要也有比较深入的探讨。但从总体上看，哲学家们的主要注意力似乎并不在此，而是着重论述在现实生活中人应该追求什么才有意义，应该怎样生活才有价值，因之提出了如义利、德力、义生、德智、理欲、公私、群己、天人、真善美等价值规范，进行分析、比较，确定选择方向。在本书中，"价值原理篇"的篇幅相对地少于后两篇，即是由于在初步研究的基础上，我发现中国哲学中这方面的内容不及规范理论丰富。当然，此看法能否成立，还有待进一步深入研究。重视价值规范这种现象与整个中国哲学不太着力于形而上学的抽象思考，而特别关注现实生活实际问题这种致思趋向可能有关，这也是一个值得深思的问题。

2. 多元取向

中国哲学关于实际人生中价值目标的选取是多元的，主要有道德、功利、权力、自然四个方向。儒家尚道德，墨家重功利，道家以自然无为为鹄的，法家以权力法治为目标，这仅就其大者言之，先秦其他各家的价值取向与此四家也不一致，所谓百家争鸣，"各引一端，崇其所善"（《汉书·艺文志》）。而且，在每一家内部，各派也是同中有异，争论不休。汉以后，儒家独尊，百家之学隐而不显，但其思想观念都未中绝消亡。价值取向上的多元现象，尽管受到统治者意识形态一体化的制约，但在哲学理论中却依然存在，当然形式发生了种种变化，如外儒内法，明儒暗道，儒法并举，儒道互用等等。纵观中国哲学史，价值取向的多元化是贯彻始终的。

3. 道德主导

在多元取向的结构中，各元之间并不是不分主次，地位均等的。从总体上看，儒家"义以为上"的道德取向事实上占据主导地位，汉以后的儒家独尊乃是历史事实。由于封建统治者一方面弘扬儒家的价值观念，一方面压抑别家的价值追求，使多数哲学家们都以儒家学说为正宗，在价值论上也同样视儒家为准则。即使一些有离经叛道精神的哲人，也往往借儒家的外衣宣扬自己的理想，"明修栈道，暗度陈仓"。真正明目张胆地亮出自己的旗帜，鼓吹与儒家逆向而动，异向而取的，终是少数。而且，更值得注意的是，许多异端思想家所主张的价值观念，虽然不同于儒家的"仁义"至上、"天理"第一，但并不是完全否定道德的价值，而是崇尚某种与儒家不同的道德。所以，无论是以学派取向为"元"，还是以价值类型为"元"，在多元结构中，道德都是主导的一元。

4. 内在冲突

　　多元取向必然存在内部冲突。价值论史上的义利之辨、德力之辨、理欲之辨、公私之辨、群己之辨、天人之辨等等，就是内在冲突的表现。这些冲突从先秦以至清末，源远流长，时起时伏，不绝如缕。以学派而言，儒墨冲突主要表现为义利之辨（当然也有德力之辨），儒家尚义，墨家重利。"义"包括道德原则、政治原则、义务观念；"利"包括功业和物质利益。儒家竭力反对私利，也不太重视公利，墨家则主张兴天下之利。儒法冲突集中表现为德力之辨（当然也有义利之辨），儒家重德贬力，以德治、仁政与力政对立，法家贵力贱德，认为只有强力、暴力才能维持政治统治，道德没有意义。儒道冲突主要集中于天人之辨和群己之辨，儒家重人为，道家崇自然，儒家尚群体团结，道家贵个体自由。儒家虽讲天命，但天命的内容是道德，仍是重人；道家虽重人生，但人生的意义在于顺应自然，仍是尊天。不仅儒道之间有天人、群己之辨，墨、法与道之间也存在天人、群己之辨，墨言人之利，法言人之力，都是重人，墨主"尚同"，法主"齐一"，都是贵群。不仅儒墨之间、儒法之间有义利、德力之辨，墨法之间也有义利、德力之辨，墨家之利指公利而言，为公利即是"义"，故也贵义，不同于法家的狭隘功利主义；墨家贵力指劳力言，强力劳动即是"德"，并不非德，不同于法家反道德的暴力主义。所以，法家韩非总是把儒、墨两家拉在一起，进行批判。不仅各学派之间有价值冲突，各派内部，特别是儒家内部也存在着义利、德力、群己、天人以及理欲、公私、义生、德智等问题上的争辩。历史上所谓的正统与异端、正宗与别宗的区分即与上述争论有关。这些冲突，其实是各家各派争取价值观上的主导地位、统治地位的斗争。这种冲突，是中国哲学史上价值观发生历史演变的一个重要动力，也是形成传统哲学价值论观点纷呈、丰富多彩的一个重要原因。至于到了近代，随着西方种种思潮的纷至沓来，不但更加激化了中国哲学价值论固有的内在冲突，而且又增加了中西价值观冲突的内容。为了形象展现上述冲突的主要线索，图示如下。

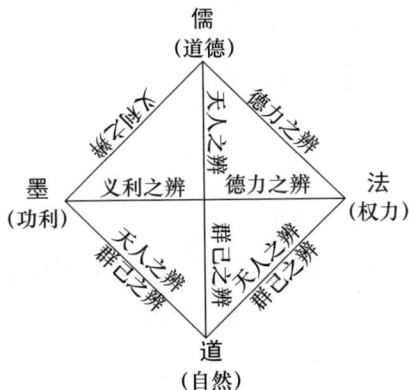

5. 相成互补

取向的多元化不但导致了内部的对立和冲突，而且也促成了各元的相互补充、相互转化。不但墨家以"兴利天下"补充了儒家"重义轻利"的偏颇，道家以"贵夫无为"缓和了儒家"知其不可而为之"的激进，而且儒家的"义以为上"和法家的"争于气力"，道家的"遗世独立"和儒家的"明分使群"，墨家的"先质而后文"和儒家的"郁郁乎文哉"……也恰好相互补充而构成了统一体的两面。至于玄学中"名教"与"自然"的合一，理学中儒、释、道的融合，一些哲人的价值观念似儒似道（如周敦颐、邵雍），有些学者的价值原则似儒似法（如陈亮、叶适），更是价值取向相成互补的产物。由于这种相成互补作用，促成了中国传统价值系统的内部协调和相对稳定。而且，由于冲突、争论的各方，在批判对方价值观念的同时又吸取对方，在坚持自己价值主张的同时又变通自己，结果就使得各元之间同中有异，异中有同，共同构成了中华民族统一的价值观念体系。并非真的如庄子所说，百家学者"皆有所明，不能相通"（《庄子·天下》），而是矛盾中有统一，争辩中有贯通。

三 中国传统哲学价值论的
   理论体系

　　中国传统哲学价值论的理论观点也有其鲜明的特点。从总的理论体系看，中国哲学价值论是以人为本位，以道德为主导，以功利和权力为两翼，以"自然无为"为补充，以群己和谐、天人和谐为真善美统一的理想境界的价值观念体系。所谓以人为本位，是指中国哲学价值论把肯定人的价值作为其全部理论的基础，全部理论都是为确立人在宇宙间的崇高价值地位而展开的。所谓以道德为主导，是指在中国哲学中，道德价值处于比其他价值更高的层次，并指导和制约着对其他价值的选择。道德渗透和贯穿于经济、政治、文化、科学、艺术以及社会风俗等各个价值领域之中，发挥着主导性的作用。所谓以功利和权力为两翼，是指在以道德价值为主导的前提下，物质利益价值和政治权力价值仍有一定的地位，二者虽然不能处于最高层次，但却可以说属于二级层次。儒家诚然崇义，认为义高于利，但多数学者不否定利，而且在承认道义主导的前提下，肯定利益的价值，儒家固然崇德，主张"为政以德"，"导之以德"，认为德重于力，但并不完全排斥力，而是要求在道德的主导下发挥权力的作用。"导之以政，齐之以刑，民免而无耻"（《论语·为政》）；"刑者德之辅"（董仲舒《春秋繁露·天辨在人》）等观点，既是对德高于力的价值层次的确定，也是对行政权力价值的承认。至于墨家、法家更是十分重视功利、强力价值。所谓以"自然无为"为补充，是指在尊重人的社会能动作用的前提下（重视道德，肯定功利、权力，都是对人的积极作为的尊重），同时也强调顺应自然，不任意妄为，不过多干预，以缓冲由于过分推崇人的能动性而形成的人与自然之间的冲突，防止人力对自然环境的破坏。所谓以群己关系、天人关系的和谐为真善美统一的理想境界，是指通过上述各价值要素在自己应处的价值层次上发挥作用，以及各价值要素间的相互制约、相互影响，从而实现个人和社会之间、人和自然之间的高度和谐，达到理想的价值境界。这个境界也即是真善美统一的境界。

这个价值论体系，通过学派表现出来，就是以儒家（道德取向）为主导，以墨家（功利取向）和法家（权力取向）为两翼，以道家（自然取向）为补充；以范畴表现出来，就是义利、德力、义生、德智、理欲、公私六对表示具体价值取向的范畴，和群己、天人两对表示崇高理想的范畴，以及真、善、美三个表示群己和谐、天人和谐的美好境界的范畴共同构成一个完整的体系。可以用图表示意如下。

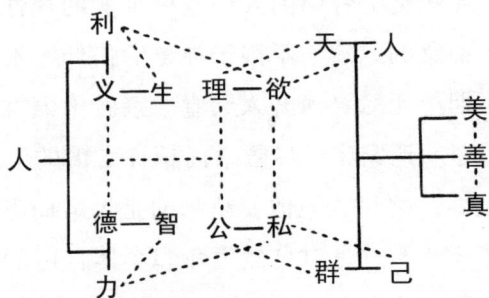

在图中，短实线表示范畴的成对关系，虚线表示诸范畴的相通关系。例如，义与利、德与力、义与生、德与智、理与欲、公与私、群与己、天与人是成对的。义、德、理、公、群、天诸范畴是相通的，利、力、生、智、欲、私、己、人诸范畴也是相通的。相通只是指它们的含义有某些相关性，并不是说其含义完全相同。范畴间既相对又相通的关系表明：第一，义利、德力、义生、德智、理欲、公私都是为论证群己和谐、天人和谐服务的；第二，义生、德智、理欲、公私从属于义利、德力两对范畴，是这两对范畴的具体展开。

在这一理论体系中，包括六大基本观念：

1. 人贵于物观念

中国哲学价值论的出发点是认为人类有高于一般动物的崇高价值，《孝经·圣治章》引孔子云，"天地之性人为贵"。《老子》第二十五章云："道大、天大、地大，人亦大，域中有四大，而人居其一焉。"《易传》以天地人并立为"三才"，且以人为中位。人比万物贵，人与天地并，是中国哲学价值论最根本的观点。至于人何以贵于物，人的价值由什么确定，各家各派，看法不一，见仁见智，莫衷一是，具体分歧，在此不论。这里要特别说明的是，"人贵"不仅是对"物"而言，而且也对"神"而言。"未知生焉知死""未能事人焉能事鬼""敬鬼神而远之""子不语怪力乱神"（《论语》）等观念，明确表示了这种重人轻神的倾向。"人贵"观念支配着中国人一直以现实的理性态度，对待社会人生问题，不耽于抽象的思辨，不溺于神秘的信仰，不着意追求超越人间的彼岸天国，不期待死后灵魂升入天堂。宗教价值意识甚为淡薄，现实价值热情相当浓厚。道家庄子尽管崇尚精神自由的"至人"人格，向往自由自在的"至德"之世，但他要超越的是世俗而不是人间。根本不同于宗教信仰的迷狂，不过是对自然生命和个体自由的向往。土生的道教和外来的佛教曾经在历史上长期流传，至今仍有影响，但从总体上看，信仰者不多，也始终未成为占统治地位的意识形态和价值观念。"人贵于物"的价值本位观念，决定了中国哲学的价值取向与西方哲学中的向往天堂、崇拜上帝、诉诸信仰的观念大不相同，因此，形成了相信人的道德和力量以创造价值的优良传统。

2. 义重于利观念

在中国哲学中，关于义利的价值地位问题虽说有种种争论，但儒家义重于利的观念基本上占统治地位，墨家、法家的功利主义，道家的"义利双弃"都不是主流。"义重于利"包括两层含义：一是认为物质利益有一定的价值，二是认为道义原则的价值层次高于物质利益。这就形成了中国哲学价值论对个人私利有所忽视，对社会公共物质利益也注意不够，但却十分崇尚道德价值的重要特征。特别是到了封建社会后期，道德被提高到天道、天理的地位，被视为宇宙法则，利欲则成了要"灭"、要"去"的对象。与此相比，西方哲学则比较重视利益价值，到近代，西方人为个人利益而竞争的观念更为突出。中国哲学"义重于利"的观念，对于发展社会生产和积累社会财富，无疑有一定的消极影响，但却促使人们重视道德修养，重视精神生活，抑制了"人和人之间除了赤裸裸的利害关系，除了冷酷无情的'现金交易'，就再也没有任何别的联系了"① 这种现象的滋长和蔓延。

3. 德高于力观念

中国哲学价值论中关于道德和实力（物力、人力、权力、暴力等）的价值也有种种看法，但总体上主张德高于力。即认为，实力虽然有一定的价值，它对于人的生存和发展是必要的，但"力"的价值层次低于道德。墨家崇尚强力劳动，法家崇尚暴力统治，道家非德非力，但都不占主导地位，儒家德高于力的观点，是中国古代德力观的主流。它和义重于利的观念结合在一起，成为中国价值哲学中的两大理论支柱。德高于力的观念，是政治上"为政以德"、外交上"修文德以来之"、教育上"明人伦""明明德"、人才上"惟贤惟德"等一系列方针政策的思想基础，对中国文化产生了极其深远的影响。

4. 群己和谐观念

这是关于社会和个人的价值地位以及二者关系的观念。中国哲学中墨家、法家尚同贵群，道家贵己贵独，儒家取其中道，主张在以社会群体价值为主的基础上，建立群己和谐的社会关系。儒家哲学认为，个人

---

① 《马克思恩格斯选集》第 1 卷，人民出版社 2012 年版，第 403 页。

是从属于家庭、家族、国家、民族和社会的，这些群体单位是个人存在和发展的基础和条件，只有首先维护群体的利益，个人利益才能得到保障。因此，它强调个人对群体的义务、责任和为群体而牺牲的精神。在重群体的前提下，儒家也承认"人人有贵于己"者，肯定个人的价值，以求群体与个体的关系和谐。这和西方哲学价值论以个人为社会存在和发展的基础和条件，突出个人的独立性，强调个人的权利，把个人权利推崇为"天赋人权"的个人本位论大不相同。究其原因，是由于中国社会长期存在着以血缘为纽带的宗法制和高度分散的自然经济，这二者都要求维护社会整体，加强集中统一。重群体的"群居和一"观念，容易束缚个性，但利于群体巩固，社会和谐。

5. 天人合一观念

古代的天人之辨包括两个层次：一是应该重人为还是应该重自然，二是天人应该合一还是应该相分。关于第一个层次，中国哲学中儒墨法都主张重人为，而道家则认为应该自然无为；关于第二个层次，除少数哲人主张天人相分外（如荀子、刘禹锡等），多数哲学家追求天人合一，并以天人合一为最高理想。儒家中从孟子的"知其性则知天矣"发其端，中经董仲舒的"天人感应"，到宋明理学的"天人合一"，始终在追求天人合一的至善境界，他们认为，人在宇宙间诚然有崇高价值，但人是天生的，人的心性与天的德性相通，天是人之本，人是天之心，天与人应该处于和谐的统一体中。他们还指出，天人合一的枢纽就是仁义道德，天人在道德中合为一体，融为一片。道家中，从老子的"人法天"导其源，庄子的"体天道"扬其波，中经魏晋时"名教与自然合一"，到宋明时的"乐天"观念，也一直在向往天人合一的至美理想。天人合一观念与西方哲学认为天与人处于尖锐的对立中，自然是外在于人的异己力量，人只有在同自然的对抗中才能发展的观念大异其趣。中国哲学的天人合一观念，不但解脱了人对天神的恐惧，避免了宗教迷误，也消除了天人之间的敌对意识，促使了人与自然的和谐，至今仍具有积极意义。可是，无论是儒家天人合一结构中的道德精神，还是道家天人合一模式中的无为观念，都压抑了荀况、刘禹锡等人的"胜天"思想，都弱化了人改造自然、征服自然的能动性。这种弊端也是不应忽视的。

6. 善统真美观念

群己和谐、天人和谐的境界都是真善美统一的境界，但由于儒家认为维系群己和谐的纽带是道德，贯通天人和谐的中介也是道德，所以也就形成了在真善美统一中"善统真、美"的模式。所谓善统真美观念，就是认为，善应该统摄真和美，善是真的准则，又是美的尺度，真和美都从属于善。在儒家价值论中，"真"主要不是指对客观事物的真理性认知，而是指对道德本质的真正把握和道德行为的真诚无伪；"美"主要不是指能给人带来愉悦的，体现人精神自由的审美特性，而是指道德的充实和完满。或者说，至善的境界也即是至真至美的境界，尽真、尽美的未必尽善，而尽善的必然尽真、尽美。这就决定了知识不是以求真为终极目标而是以尽善为至上目的；艺术不是以求美为最高理想而是以尽善为崇高任务。"学以成德""诗以言志""文以载道""艺以扬善"成了流传长久，影响深远的价值观念。如果说，西方人信奉的是"哲学即爱智""知识即美德"（苏格拉底）、"美是真理的光辉"等格言，那么中国人则崇尚"朝闻道，夕死可矣"（孔子），"务民之义，……可谓知也"（孔子），"（道德）充实之谓美"（孟子）等信条。这即是说，"哲学即闻道""美德即知识""美是道德的光辉"。根据这种观念，群己和谐和天人和谐之所以是真、善、美统一的理想境界，就是因为它首先是"至善"的境界。

除上述六大观念外，还有义重于生、德高于智、理贵于欲、公大于私等从属观念。

中国哲学价值论的六大观念和从属观念，构成了一个完整的逻辑体系，它站在人的价值基地上，从重义、重德出发，经过义利之辨、德力之辨，以及由其派生的义生之辨、德智之辨、理欲之辨、公私之辨，最后达到了群己和谐、天人和谐的目标，实现了真、善、美统一的理想。由"求善"开始，中间经过"利""力""生""智""欲""私"等否定环节，最后到"至善"终结，经历了一个肯定——否定——否定之否定的逻辑圆圈。关于中国传统哲学逻辑范畴体系的研究，是一个新课题，这里提出的构想是一些很不成熟的看法，希望能引起讨论。

四　研究中国传统哲学价值论的意义

研究中国传统哲学中的价值论，具有多方面的意义，主要是：

1. 开拓中国哲学史研究的新领域

新中国成立以来，在马克思主义指导下的中国哲学史研究已取得了丰富的成果，特别是"十年动乱"之后，随着学术争论的正常开展，大大促使了新观点的提出、新方法的运用和新领域的开辟，于是有许多新的研究成果问世，这是可喜的现象。但是，科学研究的道路是没有终点的，中国传统哲学中还有许多问题需要进一步探索，还有不少新领域有待开拓。价值论就是一个重要课题。如上所说，价值论是中国传统哲学的重要组成部分，处于核心地位，可是以往研究中国哲学史，着重讨论本体论、认识论、辩证法、人性论和历史观，很少探讨价值论问题。近年来，不少学者研究马克思主义的价值论，中国传统哲学的价值论才逐步引起重视，但系统的研究还远远谈不上。因此，我们研究中国传统哲学的价值论，就能够弥补这个缺陷，填充这个空白，有利于推动中国哲学史研究的发展和深入。

2. 推动中国传统文化研究的深化

一个民族的传统文化大体由物质实体、社会制度、思想观念、心理情感四个层面构成。在这四个层面中，思想观念是占主导地位的，而在思想观念层中哲学又处于核心地位。思想观念的各个领域，如宗教、科学、文学、艺术、道德观念和教育观念，等等，无不受哲学的影响；民族文化的各个层面，也无不受哲学的指导。在哲学中，影响和指导文化的最主要的部分是本体理论、思维方式和价值观念，其中价值观念与文化的关系最为密切，它渗透融贯于实物文化、制度文化、观念文化和社会心理文化的各个领域各个方面，成为它们活的灵魂而发生作用。可以说哲学价值观是民族传统文化核心的核心，是传统文化的深层结构。因此，我们要深入反思中国传统文化的特点、得失，深入研究中国文化与外国文化的异同，科学地探讨中国传统文化与现代文化的关系，正确地寻求中国传统文化与社会主义新文化的接合点，不能不研究中国的传统哲学，不能不研究中国传统哲学中的价值论。也就是说，研究中国传统文化的价值系统，是使传统文化研究走向深化的重要途径之一。

3. 丰富马克思主义哲学价值论的内容

马克思主义经典作家对价值问题曾经有过许多重要的论述，特别是对无产阶级和革命人民应该树立什么样的价值观，论述得更为充分，因此在马克思主义哲学体系中，本来就有价值论这一组成部分。可是长期以来，在马克思主义哲学原理教科书中，在讨论马克思主义哲学体系的著作中，很少甚至没有论述价值问题的内容，几乎形成空白。随着20世纪80年代以来哲学价值论的兴起，建立马克思主义哲学的价值论，已成为多数学者的共识。马克思主义哲学是一个不断发展的体系，它不但要从自然科学和社会科学的发展中概括成果，而且也要从各民族的哲学史中汲取营养。在中国的哲学遗产中，包含着价值论的丰富成果，对其加以发掘和总结，无疑对建立和充实马克思主义哲学价值论有着十分重要的意义。特别是我们要建立的马克思主义哲学价值论，应该是有中国特色的哲学理论，这就更应该珍视中国传统哲学价值论的宝贵遗产，吸取它的精华，以充实哲学价值论的内容。

4. 为形成有利于社会主义现代化建设的价值观念提供历史借鉴

建设高度的精神文明是社会主义建设的一个重要目标，精神文明建设包括思想道德建设和教育科学文化建设两个方面。价值观念是思想道德的重要内容，又对教育、科学文化有重大影响。形成科学的正确的价值观念，对于优化社会的思想观念、精神面貌、道德意识、社会风尚，具有重要作用；对于提高全民族的思想文化素质，铸造优秀的民族精神，特别是培养青年一代，有深远意义。而要形成有利于社会主义现代化建设的价值观念，除了别的因素之外，继承发扬我们民族传统价值观的精华，是一个十分重要的途径。民族文化的发展既有更新性又有连续性，传统文化中的许多成果，都被我们继承了下来，并在今天继续发挥作用。传统的价值观念更是深深地潜存于我们民族的思想观念、心理情感之中。我们要形成符合社会主义现代化要求的价值观，构建中国特色社会主义的核心价值体系，就必须对传统价值观进行考察、分析、研究，用马克思主义的立场、观点和方法，取其精华，去其糟粕，对积极的有益的成分发扬光大，对封建主义的落后的观念予以批判。此外，哲学的价值观与世俗的价值观是有区别的，古代哲学家在论证他们的价值取向、价值理想时，在批判世俗的价值观时，为我们积累了丰富而深刻的价值理论思维的经验教训，对其加以总结，也可以提高我们的价值判断能力，提高我们的精神境界。恩格斯说，学习哲学史可以锻炼和发展人们的"理论思维能力"，那么，也可以说，学习哲学史上的价值论，能够锻炼和发展人们对于价值的理论思维能力，或者叫价值判断能力。

总之，研究中国传统哲学的价值论，无论从学术方面看，还是从社会方面看；无论从理论上看，还是从实践上看，都有十分重要的意义。

基于以上思考和认识，我在多年探索的基础上，撰写了《中国传统哲学价值论》一书。本书除导论外，分为四篇。"价值原理篇"着重论述了中国古代哲学家对价值本质、价值分类、价值评价等关于价值的一般问题的观点。由于自然价值和人类价值是中国传统哲学中两个最基本的价值问题，所以也将其归入了这个部分。"学派取向篇"主要考察了传统哲学儒、墨、道、法四家的价值取向问题。围绕着价值取向，哲学家们追溯了价值的根据，设计了人格理想和社会理想，提出了价值标准和价值选择方法，指出了创造和实现价值的原则和途径。于是，我按"价值根据论""价值取向论""价值理想论""价值标准论""价值选择论""价值实现论"的框架，勾勒了各家的价值论体系。当然，并不是每家哲学都具备所有环节，只能因派制宜，从实际出发，有增减，有变通。"范畴系列篇"是对中国传统哲学价值论范畴的初步整理，共筛选了八对又三个（真、善、美）范畴。这些范畴既是中国古代哲学家们提出的价值规范，也是他们争论的主要问题。书中的排列顺序体现了这些范畴之间的逻辑关系。"价值思维篇"是对中国传统哲学的价值思维方式的研究。论述了中国传统哲学中的融通性价值思维方式，包括价值论与本体论的融通、价值论与认识论的融通、价值论与历史观的融通、价值论与人生论的融通、价值理性与工具理性的融通等内容。进而探讨了这种融通性价值思维方式的当代意义。

此书，不论是学术观点、思想内容、结构框架、叙述方式都有待进一步深化，而且还存在一些明显缺点，如四篇之间和每篇各部分间篇幅悬殊，引文过多且有重复，叙述不够精练，等等。我之所以愿意使其问世，目的只在于抛砖引玉，求教于大方之家，以推进对中国传统哲学价值论的深入研究。

价值原理篇

一　价值本质论

价值作为哲学概念，是近代才有的，而且是从西方传入的，但关于价值的思想观点，在中国却是古已有之。中国传统哲学中与现在所谓"价值"相当的是"好""贵""益"等词，它所讨论的价值基本类型则包括真、善、美，仁、义、利等形式。因之，在对上述这些概念的解释和阐发中，就包含着古代哲学家对价值本质的理解，体现着他们对于"什么是价值"这个根本问题的回答。

综观中国传统哲学对上述概念的解释，可以明显地看出古代哲人对价值本质的理解，有三种基本的思路：

（一）从主体经验方面理解价值的本质

从主体经验方面理解价值本质就是从主体人的需要、欲求、情感、体验、利益等方面来说明价值是什么。也就是以主体的心理状态和感受，以主体的实际利益，作为衡量价值的标准，作为规定价值的尺度。沿着这种思路，古代哲学家提出了以下几个基本观点。

1. 价值是人的合理欲求

这种观点认为凡是能满足人的某种欲求、某种需要、某种愿望的事物就是价值。孟子说，"可欲之谓善"（《孟子·尽心下》），可以视为这种观点的典型代表。"可欲之谓善"的说法是孟子在讲到对个体人格的评价时提出来的。意思是说，"善"是个体在其内心和行动中追求的

"可欲"的东西，也就是符合仁义的东西。这显然是把价值视为人的合理性欲求。此外，（唐）杨倞在《荀子注》中说。"利，贪求之也。"（汉）郑玄注《礼记》、（汉）高诱注《淮南子》也都常常以"贪"释"利"。《广雅·释诂》也将"利"解释为"贪"。《战国策》中还有"贵，欲也"的注释。这些都可以看出，古代哲人和学者，往往从主体人的欲求、贪得、需要方面来理解价值（善、利、贵），这与西方某些哲学家（如 C. V 埃伦费尔斯）所说的"事物的价值是它的合乎愿望性"甚为相似。

2. 价值是人的愉悦感

这种观点认为，价值是使人产生愉快喜悦情感的东西，或者说它是给人带来幸福、快乐的东西。《墨经上》第四十章说："利，所得而喜也。"又说"得是而喜，则是利也。"意思是说凡是人得到后而感到喜悦的就是"利"。杨倞在《荀子注》中也有同样的说法："利，谓悦爱之也。"王弼在《老子注》中也运用这种快乐感给美下定义，"美者，人心之所进乐也"。《礼记·中庸疏》和《周礼注》则分别把善和美视为人的幸福，说"善，犹福也"，"美，福庆也"。这种以人的愉悦、幸福来解释利、善、美等价值的观点，和古希腊哲学家伊壁鸠鲁所说的"快乐是我们最主要和最普遍的好"是一致的。可见，把价值说成是产生于快乐的感情，不但是西方的一种传统看法，而且也是中国哲学中的一种传统观点。

3. 价值是对人有用、有益的东西

对价值本质的这种理解，突出表现了古代哲学家从功利出发来说明价值的思路。《后汉书·羊续传注》云："益于人曰利。"杨倞《荀子注》说"利，谓便于用"。都以有用、有益来理解"利"的价值。《墨经上》和《大戴礼记·四代》甚至都把"义"这种道德价值也以功利性来解释，说"义，利也"；"义，利之本也。"（汉）何休在《春秋公羊传注》中曾用利益观念来说明"美"的价值,他说:"美大,多得利之辞也。"西方新实在论者培里在《价值通论》中说:"就最根本和最一般的意义上说,一种东西,当它是利益(不管是什么利益)的对象时,它就是有价值的。"他还将这种观点简化为一个公式:"X 有价值 = 从 X 中取得利益。"上述引证说明这种价值本质观在中国也是古已有之。

上述三种观点都把价值的本质理解为主体人的经验;或是欲求经验,或是情感经验,或是功用经验。此看法固然有把价值本质视为一种主观心理的弊病,但却认识到了价值与主体的欲求、情感、利益有密切关系这个特征,表现了古代哲学家对于价值的主体内在尺度的朦胧意识。而主体性正是价值最显著的特性,虽然它不是唯一特性。

(二)从客体特性方面理解价值的本质

古代有一些哲学家对价值本质的理解,其着眼点不是内向于主体经验,而是外向于客体特性。在他们看来,价值乃是客体所具有的某种属性或特征,这些属性和特征虽然能满足主体的需要,适合主体的愿望,但却不存在于主体,也不是由主体决定的。按照这种思路,他们提出的主要观点是:

1. 价值是对象的某种完满全粹性

这种观点最早的典型表现是孟子"充实之谓美"(《孟子·尽心下》)的命题。它的意思是把仁义礼智的道德原则扩充到人的思想、行为、容貌、形色等各个方面就是美。在这里,美的内容是仁义道德,而美的特性则是充实完满。焦循《孟子正义》解释说:"充满其所有,以茂好于外,故容貌硕大而为美。"孟子的"美"虽然是指人格美而言,但却包含着对美这种价值的一般理解。他把美理解为对象的某种完满性,不失为一种深刻的思想,它体现了从客体对象的特性去说明价值本质的新角度。后来荀子发展了这种观点,提出了"全粹为美"的思想。他说:

"全之尽之，然后学者也。君子知夫不全不粹之不足以为美也。"（《荀子·劝学》）又说"积善而全尽，谓之圣人"（《荀子·儒效》）。就是说，完全而精粹才是最有价值的。荀子所谓的"全粹"不仅指道德品质，还包括知识素养，使完满性的内容扩展了。

2. 价值是对象的精巧性

这种观点把作为主体对象的事物是否精巧作为其有无价值的依据。《释名·释言语》一书解释"好"，就体现了这种观点，它说："好，巧也。如巧者之造物无不皆善，人好之也。"直接地把"好"——价值定义为精巧性。《颜氏家训》的看法与此类似，"夫物体自有精粗，精粗谓之好恶。"以"精"释"好"，以"粗"释"恶"，通过价值（好）与非价值（恶）的对立，说明价值是指物的精巧性。在这两条资料中，"好"这个概念都是作为价值的用语出现的，因此，以精巧性作为"好"的定义，包含着对价值本质的一种理解。

3. 价值是对象的不断更新性

这种观点是《易传》提出的，《易传》认为天地之间有道，道的功用是"显诸仁，藏诸用，鼓万物而不与圣人同忧，盛德大业至矣哉！"（《易传·系辞上》）盛德大业就是价值，它的含义是"富有之谓大业，日新之谓盛德"（《系辞上》）。这就是说"富有"（内容丰富）"日新"（不断更新）才是最高的价值。《易传》在赞美自然价值和君子的人格价值时还说："天行健，君子以自强不息"（《易传·象传》）。"行健""自强不息"的主要含义也是不断更新。此外，古代哲人在解释"美"和"贵"时也有"美，茂也"（《太玄经》注），"贵，谓生也"（《太玄经》注）的用语。这些都可以看出，以对象的不断更新性来理解价值的本质，是传统哲学中的一个重要观点。

不论是把价值说成对象的完满全粹性，还是说成对象的精巧性，以及说成不断更新性，都是一种从客体的某种特性出发来理解价值本质的思路。这种观点有着极大的片面性，因为价值的本质乃是客体与主体之间一种特殊关系，即主体需要与客体满足主体需要的这种关系，所以，它不能在客体身上独立存在。客体对象的任何特性包括完满全粹性，精致巧妙性，不断更新性在内，都不能单独构成价值。以此作为对价值的规定显然是不全面的。然而，我们必须看到，古代哲人的上述理解包含着一些合理的认识环节。他们看到了或猜测到了价值（好、美、善、贵等）是不能脱离客体属性的，它总是与客体的某种属性有关。客体对象及其属性固然不能单独地构成价值，但却是价值关系的基础或前提。当我们说客体属性本身不是价值时，毫不意味着否认客体的某种属性、特征是构成价值的一个要素。所以，古代哲学家从客体特性方面理解价值本质的思路，作为对价值本质的认识历程中的一个环节或一个侧面，还是有意义的。何况，中国传统哲学的价值本质观从总体上说并没有停止在这一点上。

（三）从主、客体关系角度理解价值本质

既不拘泥于主体方面，也不局限于客体方面，而是从主体和客体的关系上思考和把握价值的本质，是中国传统哲学中理解价值本质的第三条思路，而且是比较全面的思路。在先秦哲学中这条思路就已自觉或不自觉地产生了。孔子"贵仁""尚义"，以道德为最高价值，他在论述"仁""义"等道德价值时，总是从道德与主体人的关系着眼，他说"君子喻于义，小人喻于利"，"君子怀德，小人怀惠"。又说："我欲仁，斯仁至矣"；"志士仁人，无求生以害仁，有杀身以成仁"（《论语·卫灵公》）。这里，"仁""义""道""利""惠"都处于客体的位置，而"君子""小人""志士仁人"则居于主体的地位，"喻""怀""欲""求""成"都是表示客体对象与主体之间关系的概念。对于"富""贵"这种价值，孔子也从关系的角度来理解，他说："富与贵是人之所欲也，不以其道得之，不处也。"（《论语·里仁》）富贵是主体（人）

"欲""得"的对象。这说明，孔子已经意识到价值存在于主体需要与客体满足需要的关系之中。

孟子也有从关系上理解价值的观点，他有一段名言："生亦我所欲也，义亦我所欲也，二者不可得兼，舍生而取义者也。"（《孟子·告子上》）这里说的是在生命与道义两种价值之间进行选择的问题。他首先肯定"生"和"义"都是人所需要，二者对人都有意义。接着他强调指出在二者"不可得兼"的情况下，应该"舍生取义"。因为道义价值高于生命价值。从这里可以明显看出孟子认为价值体现着主体与客体的关系。

不只是儒家，墨家也有这种思路。墨子所以"贵义"，因为"义可以利人"（《墨子·耕柱》），所以"尚力"，因为人"赖其力者生，不赖其力者不生"（《墨子·非乐上》）。"义""力"的"贵"和"尚"即其价值所在，都依其与主体的关系如何予以说明。道家也不例外，庄子虽然感叹人在价值选择上的困难性，但他也认为价值是主体对于客体的一种"辞受取舍"关系（《庄子·秋水》）。

真正把价值比较明确地理解为关系而又表述得较为具体的，应推宋代朱熹。他在论述"义理"和"利欲"两种价值时说："将古今圣贤之言，剖析义利处，反复熟读，时时思省义理何自而来，利欲何从而有？二者于人，孰亲孰疏，孰轻孰重？必不得已，孰取孰舍，孰缓孰急？初看时似无滋味，久之须自见得合剖判处，则自然放得下矣。"（《答时子云》）这就是说，价值评价和价值选择乃是处理客体对于人（主体）的"亲疏""轻重""取舍""缓急"等关系问题。价值的本质正是主、客体间的一种关系。

上述例证说明古代哲学家的确有价值是关系范畴的概念。而更为可贵的是，一些哲人还体味到了价值关系的重要特征，提出了两点十分深刻的看法。

1. 价值是客体对于主体的适宜性关系

在古代典籍及其注疏中，有一种值得重视的现象，就是将表达价值的诸概念如"好""义""美""善"等与"宜"互释。例如"好，犹宜也"（《诗经注》），"善，犹宜也"（《淮南子·说林注》），"义，宜也。裁制事物使合宜也"（《释名·言语》），"宜，美也"（《太玄注》），"宜，义也"（《礼记疏》）。"宜"的本义是"肴"，后来引申为"安适"，《说文》："宜，所安也。"进而引申为"合适""适宜"之义。古代学者将"宜"与"好""美""义""善"等互训，包含着一种重要的看法，就是认为价值是一种适宜性的关系，即对象对于人（主体）的适宜性关系。这种看法虽然表述不明，但却含义甚深，它体会到了价值关系的重要特征。因为，当客体对象能满足主体的某种需要时，它对主体来说就是适合的适宜的。反之，当客体不能满足甚至妨碍主体的需要时，它与主体之间的关系则肯定不适宜。人们认识客体和改造客体的目的，就是为了通过解决主体与客体之间不适宜的矛盾而使客体满足人的需要，建立客体适宜于主体的关系，即价值关系。正如《释名·释言语》所说："裁制事物使合宜也。"

2. 价值是客体与主体之间的和谐性关系

这一观点比第一种看法更为成熟一些。西周末的史伯及早期儒家就主张"和为贵"，认为"和"是价值的特征。《论语》云："礼之用，和为贵。先王之道，斯为美。"（《论语·学而》）又云："君子和而不同"（《论语·子路》）。明显地将"和"与价值联系起来。孟子说："天时不如地利，地利不如人和。"（《孟子·公孙丑下》）又说："柳下惠圣之和者也"（《孟子·万章下》），认为人际关系的和谐最有价值。《中庸》曰："和也者，天下之达道也。"这已经将"和"的价值意义普遍化了。根据这些思想，古代典籍及其注疏中以"和"解释价值的例证所在多有，如"善，犹和也""利，和也""利，义之和也"，等等。古代学人之所以把"和"与价值联系到一起，是因为"和"表明了一种关系的特征。"和"的本义是乐器，由不同的乐声之相应引申为音乐的和谐，进而引申为物与物、物与人、人与人关系的和谐。价值既然是指客体对于主体需要的满足关系，那么它的本质特征必定是客体与主体之间的某种适合或一致，这种适合或一致就是和谐性。中国古代哲学家能认识到这一点，充分表现了他们对价值本质理解的深度。

用"宜"与"和"（即适宜性与和谐性）概括价值关系的基本特征，乃是传统哲学价值观的重大成果，它对我们研究价值的本质至今仍有深刻的启发意义。

上述从主体经验出发，从客体特性出发和从主客体关系出发三条理解价值的思路，基本上可以看到中国传统哲学思考价值本质的概貌。其中有些观点虽然显得零碎、分散、朴素、朦胧，但却凝结着哲人们的思维成果，包含着许多合理内核，至今仍熠熠生辉，启人智思，增人慧解。而且，有的看法，与西方哲学家的观点甚为类似，不谋而合，这至少可以说明：第一，价值观并不是西方的哲学特产，中国哲学中也蕴含着这方面的丰富宝藏；第二，中西哲学虽有异趣，但也有同处。"东海西海，心理攸同，南学北学，道术未裂"（钱钟书语），不同民族，皆为人类，其致思趣向同中有异，异中有同，何须怪哉！

二 价值分类论

价值分类是一个十分复杂的问题，由于遵循的标准和采用的方法不同，可以提出多种分类模式。中国传统哲学关于价值分类的观点也是丰富多彩的，其代表性的观点是按照天、地、人三大系统进行分类，每一系统中又分为许多等级或层次。

儒家哲学认为，天、地、人是宇宙万物间的最根本者，故称其为"三材"。《易·系辞下》："易之为书也，广大悉备。有天道焉，有人道焉，有地道焉。兼三材而两之，故六。六者，非它也，三材之道也。"《易·说卦》："立天之道曰阴与阳，立地之道曰柔与刚，立人之道曰仁与义，兼三材而两之。"从最根本者，进而引申为最高者，最有价值者，故又称天、地、人为"三极"。《易·系辞上》："六爻之动，三极之道也。"高亨解释说："天、地、人乃宇宙万物之至高者，故曰三极。"（《周易大传今注》）和"三材"说类似，道家则提出"四大"说。即"道大，天大，地大，人亦大。域中有四大，而人居其一焉"（《老子》第二十五章）。老子认为此四者为宇宙间至大无限的存在。这里的"大"，不仅指特性言，而亦指地位言，含有浓厚的价值意味。天、地、人是不同的实体，却并列称"极"，称"大"，说明儒、道两家都充分肯定天、地、人是宇宙间最尊贵者，有极高的价值。这可以视为对价值的第一级分类。在此基础上，传统哲学再按这三大系列，进行第二级、第三级的价值分类。

（一）以"天"为本位的价值分类系列

以天为基点的价值分类系列，可以以《易传》的"四德"说为代表。《易传·乾·文言》称元、亨、利、贞为乾（天）之四德："元者，善之长也。亨者，嘉之会也。利者，义之和也。贞者，事之干也。"意思是，元是善之首，亨是美的集合，利是义的和谐，贞（正）是百事的主干（见高亨《周易大传今注》）。这是把天（乾）的价值分为善、美（嘉）、义（利）、正四类。

这种分类，并非仅言天德，而是通宇宙人生言之，以天德与人德相贯通。《易传·乾·文言》说明天之价值类别之后，接着就谈人的道德价值，主张君子法天以行四德。"君子体仁足以长人，嘉会足以合礼，利物足以和义，贞固足以干事。君子行此四德者，故曰：'乾：元、亨、利、贞。'"人的仁、礼、义、正之美德，与天的元、亨、利、贞是相应而统一的。

《易传》的"四德"分类说，对传统哲学的价值分类说影响甚大，宋儒朱熹特别重视天的元、亨、利、贞四德与人之仁、义、礼、智四德相配。他的高足陈淳阐发他的思想时说："人性之有仁义礼智，只是天地元亨利贞之理。仁在天为元，于时为春。……礼在天为亨，于时为夏。……义在天为利，于时为秋。……智在天为贞，于时为冬。"（《北溪字义》卷上）将天德、天时（春、夏、秋、冬）与人德相比附，相贯通，使按天的系列的价值分类普遍化了。

按天之四德提出的价值分类论，统摄了善、美（嘉）、利、智（贞）等基本的价值形式。这与意大利哲学家克罗齐将价值分为真、善、美、利四种不谋而合，真使人惊叹不已。

（二）以地为本位的价值分类系列

以地为本位划分价值类型，当以"五行"说为代表。"五行"即水、火、木、金、土。这本是五种自然物质，因为它是人的生活所必需而不可须臾离开的东西，所以古人认为它们有重要的价值，赋予其以特别的价值意义。认识到五行的价值意义，可以追溯到虞夏时代。《尚书·大禹谟》云："水、火、金、木、土、谷惟修，正德、利用、厚生惟和。……地平天成，六府三事允治，万世永赖，时乃功。"就是说，利用水、火、金、木、土、谷增加财富，使人们生活得好，就是"养民"之政，就会万世太平。关于五行对于人类生存的重要价值，《尚书大传·洪范》有一段很好的说明："水火者，百姓之所饮食也。金木者，百姓之所兴作也。土者，万物之所资生也。是为人用。"这说明，在很早的时候，人们就认识到五行的重要价值。然而，早期的五行说，只是对五种自然物的价值意义的阐明，并不是以其作为价值分类的标准。

从战国末期开始，五行说才作为价值分类的理论被哲学家们提出。战国末期的阴阳家邹衍认为五行是五种德性，提出"五德终始""五德转移"的观点，并将其附会到社会历史的盛衰兴亡和王朝的更替上，认为历史的变化是五行之德的转移循环。这就把早期的五行自然观改造成了五德历史观，五行开始表现为五种价值。

下至汉儒则又以五行言人之仁义礼智信五种道德。认为仁为木德，义为金德，礼为火德，智为水德，信为土德，并以五行相生关系论证五种道德价值的相互转化。这样五行自然观经过历史观，进而转变为道德观了，"五行"被完全价值化，明确地成为价值分类学说。这种价值分类学说，到宋代理学家手里就普遍当作一种划分价值类型的模式来使用。周敦颐有阴阳五行之德的立论，朱熹虽重天之元亨利贞的分类，然亦不废以五行进行价值分类之说。

中国哲学史上，凡主张按地之五行进行价值分类的儒家哲学家，不但以人的仁义礼智信与五行相配，而且还以各种物之五德与五行相配。其中，虽有种种穿凿附会之论，牵强类比之嫌，然其基本思想则是认为一切事物无不表现一种价值，无不可纳入五行的价值系列之中。例如，就季节言，春属木德，夏属火德，秋属金德，冬属水德，四季之间皆有土德；就方位言，东属木德，西属金德，南属火德，北属水德，四位之中央属土德；就腑脏言，肝属木德，心属火德，肺属金德，肾属水德，脾属土德。此外，人的感官和自然界的动植物亦可分别属于五行之德。

由此可见，在儒家哲人看来，自然与社会、历史与人伦、时间与空间、动植与人体的一切价值统统可按照水、火、金、木、土五种价值予以分类。五行分类说充分表现了传统儒家哲学将一切事物价值化的重要特征。

（三）以人为本位的价值分类系列

中国哲学以人为主导本位，以人为天地立心，因此以人为基点的价值分类说处于最重要的地位。而且，它包括从人的不同角度着眼而形成的几个分类系统。

1. 人生价值分类

人生价值即人生的意义所在，主要是指人生追求的价值目标。对此，传统哲学提出了四种不同的观点。

（1）"五福"说。《尚书·洪范》提出"向用五福"作为九畴之一。"五福"指寿、富、康宁、攸好德、考终命。这是把长寿、富贵、康宁、美德、善终视为五种福祉，要求统治者以此劝人向善。并以凶短折、疾、忧、贫、恶、弱"六极"（六种惩罚）与五福对立。五福虽然是作为一种统治术提出来的，却包含着对人生价值的体认，特别是对人生幸福的理解。可以说是幸福价值的分类。

（2）"三不朽"说。《左传·襄公二十四年》："大（太）上有立德，其次有立功，其次有立言。虽久不废，此之谓不朽。"以立德、立功、立言为人生的三种价值，并按其重要程度，次第排列，这是关于人生意义的价值分类。它虽然以道德为人生的高价值，但也肯定了功业和言论在人生的价值地位。

（3）"三无"说。《庄子·逍遥游》云："至人无己，神人无功，圣人无名。"意思是说，忘掉自己是至人的人生目标；不求功业是神人的人生取向；不立名望是圣人的人生追求。自我、功业、名望是世俗人所关注的三种价值，庄子主张应当否定此三种价值，而代之以无己、无功、无名这三种超越性的人生价值。这是道家通过否定儒家人生价值而提出的人生价值分类说。

（4）"义利"说。在传统哲学中义利是人生的基本问题之一，虽然儒、墨、道、法各派对义利价值地位的评价不一，形成了几乎贯穿中哲史始终的义利之辨，但他们大都认为义、利是两类人生价值，特别是儒家，甚至将人生价值完全归结为义和利两大类型。从孔、孟以至程、朱，莫不如此。程颢说："大凡出义则入利，出利则入义。天下之事，惟义利而已。"（《程氏遗书》卷十一）朱熹认为："义利之说，乃儒者第一义。"（《与延平李先生书》）陆九渊也主张："凡欲为学，当先识义利公私之辨。"（《陆九渊集·语录下》）从价值分类的角度来看，儒家哲学显然认为义、利乃是人生的两类基本价值。至于他们对义利的评价和看法，这里未及叙述。

2. 善德价值分类

传统儒家，极重道德价值，关于道德价值分类的观点也多种多样，其重要而又影响源远者，当数"五常"说。

"五常"即仁、义、礼、智、信五种善德。它的系统化有一个过程，《管子·牧民》以礼、义、廉、耻为国之"四维"，孔子并称"仁智"还以仁、智、勇为"三达德"，孟子将"仁义礼智"并列，《大戴礼记》称孝、悌、忠、信为"四德"。这些都是对善德的分类。到了西汉的董仲舒才在前人善德分类说的基础上，正式提出仁义礼智信为"五常之道"，并与"三纲"相配。作为封建伦理道德的教条。从此善德的分类说基本定型，成为后来漫长封建社会历史上道德价值分类的基本模式。

五常的价值分类系列虽然立足于人的善德，但儒家将它普遍化为一切价值的分类原则。对天、对地、对物均可适用。上文在谈天之"四德"（元、亨、利、贞），地之"五行"（水、火、金、木、土）时，已经涉及。这里需要说明的是，"五常"固然是以道德为本位的价值分类，但却包容着其他一些价值形式，渗透于其他价值领域。例如"智"，尽管儒家主要将其视为道德理性，但多少涵摄知识上所求之"真"。又如"礼"，除道德规范的主要含义外，其仪式秩序的方面与社会制度有关，其仪容器物方面则与艺术审美有关。再如"信"，也含有真实性的意思。这说明，传统儒家哲学的善德分类，以道德价值为主，统摄真、善、美价值于其中，这种归真于善、归美于善的价值分类思路，是中国儒家哲学价值观的重要特征，和古希腊哲学主张"知识就是道德"（苏格拉底）的归善于真的价值分类观念形成了鲜明的对照。

3. 人格价值分类

中国哲学各派都追求理想人格，对于人应该成为一个什么样的人才有价值，各派看法不一。这里只谈两种代表性的人格价值分说。

（1）天人、神人、至人、圣人、君子的人格分类。《庄子·天下篇》说："不离于宗，谓之天人。不离于精，谓之神人。不离于真，谓之至人。以天为宗，以德为本，以道为门，兆于变化，谓之圣人。以仁为恩，以义为理，以礼为行，以乐为和，薰然慈仁，谓之君子。"这里列举了五种具有不同特质而皆有价值的人格类型。掌握了道的根本的"天人"，掌握了道的精粹的"神人"，掌握了道的真谛的"至人"，都是以顺应自然之道为基本特征的人格，乃是道家所崇尚的人格价值；把天作为主宰，把德当作根本，把道当作门户而能预知各种变化的"圣人"和体现着仁义礼乐的"君子"，都是以遵从人伦之德为基本特征的人格，乃是儒家所追求的人格境界。《庄子·天下篇》的作者，按天人、神人、至人、圣人、君子这种由高到低的顺序排列五种理想人格，表现了他认为道家的自然型人格高于儒家的道德型人格的观点。

（2）善人、信人、美人、大人、圣人、神人的人格分类。《孟子·尽心下》记述了孟子与浩生不害关于个体人格评价的一段对话，系统而集中地表述了孟子的人格分类说。"浩生不害问曰：'乐正子何人也？'孟子曰：'善人也，信人也。''何谓善？何谓信？'曰：'可欲之谓善，有诸己之谓信，充实之谓美，充实而有光辉之谓大，大而化之之谓圣，圣而不可知之之谓神。'"孟子把人格价值划分为善、信、美、大、圣、神六个等级，他认为乐正子只达到善、信两个等级。"善"是个体在他的行为中只追求"可欲"的东西（仁义）；"信"是个体在行为中以自己真实的本性为指导；"美"是个体将仁义道德完满充实地贯彻于全人格中；"大"是个体以充实而有光辉的人格美照耀四方；"圣"是以善美的人格化育天下，为人楷模；"神"是以道德人格之美化育天下而达到了非人智所知，非人力所成的神妙境界。这种人格分类有三个突出的特点：一是以人格价值形成的历程和达到的境界由低级到高级划分类型，体现了动态的上行发展的趋势。和《庄子·天下篇》着重以人格的特质划分人格价值的方法不同。如果说《庄子·天下篇》是横向的特质划分法，那么孟子就是纵向的历程划分法。二是其列举的人格价值类型超出了道德领域，虽然以道德为主导但却不限于道德境界。"信"即真，"大"有崇高之义，"神"与神秘相关。这就把真、善、美、崇高、神秘等境界都包括在内，使人格类型显得丰富多彩。三是将美的人格（"大""圣""神"都是对"美"的进一步规定）置于真和善的人格之上，其等级高于"真"和"善"，表示了对人格美的重视和高扬。孟子提出的这种人格价值分类说，在传统价值哲学中有着重要意义，应予以充分地重视和研究。

传统哲学中关于理想人格的看法很多，如儒家赞扬的"君子""贤人""仁人""志士"，墨子崇尚的"兼士"，道家仰慕的"至人""真人"等，但都是各家设计的有价值的人格模式，并不是对人格的分类理论，明确地对人格价值进行系列分类的，应以上述两种学说为代表。

以上对传统哲学的价值分类说的阐述，只是一个论纲式的概要。通过这一概述，我们可以看出中国哲学的价值分类说中体现着几个重要原则，形成了它的基本特征。

1. 天人合一原则

虽然从分类方法上传统哲学按天、地、人三个本位将价值划分为三大系列，但是贯穿于其中的基本精神则是统一的。天之"四德"，地之

"五行"，人之"五常"，名称有异，内容实质则一，这就是人伦道德（善）。元、亨、利、贞，水、火、木、金、土，都与作为人伦道德规范的仁义礼智信相应、相配、相融。五常之道（仁义礼智信），是人性之价值，在天而言，即为元、亨、利、贞；在地而言，即为木、金、水、火、土。天、地、人三位在五常中化为一体。孟子云："尽其心者，知其性也，知其性，则知天矣。"（《孟子·尽心上》）董仲舒说："以类合之，天人一也。"（《春秋繁露·阴阳义》）程颢说："人与天地一物也。"（《程氏遗书》卷十一）程颐说："道未始有天人之别，但在天则为天道，在地则为地道，在人则为人道。"（《程氏遗书》卷二十二上）又说："天地人只一道也，才通其一，则余皆通。"（《程氏遗书》卷十八）这个天人合一的价值分类原则，既不是按价值关系的主体承担者——人的需要来划分价值，也不是按价值关系的客体承担者——物的属性来划分价值，而是着眼于以客体主体化或主体客体化形成的统一境界来进行价值分类。仁义礼智信在儒家看来，都是天人合一的崇高境界。

2. 本末次第原则

中国哲学的价值分类，并不是将各类价值予以平列排比，而是按照本末次第排列价值顺序。本末关系即先生与派生、总括与分殊的关系。"元"为四德之本，亨、利、贞则由元所派生，故为末；"土"为五行之本，木、水、火、金皆土所生，故为末；"仁"为五常之本，义、礼、智、信皆由"仁"所生，并是"仁"的分殊，故为末。朱熹所谓"仁统四德"就是这个意思。为什么"仁统四德"呢？陈淳解释说："何谓义礼智都是仁？盖仁者，此心浑是天理流行。到那礼仪三百，威仪三千，亦都浑是这天理流行。到那义，裁断千条万绪，各得其宜，亦都浑是这天理流行。到那智，分别万事，是非各定，亦都浑是这天理流行。"（《北溪字义》卷上）具体说明了"仁"为五常之本的理由。此外，在人生价值类别的各种观点和人格价值的各派观点中，也贯穿着这种本末次第原则，如"立德""立功""立言"中，以"立德"为本；"无己"

"无功""无名"中，以"无己"为本。"善""信""美""大""圣""神"六类人格中以"善"为本，等等。这种按本末次第区分价值类型的原则，体现了传统哲学关于价值生成和价值实现有一个先后相继次序的重要思想。也体现了各种善德价值的地位有主要和次要之区分的观念。这些观点，在价值分类说中，都是很有意义的。当然，这并不是说，他们所排列出的本末次第都是正确的。只是说，他们的方法论原则对我们研究价值分类甚有启发。因为，在复杂纷纭的价值世界里，必然存在着主次、先后、本末的区别，如果在分类时，把握了这一点，那么必然将有利于人们在实践中进行价值选择和价值创造。

3. 相生相胜原则

中国传统哲学不但认为各类价值有本末次第的区别，而且有相生相胜的关系。就是说，任何一种价值都不是孤立的，它既为别的价值产生，又产生别的价值。表现为价值之间既相互转化又相互制约的关系。天之"四德"之间，地之"五行"之间，人之"五常"之间都存在着这种关系。朱熹论述"四德"的相生关系时说："元者，生物之始，天地之德，莫先于此，……亨者，生物之通，物至于此，莫不嘉美，……利者，生物之遂，物各得宜，不相妨害，……贞者，生物之成，实理具备，随在各足"（《周易本义》卷一）。把四德描绘为一个相生发展的过程，并以春夏秋冬与之对应。而且，哲人们还认为事物盛久必衰，衰极必兴，因此"贞"下可以起"元"，相生的过程重新开始，周而复始。董仲舒沿用战国末年邹衍"五行始终"的观念，指出"五行"的基本关系是"比相生而间相胜。""比相生"是木生火，火生土，土生金，金生水（木→火→土→金→水）；"间相胜"是木胜土，火胜金，土胜水，金胜木，水胜火。汉儒宋儒以人之"五常"与地之五行比附，认为仁义礼智信之间也有类似的关系。这样，一切价值都被纳入在一种转化制约、联系统一的动态模式之中，其循环演变皆有一定的次序。这种价值分类原则，表现了传统哲学对各类价值关系的辩证看法，是十分可贵的，但是却存在着循环论的弊病。

　　总之，中国古代哲学家对价值分类问题进行了比较深入地思考，与其对价值本质的探讨相比，显得更为系统。在他们的观点中虽然有许多牵强附会之处，也有构筑模式的倾向，但是，也不乏启人思路的闪光。如果我们能采取科学态度予以扬弃，必定能为我们的价值哲学研究提供有益的借鉴。

三　价值评价论

价值评价是主体对价值关系的反映和认识，它是主体的一种精神性活动。价值评价总是以认识、情感、意志、信念等多种形式表现出来。中国传统哲学的价值评价论所探讨的主要问题涉及价值评价与知识性认识（认知）的关系、价值评价的标准、评价方式和评价主体等方面。在这几个方面，古代哲学家也提出过许多重要看法。

（一）关于评价与认知的关系

和在整个哲学指向上重视价值的特征相适应，中国哲学也特别重视评价性认识。儒道墨法各派的认识论所讨论的"知""智""学""思"问题，其对象和内容主要是价值事实而不是科学事实。就是说，通过"知""智""学""思"所追求和把握的，主要不是客观事物的本质和特性，而是世界对于主体的意义，对人生、治世的价值。于是，好坏、善恶、美丑、利害的区别和裁定，构成认识活动的主要内容和最终目标。即使有的哲学家主张通过"格物致知"的途径来探讨客观事物的"理"（规律），其最终的落脚点仍在于说明"天理"与"人欲"的关系问题，在于提高人们的道德修养。孔子的"知仁""知礼"，孟子的"良知""良能"，墨子的"知义""知利"，韩非的"知法""知术"，所知的都是价值对象，而不是价值对象以外的其他东西。即使老子、庄子的"知道""知自然"，也并非执意去探求宇宙的本体，而目的是想说明人应该追求"法自然"的无为境界。荀子批评庄子"蔽于天而不知人"，其实庄子的本意乃是法天以知人。这说明，传统哲学将价值评价置于科学认识之上。

不仅如此，中国古代哲学还以价值评价统摄科学认知，使科学认知归属于、服从于价值评价。儒家把"智"作为"四德""五常"之一，就是以善统真的典型表现。道家的庄子虽重视"真"，但他所谓的"真"也并非是脱离价值评价之外的独立的科学认知。他说："有真人而后有真知"（《庄子·大宗师》），真人即达到道的精神境界的人，也就是树立了自然无为的价值标准的人。这样的人才能取得真知，可见"真知"是从属于价值评价的。

评价高于认知，评价统摄认知，是传统哲学关于价值评价论的首要观点。如果用古代哲学家的言论来概括这一特征，就是："知之者不如好之者，好之者不如乐之者"（《论语·雍也》）；"君子之学也以美其身"（《荀子·劝学》）；"崇德而外，君子未或致知也"（张载：《正蒙·神化》）。这些命题很好地说明了他们对价值评价与科学认知二者关系的看法。

（二）关于价值评价的标准

对于价值评价的具体标准，由于各派哲学的价值取向不同，因此他们提出的标准各异。这里先不讨论各学派的具体标准是什么，而着重论述哲学家对价值评价标准的性质和特征的看法，即对评价标准的绝对性和相对性、统一性和多样性的看法。

1. 绝对标准论

传统哲学的儒、墨、法等派在评价的标准上，都主张绝对性。在他们看来，人们在评价事物时，是与非，善与恶，美与丑的界限应该是绝对的，确定的。孔孟以"仁义"，墨子以"功利"，韩非以"法治"为绝对的善，绝对的好，将其视为至高无上的原则，万世不变的标准，予以坚持和宣扬。凡是不合于这些原则的，他们就视为恶，视为非，视为丑，予以指责。这一方面显示了他们在评价标准上的高度原则性和在评价活动中的强烈的爱憎情感；但另一方面也表现了他们把评价标准绝对化的倾向。这种绝对化评价标准，通过董仲舒的"天不变道亦不变"和程朱理学的"存天理灭人欲"而走向极端，成为封建社会中后期价值评价论中的顽固的教条主义。

2. 相对标准论

针对早期儒、墨的绝对主义倾向，道家哲人（特别是庄子）提出了评价标准的相对性理论，他们认为"善之与恶，相去几何"（《老子》第二十章），"正复为奇，善复为妖"（《老子》第五十八章），"以道观之，物无贵贱"（《庄子·秋水》）。在道家看来，人们的评价标准之所以是相对的，这首先是由价值客体间特性和功能的差别的相对性决定的。所谓"以差观之，因其所大而大之，则万物莫不大；因其所小而小之，则万物莫不小"（《庄子·秋水》）。其次，是由价值主体的需要和好恶的不同决定的。所谓"以趣观之，因其所然而然之，则万物莫不然；因其非而非之，则万物莫不非"（《庄子·秋水》）。据此，道家哲人指出，儒、墨各家所主张的绝对性评价标准，不过是一种从主观成见（"成心"）出发的独断论。人们对价值的评价只能是"彼亦一是非，此亦一是非"（《庄子·齐物论》），"贵贱有时，未可以为常也"（《庄子·秋水》）。

3. 统一标准论

关于社会成员对价值的评价应不应该有统一的标准，古代哲学家也发表过一些重要看法。儒、墨、法各派都主张统一的评价标准，但是对统一的形式，观点却有不同。大体上说，提出过两种基本的统一模式。

（1）"尚同"模式。墨子认为天下人在价值评价标准上的一致是关乎天下治乱的重大问题。当人们的评价标准不同一，各人都坚持他自己的评价标准时，就会互相争夺、互相损害。"天下之乱，若禽兽然。"而如果人们具有了同一的评价准则，就会天下大治。他说："唯能一同天下之义，是以天下治也。"（《墨子·尚同上》）墨子所谓的评价标准的"尚同"，从评价主体看，是指全体社会成员上同于天子（天子上同于"天"），即"上之所是，必皆是之，所非，必皆非之"（《墨子·尚同上》），从价值取向看，是要求人人同一于"兼爱"的价值理想，同一于"国家百姓人民之利"的价值追求。这种"尚同"式的评价标准论，是针对人们在价值评价上"一人一义"，"十人十义"，各人都"是其义而非人之义"这种混乱矛盾状态而提出的，在思想上起了统一人们评价标准的作用，在政治上起了促使诸侯割据的局面走向统一的作用。然而由于它过分强调人们在评价标准上的一致，不但带有极大的幻想成分，也包含着浓厚的独断论色彩。故为儒、道两家哲学所不取，所反对。

（2）"贵和"模式。这是儒家坚持的评价标准的统一模式。孔子说："礼之用，和为贵。先王之道，斯为美。"又说："君子和而不同。"（《论语》）《中庸》曰："和也者，天下之达道也。"儒家的"和"意义是多方面的，就价值评价标准而言，是指人们在进行价值评价时应采取基本原则一致，小的分歧允许的态度。因为，"和"的本义就是指不同东西的和谐和统一。它一方面与背离统一原则的"争"相对，所谓"和而不争"；另一方面与排斥差异因素的"同"相对，所谓"和而不同"。儒家以"和"为评价标准统一的方式，其中贯穿着两点重要原则：一是多种评价标准统一中必须有一种标准处于统治地位，发挥主导作用，这种居统治地位起主导作用的标准就是儒家所主张的评价标准，具体地说就是"三纲五常"等等。因此，"和"并不是让各种评价标准平分秋色、平起平坐，对其一视同仁。而是要其他标准服从于、受制于儒家标准。二是在坚持基本评价标准一致的前提下，承认和允许其他的评价标准存在。因此，"和"并不是把一种标准极端化、单一化。而是在基本原则不受动摇的前提下，对其他评价标准，采取宽容态度。正由于这两点原则，形成了中国思想史上价值评价标准的"儒道互补""儒释相融""外儒内法"的基本格局。儒家认为坚持评价标准的"和"式统一，才能使封建社会长存。张载说："和则可大，乐则可久，天地之性，久大而已矣"（《正蒙·诚明》）。

综观中国哲学史，儒家的"贵和"模式在主张评价标准统一的各种理论中长期占主导地位。

4. 多元标准论

与主张评价标准的相对性相适应，道家不同意人们的评价标准应该统一或一致的观点，他们认为社会成员在价值认识上、在评价标准上的多样性、多元化、变动性不但是允许的而且是应该的。其根本原因在于，人们的价值标准不可能一致。各人都是从自己一己的私利出发考虑问题，确定自己的价值标准，自然就不可能形成统一的评价标准。庄子说："夫随其成心而师之，谁独且无师乎？……愚者与有焉。"（《庄子·齐物论》）人们都把自己的利益原则、思想感情（"成心"）作为指导思想，当然就不会在价值评价标准上取得一致意见，而且经过辩论也不会形成统一认识。因为，辩论者双方和第三者都不能裁定彼此的是非，统一分歧的观点。那么，对于多元的评价标准，只好听之任之，凭其自然。"是若果是也，则是之异乎不是也亦无辩。然若果然也，则然之异乎不然也亦无辩。""和之以天倪，因之以曼衍，所以穷年也。"（《庄子·齐物论》）道家的多元标准论，是对儒、墨的统一标准论的冲击，它尽管有相对主义、自由主义的偏颇，但对纠正人们在价值评价标准上过分强调"舆论一律"，过分追求绝对统一，却有扶偏救弊之功，而且，有利于活跃人们的价值观念。

（三）关于价值评价的方式

中国传统哲学所提出的价值评价方式基本有两种：一是肯定方式；一是否定方式。

儒、墨、法三家大体上采取的是肯定评价方式。他们对价值的评定，主要通过对价值事实的直接的肯定和赞扬表达出来。儒家的"君子义以为上""好仁者无以尚之"（孔子），墨家的"万事莫贵于义""义可以利人"（墨子）；法家的"万物莫如身之至贵也""唯法为治"（韩非子）等命题以及他们用以标志价值的"善德""美好""仁义""功利""法治"等概念都是以肯定方式进行价值评价的例证。这种评价方式乃是他们的肯定式思维方式在价值评价中的应用。儒、墨、法各家都重在从正面说明事物，对于一个对象也是着重指出它"应当怎样"才能成为价值。

然而，道家和佛教哲学则不然，他们往往采取否定方式来进行价值评价。他们的否定评价方式有两种情形，一是通过批判他们所认为的负价值以表达他们的价值取向。道、释两家对儒、墨等家价值观的严厉批判就是以否定方式进行价值评价。如"绝圣弃智，民利百倍；绝仁弃义，民复孝慈；绝巧弃利，盗贼无有"（《老子》第十九章）。又如"绝圣弃智，大盗乃止；擿玉毁珠，小盗不起；焚符破玺，而民朴鄙；掊斗折衡，而民不争"（《庄子·胠箧》），都是通过对负价值的否定，来进行价值评定。二是用否定式的概念和命题表述他们所追求的价值。道家提出的"无己""无名""无功""无用""无穷"等概念和"贵夫无为""无之以为用"等命题；佛学提出的"无生""无灭""无我""无念""无贪""无分别智""无住涅槃"等名词，都是价值的标志和称谓。由于它是针对世俗人们所肯定和追求的某种价值而提出的，所以大都采用否定式判断。这种否定式的价值评价，也是释、道两家的思维方式的一种表现。它重在说明某种对象"不应当怎样"才有价值。

儒家称"仁"说"义"的肯定评价方式，在古代传统价值观中处于主导地位；但道、释赞"无"言"空"的否定评价方式，也不绝如缕，长期影响着人们的评价活动，致使传统的价值评价方式也呈现着一种两极互补的态势。然而，由于儒家肯定评价方式在互补结构中的支配作用，就造成了人们价值观念改变和价值取向翻转的困难。道家在价值评价上表现的批判精神往往受到很大的压抑，而只作为一支潜流存在着。

（四）关于价值评价的主体

价值评价的主体既可以是个人，也可以是社会。两者在评价活动中都起作用，都有意义。中国传统哲学关于评价主体也有两种看法。

1. 社会主体论

儒、墨两家虽说不否定个人进行价值评价的地位和意义，有时甚至还重视个体评价，如孔子说："三军可夺帅也，匹夫不可夺志也。"（《论语·子罕》）这里的"志"中就包含着价值评价和追求。然而，从总体上看，他们突出地强调以社会为主体进行价值评价。也就是要求从社会群体的角度考察和评定现象的社会价值，判明某种现象对社会的意义。主张人们站在社会整体的立场上，以社会的价值标准为评价标准，反对从个人利益和需要出发，对现象作价值判断。这是传统哲学价值评价论的重要特征之一。

儒家认为人们应该为群而忘己，以个人的价值评价服从于社会的价值标准。孔子自言其志："老者安之，朋友信之，少者怀之。"（《论语·公冶长》）孟子表示"得志泽加于民""兼善天下"（《孟子·尽心》）。

墨家更以"利天下"为己任，以"国家百姓人民之利"为言论的重要标准。提出"兼相爱，交相利"作为价值目标。墨子以后，宋钘也主张"愿天下之安宁，以活民命"，他自己"虽饥，不忘天下"（《庄子·天下篇》）。

后代儒家皆崇孔、孟，主张以社会为评价主体，以"公利"为评价标准。例如董仲舒说，人君应以"兼利"或"爱利天下"为意，使自己成为社会评价主体的代表。张载提出"义公天下之利"，表示自己要"为生民立命"（《正蒙》），程颐也要求以"公其心""与众同利"为评价原则（《程氏易传·益卦》）。南宋胡五峰认为："一身之利，无谋也，而利天下者则谋之。一时之利，无谋也，而利万世者则谋之。"（《知言》）

儒、墨既然提出以社会为评价主体，以公利为评价标准，那么，谁是社会主体的化身，社会公利的代表呢？他们认为社会主体的最高权威一是"圣人"，二是"天子"。于是社会主体又转换成了个人主体，"圣人"和"天子"的评价标准成了全社会的最高准则。这样一来，社会评价就不可能是合理的、科学的。"公利"实质上仍是一部分人的"私利"，表现了社会主体论者的阶级局限性。然而，这种观点从历史作用上看，对于培养人们为了国家、民族的整体利益而牺牲个人利益的高尚情操是有重大意义的。许多民族英雄的壮举，以及"先天下之忧而忧，后天下之乐而乐"，"国家兴亡，匹夫有责"，"苟利国家生死以，岂因祸福避趋之"等格言，就是它所产生的积极影响。

2. 个人主体论

中国哲学中，承认和肯定个人作为评价主体的重要意义，甚至将个人主体置于社会主体之上的理论，虽然在价值评论中不占统治地位，但仍有一定的影响。其主要代表是战国初期的杨朱。杨朱的价值观与墨、儒相反，讲"为我"，主张独善其身，认为人人只需自爱。《孟子》论述杨子的价值取向曰："杨子取为我，拔一毛而利天下，不为也。"可见杨子是一个极端的个人主体论者。此外，道家的庄子也颇有以"我"为评价主体的思想，他说："为善无近名，为恶无近刑，缘督以为经，可以保身，可以全生，可以养亲，可以尽年。"（《庄子·养生主》）认为对为善、为恶都不必关注、执着，而"保身""全生""养亲""尽年"这些个人价值则是应重视的最高原则。不但如此，庄子还对以社会为评价主体，以"爱民""公利"为评价标准持批判态度。他说："爱民，害民之始也"，"夫尧，知贤人之利天下也。而不知其贼天下也。"（《庄子·徐无鬼》）因为，在他看来，社会上利用"爱民""利天下""仁义"等口号以济私作恶者甚多，反不如"为我"之不害天下。这种尊重个体的评价论，显然是看到了强调社会主体论者的某些虚伪性和不合理性而提出的矫枉过正之见。

中国传统哲学中主张以社会为评价主体的社会主体论和主张以个人

为评价主体的个人主体论，所讨论的问题实质上主要是究竟应该以社会整体利益和需要作为标准进行价值评价，还是应该以个人利益和需要作为标准进行价值评价，并未涉及关于价值评价主体的其他问题。因此二者争论的焦点乃是价值标准上的"公私之辨"。其实，价值评价中以个人为主体，并非就必定是以私利为标准，个人主体也可能认同社会主体需要，从社会整体利益出发，评价各种价值。而这些问题中国古代哲学家却并未予以仔细分析，详加讨论。

四 人类价值论[*]

人类价值，或人的类价值，是关于人的价值的一个层次。人的价值，含有三个层次：一是指人类的价值；二是指人格的价值；三是指人生的价值。后二者都是指个人的价值。人类价值是指人类总体在宇宙天地间的价值地位问题。

重视人的价值是中国传统哲学价值论的重要特征。古代哲学家中多数人高度肯定人的价值，认为"人异于物""人贵于物"。但是，对于人与物何"异"，人何以为"贵"，即人与动物有何区别，人的价值地位由什么确定，哲学家们则有不同看法。主要有以下观点：

1. 贵在形体

先秦时期，有人认为人之所以为人，在于人与其他动物的形体不同，人是"二足而无毛"的动物。《荀子》记述了这种观点，并予以批评，"人之所以为人者，非特以二足而无毛也，以其有辨也。今夫狌狌（猩猩）形笑亦二足而无毛也，然而君子啜其羹，食其胾。故人之所以为人者，非特以其二足而无毛也，以其有辨也"（《荀子·非相》）。以形体特征区别人与其他动物，虽然是十分肤浅的看法，但却是人对自己价值认识历程中的一个环节。人从动物界脱离出来的最初一步就是站起来走路，用两足行走，这是"人虫相分"的开端。上述观点可能意识到了这一

＊ 此节颇采张岱年先生《简评中国哲学史上关于人的价值的学说》（载《文化与哲学》一书）和葛荣晋先生《中国哲学对人的类价值的探讨》（载《中国哲学史研究》1987 年第 1 期）二文之说。特此致谢。

点。可是，从形体的这种特点上并不能真正将人与动物分开，荀子机智地举例指出，"狌狌"也是"两足无毛"，何以别于人类。显然，他认为考察人的特征，确定人的价值，不但要看"人虫相分"，还应看到"人猿有别"，这当然是十分深刻的。晚唐时无名氏的哲学著作《无能子》进而从方法上批评了上述观点，他说："夫鳞毛羽甲中，形质亦有不同者，岂特止与人不同耶？人之中，形质亦有同而异者、异而同者，岂特止与四虫之形质异也？"（《无能子·圣过》）可见，以为人与虫"所以异者形质尔"的看法是不对的。就是说，形质之异同不但不是人类与虫类的划分根据，也不是物类划分的依据，外在的形质异同不能说明事物的本质异同。这比荀子的举例（"狌狌"）批评前进了一步。

2. 贵在语言

另有一种看法，认为人异于动物、高于动物在于人有语言，即认为人是会说话的动物。《无能子》记述了这种观点并也进行了批评，"或谓有所异者，岂非乎人自谓异于鳞羽毛甲诸虫者？岂非乎能用智虑耶，言语耶？……夫自鸟兽迨乎蠢蠕者，号鸣啅噪，皆有其音，安知其族类之中非语言耶？人以不喻其音，而谓其不能言。又安知乎鸟兽不喻人言，亦谓人不能语言耶？则其号鸣啅噪之音必语言耳。又何可谓之不能语言耶？"（《无能子·圣过》）以为人与动物区别的标志在于语言，此看法并非没有道理，语言无疑是人与动物区别的标志之一。但如果将人与动物之别只归结为有无语言，当然失之片面。《无能子》的批评有些似是而非，动物有无语言姑且不论，即使有，也不会有人那样的语言。思维和语言的出现是类人猿向人类进化过程中发生的质的飞跃，是人别于动物的重要特征，诚然，仅以此论人的价值未免简单，可是《无能子》否认了人与动物这一区别，则又混淆了人与动物的界限。

3. 贵在有欲

此看法认为，人有物质欲望是人和动物的区别，也是人的类价值的表现。告子提出"食色，性也"，以食、色欲望为人的本性，孟子虽然不同意告子"生之为性"之说，但也认为，"口之于味也，有同嗜焉，耳之于声也，有同听焉，目之于色也，有同美焉"（《孟子·告子上》），其实也承认了人的物欲。但他不以物欲为"性"，更不以物欲为"善"，因此，主张"寡欲"。荀子说："饥而欲食，寒而欲暖，劳而欲息，好利而恶害，是人之所生而有也，是无待而然者也，是禹、桀之所同也。"（《荀子·非相》）但他认为这是性恶的表现，主张以义"导欲""化性起伪"。后代许多思想家都承认人的基本欲望的正当性，罗钦顺说："夫欲与喜怒哀乐，皆性之所有者。"（《困知记》）戴震认为，"人生而后有欲、有情、有知"，"凡出于欲，无非以生以养之事。欲之失为私，不为蔽。……《诗》曰：'民之质矣，日用饮食'。《记》曰：'饮食男女，人之大欲存焉'。圣人治天下，体民之情，遂民之欲，而王道备"（《孟子字义疏证》）。这已明确肯定了人欲的价值和意义。

4. 贵在气质

理学程、朱一派，除了高扬人的道德理性之外，还从本体论上为人的价值制造论据，认为人与物的区别在于所受于天地间的气有异。朱熹说："以其理而言之，则万物一原，固无人物贵贱之殊，以其气而言之，则得其正且通者为人，得其偏且塞者为物，是以或贵或贱而不能齐也。彼贱而为物者，既梏于形气之偏塞而无以充其本体之全也，唯人之生，乃得其气之正且通者，而其性为最贵，故其方寸之间，虚灵洞彻，万理成备，盖其所以异于禽兽者，正在于此。"（《朱子语类·大学或问》）又云："气有清浊，人则得其清者，禽兽则得其浊者。人大体本清，故异于禽兽"（《朱子语类》卷四）。以气之"正偏""通塞""清浊"论人与物之别，标人贵于物之义，把得天地间"正且通"之气，说成人的价值所在，乃是一种抽象的形而上学论证，只是说明了人与宇宙本体的关系，和动物与宇宙本体的关系不同，并没有具体地解释人的价值究竟何在。其实，朱熹的这种方法，不过是为人的价值在于道德提供一个本体论的根据，并不是他关于人的价值的全部思想。

5. 贵在意志

孔子区别了人与鸟兽，说："鸟兽不可与同群，吾非斯人之徒与而谁与？"（《论语·微子》）他极关心人的价值，《论语》记载："厩焚，子退朝，曰：'伤人乎？'不问马。"（《论语·乡党》）孔子认为，有独立意志是人与鸟兽区别的重要标志，也是人的价值所在。他说："三军可夺帅也，匹夫不可夺志也。"（《论语·子罕》）普通平民也应该有独立的意志。孔子人贵有"志"的观点，肯定和赞扬了人的活动的内在动机和自觉目的。动物的活动是出于本能的自发行为，而人的一切活动都有其目的性和自觉性。"志"即人的行动的目的性和实现目的的自觉性的统一。这显然是人的重要价值。

6. 贵在道德

人的价值在于人有道德，这是中国传统哲学特别是儒家哲学最基本的观点。孔子说，人和犬马对其父母"皆能有养"，在这一点上不能说明二者有别。区别在于，人对父母不但有"养"之能，而且有"敬"之德，这"敬"之德，正是动物所不具备的。他还说："民之于仁也，甚于水火。"（《论语·卫灵公》）仁是普通老百姓都需要的。孟承孔说，以为"理义"是人的共同本性，也是人与动物区别的标志，"心之所同然者何也？谓理也义也。圣人先得我心之所同然耳"（《孟子·告子上》）。"理义"即道德原则。荀子明确指出，人的价值在于道德，他说："水火有气而无生，草木有生而无知，禽兽有知而无义，人有气有生有知，亦且有义，故最为天下贵也。"（《荀子·王制》）又说："禽兽有父子而无父子之亲，有牝牡而无男女之别，故人道莫不有辨，辨莫大于分，分莫大于礼。"（《荀子·非相》）"义""礼"，都是道德规范，乃是"人之所以为人""人最为天下贵"的标志。汉代董仲舒论人之价值，坚持了儒家的基本思想，但谈得更为具体，他说：

"人受命于天，固超然异于群生，人有父子兄弟之亲，出有君臣上下之谊，会聚相遇，则有耆老长幼之施，灿然有文以相接，欢然有恩以相爱，此人之所以贵也。生五谷以食之，桑麻以衣之，六畜以养之，服牛乘马，圈豹槛虎，是其得天之灵，贵于物也。故孔子曰：天地之性人为贵。"（《举贤良对策三》）这里不但认为人以"德"为贵，而且还认为以"灵"为贵，从德、智两方面肯定了人的价值。宋代理学大师朱熹，则直接把人之"灵"解释为道德理性，与董仲舒以"服牛乘马，圈豹槛虎"为"灵"有所不同。他说："天之生物，有血气知觉者，人兽是也，有无血气知觉而但有生气者，草木是也，有生气已绝而但有形质臭味者，枯槁是也。是虽其分之殊，而其理则未尝不同，但以其分之殊，则其理之在是者不能不异。故人为最灵，而备有五常之性，禽兽则昏而不能备，草木枯槁则又并与其知觉者而亡焉。"（《朱子文集》卷五十九）他以形质、生气、血气知觉、五常之性为特征区分物类，认为人具备五常之性，所以最灵。"五常"即仁义礼智信，朱熹认为它是人的价值根据。直到明末清初的王夫之，仍然坚持这一看法，他针对某些儒者认为动物也有仁义道德的观点，特别指出道德乃是人所特有的。他说，虎狼之父子，蚁蜂之君臣，"成甚伦理"，"彻底显出诚仁、诚知、诚勇，以行乎亲、义、敬、别、信之中，而彻乎食色之内，经纬则备，中心不忒，方是人所以异于禽兽。"（《读四书大全说》卷十）可见，以"仁义礼智信"等道德为人异于物之所在，为人类价值之根据，是自孔子以来，儒家一贯坚持的论点，也是中国古代人类价值论中影响最深远的看法，它充分显示了中国传统价值观的尚德特征。

7. 贵在智能

有的哲学家认为智慧、知识、才能是人别于物、人贵于物的价值标志。首先明确提出这一看法的应推汉代王充，他在《论衡·辨祟》中明确地说："夫倮虫三百六十，人为之长。人，物也，万物之中有智慧者也。"他并且指出，人有了知识就有了力量。唐代刘禹锡继承并发展了这一观点，认为人之所以为"动物之尤"，乃在于人是"倮虫之长，为智最大。能执人理，与天交胜。用天之利，立人之纪"（《天论》）。把智慧和改造自然、改造社会的能动性，视为人的价值，见解颇为深刻。宋代有些哲学家，爱讲人为万物之"灵"，万物之"秀"，也主要从智慧和能力的角度考察人的价值。周敦颐云："二气交感，化生万物，万物生生，而变化无穷焉，惟人也得其秀而最灵。"（《太极图说》）认为天地间灵秀之气皆钟于人。邵雍更以"无所不能"论人的价值，他说："唯人兼乎万物而为万物之灵。如禽兽之声，以其类而各能得其一，无所不能者，人也。推之他事亦莫不然。唯人得天地日月交之用，他类则不能也。人之生，真可得之贵矣。"（《皇极经世·观物外篇》）所谓"兼乎万物"，指人能兼万物之所能，万物各有一能，人则"无所不能"。具体地说："人之所以能灵于万物者，谓其目能收万物之色，耳能收万物之声，鼻能收万物之气，口能收万物之味。"（《皇极经世·观物内篇》）正由于人"兼乎万物"，"无所不能"，所以人的价值相当于一兆物之价值，"有一物之物，有十物之物，有百物之物，有千物之物，有万物之物，有亿物之物，有兆物之物。生一一之物，当兆物之物，岂非人乎？"（《皇极经世·观物内篇》）由此，他认为，人是宇宙间最高的价值，"是知人也者，物之至者也"（《皇极经世·观物内篇》）。邵雍还强调，人应该自觉地认识到自己的价值，珍爱自己的价值，如果"天地与其贵，而不自贵，是悖天地之理，不祥莫大焉"（《皇极经世·观物外篇》）。这是一曲对人的智能价值的崇高赞歌！明清时的一些哲学家进一步从"知"的发展过程来论述人的价值，使以往以"智能"论人之价值的观念更有了进化意识。王夫之说："夫人之所以异于禽兽者，以其知觉之有渐"。禽兽之智能，初生时怎样，以后仍是怎样，"及其长而无以过"，原因在于"禽兽有天明而无己明"。而人不但有受于天的智能（"天明"），还有后天自己不断获得、不断发展的智能（"己明"）。他说："人则有天道（命）而抑有人道（性），去天道远，而人道始持权也。"就是说，人的"知觉之有渐"乃是人远离自然而不断发挥人的能动性的结果。（《读四书大全说》卷七）王夫之的看法是很有深度的。后来，戴震则从意识的发展水平上继续讨论人与动物的智能差异，他说："凡血气之属皆有精爽，而人之精爽可进于神明。"就是说，人和动物皆有感觉之类的初级意识（"精爽"），而人独有理性思维这种高级意识（"神明"）。原因在于，人"重学问，贵扩充"，"能扩充其知至于神明"（《孟子字义证·性》）。近代梁启超曾说："有理性之我，有感性之我。理性为人类所独有，感性则与其他生物同之"（《菲斯的人生天职述评》）。这与戴震的看法是一致的。不仅如此，戴震还把"神明"和"道德"两方面结合起来，较全面地论述人的价值。他说："卉木之生，接时能芒达已矣，飞走蠕动之俦，有觉以怀其生矣，人之神明出于心，纯懿中正，其明德与天地合矣。……是故人也者，天地至盛之征也"（《原善》卷中）。又说："人之才得天地之全能，通天地之全德。……智足知飞走蠕动之性，以驯以豢，知卉木之性，良农以莳刈，良医以处方。圣人神明其德，是故治天下之民。"（《原善》卷中）人具有"明德""全能""全德"，既有智慧，又有道德，所以才是宇宙的"至盛"——最高的价值。戴震此论，比传统正宗儒学中某些哲人只以道德论人之贵，显然高出一筹，具有启蒙的性质。

8. 贵在能群

孔子虽较早提出与人同群而不与鸟兽同群的观念，但他所谓的"群"仅有群类这种一般意义，并无特定含义。荀子则首次将"群"规定为社会群体的特定概念，由此以"能群"与否作为人和动物区分的标志之一。他说，人"力不若牛，走不若马，而牛马为用，何也？曰：人能群，彼不能群。人何以能群？曰：分。分何以能行？曰：义。故义以分则和。和则一，一则多力，多力则强，强则胜物"。（《荀子·王制》）又说："人生不能无群，群而无分则争，争则乱，乱则离，离则弱，弱者不能胜物"（《荀子·王制》）。在他看来，行义明分使人结成和谐统一的社会群体，和谐统一的群体则是人强力胜物的根据。可见，"能群"

乃是人的价值的重要内容。荀子的"能群"观，是综合着伦理道德、社会制度、和谐关系、能动力量、改造自然等因素在内的概念，它表现了荀子对人的社会性本质的明确认识。是人的价值论中相当深刻的见解。近代严复，在译介西方进化论时，吸取了荀子的合理思想，也以"合群"作为人的本质特征。他说："能群者存，不能群者灭；善群者存，不善群者灭。"又说："不能爱则不能群，不能群则不胜物，不胜物则养不足。"（《天演论·私制》按语）这不但以"群"为人与动物区别的标志，而且以"群"为人类生存的条件，把"群"看作是满足人类生存需要的重要价值。更值得注意的是，严复不仅讲"能群"，还主张"善群"；不但讲"群"，还主张"爱"，使古代的"人贵在群"观念，具有了鲜明的近代色彩。

9. 贵在劳动

墨家与儒家一样，极重视人的价值，但他们考察人类价值的着眼点与儒家不同。他们认为劳动是人类的特点，是人的价值所在。墨子提出，人与动物的区别在于，禽兽、飞虫完全靠大自然赋予的形体和本能进行活动，利用现成的自然条件维持生存，而人则要依靠自身的强力劳动维持生活。他说："今之禽兽，麋鹿、飞鸟、贞虫，因其羽毛以为衣裘，因其蹄爪以为袴屦，因其水草以为饮食，故虽使雄不耕稼树艺，雌亦不纺绩织纴，衣食之财，固已具矣。今人与此异者也，赖其力者生，不赖其力者不生。君子不强听治，则刑政乱，贱人不强从事，则财用不足。"（《墨子·非乐上》）墨家所谓的"力"，相当于劳动之义，不仅指体力劳动，亦包括脑力劳动。其实，后来荀子提出的"制天命而用之"，刘禹锡主张的"天人交相胜"，王廷相昭示的"人定胜天"，都可以说是墨家贵力思想的继续扩充和发展。吕坤的"吉凶祸福，率由自造"（《呻吟语·天地》），王艮的"大人造命"（《心斋语录》），王夫之的"一介之士，莫不有造焉"（《读通鉴论》卷二十四），魏源的"自我造命"（《默觚·学篇八》），直至梁启超的"百年力与命相持"和严复的"人欲图存，必用其才力心思，以与是妨生者为斗"（《天演论》按语）等一系列命题，也都与墨家的贵力观念有某种内在的联系。墨家一方面"尚力"，一方面"非命"，对人力的意义给予高度肯定，是中国哲学史上关于人的价值的极为宝贵的理论成果。恩格斯说："人类社会之所以区别于猿群的特征在我们看来又是什么呢？是劳动。"[①] 墨家和后代的一些尚力、非命、胜天论者，虽然还没有，也不可能达到这种科学认识水平，但无疑已包含着劳动是人的基本特征这种观点的萌芽。

总观中国古代哲学价值论中关于人类价值的种种看法，真可谓是丰富多彩，气象斐然，它几乎涉及了人的特征的各个重要方面。形体、语言、欲望、意志、气质、道德、智能、结群、劳动，从现象到本质、从外在到内在、从生理到伦理、从意识到活动，诸多人异于物的因素，哲人们都以自己的价值坐标予以审视，这无疑是十分可贵的。然而，在他们的人类价值观念中，还有几个重要问题，应该注意，其一，有的哲人把"人异于物"和"人贵于物"两个问题混而不分。其实，"人异于物"是本体论问题，"人贵于物"才是价值论问题。以此，严格地说，形体之异、语言之用，还不是关于人的价值的观念。而墨子以劳动为人与动物相异的标志，谈的正是人的价值问题，可他仍从"人异于物"的角度立论。当然，人的特征与人的价值是有联系的，但以严密性求之，应予区分。其二，不少哲人言"天地之性人为贵"，但同时却强调人先天固有的智愚之别，肯定社会地位上的君臣、臣民、父子、夫妇、贵贱、尊卑的等级差异，以及君子与小人、圣人与凡人的人格差别，且往往把这些差别固定化，并以之作为维护社会等级制度的理论根据。例如，孟子严于人禽之辨，却又说："人之所以异于禽兽者几希，庶民去之，君子存之"（《孟子·离娄下》），以为只有君子才能保持人之特点。荀子肯定人"最为天下贵"，却又主张"使有贫富贵贱之等"（《荀子·王制》）。董仲舒高唱"人之所以贵"，但又宣扬"屈民而伸君，屈君而伸天"

---

① 《马克思恩格斯全集》第 26 卷，人民出版社 2014 年版，第 764 页。

（《春秋繁露·玉杯》）。朱熹既以气之清浊区别人与禽兽，又以气之清浊区分人的等级，"故其所赋之质，清者智而浊者愚，美者贤而恶者不肖，又有不能同者"（《大学或问》）。这种既论"人之贵"而又分"人之等"的观点，包含着内在的矛盾，从肯定人的价值而言，它有反对暴政，反对任意虐杀人民，为"民为贵"提供理论依据的积极意义；就维护等级秩序而言，它又有贬低劳动人民，歧视下层百姓的消极作用。其三，许多哲人，尤其是儒家，讨论人的价值，终极的关怀在于人的道德，即使言"智"，也是不离开"德"，甚至，直接以道德的自觉为"智"；言"志"，多指成仁取义的道德意志；言"群"，也将"能群"的原因追溯到"义"。这种以德论人的倾向，诚然大大提高了人的道德意识和道德素质，但却导致了忽视人的其他价值因素的偏颇，不利于人的全面发展。这几点关于人的价值的理论思维的经验教训，很值得我们进行总结和吸取，以利于确立马克思主义的科学的人类价值观。

五　自然价值论

自然价值，即自然界对人类生存和发展的意义。人的需要的满足，主要来源于两个方面：首先是人类的创造；其次是自然的赋予。人是自然界长期发展的产物，当"人猿相揖别"，人从自然界分化出来以后，人成为大自然的主宰，具有了崇高的价值地位。他不断地改造自然，改造社会，创造文化，建设文明，使自身不断发展，日益完善。但是，人在任何时候都不可能离开自然，也不会不依赖自然。大自然对于人类的价值是永存的。中国古代哲学，尽管高扬人的价值，但并不忽视自然的价值，而且认为自然具有极其重要的价值。南北朝时的何承天说，"人非天地不生，天地非人不灵"（《达生论》），极好地表达了中国古代哲人关于自然和人类并重的价值观念。

中国哲学中的自然价值论，不但内容丰富，而且颇有特色。哲学家们认为，自然的主要价值是：

1. "厚生"价值

自然界是人的生存环境，它能给人类提供广泛的物质生活资料，以满足人的生存、发展需要，这一点，古代哲学家们很早就注意到了。自夏代就形成的"六府""五行"观念，在神学外衣下，透露着人们对自然的生存价值的认识。《左传·文公七年》引《夏书》曰："六府三事，谓之九功。水、火、金、木、土、谷，谓之六府，正德、利用、厚生，谓之三事。"又《尚书·大禹谟》云："德惟善政，政在养民。水、火、金、木、土、谷惟修，正德、利用、厚生惟和。……地平天成，六府三事见治，万世永赖，时乃功。"意思是说，"水、火、金、木、土、谷"是"养民"的重要生活资料，"正德、利用、厚生"是"善政"的基本内容，要狠抓"六府"建设，搞好三项政务，利用水、火、金、木、土、谷等自然物来"厚生"——满足人们的需要和丰富人们的生活。正是由于当时人们已认识到自然"五行"的重要价值，所以《尚书·洪范》才把"五行"列为国家大法的第一条："初一曰五行。"孔颖达在《尚书疏》中正确地阐述了这种自然价值观，他说：五行"各为人之用。《书传》云：'水火者，百姓之所饮食也；金木者，百姓之所兴作也；土者，万物之所资生也。是为人用。'五行即五材也。《左传》云：'天生五材，民并用之，孰能去兵。'言五者各有材干也。谓之行者，若在天，则五气流行，在地，世所行用也"。

《国语·鲁语》记载了展禽关于人之所以把自然物和自然界当作神来祭祀的议论，也表达了以自然为"厚生"的价值观念，他说，人之所以祭金木水火土，是因为"地之五行，所以生殖也"；人之所以祭名山川泽，是因为"九州名山川泽，所以出财用也"。总之，由于自然界"皆有功烈于民者也"。

古代以"五行"说为代表的自然"厚生"价值观，到了西周时期，就发展为以自然为财富源泉的观念。周厉王时，卿士召虎说："土之有山川也，财用于是乎出"；"原隰之有衍沃（肥美的土地），衣食于是乎生"（《国语·周语上》）。大夫芮良夫也说："夫利，百物之所生也，天地之所载也。"（《国语·周语上》）他们都认为，社会财富为自然所生成，所以自然有重要价值。春秋时期的管仲、晏婴也仍然坚持这种观点，管仲说："地者，万物之本原，诸生之根菀也。"（《管子·水地》）晏婴说："地长育而具物。"（《晏子春秋·内篇》第二十二章）他们主要说的是土地的价值，但仍属于自然财富论。后来，法家主张的"尽地力之教"的农本论，农家的"併耕论"，儒家孟子的"恒产论"，虽然已超出了以自然为财富来源的观点，但仍然包含着这种价值观的因素。

中国自古以来，农业经济长期占主导地位，它是人类生存的最先决的条件。农业生产和自然环境的关系极为密切，所以自然"厚生"价值观由来已久，源远流长，贯穿于中国封建社会的始终。"天生五谷以食人，生丝麻以衣人"，"人非天地不生"的观念在中国人的思想中留下了深刻的影响。这种观念，如果绝对化，把自然说成是人类生存的唯一条件，说成物质财富的唯一源泉，无疑会淡化人们靠劳动创造财富的观念，产生消极作用。但予以合理的解释，也会引导人们树立爱护自然资源，保护自然环境，利用自然条件，建立人与自然的和谐关系等一系列积极的价值观念，以利于人类的生存和发展。

2. "治世"价值

中国传统哲学不但肯定自然的"厚生"价值，而且还认为自然环境、自然条件对一个国家、一个地区的社会发展，特别是对于经济、政治、军事等治世活动，有重要意义。

孟子提出，治国、用兵必须有天时、地利、人和三个条件，地利即指自然形势。荀子也说："上不失天时，下不失地利，中得人和，而百事不废，是之谓政令行，风俗美，以守则固，以征则强；居则有名，动则有功。"（《荀子·王霸》）又云："上得天时，下得地利，中得人和，则财货浑浑如泉源，汸汸如河海，暴暴如丘山。……夫天下何患乎不足也。"（《荀子·富国》）他在回答应侯"入秦何见"的问题时，也说："其固塞险，形势便，山林川谷美，天材之利多"（《荀子·强国》），乃是秦国"四世有胜"的条件之一。

西汉初年杰出的政论家贾谊，在著名的《过秦论》中详细地分析了秦朝政治成败得失的原因。他认为，秦的强盛，自然形势虽不是主要条件，但却是条件之一。他说："秦地被山带河以为固，四塞之国也。自缪公以来，至于秦王，二十余君，常为诸侯雄，岂世世贤哉？其势居然也。"又说："秦孝公据崤、函之固，拥雍州之地，君臣固守，以窥周室。"由于秦国地势险要，自然环境十分有利于固守，所以，战国时山东各国曾联合起来攻打秦国都没有成功。贾谊说："且天下尝同心并立攻秦矣，然困于险阻而不能进者，岂勇力智慧不足哉？形不利，势不便也。……彼见秦阻之难犯也，必退师。"那么，秦朝为什么会二世而亡呢？贾谊认为，除了其他内政方面之原因外，不善于利用险要的形势坚守关中也是一个重要原因。贾谊对自然的"治世"价值，是充分注意到了的。

董仲舒继续发挥了孟子的观点，认为天、地、人是社会存在和发展的三个要素。"天生之，地养之，人成之。天生之以孝悌，地养之以衣食，人成之以礼乐。"（《春秋繁露·立元神》）即上天决定伦理道德，自然提供物质条件，人功建立社会制度。也是以自然为"治世"条件之一。

三国时，诸葛亮为刘备分析天下形势，提出战略目标时，也阐述了自然条件对建立霸业的重要性。他说："孙权据有江东，已历三世，国险而民附，贤能为之用，此可以为援而不可图也。荆州北据汉沔，利尽南海，东连吴会，西通巴蜀，此用武之国。……益州险塞，沃野千里，天府之土，高祖因之以成帝业。"《隆中对》这里讲的虽不全是自然条件，但很清楚地肯定了自然的"治世"价值。

至于自然形势对于军事活动的意义，古代军事学家多有论列，且言之甚切，析之更密。仅以《孙子兵法》为例。"夫地形者，兵之助也。料敌制胜，计险厄远近，上将之道也。知此而用战者必胜，不知此而用战者必败。"又云："知天知地，胜乃不穷。"它还对各种自然形势、地形条件在军事行动中的具体作用和军事家如何善于利用各种自然形势，作了具体阐明。充分估价了自然环境的军事价值。

更为可贵的是，古代思想家、政治家、军事家，从不离开人的价值讨论自然的治世价值，认为自然条件只有和人的能动性相结合、相统一，才有意义。而且，在天、地、人治世三要素中，儒家哲人特别突出地强调人的价值。孟子曰："天时不如地利，地利不如人和。三里之城，七里之郭，环而攻之而不胜。夫环而攻之，必有得天时者矣，然而不胜者，是天时不如地利也。城非不高也，池非不深也，兵革非不坚利也，米粟非不多也，委而去之，是地利不如人和也。故曰：域民不以封疆之界，固国不以山谿之险，威天下不以兵革之利。得道者多助，失道者寡助。"（《孟子·公孙丑下》）这个天时不如地利，地利不如人和的价值层次，是儒家关于自然与人为对于治世的不同意义的基本思想，影响极为深远。至于荀子"强本而节用则天不能贫，养备而动时则天不能病，修道而不贰则天不能祸"，"本荒而用侈，则天不能使之富，养略而动罕，则天不能使之全，倍（背）道而妄行，则天不能使之吉"（《天论》）等论，更是对人的价值的昂扬赞歌了。上引贾谊《过秦论》和诸葛亮《隆中对》二文，也都在肯定自然之治世价值的同时，特别突出强调了人的作用。贾谊说，秦孝公"有席卷天下，包举宇内，囊括四海之意，并吞八荒之心。当是时也，商君佐之，内立法度，务耕织，修守战之具，外连横而斗诸侯。于是，秦人拱手而取西河之外"。后来，"天下非小弱也，雍州之地，崤、函之固，自若也"。自然形势还是和过去一样，但却由于在人为治道上"本末并失"，结果导致了二世而亡。诸葛亮给刘备献策，在肯定了益州自然条件的优越性，建议刘"保其险阻"的同时，提出"西和诸戎，南抚蛮越，外结好孙权，内修政理"的治世方针，也是对"人为"价值的强调。

这说明，中国古代不少哲人在看待和估价自然"治世"价值时，比较正确地处理了自然条件和人的因素的辩证关系，一方面，看到了自然环境是治世的不可缺少的条件；另一方面，更重视人的决定性因素。并不是要人们消极地依赖自然。虽然其认识还不可能达到科学的水平，但其思路基本上是正确的。

3. "比德"价值

将自然景物与人的精神生活、道德观念联系起来，赋予自然以某种伦理道德意义，然后又以自然景物比喻或象征人的道德，促使人的道德修养，提高人的道德境界，是中国传统哲学自然价值观的一项重要内容。尤其在儒家哲学中，这一观念，相当突出。

孔子说"知者乐水，仁者乐山"；"岁寒然后知松柏之后凋也"（《论语》）。以自然界的山、水、松、柏比喻人的仁、智、坚贞等道德，说的尽管简单，却开启了"比德"的先路。荀子则系统地论述了儒家这一价值观念。《荀子·宥坐》篇记述了孔子与子贡关于"观水"的对话："孔子观于东流之水。子贡问于孔子曰：'君子之所以见大水必观焉者，是何？'孔子曰：'夫水，偏于诸生而无为也，似德。其流也埤下，裾拘必循其理，似义。其洸洸乎不尽，似道。若有决行之，其应佚若声响，其赴百仞之谷不惧，似勇。主量必平，似法。盈不求概，似正。淖约微达，似察。以出以入，以就鲜，似善化。其万折也必东，似志。是故君子见大水必焉。'"见水必观，并不在于水有灌溉田地的功利价值，也不在于水有供人饮食的养生价值，更不在于水有浩浩荡荡的审美价值，而在于它可以比喻人的德、义、道、勇、法、正、察、善化、志等一系列道德品质。

《荀子·法行》篇又记述了孔子与子贡关于"贵玉"的对话："子贡问孔子曰：'君子之所以贵玉而贱珉者，何也？为夫玉之少而珉之多邪？'孔子曰：'恶！赐！是何言也！夫君子岂多而贱之，少而贵之哉！夫玉者，君子以德焉。温润而泽，仁也；缜粟而理，知也；紧刚而不屈，义也；廉而不刿，行也；折而不挠，勇也；瑕适并见，情也；扣之，其声清扬而远闻，其止辍然，辞也；故虽有珉之雕雕，不若玉之章章。《诗》曰：言念君子，温其如玉。此之谓也。'"玉之贵，不在于其价昂贵，可以谋利；也不在于其色美丽，可为装饰；而在于它可以比喻君子的仁、智、义、行、勇、情、辞等道德品质和道德言行。

荀子的"比德"论，是对于自然之道德价值的明确论述，后世儒者，多承其说，解释之，扩充之，发挥之，弘扬之。董仲舒《春秋繁露》、韩婴《韩诗外传》、刘向《说苑》等著作，都有关于"比德"的论述。这里仅以刘向《说苑·杂言》中的两段话为代表：

"'夫智者何以乐水也？'曰：'泉源溃溃，不释昼夜，其似力者；循理而行，不遗小间，其似持平者；动而之下，其似有礼者；赴千仞之壑

而不疑，其似勇者；障防而清，其似知命者；不清以入，鲜洁而出，其
似善化者；众人取乎，品类以正，万物得之则生，失之则死，其似有德
者；淑淑渊渊，深不可测，其似圣者；通润天地之间，国家以成；是知
之所以乐水也。《诗》云："思乐泮水，薄采其茆，鲁侯戾止，在泮饮
酒。"乐水之谓也。'"

"'夫仁者何以乐山也？'曰：'夫山茏嵸，万民之所观仰，草木生
焉，众物立焉，飞禽萃焉，走兽休焉，宝藏殖焉，夫息焉，育群物而不
倦焉，四方并取而不限焉，出云风通气于天地之间，国家以成；是仁者
所以乐山也。《诗》曰："太山岩岩，鲁侯所瞻。"乐山之谓也。'"

这两段话，通过解释孔子"知者乐水，仁者乐山"，阐述了山水的
自然形象、自然特性可以成为人的道德比喻和道德象征的观念。

直至宋明理学，哲学家仍然对自然的"比德"价值津津乐道，他们
通过注疏儒家典籍，继续表述这一思想。朱熹在解释"知者乐水，仁者
乐山"时，把人的道德天理化，于是自然山水也就成了"理"的象征。
他说："知者达予事理而周流无滞，有似于水，故乐水；仁者安于义理
而厚重不迁，有似于山，故乐山。"（《论语集注》卷三）"德"的含义
变成了"理"，但自然的"比德"价值仍然得到了肯定。这表明，自然
形象可以象征和比喻儒家所主张的多种道德规范，"比德"价值之内涵
可以随着儒家道德理论的发展而变化。

儒家关于自然"比德"价值的观念，对中国传统文化影响甚大，伦
理学史、美学史、文学史和艺术史中都包含着这一观念的丰富内容。屈
原之"橘"，陶潜之"菊"，李白之"月"，杜甫之"马"；柳河东之
"山水记"，周濂溪之"爱莲说"；陆放翁之咏梅诗，郑板桥之兰竹画，
都是按照"比德"观念创造的艺术形象。即使在日常生活中，人们也习
惯于以这种价值观念对待自然景物。

4. "审美"价值

如果说，儒家哲人多关注于自然的道德价值，宣扬"比德"说。那

么，道家哲人则特重自然的审美价值，以自然界为单纯的审美对象。先秦庄子多次谈到"天地之美"，并大量描绘了自然界的美丽景观。他以审美的眼光，看待自然价值，说："山林与！皋壤与！使我欣欣然而乐与！"（《庄子·知北游》）他甚至认为哲学的任务就是"析万物之理，判天地之美"。到了魏晋南北朝时期，对自然的审美价值的认识有了进一步的发展，许多哲学家和文学艺术家们，不但突破了以自然为生存条件的功利观念，而且也超越了以自然为道德象征的道德观念，把自然界作为独立的审美对象加以欣赏，从自然界的壮丽景色和活泼生机中，寻求情感的愉悦，寄托精神自由的理想。在玄学家们看来，自然的审美价值在于：

（1）品藻人物。玄学家们以自然景物为人的才情风貌的象征，品藻人物，评价人格。从《世说新语》的记述来看，当时以自然形象比拟人物成为一种风尚。如"王武子、孙子荆各言其土地人物之美。王云：'其地坦而平，其水淡而清，其人廉且贞。'孙云：'其山崔巍以嵯峨，其水㳽漫而扬波，其人磊砢而英多'"（《世说新语·言语》）。又如："世目李元礼，谡谡如劲松下风。""时人目王右军，飘如游云，矫若惊龙……""时人目夏侯太初，朗朗如日月之入怀；李安国，颓唐如玉山之将崩。"王形茂"濯濯如春月柳"；会稽王"轩轩如朝霞举"；"嵇叔夜之为人也，岩岩若孤松之独立，其醉也，傀俄如玉山之将崩。"这种品藻，或形容貌，或标才情，或赞风韵，都以自然物为人物美的范本，与儒家"比德说"已大异其趣。

（2）开涤人情。魏晋哲人们认为自然美的价值，表现在主体上就是情感愉悦。人通过对自然景物的欣赏，获得一种情感上的满足。因此，纵情山水成为当时名士们的好尚。《世说新语》记曰："王司州至吴兴印渚中看，叹曰：'非唯使人情开涤，亦觉日月清朗'"（《世说新语·言语》）；"简文入华林园，顾谓左右曰：'会心处不必在远，翳然林水，便自有濠濮间想也，觉鸟兽禽鱼，自来亲人'"（《世说新语·言语》）；"王子敬云：'从山阴道上行，山川自相映发，使人应接不暇。若秋冬之际，尤难为怀'"（《世说新语·言语》）；"袁彦伯为谢安南司马，都下诸人送至濑乡。将别，既自凄惘，叹曰：'江山辽落，居然有万里之势'"（《世说新语·言语》）。从这些记述可以看出，山川林泉之美与人的情怀息息相关，自然景物成了触发、开启人的情感源泉的阀门，人也使自然染上了悲喜哀乐的情感。正如文论家们所说的："登山则情满于山，观海则意溢于海"（《文心雕龙·神思》）；"尊四时以叹逝，瞻万物而思纷；悲落叶于劲秋，喜柔条于芳春"（《文赋》）。

（3）神超形越。自然美不但可以使人情感愉悦，而且还会使人精神超越，实现自由。魏晋人物，多追求如庄子所说的"以游无穷"的精神境界，他们认为观赏自然是达到这自由境界的途径。《世说新语》载，阮孚读到郭景纯描写自然之美的诗句"林无静树，川无停流"时说："泓峥萧瑟，实不可言。每读此文，辄觉神超形越。"（《世说新语·文学》）荀中郎在京口，登北固望海时说："虽未睹三山，便自使人有凌云意。"（《世说新语·言语》）都从自然山川中追求对于世俗人间的"神超形越"。不仅如此，玄学家们还由追求精神自由进而实现对玄理的体认和领悟，叫作"以玄对山川"。孙绰《太尉庾亮碑》中对此有所记述："公雅好所托，常在尘垢之外，虽柔心应世，蠖屈其迹，而方寸湛然，固以玄对山水。""以玄对山水"也是一种超越，但不仅是实现精神自由，而是从"尘垢"中解脱出来，进入抽象的哲理境界。

对魏晋时代的自然审美价值观，南朝时的宗炳在《画山水序》中作了理论上的概括，他把儒家"仁者乐山"和道家"游心物外"的思想融合起来，将上述观念提高到了哲学价值论的高度。他说："圣人含道暎物，贤者澄怀味象。至于山水，质有而灵趣，是以轩辕、尧、孔、广成、大隗、许由、孤竹之流，必有崆峒、具茨、藐姑、箕、首、大蒙之游焉。又称仁智之乐焉。夫圣人以神法道，而贤者通，山水以形媚道，而仁者乐，不亦几乎？"又云："峰岫峣嶷，云林森眇，圣贤暎于绝代，万趣融其神思。余复何为哉？畅神而已。神之所畅，孰有先焉？"在宗炳看来，"澄怀味象""畅神而已"乃是贤者必然具有的一种自然审美价值观。这种观点，后来成为我国山水画、山水诗的重要理论基础之一。

　　概言之，中国古代哲学关于自然价值的理论，基本上有功利价值和精神价值两种思路。"厚生""治世"观念强调了自然的功利价值，"比德""审美"观念突出了自然的精神价值。以学派取向言，法家、农家和兵家，较重视自然的功利价值，儒家在重视功利价值的同时尤其强调自然的道德价值，而道家则崇尚自然的审美价值。以社会影响言，对自然功利价值的肯定，推动了人们认识自然，利用自然，改造自然，也促使了古代自然科学和技术的发展；对自然精神价值的体认，则推动了人们对自然与人的和谐统一境界的追求，促使了描写自然的文学艺术的繁荣。然而，儒家通过把自然伦理化来强调自然的道德价值的观念，诚然对丰富人们的道德生活，提高人们的道德境界有积极意义，但却在客观上有束缚人们对自然的科学认识以及妨碍自然科学发展的消极作用。"唯圣人为不求知天"（《荀子·天论》），即是这一缺点的具体表现。

学派取向篇

一 儒家的道德价值论

儒家哲学是中国传统哲学的主流，对中华民族的文化心理，影响极为深远。自孔子创立儒学之后，先秦时，经孟子、荀子的继承和发展，两汉时，经董仲舒等人的弘扬和尊独，宋明时，经理学各派的阐释和复兴，形态几经改变，"道统"绵延不绝，在汉以后的漫长封建社会中，一直被统治者奉为正宗学派，作为统治思想，支配着中国人的世界观和价值观。孔子没后，儒分为八，各立门户，所造不同，争论不休，但其学说宗旨，价值取向，异中有同。《庄子·天下》云："以仁为恩，以义为理，以礼为行，以乐为和，薰然慈仁，谓之君子。"《尸子·广泽篇》云："孔子贵公。"《吕氏春秋·不二》云："孔子贵仁。"《史记·太史公自序》云：儒者"序君臣父子之礼，列夫妇长幼之别，不可易也。"《汉书·艺文志》云："儒家者流，盖出于司徒之官，助人君顺阴阳，明教化者也。游文于六艺之中，留意于仁义之际。祖述尧舜，宪章文武，宗师仲尼，以重其言，于道最为高。"这些对儒学宗旨和价值取向的论述，虽然意不尽同，但都一致认为，崇仁义、明教化是其根本特征，是不同时代、不同派别的儒学的共同价值取向。宋代王应麟说："湛水李氏云：儒者之术，教化仁义而已也。"（《汉书艺文志考证》）这可以说是对儒家价值取向的高度概括。围绕着仁义道德这个核心，儒家哲学建立了自己的价值论体系。

（一）"天命""人性"的价值根据论

价值是反映主体和客体之间特定关系的范畴，这种特定关系是指主体生存、发展的需要和客体适应、满足这种需要之间的关系。这种关系是一种客观性的社会关系，它是在人的社会实践过程中，逐步形成和建立起来的。人类的社会实践是价值的客观根据。

儒家哲学，从孔孟直到程朱陆王，都一致认为仁义礼智等道德是人的最重要的需要，因而是最高的价值。可是，这种价值究竟从何而来？它是在什么根据上产生和形成的呢？儒家哲人提出"天命""人性"学说来回答这一问题。

在多数儒家哲人的观念中，天命、天道、天理等概念除了各自特殊性含义有些区别而外，其共同含义是指宇宙万物的本原、根据和普遍法则。它们一般也不具有殷周时所包含的人格神意义，而成为形而上学概念。儒家认为善德（仁义礼智信等）的首要根据是天命，是天命所固有的属性在人间的贯彻。

孔子说："天生德于予！"（《论语·述而》）又说："文王既没，文不在兹乎？天之将丧斯文也，后死者不得与于斯文也，天之未丧斯文也，匡人其如予何！"（《论语·子罕》）把他自己身上所体现的善德，周道都归源于天，后代儒者，一直继承着这个基本看法而予以修正或发展。

"亚圣"孟子虽重谈人性、人心，然亦未否定天命这个源头。他说："仁，天之尊爵也。"（《孟子·公孙丑上》）又说："有天爵者，有人爵者。仁义忠信，乐善不倦，此天爵也。"（《孟子·告子上》）他把善德视为是以天为根据的。他还明确指出作为善德价值根据的天命，是和人力相对的不受人的意志干扰的客观必然性，所谓"莫之为而为者，天也；莫之致而至者，命也"（《孟子·万章上》）。

西汉儒学大师董仲舒更是把天命看作政治权力、道德价值的绝对根据。他不厌其烦地申述这一观点，说得既明确又决断。"仁义制度之数，尽取之天"（《春秋繁露·基义》）；"王道之三纲，可求于天"（《春秋繁露·基义》）；"道之大原出于天"（《汉书·董仲舒传》）。

宋儒诸子，虽然对人性善恶的具体说法各有不同，但都认为纯善的价值根于"天命""天理""乾元"。周敦颐说："诚者，圣人之本。大

哉乾元，万物资始，诚之源也；乾道变化，各正性命，诚斯立焉。纯粹至善者也。"（《通书·诚上第一》）

张载说：纯善本于"天地之性"，天地之性"于人无不善"（《正蒙·诚明》）。

程颐说："性出于天，性则无不善。"（《二程语录·卷十九》）。

朱熹则说："天之生此人，无不与之以仁义礼智之理，亦何尝有不善？"（《玉山讲义》）又说："天地之性，则专指理言"，"性是实理，仁义礼智皆具"（《朱子语类》）。

陆九渊虽在许多方面与朱熹立说不同，但在善德价值根据于天这一点上却与朱熹不谋而合："四端万善，皆天之所予，不劳人妆点。"（《陆九渊集·语录下》）

除将天命、天理作为善德根据之外，儒者们还提出人性作为善德价值的又一重要根据。儒家对人性范畴有两种不同的规定，一是以人性为人的自然生理本能，在这种意义上，他们认为人性是恶的，和动物相去无几。荀子的性恶论即是指此而言。二是以人性为人类区别于动物的社会性特殊本质，在这种意义上，他们认为人性是善的。以孟子为代表的多数儒家学者，几乎都对这种规定上的人性持相同看法。儒家正是在这一种规定上，把人性作为善德根据的。

孔子的"性相近"说，虽未明指人有共同的善性，但从他对"仁""孝"等道德的普遍性的论述来看，他其实也认为人的本性在道德上相近。例如，他说人和犬马对父母皆能有"养"，在此点上不能说明人与动物有别，区别在于人对父母不但能养而且有"敬"之德，犬马等动物则无。这就把善德视为人与动物相异的本性。孟子首倡人性善之说，明确认为仁义礼智这些善德，根于人的本性、本心。他说：恻隐之心、羞恶之心、恭敬之心、是非之心，分别是仁、义、礼、智之"端"，是"人皆有之""我固有之"的善性。他又说仁义是人"不学而能""不虑而知"的"良知""良能"。正是由于他把人之本性规定为善的，所以人心就是价值的根据，"仁义礼智根于心"（《孟子·尽心上》）。

荀子认为作为自然本能的人性是恶（好利多欲）。然而，就人与动物区别这一点而言，人人也都有为善之可能，"涂之人也，皆有可以知仁义法正之质，皆有可以能仁义法正之具"（《荀子·性恶》）。这里所谓的"质""具"，若就荀子对性的规定而言，不是人性，然而若按孟子对性的解说来看，实质上也属于善"端"之类。也就是说，人性中共同具有形成善德价值的可能性依据。不然荀子主张的"其善者伪也"（《荀子·性恶》）也就失去了任何依据。

董仲舒按照孟、荀二人的思路进行折中，提出了"天生民，性有善质，而未能善"（《春秋繁露·深察名号》）的命题。意谓人性中有善的要素，但不完全是善，因为也有恶的要素。他比喻说："性比于禾，善比于米。米出禾中，而禾未可全为米也，善在性中，而性未可全为善也。"（《春秋繁露·深察名号》）虽则"性未全善"，但"善在性中"，"米出禾中"，已明确表示人性中包含着善德价值的根据。

宋明儒学中程朱一派，将人性分为受于天理的"天地之性"和禀于气的"气质之性"。天地之性（或义理之性）纯善，乃根源于天；而气质之性则有善有恶，"禀气之清者，为圣为贤"（《朱子语类》）。善德价值的部分根据仍在人性之中，另一部分根据则在于"天理"。这是一种价值的二元根据论。

至于陆王一派，则主要以人性、人心作为善德根据。陆九渊视心、性、理为一物，仁义礼智"四端""即是本心"，其实也即是人的本性。王守仁承其说，进而把仁义礼智等善端说成是人的"良知"。他说："知是心之本体，心自然会知，见父自然知孝，见兄自然知弟，见孺子入井自然知恻隐。此便是良知，不假外求。"（《传习录·卷上》）心之本体即是性，"至善者，性也。性元无一毫之恶，故曰至善。"（《传习录·卷上》）他也是以人性作为善德价值的根据。儒家把人性作为道德的根据，把道德作为人性的标志，结果就使道德和人成了同义语，所谓"仁也者，人也"（《孟子·尽心下》），"人者，仁也"（《中庸》）。

综观儒家哲学以天命、天理和人性、人心作为价值根据的理论，显然具有二元根据论的色彩。这种价值根据的二元结构，势必包含着内在的矛盾。为了调和矛盾，儒家学者大多提出天人合一论以求得价值理论的内部统一性。天人合一的基础和结果就是善德，就是价值。孟子云："尽其心者，知其性也；知其性，则知天矣"（《孟子·尽心上》），天和性统一于"人心"。《中庸》云："天命之谓性，率性之谓道，修道之谓教"，天和性统一于"人道"。程颢云："心即性也，在天为命，在人为性，论其所主为心，其实只是一个道。"（《二程语录·卷十八》）天和人统一于"道"。而"心"和"道"的内容即是仁义礼智等道德价值。这样善德价值就成了"天人合一"的枢纽，二元根据在价值中一元化了。于是，宇宙万物、自然和人全部价值化了，这就是儒家天人合一论的实质。因此，儒家哲学从根本上说，乃是一种价值哲学。

儒家的天命—人性价值根据论对于其价值观的基本意义在于：

1. 使善德价值具有先验性的品格

既然善德根据于天命和人性，那么它就是一种先验的可能性，后天的修养不过是一种"复性"功夫，是一种变先天可能性为后天现实性的"反思"过程。"反思"过程固然极为重要，但却不是无中生有地创造善德，而是将固有的善德"萌芽"、因素、基础予以扩充、发展而已。

2. 使善德价值具有普遍性的品格

既然善德的根据在于宇宙法则（天命）和人类本性（人性）之中，那么它就无处不有处处有、无时不在时时在、无人不备人人备了。从价值根据上看，当然"人皆可以为尧舜"（孟子）、"涂之人可以为禹"（荀子）、"满街都是圣人"（王守仁）。为什么呢？唐代李翱说得好："人之所以为圣人者，性也。"（《复性书》）可谓一语道破天机。

3. 使善德价值具有必然性的品格

既然善德价值是天之所命、人之禀性，那么它从根本上来说，就是一种必然性的价值。虽说，由于人欲的习染、蒙蔽，会使一些人离开这种价值坐标而陷入迷途，踏上邪路，但这不过是一种偶然现象，而且经过"革欲复理""发明本心""致良知"等修养过程，也会重新走上必然性的轨道。儒家认为，从整个社会和历史趋势来说，仁义礼智有宇宙法则（天命）和人类本性（人性）作为后盾，势必成为不可抗拒的强大力量为自己开辟前进的道路。与其说善德价值之流行乃是修养工夫之结果，倒不如说它是经过人的修养这个历程而必然地呈现自己。这就是朱熹说的"天理之流行"。

4. 使善德价值具有永恒性的品格

既然善德根据在于天命—人性，那么天、人的存在就是它的存在，它当然与天地而长在，依人类而永存。明代泰州学派代表人之一罗汝芳说："闻之语曰：仁者寿。夫仁，天地之生德也，天地之德也生为大，天地之生也仁为大。是人之生于天地也，必合天地之生以为生，而其生乃仁也。必合天地之仁以为仁，其仁乃寿也。古《诗》、《书》之言寿也，必曰无疆，必曰无期。夫无期也者，所引之恒永则尔也，是仁之生生而不忽焉者也。无疆也者，所被之广大则尔也，是仁之生生而无外者也。"（《盱坛直诠》）这就充分地从时间无期、空间无疆两方面说明了仁的价值有超越个人有限生命的永恒性。

天命—人性的价值根据论，使道德价值具有了上述品格，这一点古代有的学者已经认识到了。宋陈亮说："出于性，则人之所同欲也，委于命，则必有制之者而不可违也。"（《陈亮集·问答下》）通过赋予善德价值这种先验性、普遍性、必然性、永恒性的品格，儒家哲学就从根本上将道德价值绝对化了。价值根据论中内在的包含着善德价值绝对化的逻辑前提，为其整个的价值论奠定了基础。

（二）"义以为上"的价值取向论

价值取向是主体选取价值的方向，它最集中地表现着选择者的价值观念和价值标准。儒家的价值取向，突出表现在孔子"君子义以为上"
（《论语·阳货》），"好仁者无以尚之"（《论语·里仁》）和孟子"亦有
仁义而已矣"（《孟子·梁惠王上》）等命题中。儒家提出的道德规范很
多，但"仁""义"与其他具体的德目（如忠、孝、敬、信、智、礼、
勇）不同。除其特定含义外，还往往用于表示最高的道德境界、基本的
道德原则和综合的全德之名。古代的学者早就用"贵仁"来概括孔子的
价值观。（《吕氏春秋·不二》："孔子贵仁。"）

那么，在儒家看来仁何以为贵，义何以为"尚"（上）呢？也就是
说以"仁义"为总名的道德意识、道德行为和道德境界为什么有至高无
上的价值呢？这要从两个方面来看。

1. 仁义道德的内在价值

内在价值即仁义道德本身所具之价值，在儒家看来，仁义道德不仅
是实现其他价值目标的工具和手段，而且其本身就是一种极高的价值。
因为，首先，仁义道德乃是人的本性，是人之所以为人的根本标志。人
作为真正的人，作为异于动物的万物之灵，其根本特性就在于人有仁义
之德。就此意义而言，儒家以仁与人为同义语，以仁为做人的根据，仁
义的价值就是人本身的价值。孔子说："天地之性（生）人为贵"。人之
所以为贵——有价值，就在于人有仁义之德，所以他说："民之于仁也，
甚于水火"（《论语·卫灵公》）。孟子认为仁义是"心之所同然者"，是
人固有的善"端"。他直接说："仁也者，人也。"（《孟子·尽心下》）
荀子说："人有气、有生、有知，亦且有义，故最为天下贵也。"（《荀
子·王制》）也以道德（"义"）作为人的根本价值所在。董仲舒说：
"人受命于天，故超然异于群生，入有父子兄弟之亲，出有君臣上下之
谊，会聚相遇，则有耆老长幼之施，灿然有文以相接，欢然有恩以相爱，
此人之所以贵也。"（《汉书·董仲舒传》）朱熹说："人为最灵，而备有
五常之性。"（《文集》卷五十九）都把仁义礼智信等道德作为人本身价
值的标志。（《朱子文集》卷五十九）

其次，仁义道德意识是人心灵固有的一种宽阔、安定、和谐、愉悦的境界。这种心境，本身就是一种至高的精神价值，是真、善、美、福的凝结。孔子说："仁者静""仁者寿""仁者乐山""仁者不忧""仁者必有勇""里仁为美"（《论语》）。又说："不仁者，不可以久处约，不可以长处乐。"（《论语·里仁》）正由于仁者心境如此，所以"仁者安仁"，"求仁而得仁，又何怨"（《论语·述而》）。孟子也说："仁则荣""仁者无敌"。他赞叹道："仁，人之安宅也。义，人之正路也，旷安宅而弗居，舍正路而不由。哀哉！"（《孟子·离娄上》）因此，在儒家看来，仁义的价值就是人的心灵意境、精神境界本身的价值，所谓"仁，人心也"（《孟子·告子上》）。

正由于仁义道德的价值就是人本身的价值，就是人的心灵的价值，因此它具有崇高的内在价值。

2. 仁义道德的外在价值

外在价值就是仁义道德对整个人生、文化、社会的功用和意义。儒家认为仁义道德的外在价值主要有四个方面。

（1）认知价值。儒家认为仁义之德对人的认识和求知具有重要意义，道德是知识的统帅，只有具备高尚的道德情操，才能取得知识，增进才学。《论语》记载子贡对孔子求知的评价时说："子禽问于子贡曰：'夫子至于是邦也，必闻其政，求之与？抑与之与？'子贡曰：'夫子温、良、恭、俭、让以得之。夫子之求之也，其诸异乎人之求之与？'"（《论语·学而》）意谓孔子靠道德情操的高尚才取得了知识。不但求知依赖于德，巩固知识也要靠德，孔子说："君子不重，则不威，学则不固。"（《论语·学而》）又说："知（智）及之，仁不能守之，虽得之，必失之。"（《论语·卫灵公》）道德不但是致知的基本条件，而且儒家认为仁义道德本身就是知识、学问。"子夏曰：'贤贤易色；事父母，能竭其力；事君，能致其身；与朋友交，言而有信。虽曰未学，吾必谓之学矣。'"（《论语·学而》）修德即是求学，好德即是好学。用孔子的话说，就是"君子食无求饱，居无求安，敏于事而慎于言，就有道而正焉，可谓好学也已。"（《论语·学而》）用朱熹的话说就是："学者须是革尽人欲，复尽天理，方始是学。"（《朱子语类》卷十三）这就把仁义道德促进认识的价值，夸大到取代认知价值的地步。

（2）审美价值。仁义道德所陶冶的精神境界，所锻铸的理想人格，所培养的品质情操，不但是善，而且是美。仁义道德有引起人们审美感受的功能。从孔子提出"里仁为美"的说法之后，历代儒家哲人都对儒家道德进行美化，并弘扬其审美价值以陶冶人心。孟子明确提出"理义"（即仁义道德）是人"心之所同然者"，它具有"悦我心"的美感，如同美味之悦口、美色之悦目、美声之悦耳一样（《孟子·告子上》）。他还认为"乐"之美的本质正是从仁义道德中产生的，爱好仁义道德即可进入"足之蹈之，手之舞之"的美的境界（《孟子·离娄上》）。至于具有高尚道德的人格，更有极大的审美愉快和极高的审美价值，所谓"君子有三乐"（《孟子·尽心上》）；"仁义礼智根于心"则可以使人的形体"生色"、目光"瞭焉"（明亮）而表现出美，就是指此言。孟子对道德人格审美价值的高扬，是儒家对仁义道德的审美价值评价的代表性言论。后来，董仲舒提出的"仁之美者在于天；天，仁也"（《春秋繁露·王道通三》），朱熹所谓的君子之"极既定于内"，则其形于外者"灿然"，都是这种价值观的发展。

（3）政治价值。仁义道德对于治理国家、巩固政权、统治人民的价值功能，儒家学者们都予以高度的估价。他们着重从三个方面陈述道德价值在政治机制中的巨大作用。一是"尚贤"：选择、培养、保护有仁义之德的统治者掌握政权。通过"上好礼则民莫敢不敬""上好义则民莫敢不服""上好信则民莫敢不用情""上好礼则民易使也"（《论语》）的表率、感召作用来实行统治。因为"君子之德风，小人之德草，草上之风必偃"，这是一条规律，所以"子（指当政者）欲善而民善矣"（《论语·颜渊》）。孔子对季氏说："政者，正也。子帅以正，孰敢不正？"（《论语·颜渊》）只要统治者有道德，道德的政治作用就可发挥出来。二是"德政"：将道德原则作为政治原则、治世政策，就能治国平天下。这就是孔子说的"为政以德，譬如北辰，居其所而众星共之"（《论语·为政》）。实行"德政"的具体内容，儒家讲得很多，孔子本人就提出过一些基本原则，后世儒者，进一步承而继之，扩而充之。例如，"子曰：道千乘之国，敬事而信，节用而爱人，使民以时。"（《论语·学而》）又如，"子曰：能以礼让为国乎，何有？不能以礼让为国，如礼何？"（《论语·里仁》）又如，"子曰：尊五美，屏四恶，斯可以从政矣"（《论语·尧曰》）。孟子进而把用仁义治国的政治制度称为"仁政""王道"，主张"以德服人"。董仲舒则直接把道德原则说成政治原则，认为君仁臣忠、父慈子孝、夫义妇顺乃是"王道之三纲"，是封建政治最根本的原则。三是"教化"：用仁义道德教育人民、引导人民、感化人民以取得维持政治统治的效果。儒家认为道德教化是"治民之本"，"教定则正矣"（《大戴礼·王言》）。孔子说："导之以德，齐之以礼，有耻且格"（《论语·为政》）；"不教而杀谓之虐"（《论语·尧曰》）。孟子认为"善政不如善教之得民也。……善教得民心。"（《孟子·尽心上》）

通过这些途径，道德的政治价值就会充分体现出来，由此就能实现国家的强盛、政治的清明、社会的安定，此即所谓"恃德者昌"。儒家提出的修身—齐家—治国—平天下的修养程序，就是将道德价值扩充发展到政治价值的过程，充分强调了道德价值对政治生活的决定作用。

（4）社会价值。儒家不但认为道德可以"为政"，而且还认为仁义道德是维护人类社会的根据，是社会存在和发展的根本条件，具有极高的社会价值。荀子是提出这种观点的代表，他说："（人）力不若牛，走不若马，而牛马为用，何也？曰：人能群，彼不能群也。人何以能群？曰：分。分何以能行？曰：义。"（《荀子·王制》）就是说，人之所以异于禽兽，并能役使其他动物，原因在于人能组成社会（"能群"）。人之所以能组成社会，原因在于人能以礼划分社会等级，这种等级制之所以能够实行和保持，其原因是人有仁义道德。在荀子看来，伦理道德（礼义）是人形成异于动物、战胜自然的社会组织的根据。道德的社会价值不是很明显地揭示出来了吗？

总之，儒家认为道德不论从内在价值看，还是从外在价值看，都是极高之价值。它在人类社会生活中起着决定性的作用。

不仅如此，儒家还通过与其他价值的比较，说明其"义以为上"的观点。这里仅以孔子的看法为代表，予以说明。在孔子的价值坐标中：

道德高于生产 樊迟请学稼，子曰："小人哉，樊须也；上好礼，则民莫敢不敬；上好义，则民莫敢不服；上好信，则民莫敢不用情。夫如是，则四方之民襁负其子而至矣，焉用稼？"（《论语·子路》）

道德高于经济 "子贡问政。子曰：'足食，足兵，民信之矣。'子贡曰：'必不得已而去，于斯三者何先？'曰：'去兵。'子贡曰：'必不得已而去，于斯二者何先？'曰：'去食。自古皆有死，民无信不立。'"（《论语·颜渊》）

道德高于利益 "君子喻于义，小人喻于利"（《里仁》），"君子怀德，小人怀土"（《论语·里仁》）。

道德高于政法 （行政、法律）："道之以政，齐之以刑，民免而无耻；道之以德，齐之以礼，有耻且格。"（《论语·为政》）

道德高于军事 见"道德高于经济"一段的引文。

道德高于知识 "弟子，入则孝，出则悌，谨而信，泛爱众而亲仁。行有余力，则以学文。"（《论语·学而》）

道德高于艺术 子曰："人而不仁，如乐何？"（《论语·八佾》）

道德高于宗教 "子曰：务民之义，敬鬼神而远之，可谓知矣。"（《论语·雍也》）

当然，这并不是说，孔子完全否认了生产、经济、利益、政法、军事、知识、艺术、宗教等的价值，但却充分说明儒家认为在整个价值体系里，仁义道德处于最高的层次，居于最上的地位。这种把道德的价值绝对化的价值取向论，对中华民族的价值观产生了深远的影响，使中国有了"礼义之邦"的称号。

（三）"义然后取"的价值选择论

价值取向的确定必然要求主体作出价值选择。价值选择就是主体按照自己的价值观念、价值标准，对现存的种种价值关系作出取舍的决策。儒家根据其"义以为上"的价值取向论，在价值的选择上确立了"义然后取"的原则。

《论语·宪问》："子问公叔文子于公明贾曰：'信乎夫子不言不笑不取乎？'公明贾对曰：'以告者过也。夫子时然后言，人不厌其言；乐然后笑，人不厌其笑，义然后取，人不厌其取。'子曰：'其然，岂其然乎？'"可见，孔子最早肯定了"义然后取"的原则。孟子的"舍生而取义"（《孟子·告子上》）、"惟义所在"（《孟子·离娄下》），荀子的"持义不挠"（《荀子·荣辱》）都是对这一原则的坚持和重申。后代儒学大师之论，也无出于此原则之外。

"义"乃"应当"之意，其内容则是仁义礼智信等道德。所谓"义然后取"就是凡符合仁义道德的就是有价值的，应当选择，否则就无价值，甚至是负价值，应该舍弃；对待现存的事物，作出取舍选择时，要首先考虑道德准则。

人的主体需要是多方面的，现实价值关系又是极其复杂和丰富多彩的。面对这种现象，怎样具体地贯彻"义然后取"的价值选择原则呢？儒家学者提出：

1. 在进行价值选择时，要有强烈而清醒的道德理性自觉

即通过理性思维，确立区分善与恶、美与丑、是与非的标准。要将仁义道德作为至高无上的原则，高悬于意识、观念的殿堂，使一切价值，都经过道德理性法庭的审理，其正负高下、轻重缓急，都能彻然于心。孔子说："多闻择其善者而从之，多见而识之。"（《论语·述而》）又说："未知（智），焉得仁？"（《论语·公冶长》）认为没有丰富的见闻、清醒的理

智，就不可能"择善""得仁"，进行价值选择。孟子指出，面对复杂的价值关系，感官常受外物的诱惑，必须运用理性思维，存住仁义之心，这样，在进行价值选择时，就不会产生迷惑。所谓"先立乎其大者，则其小者弗能夺也"（《孟子·告子上》）。荀子也认为，有了"以心知道"的理性自觉，在价值选择时，就能"自禁也，自使也，自夺也，自取也，自行也，自止也"（《荀子·解蔽》）。儒家把理性自觉视为价值选择的根本条件，认为具备了这一点就能达到价值选择上的自由境界。这种境界，孔子叫作"从心所欲不逾矩"（《论语·为政》），孟子叫作"由仁义行，非行仁义"（《孟子·离娄下》），荀子叫作"仁者之行道也，无为也"（《荀子·解蔽》）。可见，儒家反对在价值选择上感情用事。

2. 在道德价值与其他价值同时并存且发生冲突的情况下，毅然决然地"成仁取义"，选取道德价值，毫不犹豫地牺牲其他价值

例如当道德价值与生命价值发生矛盾的时候，孔子主张"无求生以害仁，有杀身以成仁"（《论语·卫灵公》）；孟子坚持"生亦我所欲也，义亦我所欲也，二者不可得兼，舍生而取义者也。"（《孟子·告子上》）为什么要把"杀身成仁""舍生取义"作为价值取向呢？因为生命诚可贵，道德价更高。"生亦我所欲，所欲有甚于生者，故不为苟得也。"（《孟子·告子上》）又如当道德价值与幸福价值发生矛盾的时候，孔子提出，"君子无终食之间违仁，造次必于是，颠沛必于是"（《论语·里仁》）孟子认为，"一箪食，一豆羹，得之则生，弗得则死，嘑尔而与之，行道之人弗受，蹴尔而与之，乞人不屑也。"（《孟子·告子上》）就是说，以违反道德、侮辱人格的态度给饥饿的人饭吃，他也是不会接受的。荀子说："义之所在，不倾于权，不顾其利，举国而与之不为改视，重死而持义不挠，是士君子之勇也。"（《荀子·荣辱》）即当仁义与权利发生矛盾时，唯义是取。总之，儒家认为要以高尚的精神，坚强的意志，进行道德价值的选择，成为"朝闻道，夕死可矣"（《论语·里仁》）、"富贵不能淫，贫贱不能移，威武不能屈"（《孟子·滕文公下》）的仁人志士和大丈夫。文天祥就义时说："孔曰'成仁'，孟曰'取义'，惟其义尽，所以仁至，读圣贤书，所学何事？"就是对儒家价值选择论的实际运用。

3. 在同一类事物中，如果有的符合仁义道德，有的不符合道德，那么，只承认符合道德者有价值，不符合道德者无价值，甚至是负价值选择时只以合道德者为价值取向

例如，同是物质利益，儒家认为符合道德的物质利益可取，不符合道德的物质利益应弃。孔子说："富与贵，是人之所欲也，不以其道得之，不处也。贫与贱，是人之所恶也，不以其道得之（应为'去之'），不去也。"（《论语·里仁》）又说："富而可求也，虽执鞭之士，吾亦为之。如不可求，从吾所好。"（《论语·述而》）在孔子看来，体现物质利益的财富、地位，如果符合道德要求，也是可以选择的。孟子虽然在理论上把义和利绝对对立起来，崇义非利，但在实际上并不完全否定符合道德的利益的价值性和可取性。孟子主张"制民之产"，使老百姓"仰足以事父母，俯足以畜妻子，乐岁终身饱，凶年免于死亡"（《孟子·梁惠王上》），这显然属于利的范围。然而这种利是实行"仁政"的条件和内容，是符合道德原则的，因此也是可取的。如果不符合道德原则，那么"非其道则一箪食不可受于人"（《孟子·滕文公下》）。荀子极重视义利之辨，但并不完全排斥利的价值。他认为物质利益是君子小人共有的欲望，问题在于所求之道不同。"好利恶害，是君子小人之所同也；若其所以求之之道则异矣。"（《荀子·荣辱》）如果以仁义之道求利，当然是有价值的。这种思想到后代儒家（如程伊川）就将物质利益区别为公利、私利，认为公利是"和义"之利，私利乃"害义"之利，"和义"之利"不失其正理"，完全可以作为价值选择的对象。对于政治制度，儒家则认为有"德政""仁政""王道"与"力政""霸道"之分，竭力肯定"德政""仁政""王道"的价值，将其作为选择对象，而对"力政""霸道"则予以否定。对于人格，儒家高度赞扬"君子""仁人""贤者"的价值，否定"小人""不肖者"的价值。由于同是利，但有

"和义""害义"之分，因此儒家提出"见利思义""见得思义"的选择办法；同是政，有"德政""力政"之别，所以他们提出"邦有道则仕"的选择办法；同是人，有"君子""小人"之辨，所以他们提出"见贤思齐"的选择办法。"见利思义""有道则仕""见贤思齐"，可以概括为"择善而从"，这是"义然后取"的具体化。

4. 在坚持"义然后取"的价值选择的根本原则时，要根据不同的情况，采取不同的对策，灵活地运用原则

儒家把根本的原则称为"经"，把原则的灵活运用叫作"权"。他们主张在价值选择时要将"经"与"权"，即原则性与灵活性结合起来。孔子说："君子之于天下也，无适也，无莫也，义之与比。"（《论语·里仁》）又说："可与共学，未可与适道，可与适道，未可与立，可与立，未可与权。"（《论语·子罕》）这里讲的"义""道"就是一般原则，"权"就是指灵活性。他认为君子处理天下之事，并没有具体规定要怎样干，不要怎样干，只要符合"义"的原则就行。孟子认为："男女授受不亲，礼也；嫂溺援之以手者，权也。"（《孟子·离娄上》）他也主张对"礼"的一般原则可以灵活运用。儒家虽然认为在坚持"义然后取"的价值选择原则时可以通权达变、灵活运用，但是对"行权"的条件有严格规定，主张"行权有道"（《公羊传》）。其主要条件是：（1）"权之所设，舍死亡无所设"（《公羊传》）——必须在有生死存亡的关头，才可以在价值选择时"行权"。"嫂溺援之以手"就体现了这个条件。（2）"权虽反经，亦必在可以然之域。"（《春秋繁露·玉英》）——行权必须在一定的范围，若超出范围，虽死亡攸关也不可行权。董仲舒认为在"小德"的范围内可以行权。可能在他看来"嫂溺援之以手"是"小德出入可也"。（3）"反于经然后有善"（《公羊传》）——行权违反一些道德原则，但目的和结果都必须取得更高的善的价值。"援之以手"违反了"男女授受不亲"的道德原则，但却挽救了嫂嫂的生命，这则是合于仁德的。董仲舒把这个条件叫作"权，谲也，尚归之以奉巨经耳"（《春秋繁露·玉英》）。总之，儒家认为在坚持"义然后取"的价值选择原则时，应该在一定条件下，灵活运用，通权达变。

综上所述，在价值选择时，要树立仁义至上的自觉观念，做到"以心知道"；遇到道德价值与其他价值发生激烈冲突时，坚持"义无反顾"；在同类事物里有"和义"与"害义"的区别时，学会"择善而从"；在特殊条件下，可以"通权达变"。这就是儒家为贯彻"义然后取"的价值选择原则所提出的主要方法。这种原则和方法，充分体现了儒家以道德为价值取向的基本观点。

（四）"君子"人格和"德化" 社会的价值理想论

人们的价值取向，不仅表现在对当下现实的价值对象的选择上，还表现在对未来理想的价值目标的确定上。未来价值目标就是主体在对当下的价值关系选择的基础上，所确定追求的价值理想。儒家哲学追求的价值理想，概括起来包括两个方面：一是理想人格；二是理想社会。

儒家关于理想人格的说法很多，如"圣人""贤人""仁人""志士"等，但是最具有典型性的则是"君子"。对君子人格的基本特征和崇高价值，从孔孟到宋明时的儒家思想家都作了比较充分的论述和高度的评价。

儒家认为君子人格的基本特征：

1. "文质彬彬"的素质结构

孔子说："文质彬彬，然后君子。"（《论语·雍也》）就是说，君子人格的素质包括"文"和"质"两个要素。所谓"质"，指的是道德品质，其内容仍以"仁义"为主。孟子云："君子所以异于人者以其存心也。君子以仁存心；以礼存心。"（《孟子·离娄下》）孔子曰："君子义以为质。"（《论语·卫灵公》）又说："君子务本，本立而道生。孝悌也者，其为仁之本与？"（《论语·学而》）此外，君子之德还有智、勇、逊、信等。所谓"文"，指的是对古代文化典籍的知识素养、高度文化修养以及文雅庄严的风度仪容。因之，"文"总是与"学"和"礼乐"联系在一起的。"君子博学于文，约之以礼"；"文之以礼乐"；"礼以行之，逊以出之"，"色思温，貌思恭"，"望之俨然，即之也温"；"正其衣冠，尊其瞻视"，都是属于"文"的素质的内容。司马光说："古之所谓文者，乃诗书礼乐之文，升降进退之容，弦歌雅颂之声。"（《答孔文仲司户书》）大体可以概括儒家所说的君子"文"的素质的各个方面。儒家认为君子人格的素质应该是仁义道德（"质"）和知识文化素养（"文"）二者的完满统一，所以孔子反对只具备某一方面素质而忽视另一方面素质的片面性，说："质胜文则野，文胜质则史"（《论语·雍也》）。当然，在两种素质结构中，儒家强调要求君子"义以为上""无终食之间违仁"。而且指出"文"要为"质"服务，主张"君子学以致其道"，"学道则爱人"，"以文会友，以友辅仁"。

2. "重义轻利"的价值观念

重义轻利是君子的基本价值观念，从孔子提出"君子喻于义，小人喻于利""君子怀德，小人怀土；君子怀刑，小人怀惠"（《论语·里仁》）和孟子提出"去利，怀仁义以相接"（《孟子·告子下》）等命题之后，儒家学者大多把义利之辨作为君子、小人的根本区分，把重义轻利视为君子人格的基本标志。朱熹说："义利之说，乃儒者第一义。"（《朱文公文集》卷廿四《与延平李先生书》）直到王夫之仍坚持这一价值观念，认为"君子、小人之辨，人、禽之异，义、利而已矣"（《读通鉴论》中册第 616 页）。重义轻利的价值观表现在生活中就是重视道德精神境界的提高，反对对物质生活享受的追求。孔子说他自己的生活态度是："饭蔬食饮水，曲肱而枕之，乐在其中矣。不义而富且贵，于我如浮云。"（《论语·述而》）他称赞学生颜回："贤哉回也！一箪食，一瓢饮，在陋巷，人不堪其忧，回也不改其乐。贤哉回也！"（《论语·雍也》）孔、颜之所以能在简朴的生活中"乐处"，就是因为树立了"君子固穷"，"君子谋道不谋食"，"君子忧道不忧贫"，"君子食无求饱，居无求安；敏于事而慎于言，就有道而正焉，可谓好学也已"这样的价值观念。在这种价值观念的指导下，"君子不忧不惧"（《论语·颜渊》），心态乐观，胸怀坦荡（"君子坦荡荡"）。以这种价值观评价人，君子认为"士志于道，而耻恶衣恶食者，未足与议也"（《论语·里仁》）。

3. "可以大受"的责任能力

儒家认为君子是"不可小知而可大受"（孔子语）的人，是"天将降大任于斯人也"（孟子语）的人。君子的社会历史责任就是实现仁义之德于天下，"君子之仕，行其义也"，"仁以为己任"（《论语》）。由于任重道远，因此，君子必须培养自己"可以大受"的责任能力。对此君子应有高度的自觉性，"君子病无能焉"，"君子疾没世而名不称焉"（《论语》）。他要求自己有高度的责任心（"事思敬""劳而不怨"），敏行慎言（"敏于事而慎于言""讷于言而敏于行""先行其言而后从之""名之必可言，言之必可行，于其言无所苟""耻其言而道其行"）；虚心好学（"学以致其道""疑思问""于其所不知，盖阙如也"）；勇于改过（"过则勿惮改""内省不疚"）；忠于上司（"言思忠""主忠信""畏大人""其视上也敬""恶居下流而讪上者"）；力争上游（"恶居下流，天下之恶皆归焉"，"无友不如己者"）；善于合群（"群而不党""尊贤而容众""不以言举人、不以人废言"）；安分守己（"畏天命，畏大人，畏圣人之言"）。只有这样，君子才能承担国家重任，完成自己的使命，"可以托六尺之孤，可以寄百里之命，临大节而不可夺也"（《论语·泰伯》）。

4. "和而不争"的处世态度

儒家认为君子的处世态度是"和而不争""矜而不争"。所谓的"不争"，并不是说对其所确立的理想目标不努力争取实现，在这一点上儒家还是提倡努力争取的，主张"当仁不让于师"，"勇者不惧"，"勇而有义"。儒家在君子人格修养上要求的"不争""无所争"，一是指不争利欲。所谓"食无求饱""居无求安""欲而不贪""戒之在色""戒之在得"皆指此。二是指在处理人际关系时，不与人争斗，严于责己，以和为贵。所谓君子"泰而不骄""威而不猛""矜而不争""群而不党""和而不同""周而不比""修己以敬""修己以安人""成人之美""与人为善""君子求诸己""四海之内，皆兄弟也"等皆指此而言。三是指不争权力，不作超越权力范围的事。所谓"不在其位，不谋其政"，"君子思不出其位"，即指此。四是指在与人比赛时按照礼的规定竞争。孔子说："君子无所争，必也射乎! 揖让而升，下而饮，其争也君子。"（《论语·八佾》）认为比赛射箭时按照射礼的规定参加竞赛，才是很有礼貌的君子之争。这四点中，第二点是君子"不争"的主要意思。从这几点来看，不能简单地把儒家的君子"不争"理解为希望人做不顾原则，不分是非的好好先生，在与人相处时一味地一团和气。"不争"的基本意思是要求君子在为人处世时"义以为质，礼以行之，逊以出之"（《论语·卫灵公》）。

5. "执两用中"的思维方式

儒家要求君子按照"中庸"的原则进行思维，"君子中庸，小人反中庸"（《中庸》）。"中庸"思维方式就是把矛盾的两端直接结合起来，使两方处在和谐的统一中，每一方都在自身应有的适当限度内发展，不突破其限度而压倒另一方，以免引起矛盾统一体的破坏。故又叫作"执其两端，用其中"（《中庸》）。为此，它既反对"过"又反对"不及"。因为二者都是失度，对于破坏统一体来说，效果是同样的（"过犹不及"）。儒家认为"中庸"的思维方式是最理想的思维方式，也是一种高尚的道德。孔子说："中庸之为德也，其至矣乎!"（《论语·雍也》）认为尧、舜、禹都遵循着"允执厥其中"的原则（《论语·尧曰》）。孟子也说："汤执中。"（《孟子·离娄下》）他还提出既要"执中"，又要"用权"，说"执中无权，犹执一也"（《孟子·尽心上》）。荀子也主张用"兼陈万物而中悬衡"（《荀子·解蔽》）的方法追求真理。儒家认为，君子要把"中庸之道""用中"方法贯彻到自己的处事和修养中去，做到"周而不比""和而不同""群而不党""泰而不骄""矜而不争""惠而不费""欲而不贪""威而不猛"（见《论语》）。在对人教育时，做到"道而弗牵，强而弗抑，开而弗达"（《礼记·学记》）。可见，儒家把"中庸"思维方式作为君子人格的一个必备条件。

以上从素质结构、价值观念、责任能力、处世态度、思维方式等方面，可以概括地看到儒家所崇尚的君子人格的基本特征，这是儒家对人格价值的追求目标。这种人格从总体上说是伦理型的，不是知识型的；是求稳型的，不是开拓型的；是继承型的，不是创造型的；是平衡型的，不是运动型的。它既体现了儒家对人格的内外和谐发展的要求，又极大地束缚了个性的发展。它给中华民族性格中的长处和短处，都留下了深刻的烙印。

儒家关于理想社会的描绘，集中表现于孔子的"德治"和孟子的"仁政"思想中，其总体特征可以用"德化"社会来概括。上文在说到儒家的价值取向论时，曾经指出，儒家认为道德具有政治价值和社会价值，那是指对道德价值的评价问题。而德化社会，则是儒家追求的理想社会，也即他们心目中的最有价值的社会。

所谓"德化"社会，就是将仁义道德作为社会的根本和灵魂，将其贯彻、渗透到社会的各个方面。

1. 统治阶层的道德化

儒家认为理想社会的君臣都应该是具有高尚道德的人，他们对社会统治阶层各级当政者的根本要求是道德，认为只要这些人具有仁义道德，就会一能百能，一通百通，而对其他方面的素质和条件则重视不够。孔子说"政者，正也"（《论语·颜渊》），认为政治的实质就是执政者的高尚道德，"苟正其身矣，于从政乎何有"（《论语·子路》）。而且，他把统治者的道德化，说成是整个社会道德化的前提，"君子笃于亲，则民兴于仁"，"慎终追远"则"民德归厚"，"临之以庄，则敬；孝慈，则忠"，"子欲善而民善矣"（《论语》）。孟子也认为最好的政治乃是道德化的政治，即"仁政"，而行仁政的根本则在于统治阶层的道德化，"有不忍人之心，斯有不忍人之政矣。以不忍人之心，行不忍人之政，治天下可运之掌上"（《孟子·公孙丑上》）。"不忍人之心"就是"仁心"，"不忍人之政"就是"仁政"。"仁心"是"仁政"的根本前提。如果没有"仁"的道德，各级统治者都不能维护统治，保持政权，"天子不仁，不保四海；诸侯不仁，不保社稷，卿大夫不仁，不保宗庙"（《孟子·离娄上》）。荀子进而提出在统治阶层内部应按道德水准的高低划分等级职别；"上贤禄天下，次贤禄一国，下贤禄田邑"（《荀子·正论》）。他还明确指出，"贤"的标准不是具有生产技术、经济管理方面的知识，而是指"知其义"的"君子"（《荀子·儒效》）。汉儒董仲舒提倡"天人感应"说的重要目的之一，就是要靠"天"来促使、监督、维护封建统治阶层的道德化。因为"天"的本质就是"仁"（"天，仁也。"见《春秋繁露·王道通三》），统治者如果违背了天的意志，不行仁义，天就会出现"灾害"，进行"谴告"。宋儒朱熹主张王道政治，王道政治的根本在于帝王之"心术"，"所谓大根本者，固无出于人主之心术"（《文集·答张敬夫》）。对"心术"的要求也是"仁"，"天下万事，本于一心，而仁者，此心之存之谓也"（《文集·送张仲隆序》）。只要统治者的心术是"仁义"的天理流行，那么社会上的一切都是至善的。由此可见，儒家把统治阶层的道德化作为理想社会的首要条件和决定因素，按照他们的话来说，就是"如有王者，必世而后仁"（孔子），"大本既立，然后可推而见也"（朱熹）。总之，在儒家看来，只要当政者道德化了，德化社会的实现就成了顺理成章的事。

2. 统治政策的道德化

儒家主张，有仁德的统治者在治理社会、统治百姓的基本方针、政策、措施上也应该是道德化的。他们认为靠行政和军事的"力"，靠法律的"刑"，固然可以起到维护统治的作用，但只能触及皮毛，不能征服内心；只能取得一时的效果，不能达到永恒的大治。此外，儒家也不赞赏靠物质利益引诱的政策，认为这样会导致物欲横流，道德沦丧，人心不古，造成社会的堕落和衰败。孔子把德治和法治对立起来，主张"为政以德""道之以德""齐之以礼""使民也义"。认为德化政策比"道之以政""齐之以刑"的行政法律手段都要高明。孟子把仁政和力政、王道与霸道对立起来，认为"以力假仁者霸"，"以德行仁者王"；"以力服人者，非心服也"，"以德服人者，中心悦而诚服也"（《孟子·公孙丑上》）。对于经济政策，孔子虽主张"富民""惠民""因民之利而利之"，但他同时提出，"富""利"都必须合"义"、合"道"、合"礼"，反对"不义"和"不以其道得之"的富贵，反对"放于利而行"，提倡"富而好礼"（《论语·学而》）。孟子提出"制民之产"，但其用意并不是要提高人民的物质生活水平，而是为了使"民有恒心"，即有仁义道德之心。可见，儒家的经济利益政策乃是从属于、服务于德化政策的，是"德治""仁政"的组成部分。因为儒家高度肯定了德化政策的价值，所以特别重视对人民的道德教化，主张"谨庠序之教"，认为"善政不如善教之得民也"，"善教得民心"（《孟子·尽心上》）。教的内容则是"教以人伦""教之孝悌而已矣"（《孟子·尽心上》）。这说明儒家的教育政策也是道德化的。可见，统治政策的道德化也是德化社会的重要内容。

3. 社会制度的道德化

儒家关于社会制度道德化的理想，主要表现在"正名"论和"礼治"论上。"礼"本是西周奴隶制国家的等级制度，西周末年"礼崩乐坏"，孔子为了维护贵族统治秩序，推崇周礼，提倡礼治。孔子提出"正名"说的宗旨，就是要恢复"君君、臣臣、父父、子子"的礼治。此后，礼治就成为儒家的重要政治主张和伦理学说，成为其理想社会的组成部分。儒家提倡礼治的重要特征，就是在维护等级制的基础上，突出和强调了"礼"的道德规范意义。孔子的"克己复礼为仁""人而不仁，如礼何？"和"非礼勿视，非礼勿听，非礼勿言，非礼勿动"（《论语·颜渊》）等论述已带有明显的伦理化倾向。荀子进而把礼视为道德的最高原则，谓之"道德之极"（《荀子·劝学》），并以礼为统率其他道德规范的总名、总纲，把仁、义、忠、孝、悌诸德，都说成是礼的具体化。北宋李觏沿用这一观点，明确指出："曰仁，曰义，曰智，曰信，礼之别名也"（《李觏集·礼论第一》）。这样做的结果，就使社会制度和道德规范融合为一。道德成了君君、臣臣、父父、子子的等级制度的内在灵魂和精神原则，而等级制度则成了君仁、臣忠、父慈、子孝、夫义、妻顺、兄爱、弟悌的外在表现和保证，从而在实质上使社会制度道德化了。就是说本来作为一种等级制的社会制度的礼，它的实质是道德。朱熹说得好："礼谓之天理之节文者，盖天下皆有当然之理。今复礼，便是天理。但此理无形无影，故作此礼文画出一个天理与人看，教有规矩，可以凭据，故谓之天理之节文。"（《朱子语类》卷四十二）就是说天理（道德）是"质"，礼（制度）是"文"，二者是实质和表现、内容和形式的关系。正由于"礼"是道德化了的制度，制度化了的道德，因此儒家给了它高度的价值评价，"人无礼则不生，事无礼则不成，国家无礼则不宁"（《荀子·修身》），"夫礼，人道之准，世教之主也"（《李觏集·礼论第一》）。

4. 人伦关系的道德化

儒家十分重视人与人之间的社会关系，他们把人与人之间的关系称为"人伦"，认为研究学问，就是研究"人伦"，"学则三代共之，皆所以明人伦也"（《孟子·滕文公上》），"伦类不通，仁义不一，不足谓善学"（《荀子·劝学》）。儒家说的"人伦"其基本内容是父子、君臣、夫妇、兄弟、朋友五种关系，孟子说："教以人伦：父子有亲，君臣有义，夫妇有别，长幼有序，朋友有信"（《孟子·滕文公上》）。他们认为这五伦（五种关系）是一切社会关系的基础，只要把这些关系调整好了，社会就大治大安，进入理想境地。孔子"正名"就是要理顺当时已经混乱了的人伦关系。在五伦中君臣、父子、夫妇关系又处于统率的地位，汉儒称之为"三纲"，"五伦"又称"五常"，合称为"三纲五常"。儒家认为处理这些关系的理想原则既不应该是政治的、法律的，也不应该是利益的，而应该是道德的。如果将君臣关系视为单纯的政治统治关系，那么"君之视臣如犬马，则臣视君如国人；君之视臣如土芥，则臣视君如寇雠"（《孟子·离娄下》）；如果将君臣、父子、兄弟关系，视为赤裸裸的利益关系，那么"为人臣者，怀利以事其君；为人子者，怀利以事其父；为人弟者，怀利以事其兄。是君臣、父子、兄弟，终去仁义怀利以相接。然而不亡者，未之有也"（《孟子·告子下》）。因此，儒家主张，人伦关系要以道德化的关系为最高理想，以道德规范为最佳处理原则。孔子就已提出："事君，敬其事而后其食。"（《论语·卫灵公》）又说："今之孝者，是谓能养。至于犬马，皆能有养；不敬，何以别乎？"（《论语·为政》）他认为事君、事父，重要的不在于"养"和"食"，而在于"敬"。孟子讲得更明确，"为人臣者怀仁义以事其君，为人子者怀仁义以事其父，为人弟者怀仁义以事其兄。是君臣父子兄弟怀仁义以相接也，然而不王者，未之有也。何必曰利。"（《孟子·告子下》）儒家的忠、孝、顺、仁、义、礼、智、信，就是处理五伦关系的道德准则。这种人伦关系道德化的理想，与墨家的"兼相爱，交相利"和法家的父子之间"计之长利也"，"君臣之交，计也"（《韩非子·饰邪》）形成了鲜明的对比。当然儒家所追求的道德化的人伦关系，并不是平等的关系，因为其道德规范本身就含有尊卑上下的要求。

5. 社会生活的道德化

社会生活基本上可分为物质生活、精神生活两大领域，而精神生活又包括政治的、道德的、知识的、文娱的、宗教的许多方面。儒家重视精神生活，认为君子"谋道不谋食"，"忧道不忧贫"，"食无求饱，居无求安"。只要精神生活充实，那么即使"一箪食，一瓢饮，在陋巷"，也"不改其乐"，"饭蔬食饮水，曲肱而枕之"，也"乐亦在其中"（《论语·述而》）。关于这方面的观点，儒家学者论述甚多。儒家所重视的精神生活，也主要是道德生活，即求"道"、成"仁"、取"义"、守"礼"之类。孟子认为人生之事，一类是"求在我者"，如道德品质和道德行为；一类是"求在外者"，如富贵、权位，等等。他认为，"求在我者"的事是"求有益于得也"，应该努力去做；而"求在外者"的事，是"求无益于得也"，可以听之任之，不必计较。就是认为道德生活是最有意义、最有价值的生活。儒家认为人的一切精神生活的意义都应该是道德生活，政治生活的意义是推行其道德理想，"君子之仕也，行其义也"（《论语·微子》），学习生活的意义是学习其道德规范，"君子学道则爱人"（《论语·阳货》），"学至乎礼而止也"（《荀子·劝学》）；文艺生活的意义在于可以使人联想道德问题，受到道德教育。闻"韶乐"可以知"尽善"，读《诗经》可以"思无邪"，培养"迩之事父，远之事君"的忠、孝道德。诵"素以为绚兮"的诗句，可以悟到"礼后"的道理，吟《关雎》之篇，可以得到"乐而不淫，哀而不伤"的启示；宗教生活的意义也在于道德，敬畏"天命"，就会懂得"死生有命，富贵在天"（《论语·颜渊》），非人力所能支配，而最高的道德——仁，则是"由己"的。祭祀鬼神，关键不在于鬼神的有无，而目的在于使"民德归厚"。总之，一切精神生活的实质内容和现实意义都是道德生活，只有将整个精神生活的内容提高到道德的地位上来，它才是有价值的。不但如此，儒家甚至认为，道德生活中潜在地包含着其他精神生活的因素。《论语》记载，有人问孔子为什么不参加政治活动，孔子回答说："《书》云：'孝乎惟孝，友于兄弟'。施于有政，是亦为政，奚其为为政？"（《论语·为政》）在孔子看来，修德、齐家就是为政，道德生活中就蕴涵着政治生活。由此可见，儒家认为理想的社会生活就是道德化了的生活，只有道德化了的生活才有最高的价值。

总之，儒家所追求的理想社会就是"德化"社会。在他们看来，只要社会的各方面都蒙上一层"仁者爱人"的温情脉脉的道德纱幕，那就会化解一切矛盾，平息一切动乱，消除一切灾难。孟子曰："天时不如地利，地利不如人和。"（《孟子·公孙丑下》）孔子曰："有国有家者，不患寡而患不均，不患贫而患不安。盖均无贫，和无寡，安无倾。"（《论语·季氏》）均、和、安就是"德化"社会的价值所在。

综上所述，儒家所追求的价值目标就个人来说是成为"君子"人格，就社会来说是成为"德化"社会。人格是道德型的，社会是道德化的，一言以蔽之，道德是儒家的最高理想。

（五）"人能弘道"的价值实现论

价值目标确定之后，如何实现这一目标，也是价值哲学的重要问题之一。儒家既以君子人格和德化社会为理想的价值目标，那么如何实现此一目标呢？儒家哲人们也提出了自己的见解。

在儒家看来，形成君子人格、建立德化社会的理想就是人所当行之道，即"人道"。孟子说："人也者，仁也，合而言之，道也。"（《孟子·尽心下》）这种至高至美之道，能够靠人努力发挥其主观能动性而实现，用孔子的话说就是"人能弘道"（《论语·卫灵公》）。意思是，道的价值能由人来扩大、发扬、实现。

为什么儒家认为"人能弘道"，道德价值能通过人的努力而实现呢？

1. 人性善

人性中本来就存在着价值的根据，即善的因素或原则，如果人能"尽性"，发展善的因素，将其"扩而充之"，达到完全的程度，就可以成为君子人格。并且"己欲立而立人，己欲达而达人"，帮助他人也形成君子人格。那么"人皆尧舜"，世当然也可"德化"了。张载说"心能尽性，人能弘道也"，就是这个意思。儒家学者讲价值实现，大都从人性谈起，既以人性为价值存在的根据，也以人性为实现新的价值目标的契机。这一点实际上从孔子就开始了，孔子在说到理想道德"仁"的实现时说："仁远乎哉？我欲仁，斯仁至矣。"（《论语·述而》）又说："为仁由己，而由人乎哉？"（《论语·颜渊》）正因价值之根就在人性之中，所以"我欲"则至，"由己"则成。孟子一派进一步发展了这一观点，大讲"尽善性""致良知"，以此作为实现价值目标的根本出发点。

2. 人力足

人有实现价值目标的充足力量，只要人积极有为，全力以赴，就能实现其价值理想。儒家认为，人的生死、贫富、贵贱，以及事业上的成败，大半是由天命决定的，所谓"死生有命，富贵在天"（《论语·颜渊》）。但是道德价值理想是可以尽自己的力量去实现的。孔子的一个学生对他说："非不悦子之道，力不足也"。就是说并不是不喜欢你所追求的价值，只是力量不够。孔子说："力不足者，中道而废。今汝画。"（《论语·雍也》）意谓什么力量不足，你不过是自己画了一条线把自己限制起来了。孔子还说："有能一日用其力于仁矣乎？我未见力不足者。"（《论语·里仁》）孟子劝齐宣王行"王道"、施"仁政"，齐宣王甚为犹豫。孟子说：这是你自己认为"力足以举百钧而不足以举一羽"，"一羽之不举，为不用力焉"。不愿意行王道是"不为也，非不能也"（《孟子·梁惠王上》）。他还对滕文公说：施仁政只要"子力行之，亦以新子之国"（《孟子·滕文公上》）。荀子否认道德价值乃人性之固有，因此更强调发挥人的能力以实现其价值，和在改造自然的问题上主张"制天命而用之"（《荀子·天论》）的思想相一致，在价值实现上他主张"化性而起伪"（《荀子·性恶》），也就是说靠人力的作为创造价值，他说："无伪则性不能自美"（《礼论》）。《易传》提出"刚健"有为的精神，主张"君子以自强不息"，赞美"日新之谓盛德"，也是将价值的实现立足于人的积极努力。朱熹说："仁之成德，虽难其人，然学者苟能实用其力，则亦无不可至之理。"（《四书章句集注》）可见，儒家认为人是有足够的力量实现其价值理想的。

3. "德不孤"

儒家认为，凡有德的人，在社会上不会孤立，必有同声相应、同气相求的人和他共同为实现价值目标而努力。在儒家看来，君子人格和德化社会是人们普遍性的理想价值，因此，任何人如果树立了这种价值观念和价值目标，并为之积极努力，必然会得到同道者的支持和帮助。正是在这个意义上，孔子说"德不孤，必有邻"（《论语·里仁》）；孟子说"得道者多助，失道者寡助"（《孟子·公孙丑下》）。"德不孤"，乃是"人能弘道"的重要条件之一。

4. "道中庸"

儒家认为，他们所追求的君子人格和德化社会，作为一种理想，具有超越性的一面，"及其至也，虽圣人亦有所不知焉"，"虽圣人亦有所不能焉"（《中庸》）。但也有平易性的一面，"夫妇之愚，可以与知焉"，"夫妇之不肖，可以能行焉"（《中庸》）。之所以能知能行，是因为它扎根于现实的一般人的日常生活之中，并不需要否定现实世界，离开日常生活，去另外追求一种神秘玄远的境界。这种超越性和平易性的统一，儒家叫作"极高明而道中庸"（《中庸》）。就"高明"特征而言，"大哉圣人之道！洋洋乎！发育万物，峻极于天。优优大哉！"（《中庸》）就其"中庸"特征而言，"道不远人。人之为道而远人，不可以为道。"（《中庸》）道既然是中庸的，平易的，那么人们只要在一般日常生活中、现实人群关系中，通过行远必自迩、登高必自卑的途径，努力发挥主观能动性，认识道、理解道、实行道，便可以达到君子人格的完成和德化社会的实现。

从人的条件来说，人性善、人力足、德不孤；从道（理想）的特点来说，既高明而又中庸。因此，"人能弘道"，价值目标能够通过人的主观努力来实现。

这里需要注意的是，儒家从总的原则上认为"人能弘道"，相信通过人的主观努力，积极作为，确定的价值目标可以实现。但是在实现德化社会与完成君子人格上，人的主观努力的实际效果却有很大的不同。君子人格价值目标的实现，在儒家看来，主要不是表现为某种利益的取得或某种事业的成功，而是表现在道德观念的树立、道德行为的表现、道德义务的完成和道德境界的提高上。一句话，表现在个人的道德品质上。而这是可以由人的主观努力来决定的。一个人只要在做事时行了仁义之道，完全尽了道德责任，即使他做的事没有成功，也仍具有崇高的道德价值，也算实现了君子人格。所谓"不成功也能成仁"。为此，儒家提出了一个衡量道德价值、君子人格是否实现的标准，这就是董仲舒说的："正其谊（义）不谋其利，明其道不计其功。"（《汉书·董仲舒传》）就是说，在判断道德价值和君子人格价值时，要着重看"义"是否"正"，"道"是否"明"这些动机方面，而不要考虑其事业成败得失之效果。这一标准后来得到多数儒家哲人的承认。如果用这个标准来衡量，那么当然"人皆可以成尧舜"，任何人经过主观努力都能够实现君子人格的价值目标。

而德化社会这一价值目标的实现则与此有别。作为一种理想社会，它不仅包括个人主观道德的因素，还包括许多客观性的以及物质性的条件。它的实现不但要人们讲道德，还需要人们干事业，而且所干的事业还必须成功。这就不是只凭个人的主观努力所能决定的了。儒家显然是看到了这一点的。他们充分估计到了实现理想社会可能遇到的阻力，而且认为有些阻力是经过人的积极作为能够排除的，但有些阻力则是在特定历史环境中人力无可奈何的。这些人力无可奈何的事，就只能听天由命了。于是，他们提出了"力"和"命"的问题。从孔子开始，儒家学者几乎都思考着"力"与"命"的矛盾。孔子认为君子应"畏天命"，"不知命无以为君子也"（《论语·尧曰》）。并称自己"五十而知天命"（《论语·为政》）。他所知的"命"主要是涉及理想社会的实现问题。他说："道之将行也与，命也；道之将废也与，命也。"（《论语·宪问》）他甚至清醒地看到在当时"天下无道"的情况下，他所追求的理想社会是不能实现的，"道之不行，已知之矣"（《论语·微子》）。所以，他准备"道不行，乘桴浮于海"（《论语·公冶长》）。孟子虽然在实现理想人格上非常强调主体能动性，但对实现理想社会也承认天命的制约。他说追求君子人格是"求在我者"，所以"求则得之，舍则失之"；而追求理想社会是"求在外者"，因此"求之有道，得之有命"（《孟子·尽心上》）。他认为他的理想如果在当时得不到实现，乃是"天未欲平治天下也"。如果天"欲平治天下"，那么即使在"当今之世"，他也能实现自己的理想（《孟子·公孙丑下》）。

　　儒家这种理想社会的实现不能完全由人力支配，还得取决于天命的观点，是否与其"人能弘道"的价值实现论相矛盾呢？不矛盾。因为，第一，"人能弘道"即人能够实现其理想价值，是就人固有的主观能动性而言的，对此，儒家作了充分肯定。而理想社会的最终实现与否，则还涉及事业上的成功和实际的效果问题，对此儒家认为不能完全取决于人为。第二，"人能弘道"是一般的总体意义上的价值实现原则，而理想社会能否在某一时代实现，其道"行也与抑废也与"，乃是特殊历史条件下的情况。在孔孟看来，他们的"道"即使在当时不能实现，问题并不在于"道"本身有缺陷，也不在于人的能力不足，而是当时条件还不具备，"天命"还不允许，若随着历史的变化，条件具备了，道最终是会实现的。所以，"人能弘道"乃是儒家价值实现论的基本观点。

　　正由于儒家坚信"人能弘道"，因此，他们认为即使理想社会在某一特殊历史环境中不得实现，也不能否定人为实现这一理想所付出的努力。孔、孟一生周游列国各处游说，就是在为实现他们的理想——"道"而努力。他们认为，即使明知不能成功，只要追求的目标有价值，还是要努力去做。当时人说，孔子是"知其不可而为之"（《论语·宪问》），而孔子则抱定"守死善道"的决心不变（《论语·泰伯》）。孟子游说诸侯，其主张不被采纳，孟子也表示他"行天下之大道"的初衷不改，"得志与民由之，不得志独行其道"（《孟子·滕文公下》）。可见，在儒家看来，他们的理想在当时可能成功，也可能失败，但即使失败了，也并不减少他们为"弘道"所做的努力的价值。尽力而行，本身就是一种高尚的价值。

　　总之，儒家在价值实现问题上，主张发挥人的主观能动性，肯定人为实现价值目标所做的努力。高扬"朝闻道，夕死可矣"和"守死善道""不移""不屈"的追求理想价值的精神。

　　通过以上对儒家"天命—人性"的价值根据论、"义以为上"的价值取向论、"义然后取"的价值选择论、"君子"人格和"德化"社会的价值理想论以及"人能弘道"的价值实现论的分析，我们可以清楚地看出，儒家的价值论是道德价值论。他们以"仁义"道德作为价值参照系，衡量一切、评价一切，确定选择的取向和追求的目标，指导创造和实现价值理想的行为。这种重道德的价值观，秦汉以后逐步上升为占主导地位的价值取向。它在历史上培养了一大批以履行道德义务为人生最高价值的仁人志士，但也严重影响了人们对其他价值的重视和追求。在中华民族的文化心理结构中，留下了积极的和消极的双重影响。对此，笼统地提出全盘继承或彻底否定，都不是科学的态度。在我国科学技术还比较落后，物质文明还不够发达，社会民主还有待发展的今天，我们诚然应看到儒家重德轻智、重义轻利、重人伦轻个性的价值观对人们的不良影响。但是，历史的发展总是要求物质文明和精神文明并重，利益观念和道德观念统一，因此也不能抹杀儒家的价值观对启发人们重视道德、重视精神生活的积极意义。

二 墨家的功利价值论

先秦诸子中，儒墨两家是影响最大的学派。自春秋末直到战国中后期，儒墨并为世之显学。《韩非子·显学》曰："世之显学，儒、墨也。"《吕氏春秋》亦称：孔、墨"从属弥众，弟子弥丰，充满天下。……孔、墨之后学，显荣于天下者众矣，不可胜数。"（《当染》）由此可见，墨家在先秦，其学术之盛、徒属之众、声名之耀，足与仲尼相埒，几与洙、泗比肩。唯由于秦汉以后，儒家日尊而墨学中绝，致使其影响衰微，声名被掩。虽然从学术渊源上看，"墨子学儒者之业，受孔子之术"（《淮南子·要略》），但其学说宗旨与儒学大相径庭，故两家相互批判，争辩不休。这在价值观上表现得尤为突出。儒家崇尚仁义道德之价值，倡言"义以为上""义然后取"，而墨家却"贵兼"（《尸子·广泽》），"泛爱兼利而非斗"（《庄子·天下》），"上功用、大俭约而侵差等"（《荀子·非十二子》）。一言以蔽之，儒家崇尚道德，墨家弘扬功利，以功利为基本价值是墨家价值观的根本特征。

（一）"取法天志"的价值根据论

墨家追求的功利价值是现实的，而墨家为崇尚功利寻找的理论根据却是超现实的，即所谓"取法天志"。墨子认为，作为人格精神的天，是有欲望有意志的，人世间的一切原则都由"天志""天意"决定，价值观念也不例外。不但追求相爱相利、立功利民的功利价值是天志对人的要求，而且，其他诸如仁义道德、尚同政治、知识智慧等价值也都为

"天志"所规定。墨子说:"明哲维天,临君下土"(《墨子·天志中》)、"天之志者,义之经也"(《墨子·天志下》)、"仁义之本"(《墨子·天志中》)。意思是说,天志乃是价值的根据和本原。

墨子为什么要以"天志""天意"为一切价值的根据和本原呢?因为在他看来:

1. 天是宇宙间最尊贵明智的价值主体

墨子认为真正的价值绝不能由低贱愚昧者发现和提出,只能由尊贵明智者发现和提出,而天是宇宙间最尊贵明智的主体。他说,"天下之君子"企图追求崇高的价值,但应该知道价值的本原。"义不从愚且贱者出,必自贵且智者出";"然则孰为贵?孰为智?曰:天为贵、天为智而已矣!然则义果自天出矣!"(《墨子·天志中》)他还将"天"与"天子"的地位和智慧作了对比,指出天比天子更尊贵更高明,"天之贵且智于天子"(《墨子·天志中》)。从人间来看,天子可谓是最尊贵最明智的了,但从整个宇宙来看,天则处于最尊贵之地位并且具有更高明之智慧。这就使天成了高于一切的人格神。作为人格神的天,他创造和选择的价值当然是宇宙间的最高价值,也是人间一切价值的根源。墨子这种观点,和西方基督教把人间一切价值都视为来自"上帝"有异曲同工之妙,都是为了给人们的价值追求提供一个超越现实的坚固基石和深刻根源。

2. 天是宇宙间一切美好价值的最高体现

天不仅是创造宇宙间一切价值的伟大而高明的主体,而且它本身就具有崇高的品德,在它身上充分凝聚和体现着宇宙间一切美好的价值。在墨子看来,天的一切属性和功能并非自然现象,而是价值意识的表现。天运行日月星辰,是为了给人们带来光明;天安排春夏秋冬,是为了给人间确立纪纲;天降落雪霜雨露,促使五谷麻丝生成,是为了提供财利让人生活;天设置山川谿谷、金木鸟兽,是为了监督人间百事,赏善罚恶(《墨子·天志中》）。总之，"天之行广而无私，其施厚而不德，其明久而不衰。"（《墨子·法仪》）目的都是"兼天下而爱之，撽遂万民而利之"（《墨子·天志中》）。"爱民之厚""利民之博"正是天的德行之表现、价值之所在。因此，天所体现的道德价值、功利价值，也是人应该追求和崇尚的价值。

3. 天是判断人们价值是非的绝对权威

墨子认为有意志的天，既是最高价值的体现者，也是人间善恶利害等价值是非的判断者。天希望人们崇尚兼爱相利的正价值，而抛弃相贼相害的负价值，并以自己的情感和态度表示自己的价值判断。《墨子·天志上》说：天"有欲有憎""有欲有恶"，天之欲者是"义"，天憎恶者为"不义"。为什么天作这样的价值判断呢？因为天下"有义则生""有义则富""有义则治"；"无义则死""无义则贫""无义则乱"。所以"天欲义而恶不义"。"义"与"不义"就是天对价值是非作出的最高判断。据此判断，天要求人们去追求它所崇尚的正价值（"义"）而摒弃他所憎恶的负价值（"不义"）。具体地说，"天之意不欲大国之攻小国也，大家之乱小家也，强之暴寡，诈之谋愚，贵之傲贱"。而"欲人之有力相营，有道相教，有财相分也"，又"欲上之强听治也，下之强从事也。上强听治则国家治矣，下强从事则财用足矣"（《墨子·天志中》）。墨子进而指出，如果人们"顺天之意"，接受天的价值判断，去追求天所崇尚的正价值，就会得天之"赏"；反之，如果人们"反天之意"，违背天的价值判断，去追求天所憎恶的负价值，就必受天之"罚"。从历史上看，三代圣王尧、舜、禹、汤、文、武，遵循了"天志"的价值导向，"爱人利人"，因此都受到天的奖赏；而三代暴王桀、纣、幽、厉，违背了"天志"的价值判断，"憎人贼人"，于是皆遭到了天的惩罚。可见，"天志"的价值判断具有绝对的权威性。

正由于在墨子看来，天既是尊贵智慧的价值创造者，也是伟大崇高的价值体现者，还是绝对正确的价值判断者。所以他才把"天志""天意"说成一切价值的根据和本原，并要求人们在价值取向的问题上毫不犹豫地"顺天之意""取法天志"。

墨子不但以"法天"作为价值根据的原则，还提出"明鬼"作为补充原则。墨子承认鬼神的存在，并强调了鬼神在人们确定价值选择方向上的重要作用。他说，鬼神有知善识恶之明，赏贤罚暴之能，而且这种智能无微不至、无坚不克。凡选择正价值"爱民利民"者，鬼神"无小必赏之"；凡追求负价值"贼民害民"者，鬼神"无大必罚之"。甚至"深谿博林，幽涧无人之所"也不会处于鬼神明鉴之外；"富贵众强，勇力强武，坚甲利兵"也不能抵御鬼神诛罚之力（《墨子·明鬼下》）。这就把鬼神说成是监督人们价值追求的强大力量。如果说"天志"是人们价值选择方向的决定者的话，"鬼神"就是人们价值选择行为的强制者。这两种超人间的意志和力量结合起来，规定着人们的价值取向，使人们的价值生活沿着正确的方向和道路进行。

墨子以"天志""鬼神"作为人们的最高价值原则，目的是为了使人的主体需要和价值追求遵循一种最高的有绝对权威性的尺度，即"以天为法，动作有为必度于天"（《墨子·法仪》）。正如《墨子·天志中》篇所说："子墨子之有天志辟之，无以异乎轮人之有规，匠人之有矩也。"规、矩就是原则、尺度。凡"顺天之意"即符合天之原则、尺度者，"谓之善"；凡"反天之意"即不合天之原则、尺度者，"谓之不善"。"善"就是价值，"不善"就是非价值或负价值。这样一来，墨子就使他所主张的价值具有了绝对性的品格，不可怀疑，不可移易；人们就只能去无条件地追求或接受，而不能随意地漠视或舍弃。

墨家企图以"天志"为价值根据来赋予功利价值以绝对性，这与儒家以"天命"为价值根据来赋予仁义道德价值以绝对性，诚然有相似之处。但是儒家"天命"价值根据论的意义主要还在于论证仁义道德的必然性和普遍性。仁义道德的绝对性正是建立在其必然性、普遍性的基础上的。这和墨家直接以人格神的"天"这个超人间力量来强化价值的绝对性并不相同。在这一点上，儒家比墨家的思想要深刻得多。如果说儒家的"天命"价值根据论是为其价值追求提供哲理性前提的话，那么墨家的"天志"根据论不过是一种宗教性前提而已。

墨家价值根据论的宗教色彩表现了墨家小生产者的阶级特征。小生产者尽管有一定的自立能力，但却不能完全掌握自己的命运。他们对于自己的价值追求和价值主张既缺乏充分论证的理论力量，也缺乏保证实现的实践力量，于是只好把自己的意愿欲望折射到天上，委托和依赖"贵且智"的上帝鬼神来维护和推行自己的价值原则。这比起出身于贵族阶层的儒家对自己的追求充满自信，显然就软弱多了。尽管如此，墨家在价值取向的实际内容上却有着儒家所缺乏的光辉观点。

（二）"为功""利民"的价值取向论

墨家的价值取向概括言之就是"功""利"二字。"功"指功业、功效，"利"指物质利益。"功""利"虽分别有所指，但实质上都可归结为物质利益。《墨子·公输》篇说："故所为功，利于人为之巧，不利于人谓之拙。"《墨子·经上》篇亦云："功，利民也。"可见，墨家崇尚的价值，其核心就是广大民众的物质利益，功业、功效不过是利益的外在表现而已。

墨子反复表示他自己一切主张和活动的宗旨是"必务求兴天下之利，除天下之害"（《兼爱下》等篇），他也希望天下一切仁人志士都以此为价值取向。他说这是由"天志"所规定的唯一正确的价值取向，所谓"天必欲人之相爱相利，而不欲人之相恶相贼也"（《墨子·法仪》）。

墨家为什么要以功利特别是物质利益为价值取向呢？这并非完全出于他们作为小生产者的朴素阶级感情，而主要与他们对功利在社会诸价值中所处地位的认识有关。他们认为功利是社会中其他一切价值的基础和核心，它制约着其他价值的存在及作用。其主要观点是：

1. "衣食之利"是"人生"的首要条件

墨家重视物质利益的根本原因在于他们对人类生存条件的认识。墨家认为，人类的生存条件和自然界的飞禽走兽不同。飞禽走兽可以从自然界直接得到生存所需，而人则必须通过劳动生产创造出一定的物质财富才能满足其生存需要。人类最根本的需要就是生存，而衣食就是满足生存需要的物质利益。墨子说："民，生为甚欲"（《墨子·尚贤中》），"衣食者，人之生利也"（《墨子·节葬下》）。当社会上的物质财富能满足人们的生存所需即"衣食之财固已具矣"时，人民就能"适身体，和肌肤"，"增气充虚，强体适腹"（《墨子·辞过》），使生命得以维持，使社会得以存在，反之，当"衣食之财不足"时，则"饥寒冻馁之忧至"。老百姓不但难以活命，社会的一切活动都不能进行，"上无以供粢盛酒醴祭祀上帝鬼神，下无以降绥天下贤可之士，外无以应待诸侯之宾客，内无以食饥衣寒将养老弱"（《墨子·非命上》）。正由于物质利益能满足人民衣食之需，为人类提供必要的生存条件，所以墨家才十分崇尚物质利益价值，正确地指出："凡五谷者，民之所仰也，君之所以为养也。故民无仰，则君无养；民无食，则不可事。故食不可不务也，地不可小力也，用不可不节也。"高度地赞扬："夫食者，圣人之所宝也"（《墨子·七患》）。

　　墨子不但从一般意义上说明了物质利益对于人类生存的重要性，还针对当时统治者忽视物质财富的生产和积累，恣意浪费社会财富，肆意侵害百姓的物质利益，以致使劳动者起码的生存条件都得不到保障的严重社会危机，反复提出警告，激烈进行抨击。他说，"今王公大人"不但不"内治官府，外收敛关市山林泽梁之利，以实仓廪府库"，而且"其使民劳，其籍敛厚"，还"亏夺民之衣食之财"；造成"民有三患：饥者不得食，寒者不得衣，劳者不得息"；"民财不足，冻饿死者，不可胜数也"。（《墨子·节用中》《墨子·非乐上》）他把当政者这种价值观念称为"寡人之道"，即不断减少人口的政策。墨子通过对当时现实问题的深刻分析，更加突出地强调和强化了他重视物质利益的观念。

　　墨子从满足人类生存需要的角度肯定物质利益价值的思想，在先秦诸子中可谓是首屈一指的。试和孔子比较，就可鲜明地看出墨家的思想

光辉。当子贡问孔子在"足食、足兵、民信之"的三条为政原则中，
"不得已"可以先后将哪条去掉时，孔子斩钉截铁地回答："去兵""去
食"，"自古皆有死，民无信不立"（《论语·颜渊》）。可见，儒家祖师
为了崇尚道德（"信"），竟然连人民维持生命的基本条件（"食"）都不
要了。这与墨家"衣食者，人之生利也"，"夫食者，圣人之所宝也"的
价值观念真是有天壤之别。正由于墨子对物质利益价值的认识是不可移
易的真理，所以它的光辉并没有因为秦汉之后的墨学中绝而消失。宋代
学者李觏说："利可言乎？曰：人非利不生，曷为不可言？"（《李觏集·
原文》）这种观点不正是对先秦墨家价值观的回应吗？至于李觏是否承
认其源于墨家，那是另外一回事了。

2. "兼利交利"是"仁义"的实质内容

从利益和道德的关系上说明功利价值的重要性，是墨家价值取向论
的另一重要思路。在这个问题上，墨家的基本观点是：利益是道德的内
在实质或核心内容，人们的道德关系和道德行为都是"兼利""交相利"
的表现形式。因此，一切高尚的道德必须以对他人或对社会有利为其准
则，如果离开了"利人""利国家""利百姓""利天下"的内容，道德
就成了毫无意义的空言虚语，没有什么价值。墨家用这种基本观点，具
体论述了道德规范和道德关系中所包含的利益价值。

墨家崇尚和提倡的最高道德是"兼爱"，《尸子·广泽篇》曾用"贵
兼"来概括墨学的基本思想。统观《墨子》一书，的确可以说是"言无
非兼"，"择即取兼"。墨子认为当时社会的一切动乱、祸害、灾难、罪
恶都是因为不"兼爱"而产生的。他把与"兼爱"相反的、非道德的思
想和行为称为"别"。他说："乱何自起，起不相爱"（《墨子·兼爱
上》）；"别之所生，天下之大害者也"（《墨子·兼爱下》）。因此，治理
天下的正确道德途径就是"兼以易别"。墨子坚信，只要普天之下人们
都遵循兼爱，就必然会害除利兴，国泰民安，天下和平，达到乐园一般
的完美境界。

"兼爱"既有如此崇高的价值，那么它的含义是什么呢？墨子指出，"兼爱"是处理个人与个人、个人与社会、家庭与家庭、国家与国家等关系的最高道德准则，其含义包括相互联结的两个层次，即感情层次和利益层次。感情层次就是要求人们相互地、平等地、普遍地爱。所谓相互性的爱就是己和人双方都承担"爱"的义务，也都享有"被爱"的权利。"爱人者，人必从而爱之"（《墨子·兼爱中》），"爱人者必见爱也"（《墨子·兼爱下》）。所谓平等性的爱就是反对"爱有等差"的儒家观点，实行"爱人若爱其身"，"为彼由（犹）为己也"。特别是父、君要以平等的态度爱子、爱臣。"视弟子与臣若其身"（《墨子·兼爱上》）。所谓普遍性的爱就是爱人应该"远施周遍"，不受范围局限，对所有的人都去爱。"兼爱天下之博大也，譬之日月兼照天下之无有私也"（《墨子·兼爱上》），"爱人者此为博焉"（《墨子·天志上》），"天下之人皆相爱"（《墨子·兼爱中》）。利益层次就是爱时必须给对方以利益，使对方在爱中得到利益，而且其利益的性质主要应是物质利益。墨子说，"兼相爱"的实质内容就是"交相利"，"兼而爱之"就是"兼而利之"（《墨子·法仪》）。所以，他总是把"相爱"和"相利"、"爱人"和"利人"、"爱"与"利"同提并举。如"天必欲人之相爱相利"（《墨子·法仪》）、"此自爱人利人生"（《墨子·兼爱下》）、"利爱生于虑"（《墨子·大取》）、"爱利天下"（《墨子·尚同下》）等等。这样，相互地爱就成了相互交利，"利人者，人必从而利之"（《墨子·兼爱中》），"交相爱交相恭犹若相利也"（《墨子·鲁问》）；平等地爱就成了平等互利，"为彼由（犹）为己也"；普遍地爱就成了使天下普遍受利，"万民被其利"，"天下皆得其利"（《墨子·尚贤中》），"为利人也博"（《墨子·非攻下》）。不仅要利人，还要利天、利鬼，"上利于天，中利于鬼，下利于人，三利无所不利"（《墨子·天志上》）。

关于"爱"与"利"这种通约和统一关系，后期墨家在《墨辩》中有一段很好的说明："爱、利，此也；所爱、所利，彼也。爱、利不相为内、外，所爱、所利亦不相为外、内。"（《墨子·经说下》）梁启超解释说："能爱能利者我也，所爱所利者彼也。能爱能利俱内，不能谓能爱为内，能利为外。所爱所利俱外，亦不能谓所爱为内，所利为外。"（《墨经校释》）也就是说，无论在爱和利的付出者一方，还是在爱和利的接受者一方，"爱"和"利"都不能有内、外之分。"爱"中有"利"，"利"中有"爱"，感情和利益在道德上是紧密联结、融合统一的整体。这实在是墨家对道德价值和利益价值关系的深刻概括。从这里还可以看出，"兼爱"说实际是墨家对孔孟"仁"学的重新改造。这改造集中表现为以"爱"释"仁"，以"利"释"爱"，从而使儒家的纯情"仁爱"道德，有了坚实的"利益"内核。

不仅对"兼爱"墨家持上述看法，即使对儒家十分崇尚的"义"，墨家学者也着眼于以利释之。若拘泥于文字表面，墨家对"义"的肯定和赞扬之语甚多，其崇尚的高度并不亚于孔孟儒学。如"夫义，天下之大器也"（《墨子·公孟》），"义，天下之良宝也"（《墨子·耕柱》），"万事莫贵于义"（《墨子·贵义》），"天下有义则生，无义则死，有义则富，无义则贫，有义则治，无义则乱"（《墨子·天志上》）。并敬称奉行"义"德的人为"义人""义士"，赞美贯彻"义"德的政治为"善政"。甚至于对于"义"的来源也敬溯于天，"义果自天出矣"（《墨子·天志中》）。然而，予以深究即可看到墨家崇义、贵义，其用心与儒家大异其趣。墨家所以贵义，完全在于他们认为"义"的实质是"利"，或者说他们赋予"义"以"利"的含义。墨子先已指出"所谓贵良宝者，可以利民也；而义可以利人，故曰：义，天下之良宝也。"（《墨子·耕柱》）墨子后学更加决断，直接用"利"规定"义"："义，利也"（《墨子·经上》），"义，志以天下为芬，而能能利之"（《墨子·经说上》）。这就将"义"的价值归结为利益价值，行"义"就是为他人带来物质利益。如果"义"不附丽于"利"，何谓良宝？何价值之有？可见，与其说墨家在崇尚"义"的道德价值，倒不如说是崇尚"义"的利益价值。这与儒家把义利对立起来，把"义"规定为超越功利的纯道德行为而加以推崇，岂可同日而语！

此外，对于君惠、臣忠、父慈、子孝、兄友、弟悌等一系列具体的道德规范，墨家也无一不将其同"利"联系起来。墨子说，惠、慈、友，实质就是利臣、利子、利弟；忠、孝、悌，实质就是利君、利父、利兄。反之，君不惠就是"亏臣而自利"，父不慈就是"亏子而自利"，兄不友就是"亏弟而自利"，臣不忠就是"亏君而自利"，子不孝就是"亏父而自利"，弟不悌就是"亏兄而自利"。总之，这些"不相爱"的道德实质都是"亏人自利。"（《墨子·兼爱上》《墨子·兼爱中》）特别是《墨辩》，明确地用"利"来定义一些道德规范，如"忠，以为利而强低也"；"孝，利亲也"；等等。（《墨子·经上》）很明显，在墨家看来，道德的实质内容就是"利人""兼利""交相利"。

3. "富国利民"是"善政"的根本标志

墨子为了兴天下利、除天下害，在政治上为统治者提出了许多建议和主张。他根据当时各国存在的实际问题，有针对性地陈述自己的治国之道。"凡入国必择务而从事焉。国家昏乱，则语之尚贤、尚同。国家贫，则语之节用、节葬。国家喜音湛湎，则语之非乐、非命。国家淫僻无礼，则语之尊天、事鬼。国家务夺侵凌，则语之兼爱、非攻。"（《墨子·鲁问》）这五项十策，可谓墨子系统的治世方略。这套治世方略的基本原则就是"兼相爱，交相利"，而其归宿和宗旨则是"兴利"，即"富国利民"。墨子自己事实上已作出了概括，他说："兼相爱，交相利，此圣王之法，天下之治道也"（《墨子·兼爱中》）。又说："圣人为政一国，一国可倍也（毕沅注云：言利可倍），大之为政天下，天下可倍也。……圣王为政，其发令兴事使民用财也，无不加用而为者，是故用财不费，民德不劳，其兴利多矣。"总之，"圣王之道，天下之大利也。"（《墨子·节用上》）

由此可见，墨子的一切政治主张都以"兴利"为归宿。从而，他也就以是否能富国利民、兴天下利作为"善政"与"不善政"的区别标志。墨子把这种以功利标准来评价政治优劣美丑的方法叫"观其事"，他说对于尧舜禹汤文武"三代圣王"之政，"观其事，上利乎天，中利乎鬼，下利乎人，三利无所不利，是谓天德。聚敛天下之美名而加之焉"。对于桀纣幽厉"三代暴王"之政，"观其事，上不利乎天，中不利乎鬼，下不利乎人，三不利无所利，是谓天贼。聚敛天下之丑名而加之焉"。（《墨子·天志中》）用这一标准来评价当时的政治，墨子将其分为"义政"和"力政"两类，"义政者何若？曰：大不攻小也，强不侮弱也，众不贼寡也，诈不欺愚也，贵不傲贱也，富不骄贫也，壮不夺老也。是以天下之庶国，莫以水火毒药兵刃以相害也。若事，上利天，中利鬼，下利人。三利无所不利。"反之，即是"力政"。（《墨子·天志下》）据此特征，他作出了"义者，善政也"（《墨子·天志中》）的评价。这就是说，无论从历史看还是就现实看，"富国""利民""利天下"都是"善政"的标志。

从这种价值观念出发，墨子对当时的统治者"贪民之财""夺民之用""废民之利""费民之劳"和"亏人自利""攻战求利"的罪恶行径进行了严厉的批判。他说这些"不知利天下之巨务"（《墨子·非攻下》）的为政者，只会使"民苦于外，府库单于内"，结果肯定是"国必有殃""必无社稷"。（《墨子·七患》）他希望"上为政者"，总结历史的经验教训，既重视道德价值更重视功利价值，以古代"明王圣人"为榜样，把"爱民谨忠，利民谨厚，忠信相连，又示之以利"（《墨子·节用中》）作为治世的指导思想，"节用""节葬""非攻""非乐"，从而使"国富民利"，天下大治。

如果把墨家的功利政治价值观与孔孟的治世方法作一比较，就更能看出墨家政治价值取向的鲜明特色。孔子倡言"为政以德"（《论语·为政》），认为"放于利而行，多怨"（《论语·里仁》）；孟子力主"仁政"，要求"以不忍人之心行不忍人之政"（《孟子·公孙丑上》），认为"上下交征利而国危"（《孟子·梁惠王上》）。他们都把政治价值的准星定在仁义道德上。尽管他们也讲过"因民之所利而利之"（《论语·尧曰》），"制民之产"（《孟子·梁惠王上》）等话，但总的看法是义重于利，道德第一。这和墨家以"富国利民"为政治价值之最高取向是何等的不同啊！当然，墨家虽以"兴国家百姓之利"为"善政"的标志，但也并非完全排斥其他价值对政治的意义，只不过是在他们的政治观念体系中，功利处于最重要的地位罢了。其他如"尚同""尚贤"等原则也是墨家政治学说的重要内容，这里不再赘述。

4. "中民之利"是"言论"的价值标准

在墨家的价值坐标上功利不但是"善德""善政"的标准，而且还是一切言论的重要标准。墨子的"三表法"是先秦哲学中首次提出的关于言论、认识之衡量标准的理论。"何谓三表？子墨子言曰：有本之者，有原之者，有用之者。于何本之？上本之于古者圣王之事；于何原之？下原察百姓耳目之实；于何用之，废（发）以为刑政，观其中国家百姓人民之利。"（《墨子·非命上》）这"三表"综合了言论的真理性标准和价值性标准。真理性标准是对言论是否正确，是否符合事实的检验；价值性标准是对言论是否有价值，对人是否有益的鉴定。墨子在谈到"言必有表"的必要性时已经说明了这一点："言而毋仪，譬犹运钧之上而立朝夕者也。是非利害之辨，不可得而明知也，故言必有三表。"（《墨子·非命上》）意思是，如果言论没有统一的标准，如同在转轮上观测日影的东西方位一样没有定准，要辨别"是非利害"是不可能的。这里说的"是非"之辨是指确定言论的真理性问题，而"利害"之辨则是判定言论的价值性问题。墨子认为，"三表"的检验作用是既定"是非"又辨"利害"。

墨子把"观其中国家百姓人民之利"作为言论的重要标准之一，意思是说，某种言论是否是真理，是否有价值，必须通过实际应用来确定。就是将其应用于政治活动（"发以为刑政"），看它是否能给国家、百姓、人民带来利益。如果某一言论的实施效果有利于国家和人民，那么它就是真理，就有价值；反之，其实施效果不但对国民无益甚至有害，那么它就不是真理，也毫无价值。

　　不仅如此，墨子还进而将这一标准从认识领域扩展到实际领域，不但主张用"中民之利"的标准对言论作出正确性和价值性的判断，还主张用此标准对言论（包括行动）进行选择。他说："凡言凡动利于天鬼百姓者为之；凡言凡动害于天鬼百姓者舍之。"（《墨子·贵义》）这样，功利就成为评价言论和选择言论的共同标准，充分表现了墨子重视功利的价值观念。

　　以上我们主要揭示了"三表法"中第三条所体现的价值含义，其实在前两条尤其是第一条中也渗透着价值的意味。"上本之于古者圣王之事"，就是以历史记载中"圣王"的实际经验作为检验言论的依据。即"凡言凡动合于三代圣王尧舜禹汤文武者为之，凡言凡动合于三代暴王桀纣幽厉者舍之"（《墨子·贵义》）。这里虽然没有明确提出"利"的问题，但只要探究一下"圣王之事"的实质，就不难发现其所隐含的功利标准。墨子认为三代圣王所做的都是"爱民利民"之事，"若昔三代圣王，尧舜禹汤文武者是也。尧舜禹汤文武焉所从事？曰：从事兼，不从事别。……观其事，上利乎天，中利乎鬼，下利乎人，三利无所不利。"（《墨子·天志中》）既然如此，以"圣王之事"为标准，实质上其中也包含以"国家百姓人民之利"为标准的因素。至于"下原察百姓耳目之实"，即以广大群众直接感觉经验为依据，似乎其中并无价值参与。然而我们要看到，墨子这里所谓的"耳目之实"并非客观存在的事实本身，而是指反映客观存在的感觉。既是感觉，就不可避免地具有主观性，难以绝对排除感觉者的成见。下层"百姓"由于是直接从事生产劳动的实践者，他们的感觉经验尽管在很大程度上比较符合实际，但也与其他人一样，会使自己的感觉经验打上利益的烙印。因此，以"耳目之实"为标准，也绝不是和"国家百姓人民之利"的标准毫不相干，并非完全是一个超功利的纯粹客观标准。

　　总而言之，墨子的"三表法"言论标准中，包含着十分突出的功利内容。它是融客观事实与人民利益为一体的标准，是墨家的价值观在认识论中的自觉贯彻。特别是它把"国家百姓人民之利"作为对言论实际应用的社会效果的最后检验，鲜明表现了其不同于儒、道两家的特色。道家在认识和言论标准上奉行相对主义路线，实际上取消了认识标准，这里不去说它。儒家虽然没有明确概括出它的认识标准论，但事实上它在运用着自己的标准。从孔子反对"言不忠信""言不及义"（《论语·卫灵公》）的态度和提出"言思忠"（《论语·季氏》）、"言忠信"（《论语·卫灵公》）、"非礼勿言""其言也讱"（《论语·颜渊》）的要求中，从孟子对"善言""仁言""永言思孝""善言德行"的赞美和对"言非礼义谓之自暴也"（《孟子·离娄上》）的批评中，不是可以看出儒家重道德而轻功利、重动机而轻效果的言论标准吗？可以说，"及义"与"中利"（公利）乃是儒墨两家在言论标准、言论评价上的根本分歧，儒墨在价值观上的争论集中表现在义利之辨上。

以往对"三表法"的研究中，学术界几乎都只从认识论角度说明它的意义，认为"三表法"是检验人们认识的正确性或真理性之标准；"三表法"包含着以历史经验、感觉经验、实际效果检验真理的观点。这诚然是对的，但却不够准确全面。一方面，忽视了"三表法"还是检验、评价言论好坏的价值标准（即明辨言论的"利害"）这一功能；另一方面，未注意它把社会公利（"国家百姓人民之利"）作为言论标准的价值意义所在。这两点综合起来，就是没有深入探究墨子的价值观对其认识论的重大影响。当然，我们指出墨子把利益作为认识、言论的重要标准，并非认为墨子就是实用主义者。因为实用主义的基本公式是"有用＝真理"，实际上是把真理完全归结为价值，从而取消了真理。而在"三表法"中社会利益只是认识标准的重要方面之一，并不是全部，而且利益标准的作用也不只是用以检验言论的真理性（"是非"问题），还用来评价言论的价值性（"利害"问题）。尽管墨子在论述"三表法"时，并没有明确地说明哪些标准是用来明辨"是非"、确定言论真理性的，哪些标准是用来区分"利害"、评定言论之价值性的，但他既已指出"三表法"的作用是明"是非利害之辨"（《墨子·非命上》），这至少说明他并没有把"是非"问题（真理性问题）与"利害"问题（价值性问题）完全等同，更没有把真理完全归结于价值。这一点就足以将"三表法"与实用主义区别开来。至于墨子的论述还失之笼统，不够严密具体，我们就不苛求这位两千多年前的学者了。

5. "功至"是"志意"的现实尺度

用功利价值观说明"志功"关系，也是墨家价值取向论的一个重要内容。"志功"问题就是人的动机与效果的关系问题，志即动机，功即效果。判断一个人的行为的价值（善恶），应考察他的动机呢，还是观察他的行为效果？这是中国传统哲学中长期存在的"志功之辨"。

墨子是中国哲学史上最早明确提出志功问题的思想家，他和他的后学们关于志功问题发表了许多十分可贵的观点。

首先，墨家认为人们的动机、行为、效果三者是有联系的，行为是动机的表现，效果是行为的结果。《墨子·经说上》云："志行，为也。"就是说，人的行为是有动机有意志的行为，这种包含着动机的行动才是人的行为。杜国庠先生解释说："'志'是动机和意志；'行'是行动，即实践。合志行在一起，才算是'为'。"（《先秦诸子的若干研究》）很明显，墨家认为人的行为是"志"和"行"的结合，是有志之行。此外，据《墨子·公孟》篇载，墨子和公孟子有过一段涉及"行"与"功"关系的对话：公孟子说，只要确实是个善人，即使不行动，别人都会知其善。犹如良玉即使"外而不出"，也总有人购买；美女即使"外而不出"，也会有人求婚。墨子反驳说，有两个善卜筮者，一个居家不出，一个四处行卜，哪一个人的收入多呢？公孟子说，当然是外出行走为卜者收入多。墨子结论说："仁义均，其行说人者其功善亦多，何故不行说人也。"意谓同样主张仁义，那些能通过行为上说下教的就功劳大、效果好。这段辩论，虽然不是专门讨论行为（"行"）与效果（"功"）的关系问题，但却明显表现了墨子关于只有付诸行动，才会产生效果的观点。由此可见，在墨家看来，构成人的行为的"志""行""功"三个要素是有密切关系的，"行"中有"志"，"行"后有"功"，无"志"之"行"，不叫人"为"；有"志"无"行"，何"功"之有！

其次，墨家承认，人的行为动机（"志"）往往与客观效果（"功"）并不一致，不能将两者绝对等同。《墨子·大取》说："志功不可以相从也。"曹耀湘释云："心所之为志，事所成为功；不可以相从者，言未可同也。"（谭戒甫《墨辩发微》① 第 380 页）关于"志"与"功"的矛盾，墨子本人虽没有专门作理论阐述，但却在实际中看到了这种现象，他说："古者王公大人，为政于国家者，皆欲国家之富，人民之众，刑政之治。然而，不得富而得贫，不得众而得寡，不得治而得乱。则是本失其所欲，得其所恶"（《墨子·非命上》）。又说："今者王公大人，为政于国家者，皆欲国家之富，人民之众，刑政之治。然而，不得富而得贫，不得众而得寡，不得治而得乱，则是本失其所欲，得其所恶。"（《墨子·尚贤上》）这里列举的古今为政者"所欲"与"所得"的矛盾，就是"志"与"功"、动机与效果"不可以相从"的突出表现。如果说，墨子本人着重从古往今来的事实中看到了大量"事与愿违"的现象，墨子后学则对此作了明确概括，提出了"志功不可以相从"的命题。

再次，墨家主张，对人的行为进行价值评价应该坚持动机和效果的统一，"合志功而观"。正由于人们的动机和效果常有不一致的情况，好的动机不一定必然获得好的效果，反之，效果是好的，动机却并非完全善良。在现实中，两个行为表现和客观效果相同的人，可能其动机、愿望并不一致，甚或相反。因此，墨家认为不能只从动机或只从效果，单方面评价人的行为。《墨子·鲁问》篇载："鲁君谓子墨子曰：'我有二子，一人者好学，一人者好分人财，孰以为太子而可？'子墨子曰：'未可知也，或所为赏与（誉）为是也。钓者之恭，非为鱼赐也；饵鼠以虫，非爱之也。吾愿主君之合其志功而观焉。'"意思是说，"好学"或"好分人财"，都可能出于不同的动机。既可以出于为提高德行与才能而

---

① 谭戒甫：《墨辩发微》，中华书局 1977 年版，第 380 页。

"好学"，也可以出于为获得奖赏与名誉而"好学"。犹如"恭钓"者不一定为求鱼，"饵鼠"者也不一定是爱鼠，他们可能别有所图。因此，不能单独从行为的实际表现上看人，而应该将动机与效果结合起来进行考察，作出评价。这是墨家关于志功问题最基本的观点，因此他们强调在实际中应努力使志与功有正确的结合，尽量使好的动机能产生好的客观效果，这就是《墨子·经说上》说的："志功，正也。"

最后，墨家指出，在行为完成、效果出现的情况下，应着重以功效来评价行为，衡量动机。墨家固然主张"合志功而观"，但并不否认在不同情况下，可以分别对"志"与"功"两方面有所侧重地作出评价。在"功皆未至"的情况下，着重看行为的动机；在"功至"的情况下，则应重视功效。"巫马子谓子墨子曰：子兼爱天下，未云利也，我不爱天下，未云贼也。功皆未至，子何独自是而非我哉？子墨子曰：今有燎者于此，一人奉水将灌之，一人掺火将益之，功皆未至，子何贵于二人？巫马子曰：我是彼奉水者之意，而非夫掺火者之意。子墨子曰：吾亦是吾意，而非子之意也。"（《墨子·耕柱》）在这里，墨子提出当"功皆未至"时，对于行为的评价当以"意"（动机）的"是非"为标准；"兼爱"与"不爱"，"奉水"与"掺火"虽然"功皆未至"，即效果还未产生，但从其行为表现中就可以判断各人动机的善恶、美丑、是非。然而，当"功至"即效果已经产生，那么就要在"合志功而观"的前提下，主要看其效果如何。关于这一方面，墨子讲的就更多了，他说评价当政者的经济政策，不仅要看当政者有无"欲国家之富，人民之众"的动机，更重要的是要看他是否取得了国家"财用可得而足"，百姓"饥者得食，寒者得衣，劳者得息"（《墨子·非命下》）的功效；评价当政者的政治政策，也要主要考察其有无"国家治""天下和"的效果；评价人们的道德行为，不仅看他是否有"爱人"之心、"爱人"之志，更重要的是看他能否在实际效果上"利君""利臣""利父""利子""利兄""利弟"，甚至使"万民被其利"。总之，"功至""中利"是"志""意"的现实尺度。

总括而言，墨家在"志"与"功"的关系上，体现了他们既承认二者之差异，但更主张二者之统一的辩证法思想；表现了他们既不忽视动机，但更重视功效的价值观念。他们提出的"虽有贤君，不爱无功之臣；虽有慈父，不爱无益之子"（《墨子·亲士》）；"多力而伐功，虽劳而不图"，"多力而不伐动，此以名誉扬天下"（《墨子·修身》）；"以劳殿赏，量功而分禄"（《墨子·尚贤上》）等一系列主张，都包含着他们重功利、重功效的价值标准。这与汉儒董仲舒"夫仁者，正其谊（义）不谋其利，明其道不计其功"（《汉书·董仲舒传》）和宋儒朱熹视人之"所为而察其心"（《朱文公集·答陈同甫》卷三十六）等主要从动机立论的评价标准形成了鲜明的对比。清代颜元尖锐指出，董仲舒"正谊""明道"二语，"全不谋利计功，是空寂，是腐儒"，而"正谊便谋利，明道便计功，是欲速，是助长"。他驳斥道："世有耕种而不谋收获者乎？世有荷网持钩而不计得鱼者乎？抑将恭而不望其不侮，宽而不计其得众乎？这'不谋''不计'两'不'字，便是老'无'释'空'之根。"（《颜习斋先生言行录》）这实际上是对墨家"志功"观的踵事增华。

以上我们分别从"生"与"利"、"义"与"利"、"政"与"利"、"言"与"利"、"志"与"功"五个方面论述了墨家为功—利民的价值取向论，其中贯穿的红线就是"国家百姓人民之利"这一价值标准。它既是墨家评价经济、政治、道德、言论、动机的最高标准，也是墨家选择各种价值的指导思想。墨家正是以此价值观在先秦各家的价值观体系中别树一帜的。

（三）"利中取大，害中取小"的
价值选择论

墨家既以功利为价值取向，就自然会涉及主体如何按这一方向进行价值选择的问题。由于人所面临的客观事物是十分复杂的，它们所体现的价值也是多样的，主体人的需要也是多方面、多层次的，这就使价值选择过程变得异常困难。墨家对此不但有比较自觉的认识，而且还提出了比较系统的理论，这集中凝结在《大取》篇中。关于《大取》篇，过去不少专家学者都进行过深入研究，有的从哲理立论，着重阐释其思想观点，有的从逻辑入手，着重疏理其论式辩术。其实，《大取》内容，未可局限于此。我们如果从价值角度考察，即可发现，它实在是先秦著作中最典型的价值选择论。"大取"之"取"，即"取舍"之"取"，意为"选取"。墨家认为人们在生活中，面对复杂的现实对象，如何从需要出发，进行取择去舍，至为重要，而且也是人的智慧才能的表现。墨子本人已经指出，仁者应知"取舍是非之理"（《墨子·非儒下》），并说，对于价值，关键问题还不在于能言其理，能知其名，而在于能否正确地选择它。所谓"今天下君子之名仁也，虽禹、汤无以易之。兼仁与不仁而使天下之君子取焉，不能知也。故我曰：天下之君子不知仁者，非以其名也，亦以其取也。"（《墨子·贵义》）在墨子看来，一个人懂不懂得价值（"仁"），主要应看他会不会选取价值。墨子后学弘扬师说，进而提出"取去俱能之是两智之也"（《墨子·经说下》），把对价值的辨别选择能力上升到了智慧的高度。并根据这种看法，撰《大取》篇以申其义。伍非百先生曾揭示《大取》篇的主题说："仁为爱，义为利，天下之君子皆能言之。至何以而后为爱，何以而后能利，如何而后能使爱利不相冲突。即相冲突，又何以去取其间。将取爱舍利乎，抑取利舍爱乎？或爱薄于利乎，抑利薄于爱乎？凡此，皆实施兼爱时之所重。……必权衡至当而后不失为兼爱之正。否则徒知其名，不知其取，使兼爱说不可通行"。又说："欲尽取仁之道，必知所以取之术。"① 这里虽未用"价值"词语，但事实上已体会到《大取》篇是价值的"权衡去取之术"。

《大取》篇文字，在"墨辩"中"错乱特甚"，但其基本内容和观点，还是可以把握的。它所提出的价值选择原则和方法，主要包括下述几点：

---

① 伍非百：《中国古名家言》，四川大学出版社1983年版，第405页。

1. "利而取之"的最高宗旨

墨子关于价值选择提出了一个最高宗旨："吾将正求与天下之利而取之"（《墨子·兼爱下》），《大取》严格贯彻了这一原则，并具体予以阐述。它着重说明了在"爱""利"两类价值不能两全其取而发生冲突时，应以何者为选择的重点。墨家兼爱之道，本以"爱""利"并重，"爱"人是情感价值，"利"人是利益价值，在选择时，当然力求两全其美。但是，现实生活中难免会遇到两者不能并重兼取的情况，在此情况下，如何进行选择呢？《大取》认为应以"利"为重，给人以利益胜似给人以情感。首先，《大取》叙述了"爱人"与"利人"不能并重的两种情况，一是"天之爱人也薄于圣人之爱人也。其利人也，厚于圣人之利人也。大人之爱小人也，薄于小人之爱大人也。其利小人也，厚于小人之利大人也。"二是"以藏（葬）为其亲也而爱之，爱其亲也。以藏（葬）为其亲也而利之，非利其亲也。其乐为利其子，而为其子欲之，爱其子也。以乐为利其子，而为其子求之，非利其子也。"第一种情况是说，与圣人比较，天爱人薄而利人厚；与小人比较，大人爱人薄而利人厚。第二种情况是说，厚葬是爱亲而非利亲（节葬则是利其亲）；繁乐是爱子而非利子（非乐则能利其子）。接着，《大取》指出面对这种爱薄利厚与爱厚利薄、有爱无利与有爱有利的矛盾情况，如何选择的问题。它说："天下之利权，'圣人有爱而无利'，倪日之言也，乃客之言也。'天下无利不爱'，子墨子之言也。"（以上《大取》原文，引自伍非百《中国古名家言》上册，下同）这里通过儒墨价值观的对立，明确申述了墨家的选择原则是，与其取"爱厚利薄"，不如取"利厚爱薄"；与其取"有爱无利"，不如取"有利且爱"。显然，这是墨子"利而取之"宗旨的具体化。

从《大取》篇的论述可以看出，墨家之所以主张尊天、非儒、节葬、非乐，正是由于"天下之利权"——权衡天下之利的结果。天其"利人也厚"故应"尊天"，儒言"爱而无利"故应"非儒"；厚葬"非利其亲"，不如"节"之，繁乐"非利其子"，何妨"非"之。价值选择论原本是墨家治世主张的理论基础。

2. "利中取大"的优选原则

如果说"利而取之"是在不同类的价值（"爱"与"利"即属不同类）间作选择所遵循的原则，那么，"利中取大"则是《大取》提出的在同类价值（"利"）内的选择原则。同是"利"，但却有大小轻重多少之别，对此怎样选择也是一个十分现实的问题。墨子在宣传他的价值观时，注意力主要在"利害之辩"，着重讨论价值与负价值的对立，但他实际上已认为利有大、小之别。这不仅表现在他有"大利""多利"等用语，更重要的是他按大、小次序排列了利的等级："天下之利""万民之利""百姓之利""国家之利""家室之利""一人之利"。他追求的最大利益就是"天下之利"。《大取》根据墨子思想，进一步发展，明确提出了"利之中取大"的优选原则。其主要观点是：

（1）"利于天下"的绝对性。《大取》认为，在一般的利害轻重并陈的情况下，可以利中取重、害中取轻，但是当面临天下大利时，其他一切利害都应置之不顾，都应不加权衡，唯以"利天下"为选取对象。它说："断指与断腕，利于天下相若，无择也。死生利若一，无择也。"意思是，一个人当断指可以利天下，断腕亦可以利天下时，应该在"断指"与"断腕"之间不加选择，应根据情势的需要为之，"断指"或"断腕"皆可。当个人的生死给天下带来的利益一样时，也应该不在生、死二者之间作出选择，"天下利"需要生就存生，需要死就赴死。概括言之，就是面对天下大利，不应计较一己之利害，唯有利于天下则为之。很显然，这里说的"无择"是指在对个人利大、利小、害轻、害重之间不必选择。不能因为，"断指"与"断腕"相较，前者对自己害轻利大，后者对自己害重利小，因此就取前者。如果这样选择，乃是计较私利的表现，事实上没有把"天下之利"置于至高无上的地位。《大取》这条选择原则的实质是倡导一种唯天下之大利是求，毫无自私自利之心的精神。它和儒家"杀身成仁""舍生取义"的自我牺牲精神相同，但追求对象有异，墨家追求的是公利价值，而儒家追求的是道德价值。公利价值着眼于天下利益的实现，道德价值着眼于自我道德的完善。而且，墨家的公利价值中本身就包含着道德价值（"天下之利"就是"义"），而儒家的道德价值中却不必包括功利价值（"不成功也能成仁"）。"利于天下"的原则是"利中取大"的首要原则。

（2）"非不得已"的主动性。和"害中取小"的选择原则比较，"利中取大"的特征是主动性。《大取》说："利之中取大，非不得已也"。就是说，"利中取大"完全是由主体自身根据自己的需要决定的，并不是由客观情势所迫，受客观条件制约而被动采取的。这深刻揭示了价值选择中优化原则的特征。价值选择的本质就是选优；选优就是从能满足主体需要的各类价值中或同类价值的不同量中选择最适合于主体需要、最大限度地满足主体需要的价值。因此，选优是从主体需要出发的主动选择，并非"不得已"而进行的活动。"非不得已"就是在价值选择时"权操诸自我"①，选择者对于选什么始终处于主动地位。

这里需要指出的是，"利中取大"的主动性并不是说人们在选优时一切可以任意性地进行，可以完全脱离一切条件。而只是说，主体为什么作出这种选择，而不作另一种选择，其理由和根据仅由于主体的需要，没有别的因素迫使他作出决定。至于选择的过程和方式，当然要受制于客观条件。"为什么选"和"选什么"是主动的，"怎样选"却不完全是主动的。人们到商店买东西，总想买物美价廉的商品，在同类商品中"利中取大"，买什么不买什么这完全可以由买者自主，但怎样买就不能任意了，在何处交款，在哪里取货，则必须按商店的规定办。《大取》所谓"利之中取大，非不得已也。"仅指优选的目标言，并不包括优选的过程和方式。

（3）"未有而取"的积极性。《大取》认为"利中取大"是对价值

---

① 谭戒甫：《墨辩发微》，中华书局 1977 年版，第 357 页。

对象还没有占有，而却希望占有的选择。它说："于所未有而取焉，是利之中取大也。""于所未有"就是选择主体对所选取的对象还没有获得。既然还未占有对象，当然也不受对象的制约，就是说，这时主体与对象的关系还是外在的，主体对对象既可以选择，也可以不选择，处于自由状态；对象对于主体也没有形成强制。而且，由于"利中取大"所选择的对象都是"利"，只不过有"大利""小利"的区别而已，所以选择的结果是完全有利于主体的。"大利"不言而喻是一种利，"小利"虽不及"大利"优越，然而也是一种利，并不是害。"大利""小利"都能满足主体的需要，只是满足的程度不同。那么，即使不"利中取大"而是"利中取小"，其结果也不会是消极有害的。优选就是主体的自由性（不受选择对象和环境的强制）和结果的必定性有益的统一。所以，它是一种积极性选择。《大取》的这一观点，只有和"害中取小"的选择加以比较，才能具体地理解。

关于"利中取大"的优选原则，《大取》着重叙述了它的特征，即主体的主动性、自由性和选取结果的积极性（有益无害）。这些特征，在今天看来可能还嫌简单、笼统，但在当时却是一个了不起的发现，现代价值选择论中的优选（或优化）原则，竟在两千多年前被提出，的确是难能可贵的。

3. "害中取小"的代价意识

"利中取大"是和"害中取小"对照并列的选择原则，"害中取小"是主体在价值选择过程中对应付代价的一种选择。价值选择本质上是趋利避害的过程，按人的主观愿望来说，总是希望现实生活中一切都能如愿以偿，既不付出代价，作出牺牲，又能获得价值，满足需要，达到有百利而无一害，随所欲而不受损的理想境界。然而，客观现实是十分复杂的，泥沙俱下，鱼龙混杂，利害交织，优劣相兼是正常现象。因此，人们在价值选择中，往往要付出一定的代价，作出必要的牺牲。这就自然会遇到一个问题，如何使人们付出的代价、作出的牺牲减少到最低程度。为解决这一问题,《大取》篇提出了"害中取小"的选择原则。"害中取小"就是在各种代价中选择最小代价的原则,也即是以最小代价换取较大成果的原则。

《大取》认为代价选择的基本特征是:

(1) "不得已也"的被动性。《大取》云:"害之中取小,不得已也"。"不得已而欲之,非欲之也"。又云:"其所欲者,人之所执也。"就是说,"害中取小"是主体的一种迫不得已的追求和选择,并不是内心主动产生的欲望,也就是说它是一种被动性选择。之所以如此,是因为选择受到客观条件的强制性制约,选择权不完全掌握在选择者手里。例如,路遇强盗时,威胁到人的生命,但若被切断一指,即可免死。在这种情况下,牺牲生命和切断手指对人都是有害的。但二害并至,必择其一,此外无路可走。人只好"害中取小",作出断指的选择。虽然在断指与死亡之间选取何者,遇盗者还有一定的自主权,但仅限于此而已。其总体环境是被动的,其选择是不得已的。环境迫使人不得不付出较小的代价("断指")以避免较大的代价("死亡")。在墨家看来,这样的选择似乎表现了或满足了选择者的欲望,但却不是人的真正欲望,所谓"不得已而欲之,非欲之也。"它与"利中取大"的主动性("非不得已")选择不同。

(2) "害犹在"的消极性。《大取》说:"于所既有而弃焉,是害之中取小也。害之中取小也,害犹在"。意思是说,代价选择是一种"取中有弃""利中有害"的选择。仍以遇盗为例,遇盗者迫不得已作出"断指"选择,这是在现实存在的两种付出、抛弃的可能性中("生命"与"手指")选择了一种,所以是"既有而弃",选择过程事实上是抛弃过程,是取"小害"而弃"大害"的过程。这与"利中取大"的"未有而取"特征形成了鲜明的对照。上面我们指出,"利中取大"时,主体还未占有对象,对象外在于主体,没有形成对主体的任何制约。这里我们看到,"害中取小"时,所选对象已存在于主体内部,选择其实是主体从应付出、应抛弃的两种对象("生命"与"手指")间作出选择。

不但如此，代价选择虽然是从"害中"弃大取小，但"小害"总归是一种害，总归是一种牺牲、损失，所以说是"害犹在"。虽弃"大害"但仍受"小害"，"害中取小"从直接的意义上说当然是一种消极性选择。

（3）"非取害也，取利也"的转化性。固然从结果的直接性上看，"害中取小"是消极的，但这种直接结果的消极性中却包含着向最终结果的积极性转化的契机。路遇强盗，或断指而免死，或身死而存指，二者必居其一，这时"害中取小"，选择"断指"，直接结果是失指而受害，但最终结果是免死而得利。正如《大取》所说："遇盗人而断指以免身。免身，利也；其遇盗人，害也。"在这种"不得已"的情势下，"害中取小"的选择转化为"利中取大"。而且，从主观意图来看，"害中取小"本身并不是目的，目的仍在取利，在于以尽可能小的代价换取最大的利益价值，所以《大取》说："害之中取小也，非取害也，取利也"。因此可见，无论从主观动机看，还是从客观效果看，"害中取小"的选择过程，是由"害"向"利"的转化过程。也即是由"代价"向"价值"的转化过程。

被动性、消极性和转化性是《大取》对代价特征的深刻揭示。这三点结合起来，呈现了代价选择的动态过程，由主体处境的被动性，经过选择手段的消极性，达到了转化性的目的。虽然《大取》篇所谓的代价主要指主体所受到的损害而言，并未涉及人们在现实社会生活中所付的其他代价，如辛勤劳动、经受困难、担当风险等，但它对代价选择、代价付出的基本特征的说明是具有普遍性的。人们要取得任何一项成果，都必然要付出一定的代价，企图获而不劳、得而不失，是根本不现实的幻想。无论付出什么代价，都是由客观条件的强制引起的，都是由内向外付出的，都是为了转被动为主动，变受害为得利，以代价取价值。这不正是所谓"害中取小""不得已也""害犹在""非取害也，取利也"吗？

4. "权求"结合的选择方法

无论是"利中取大"的优化选择，还是"害中取小"的代价选择，都必须采取妥当的方法，不然，即使有远大的优选目标和自觉的代价意识也难以实现选择目的。

《大取》提出的选择方法主要是权衡轻重。权衡轻重包含两方面：一方面是权衡利害，《大取》称之为"权"；另一方面是权衡是非，《大取》称之为"求"。

"于所体之中而权轻重之谓权。权，非为是也，亦非为非也。""体"者，兼也。这里指大利与小利、大害与小害、利中有害、害中有利兼在并存的情况。此段话是说，在这类兼体之中而比量其大小、轻重，以便取舍，就是"权"。"权"的任务就是在两利或两害中区别大小，而不是判断、评价人的行为的是非。曹耀湘云："是非本由利害而生；而是不必利，非不必害，故权不为是非设也。两利两害，于中各有大小之别，权者，择而取之"①。此解释是符合《大取》原意的。《大取》认为，人们在价值选择中，首先要对选择对象进行比较和区分；通过比较，区分其利大利小，害轻害重，这就是"权"利害的过程。权利害就是对价值进行认识和评价，这一过程还不涉及选择行为的是非问题。因为，区分清楚利大、利小而决定取舍，并不能说明也无须说明取"利大"是正确的，取"利小"是错误的。试举一例，某人经比较认为：贩卖毒品对个人可以获大利，经营良药对个人只能得小利。即使这是一个符合事实的权衡结论，但也不能由此说明"利中取大"的贩毒行为是正确的合法的。所以说"于所体之中而权轻重"的"权"，其任务"非为是也，亦非为非也"，而仅在于在两利中分大小，在两害中别轻重而已。然而，尽管这种"权"不为是非而设，仅作利害之辨，但它对价值选择仍有重要意义，因为是非虽不等于利害，但仍与利害相关。正如曹耀湘说："是非本由利害而生"。就是说，权衡利害是权衡是非的前提。

"于事为之中而权轻重之谓求，求，为之（是）非也。""事为"指

---

① 《墨子笺》，转引自谭戒甫《墨辩发微》。

人的行为。此段话意思是说，在人的行为中权衡轻重是为了追求是非。这种权衡，叫作"求"。墨家认为人的行为有正确与错误、正义与不义的区分，权衡行为的目的是追求正确、正义的行为。谭戒甫先生解释说："求义者须于事为之中而权其轻重。"又说："虽求亦于事中而权轻重，然只顾是非，不顾利害。"① 由此看来，墨家的价值选择方法，十分重视人的选择行为的正当性。

以上"权"和"求"两个方面统一起来，构成了墨家价值选择的方法论原则。"权利害"是在各类价值对象内进行分析比较，"求是非"是在人的各种选择行为中进行分析比较。两方面的权衡结合起来就会达到既"取之有利"又"取之有义"的目的。然而，问题在于人们在现实中却往往遇到"取利"与"求义"不能兼顾的情况。就是说，有时"合义"的选择却对己"无利"，有时对己"有利"的选择却未必"合义"。例如，伤己（"断指""断腕"）、杀己以利天下，是利中取大，最合于义，但却对自己不利；遇盗人而断指以免身，是害中取小，其计较全在个人的利害，并非"为义"。对此，《大取》认为，杀己以利天下，既取了最大的利，又合于最高的义，应该义无反顾、毫不犹豫地去选择，实现"取利"与"求义"的统一。遇盗人而断指以免身，虽然其中有个人利害的计较，不能称之为"义"，但这是由于情势所迫，"不得已"作出的选择，仍是可以允许的，而且也是应该的，可称之为"不正亦正""不义亦义"。因为，由于情势所迫，人的"求"只能达到"断指以免身"的界限。谭戒甫先生说："当此之时，我宜于所体之中而权轻重以取其利，不复为是非所拘。"② 就是说遇盗人断指以免身，虽说不是为义，但由于是特殊情势下所能作出的最佳选择（"害中取小，利中取大"），也可以说达到了"取利"与"求义"的统一。

墨家主张的"权""求"结合的选择方法和儒家提的"经权"结合，

① 谭戒甫：《墨辩发微》，中华书局1977年版，第354—355页。
② 谭戒甫：《墨辩发微》，中华书局1977年版，第354页。

"通权达变"方法甚为相似。孟子说:"男女授受不亲,礼也;嫂溺则援之以手者,权也。"(《孟子·离娄上》)认为对"礼"的一般原则可以灵活运用。如果模仿孟子的句式来表述墨家(《大取》)的观点,就是:"杀己以利天下,义也;遇盗断指以免身,权也。"尽管儒墨两家价值选择的目标一为"礼",一为"利",并不一致,但他们都主张在选择方法上将原则性与灵活性结合起来。

总之,墨家的价值选择论以"利而取之""利于天下"为绝对原则,在坚持这一最高宗旨的条件下,运用"权""求"结合的方法,"利中取大""害中取小"。既贯彻着优选原则,又表现了代价意识,达到了很高的理论水平,是传统哲学价值论中颇有光辉的部分。

(四)"兼士"人格与"尚同"社会的价值理想论

一个有远见卓识的哲学家,在价值导向上,不会只着眼于现实的价值选择,还要引导人们追求远大的理想。墨家虽然是小生产者的哲学家,但却并不沉溺于眼前的功利,像其他许多哲人一样,对美好的理想充满热情,并作了生动的描绘,建构了理想的价值目标体系,这个体系包括了理想社会和理想人格两个部分。

墨子赞赏高尚的价格,虽然也常用"仁士""义士""贤士""良士"的称谓,但真正能代表其理想人格的是"兼士"。"兼士"就是实行"兼爱"原则的人。它是与"别相恶""交相贼"的"别士"相对立的人格形象。墨家对"兼士"人格的基本设计是:

1. "利人即为"的人生宗旨

"兼士"首先必须是"仁者""义士","仁"即"爱人","义"即"利人"。"兼士"以"兴天下利,除天下害"为自己的崇高使命。他的人生宗旨是"爱人利人",一言一行、一举一动"利人乎即为,不利人乎即止"，除此之外，别无他求，一切个人的享受安乐都置之度外。墨子说："仁之事者，必务求兴天下之利，除天下之害。将以为法乎天下，利人乎即为，不利人乎即止。且夫仁者之为天下度也，非为其目之所美，耳之所乐，口之所甘，身体之所安。以此亏夺民衣食之财，仁者弗为也。"（《墨子·非乐上》）这里，明确指出了"利人"的行为是仁者"兴天下利"之"法"。墨子要求"兼士"将利人而不利己的人生准则贯彻到自己的一切活动中去，无论从事任何职业、参加任何活动都不背离："夫一道术学业仁义者，皆大以治人，小以任官，远施周遍，近以修身，不义不处，非理不行，务兴天下之利，曲直周旋，利则止"（《墨子·非儒下》）。这就是说，道术、学业、治人、任官、修身、处事，都以利人为最高的指导思想（"利则止"）。

墨子所说的"利人"，具体的内容是助人以力、分人以财、劝人以道，从而使人饥得食，寒得衣，病有养，死有葬。他说："为贤之道将奈何？曰：有力者疾以助人，有财者勉以分人，有道者劝以教人。若此，则饥者得食，寒者得衣，乱者得治。若饥则得食，寒则得衣，乱则得治，此安（乃）生生。"（《墨子·尚贤下》）又说："吾闻为高士于天下者，必为其友之身，若为其身；为其友之亲，若为其亲；然后可以为高士于天下。是故，退睹其友，饥则食之，寒则衣之，疾病侍养之，死丧葬埋之。兼士之言若此，行若此。"（《墨子·兼爱下》）可见，"力""财""道"是"利人"的三个基本方面。表现了墨家力图将物质和精神、力量和道义统一起来以处理人际关系的重要思想。

"利人即为"的人生宗旨和儒家把"非礼勿言，非礼勿视，非礼勿行，非礼勿动"作为行动准则，把"仁以为己任"作为人生使命是多么不同啊！"利人"宗旨和"仁礼"宗旨乃是墨家"兼士"人格和儒家"君子"人格的根本分歧。

2. "志强智达"的修养目标

"兼士"要实现其"兴利除害""兼爱天下"的崇高使命，在素质的结构上必须"志强""智达"，即具备坚强的意志和通达的智慧。为此，墨家从"志""智"两方面对"兼士"提出了修养要求。关于"志"，墨家认为"兼士"应培养自己坚强和勇敢的意志，在任何时候都坚定不移，勇往直前，不怕困难，才能实现"兼爱"的理想。在一般人看来，"兼爱"之所以不合理，就在于他们认为"兼爱"难于实行，"意以为难而不可为"（《墨子·兼爱下》）。而"兼士"则应自处其难，知难而进。墨子说："君子自难而易彼，众人自易而难彼。君子进不败其志，内究其情。虽杂庸民，终无怨心，彼有自信者也。是故为其所难者，必得其所欲焉。"（《墨子·亲士》）"兼士"不但意志要坚强，而且还要勇敢。"君子战虽有陈（阵）而勇为本焉"（《墨子·修身》）；"勇，志之所敢也"（《墨子·经上》）。关于智，墨家认为这也是成为"兼士"的必要条件。墨子反复指出，实现"兼爱"要首先知"是非利害之辨""义与不义之别"，这就得提高知识和智力的水平。只有智力水平提高了，才能通达事理，指导行动，破除疑虑，达到目标。"古之知（智）者之为天下度也，必须虑其义，而后为之行。是以动则不疑，速通成得其所欲。而顺天鬼百姓之利，则知（智）者之道也。"（《墨子·非攻下》）后期墨家把智力结构，分为"耳闻""目见"的观察能力，"得意""心察"的思虑能力，和"口利""执言"的辩论能力三个组成要素，并特别重视辩术在价值生活中的作用。《小取》云："夫辩者，将以明是非之分，审治乱之纪，明同异之处，察名实之理，处利害，决嫌疑"。这里说的"审治乱""处利害"，都是"兼士"必须具备的智力素质，如《尚同下》所说："知者之事，必计国家百姓之所以治者而为之，必计国家百姓之所以乱者而辟（避）之。"由此可见，"志"和"智"是墨家对"兼士"素质的基本要求，他们认为必须将这两方面紧密结合起来进行修养，才能成为理想人格，如果既"惰志"又"非智"就会走向反面。所谓"志不强者智不达"，"本不固者末必几"；"雄而不修者，其后必惰"，"辨是非不察者，不足与游"。"彼（非）智无察，在身而情（惰），反其路者也"。（《墨子·修身》）

3. "言信行果" 的求实精神

和崇尚功利相适应，墨家非常重视求实精神，他们主张"兼士"应是"言必信，行必果""言行合"（《墨子·兼爱下》）的模范。所谓"言必信"就是言论必须符合实际，符合义理，"信，言合于意（义）也"（《墨子·经上》），"信，必以其言之当也"（《墨子·经说上》）。墨家认为，信言能使人视之若城之重，得之若金之贵，具有十分贵重的价值。（《墨子·经说上》）所谓"言行合"就是言论和行为相一致。墨子说："使言行之合，犹合符节也，无言而不行也。"（《墨子·兼爱下》）又说："言足以复行者，常之，不足以举行者勿常。不足以举行而常之，是荡口也。"（《墨子·耕柱》）他竭力反对言而不行的"荡口"作风，尖锐批判言行不一的"言行拂"恶习。他对告子说："政者，口言之身必行之。今子口言而身不行，是子之身乱也。"（《墨子·公孟》）在言与行的关系上，墨子更重视行的价值，他指出："士虽有学，而行为本焉。是故置本不安者，无务丰末"（《墨子·修身》）。所谓"行必果"就是行为必须追求功效，获得实际效果，效果的标准就是"利人""利民""利天下"。墨子说："君子之道也，贫则见廉，富则见义，生则见爱，死则见哀，四行者不可虚假。"（《墨子·修身》）如果有行无果，企图取得真正的美名盛誉是不可能的。他反对那些劳而无功的行为，说："费财劳力，不加利者，不为也"（《墨子·辞过》）。总之，"言""行""果"，三者必须一致，必须结合，才能成为一个"兼士"。在三者之中，"行"与"果"尤为重要，它体现着墨家重实践功效的求实精神。墨子对这种精神的总体评价是："原浊者流不清，行不信者名必耗。名不徒生而誉不自长。功成名遂，名誉不可虚假，反之身者也。务言而缓行，虽辩必不听；多力而伐功，虽劳必不图。慧者，心辩而不繁说，多力而不伐功。此以名誉扬天下。言无务为多而务为智，无务为文而务为察。……善无主于心者不留，行莫辩于身者不立。名不可简而成也，誉不可巧而立也，君子以身戴（载）行者也。"（《墨子·修身》）在墨家这种求实精神的映照下，儒家孟子宣扬的"大人者，言不必信，行不必果，惟义所在"（《孟子·离娄下》）的唯动机主义就显得暗淡无光了。

4."自苦为极"的生活态度

墨家理想的人格典型，实际上并非尧舜，而是夏禹。他们崇尚夏禹质而无文的朴素风格，吃苦耐劳的生活态度，要求人们以夏禹为榜样，塑造自己的人格。《庄子·天下》记载了墨子对夏禹的称赞和对墨者的要求："墨子称道曰：'昔者禹之湮洪水，决江河而通四夷九州也，名川三百，支川三千，小者无数。禹亲自操橐耜，而九杂天下之川。腓无胈，胫无毛，沐甚雨，栉疾风，置万国。禹大圣也，而形劳天下也如此'。使后世之墨者，多以裘褐为衣，以跂蹻为服，日夜不休，以自苦为极，曰：'不能如此，非禹之道也，不足谓墨。'"这是对墨家理想人格的生活态度的最好描绘。墨家以"自苦为极"作为"兼士"的生活态度，一方面和他们"尚质"的文化观相一致；另一方面更是由他们"利人即为"的人生观决定的。全心全意为国家为百姓为人民求利的人，必不去追求个人的生活享受，耗费劳动者用血汗获得的劳动成果。墨子说："无不加用而为者，是故用财不费，民德不劳，其兴利多矣。"（《墨子·节用上》）他批评孔子周游列国时，不能"自苦为极"，而是"席不端不坐，割不正弗食"。并且用"饥约，则不辞妄取以活身，赢饱，则伪行以自饰"等辞为自己作辩护。墨子尖锐地指责说："污邪诈伪，孰大于此。"（《墨子·非儒下》）对墨家所主张的生活态度，先秦诸子和汉代学者都作了如实的反映，孟子说他"摩顶放踵，利天下为之"（《孟子·告子下》）；庄子说他"以绳墨自矫而备世之急"（《庄子·天下》）；荀子说他"上功劳苦，与百姓均事业，齐功劳"（《荀子·富国》）。但是，肯定评价者少而批评指责者多，或谓其"以此教人，恐不爱人；以此自行，恐不爱己"（《庄子·天下》）；或叹其"俭而难遵"（《史记》叙司马谈《论六家要旨》）。这表明，达到这种"自苦为极"的人格条件，是何等的不易！

5. "成人所急" 的任侠作风

先秦学者中，唯墨家具有侠士之风，他们不但在实践中发扬任侠精神，而且最早对任侠特征作了概括。《墨子·经上》云："任，士损己而益所为也。"《墨子·经说上》云："任，为身之所恶，以成人之所急"。"任"即任侠之义。任侠精神就是为兴天下利益，为解他人急难，可以损己，可以损躯，赴汤蹈火，在所不辞。《大取》篇说："断指与断腕，利于天下相若，无择也。死生利若一，无择也。""杀己以存天下，是杀己以利天下。"就是对任侠精神的具体写照。《墨子》书中，也可直接考见墨者的这种精神，如《公输》篇载墨子之言曰："臣之弟子禽滑厘等三百人，已持臣守圉之器在宋城上而待楚寇矣；虽杀臣，不能绝也。"又载墨子止楚攻宋成功后在归路上的艰苦："子墨子归，过宋，天雨，庇其闾中，守闾者不内也。"此外，先秦和汉代子书中记载墨家师徒"损己而益所为"的事迹也甚多。《吕氏春秋·爱类》篇载："公输般为高云梯，欲以攻宋，墨子闻之，自鲁往，裂裳裹足，日夜不休，十日十夜而至于郢。"《淮南子·泰族训》云："墨子服役百八十人，皆可使赴火蹈刃，死不旋踵，化之所致也。"《吕氏春秋·上德》篇说"孟胜为墨者巨子；孟胜死，弟子死之者百八十。"这些感人的事迹，充分表现了墨家的任侠精神，而这种精神也是墨家崇高的理想人格的构成因素。墨家不但是这种精神的设计者，而且更是这种精神的实践者。这里需要指出的是，墨家崇高的任侠精神，和司马迁《史记·游侠列传》所载的朱家、郭解者流不同，郭、朱之流，虽然"已诺必诚，不爱其躯，赴士之厄困，此亦有所长"，但其行为却"不轨于正义"。而墨家的任侠，志既利于天下，又行固轨于正义，非朱、郭"匹夫之侠"可比。至于韩非子"侠以武犯禁"的讥评，实由于其与墨家立场不同所致，无须详辩。

总上所论，墨家的理想人格设计，从终极描述上看，属于功利境界，从过程描述上看，属于行为类型。即通过发扬意志力量、智慧力量、行为力量、刻苦精神和勇敢作风，达到兴利于天下的理想。虽然在强调积极入世方面，它和儒家有共同之处，但儒家追求的理想境界是道德境界，儒家主张的实现途径是内心修养。这就形成了墨家"兼士"人格和儒家"君子"人格的类型区别。两种类型的人格各有优劣，然秦汉以后，墨学中绝而儒家独尊，遂使"君子"人格成为知识分子的追求目标，而"兼士"人格理想在上层社会中被湮没无闻，甚至遭到唾弃。唯一能表现"兼士"遗风的倒是社会下层中的一些人物，别的不说，就拿历代农民起义、农民战争中的一些领导或英雄来看，他们讲义气、重然诺、行兼爱、敢作为的精神显然和"兼士"风格一脉相通。梁山泊英雄们同甘苦、共患难，劫富济贫，除暴安良，赴汤蹈火，勇于牺牲；太平天国的战士们"以人众为技，以敢死为技，以能耐劳苦忍饥渴为技，……死者自死，渡者自渡，登者自登"（《贼情汇纂》），不都可以与墨家的"兼士"精神相比拟么！

墨家的理想社会，既不同于儒家的德治主义，也不同于道家的自然主义，而是有着自己的鲜明个性的"尚同"社会。《墨子》书中有《尚同》三篇，如果从狭义理解，"尚同"仅为墨家一项政治措施，所谓"尚同为政之本而治要也"（《墨子·尚同下》），"国家昏乱，则语之以尚贤尚同"（《墨子·鲁问》），其实这只是尚同的形式上的意义，仅指尚同对统一社会、维护秩序方面的作用而言。如果从尚同的内容来看，它则包括了墨家关于理想社会的基本要素。"尚同"就是"同一天下之义"，或曰"同义"；"义"是"尚同"的内容，"同"是"尚同"的形式。"义"作为内容则包括墨家关于政治、经济、文化、道德等方面的理想追求。因此，墨子又称"尚同"为"义政"，并将其同"力政"相对立。他说："顺天意者，义政也，反天意者，力政也。"（《墨子·天志上》）又说："义者善政也。"（《墨子·天志中》）由此可见，"尚同"——"义政"——"善政"，就是墨家理想的社会。

从墨子的论述看，"尚同"社会具有如下的特征：

1. "爱利"乐园

"兼相爱、交相利"是尚同社会最根本的特征，也是全体社会成员应该"同一"的天下最高之"义"。墨子认为，天下之乱、天下之害，"皆起不相爱"；天下之治、天下之利，"从爱人利人生"。在理想的社会里，"诸侯相爱，则不野战；家主相爱，则不相篡；人与人相爱，则不相贼。君臣相爱则惠忠；父子相爱则孝慈，兄弟相爱则和调。天下之人皆相爱，强不执弱，众不劫寡，富不侮贫，贵不傲贱，诈不欺愚"（《墨子·兼爱中》）。不但相爱，而且相利，在"兼而爱之"的同时就"从而利之"（《墨子·尚贤中》）。每个人都能"利人即为"而不"亏人自利"；整个社会"上利于天，中利于鬼，下利于人，三利无所不利"（《墨子·天志上》）。而且墨家认为，这种爱"博大"而"无厚薄""无差等"（《墨子·大取》），与儒家有"亲疏尊卑之异"的爱不同（《墨子·非儒下》）；这种爱与利"不相为内外"（《墨子·经说下》），与"圣人有爱而无利"的"仁"有别（《墨子·大取》）；这种爱"先从事爱利人"，"然后人报我"（《墨子·兼爱下》），与儒家"爱己及人"的爱不类；这种爱惟求爱人，不务爱己，与儒家"爱人不外己"的爱有异。（《墨子·大取》）墨家相信，只要人人都奉行这种周遍博大、先人后己的"爱利"道德，做到"有力者疾以助人，有财者勉以分人，有道者劝以教人"（《墨子·尚贤下》），那么，内则百姓"煖衣饱食"，生能养，死能葬，而无饥、寒、劳之患；外则"诸侯之冤不兴"，"边境兵甲不作"，无征战攻伐之害。普天之下，"刑政治，万民和，国家富，财用足"（《墨子·天志中》）。这种"爱利"乐园，就是墨家追求的社会理想，也即是"尚同"社会的最高宗旨。墨子说，在"尚同"社会中，天子"发宪布令于天下之众，曰：若见爱利天下者，必以告"，"若见爱利天下者以告者，亦犹爱利天下者也，上得而赏之，众闻而誉之"（《墨子·尚同下》）。可见，"一同天下之义"的实质就是"一同"于"兼爱"，"一同"于"爱利"。

2. "贤能"政治

墨家认为要建立"尚同"社会，实现"爱利"乐园，必须具备许多条件。首要的条件，就是"选天下之贤可者立以为天子"（《墨子·尚同上》），天子也"以尚贤使能为政"（《墨子·尚贤中》），这就是墨家的"尚贤"说。要把握"尚贤"说的实质，就必须分析"贤可者""贤能者"的标准。墨子说：若昔者尧舜禹汤文武"为政乎天下也，兼而爱之，从而利之；又率天下之万民，以尚尊天事鬼，爱利万民，是故天、鬼赏之，立为天子，以为民父母，万民从而誉之，曰：'圣王'"（《墨子·尚贤中》）。又说："为贤之道将奈何？曰：有力者疾以助人，有财者勉以分人，有道者劝以教人。若此，则饥者得食，寒者得衣，乱者得治。若饥者得食，寒者得衣，乱者得治，此安生生"（《墨子·尚贤下》）。可见，"兼爱天下""爱利万民"乃是"贤可"之君、"贤能"之臣的共同标准。对于凡是符合这一条件的贤士，在选举时应该"不党父兄，不偏富贵，不嬖颜色"（《墨子·尚贤中》），"虽农与工肆之人，有能则举之，高予之爵，重予之禄，任之以事，断予之令"（《墨子·尚贤上》）。做到"官无常贵而民无终贱；有能则举之，无能则下之，举公义，辟私怨"（《墨子·尚贤上》）。墨子认为，这样选举的贤能之士，为君为臣，就会使"兼爱"之道遍行天下，"爱利"乐园兴于人间。所以，"尚贤者政之本也"（《墨子·尚贤上》）。春秋战国时代，尚贤言论甚盛，举贤主张甚多，特别是儒墨两家谈得最起劲。可是两家的贤能标准和举贤方法却不相同，儒家以"仁义"为标准，以"笃于亲"为方法；墨家则以"爱人利人"为标准，以"举公义"为方法。这种由什么人掌握政治权力的分歧，是他们政治理想不同的集中表现。

3. "上同"制度

墨家的"尚同"论包括"义同"和"上同"两个方面，"义同"是宗旨，是内容，回答"同于什么"的问题，"上同"是制度，是形式，回答"同于何人"的问题。关于"义同"，上文已经言明，其内容是"兼爱""爱人利人"，这里只说"上同"制度问题。墨子说，他所处的时代"天下之人异义，是以一人一义，十人十义，百人百义，其人数兹众，其所谓义者亦兹众。是以人是其义，而非人之义，故相交非也。内之父子兄弟作怨雠，皆有离散之心，不能相和合。至乎舍余力不以相劳；隐匿良道不以相教，腐巧余财不以相分。天下之乱也，至如禽兽然"（《墨子·尚贤中》）。而且"为人上而不能治其下，为人下而不能事其上，则是上下相贼也"（《墨子·尚同下》）。面对这种混乱不堪的局面，墨子主张"同一天下之义"予以治理。怎样"同一"呢？他提出，先"选择贤者立为天子"，然后逐次选择贤者"立三公、诸侯、卿之宰、乡长、里长、家君"。当自上而下的各级行政官长建立之后，就逐次自下而上地率万民"上同"：里长"率其里之万民"上同乎乡长，乡长"率其乡之万民"上同乎国君，国君"率其国之万民"上同乎天子。这样逐级"上同"，直至"举天下之万民以法天子"（《墨子·尚同中》）。"上同"的基本原则是"上之所是，必皆是之，所非，必皆非之"（《墨子·尚同中》）。如果做到上同的就赏，做不到的就罚。与这种"上同"相反的制度，墨子称为"下比"，所谓"下比"，显然是以下之所是为是，以下之所非为非，最终则是以百姓之是非为是非。而百姓"一人一义"，"十人十义"，"百人百义"，没有什么共同的是非。"下比"只能导致"天下之乱如禽兽然。"墨子认为，只有"上同而不下比"，才能使普天之下统一意志，统一行动，统一道德，实现"爱利"的理想乐园。有的论者，把墨子的"上同"制度斥之为专制主义，这是片面地从形式上看问题所致。因为，第一，墨家欲同之"义"，并非天子的个人意志，而是"利人爱人"的"兼爱"；第二，墨家"上同"之"君"，非指任何一个君主，而仅指"爱利万民"的"兼君"；第三，墨家"上同"之"制"，也不是要绝对服从上级，而是主张"上下情通"（《墨子·尚同中》），"上有过则规谏之，下有善则傍荐之"（《墨子·尚同上》）。可见，"上同"的实质并不是专制而是兼爱，"上同"只是保证实现兼爱的"为政之本"。

4. "尚质"文化

关于理想社会的文化特征，墨家明确提出了"先质而后文"的观念。"质"是朴素、实用的意思;"文"是华美、修饰的意思。墨子认为,人们生活的各个方面,衣食、住行、礼仪、器用等,都不应追求华美、修饰,而应以朴素、实用为原则。凡为饮食,"足以充虚继气,强股肱,耳目聪明则止。不极五味之调,芬香之和,不致远国珍怪异物",凡为衣裳,"冬以圉寒,夏以圉暑","冬服绀緅之衣,轻且暖。夏服絺绤之衣,轻且清,则止。""芊组拒不加者去之"("芊组",当为"鲜且"。"鲜且不加"意谓华美无益);凡为居室,"其旁可以圉风寒,上可以圉雪霜雨露,其中蠲洁,可以祭祀,宫墙足以为男女之别,则止。""芊组不加者去之";凡为葬仪,"衣三领,足以朽肉。棺三寸,足以朽骸。掘穴深不通泉,流不发泄,则止。"此外,舟车、甲盾、五兵、陶器、木器、铜器,也只求轻利坚固,可用则止。(《墨子·节用上》《墨子·节用中》《墨子·节葬下》)总之,"食必常饱,然后求美;衣必常暖,然后求丽;居必常安,然后求乐。为可长,行可久,先质而后文,此圣人之务。"(《墨子间诂》附录《墨子佚文》)墨子之所以提倡质朴、实用,根本理由仍在于"用财不费,民德不劳,其兴利多"(《墨子·节用上》)。他的"节用""节葬"等主张,都是这种文化观和价值观的具体表现。从这种观念出发,他竭力反对统治者奢侈耗费,追求虚饰繁文,亏夺民衣食之财的行为,认为这种华而不实,喜奢忘俭的风气,足以使国家乱而社稷危。他说:"纣为鹿台糟邱,酒池肉林,宫墙文画,雕琢刻镂,锦绣被堂,金玉珍玮,妇女优倡,钟鼓管弦,流曼不禁,而天下愈竭。故卒身死国亡,为天下戮。"(《墨子间诂》附录《墨子佚文》)这个历史教训应该记取。

墨子根据"尚质"观念,在文艺思想上提出了著名的"非乐"说。"乐"主要指音乐,同时也包括诵诗歌舞,实际是古代艺术的综合体。墨子"非乐",就是否定艺术的独立价值,反对进行艺术活动。他说:"子墨子之所以非乐者,非以大钟、鸣鼓、琴瑟、竽笙之声,以为不乐也;非以刻镂、华文章之色,以为不美也;非以犓豢煎炙之味,以为不甘也;非以高台、厚榭、邃野(宇)之居,以为不安也。虽身知其安也，口知其甘也，目知其美也，耳知其乐也，然上考之不中圣王之事；下度之，不中万民之利。是故子墨子曰：'为乐，非也！'"（《墨子·非乐上》）可见，墨家"非乐"的实质，并不是完全否认美的客观存在，而是从其功利价值观出发的，是从节省人力物力，保证劳动人民的物质生活着眼的。因为，在墨子看来，开展音乐等艺术活动，不但"亏夺民衣食之财"，还耽误男耕女织，妨碍社会生产，"度之不中万民之利"。

墨家处处以实用利民为标准，以"用财少""为利多"为原则，既在物质生活上"尚质"，又在精神生活上"尚质"，这和孔子"文质彬彬""郁郁乎文哉！吾从周"的观念大异其趣。墨家指责儒家"盛容修饰以蛊世，弦歌鼓舞以聚徒；繁登降之礼以示仪，务趋翔之节以观众；博学不可使议世，劳思不可以补民；累寿不能尽其学，当年不能行其礼，积财不能赡其乐。繁饰邪术，以营世君；盛为声乐，以淫遇（愚）民。其道不可以期世，其学不可以导众。"（《墨子·非儒下》）就是对儒家"尚文"的尖锐批判，这些批判有的触及了儒家的要害，有的却失之偏颇，完全否定了"文"的意义。大概在墨家看来，儒家的"郁郁乎文哉"，专讲繁文缛节，过分矫饰虚伪，不能切合实用，未免流于贵族化，于是强烈反对。但他们似乎没有意识到，过分"尚质"的文化，只求实用，专讲功利，却会使社会停留在粗野、简陋的水平，显得有些乡土气。而且，人的生活并不只限于单纯的生存需要，还有对艺术、娱乐、审美的追求和向往，如果片面"尚质"，必然会违背人民对自身发展的合理要求，妨碍历史的进步。因此，不但儒家批评他们"蔽于用而不知文"（《荀子·解蔽》），连道家也认为他们"反天下之心，天下不堪"（《庄子·天下》）。

墨家之所以以"尚质"观念与儒家的"尚文"观念相对立，一方面是由墨家小生产者的阶级地位和阶级利益决定的，另一方面也与墨家继承的文化传统有关。墨子出身于宋，宋是商代微子的封邑，春秋时的宋人拘守传统，保存着相当多的前代"尚质"遗风。而且，墨子本人对前代文化传统的选择态度是"背周道而用夏政"（《淮南子·要略》），夏代文化的特点正是"无文"而"尚质"。墨子说:"古有无文者得之矣,夏禹是也。"(《墨子间诂》附录《墨子佚文》) 这种阶级的和历史的两方面之原因,决定了墨子"先质而后文"的文化观念。

统览墨家的社会理想,可以明显看出,他们向往的"爱利"乐园,"贤能"政治,"上同"制度和"尚质"文化,都是以其功利价值观为核心的。这种理想,说到底不过是"饥者不得食,寒者不得衣,劳者不得息"的小生产者,对满足起码的衣食之需的追求而已。墨子曾和他的弟子禽滑厘有一段对话,"墨子曰:'今当凶年,有欲予子随侯之珠者,不得卖也,珍宝而以为饰。又欲予子一钟粟者。得珠者不得粟,得粟者不得珠,子将何择?'禽滑厘曰:'吾取粟耳,可以救穷'。墨子曰:'诚然。则恶在事夫奢也,长无用,好末淫,非圣人之所急也'"(《墨子间诂》附录《墨子佚文》)。可见,墨子的理想层次是"粟"而不是"珠",虽然墨子也认为更为美好的价值也是很有意义的,如"珍宝而以为饰";但在当人们还不能"救穷"的时候,也只得以"取粟为急"了。正像鲁迅说的"饥区的灾民,大约总不去种兰花,像阔人的老太爷一样"(《"硬译"与"文学的阶级性"》,载《二心集》)。墨子的"尚同"社会和儒家的"德化"社会,就是不同阶级的价值追求在社会理想上的表现。

(五)"赖力者生"的价值创造论

无论是现实的价值还是理想的价值,都不是一种自然的存在,都必须通过主体的努力,才能把它创造出来。墨家以功利为价值取向,但功业和利益是怎样来的呢? 对此,墨家也有着自己的独特见解。他们提出的基本看法是"赖其力者生,不赖其力者不生"(《墨子·非乐上》),就是说,只有依靠人的强力劳动,才能创造出能够满足人类生存和发展需要的一切价值。在中国哲学史上,墨子是第一次提出靠劳力创造价值的哲学家。

墨子所说的"力"是和"命"相对立的概念，"天下皆曰其力也，必不能曰我见命焉"（《墨子·非命中》），就是"力""命"相对并举的说法。"力"的内涵是指人的劳动能力，它包括"思虑之智"的脑力和"耕稼纺织"的体力两大方面。在墨家看来，天下的一切价值都是靠人的脑力劳动和体力劳动创造的，特别是以体力为依据的物质生产劳动，在创造价值中更具有极大的意义。

关于"力"在创造价值中的地位和作用，墨子着重提出了三点。

1. "力"是确立人的价值的根据

墨子从人和生物的比较中来说明人的价值及其确定的根据，他说："今人固与禽兽、麋鹿、蜚鸟、贞虫异者也。今之禽兽、麋鹿、蜚鸟、贞虫，因其羽毛，以为衣裘，因其蹄蚤（爪），以为绔屦；因其水草，以为饮食。故唯使雄不耕稼树艺，雌亦不纺绩织纴，衣食之财，固已具矣。今人与此异者也，赖其力者生，不赖其力者不生。"（《墨子·非乐上》）就是说，人在自然界中和动物有着根本的区别，动物依靠自然界提供的现成条件和由自然生成的本然器官以维持生存，人则必须依靠自己的劳动能力，改造自然，才能为自己创造出生存所需的物质资料。墨子以他作为生产者思想家的深刻洞察力，揭示了人与动物区别的根本标志。劳动是人与动物的区别标志，从而也就是人之价值确定的根据。人和动物之异在"力"与人之贵在"力"，两个命题具有相等之内涵。在古代关于人何"异"于物、人何以为"贵"的看法中，有贵在"形"、贵在"言"、贵在"仁、义"（孔、孟）、贵在"群"（荀子）、贵在"智"（王充）等种种说法，唯独墨子提出了贵在"力"的卓见，把劳动提到了确定人的价值的高度，实在是难能可贵的。

2. "力"是创造经济价值的源泉

人类为了生存首先要有物质生活资料，其中最重要的就是"衣食之财"，墨家所说的"利"主要也是指"衣食"之类的物质利益，当然也包括安定的政治秩序（"天下大治"）和人们的休息权利（"劳者得息"），但后二者仍必须以物质条件为基础。墨家十分重视经济利益价值，对于经济价值如何满足国家和民众的需要，墨家提出了"其生财密，其用之节"（《墨子·七患》）即节流和开源两条途径。"节流"就是节约消费，尽量减少不必要的消费。他们提出的"节用""节葬""非乐"等主张，多是从节流方面考虑；"开源"就是努力劳动，发展生产，创造更多的物质财富，特别是粮食和衣物生产，墨子指出："以时生财，固本而用财，则财用足"（《墨子·七患》）。

为了生财——创造经济价值，墨子认为必须强力从事生产劳动。他说："强必富，不强必贫；强必饱，不强必饥"；"强必暖，不强必寒"（《墨子·非命下》）。又说："贱人不强从事，即财用不足。"（《墨子·非乐上》）"强从事"者，主要指"农夫早出暮入，耕稼树艺，多聚叔（菽）粟"，"妇人夙兴夜寐，纺绩织纴，多治麻丝葛绪细布缲（缲）"。同时也包括"天下群百工"的手工业生产劳动（《墨子·节用中》）。在墨子看来，只要劳动者强力从事生产，"不敢怠倦"，就会创造出足够国家和民众需要的经济价值；反之，如果"农民怠乎耕稼树艺，妇人怠乎纺绩织纴，则天下衣食之财，将必不足矣"（《墨子·非命下》）。

正由于墨子把生产劳动看作创造经济价值的唯一源泉，所以他一方面反对儒家主张的长时期的葬礼和统治者热衷的娱乐活动，因为二者都会妨碍生产劳动；另一方面，他提倡增殖人口，减少人口伤亡，因为这样可增加生产力。墨子的"节葬""非乐"、"非攻"也都出于这两方面的考虑。

3. "力"是创造政治价值的基础

墨子的"力"不仅指物质生产劳动，还包括管理国家、治理刑政、处理政务等活动。墨家追求的功利价值，表现在政治领域就是"富其国家，众其人民，治其刑政，定其社稷"（《墨子·尚同中》），从而现实"天下兼相爱"的美好理想。然而，这种政治价值的创造，却不是轻而易举就能实现的，也必须运用高度的智力，付出辛勤的劳动。墨子说，每一个从事政治活动的人都应该知道对于国家来说，"强必治，不强必乱；强必宁，不强必危"；每一个身任要职，权处高位的人还应懂得，即使对于个人来说也是"强必贵，不强必贱，强必荣，不强必辱"（《墨子·尚同中》）。从历史经验看，"天下之治也，汤武之力也"（《墨子·非命下》）。因此，应该不怠倦地去强力从事政务劳动，以创造政治价值。

墨子关于创造政治价值的劳动主要是指："王公大人，蚤（早）朝晏退，听狱治政，此其分事也，士君子竭股肱之力，殚其思虑之智，内治官府，外收敛关市、山林、泽梁之利，以实仓廪府库，此其分事也。"（《墨子·非乐上》）这里的"王公大人"指君主，"士君子"指臣僚，墨子都对他们提出了强力劳作的要求。而且还主张应该按臣僚们的劳作和政绩确定他们的奖赏和俸禄，"以劳殿赏，量功而分禄"（《墨子·尚贤上》）；对那些"不胜其任而处其位""不任其爵而处其禄"（《墨子·亲士》）的官员，应该采取"无能则下之"的办法予以调整。这些主张都是为了促使官员们"不敢怠倦"地工作，努力创造政治价值。

总之，墨子认为努力从事政务则国富民治；"君子不强听治则刑政乱"（《墨子·非乐上》）。"力"——劳动是创造政治价值的基础。

那么，如何充分发挥"力"在创造价值中的作用呢？墨子提出了一系列重要原则。

1."强力"原则

无论是创造经济价值，还是创造政治价值，墨子都主张"强力"劳动。他认为人们对价值的追求愿望总是高于、大于实际创造价值的能力，而且从整个社会来看，真正认识到并积极从事于价值创造的人是少数，多数人则是价值的消费者，因此，必须积极努力、强化劳动才能创造满足社会需要的价值。《墨子·贵义》篇载："子墨子自鲁即齐，过故人，谓子墨子曰：'今天下莫为义，子独自苦为义，子不若已。'子墨子曰：

'今有人于此，有子十人，一人耕而九人处，则耕者不可以不益急矣。何故？则食者众而耕者寡也。今天下莫为义，则子如劝我者也。何故止我？'"又据《墨子·公孟》篇载："有游于子墨子之门者。子墨子曰：'盍学乎？'对曰：'吾族人无学者。'子墨子曰：'不然。夫好美者，岂曰吾族人莫之好，故不好哉。夫欲富贵者，岂曰我族人莫之欲，故不欲哉。好美欲富贵者，不视人，犹强为之。夫义，天下之大器也。何以视人，必强为之。'"可见，价值创造中往往有"食者众而耕者寡""族人莫之好"的情况，因此，价值创造者就要"强为之"，"不可以不益急矣"。只有坚持"强力"原则，"庶人竭力从事""士竭力从事""将军大夫竭力从事""三公诸侯竭力听治"，才能"谋事得，举事成"（《墨子·尚同中》），创造出满足社会需要的价值。墨子说："君子力事日强，愿欲日逾，设壮日盛"（《墨子·修身》），就是对这一原则的高度概括。

2. "分工"原则

在价值创造中，各创造主体的能力是有区别的，有人长于此而短于彼，有人长于彼而短于此，为了使人们的能力得到充分发挥，墨家提出了分工原则，以便使人"各从事其所能"（《墨子·节用中》），"量其力所能至而从事焉"（《墨子·公孟》）。对于物质价值的创造，他们不但提出了"丈夫从事耕稼树艺""妇人从事纺绩织纴"（《墨子·非命下》）的性别分工形式，而且还提出了在一个生产劳动单位内部的分工，"譬如筑墙然，能筑者筑，能实壤者实壤，能欣者欣，然后墙成"（《墨子·耕柱》）。对于精神价值的创造，墨子主张"能谈辩者谈辩，能说书者说书，能从事者从事，然后义事成也"（《墨子·耕柱》）。对于政治价值的创造也要求按"分事"分工，王公大人"听狱治政"，卿大夫"内治官府，外敛关市、山林、泽梁之利"（《墨子·非乐上》）。这些分工观念，在先秦哲学的价值创造论中是独放异彩的，这只有亲身参加生产劳动，进行价值创造，并具有敏锐观察力的思想家才会体会出来。

3."互助"原则

墨家还认为，在创造活动中，不但每个人自己要"强力"劳动，而且还应该帮助他人。于是他们提出"有力者疾以助人"（《墨子·尚贤下》）、"欲人之有力以相营"（《墨子·天志中》）、"有力以劳人"（《墨子·鲁问》）的互助原则。同时，竭力反对"舍余力不以相劳"（《墨子·尚同中》）、"有力不相营""垂其股肱之力而不相劳来"（《墨子·尚贤下》）的不互助行为。在墨子看来，"助人以力"具有双重的价值意义，一者它本身就是"为贤之道"，具有崇高的道德价值；二者它又是创造价值的必要条件。因为，只有互相以力帮助，才能创造更多的衣食之财，使寒者得衣，饥者得食，也才能治理好国家，使天下"乱则得治"。（《墨子·尚贤下》）

4."合力"原则

创造价值是十分复杂甚为艰巨的活动过程，既不是个人独力所能胜任，也不是两人互助可以完成的，必须依靠许多人通力合作，共同付出辛勤的劳动。墨子意识到了这个问题，提出了合力协同创造价值的重要观点，这主要表现在他关于政治价值创造的论述中。在《墨子·尚同》三篇中，他通过国家机构的起源和形成过程，提出了这种看法。墨子说，太古时代"天下之乱若禽兽然"，人们为了除乱求治，于是就选天下之贤者以为天子；天子立，"以其知（智）力为未足独治天下"，于是选立三公；三公立，"又以其知（智）力为未足独左右天子"，于是建置诸侯；诸侯立，"又以其知（智）力未足独治其四境之内"，于是立卿与宰；卿与宰立，"又以其知（智）力为未足独左右其君"，于是立乡长、家君。天子以下所立的各级政长，"非特富贵游佚而择之也，将使助治乱（'乱'字衍）刑政也"；各诸侯国所立的大小官员，"非欲用说也，唯辩而使助治天明也。"（以上引文均见《墨子·尚同下》）可见，墨子认为政治价值（"天下大治"）的创造不是任何个人（包括天子在内）可以"独治"的，因为个人即使能力再强，对于治天下来说也显得"智力不足"。所以，各级行政长官应齐心协力并协助最高首脑（"助治"），合力而治。墨子还指出，凡治理得好的国家，并非是天子个人有什么"神力"，而正是由于乐于接受众人在各方面的协助。"唯能使人之耳目，助己视听，使人之吻，助己言谈，使人之心，助己思虑，使人之股肱，助己动作。助之视听者众，则其所闻见者远矣，助之言谈者众，则其德音之所抚循者博矣；助之思虑者众，则其谋度速得矣，助之动作者众，即（则）其举事速成矣。"（《墨子·尚同中》）总之，合力协助是创造政治价值的基本条件。

劳动观点的提出，表明了墨子对在价值创造中充分发挥主体能动性的深刻认识，正是基于这种认识他才坚决反对儒家的天命决定论，并撰《墨子·非命》篇批判天命谬说。墨子指出，天命观的要害在于把一切价值都说成是天命决定的，完全否认了主体的强力劳动在创造价值中的作用："执有命者之言曰：命富则富，命贫则贫，命众则众，命寡则寡，命治则治，命乱则乱，命寿则寿，命夭则夭。……虽强劲何益哉"（《墨子·非命上》）。如果按此观点指导人们的行动，一切价值都不会被创造出来，人类就不能获得生存和发展的条件，"今用执有命者之言，则上不听治，下不从事。上不听治，则刑政乱，下不从事，则财用不足"；于是"外无以应待诸侯之宾客，内无以食饥衣寒，将养老弱"。（《墨子·非命中》）由此可见命定论的严重危害。

在指出命定论的错误要害的基础上，墨子以人们创价活动的实际经验为依据，进而批判了命定论的虚妄性。他说，从古至今人们创价活动的实践证明一切社会价值都是靠"力"——劳动来创造的，从来没有看到"命"的力量和作用。国家的"治乱安危""存乎上之为政也"。"天下之治也，汤武之力也；天下之乱也，桀纣之罪也"，"岂可谓有命哉"？个人的赏誉荣通，"故（固）以为其力也"，"岂以为其命哉"？总之，一切价值的形成，"天下皆曰其力也，必不能曰我见命焉"（《墨子·非命中》）。既然"命"的作用在事实上是不存在的，为什么"执有命者"

还要竭力宣扬呢？墨子认为，这是古代那些"不顾其国家百姓之政""外骋田猎""内沉酒乐"，从而导致"社稷倾覆"的"暴王"，为了避免自己的罪责以"我命故（固）且亡"为遁辞；是上古那些"贪于饮食，惰于从事"，因而"衣食之财不足"的"穷民"，为了掩饰自己"从事不疾"的劣迹以"我命固且贫"为借口。所以"命之为暴人之道"，乃是"暴王所作，穷人所述"的谎言。（《墨子·非命中》《墨子·非命下》）这就是说，命定论是懒人的哲学，是那些不积极从事价值创造的人故意虚构出来用以自欺欺人的。

尽管墨子对命定论的批判甚为尖刻也甚有见地，但他把儒家的天命观完全归结为"寿夭贫富安危治乱固有天命不可损益"，"人之智力不能为焉"，把儒家学者统统说成"立命而怠事""倍（背）本弃事而安怠傲""贪于饮食，惰于作务"（《墨子·非儒下》），却未免失之偏颇。儒家诚然有"死生有命，富贵在天"（《论语·颜渊》）、"不知命无以为君子也"（《论语·尧曰》）、"畏天命"（《论语·季氏》）等论，但并非把一切价值的创造都委之于天命。孔子十分重视通过人的努力实现其价值目标，并高扬"人能弘道"（《论语·卫灵公》）、"用其力于仁"（《论语·里仁》）的思想。天命观不过是儒家学说的一个方面而已。此外，儒家学者的确有脱离劳动、不事生产的弱点，被荷蓧丈人讥为"四体不勤、五谷不分"（《论语·微子》），后世荀子也批评过"偷懦惮事，无廉耻而嗜饮食，必曰'君子固不用力'。是子游氏之贱儒也"（《荀子·非十二子》）。但并非儒家学者在所有的事情上都"惰于作务"，也不能说他们统统都是好吃懒做之徒。其实，儒墨两家虽然追求的价值目标不同，一为道德的，一为功利的，但二者都主张通过人的主观努力，发挥人的主体能动性以实现其目标。在这一点上两家可以说是异中有同。墨子从劳动生产者的立场出发，更重视人在生产实践领域从事强力劳动，因之对不直接从事生产劳动，只强调"用力于仁"——用力于道德修养的儒家持鄙薄态度，固然是可以理解的，但确也存在着狭隘性的一面。

然而，墨家把"尚力"与"崇命"两种观念对立起来，并对命定论本身进行了尖锐的批判，在中国古代哲学史上无疑是十分光辉的一页。

以上，我们概述了墨家"赖其力者生"的价值创造论。从中可以清楚地看到，墨家是中国历史上最早用劳动观点说明人与动物的区别，说明人的价值地位，说明价值源泉的学派。墨家所谓的"强力"，不仅包括体力劳动，而且还包括脑力劳动；不仅包括人类改造自然的生产劳动，还包括管理国家和治理社会的活动；不仅包括人为改变生活条件所作的努力，还包括人为了改变社会地位而下的功夫。总之，人们所追求的各类价值，都是通过强力劳动创造的。马克思说，人的创造性的劳动决定了人的生活是"能动的类生活"，是"创造生命的生活"①。也就是说劳动才决定了人的生活是价值生活。只有发现和承认人的劳动，才能真正发现价值的基础，揭示价值的秘密。虽然墨子的劳动观在今天看来还是相当粗糙的，但却提出了当时的思想家都没有接触到的重大问题，理论开拓之功，实可光耀史册。更为重要的是，这面劳动大旗一举，中华民族创造价值的历史活动，就走上了更加自觉的道路。

综上所述，"取法天志"的价值根据论，"为功""利民"的价值取向论，"利中取大，害中取小"的价值选择论，"尚同"社会和"兼士"人格的价值理想论以及"赖力者生"的价值创造论构成了墨家哲学价值论的完整体系，贯穿整个体系的中心线索是功利观念。墨家把功利作为衡量和评价经济、政治、文化、道德等领域内各种价值的最高标准，并在功利基础上把天与人、义与利、德与力、志与功、知与行统一起来，形成了既不同于儒家"义以为上"的道德价值论，也不同于法家"尊君""重权"的权力价值论，更不同于道家"贵夫无为"的自然价值论的独特风貌。虽然秦汉以后儒家独尊而墨学中绝，墨家不再如先秦时代那样显闻于世，甚至蒙受"异端害道"之诬，但学派的解体并不意味着思想观念的消失，墨家功利价值观的影响仍然绵绵若存，不绝如缕。南宋时同朱熹就"义利""王霸"问题进行辩论的陈亮、叶适，清初对程

---

① ［德］马克思：《1844 年经济学—哲学手稿》，刘丕坤译，人民出版社 1979 年版，第 50 页。

朱的"存理灭欲""尚虚反实"观念进行批判的颜元、李塨，他们崇尚事功的思想，在许多方面都和墨家的功利观有着内在的一致；特别是到了清代末期，随着封建制度的衰败和资产阶级的兴起，墨学一度大振，一些资产阶级知识分子利用墨家学说反对儒家道统，鼓吹社会变革。他们一方面把墨家的功利观同孔孟之道相对立，另一方面又用墨家的兼爱说与西方资产阶级的平等博爱思想相比附，尽管其中有缘饰类比之嫌，但是这不能不说是墨家价值观在近代中国所起的积极作用。事实上，在汉以后的封建社会中，由墨家首倡的功利价值观，对淡化、克服和抵制儒家重义轻利观念的偏颇和危害，的确有纠偏矫弊之功。至于中华民族心理结构中积淀的公利观念、崇力思想、求实精神和勤俭意识，更是与墨家价值观有着某种必然的联系。今天，只要我们运用辩证法对墨家的功利价值观进行扬弃和改造，克服其中包含的小生产者的狭隘性、经验性、迷信性等种种弊端，吸收其合理的内核，也还能使它在新的历史条件下，在帮助人们重视公共利益，增强劳动观念，振奋实干精神，强化功效意识和发扬勤俭作风等方面发挥积极作用，焕发新的活力。

三　法家的权力价值论

法家是先秦哲学的重要学派之一，其代表人物在春秋时有管仲、子产，在战国时有李悝、吴起、商鞅、慎到、申不害、韩非等。战国前期的李悝是法家学派的实际创始者，而战国末期的韩非则是法家思想的集大成者。先秦法家是适应封建土地关系的产生发展和封建制度在各诸侯国的相继建立而兴起的，因此他们的思想虽与儒、墨、道、名等家有某种渊源关系，但其宗旨却大不相同，有着自己独立的特色。汉代学者指出，法家的特点是："崇天子之位，广文武之业"，"贪狼强力，寡义而趋利"（《淮南子·要略》）；"不别亲疏，不殊贵贱，一断于法"（《史记·太史公自序》）；"无教化，去仁爱，专任刑法而欲以为治"（《汉书·艺文志》）。就是说，尊君、崇法、尚力、趋利是法家最基本的价值观念。这种价值观的核心是君主权力，围绕这个核心，法家提出了法、术、势、刑、公、利、力等一系列概念范畴，构成了别具一格的价值体系。尽管法家学派以时代而有前期、后期之分，以地域也有齐国、秦晋之别，以人物还有个性特点之异，但他们的基本价值倾向是一致的。

（一）"因情""因道""因世"的价值根据论

法家崇尚权力法治价值，认为君主的权力和作为权力工具的法、术、势，是社会之最高价值所在，是满足社会主体生存和发展的根本需要。对此价值主张，法家学者们提出了系统的理论根据进行阐明。"因人之情""因天之道""因世之变"就是他们为建立自己价值观念和确立自己的价值取向提出的基本观点。在他们看来，"人情（性）"的内在本质、"天道"的根本规律、"世事"的变化特征是权力法治价值确立的根据。

1. 所谓"因人之情"，就是依据人性确定价值

法家认为，要明确社会的价值取向必须深刻认识人的本性。《管子》说："明君顺人心，安情性，而发于众心之所聚。"（《管子·君臣上》）又说："人情不二，故民情可得而御也。"（《管子·权修》）慎到说："法非从天下，非从地出，发于人间，合乎人心而已。"（《慎子·佚文》）韩非也指出："凡治天下，必因人情。"（《韩非子·八经》）"法通乎人情，关乎治理也。"（《韩非子·制分》）"人情"即"人性"，法家既然要从人的本性中探寻价值根据，自然要对人的本性进行说明。他们认为人的本性是恶，恶的主要表现是：（1）人性"自为"。慎到说："人莫不自为也"（《慎子·因循》）。韩非说：人"皆挟自为心也"（《韩非子·外储说左上》）。"自为"就是自私，时时处处，皆为自己打算，为个人设想，绝不会去关心、爱护他人。（2）人性"好利"。《商君书》云："民之生（性），度而取长，称而取重，权而索利。""民生则计利，死则虑名。"（《商君书·算地》）而且只有到了进棺材时，人才会停止对私利的追求，"民之欲富贵也，共阖棺而后止"（《商君书·赏刑》）。《管子·形势解》云："民之情莫不欲生而恶死，莫不欲利而恶害"；"民利之则来，害之则去。民之从利也，如水之走下。"韩非继承和发展了这种观点，认为人的一切行为都是"用计算之心"，"计之长利也"（《韩非子·六反》）。他还指出，"人之急利甚也"（《韩非子·难四》），避害时如同懦夫，趋利时犹如勇士。"鳝似蛇，蚕似蠋，人见蛇则惊骇，见蠋则毛起。然而妇人拾蚕，渔者握鳝。利之所在，则忘其所恶，皆为贲、诸。"（《韩非子·内储说上》）（3）人性"求乐"。人性不但避害趋利，还好逸恶劳，追求安乐，《商君书·算地》说："民之性，饥而求食，劳而求佚，苦则索乐，辱则求荣，此民之情也。"《管子》也说："富贵尊

显，民归乐之"（《管子·形势解》），"凡人之情得所欲则乐，逢所恶则忧，此贵贱之所同有也"（《管子·禁藏》）。《韩非子·心度》曰："夫民之性，恶劳而乐佚。""自为""好利""求乐"三点可概括为"人性好利论"，法家所谓的"性恶"，其根本标志就是"好利"。为什么人性"好利"呢？法家认为好利本性基于人的本能需要，"人无毛羽，不衣则不犯寒；上不属天而下不著地，以肠胃为根本，不食则不能活；是以不免于利欲之心"（《韩非子·解老》）。既然利欲之心产生于人御寒和充饥的生理需要，那么它就是人固有的自然本性，不可改变；也是人人具有的普遍本性，毫无例外。于是，不但民争利，士亦争利："利之所在民归之，名之所彰士死之"（《韩非子·外储说左上》），不但一般百姓争利，王公贵族也争利："千金之家，其子不仁，人之急利甚也。桓公，五伯之上也，争国而杀其兄，其利大也"（《韩非子·难四》），不但各阶层的人争利，各行业的人也争利；农妇养蚕、渔夫持鳝是因为"利之所在"，医生"吮人之伤，含人之血"是由于"利所加也"；车工欲人之富贵，是因为"人不贵则舆不售"，木工欲人之死亡，是由于"人不死则棺不买"（《韩非子·备内》）。总之，人人争利，个个自私。

由于"好利"是人固有的普遍的本性，因此人与人之间的关系就成了赤裸裸的利害关系，整个社会都以利害为纽带联系起来。且看韩非对人际关系淋漓尽致的描绘：

父子关系是利害关系："父母之于子也，产男则相贺，产女则杀之。此俱出父母之怀衽，然男子受贺，女子杀之者，虑其后便，计之长利也。故父母之于子也，犹用计算之心以相待也，而况无父子之泽乎？"（《韩非子·六反》）"人为婴儿也，父母养之简，子长而怨。子盛壮成人，其供养薄，父母怒而诮之。子父，至亲也，而或谯、或怨者，皆挟相为而不周于为己也。"（《韩非子·外储说左上》）

夫妻关系是利害关系："卫人有夫妻祷者而祝曰：'使我无故，得百束布。'其夫曰：'何少也？'对曰：'益是，子将以买妾'！"（《韩非子·内储说下》）

君臣关系是利害关系。"君以计畜臣，臣以计事君，君臣之交，计也。害身而利国，臣弗为也；富（害）国而利臣，君不行（为）也。臣之情，害身无利，君之情，害国无亲。君臣也者，以计合者也。"（《韩非子·饰邪》）

君民关系是利害关系："君上之于民也，有难，则用其死，安平，则尽其力。亲以厚爱，关子于安利，而不听；君以无爱利，求民之死力，而令行。明主知之，故不养恩爱之心，而增威严之势。"（《韩非子·六反》）

主佣关系是利害关系："夫卖庸而播种者，主人费家而美食，调布而求易钱者，非爱庸客也。曰：如是，耕者且深，耨者熟耘也。庸客致力而疾耘耕者，尽巧而正畦陌畦畴者，非爱主人也，曰：如是，羹且美，钱布且易云也。"（《韩非子·外储说左上》）

总之，一切人际关系都是以利害为基础的，儒家所谓的"父慈子爱，君惠臣忠，兄友弟恭，夫义妇顺，朋友有信"等以伦理道德为内容的关系，在法家眼里根本是不存在的。在儒家描绘的温情脉脉的"仁爱"纱幕背后，法家却发现了冰冷的"利欲"之争。

基于对人性的这种认识，法家提出必须以权力法治来治理社会，而不能靠仁义道德来感化人心。因为，既然人皆有趋利避害的本性，那么只有"立民所欲，以求其功"，"立民所恶，以禁其邪"（《管子·君臣上》）；"赏莫如厚，使民利之；誉莫如美，使民荣之；诛莫如重，使民畏之；毁莫如恶，使民耻之"（《韩非子·八经》）。而能发挥这种功能和作用的东西，就是君主的权力和法令。商鞅说："古之民朴以厚。今之民巧以伪。故效于古者，先德而治；效于今日，前刑而法"（《商君书·开塞》）。可见，法家"因人之情"，而知"赏罚可用"，知"赏罚可用"而确立了"尊主明法"的价值取向。这就是他们以"人情"为根据而论证其价值取向的思路。

2. 所谓"因天之道"，就是依据天道确定价值

法家认为要确定价值取向，不但要认识"人情（性）"，还要把握天

道，从天道中体会人应该追求什么样的价值。法家认为，道是万物的本原和总规律，所谓"道者万物之所然"（《韩非子·解老》），"道者万理之所稽"（《韩非子·解老》）；也是治世的根本原则，所谓"道也者生于所以有国之术"（《韩非子·解老》）。因此，道就是一切价值的总根源，人们追求的价值应该符合于道，取决于道。关于道的特点，法家吸取了道家的思想而又有所发挥和改造，其主要观点是：第一，道"虚静无为"。《管子·心术上》云："无为之谓道。""必知不言、无为之事，然后知道之纪。"《韩非子·扬权》云："虚静无为，道之情也"。道的"虚静无为"并不是消极的，它"虚静无事，以暗见疵"，具有"虚则知实之情，静则知动者正"（《韩非子·主道》）的积极功能。这种功能比实际存在而又不断运动的万事万物的作用伟大得多。第二，道"无双独一"。《韩非子·扬权》云："道无双，故曰一"。"一"指道的整体性和统一性，其内部没有区分之物，外部没有相对之物，它是绝对的"独一"。正由于道具有这种独一性，所以才会使万物统一起来，"参名异事，通一同情"（《韩非子·扬权》），成为万物之宗、万物之本。犹如庄子说的"恢诡谲怪，道通为一"（《庄子·齐物论》）。第三，道"包容万物"。慎到说："天能覆之而不能载之，地能载之而不能覆之，大道能包之而不能辩之"（《庄子·天下》）。韩非也说"道蔽天地"（《韩非子·用人》）。就是说，道与天地不同，它没有什么片面性，能蔽天地而包万物，但并不消除事物的个性。大道的这种包容性，使得天地、维斗、日月、五常、列星、四时以及社会人事都受它的制约。第四，道"公正无私"。《管子》说："天不变其常，地不易其则，春夏秋冬不更其节，古今一也。"（《管子·形势》）又说："行天道，出公理，则远者自亲；废天道，行私为，则子母相怨。"（《管子·形势解》）韩非也说："夫道者，弘大而无形；德者，核理而普至。至于群生，斟酌用之。万物皆盛（成）而不与其宁。"（《韩非子·扬权》）就是说，道是客观普遍的法则，不依具体有形事物的特性而改变，也不因人的喜恶而转移；它公正地促成万物、群生，但没有私自的目的（"不与其宁"），对万物一视同仁。

道的这种无为、独一、包容、公正的特征，就是人们进行价值抉择的依据和尺度，人们选取的社会价值只有与道的特性相应、符合，才是真正的最高的价值。而符合道之特征的价值在法家看来，只能是君权与法治。君居于臣民之上，集权于一人，以虚待实，以静制动，以无为驭有为；独令百官，独断万事，处独立之位，贵独道之容，正是道在人间的化身。法包容万事，治理百姓，立是非之纲纪，定赏罚之准绳，"不阿贵"，"不两适"，"废私道"，"示公义"，正是道在人间的体现。因此，以道而尊君，因道而全法，乃是法家以天道为根据而得出的价值结论。

3. 所谓"因世之变"就是根据历史的发展和时代的变化而确定价值取向

法家在历史观上明确主张历史进化论，反对守旧和复古。他们认为时代变了，人们的生活方式、处世态度就会随之而变，因此价值取向、治世方针只有适应时代的特点，才会促使社会进步。商鞅把历史的进化分为"上世""中世""下世"三个时期，"上世"的特点是"民知其母而不知其父"；"中世"的特点是"贤者立中正，设无私"；"下世"的特点是"作为土地货财男女之分"。和这三个历史时期之特点相适应，人们的价值观念也有不同的取向，"上世亲亲而爱私，中世上贤而说仁，下世贵贵而尊官"（《商君书·开塞》）。商鞅认为这种历史的进化和价值观念的变革都是"必然之理"（《商君书·画策》），是"民道弊而所重易也，世事变而行道异也"（《商君书·开塞》）的客观历史过程。根据历史的这种进化，商鞅主张治世之道也应随之变化，"当时而立法，因事而制礼。礼法以时而定，制令而顺其宜。"（《商君书·更法》）他指出，在当时，适应时代要求的最佳的治世方针就是权力和法治，"明君之治也，任其力不任其德"（《商君书·错法》），"圣王者不贵义而贵法"（《商君书·画策》）。由此可见，尊君、任力、贵法就是商鞅"因世之变"而提出的价值观。

　　韩非继承了商鞅等前期法家古今异势的历史观，对历史进化的过程及其原因进行了更深入的探讨。他把人类历史从远古到当今分为"上古""中古""近古"和"当今"四个时期。"上古之世"是人类"构木为巢以避群害""钻燧取火以化腥臊"，才从动物界分化出来，开始人类自己的生活方式的时代；"中古之世"是"天下大水，而鲧、禹决渎"，人类改造自然以图生存发展的时代；"近古之世"是"桀、纣暴乱而汤、武征伐"，开展政治斗争以除乱求治的时代；"当今之世"的特点韩非虽未明确概括，但从其思想倾向来看，他认为是列强对抗，竞争激烈的时代。由于不同历史时期人们的生产、生活水平不同，时代主题也不同，因之人们的价值观念也有变化。韩非高度概括了这一变化历程："上古竞于道德，中世逐于智谋，当今争于气力。"（《韩非子·五蠹》）那么，为什么古代重道德价值而今世重实力价值呢？韩非解释说：古时"不事力而养足，人民少而财有余，故民不争"；今世"人民众而财货寡，事力劳而供养薄，故民争"（《韩非子·五蠹》）。又说："古者寡事而备简，朴陋而不尽，故有挑锹而推车者。古者人寡而相亲，物多而轻利易让，故有揖让而传天下者。"（《韩非子·八说》）就是说，"人寡""事寡""物多""财多"是古代重德相让的原因；"人多""事多""物少""财寡"乃今世重力相争的根源。韩非以人口多少来解释人们的物质生活水平无疑有片面性，但他以物质生活条件来说明人们价值观念的变化却是颇为深刻的。

　　由于历史在进化，时代在发展，因此韩非认为必须"因世之变"，即根据时代变化的需要来确定社会的价值取向，所谓"事因于世，而备适于事"，"论世之事，因为之备"（《韩非子·五蠹》）。既然当今之世重视"实力"，那么就应该把尊君权、重法治作为崇高的政治价值。因为君权和法治都是暴力的体现，都是治世的法宝，"严家无悍虏，而慈母有败子，吾以此知威势之可以禁暴，而德厚不足以止乱也。"（《韩非子·显学》）只要君主"抱法处势""执柄处势"，操生杀予夺的暴力就能统治人民。韩非还进而指出，如果当今之世，还崇尚道德，"务行仁义"，搬用古道，就是"处多事之时，用寡事之器，非智者之备也；当大争之世，而循揖让之轨，非圣人之治也。"（《韩非子·八说》）他讽刺那些在时代变化之后，还抱着过去的价值观念而不变的人，如同宋人守株待兔、郑人持度买履，墨守成规而不知变通。

商鞅和韩非"因世之变"而确定价值取向的观点在先秦哲学中是十分可贵的。儒家从"天命""人性"中寻找价值根源，墨家从"天志"神意中探讨价值依据，道家从"天道"本体中推求价值前提，都缺乏法家以历史进化论证价值观念的历史意识。法家这种历史进化引起价值和价值观念变化的思想，不但为他们确立尊君重法的价值提供了有力的论证，而且对中国古代的价值论做出了重要的贡献，使价值的历史性这一观念以明确的理论形式大放光辉。

以上，我们从"因情""因道""因世"三方面论述了法家的价值根据论，可以看出，法家为了确立其价值目标，强化其价值导向，选取了多维的逻辑思路，展开了广阔的理论视野，从本体论、人性论、历史观的角度，为君权法治价值提供根据，充分表现了新兴地主阶级思想家为了适应社会变革而实现价值观念更新的决心和自信。在他们看来，他们已经顺利地从事实的"实然"推出了价值的"应然"，因此人们就应该毫不犹豫地接受他们的价值选择，特别是统治者更应认识法家所主张的价值观的必然性，"知必然之理，必为之时势，故为必治之政，战必勇之民，行必听之令，"（《商君书·画策》）并由此而抛弃儒、墨所推崇的务德、尚义的旧观念。然而，法家并没有认识到，尽管他们提倡的权力法治价值是符合时代需要的，但却不等于他们为此价值寻找的根据，坚持的理由，都是坚不可摧的，也不等于他们的推理过程都是无懈可击的。同是"因人情"，主性恶，荀子却得出了"化性起伪，伪起而生礼义"的价值观念；同是"因天道"，缘道理，庄子却导出了自然无为的价值取向。这已经说明，法家为权力法治价值的必然性所进行的论证和儒家为"仁义"所提供的"天命之谓性，率性之谓道"的根据以及墨家为

"功利"所提出的"取法天志"的根据一样，都包含着极大的主观成分，他们在价值论上都没有解决从"实然"推出"应然"的问题。当然，他们为解决这一问题所作的努力，在中国哲学的价值史上还是很有意义的。特别是法家，在此问题的探索上比其他各家更显得思路开阔，内容充实。

（二）"尊君""重权"的价值取向论

法家是中国古代典型的政治哲学家，他们的价值观，基本上不出政治领域，法家的政治主张，概括言之，包括法、术、势三大方面。在韩非之前，商鞅重"法"，申不害重"术"，慎到重"势"，韩非作了批判总结，认为三者缺一不可，提出了法、术、势相结合的系统理论。法，指由君主统一公布施行的政策、法令；术，指君主的统治术；势，指君主的权势、势力。三者各自虽有相对独立的价值，但对于君主来说"皆帝王之具也"（《韩非子·定法》），都是君主权力的表现，也是维护君主权力的工具，都是为封建君主统治臣下和劳动人民服务的。因此，在法家的价值系统中，君主处于最高的层次，居于核心的地位，而作为"帝王之具"的法、术、势则属于较低的层次。或者说，君主是"目的性"价值，法、术、势是"工具性"价值，其价值层次可列为：君←势（权）←法←术。概括言之，可称为"权力价值系统"。借用法家的话来表述，就是"秉权而立，垂法而治"（《商君书·壹言》），"抱法处势则治，背法去势则乱"（《韩非子·难势》）。

法家对于君主权力（包括法治）价值的论述，在中国哲学史上可以说是最为系统的，他们对于君权的各种构成要素几乎都涉及了，下面我们着重就法家的君主论、权力论、法治论和治术论四个方面，来叙述其价值取向。

1. "君主"是"神圣"的化身

法家为了崇尚君主，把他说成是人间的最高价值，所采取的办法是，赋予君主以超越性的品格。这种超越性并不在于把君主描绘成超人间的神灵，如汉代董仲舒的"君权神授"说所鼓吹的那样，而是认为君主具有超越一般人的聪明才智和治世能力。《管子·君臣》云："神圣者王，仁智者君，武勇者长，此天之道，人之情也。"就是说，神圣、仁智、武勇是君主的基本特征，也就是君主的超越性的表现。为了论证君主的这种超越性价值（"神圣"）法家学者提出的主要观点是：（1）同道说。"道"是道家哲人标志世界根源和本体的哲学范畴，法家继承和改造了这一范畴，并以之比况君主，称颂君主在人间的价值地位。韩非说："道不同于万物，德不同于阴阳，衡不同于轻重，绳不同于出入，和不同于燥湿，君不同于群臣，凡此六者，道之出也"（《韩非子·解老》）。又说："道者，万物之始，是非之纪也。是以明君守始以知万物之源，治纪以知善败之端。"（《韩非子·主道》）"道无双，故曰一。是故明君贵独道之容"（《韩非子·扬权》）。君主与道在地位上功能上都是同格的，道是宇宙间的最高价值，君主也是人间的最高价值。（2）救民说。法家认为，人类历史的发展，在政治上经历了一个由无君到有君的过程。在君主未出现的时候，由于人类与自然的矛盾和人与人之间的矛盾的存在，人类处于困难重重，危险不断，生存无条件，安全无保障的境地，正是由于君主的出现，才把人民从这种危难环境中拯救出来，使人类得以延续，社会得以发展。《管子·君臣下》说："古者未有君臣上下之别，未有夫妇妃匹之合，兽处群居，以力相征。于是智者诈愚，强者凌弱，老幼孤独不得其所。故智者假众力以禁强虐，而暴人止；为民兴利除害，正民之德，而民师之。"《商君书·开塞》也说：在"上世""中世"时，民"爱私则险""力征则讼""无别有乱"，处于种种社会矛盾中不能自拔，当到了"既立君"之后，才改变了以前"民道弊"的状况，使社会发生了变化。《韩非子·五蠹》也说，是有巢氏"构木为巢"把人民从"不胜禽兽虫蛇"的险恶环境中解救了出来；是燧人氏"钻燧取火"使人民摆脱了"食果蓏蚌蛤、腥臊恶臭而害腹胃"的多病困境；是鲧、禹"决渎"给人民排除了洪水灾害；是汤、武"征伐"为人民推倒了桀、纣暴政。可见，君主是把人类从自然危害和社会危机中拯救出的救星。（3）为天下说。"救民说"是从历史进化的角度肯定君主价值的观点，而"为天下说"则是从君主与人民、君主与社会的关系上论证君主价值的理论。法家为了肯定君主的价值，一反殷周以来"民为君"的传统思想，明确提出了"君为民"的观点。《慎到·威德》说："立天子以为天下，非立天下以为天子也。立国君以为国，非立国以为国君也。"《商君书·修权》继承了这一观点。"尧、舜之位天下也，非私天下之利也，为天下位天下也。"君主"为天下"表现在什么地方呢？《管子·形势解》作了简明的回答："主者，人之所仰而生也。"即君主是人们生命和生活的根本保障，是人民生存的根本利益所在。韩非也认为君主"立法术，设度数，所以利民萌便众庶之道也"（《韩非子·问田》）。这和《管子》的看法是一致的。君主"为天下""利民萌"的观点，似乎是提高了民众的价值，而降低了君主的价值，其实，并非如此。法家的意思在于，正由于君主是"为天下"的，因此他才更值得尊重，更具有崇高的价值，所谓"有闻道而好为天下者，天下之人也；有闻道而好定万物者，天地之配也"（《管子·形势》）。"为天下"正是君主具有可以与天地匹配的崇高价值的条件。（4）国心说。君主不但是人们生存利益的凭借，而且还是国家的心脏和灵魂，这是法家关于君主价值的又一重要观点。《管子》说："心之在体，君之位也"（《管子·心术上》）。又说："君之在国都也，若心之在身体也。道德定于上，则百姓化于下矣。成心形于内，则容貌动于外矣。"（《管子·君臣下》）就是说，君主是国家精神和道德的主宰，一个国家的道德原则、意识形态都是由君主决定和形成的，人们只是"遵王之义""遵王之道"，按君主的精神导向行事。如果没有君主，那臣民们就如同没有头脑、没有心灵的行尸走肉一样，无所遵循。法家这一观念，就是要从文化思想、道德意识上维护君主的价值地位。

法家以"同道说"确立了君主的宇宙价值，以"救民说"肯定了君主的历史价值，以"为天下说"论证了君主的社会价值，以"国心说"

高扬了君主的精神价值，从而把君主提到了超越于臣民和社会之上的
"神圣"地位。当然，我们不能由此得出结论，说法家完全否定了民的
价值，一些法家学者当谈到君主地位的基础时，也非常注意民心的向背。
例如《管子·权修》说："赋敛厚，则下怨上矣；民力竭，则令不行
矣。"《管子·版法》篇也说："民不足，令乃辱，民苦殃，令不行。"认
为君主的威势如果超出了民力，也会发生危险。但是，他们是在以君主
为至上价值的条件下，从维护君主的地位出发，来承认民之价值的。或
者说，重民只不过是为了更有效的"尊君"。这和崇尚仁义道德价值的
儒家倡导的"民为贵，社稷次之，君为轻"（《孟子·尽心下》）、"得其
民，斯得天下矣"（《孟子·离娄上》）的民本思想，在价值取向上大不
相同。当然，儒家也并非不尊君，但他们对民之价值的重视却远远超过
了法家。

　　尊君是法家价值体系的前提和基础，也是法家权力价值观的首要特
征。法家所倡导的势、法、术，都是尊君价值观的延伸和表现，都从属
于尊君。在法家看来，考察一个国家的政治状况，评价一个国家的价值
地位，关键在于考察君主，《管子·霸言》云："观国，观君。"这正是
由于君主在国家政治生活和社会生活中的价值地位所决定的。因此，法
家在肯定君主为"神圣"的化身，为一切价值之根本的同时，也主张按
理想的标准对君主进行评价，他们也常使用"明君""昏君""圣主"
"乱君"等术语来区分君主的价值品级，并希望有圣明之主，治理天下。
表面上看来，这似乎和他们的君主神圣说、君主至上论相矛盾，其实两
方面是完全统一的，评价君主的明暗得失、功过是非正是为了维护君主
之价值，也正说明了君主在国家政治中处于举足轻重的地位。对昏君的
批评和对明主的赞扬，都是为了尊君，而绝不是为了贬君、抑君。

2. "权势"是"胜众"的资本

　　君主的价值和权力、权势密切相关，君主只有占据权位，掌握权力，
才会发挥他在政治生活中的决定作用，成为君主，"凡人君之所以为君

者，势也"（《管子·法法》）。如果没有权力，君主和一般人也不会有本质性的差别。法家君权价值体系中的第二个重要因素就是"权""势"。"权"和"势"严格分析是有区别的，"权"指权力，"势"包括权力、地位和驾驭权力的能力，但二者的含义基本相同，法家也常常混同使用。法家关于权势价值的观点可以用韩非的一句话来概括："势者，胜众之资也。"（《韩非子·八经》）意谓权势是统治臣民大众，控制天下的资本或凭借。具体地说，权势价值的主要内容是：第一，权势是君主地位的保障。慎到说："飞龙乘云，腾蛇游雾，云罢雾霁，而龙蛇与螾蚁同矣，则失其所乘也。贤人而诎于不肖者，则权轻位卑也，不肖而能服于贤者，则权重位尊也"（转引自《韩非子·难势》）。龙蛇因乘云雾之势而处于高位，如果云消雾散，只能与蚯蚓同辈，君主依恃权势而居于臣民之上，处于统治地位，一旦失去权势，也只能与匹夫为伍。《管子》说："人君失势则臣制之矣，……故君臣之易位，势在下也"（《管子·法法》）。它把势看作维护君位的根本条件，认为君臣权势的转移，必然导致君臣易位。韩非子也持相同看法："人臣太重，必易主位"（《韩非子·爱臣》）；"偏借其权势，则上下易位矣，此言人臣之不可借权势也。"（《韩非子·备内》）总之，法家认为权轻则位卑，权重则位尊，君主的"身之至贵，位之至尊"完全取决于"主威之重，主势之隆也"（《韩非子·爱臣》）。第二，权势是君主威严的基础。威严是指君主能压服人并使人敬畏，感到不可侵犯的气势，它是一种通过态度和仪形表现出来的精神性力量，法家非常重视人主的威严，认为它是制服臣民的必要因素之一，所谓"有威足以服人"（《韩非子·内储说上》）。君主的威严气势从根本上说是以权势为基础的。如果君主乘势秉权，则"威足以临天下"，如果君主丧失了权力，那么他的威严气势就荡而无存。韩非反复指出，"臣乘君，则主失威"（《韩非子·外储说左上》）；有时人主无威而"左右太威"，原因就在于左右大臣"擅权势而轻重者"（《韩非子·人主》）。可见擅权则有威，丧权则失威，权势是君主威严的根基。第三，权势是统治力量的源泉。这是权势最重要的价值所在。法家指出，统治者要统治臣民，治理天下，征服诸侯，固然要有许多因素和条件，但最根本的是掌握政权，掌握了政权就会有统治力量，驾驭一切，制服一切。慎到说："贤而屈于不肖者，权轻也，不肖而服于贤者，位尊也；尧为匹夫，不能使其邻家，至南面而王，则令行禁止。由此观之，贤不足以服不肖，而势位足以屈贤矣。"（《慎子·威德》）他认为权势是使一切人屈服的力量。韩非讲得更为充分："夫马之所以能任重引车致远道者，以筋力也。万乘之主、千乘之君所以制天下而征诸侯者，以其威势也。威势者，人主之筋力也。今大臣得威，左右擅势，是人主失力，人主失力而能有国者，千无一人。虎豹之所以能胜人执百兽者，以其爪牙也，当使虎豹失其爪牙，则人必制之矣。今势重者，人主之爪牙也，君人而失其爪牙，虎豹之类也"（《韩非子·人主》）。这是用形象的比喻说明权势是君主制民、驭臣、治世的力量所在。

以上三点，是相互联系，互为条件的，地位、威严、力量既是由权势决定的，又是权势的形成条件。因之，在法家的著作中，"权势""势位""威势""权力"常常联结使用，以表示和我们现在的"权力"一词基本相同的含义。可以说，"位""威""力"是构成法家"权势"价值的三大要素，而"力"又是决定性的要素。正是由于权力，法治、术治才有其形成的基础和发挥作用的前提。

3. "法制"是治世的法宝

法家重法，世所共知，然而法在法家价值系统中的地位和内涵究竟如何呢？很值得从价值论角度予以探讨。法家所谓的"法"系指由统治者官府制定并颁布的，由国家强制力保证执行的，要求君臣民共同遵守的行为规则和制度，其内容以刑赏为主，也包括其他方面的规定。这由法家的论述即可看出。《商君书》云："法者，君臣之所共操也。"（《商君书·修权》）"国皆有禁奸邪、刑盗贼之法。"（《商君书·画策》）《管子》云："法律政令者，吏民规矩绳墨也。"（《管子·七法》）"杀戮禁诛谓之法。"（《管子·心术上》）《韩非子》云："法者，宪令著于官府，赏罚必于民心，赏存乎慎法，而罚加乎奸令者也。"（《韩非子·定法》）"法者，编著之图籍，设之于官府，而布之于百姓者也。"（《韩非子·难三》）可见，法家所说的"法"和我们今天的"法律"大体相当，他们是中国历史上最早为"法"这种国家制定的强制性规范作出理论概括的学派。法家认为，法的基本价值就是治国，法"为治之本"（《商君书·定分》），"治强生于法"（《韩非子·外储说右下》）。他们竭力主张"以法治国"（《韩非子·有度》）、"以法为教"（《韩非子·五蠹》）、"以法为本"（《韩非子·饰邪》），那么，法的价值表现在哪些方面呢？法家的看法是：

一曰"公正"。法所体现和代表的是"公利""公义""公心"，它是和私相反的公共规范。韩非明确地称法为"公法"，主张"去私曲就公法"，"去私行行公法"（《韩非子·有度》）。他说，法的赏，"必出于公利"（《韩非子·八经》）；法的罚，"以公法而诛之"（《韩非子·孤愤》）。执法的根本原则就是"去私心行公义"（《韩非子·饰邪》）；"明于公私之分"（《韩非子·饰邪》）。变法的根本意图也在于"以变法易俗而明公道"（《韩非子·奸劫弑臣》）。正由于法是"义必公正"（《韩非子·解老》）的规范，因此它才能发挥治世的作用，"公义行则治"（《韩非子·饰邪》），"必以公义示而强之"（《韩非子·说难》）。法家所谓的"公"，并非指全体社会成员的利益和愿望，更不是劳动人民的利益和愿望，而是以君主为代表的统治阶级的整体利益和阶级意志，他们直言不讳地说，公乃"人主之公利也"（《韩非子·八说》），"人主之公义也"（《韩非子·饰邪》）。尽管法家的"公正"具有鲜明的阶级性，但他们首次在历史上提出以公正为法的内在价值，无疑是一个杰出的贡献。它和儒家把公正作为仁义道德的内在价值一样，都闪耀着永不磨灭的理论光辉。

二曰"平直"。法作为"天下之程式""万事之仪表""国之权衡"（《管子·明法解》），就必须具有平直的性质。"平直"就是对于适用的对象坚持同一标准，平等要求，不偏向、不倾斜、不曲从。韩非说：

"椎锻者，所以平不夷也，榜檠者，所以矫不直也。圣人之为法也，所以平不夷，矫不直也。"（《韩非子·外储说右下》）"法平，则吏无奸。"（《韩非子·饰令》）而要发挥"平不夷、矫不直"的作用，法的执行和法的遵守就应该平而不倾，直而不曲；对所有的人一视同仁，平等相待。《管子》说："上亦法，臣亦法"，"法令者，君臣之所共守也。"（《管子·七臣七主》）韩非指出："绳直而枉木斫，准夷而高科削，权衡县而重益轻，斗石设而多益少。故以法治国，举措而已矣。法不阿贵，绳不挠曲。法之所加，智者弗能辞，勇者弗敢争。刑过不避大臣，赏善不遗匹夫。故矫上之失，诘下之邪，治乱决缪，绌羡齐非，一民之轨，莫如法。"（《韩非子·有度》）这是对法的平等正直价值的高度赞扬，也是对公平执法的要求。法家还认为，官吏的根本职责就是公平执法；只有公平执法，平等守法，才能治国。韩非引用孔子的话说："吏者，平法者也，治国者，不可失平也。"（《韩非子·外储说左下》）《管子》也说："君臣上下，贵贱皆从法，此谓为大治。"（《管子·任法》）法家这种公平执法，人人守法的观点，虽然还不能说是主张法律面前人人平等，但从其中无疑可以孕育出这一价值观念的萌芽。当然，法是否真正体现"平等"价值，不能只看它对执法、守法的要求，更要看法本身的内容规定。在这方面，法家根本谈不上什么平等了。

三曰"齐一"。法作为标准性强制性规范，其重要功能和作用就是统一人们的行为，对此，法家也有充分的论述。慎到说："法者，齐天下之动，至公大定之制也。"又说："法以齐之"（《慎子·佚文》）。《尹文子》说："齐俗之法，能鄙同异是也。"《管子·任法》说："夫法者，上之所以一民使下也。"《韩非子》也说："设法度以齐民"（《韩非子·八经》），韩非还进而指出，如果只凭借武力"使贲、育带干将而齐万民"，并不能达到目的。尽管费了很大的气力，仍然是"民不能齐"（《韩非子·大体》）；如果务法而治，则"一国可使齐"（《韩非子·显学》）。法家所说的"齐一"，既不是使人们有平等的权利，更不是让人们有相同的地位，而是指使人人都按法令法律所规定的标准统一行动，不违背法的规范，从而达到全国上下意志和行为的一致。法家认为这种"齐天下之动"的功能，道德规范是不具有的，因为道德是一种指导性建议性标准，而法则是一种强制性标准。他们把这种强制性叫作"禁"。韩非说："古之善守者，以其所重禁其所轻，以其所难止其所易，故君子与小人俱正，盗跖与曾、史俱廉。""明主之守禁也，贲、育见侵于其所不胜，盗跖见害于其所不能取，故能禁贲、育之所不能犯；守盗跖之所不能取，则暴者守愿，邪者反正。大勇愿，巨盗贞，则天下公平，而齐民之情正矣。"（《韩非子·守道》）由于法的"禁"，致使盗贼不敢犯，奸邪归于正，所以才能起到"齐民之动""一民之轨"的作用。可见，"齐一"是法所特有的功能价值。

四曰"明分"。"分"即"名分"，指人的等级地位、职务身份，以及财物的所属关系，其实质是社会上人们不同的权利范围和界限，所谓"审名以定位，明分以辩类"（《韩非子·扬权》），就是对"名分"的简要概括。儒家以礼确定名分，（《荀子·王制》云"分莫大于礼"，而法家则认为"明分"是法的基本职能。《商君书·修权》说："立法以明分，而不以私害法，则治。"法所明的"分"，主要有社会等级之"分"，即贵贱、君臣、诸侯、大夫各有其位，不得逾越；权力界限之"分"，即各级官吏职权皆有范围，"职不得过官"（《慎子·知忠》）；职守范围之"分"，即各行业皆有其工作的职责和范围，"士不得兼官，工不得兼事"（《慎子·威德》）；公私之"分"，即国家利益和个人利益的界限；赏罚之"分"，即赏有级，罚有等，赏罚级别与功罪相当；在家庭还有父子、夫妻、妻妾、嫡庶等"分"。法家按照法所定的"分"，把所有臣民都规定在一定的权利范围之内活动，凡超出法定范围的"越分"，就是违法行为，应予制裁。法家认为以法"明分"，十分重要。慎到说："一兔走街，百人追之，贪人具存，人莫之非者，以兔未为定分也。积兔满市，过而不顾，非不欲兔也，分定之后，虽鄙不争。"（《慎子·佚文》）《商君书》说："名分未定，尧、舜、禹、汤皆如骛焉而逐之，名分已定，贫盗不取。"又说："名分定则大诈贞信，民皆愿悫（诚实），而各自治也。"（《韩非子·定分》）《管子》云："上有法制，下有分职"（《管子·君臣上》），"明分任职则治而不乱，明而不蔽矣。"（《管子·小问》）韩非十分强调明公私之分，"私义行则乱，公义行则治，故公私有分"（《韩非子·饰邪》），"非其分而取者，众之所夺也；辞其分而取者，民之所予也"（《韩非子·难四》）。"故明主审公私之分，审利害之地，奸乃无所乘"（《韩非子·八经》）。正由于"明分"对维护社会秩序，维持社会安定有重要作用，因此，法家高度肯定和充分赞扬法的这一价值，他们把以法明分看作是明君圣主的标志之一，"圣人之所以为圣人者，善分民也。圣人不能分民，则犹百姓也。于己不足，安得名圣"（《管子·乘马》）；看作治理天下的必然之道，"故治天下及国，在乎定分而已矣"（《吕氏春秋·慎势》引慎到语），"名分定，势（必然）治之道也，名分不定，势乱之道也"（《商君书·定分》）。法家崇尚法的"明分"价值，其政治实质是主张建立等级制度，其阶级目的是维护新兴地主阶级的特权。"明分"在限制旧贵族特权的同时，也就确定了地主阶级特权。可见法家的法不是平等法而是等级法。虽然如此，如果抛弃其特殊内容而吸取其普遍意义，他们提出以法规定人们的权利范围还是十分可贵的，法在这一方面的价值被法家所首肯，仍不失为卓见。

以上，我们从四个方面论述了法家的法价值观，如果与现代有的法哲学家（例如美国的博登海默）表述法价值的正义、秩序等概念来比较，可以说，"公正""平直"就是法家所理解的正义价值，"齐一""明分"就是法家所认为的秩序价值。虽然，现在人们对于正义、秩序含义的理解仍有很大分歧，但"公正""平等"属于正义的要素则是普遍看法，"行动意志统一""权利划分明确"是某种秩序的要求，也是一种观点。法家的"公正""平直""齐一""明分"诚然有着鲜明的阶级性，而且其概念的特殊含义也与现代的"公正""平等""正义"等有着差异，但可以肯定地说这些概念的确反映了法家对法的普遍价值的认识，它们的提出是中国哲学史上认识法价值的一个重要环节。

如果这个看法是有道理的，那么我们就可以对法家之所以把"法"

与儒家所倡导的"礼"对立起来提出新的解释。中国历史上，从春秋时期开始到战国时期充分展开的"礼法"之争是当时整个政治思想领域论争的焦点。新兴地主阶级的改革（"变法"）就表现为用"法治"取代"礼治"。"礼法"之争的实质从政治上看无疑是守旧与革新，是维护贵族奴隶制与建立封建制的矛盾斗争，这是多数学者都已指出了的。然而从价值观上看究竟是什么问题呢？这却是值得研究的课题。我认为，"礼法"之争的实质是两种价值观的对立。"礼"是夏商周奴隶社会的政治制度、道德规范、礼节仪式的总称，可以说是无所不包的社会生活的总规范。礼的本质就在于维护等级，"礼者……贵贱有等，长幼有差，贫富轻重，皆有称者也"（《荀子·礼论》）；"礼义立，则贵贱等矣"（《礼记·乐记》）；"夫礼者，所以定亲疏，决嫌疑，别同异，明是非也"（《礼记·由礼上》）。这都是对礼的主导精神和功能的概括说明。儒家崇尚礼治，主张"为国以礼"（《论语·先进》）、"齐之以礼"（《论语·为政》）、"上好礼"（《论语·宪问》），反对"道之以政，齐之以刑"（《论语·为政》）的法治路线。从价值观上看，是把等级——不平等视为崇高价值，这种等级——不平等的观念，既体现于他们的政治价值之中，也体现于他们的道德价值（例如"忠""孝""三纲"）之中。法家崇尚法治，或主张唯法为治，或主张以法统礼（例如《管子·任法》："仁义礼乐者皆出于法。"），就是要以"公正""平直"亦即他们所理解的平等观念取代儒家的价值观。虽然在我们看来法家的以法"明分"也是要建立一种等级，但在法家看来，他们的"分"和儒家以"礼"所明的"分"（《荀子·非相》："分莫大于礼。"）绝不相同。他们的"分"体现了平等，儒家的礼之分则维护了等级特权。事实上，法家在以法明分的同时，主张"法平""壹赏""壹刑"，的确取消了贵族许多世袭特权，改变了"刑不上大夫"（《礼记·曲礼上》）的状况。《商君书》说："所谓壹赏者，利禄官爵抟（专）出于兵，无有异施也。"（《商君书·赏刑》）就是说贵族没有军功，一律得不到利禄官爵。又说："所谓壹刑者，刑无等级，自卿相将军以至大夫庶人，有不从王令、犯国禁乱上制者，罪死不赦。"（《商君书·赏刑》）就是说贵族官吏和平民，凡触犯法律，一律处罚。这里不是明显地包含着某种平等意味吗？因此，可以说，"法者，天下之至道也"（《管子·任法》）和"礼者，人道之极也"（《荀子·礼论》）表现了两种价值观的对立和斗争。

4. "术数"是御臣的工具

法家的治道以势为基础，以法为标准，而以术为方法。"术"（又称"术数"）的理论，是法家关于君主统御、控制群臣的方法的理论。术与法不同，"凡术也者，人主之所执也；法也者，官之所师也"（《韩非子·说疑》），"法者，编著之图籍，设之于官府，而布之于百姓者也。术者，以偶众端而潜御群臣者也。故法莫如显，而术不欲见"（《韩非子·难三》）。就是说，法由官府执掌君臣共守，术由君主独操；法的对象是全体臣民，术的对象是官吏臣属；法要公开，术应暗藏。术既然是君主御臣的方法，一般说来，并不是价值问题，然而在法家关于这些方法的理论中，却体现着价值观的含义，因而从中也能剖析出法家的某些价值观念。

术作为统御群臣的方法，包括对臣属的选任、监督、考核、赏罚等多项内容，而采取的方法则有积极和消极两类。积极的方法指用合理正当的途径进行监察、考核，消极的方法指用阴谋诡计、耍弄权术的手段进行控制监督。消极的方法完全是一种"恶"，是剥削阶级本性的表现，谈不到什么价值，然而积极的方法中却包含着一些价值成分。这些价值因素可以从法家对"术"的本质和作用的论述中看出。韩非说："术者，因任而授官，循名而责实，操杀生之柄，课群臣之能者也，此人主之所执也。"（《韩非子·定法》）又说："上德无为而无不为也。"（《韩非子·解老》）"实""能""无不为"就是法家的术所追求的价值。

"实"，指官吏的真实活动和实际政绩，即实情和实绩。法家从人性自私利己论出发，认为君臣间的关系是利害关系，必然发生利益冲突，因此臣对君不可能忠诚，总要弄虚作假进行欺骗，将自己的利己打算隐瞒起来。这样，君要掌握真实情况就十分困难，而不了解实情又不利于统治，甚至权力都会受到威胁，这就必须"责实"。"责实"的方法就是"循名而责实"，也称为"审合形名""形名参同"。"名"指官职名称，"形"指这一官职所规定应该完成的任务。如果某一官吏按照官职名称的要求，完成了该职所规定的任务，既不少做而失职，也不多作而越分，就是"形名合"，就受赏；反之如果他失职或越职，就是"形名不合"，就受罚。"形名合"即"名实合"，这说明了臣属尽职尽责、实实在在地完成了规定的任务。法家认为这种"循名责实""审合形名"之术，是去除诈伪奸邪，掌握真实情况，监督官吏尽职的好办法，"人主诚明于圣人之术，而不苟于世俗之言，循名实而定是非，因参验而审言辞。是以左右近习之臣，知伪诈而不可以得安也，……百官之吏亦知为奸利之不可以得安也，……安危之道若此其明也，左右安能以虚言惑主，而百官安敢以贪渔下？是以臣得陈其忠而不弊，下得守其职而不怨，此管仲之所以治齐，而商君之所以强秦也。"（《韩非子·奸劫弑臣》）可见，术所追求的一个重要价值就是"实"。

"能"，指官吏的才能和成绩。法家指出，在君主周围，经常有臣属们献计献策、现示才能，但哪些话是有用的，哪些是无用的；哪些言是可信的，哪些是不可信的；谁是真正有才能的，谁是没有才能的。对这些问题，在一般情况下，很难确定，弄得不好就容易让一些别有用心的奸邪之臣或言过其实的无能之辈钻空子。因此就必须"课群臣之能"，即对臣属的才能进行考核检验。考核的办法是什么呢？韩非提出用"以言授事"，"以事责功"的方法。他说："人主将欲禁奸，则审合刑（形）名者，言与事也。为人臣者陈而言，君以其言授之事，专以其事责其功。功当其事，事当其言，则赏。功不当其事，事不当其言，则罚。故群臣其言大而功小者则罚；非罚小功也，罚功不当名也。群臣其言小而功大者亦罚；非不说（悦）于大功也，以为不当名也，害甚于有大功，故罚。"（《韩非子·二柄》）就是说，根据臣的言论授他一个官职并让其独立办事，去完成规定的任务（"以其言授之事"），同时按照任务的要求考核他的成绩（"专以其事责其功"）。如果功、事、言三者相当，就赏；三者不相当，就罚。功小于言、功大于言都是不相当，都是罚的对象。用此术就可以判断人臣的真实才能了，也可以使有才能的人敢于说话。这说明，"课能"也是术的重要价值所在。

　　"无不为"，就是有为，而且大有作为。"无为而无不为"本是老子的命题，法家将其继承改造作为一种驭臣之术。法家认为，治理天下，要处理千头万绪的政务，要耗费无穷的智慧、才能、精力，要建立显赫的丰功伟绩，而这些靠君主一个人是根本不可能实现的，况且君主的任务并不是处理具体政务。那么，如何解决这一矛盾呢？法家提出了无为之术。它的基本原则是君道无为，臣道有为，只有君"无为"才能尽臣之能而取得"无不为"的效果。慎到说："人君自任而躬事，则臣不事事，是君臣易位也，谓之倒逆。"因此，他主张"君臣之道，臣事事而君无事，君逸乐而臣任劳。臣尽智力以善其事而君无与焉，仰成而已，故事无不治。治之正道然也。"（《慎子·民杂》）申不害说："有道者不为五官之事，而为治主。君知其道也，官人知其事也。"（《申子·大体》）韩非说得更为具体："夫物者有所宜，材者有所使，各处其宜，故上无为。使鸡司夜，令狸执鼠，皆用其能，上乃无事。"（《韩非子·扬权》）又说："明君无为于上，群臣竦惧乎下。明君之道，使智者尽其虑，而君因以断事，故君不穷于智；贤者敕其材，君因而任之，故君不穷于能；有功则君有其贤，有过则臣任其罪，故君不穷于名。是故不贤而为贤者师，不智而为智者正。臣有其劳，君有其成功，此之谓贤主之经也。"（《韩非子·主道》）由此可见，无为之术的实质在于求"有为"，求"无不为"。慎到说的"事无不治"，申不害说的"五官之事"，韩非说的"智""能""成功"都是"有为"的内容，也即是无为之术的价值目标。在先秦哲学中，儒家讲"无为"，道家也讲"无为"，儒家的"无为"是指"德治"价值，道家的"无为"是指"自然"价值，而法家的无为之术则与此二者不同，它追求的是大有作为的"事功"价值。

总之，"实""能""无不为"（有为）乃是法家驭臣之术中所包含的价值要素。尽管法家的驭臣之术具体说来还有许多方式，但其主要价值取向不外于此。这里我们不必讨论法家"术"论中是否有可资政治领导、行政管理的借鉴之处，而仅就价值论角度来看，它其中的确有今天也值得重视的积极颗粒。当然，所有这些，在法家的价值观中都是为君权至上的整体价值观服务的，也是这一价值观体系的有机组成部分。

以上，我们论述了法家"君""势""法""术"四大理论中的价值取向问题。这四个部分相互联结、相互作用构成了一个完整的价值体系，其中君主是本位，权势是基础，法制是规范，术数是方法，君权是法术的前提，法术是君权的工具。法家认为君、势、法、术构成的价值系统，是高于道德、智慧、知识等价值的，从他们的"恃势不恃信""贵法不贵义""务法不务德""一法不求智""恃术不恃信"等价值判断中可以明显看出其价值取向的实际目标和对非君权价值的排斥。他们所谓的"义""德""信""智""文学"等都是儒、墨竭力崇尚的价值因素。法家旗帜鲜明地表示了他们与儒、墨的价值分野，这充分说明在中国传统哲学中，法家的价值观是有特色的，这种特色形成的根本原因是法家代表了新兴地主阶级的利益。价值取向的不同正是阶级利益矛盾的集中表现。

（三）"功利尽举"的价值标准论

价值取向是价值标准的外在表现，在价值观中，价值标准制约价值取向，价值取向表现价值标准。因此，价值标准对于价值取向来说是更内在、更根本的东西。法家的君权价值取向包括许多层次不同的因素，但都围绕着、贯彻着一个统一的标准，就是"功用"或"功利"，势、法、术都是为君主和君主所代表的地主阶级的功利服务的。由此出发，法家把"功用""功利"作为评价一切现象、一切活动的唯一尺度，作为决定价值取舍的唯一原则。用他们的话说就是："功利不尽举，则国贫疏远"《管子·版法解》。

1. "功利"是实行赏罚的标准

赏罚又称刑赏或刑德，它是权势的有力把柄，法治的主要内容，操术的具体表现，法、术、势的运用集中在对臣民实行赏罚上。韩非说："明主之所以导制其臣者，二柄而已矣。二柄者，刑德也。何谓刑德？杀戮之谓刑，庆赏之谓德。"（《韩非子·二柄》）又说："君执柄以处势，故令行禁止。"（《韩非子·八经》）正由于赏罚二柄十分重要，所以韩非主张君主谨执其柄，执柄独断，"夫赏罚之为道，利器也。君固握之，不可以示人"（《韩非子·内储说上》）。那么，什么是赏罚的标准呢？韩非指出人主所代表的"公利""公功"是赏罚的最高标准，具体地说就是"赏有功，罚有罪"（《韩非子·说疑》），"计功而行赏"，"功多者受多，功少者受少"（《韩非子·外储说左上》）；"赏必出于公利，名必在乎为上"（《韩非子·八经》），而对那些贵"私便"而贱"公利"，立"私行"而灭"公利"的奸邪之人，依法必罚。前面已经指出，这个标准在应用于臣属时，法家还提出了一个重要规定，就是"功"与"名"要相合，"名"指臣下的职责范围，受赏之功既不能超越出职责范围之外，也不能小于职责范围的要求。凡大于或小于职责范围的功，都是功不当其名，都要受罚。所谓"功当其言（名）则赏"（《韩非子·难二》），"罚功不当名也"（《韩非子·二柄》）。之所以作此规定，是因为在法家看来，"功不当名"的大功，会影响别的官员履行职权，"越官而有功"的危害"甚于有大功"（《韩非子·二柄》）。其实这种规定只不过是贯彻功利标准的条件，并不是要取消功利原则。

韩非指出，把功利原则用于赏罚，"乘事而有功则赏"，"赏不加于无功"，具有重要的意义。第一，它可使群臣为君主的公利效劳。"为人臣者，畏诛罚而利庆赏。故人主自用其刑德，则群臣畏其威而归其利矣。"（《韩非子·二柄》）第二，它能勉励全国民众都去追求功利价值。"若夫厚赏者，非独赏功也，又劝一国。受赏者甘利，未赏者慕业，是报一人之功而劝境内之众也"（《韩非子·六反》）。第三，它能使民众以自身的努力和功业去争取个人价值而不寄希望于君上的恩赐。"今有功者必赏，赏者不得君，力之所致也；有罪者必诛，诛者不怨上，罪之所生也。民知诛赏之皆于身也，故疾功利于业，而不受赐于君"（《韩非子·难三》），"民以力得富，以事致贵，以过受罪，以功致赏，而不念慈惠之赐，此帝王之政也。"（《韩非子·六反》）第四，它能公平的选任和提升贤能官吏，杜绝"走后门"用私人的不正之风。"明主者，推功而爵禄，称能而官事，所举者必有贤，所用者必有能，贤能之士进，则私门之请止矣。夫有功者受重禄，有能者处大官，……此所以聚贤能之士，而散私门之属也。"（《韩非子·人主》）反之，如果不以功利标准而赏罚，使无功之人受赏，对有功之人处罚，那就会造成臣奸邪，民偷懒，诈风起，暴徒盛，人主受危，天下大乱的局面。韩非说："国有无功得赏者，则民不外务当敌斩首，内不急力田疾作，皆欲行货败事富贵，为私善立名誉，以取尊官厚俸。故奸私之臣愈众，而暴乱之徒愈胜，不亡何待？"（《韩非子·奸劫弑臣》）又说："夫赏无功，则民偷幸而望于上，不诛过，则民不惩而易为非。此乱之本也"（《韩非子·难二》）。可见，违背功利标准的赏罚，有着多么大的危害！

2. "功用"是评价言行的标准

法家认为，不但执行"赏罚之法"时要以功利为标准，而且对人们的一切言论和行动也应以功用标准区分是非，辨别智愚，确定价值。韩非说："夫言行者，以功用为之的彀者也。"（《韩非子·问辩》）"功用"指客观的实用效果，"的彀"指目的，意思是说，人们的言行都是以实际的应用效果为预期目的的，因之应当以其达到的功用效果如何来检验言行的价值。凡有实际功用，达到了预期效果者，为是，为智，具有价值；凡无实际功用，未实现预期效果者，为非，为愚，没有价值。为了说明这一观点，韩非列举了大量事例。

例如，要确定射箭者是不是好射手，就要看他是否能射中预先确定的目标。如果能够射中预先指定的靶子，就算是善射；反之，如果没有设定目标，妄发其箭，虽然也会射中某一点，但不能谓善射，因为无的放矢，毫无功用。由此，韩非说："故有常，则羿、逢蒙以中五寸的为巧；无常，则以妄发之中秋毫为拙。"（《韩非子·问辩》）可见，功用是判断"巧射""拙射"的依据。

又如，要区别剑的优劣利钝，若只凭金属原料的颜色，即使善铸剑的专家也不能肯定一把剑是否合乎要求。但如果用剑试行宰杀，随便什么人都能分别出它的利钝。"夫锻锡而察青黄，区冶不能以必剑；水击鹄雁，陆断驹马，则臧获不疑钝利。"（《韩非子·显学》）

再如，要判断一匹马是良是劣，若只看马的形状年龄，靠感觉来判断，即使善相马的专家伯乐，也不能肯定它的优劣，但是只要让马驾车驱驰，那么根据实际效用，随便什么人都能分别出它是良骥还是驽马。"发齿吻形容，伯乐不能以必马；援车就驾而观其末涂，则臧获不疑驽良。"（《韩非子·显学》）

还如，要分辨一个人是否目盲、口哑，当这人与其他人都在睡觉的时候，无法分清谁是瞎子；当这人与其他人静默不言的时候，也无法断定谁是哑巴。如果醒后让他看视，提出问题让他回答。盲者、哑者就无法掩饰了。所谓"人皆寐，则盲者不知；皆嘿，则喑者不知。觉而使之视，问而使之对，则喑盲者穷矣。"（《韩非子·六反》）

上述事例都说明，韩非认为只有"功用"才是评价言行的客观性标准，此外别无任何标准能确定言行的价值。将这一原则应用于治国，他主张"明主听其言必责其用，观其行必求其功，然则虚旧之学不谈，矜诬之行不饰矣"（《韩非子·六反》）。他说，人主如果不以功用为言行标准，就会受那些"言不用而自文以为辩，身不任而自饰以为高"的人的欺骗（《韩非子·六反》）。"今人主听说不应之以度，而说其辩不度以功，誉其行而不入关（权衡），此人主所以长欺而说者所以长养也。"（《韩非子·外储说左上》）总之，坚持言行的功用标准，就能杜绝那些无用妄言，"设度而持之虽智者犹畏失也不敢妄言"；抛弃言行的功用标

准，就会助长夸夸其谈，"无度而应之则辩士繁说"。(《韩非子·外储说左上》)

法家之所以反对和排斥儒、墨，主张"燔诗书而明法令"(《韩非子·和氏》)，"息文学而明法度"(《韩非子·八说》)，就是认为儒、墨两家的言论、著作(《诗》、《书》)和学术("文学")不符合功利原则。韩非指出，儒墨的"仁义"说教，"贤智"主张，完全是毫无根据的"愚诬之学"，不切实用的空谈"辩说"，根本不会在实践中产生功效，即所谓"文学者非所用"(《韩非子·五蠹》)。"非所用"的表现，一是"无功"，儒墨鼓吹的仁义惠爱，都不包含事功的内容，不以事功为赏誉的根据，"夫施与贫困者，此世之所谓仁义，哀怜百姓而不忍诛罚者，此世之所谓惠爱也。夫有施与贫困，则无功者得赏；不忍诛罚，则暴乱者不止"(《韩非子·奸劫弑臣》)。"仁爱"既然让无功者受赏，那就不会有人为建立功业而努力了。二是"无利"，"今文学者之说人主也，皆去求利之心，出相爱之道"(《韩非子·六反》)，这就必然违背人求利的本性，磨灭人求利的动力，于是"民之产利也惰"，"索国之富强，不可得也"(《韩非子·八说》)。儒、墨既无功，又无利，只有"息文学而明法度"，才会使民"以力得富"，"以功致赏"，"不念慈惠之赐"(《韩非子·六反》)。由此可见，法家"息文学"的文化思想政策，乃是根据功利价值标准而提出的，是对儒家和墨家价值观的否定。除了儒、墨之外，韩非对其他学派如名家公孙龙等，也多有批评。批评的要点也在于他们辩说宏阔而不切实际，徒尚空谈而不讲功利。

尽管韩非"以功用为的"的言论标准，无论在认识论上，还是在价值观上，都很有意义，但由于他所谓的"功"，指的是体现地主阶级利益的功效，他所说的"用"，指的是对于维护地主阶级的统治有用，因此，"功用为的""功利"标准，就成了以地主阶级的利益"立取舍之行，别辞争之论"。这就带有"对我有用即是真理"的实用主义倾向了。

3. "功利"是区分善恶的标准

法家反对儒家的仁义惠爱，并不是完全否定道德之善，而是反对儒家脱离功利讲道德，因此他们主张以功利为基础建立道德，以功利为标准区分善恶。法家认为道德生活不能脱离经济条件。商鞅说，民不务于耕田，仓廪空虚，既难于尽孝，也难于尽忠。齐国法家进一步阐发了这一观点，提出"仓廪实，则知礼节，衣食足，则知荣辱"（《管子·牧民》）的著名命题。根据这种理解，法家主张把功利作为道德的基本原则，《管子·版法解》说："凡众者，爱之则亲，利之则至。是故明君设利以致之，明爱以亲之。徒利而不爱，则众至而不亲。徒爱而不利，则众亲而不至。爱施（利）俱行，则说（悦）君臣，说（悦）朋友，说（悦）兄弟，说（悦）父子。"就是说，以仁爱、礼义教民，必须给他们以实际利益，使"爱利俱行"。

根据功利原则，法家提出要把为"公利"与为"私利"作为区分善恶的标志。凡行为废私立公，维护公利者为善；凡行为背公行私，损害公利者为恶，他们认为公而无私是最高尚的道德行为。《管子》说："爱民无私曰德"（《管子·正》）。又说："行私则离公，离公则难用"（《管子·正世》）。《韩非子》称："私恶"者为"当罪之民"，"公善"者为"宜赏之士"（《韩非子·六反》）。

因此，法家十分重视"明于公私之分"，竭力主张"去私心行公义"，"反对私行立而公利灭"。韩非说："主之道，必明于公私之分"，"人臣有私心有公义。修身洁白而行公行正，居官无私，人臣之公义也。污心从欲，安身利家，人臣之私心也。明主在上则人臣去私心，行公义。乱主在上，则人臣去公义，行私心。故君臣异心。"（《韩非子·饰邪》）

从"功利"的原则出发，韩非对儒家的仁义道德提出了尖锐的批评。他说，仁义已经过时，"文王行仁义而王天下，偃王行仁义而丧其国，是仁义用于古，不用于今也"（《韩非子·五蠹》）；慈惠危害法治，"行义示则主威分，慈仁听则法制毁"（《韩非子·八经》；仁义难行于世，"民者固服之势，寡能怀仁义"（《韩非子·五蠹》），"孝子爱亲，百数之一也"（《韩非子·难二》）；仁义不能育人止乱，"父母之爱不足以教子"（《韩非子·五蠹》），"严家无悍虏，而慈母有败子。吾以此知

威势之可以禁暴，而德厚之不足以止乱也"（《韩非子·显学》）。儒家的
仁义道德之所以无用而且有害，就在于它背离了功利原则，其"谈言者
务为辩而不周于用"，"行身者竞于为高而不合于功"（《韩非子·五
蠹》）。于是，他建议君主抛弃儒家的道德说教，"明主举实事，去无用，
道仁义者故，不听学者之言"（《韩非子·显学》）。韩非这些批判，实际
是把儒家的仁义道德宣布为"恶"，他主张"去仁义""行公义"就是要
以法家所认为的"善"取代儒家的"恶"。

　　如果从表面上看，法家以公私区分善恶的道德观念似乎和我们现在
所说的"大公无私"并无差异，其实二者有着本质的不同。这只要分析
韩非所谓的"公利"是什么，就可以明白。韩非反复指出"匹夫有私
便，人主有公利"（《韩非子·八说》）；"欲利而身，先利而君；欲利而
家，先富而国"（《韩非子·外储说右下》）；"大臣有行则尊君，百姓有
功则利上"（《韩非子·八经》）。这就很清楚地表明，他所说的"公"
"公义""公功""公利"仅仅指的是君主的利益。君主的利益为什么称
为"公利"呢？在韩非看来，君主是地主阶级整体利益的代表，也是国
家整体利益的代表，因此"利上""利君"就是利国家、利社稷；人主
之利和公利是统一的。由此可见，法家的"公利"实质是地主阶级的私
利，并不是指人民大众的公利。他以功利为善恶标准，就是把符合新兴
地主阶级利益的行为说成善的，而把与地主阶级利益对立的广大人民的
利益说成恶的。尽管其阶级本质如此，但法家以功利为道德原则的观念
在先秦学者中仍显特色，他们通过"公善"与"私恶"之分来打击大臣
和贵戚的"私家""私门"利益，在道德上为封建制度的建立和发展扫
除障碍，在当时也有其进步意义。

4."功利"是审美的标准

　　法家的美和艺术思想也是直接建立在功利基础之上的。我们知道，
美和艺术的重要特征是超功利性，如果把争取功名、利益作为人的生存
意义和目的，那就必然导致对美和艺术的否定。因此，法家的功利价值

标准论，应用于审美领域的第一个观点就是认为美和艺术毫无意义。韩非通过大量的事例鲜明地表示了这一基本看法。他说，"千金之玉卮"（酒器），似乎有美之价值，但如果它的底是漏的，不能盛酒，那就还不如一个"至贱"的"瓦器"（《韩非子·外储说右上》）。又说，有人花费三年时间"画荚"给人观赏，人望见荚上有"龙蛇禽兽车马万物之状"，甚为高兴。然而它的实际用途与未刻画的荚能有什么两样呢？（《韩非子·外储说右上》）可见，在韩非看来，没有实用意义的艺术品毫无价值可言。不仅如此，韩非甚至认为美和艺术是有害的，他讲了"秦伯嫁女"和"买椟还珠"的故事，表明自己的观点。秦伯要把女儿嫁给晋人，但却把随嫁的侍妾打扮得十分美丽，结果是"至晋，晋人爱其妾而贱公女"；楚人某想把明珠卖给郑人，但却把装珠的匣子装饰得甚为华丽，"为木兰之柜，薰以桂椒，缀以珠玉，饰以玫瑰，辑以羽翠"，结果是"郑人买其椟而还其珠"。秦伯、楚人为什么会收到弄巧成拙、事与愿违的效果呢？韩非说这是由于讲究艺术美而造成的，因为美会使人"览其文而忘其用"（《韩非子·外储说左上》）。从这一观点出发，韩非对儒家尚"文"、重"乐"的审美观念采取完全否定的态度，把其列为导致君主亡国穷身的"十过"之一。

美即无用甚至有害，只是法家功利审美观的一个方面，按此逻辑自然会引出有用即美的观点。韩非也的确在这种意义上对美和艺术的作用有所肯定。他说，宋王筑武宫时，让歌者癸唱歌助兴，癸的歌很有吸引力，使行动者停下来倾听，筑墙的也不感到厌倦。后来又请歌手射稽来歌唱，射稽唱时大家却不愿听，"行者不止，筑者知倦"。然而，从二者产生的劳动功效来看，射稽的歌比癸的歌大大加强了劳动强度，使墙筑得又快又坚。于是韩非认为，癸之歌不如射稽之歌美。显然，韩非评价的尺度并不在于歌唱的艺术性，而在于"度其功"，即直接产生的实用功效如何。（《韩非子·外储说左上》）艺术对劳动固然有鼓舞作用，但仅"度其功"即用劳动功效来衡量艺术的美与不美，却失之偏颇。这种狭隘的功利主义，与其说肯定了某种美，倒不如说它否定了真正的美。

此外，韩非还在美与艺术能给统治者带来享乐的意义上肯定过美与艺术的存在。他说，君主只要善于任臣，"则虽罝弋驰骋，撞钟舞女，国犹且存也"。如赵敬侯，明于任臣，虽然"不修德行，面好纵欲，适身体之所安，耳目之所乐"，但仍然"享国数十年"（《韩非子·说疑》）。在这里，韩非并不反对"撞钟舞女"之类的音乐舞蹈等艺术活动，但他认为这些只不过具有享乐意义。实际上还不是真正的对美和艺术特有价值的肯定。

说到底，韩非的心中只有功利价值毫无美的地位，如果他还有某种美的追求的话，可以说，他认为的美就是功利本身。且看他宣称的美："万物莫如身之至贵也，位之至尊也，主威之重，主位之隆也。此四美者，不求诸外，不请于人，议之而得之矣。"（《韩非子·爱臣》）显然，"尊""贵""威""位"本身就是美。

总之，法家把"功利尽举""功用为的"作为衡量一切价值的最高尺度，唯一标准。赏罚之"治"，言行之"真"，道德之"善"，艺术之"美"，他们都放置于功利的天平上进行测量、权度，凡是合于功利欲望的满足者，他们才承认其有价值，否则，则无价值。这种狭隘功利主义的价值标准论，固然表现了新兴地主阶级希望依靠强大的实力，建功立业，争夺统治地位的进取、实干精神，但也反映了其文化素养低下，价值目光短浅的局限性。这种局限性的形成，一方面由于其剥削阶级的私利所致，另一方面也与特定的历史条件有关。当时，新兴地主阶级作为谋求统一、革新制度的进步势力，面临的迫切任务是夺取和巩固国家政权，其他价值就难以顾及了，正如韩非说的："夫治世之事，急者不得，则缓者非所务也"（《韩非子·五蠹》）。这显然作为否定道德、文化、艺术、情感等价值的理由并不能成立，但却反映了在当时历史条件下法家的真实心态。

（四）"法术之士"和"法治"社会的价值理想论

理想是以关于未来的实际形象为标志的价值目标体系。哲人们总是在社会理想和人格理想的追求中，表现着他的价值观念最高层次。法家学者，在关注于现实社会政治问题如何解决的同时，也构思着他们对于未来的价值预见和价值追求。

法家崇尚的理想人格是"法术之士"，又称为"智术能法之士""能法之士""智法之士""智术之士""有术之士"等。他们认为"法术之士"的人格素质，具有如下特征：

1. "公义"宗旨

"公义"指君主所代表的公道和正义以及符合这种精神的利益（"公利"）和事功（"公功"）。法术之士尊重法律、法令，他们和那些"亏法以利私"的"重人"（贵重之臣）是根本对立的（《韩非子·孤愤》）。他们的人生宗旨就是捍卫"公义"，为"公义"而献身。其表现是：（1）廉洁公正："修身洁白而行公行正，居官无私，人臣之公义也"（《韩非子·饰邪》）。（2）不结私党："法术之士欲干上者，非有所信爱之亲、习故之泽也"（《韩非子·孤愤》）。（3）尽力致功："为臣尽力以致功，竭志以陈忠"，"以忠信事上，积功劳而求安"（《韩非子·奸劫弑臣》）；"治国之臣，效功于国以履位，见能于官以受职，尽力于权衡以任事"（《韩非子·用人》）。（4）尊主安国："夫有术者之为人臣也，得效度数之言，上明主法，下困奸臣，以尊主安国者也"（《韩非子·奸劫弑臣》）。

韩非指出，"公义"和"私义""私心""私行"在一个人身上是并存的，作为理想人格要以"公义"为人生宗旨，就必须"去私心行公义"（《韩非子·饰邪》）。战胜和压制私心，是树立"公义"宗旨的根本途径，此所谓"背私谓之公"（《韩非子·五蠹》）。如果不能去私，甚至让其膨胀扩张，那就必然危害公利，"私行立而公利灭矣"（《韩非子·五蠹》）；也就不配称为"法术之士"。

"公义"既是法术之士的宗旨，也是法的基本精神，因之，"去私心行公义"，实质上就是"去私行行公法"（《韩非子·有度》），法术之士的人格价值和法的社会价值是完全一致的，法就是法术之士的客体化、规范化；法术之士就是法的主体化、人格化。由此可见，法家对理想人格的设计完全出于其以法治国的要求，人格理想和法治理想有着内在的统一。

2. "变古"精神

法家反对守旧，力主革新，因此他们希望法术之士具有敢于变古革新的精神。商鞅高度赞扬"治世不一道，便国不必法古"的革新精神，他说，伏羲、神农、黄帝、尧、舜、禹、汤、文、武都是"当时而立法，因事而制礼"的改革家。正由于商汤和周武王"不修（拘泥）古"，所以才能创建王业；正因为殷纣、夏桀"不易礼"，所以才家破国亡。于是，他主张发扬改革精神，使"礼法以时而定，制令各顺其宜，兵甲器备各便其用"；他希望法术之士学习古代圣人，成为敢于革新的"反古者"（《商君书·更法》）。韩非也认为，"古今异俗，新故异备"；"世异则事异"，"事异则备变"（《韩非子·五蠹》）。"不变古者，袭乱之迹"，"不能更，是治之失也"（《韩非子·南面》）。他要求法术之士像商鞅那样"变法易俗而明公道"（《韩非子·奸劫弑臣》），不要学"今世儒者"，"不言今之所以为治，而语已治之功，不审官法之事，不察奸邪之情，而皆道上古之传誉、先王之成功"（《韩非子·显学》）。

要发扬变古革新精神，往往会遭到人们的嘲笑甚至反对，法家指出，这是高见独识之人必然会遇到的正常现象，"有高人之行者，固见负于世，有独知之虑者，必见骜于民"（《商君书·更法》）。因为，平常人总是拘于守旧的习惯，学士们总是溺于旧的见闻。所以应该不怕议论，不怕打击，坚持进行改革。要相信，适应时代的改革，虽然会违背一些人的意愿，但却能开创新的局面，"虽拂于民，必立其治"（《韩非子·南面》）。

法家所倡导的这种革新精神，与其说是对理想人格的设计，倒不如说是对他们自己政治生涯的现实写照，邓析、李悝、吴起、商鞅、韩非，这些法家人物都是历史上变古革新的英勇斗士，甚至为变法献出了生命。

3. "明察"能力

韩非说："智术之士，必远见而明察，不明察不能烛私"。又说："智术之士，明察听用，且烛重人之阴情"（《韩非子·孤愤》）。法术之士的基本任务就是助人君，行法治，这就必须同那些利用阴谋诡计，弄虚作假，以利己行私的权贵大臣和奸邪之人进行斗争。根据历史经验，"犯法为逆以成大奸者，未尝不从尊贵之臣也"（《韩非子·备内》）。为了烛"重人"之私，法术之士就得具有"远见而明察"的能力。远见明察包括：明于世变，懂得世异则事异的道理；明于人情，认识人的利己本性和君臣"异利"的矛盾冲突；明于法令，熟悉法令的各种规定并严明执法；明于刑赏，掌握刑赏的标准；还要明于臣属行奸的"微巧"手法，达到"知微之谓明"（《韩非子·难四》）。这些都是韩非提出的法术之士的必备条件。

法家十分重视"明法"，他们所谓的明法，首先是指对客观形势和客观事实的深入了解，"圣人者审于是非事实，察于治乱之情也。故其治国也，正明法，陈严刑"（《韩非子·奸劫弑臣》）。其次是指法令严明，赏罚分明，"人主使人臣虽有智能，不得背法而专制；虽有贤行，不得逾功而先劳；虽有忠信，不得释法不禁：此之谓明法"（《韩非子·南面》）。他们指出，明法有重大意义，"古者先王尽力于亲民，加事于明法。彼法明，则忠臣劝；罚必，则邪臣止"；"故曰：明法者强，慢法者弱"（《韩非子·饰邪》）。由此，就决定了法术之士必然要有"远见明察"的能力，法之"明"和士之"明"，有着内在的一致。无"明察"之士何能有"明法"之治！

4. "劲直"品质

韩非说："能法之士，必强毅而劲直，不劲直不能矫奸。""能法之士，劲直听用，且矫重人之奸行。"（《韩非子·孤愤》）"强毅劲直"即坚强果断、刚劲正直的品质，这也是法家对法术之士提出的重要要求。法术之士面对的对手是"重人""奸臣"，这些人不但善于搞阴谋诡计，虚伪奸诈，而且掌握一定的权力，拥有一定的势力，并往往有高贵的出身和社会地位。韩非说："当涂之人擅事要，则外、内为之用矣"；"官爵贵重，朋党又众，而一国为之讼（吹捧）"。由于他们有权有势，所以才敢于以权谋私，亏法自利，"重人也者，无令而擅为，亏法以利私，耗国以便家，力能得其君，此所谓重人也"（《韩非子·孤愤》）。同这些人进行斗争，当然就要有坚毅不屈、劲直不阿的精神，不如此，就不可能战胜对手，弘扬法制，实现自己的理想。

法术之士的强毅劲直，不仅是与权贵重臣斗争的需要，更重要的是法治特征的要求。法的基本特征就是"平""直""正""齐"，"法不阿贵，绳不挠曲"（《韩非子·有度》）；"令者，言最贵者也；法者，事最适者也。言无二贵，法不两适"（《韩非子·问辩》）。对于违法者，无论其地位多高，权力多大，势力多强，党羽多众，都应按法的规定予以处置，这才能显示法律的公正和尊严，体现法治的意义和价值。法术之士既然以法为务，唯法是尊，也就要使自己的人格素质与法律的特征相适应，成为一个强毅劲直之人，坚决地"循令而从事，案法而治官"（《韩非子·孤愤》）。如果做不到这一点，那不但不能"矫奸"，而且也不配称为法术之士。

5. "实行"作风

法术之士和那些名实不符的儒生、夸夸其谈的辩士完全不同，他们奉行"名实相持""名实俱至"的原则，对自己"处其实不处其华"（《韩非子·解老》），对他人"循名实而定是非"（《韩非子·奸劫弑臣》）。法术之士的"实行"作风，具体表现为言行一致，事功统一，重视实际行动和实际功效。韩非高度评价实际事功的价值，说"道有积而积有功"，"功有实而实有光"（《韩非子·解老》），因此，他们主张法术之士应该发扬实干精神，实行作风。

　　法家韩非指出，如果明君能任用有实行作风的法术之士，禁用那些华而不实、言行不一的奸臣，就会使政风大为好转，"躁诈之人不敢北面立谈；文言多，实行寡而不当法者，不敢诬情以谈说，是以群臣居则修身，动则任力"（《韩非子·说疑》）。反之，如果排斥法术之士，让华而不实、虚而无功的官员任职居位，就会有亡国的危险。韩非说："喜淫辞而不周于法，好辩说而不求其用，滥于文丽而不顾其功者，可亡也。"又说："不以功伐课试，而好以名问举错（措），……可亡也。"（《韩非子·亡征》）他批评孔子不重视人的求实作风，而"以容取人""以言取人"所导致的错误，"以仲尼之智而有失实之声"。他还总结了历史上由于忽视实际事功只听言辩而造成的恶果，"魏任孟卯之辩，而有华下之患；赵任马服之辩，而有长平之祸。此二者任辩之失也。"由此，他主张任官用人，应该以实际经验和实干作风为重要条件，"明主之吏，宰相必起于州部，猛将必发于卒伍"（《韩非子·显学》）。从这些论述中，可以看出，韩非子对理想人格的实行作风何其重视。

　　总之，法家的理想人格，不同于"文质彬彬"的"君子"那种道德型人格，也不同于"爱人利人"的"兼士"那种侠义型人格，还不同于"逍遥无为"的"至人"那种隐士型人格，而是一种公正明察、劲直刚毅、创新求实的政法型人格。这种理想人格是法家为新兴地主阶级设计的官吏形象，也是法家自身的人格素描。韩非通过与儒者的比较，高度评价了法术之士的人格价值，他说："且夫世之愚学，皆不知治乱之情，讘諛多诵先古之书，以乱当世之治；智虑不足以避穽井之陷，又妄非有术之士。听其言者危，用其计者乱，此亦愚之至大而患之至甚者也。俱与有术之士有谈说之名，而实相去千万也，此夫名同而实有异者也。夫世愚学之人比有术之士也，犹蚁垤之比大陵也，其相去远矣。"（《韩非子·奸劫弑臣》）就是说儒者的价值与法术之士的价值有蚁垤与高山之别。然而，韩非也不无感慨地说，法术之士在当时常常遭人横议，不被理解，不被重用，难以发挥其作用，实现其理想。"处非道之位，被众口之潜，溺于当世之言，而欲当严天子而求安，几不亦难哉！此夫智士所以至死而不显于世者也。"(《韩非子·奸劫弑臣》) 又说，法术之士总是与"当涂"的权贵重臣处于矛盾对立的境地，而客观条件往往对法术之士不利，于是"资必不胜而势不两存，法术之士焉得不危？其可以罪过诬者，以公法而诛之；其不可以被以罪过者，以私剑而穷之。是明法术而逆主上者，不侪于吏诛，必死于私剑矣。"(《韩非子·孤愤》) 这既充分表现了法家在理想与现实的矛盾面前所产生的深沉忧虑和强烈愤慨，又曲折地表达了对理想人格的深情热爱和高度赞赏。

法家不但满怀深情地追求理想人格，而且还充满激情地描绘理想社会，法家的理想社会设计是"法治"社会。韩非明确提出"以法治国"(《韩非子·有度》)、"循法而治"(《韩非子·用人》)、"道法者治"(《韩非子·诡使》)、"唯法为治"(《韩非子·心度》) 等口号，反对"释法任智""舍法上贤""去法务德"的治国方略。法治社会的主要特征是：

1. 专制制度

法家的以法治国和我们现在所说的体现民主精神的法治根本不同，虽然他们也发表过不少要求君主遵从法制的言论，如"法令者，君臣之所共立也。"(《管子·七臣七主》)"君臣上下贵贱皆从法"(《管子·论法》)。"有明主忠臣产于今世，而能领其国者，不可以须臾忘于法。"(《商君书·慎法》) 但他们更根本的看法是认为君主是法的产生者和决定者，"夫生法者，君也，守法者，臣也，法于法者，民也"(《管子·任法》)；法是君主手中的统治工具，"人主之大物，非法则术也"(《韩非子·难三》)。甚至国家也是君主的私有物，"国者，君之车也"(《韩非子·外储说右上》)。这样的法治当然只能是君主专制主义。法家为君主专制规定了两项基本内容，一曰独制独断，国家权力由君主一人独操，国家大事由君主一人独断。"权势者，人主之所独守也"(《管子·七臣七主》)；"权者，君之所独制也"(《商君书·修权》)；"能独断者，故可以为天下主"(《韩非子·外储说右上》)。二曰中央集权，天下权力皆集中于中央政府，四海之内皆以中央法令为轨。"事在四方，要在中央。圣人执要，四方来效"（《韩非子·扬权》）；"先王之所守要，故法省而不侵，独制四海之内"（《韩非子·有度》）。独制独断着重指君主与朝臣的关系而言，中央集权着重就中央与地方的关系而言，二者的共同实质是君主运用法律，实行专制。为了实行专制，法家提出运用法律抑制朝廷重臣和地方势力。他们认为权贵大臣和地方势力的重权，必然会给君主的专制造成威胁，"人臣太重，必易主位"（《韩非子·孤愤》）。为此，必须不断强化君权，削弱臣势，商鞅主张废分封而行郡县，韩非指出塞私门而强公室，都是这一政策的具体内容。韩非还用形象的比喻说明了此项政策的重要意义，"为人君者，数披其木，毋使木枝扶疏。木枝扶疏，将塞公闾，私门将实，公庭将虚，主将壅围。数披其木，无使木枝外拒，木枝外拒，将逼主处。数披其木，无使枝大本小，枝大本小，将不胜春风，不胜春风，枝将害心。"（《韩非子·扬权》）

为了实行专制，法家还提出严刑重罚的治民措施。他们看到，百姓和君主之间存在着不可调和的利益冲突，并认为老百姓都从私利出发，不顾公义，因此要维护君主专制就不能依靠仁爱去感化，只能使用权势刑罚来镇压。韩非说："民者固服于势，寡能怀于义"（《韩非子·五蠹》）。又说："夫严刑者，民之所畏也；重罚者，民之所恶也。故圣人陈其所畏以禁其邪，设其所恶以防其奸。是以国安而暴乱不起。吾是以明仁义爱惠之不足用，而严刑重罚之可以治国也"（《韩非子·奸劫弑臣》）。严刑重罚的作用就在于使民"服"，使民"畏"，从而达到统治人民，镇压反抗的目的。韩非主张要使刑罚严峻得如烧红的金子（"铄金"）那样，使百姓望而生畏，不敢染指（见《韩非子·五蠹》），赤裸裸暴露出地主阶级法制的阶级专政本质。

由此可见，法家理想的法治社会，其政治特征就是君主专制主义，专制既是实行法制的前提，又是实行法制的目的。外削诸侯，内驭群臣，下慑百姓，是它的职能；君主独制，中央集权，天下统一，是它的目标。

2. "农本"经济

法家理想社会的经济结构是以农业为本，以工商业为末。虽然《管子》一书中，有的法家作品也提出过"市者，货之准也"，"市者，可以知治乱，可以知多寡"（《管子·乘马》）这些比较重视商业市场经济的见解，但绝大多数法家学者都持重农抑工商的主张。他们认为农业是国家财富的基本来源，是国家经济实力的基础，国家的富强关键在于发展农业。《管子·乘马》说："地者，政之本也"；"治国之道，地德为首"。商鞅说："故治国者欲民之农也。国不农，则与诸侯争权，不能自持也，则重力不足也"（《商君书·农战》）。韩非说："富国以农"（《韩非子·五蠹》），"能越力于地者富"（《韩非子·心度》）。基于这种认识，李悝提出"尽地力之教"，主张"治田勤谨"以发展农业，"禁技巧"以限制手工业。认为"农伤则国贫"（《汉书·食货志上》）。商鞅提出了"农战"政策，"国之所以兴者，农战也"，"国待农战而安，主待农战而尊"（《商君书·农战》）。因此要"入使民属于农，出使民壹于战"（《商君书·壹言》）。同时，他提出对"商贾""游士""食客""技艺者"等妨碍农战的人予以限制。韩非发展了商鞅的经济观，明确主张"重本抑末"；"仓廪之所以实者，耕农之本务也，而綦组锦绣刻画为末作者富"（《韩非子·诡使》）；"夫明王治国之政，使其商工游食之民少，而名卑以寡，趣本务而外末作"（《韩非子·五蠹》）。他说，工商业不但不是生财之源，工商业主还会用各种欺诈手法"蓄积待时，而侔农夫之利"（《韩非子·五蠹》），给农业生产造成危害。

与"农本工商末"的经济结构相适应，法家在所有制上主张土地私有，商鞅提出通过决裂阡陌封疆以摧毁旧贵族的土地世袭占有特权，使"民得买卖"田地，"任民耕作，不计多少"（《汉书·食货志》和《文献通考·田赋考》）；同时，提出摧毁当时残存的宗法式的大家庭制度，促进土地私有制的巩固（《史记·商君列传》）。《管子·乘马》主张"均地分力"，就是使农民获得比较平均的土地，让他们在自己的土地上独立劳动。它指出，实行土地的农民私有，不但是一个经济问题，而且是一个政治问题，"地可以正政"，"地不平均和调，则政不可正"。

法家以农为本，抑商禁末的经济主张，是以法治国的重要内容，都要通过法律规定的赏罚手段来推行。在这个意义上，法家常称他们的法为"富强之法"，韩非说，由于商鞅之法"禁游宦之民而显耕农之士"，所以"秦行商君法而富强"（《韩非子·和氏》）。可见，以农为本正是法治社会所追求的理想经济结构。

3. "法吏"文化

法家关于法治社会的文化格局，集中在商鞅的"壹教"论和韩非的"法教吏师"说中。所谓"壹教"就是用法家的思想和朝廷的法令来统一人们的思想，统一整个社会的意识形态；所谓"以法为教""以吏为师"就是以法令教育人民，用官吏作为教师。二者的基本精神是一致的，即把全国的思想、文化、教育都统一到法令上来。商鞅说："圣人之为国也，壹赏、壹刑、壹教"。"壹教则下听上"，"明教不变，而民知于民务，国无异俗"（《商君书·刑赏》）。韩非说："明主之国，无书简之文，以法为教；无先王之语，以吏为师；无私剑之捍，以斩首为勇。是以境内之民，其言谈者必轨于法，动作者归之于功，为勇者尽之于军。"（《韩非子·五蠹》）这就是说，在理想社会应把法既作为人们的行为规范，又作为社会的思想规范，用法"禁其心""禁其言""禁其事"（《韩非子·说疑》）。

为了实现这种"一轨于法"的理想文化格局，在文化学术上法家主张对诸子之学，特别是儒、墨之学，坚决予以排斥、禁绝。商鞅提出"燔诗书而明法令"（《韩非子·和氏》），他说，儒家的著作和思想是害人的"虱子"，动乱的帮凶，淫逸的征兆，罪过的根本，奸人的鼠穴，只会导致"君不胜臣""官不胜民"的无政府状态，因此必须坚决禁止（《商君书》的《靳令》和《说民》）。韩非提出"息文学而明法度"

（《韩非子·八说》），他说，儒墨之学是国家的"蠹虫"，乱法的邪说，是"乱上反世"的"二心私学"，混乱不堪的"杂反之学"，愚昧虚假的"愚诬之学"。如果任其存在流行，只会使"海内之士，言无定术，行无常议"，"民之所师法也疑"，"国必乱，主必危"，因此，应彻底平息（《韩非子·五蠹》《韩非子·诡使》《韩非子·显学》等篇）。这充分表现了法家独尊己见、禁绝他说的文化专制主义。

为了贯彻"以法为教、以吏为师"的主张，在教育上，法家提出设置法官作为天下人学习法令的教师。"吏民欲知法令者，皆问法官"，法官立即将法令的规定告诉他们。这样，"天下之吏民无不知法者"。吏民皆知法，那么，一方面"吏不敢以非法愚民"；另一方面，"民又不敢犯法"。普天之下，"知诈贤能者，皆作而为善，皆务自治奉公"（《商君书·定分》）。韩非把这种教育的基本精神称为"以法教心"（《韩非子·用人》），并认为"国事务先而一民心"（《韩非子·有度》）。法家的这种教育理想，完全不具有传授知识，发扬文化的意义，从根本上取消了教育的认识价值，把教育纯粹变成了政治的从属品，变成了对人民实行政治驯化的工具。

由此看来，在法治社会里，道德、知识、学术、文化、教育都丧失了它们固有的灵光，社会上只存在一种"文化"，就是地主阶级的法律、法令。这种"法吏"文化的实质不是别的，而是通过专政手段消灭文化。尽管法家高度赞扬它的重要价值，说什么"言不中法者，不听也；行不中法者，不高也；事不中法者，不为也。言中法，则辩之；行中法，则高之；事中法，则为之。故国治而地广，兵强而主尊，此治之至也。"（《商君书·君臣》）然而，当秦始皇用"焚书坑儒"的实践来实现这种文化专制主义时，却也为秦王朝的迅速灭亡埋下了一个祸根。

4."缘理"生活

法家为法治社会规定的生活原则和生活方式是"缘道理而从事"。韩非说："夫缘道理而从事者，无不能成。无不能成者，大能成天子之势尊，而小易得卿相将军之赏禄。夫弃道理而妄举动者，虽上有诸侯天子之势尊，而下有倚顿陶朱卜祝之富，犹失其民人而亡其财资也。众人之轻弃道理而易妄举动者，不知其祸福之深大而道阔远若是也。"（《韩非子·解老》）"缘理"，从认识论上说是要求人按客观规律办事，从社会学上说是要求人按法律规范行动。韩非希望从天子到众人都应该严格遵守规律、规范，以"道理"为生活的总则。不然就会迷失生活的道路，"凡失其所欲之路而妄行者之谓迷，迷则不能至于其所欲至也"（《韩非子·解老》）。

从韩非的论述来看，"缘理"生活主要包括三点内容：

一曰"处实"。即重视实际内容，不求浮华的形式。韩非说："所谓'处其厚不处其薄者'，行情实而去礼貌也。所谓'处其实不处其华者'，必缘理不径绝也。所谓'去彼取此者，去貌、径绝而取缘理、好情实也'"（《韩非子·解老》）。这是通过对《老子》的解释而阐发其"处实"观点。"礼貌"指外在形式，"径绝"指主观设想，二者都是"华"，韩非认为过分追求外在形式，一味溺于主观臆度，都会违背规律，脱离法度，不顾实际地去轻举妄动，因此应该"处实去华"。

二曰"好质"。即重视质朴本性，不求繁文矫饰。韩非说："礼为情貌者也，文为质饰者也。夫君子取情而去貌，好质而恶饰。夫恃貌而论情者，其情恶也，须饰而论质者，其质衰也。何以论之？和氏之璧，不饰以五彩；隋侯之珠，不饰以银黄，其质至美，物不足以饰之。夫物之待饰而后行者，其质不美也。"（《韩非子·解老》）这里，韩非子通过"文"与"质"的比较，提出了质为美，文为恶的观点，并根据此观点，确立了重质轻文、好质恶饰的生活原则，提倡人们在生活中做到质朴淳厚，不假繁文修饰。韩非认为以繁饰为特征的"文"，是儒家的主张，对法是极大的扰乱，所谓"儒以文乱法"（《韩非子·五蠹》）。因此，为了缘理、循法，就必须好质而恶文，以免堕入迷途，失却方向。

三曰"少欲"。法家虽然认为利欲是人的本性，并提出利用人的求利避害趋向，实行赏罚，将人的利欲本性引导到符合统治阶级需要的方向。但他们绝不同意放任人的欲利之心，而是主张少欲、节欲。韩非说："人有欲，则计会乱；计会乱，则有欲甚；有欲甚，则邪心胜；邪心胜，则事径绝；事径绝，则祸难生。由是观之，祸难生于邪心，邪心诱于可欲。可欲之类，进则教良民为奸，退则令善人有祸。"（《韩非子·解老》）又说："欲利胜于忧，忧则疾生；疾生则智慧衰；智慧衰则失度量，失度量则妄举动；妄举动则祸害至"（《韩非子·解老》）。因此，他主张"任理去欲"（《韩非子·南面》）、"多信少欲"（《韩非子·十过》），"圣人在上，则民少欲；民少欲，则血气治而举动理；举动理则少祸害"（《韩非子·解老》）。"少欲"的具体要求就是"衣足以犯寒，食足以充虚"；"不引五色，不淫于声乐"，"贱玩好而去淫丽"（《韩非子·解老》）。可见，韩非认为"理"和"欲"是对立的，为了"缘理"必须"少欲"。

总之，韩非所称道的生活原则是处实去华，好质无文，任理少欲。在他看来，"华""文""欲"是互相联系、互相统一的，"民俗淫侈，则衣食之业绝；衣食之业绝，则民不得无饰巧诈；饰巧诈，则知文采"（《韩非子·解老》）。同样，"处实""好质""少欲"也是相互联系、相互统一的，三者统一于"缘理"。韩非反复强调，"尽随于万物之理""尽随于万物之规矩"，坚决反对"先理动""动弃理"（《韩非子·解老》）。他认为"缘理""循理""随理"是最好的生活原则，最佳的生活方式，最高的生活境界，因为它和宇宙万物的生命方式是一致的，"夫能自全也而尽随于万物之理者，必且有天生。天生也者，生心也，故天下之道尽之生也"（《韩非子·解老》）。就是说，"随理"是自然宇宙的生命方式（"天生"），是生命的精神所在（"生心"），天下的一切都集中于这种生命、生活的方式之中（"尽之生"）。

法家韩非所追求的理想生活方式和生活原则，显然是对道家思想的一种改造。他把老子的"道"本体论，推演于社会领域，提出"唯法为治"的治国方略，再引申到生活领域，提出"缘理而生"的生活原则。这样一来，"缘理"和"守法"就完全统一了。从"缘理"原则的具体内容来看，"处实去华""好质无文""任理少欲"的生活，虽然还不能简单地归之于道家的"任自然"和墨家的"大俭约"，但它明显地体现出了物质生活的简朴性和精神生活的贫乏性，基本上否认了文艺生活、娱乐生活、礼仪生活的价值。韩非说："天地不能常侈常费，而况于人乎？""智士俭用其财则家富"（《韩非子·解老》）。从积极方面看，它有反对铺张浪费的意义；从消极方面发展，则会导致对人们多方面的生活追求的否定。这些是法家权力至上的狭隘功利主义必然会得出的结论。

以上我们分别从政治、经济、文化、生活等方面论述了法治社会的特征。关于这个社会的总体画面，韩非在《韩非子·大体》篇有一段精彩的描绘："古之全大体者：望天地，观江海，因山谷，日月所照，四时所行，云布风动；不以智累心，不以私累己；寄治乱于法术，论是非于赏罚，属轻重于权衡；不逆天理，不伤情性，不吹毛而求小疵，不洗垢而察难知；不引绳之外，不推绳之内；不急法之外，不缓法之内；守成理，因自然；祸福生于道法而不出乎爱恶；荣辱之责在乎己，而不在乎人。故至安之世，法如朝露，纯朴不散，心无怨结，口无烦言。故车马不疲毙于远路，旌旗不乱于大泽，万民不失命于寇戎，雄骏不创寿于旗幢；豪杰不著名于图书，不录功于盘盂，记年之牒空虚。故曰：利莫长于简，福莫久于安。……因道全法，君子乐而大奸止。澹然闲静，因天命，持大体。故使人无离法之罪，鱼无失水之祸。如此，故天下少不可。……故大人寄形于天地而万物备，历心于山海而国家富。上无忿怒之毒，下无伏怨之患，上下交朴，以道为舍。故长利积，大功立，名成于前，德重于后，治之至也。"这段文字，从本体论说到价值观，从治世原则说到社会理想，其中心观点是"因道全法""唯法为治"，全面地表现了法治社会的价值意义。这种社会其实就是新兴地主阶级要建立的封建社会。这一理想社会的实现，从历史发展来说，无疑是一大进步，但对人民来说，它绝不是什么美好的乐园。在这个社会里，广大农民除了为地主阶级既耕且战的义务之外，基本上没什么权利；知识分子除了充当"法吏"文化的工具外，也没有别的自由。因此，它的价值只是地主阶级所追求、所认可的价值。然而，由于在当时，新兴地主阶级是代表新的生产关系的进步阶级，因此它的价值也同时是中国历史自身所追求的价值。这样，法治社会就体现着阶级性价值和历史性价值的统一。从这一点上说，法家理想的法治社会，比儒家的"德化仁政"，墨家的"兼爱乐园"，道家的"自然王国"，都更有现实性和必然性，后来中国历史的发展也证明了这一点，尽管秦汉及其以后的封建社会在许多方面有所变通，但作为其主体的专制政治和农本经济却基本上没有超出法家的设计。

（五）"尽力务功"的价值实现论

法家依据功利尺度，确定了君权至上的价值取向，提出了法术之士和法治社会的价值理想。那么，如何使这些价值完全实现呢？对此，法家提出了"尽力务功"说。

法家主张以"力"实现价值的观点，是从历史进化立论的。我们在叙述法家的价值根据论时已经指出，韩非把人类历史分为几个时期，并根据各时代的不同物质生活条件来说明人们价值观的演变，提出了"上古竞于道德，中世逐于智谋，当今争于气力"（《韩非子·五蠹》）的著名论断。这里我们要着重说明的是，法家所说的"力"是什么，"力"的作用何在，以及怎样"尽力"来创造价值，实现理想。

法家言"力"，内容比较宽泛，以力之性质言，包括"功力""气力""勇力""筋力"等；以力之主体言，包括"国力""兵力""君力""臣力""民力"等。（均见《韩非子》）但从他们将"气力"与"智谋""道德"相对而提，可以看出，法家所说的"力"主要指人的物质性力量，特别是指经济、政治、军事、劳作等方面的物质性力量。智慧、道德等精神力量，不是他们所倡导的对象。法家说"力"，总是与"功"相联系，"尽力"是为了"务功"，能"务功"（创造功利）之"力"，当然主要是物质性的实力。关于"力"在创造和实现价值中的作用，法家主要从下述方面作了肯定：

1. 养足于力

法家认为人类生存需要的最基本的条件是衣食，衣食"皆养生之具也"（《韩非子·定法》）。食以充饥，衣以御寒，二者都不可缺少，都必须"足"。在上古时代，由于人口稀少，依靠大自然的恩赐就可以生存，所以可以不用强力劳动。"古者丈夫不耕，草木之实足食也；妇人不织，禽兽之皮足衣也。不事力而养足"（《韩非子·五蠹》）。可是到了现今之世，人口众多，财货相对不足，仅靠一般地劳动都难以提供充足的生存条件，"事力劳而供养薄"（《韩非子·五蠹》）。因此，就必须"强力生财"，才能保证衣食养足。如果企图"不作而养足"，那只能是幼稚的幻想。根据这种看法，韩非指出，"丈夫尽于耕农，妇人力于织纴，则入多。务于畜养之理，察于土地之宜，六畜遂，五谷殖，则入多"，"入多，皆人为也"（《韩非子·难二》）。这就充分肯定了强力劳动在提供人类生存条件方面的重要作用。尽管他们没有像墨子那样，十分深刻地把劳动视为人和动物区别的标志，也没有把劳动创造价值的观点贯彻古今（只强调劳动在当今之世对于人类生存的意义），但认识到人类生存和强力劳动的密切联系也是极为可贵的，远远高出了孔、孟儒学贵"劳心"而轻"劳力"的贵族意识，表现了新兴阶级地主重视生产劳动的自觉性。

2. 国兴于力

法家认为国家的富强不依靠德教、言谈而靠实力。即经济实力和军事实力。商鞅说："国力抟者强，国好言谈者削"（《商君书·农战》）。又说："国之所以重，主之所以尊者，力也。"（《商君书·慎法》）这里所谓的"力"指从事耕战。耕战是国家实力的来源，是富国强兵之道。据此，商鞅反对以"德"、以"辩"、以"言"兴国，认为这只能削弱国家的实力，"国好力者以难攻，以难攻者必兴；好辩者以易攻，以易攻者必危"(《商君书·农战》)。"国好力，此谓以难攻。国好言，此谓以易攻"(《商君书·靳令》)。韩非继承和发展了商鞅的重力思想，也认为"能越力于地者富，能起力于地者强"(《韩非子·心度》)；"国多力，而天下莫之能侵也"(《韩非子·饬令》)，"用力者寡，则国贫"(《韩非子·五蠹》)。他还提出应该"力""俭"结合以致富。他说："今夫与人相若也，无丰年旁入之利而独以完结者，非力则俭也。与人相若也，无饥馑、疾疚、祸罪之殃独以贫穷者，非侈则堕也。侈而堕者贫，而力而俭者富。"(《韩非子·显学》)这就是说，在其他条件相同的情况下，侈惰者贫而力俭者富。因此，要使国家富强，就得"疾作而节用"(《韩非子·显学》)。

国家的富强依赖于实力，那么怎样才能使人民为增强国家的实力而献身呢？法家提出以力治世、以力治民。商鞅说："凡明君之治也，任其力不任其德，是以不忧不劳，而功可立也"(《商君书·错法》)。韩非说："人主失力而能有国者，千无一人。"(《韩非子·人主》)这里所谓的"力"指的是政治权力和刑罚暴力，在法家看来，仁惠的恩赐、道德的感化、智慧的机巧、言论的说服，都不能产生实际的效用，只有权力的运用和暴力的强制才能取得实效，使人民把力量都集中于农业生产。"故圣人之治也，多禁以止能，任力以穷诈，两者偏(皆)用，则境内之民壹，民壹则农"(《商君书·算地》)。之所以以力治民能收实效，是因为时代发展了，人民的智慧、知识有了很大进步，可是在实力方面却显得不足。以力而治，正是用人民难以具有的东西(力)来战胜他们容易具有的东西(智)，这样，就能"胜民""服民"。商鞅说："圣人非能以世之所易胜其所难也；必以其所难胜其所易。故民愚，则知可以胜之；世知，则力可以胜之。臣愚，则易力而难巧；世巧，则易知而难力。"(《商君书·算地》)又说："民愚，则力有余而知不足；世知则巧有余而力不足"，"故曰：民愚，则知可以王；世知，则力可以王"(《商君书·开塞》)。这种看法虽然包含着治世之道应随历史条件而变化的可贵思想，但其为力治提出的理由显然是站不住的。

可见，法家"国兴于力"的思想包括富强靠实力和治民用暴力两个方面，这两方面都是对"力"在现实政治价值中的作用的弘扬。

3. 功立于力

法家崇功利，重事功，功利、功业的实现也依赖于力。商鞅说："明君之使其民也，使必尽力以规（争取）其功"（《商君书·错法》）。韩非指出，人只有"尽力"才能"务功"，功利、功业都是靠强力劳作得到的。所谓"人力尽而功名立"（《韩非子·用人》）、"贵功者慈于事"（《韩非子·解老》）、"有功者乐进其业，故事成功立"（《韩非子·八奸》），就是对"功""力"关系的说明。韩非还进一步指出，要建功立业必须集中力量，持续地在一个目标上用力，才能取得成功，如果不断变化努力的方向，那将造成损失，甚至一事无成。"工人数变其业则失其功，作者数摇徙则亡其功。一人之作，日亡半日，十日则亡五人之功矣；万人之作，日亡半日，十日则亡五万人之功矣。然则数变业者，其众弥众，其亏弥大矣，"可见，"数摇之则少成功"（《韩非子·解老》）。

由于韩非充分肯定人的努力和实力在建功立业中的重大作用，所以他坚决反对"君怠于政""臣堕其业""农惰于田""士怠于阵"的懈怠懒惰作风，他说这种不"尽力"的风气是亡国之风；"吏偷官而外交，弃事而亲财"，"贤者懈怠而不劝，有功者隳而简其业，此亡国之风也"（《韩非子·八奸》）；这种不"致力"的态度必无其功："举大功而难致其力者，大功不可几而举也"（《韩非子·心度》）。为此，他倡导君主"尽力"为政，臣属"尽力"事主，农夫"以力"得富，战士"以力"立功，全国上下，"贤不肖俱尽其力"（《韩非子·五蠹》）。

4. 德生于力

法家主张"任力不任德"的治国路线，反对儒家的德治方针，但并非完全否认任何道德的价值，而是认为道德必须以实力、强力为前提；力量是道德的基础和根源，道德是力量的产物和从属。商鞅说："刑生力，力生强，强生威，威生德，德生于刑。"（《商君书·说民》）又说："力生强，强生威，威生德，德生于力。圣君独有之，故能述仁义于天下。"（《商君书·靳令》）又说，"刑生力，力生强，强生威，威生惠，惠生于力。"（《商君书·去强》）这里的"德""惠""仁义"皆指道德，"刑""力"指以刑罚所体现的强制力和暴力。按照商君的想法，人们的仁义道德根本不可能由教化而形成，必须以强大的威力来强制才能产生，因为严峻的刑罚会使人望而生畏，而不敢去为奸作恶，于是走上道德之路。韩非更为具体地阐发了这一观点，他说："母厚爱处，子多败，推爱也。父薄爱教笞，子多善，用严也。"（《韩非子·六反》）又说："今有不才子，父母怒之弗为改，乡人谯之弗为动，师长教之弗为变。夫以父母之爱，乡人之行，师长之智，三美加焉而终不动，其胫毛不改。州部之吏，操官兵、推公法而求索奸人，然后恐惧，变其节，易其行矣。"（《韩非子·五蠹》）法家这种观点，就是俗语"打大的孝子，惯（娇惯）大的忤逆"；"棍棒下面出孝子"的渊源。

由此看来，法家反对的是德治而不是道德，"德生于力"就是认为道德目标只能通过强力控制、刑罚制裁来实现。在法家看来，儒家主张以仁爱、教育和提高人的自觉性来培养高尚道德的理论是根本行不通的，因为自觉地做善事的人极少，"恃人之为吾善也，境内不什数"（《韩非子·显学》）；多数人是由于惧怕暴力惩罚而不敢作恶。由此，韩非说："夫严家无悍虏，而慈母有败子。吾以此知威势之可以禁暴，而德厚之不足以止乱也。"（《韩非子·显学》）如果说，法家反对儒家的唯德为治在当时还有进步意义的话，那么他们完全否定道德教化的作用显然是走向了另一极端。从维护人类社会的秩序、调整人与人的关系来说，以自觉性为特征的道德教育和以强制性为特征的法律制裁都是需要的，二者缺一不可，不能相互取代，片面地夸大道德教化的作用或片面地夸大刑罚制裁的作用都是不对的。东汉王充在《论衡·非韩篇》中说："治国之道，所养有二：一曰养德，二曰养力。……此所谓文武张设，德力俱足也。""夫德不可独任以治国，力不可直任以御敌也。韩子之术不养德，偃王（徐偃王）之操不任力，二者偏驳，各有不足。偃王有无力之祸，知韩非必有无德之患。"这实在是全面而精致的见解。

法家不但论述了"力"在实现人类的生存价值、政治价值、功利价值和道德价值等方面的作用，还对如何正确地"尽力"即正确地发挥"力"的作用作了探索，他们的主要观点是：

1. "量力"原则

在尽力致功时要量力而行，对自己的能力、实力要有清醒的估计。韩非说，人的力量总是有一定的限度，"天下有信数三：一曰智有所不能立，二曰力有所不能举，三曰强有所不能胜。"（《韩非子·观行》）因此，应该量力而行，如果不量力而盲目蛮干，就会造成损失，"内不量力，外恃诸侯者，则国削之患也"（《韩非子·十过》）。

2. "循天"原则

即遵循自然法则，力量是人的能动性，"尽力"发挥人的能动性时必须按客观法则行动，正确处理天人关系。韩非说，自然法则是"立功"的重要条件，它只能顺应，不能违背。"明君之所以立功成名者四：一曰天时，二曰人心，三曰技能，四曰势位。非天时，虽十尧不能冬生一穗；……得天时则不务而自生"（《韩非子·功名》）。因此，在尽力务功时，"循天，则用力寡而功立"（《韩非子·用人》）。"循天"并不是听天由命，否定人为，而是指尽人力时不超过自然法则所允许的范围和限度，"所谓'事天'者，不极聪明之力，不尽智识之任"（《韩非子·解老》），"极尽"即是过度。超过自然之限度勉强用力，不但无功而且有祸，"苟极尽，则费神多；费神多，则盲聋悖狂之祸至"（《韩非子·解老》）。"循天"用力原则，是韩非对道家思想的唯物主义改造，和上文所说的"缘理"生活原则是一致的。

3. "相助"原则

建立宏伟功业，实现宏大的价值，单靠一人尽力是不可能的，必须众力相助，齐心协力。韩非说："古之能致功名者，众人助之以力，近者结之以成，远者誉之以名，尊者载之以势。如此，故太山之功常立于国家，而日月之名久著于天地。"（《韩非子·功名》）如果没有众力相助，任何有智慧有力量的人都难以创造宏大价值，"虽有尧之智而无众人之助，大功不立，有乌获之劲而不得人助，不能自举"（《韩非子·观行》）；"以管仲之圣而待鲍叔之助"（《韩非子·说林下》）。韩非还以齐桓公九合诸侯，一匡天下的显赫功业为例，说明霸王之业必须由君臣合力，他说，对于齐桓公何以能成霸业，叔向认为是"臣之力"，师旷认为是"君之力"，二人的看法都是片面的（"偏辞"），"夫一匡天下，九合诸侯，美之大者也，非专君之力也，又非专臣之力也"，"必君臣俱有力焉"。不仅齐桓之功如此，"凡五霸所以能成功名于天下者，必君臣俱有力焉"（《韩非子·难二》）。由此，韩非提出，凡希图建立宏伟功业的君主都应该"急其助而缓其颂"（《韩非子·显学》）；"人主之患在莫之应"（《韩非子·功名》）。宏大的价值创造固然需要众力相助，人类社会中一般价值的创造也往往不能凭一人之力。韩非引用了当时的许多谚语来表述这种看法："一手独拍，虽疾无声"（《韩非子·功名》）；"巫咸虽善祝，不能自祓也；秦医虽善除，不能自弹也"（《韩非子·说林下》）；"虏自卖裘而不售，士自誉辩而不信"（《韩非子·说林下》）；"太山不立好恶，故能成其高；江海不择小助，故能成其富"（《韩非子·大体》），等等。可见，韩非十分重视尽力务功时"得助于众"（《韩非子·难势》）的原则。

法家"尽力务功"的价值实现论，在先秦哲学史上颇有特色，虽然他们强力治世、暴力御民的主张有着严重的片面性，但他们实力兴国、劳力致富、众力立功的观点却十分可贵，是对人的能动精神和物质力量的高度弘扬，至今看来，仍然很有意义。就强调暴力统治的一面而论，法家不及儒家宽厚，不及墨家公正，不及道家超脱；但就重视以实力、劳力、众力创造价值的一面而言，它比儒家实际，比墨家开阔，比道家积极。因为儒家讲"人能弘道"，主要是强调道德的自觉，墨家主"赖力者生"，着重是要人努力劳动，道家倡"为道日损"，实质是宣扬自然无为。然而，从人们创造价值的丰富内容来看，法家的局限性还是显而易见的。人们根据主体的需要进行创价活动，由于主体的需要是多方面，多层次的，所以就应该创造许多类型的价值，起码应包括物质价值、制度价值和精神价值三大类。而法家"尽力务功"的创造目标，却局限于物质财富的价值和政治制度的价值，对属于精神价值的知识和道德不但不提倡尽力创造，反而竭力予以否定和排斥。商鞅反复强调"壹务""壹赏""壹教"，主张"抟（集中）民力而壹民务"，就是"使民朝夕从事于农也"（《商君书·壹言》）。韩非也提出"一尽其民力"（《韩非子·说疑》）、"一建其趋舍"（《韩非子·解老》）、"一法而不求智"（《韩非子·五蠹》），就是要把人们的力量集中到农战和法制上来。这充分表明，法家所尽之力，所务之功，目标仍十分狭隘。

法家的价值观，产生于先秦，但其影响却贯彻于中国封建社会的全过程。从秦孝公时，"秦行商君法而富强"（《韩非子·和氏》），到秦始皇赞赏韩非"寡人得见此人与之游，死不恨矣"（《史记·老庄申韩列传》），其间一百多年，虽然，秦统治者对法家的思想，有所取舍，并未将其原原本本用于政治实践，但基本上奉行了"诗书旧籍归坑火，商韩高论谱宪章"的抑儒扬法路线，使法家崇君权、重法治、贵功利、尚强力的价值观成为秦国和秦朝占统治地位的价值导向，秦的富强与速亡，都与这种价值观密切相关。汉兴之后，统治者总结秦亡的教训，在对统治思想进行选择的同时，也对以前的价值观进行比较、选择，先行黄老，后尊儒术，使法家的价值观地位低落。但低落并非消失，只不过是发生了由显到隐、由浮到沉的变化。统治者在继续宣扬君权至上，实行势、术并用的同时，以"义"统"利"，以"力"辅"德"，使法治路线，功利原则，暴力主义，披上了德治、德化、德教的外衣，处于儒家仁义道德价值观的从属地位。董仲舒"阳德阴刑""德主刑辅"的主张，汉宣帝"汉家自有制度，本以霸王道杂之"（《汉书·元帝纪》）的结论，便是对"义主利从""德主力辅"的价值观格局的最好说明，其后的历代封建王朝，莫不以此模式，来设计他们价值观念的结构。至于在思想领域，义利之辨、德力之辨、礼法之辨、王霸之辨，一直是争论不休的价值观和治世观课题，一些比较重视法治、霸道，崇尚功利、实力的政治家和思想家，如汉代的桑弘羊，唐代的刘禹锡，北宋的王安石，南宋的陈亮、叶适，都对法家"弃道而用权，废德而任力"，"崇利而简义，高力而尚功"（《盐铁论》）的价值观，作了或明或暗、或多或少的肯定。至于法家倡导的靠"气力"争于世、立于世的积极进取精神和独立自主意识，也在中国传统思想文化的深层结构中占有一席之地，形成与儒家的道德自觉精神，墨家的兼爱互利精神，道家的逍遥自由精神的相辅相成态势。

四 道家的自然价值论

道家哲学，是中国传统哲学园圃中的一枝奇葩，它以与儒家、墨家、法家相反相成的互补态势，在中华民族的思想观念中留下了深刻的烙印。道家之学，创于老子，先秦时尚有列子、杨朱、彭蒙、田骈、环渊诸人，而以庄子为集大成者。魏晋时期，道家甚盛，以玄学的形式，风行哲坛，把老、庄的思想发展到了新的水平。道家对一般人所重视的经济利益、政治权力、知识才能和道德规范统统持否定态度，对儒、墨所崇尚的价值，极尽批判之能事。以否定性思维方式，追求自己的理想，建立了独特的价值体系。荀子云："老子有见于屈，无见于伸"（《荀子·天论》）；"庄子蔽于天而不知人"（《荀子·解蔽》）。《吕氏春秋·不二篇》云："老耽贵柔。"司马谈言道家之旨云："其术以虚无为本，以因循为用"（《史记·太史公自序》）。《汉书·艺文志》论道家之义云："清虚以自守，卑弱以自持"。合诸家所言，道家的价值取向是自然无为。道家以自然无为为基调，在中国传统哲学的价值论中，鸣奏着不同凡响的音调，闪耀着奇异的光彩。

（一）"道法自然"的价值根据论

在先秦哲学中，道家最重视世界本体的探求，他们认为"道"是世界的本原，万物的本体，宇宙万物皆由道所生，以道为源。老子说："有物混成，先天地生；寂兮寥兮，独立而不改，周行而不殆，可以为天下母；吾不知其名，字之曰道。"（《老子》第二十五章）庄子说：

"夫道，有情有信，无为无形；可传而不可受，可得而不可见；自本自根，未有天地，自古以固存。神鬼神帝，生天生地；在太极之先而不为高，在六极之下而不为深，先天地生而不为久，长于上古而不为老。"（《庄子·大宗师》）都把道规定为支配天地，化生万物的最高实体。

"道"是宇宙本体，又是万物遵循的总规律，即万物的"必然"之则。而在中国哲学中，"必然"之则和"当然"之则往往是统一的，道家也不例外。"当然"之则就是价值的根据，价值的源泉，如同儒家以"天命"、墨家以"天志"为价值根据的思路一样，道家也以"道"为价值根据。

道作为形而上学的宇宙本体和作为现实人生的价值根据，所显现的基本特性是不同的。在价值根据的意义层次上，"道"所蕴涵的价值品格是：

1. 自然无为

老子说"道法自然"（《老子》第二十五章），"道常无为"（《老子》第三十七章）。"自然"指毫无勉强，不受外在制约的自在自由状态，即"自己如此"的状态；"无为"是指不强作妄为，不贪求私欲，顺其自然的态度。"自然"指存在状态言，"无为"指主体态度言，二者实际上是二而一的。老子认为，如果达到了自然无为的状态，万物就会按其固有的本性去自由发展，自然生长，人也会实现自己的一切愿望。所谓"万物将自化"（《老子》第三十七章）；所谓"道常无为而无不为"（《老子》第三十七章），又所谓"我无为而民自化，我好静而民自正，我无事而民自富，我无欲而民自朴"（《老子》第五十七章）。可见，自然无为是崇高的价值。

2. 虚极静笃

虚、静也是道的存在状态，"虚"指虚空无形，虚旷不盈，"静"指清静无扰，安静不躁。老子以"道冲"（《老子》第四章）、"视之不见""听之不闻""搏之不得""迎之不见其首""随之不见其后"（《老子》第十四章）形容道的虚空，并以"橐籥""谷""玄牝之门"比喻它的虚空。还以"归根曰静"（《老子》第十六章）、"静为躁君"（《老子》第二十六章）、"静之徐清"（第十五章）描写道的清静。他认为，道的虚静特征具有重大意义。"道冲，而用之或不盈"（《老子》第四章）；"夫唯不盈，故能蔽而新成"（《老子》第十五章）；"天地之间，其犹橐籥乎。虚而不屈，动而愈出"（《老子》第五章）；"为天下谷，常德乃足"（《老子》第二十八章）：这是"虚"的价值。"清静为天下正"（《老子》第四十五章），"我好静而民自正"（《老子》第五十七章）；"牝常以静胜牡"（《老子》第六十一章）：这是"静"的价值。因此，人应"致虚极，守静笃"（《老子》第十六章），追求虚静的价值境界。

3. 柔弱不争

柔弱不争是道的另一重要特征，老子说："弱者道之用"（《老子》第四十章）。又说："绵绵若存，用之不勤。"（《老子》第六章）道的创造万物的作用是柔弱的，又是绵延不绝、作用无穷的。老子认为，柔弱是生命的本质，"人之生也柔弱，其死也坚强。草木之生也柔脆，其死也枯槁。故坚强者，死之徒，柔弱者，生之徒。是以兵强则灭，木强则折"（《老子》第七十六章）。柔弱又是长久存在的条件，"持而盈之，不如其已。揣而锐之，不可常保。"（《老子》第九章）"兵强则灭，木强则折。坚强处下，柔弱处上。"（《老子》第七十六章）坚强的东西，最容易折断，也就不可能长久生存，只有柔弱者才可长存不败。因此，老子极力赞扬柔弱说："天下之至柔，驰骋天下之至坚"（《老子》第四十三章），"弱之胜强，柔之胜刚"，"天下莫柔弱于水，而攻坚强者莫之能胜"（《老子》第七十八章）。柔弱和不争是紧密相联的，柔弱者往往"不争""处下"，这也是道的品格之一。"上善若水，水善利万物而不争，处众人之所恶，故几于道"，"夫唯不争，故无忧。"（《老子》第八章）"以其不争，故天下莫能与之争。"（《老子》第六十六章）江海"以其善下之"，故能容纳百川，"为百谷王"（《老子》第六十六章）。

此外，老子还认为道体现着"慈""俭""不敢为天下先"（《老子》第六十七章）等价值品格。他们的意义在于，"慈，故能勇，俭，故能广，不敢为天下先，故能成器长。"（《老子》第六十七章）

正由于"道"蕴涵着上述价值品格，所以老、庄极力地赞美道，歌颂道。他们说："道"是伟大的："吾不知其名，字之曰道，强为之名曰大。"（《老子》第二十五章）"大道氾兮，其可左右。万物恃之而生而不辞，功成不有。衣养万物而不为主，常无欲，可名为小，万物归焉而不为主，可名为大。以其终不自为大，故能成其大。"（《老子》第三十四章）

"道"是永久的："天乃道，道乃久，殁身不殆。"（《老子》第十六章）"夫道，……先天地生而不为久，长于上古而不为老"（《庄子·大宗师》）。

"道"是尊贵的："万物莫不尊道而贵德。道之尊，德之贵，夫莫之命而常自然。"（《老子》第五十一章）

"道"是珍宝："道者，万物之奥，善人之宝，不善人之所保。……故立天子，置三公，虽有拱璧，以先驷马，不如坐进此道。"（《老子》第六十二章）

"道"是玄德："道生之，德畜之，长之育之，亭之毒之，养之覆之。生而不有，为而不恃，长而不宰，是谓玄德。"（《老子》第五十一章）

"道"是圆满："夫道，于大不终，于小不遗，故万物备，广广乎其无不容也，渊乎其不可测也。"（《庄子·天道》）

可见，道家认为，"道"本身就是宇宙间崇高而伟大、尊贵而圆满的价值。宇宙间的一切价值都是由它产生，以它为基。它虽然自然无为、虚极静笃、柔弱不争，但如果得到了它，万物就会实现自己的价值，就会达到无限的自由。老子说："昔之得一者：天得一以清，地得一以宁，神得一以灵，谷得一以盈，万物得一以生，侯王得一以为天下贞。"
（《老子》第三十九章）庄子说："豨韦氏得之，以挈天地；伏羲氏得之，
以袭气母；维斗得之，终古不忒；日月得之，终古不息；堪坏得之，以
袭昆仑；冯夷得之，以游大川，肩吾得之，以处大山；黄帝得之，以登
云天；颛顼得之，以处玄宫；禺强得之，立乎北极；西王母得之，坐乎
少广；莫知其始，莫知其终；彭祖得之，上及有虞，下及五伯；傅说得
之，以相武丁，奄有天下，乘东维，骑箕尾，而比于列星。"（《庄子·
大宗师》）"道"之所以有如此强大的力量，正在于它本身就是价值
之源。

　　既然"道"是价值的根据，那么人追求价值就要"法道"，"体道"
"同于道"，唯道是从，与道合一。凡道所体现的价值，人必须极力追
求；凡道所排斥的价值，人必须坚决否定。于是，自然无为、虚极静笃、
柔弱不争，就成为道家所主张的最高价值取向，而世俗中人追求的声色
货利，富贵荣达；儒墨之徒宣扬的仁义道德，智慧才能，在道家看来，
都是违背"道"的祸害。此之谓"人法地，地法天，天法道，道法自
然。"（《老子》第二十五章）

　　道家"道法自然"的价值根据论，使道家的价值观具有几个重要
特点：

1. 超越性

　　"道"是宇宙本体，它诚然不完全脱离具体的万事万物，不离开现
象界的形形色色，但它作为"天地之始""万物之宗""万物之奥"，
却是"玄之又玄"的。它的"微妙玄通，深不可识"，充分表现了一
种超越性特征，"道"作为价值根据，也同样具有超越性。所谓超越性
是指，"道"所蕴含的、决定的价值是异常的，幽隐的，不是外炫的，
表面的。正如老子说的"明道若昧，进退若退，夷道若颣，上德若谷，
广德若不足，建德若偷，质真若渝，大白若辱，大方无隅，大器晚成，
大音希声，大象无形，道隐无名。"（《老子》第四十一章）这种超越

性价值，一般人很难览察，也不易体会，"上士闻道，勤而行之；中士闻道，若存若亡；下士闻道，大笑之。不笑不足以为道"（《老子》第四十一章）。世俗中人都认为积极有为、实际动作、坚强竞争是可贵的价值，而道家却把自然无为、虚极静笃、柔弱不争视为最高取向，可谓不同凡响。

2. 批判性

道家不但追求超越于世俗的价值，而且对儒、墨所宣扬的价值激烈批判。他们认为，儒墨追求的东西乃是"道"蜕化、丧失而后才出现的，是自然无为价值失落之后，人们陷入迷误，社会走向邪恶的产物。也就是说，儒、墨所主张的价值，其实是远离"道"、违背"道"的反价值。"大道废，有仁义"（《老子》第十八章）。"失道而后德，失德而后仁，失仁而后义，失义而后礼。夫礼者，忠信之薄而乱之首。"（《老子》第三十八章）要克服反价值的危害，必须扭转儒墨的价值取向，废弃其价值追求，复归于道。即"绝仁弃义"，"绝圣弃智"，"绝巧弃利"。可见，批判性是"道法自然"的价值根据论必然产生的结果。

3. 相对性

要超越世俗价值，批判儒墨谬误，必须抓住价值标准这个关键，动摇他们用以区分真、善、美与假、恶、丑的准则，在一般人的眼里，"好"便是绝对的"好"，"坏"便是绝对的"坏"，因此，执着于自己的追求目标，迷信于自己的价值判断，不能自拔。道家哲人认为，这是站在自我成见的立场上，用绝对主义方法，评价事物所导致的恶果。于是，他们主张，必须扭转人们的价值视角，改变人们的思维方式，让人们站在道的立场上来观察问题，评估价值。如果站在道的立场来看，价值只能是相对的，"以道观之，物无贵贱，以物观之，自贵而相贱；以俗观之，贵贱不在己"（《庄子·秋水》）。也就是说，以道观之，世俗间美丑、善恶、贵贱，并无绝对差异。因此，人也就不必拘泥于自己的价值追求，而应该以超世俗的"道"为自己的最高取向。道家价值论的这三个特征，都是以道为价值根据而必然形成的。老子云："反者道之动，弱者道之用。"（《老子》第四十章）超越性、批判性、相对性都是"反"的结果，自然无为、虚极静笃、柔弱不争，正是"弱"的表现。归根结底，道家的价值论体系，就是"道"的展开。

（二）"有生于无"的价值形成论

关于价值怎样生成？怎样存在？即价值形成的条件是什么这个问题，道家的回答十分令人惊异。一般人总认为，现存的、实有的东西才有意义，有价值，价值首先以事物的存在为条件，不存在的东西，何价值之有！而道家却认为，不存在才是价值形成的条件，真正的价值形成于某物或现存的既有的某价值的不存在之中。所谓"天下万物生于有，有生于无。"（《老子》第四十章）

"天下万物生于有，有生于无"这句话在本体论的意义上是指天下万物生成于有形质的东西，而有形质的东西来源于无形质的"道"。在价值论的意义上，即是指价值生于某物的不存在，也就是说，"无"是价值生成、存在的条件。

道家以"无"——不存在为价值形成的条件的观点，是以负的或否定的方式来考察价值的，它和儒、墨、法等家以正的或肯定的方式说明价值问题，是两条完全不同的思路。

道家认为，以"无"（不存在）为条件而形成价值，有三种主要途径：

1. 价值形成于"空无"和"实有"的配合

在人们的普通常识中，总是以某种客体的实际存在，作为它与人形成价值关系的前提条件。因为客体和它的属性、功能是价值的承担者，是价值得以产生的客观依据。如是它不存在，价值当然不会产生。这也是许多哲学家所持的观点。可是在道家看来，只讲客体的实有是价值形成的条件，还是不够的。必须承认某种东西的不存在（"空无"），对于价值形成来说也是必不可少的条件之一，甚至是更重要的条件。老子说："三十辐共一毂，当其无，有车之用。埏埴以为器，当其无，有器之用。凿户牖以为室，当其无，有室之用。故有之以为利，无之以为用。"（《老子》第十一章）他以车轮、陶器、房屋为例，说明正由于车轮中心是空的，才能安上轴，使车发挥作用；陶器中间是空的，才能容纳东西，使容器有作用；房屋的门窗是空的，才能出入，使房屋有作用。由此可见，物的"实有"之所以能给人带来便利，乃是依赖着它"空无"的部分才发挥作用的。也就是说"实有"必须有"空无"与其配合，并依赖于"空无"，才能发挥自身的作用，满足人的某种需要，以形成价值。

以无作为价值形成的重要条件，是道家哲学的本体论在价值观中的贯彻。道家认为世界的本原是道，万物都是从道产生出来，并受道支配的。而道的基本特性就是"无"，就是"虚"。正由于道是虚空的，所以才有无穷无尽的作用，产生出万物。老子说："道冲，而用之或不盈。"（《老子》第四章）就是说，道体是虚空的，然而作用却不穷竭。他还用"谷""牝"（雌性生殖器）、"橐籥"（风箱）这些中间空虚的东西比喻和描绘道的特性和作用。中间的空虚是"无"，它可以生出无穷无尽的"有"。而且这个产生的过程是生生不息，永不停止的，所谓"虚而不屈，动而愈出"，"绵绵若存，用之不勤"，"大盈若冲，其用不穷"。这种"有生于无"的观点体现在价值观上，就是"无之以为用"，即"不存在"是价值形成的一个重要条件。

2. 价值形成于对负价值的否定

道家不但认为"无"本身和"有"相结合是价值形成的条件，而且他们还认为通过对现存的负价值的否定，使负价值成为"无"——不存在，才会使真正的价值形成。也就是说，负价值的不存在乃是正价值形成的重要条件。

　　道家所指的负价值，就是儒、墨所推崇的功利、道德、知识、文化等。在道家看来，儒家、墨家学者们所孜孜以求和津津乐道的一切价值不但对人类社会没有益处，而且为害甚烈，只有统统予以消除、否定，才能为正价值的形成扫清道路。

　　且看老子的说法："大道废，有仁义；智慧出，有大伪；六亲不和，有孝慈；国家昏乱，有忠臣。"（《老子》第十八章）"夫礼者，忠信之薄而乱之首。"（《老子》第三十八章）这显然是对儒家所宣扬的仁、义、忠、孝、礼等道德价值的讥评。又说："五色令人目盲，五音令人耳聋，五味令人口爽，驰骋畋猎，令人心发狂，难得之货，令人行妨。"（《老子》第十二章）这是抨击物欲文明给人带来的祸害。因此他主张彻底否定这些危害社会的负价值，使真正的价值得以形成："绝圣弃智，民利百倍；绝仁弃义，民复孝慈；绝巧弃利，盗贼无有。"（《老子》第十九章）"不尚贤，使民不争，不贵难得之货，使民不为盗，不见可欲，使民心不乱。"（《老子》第三章）总之，只有彻底抛弃这些有害的圣智、仁义、巧利、贤才、宝货、奇物，人民才可得到百倍的好处。

　　庄子讲的更为痛心疾首，慨慷激烈："为之仁义以矫之，则并与仁义而窃之。何以知其然也？彼窃钩者诛，窃国者为诸侯，诸侯之门而仁义存焉。"（《庄子·胠箧》）圣人提倡仁义只有利于大盗而危害了天下，因此庄子力主绝弃这类有害的东西。他说："故绝圣弃知（智），大盗乃止；擿玉毁珠，小盗不起；焚符破玺，而民朴鄙；掊斗折衡，而民不争；殚残天下之圣法，而民始可与论议；擢乱六律，铄绝竽瑟，塞瞽旷之耳，而天下人始含其聪矣；灭文章，散五采，胶离朱之目，而天下始人含其明矣；毁绝钩绳而弃规矩，攦工倕之指，而天下始人有其巧矣。故曰：大巧若拙。削曾、史之行，钳杨、墨之口，攘弃仁义，而天下之德始玄同矣。"（《庄子·胠箧》）

　　由此可见，道家认为必须对现实的价值世界来一个翻转，从而在旧价值崩溃的废墟上，再着手建立新的价值。破中有立，对负价值的否定，就是为正价值的形成创造条件。

3. 价值形成于负价值的转化

绝仁弃义、绝圣弃智，是通过对负价值的抛弃和否定以形成正价值。除此之外，道家还认为负价值也可以通过向对立面转化的形式，成为正价值。老子说："祸兮福之所倚，福兮祸之所伏，孰知其极？其无正也。正复为奇，善复为妖。"（《老子》第五十八章）福与祸、正与邪、善与恶都是可以互相转化的。灾祸、丑恶、妖邪这些负价值，可以转化为幸福、美善、正直等正价值。当然，真、善、美这些正价值也可以转化为负价值。这种美丑、善恶相反而转化的观点，庄子也是承认的。他说："是其所美者为神奇，所恶者为臭腐，臭腐复化为神奇。神奇复化为臭腐。"（《庄子·知北游》）因此，道家认为价值可以通过负价值的转化而形成。

正由于价值可以通过负价值的转化而形成，所以道家主张人有时可以通过对立面转化的方式去追求正价值。所谓"贵以贱为本，高以下为基"；"不善人者，善人之资"；"将欲取之，必固与之"。（《老子》第三十六章）老子把这途径称之为"损之而益"。刘安在《淮南子·人间训》中发挥这种观点时说："事或夺之而反与之，或与之而反取之，或誉人而适以败之，或毁人而乃反以成之。或贪生而反死，或轻死而得生。或徐行而反疾。事或为之，适足以败之，或备之，适足以致之。"他举例说：阳虎以戈伤门者，而门者因伤而受大赏，"此所谓害之而反利者也"。他指出："众人皆知利利而病病也，唯圣人知病之以为利。"

道家看到了负价值可以转化为正价值的辩证法则，这诚然是可贵的。可是，他们往往把这种转化视为无条件的。好像祸自动可以转化为福，丑自动可以转化为美，恶自动可以转化为善，这显然不符合事实。对立面转化，必须在一定条件下才有可能，例如必须通过人的主观努力，等等，而道家却忽视了这一点。这一严重缺点，就为相对主义开了大门，就会走向抹杀正价值与负价值的确定界限。

总之，道家用否定思维的方式考察价值，以"无"作为价值形成的根本条件，在中国哲学史上颇具特色。它打破了从直接现存的东西上发现价值的习惯思维模式，揭示了价值形成的复杂性。其理论的深度远远超过了儒、墨、法各家。道家的"有生于无"的价值形成论，是他们思考价值问题的重要思维方式，他们关于价值的一系列观点都与此有关。

（三）"物无贵贱"的价值标准论

人们在进行价值评价和价值选择时，必然要遵循某种尺度或标准。这种标准就是对什么是价值，什么不是价值，什么是高价值，什么是低价值的回答，价值标准是价值观的核心。道家关于价值标准的基本观点是"物无贵贱"，就是说客体对于人的价值的有无和高低，没有什么固定的绝对的标准。有价值与无价值、高价值与低价值的区分只是相对的。

老子说："天下皆知美之为美，斯恶矣；皆知善之为善，斯不善矣。"（《老子》第二章）又说："善之与恶，相去几何"（《老子》第二十章）；"正复为奇，善复为妖"（《老子》第五十八章）。他还认为，美与丑、善与恶，是相对待而言的，两者当中并无不可超越的鸿沟。其他关于损益、利害、贵贱、荣辱、吉凶、祸福等，老子也持类似的看法。

如果说老子对价值标准的相对性还讲得比较笼统、比较原则的话，那么庄子则更突出更明确地阐述了这种观点。他明确指出，价值与非价值，正价值与负价值、高价值与低价值并非天悬地隔，截然对立的东西，它们的区分只是相对的。所谓"以道观之，物无贵贱"（《庄子·秋水》）；"厉与西施，恢诡谲怪，道通为一"（《庄子·齐物论》）。

为什么价值标准是相对的呢？庄子的理由是：（1）客体的特性和功用没有绝对的差别。他说："以差观之，因其所大而大之，则万物莫不大；因其所小而小之，则万物莫不小；知天地之为稊米也，知毫末之为丘山也，则差数睹矣"（《庄子·秋水》）。这是说，事物之间特性（"大""小"）的差别是相对的。又说："以功观之，因其所有而有之，则万物莫不有；因其所无而无之，则万物莫不无。知东西之相反而不可以相无，则功分定矣"（《庄子·秋水》）。这是说，事物功用的有无、大小的区别也是相对的。他举例说：栋梁之木可以用来冲击敌城，但不可用来堵塞洞穴；骐骥、骅骝一日千里，但捕鼠不如野猫；猫头鹰夜里明察毫末，但白昼不见山丘。（《庄子·秋水》）"大若垂天之云"的犛牛，却不能执鼠；"大本臃肿而不中绳墨""小枝卷曲而不中规矩"的樗树，却可不夭斤斧而尽其天年。（《庄子·逍遥游》）（2）主体的需要和感受没有统一的标准。庄子说，由于主体的特点不同，因此，需要好恶也不同，对客体也就会有不同的感受，从而形成千差万别的评价、取舍标准。即所谓"彼必相与异，其好恶故异也"（《庄子·至乐》）。他列举了许多生动的事例证明这一观点。如人睡在潮湿的地上会生病，泥鳅却不然；人住在高树上会恐惧，猿猴却不怕；人爱吃肉菜，鹿却喜欢吃草；蜈蚣以蛇为美味，乌鸦却觉得老鼠可口（《庄子·齐物论》）。这说明，不同的主体对客体有不同的需要。"毛嫱、丽姬，人之所美也，鱼见之深入，鸟见之高飞，麋鹿见之决骤"（《庄子·齐物论》）。"《咸池》《九韶》之乐"，"鸟闻之而飞，兽闻之而走，鱼闻之而下入，人卒闻之，相与还而观之，（《庄子·至乐》），又如"鱼处水面生，人处水而死"（《庄子·至乐》）。这说明，同一对象，对于不同的主体，具有不同的意义。庄子还指出，如果用同样的客体，去满足不同主体的需要，就会形成价值偏离和背反，从而产生危害。鲁侯得了一只海鸟，给它饮酒，给它奏乐，给它摆设有牛、羊、猪的宴席，结果这只鸟"眩视忧悲"，不食不饮，三日而死（《庄子·至乐》）。酒、肉、宴、乐是人的需要，对人有价值，对于鸟不但无益而且有害。鸟所需要的是"栖之深林，游之坛陆，浮之江湖，食之鳅鲦，随行列而止，委蛇而处。"（《庄子·至乐》）可见，不同主体的需要没有绝对的同一性。（3）主、客体之间的价值关系没有确定性。价值本是主体需要与客体满足主体需要这样一种肯定性关系，可是在庄子看来，主、客体之间的价值关系（即肯定性关系）是不确定的。他说："以趣观之，因其所然而然之，则万物莫不然；因其所非而非之，则万物莫不非。"（《庄子·秋水》）就是说，从人们的志趣意向来看万物，依据物的可以肯定之处肯定它，万物都值得肯定；依其否定之处否定它，万物都会被否定。由于人的取舍不同，客体就会与主体形成要么肯定、要么否定的不同关系。不但如此，价值关系还随着条件的变化而变化，庄子称之为"应时而变"，他说："贵贱有时，未可以为常也"（《庄子·秋水》）。例如，西施捧心有美的价值，而"其里之丑人"捧心，却非常丑，毫无美的价值可言。又如"不龟手"之药，在宋国匠人那里只有免除在水中漂丝的劳苦的价值，而在吴王的将军那里却具有利于水战的作用，因此可以用来博取封赏（《庄子·逍遥游》）。可见，条件不同，价值各异。

正由于客体的性能、主体的需求、主客体的关系都是不固定的、可变的，所以庄子认为"物无贵贱"——价值的标准是相对的。

价值标准的相对性必然决定价值评价、价值判断的相对性。于是，人们对真、善、美的评价就没有什么客观的确定的观点，所谓"是亦彼也，彼亦是也，彼亦一是非，此亦一是非。"（《庄子·齐物论》）庄子由此得出结论说："自我观之，仁义之端，是非之涂，樊然淆乱，吾恶能知其辨！"（《庄子·齐物论》）既然如此，那么，人们应该怎样进行价值判断和价值选择呢？道家认为最高明的办法是超然处之，随遇而安，不谴是非，听其自然。老子说："俗人昭昭，我独昏昏；俗人察察，我独闷闷。"（《老子》第二十章）庄子说："和之以是非，而休乎天钧"（《庄子·齐物论》）。实际上，是要人们在日常的现实生活中不作明确的价值判断和定向的价值选择。这和儒家"杀身成仁""舍生取义"，不顾一切地去进行道德（善）的选择，和墨家"摩顶放踵""赴火蹈刃"，去求"兴下之利"相比较，显然是消极的。

然而，这只是问题的一个方面。道家相对主义的价值标准论仍有它独特的意义。首先，就价值本身特征来看，它的确既有稳定性的一面，也有流变性的一面。其根本原因在于主体的需要是多样的、可变的；这一主体与别一主体的需要也往往是有差异的，甚至是矛盾的。对一个人或一个集团是正当的或善的，可能对另一个人或另一集团则是不当的或恶的。这是社会生活中经常可见的现象。道家哲人深刻地揭示了价值的这种特征。其次，就当时价值观念领域的斗争来看，道家提出价值标准的相对性对批判儒、墨、法各家独断的价值标准论，也有一定的积极作用。春秋战国的百家争鸣中，各家学者自炫其说，竞相是非。仅从价值观上的争论来看，墨家反对儒家"亲亲"和"爱有差等"的价值观，主张"兼相爱，交相利"。而儒家孟子竟然大骂："杨氏为我，是无君也；墨氏兼爱，是无父也。无父无君，是禽兽也。"（《孟子·滕文公下》）而法家则认为儒家迷恋的"仁义爱惠"毫无意义，只有权力法令才是至高无上的价值，主张"燔诗书而明法令"（《韩非子·和氏》）。这种视自己所追求的价值为最高价值，以自己的价值标准为绝对原则的独断论，引起了道家的极大反感。他们认为这些都是人为的"我见"，是"自我观之""随其成心而师之"（《庄子·齐物论》）的结果。也就是说，儒、墨、法各家是从主观意识、一己私利出发的。正是针对这种独断论，道家才提出了价值标准的相对性观点。再次，从道家所追求的目标来看，他们确定了超出世俗价值目标的更高的价值层次。老、庄认为世俗生活中人们提出和使用的区分真伪、善恶、美丑、利害、贵贱的标准不但是主观主义的，而且人们追求的真、善、美、利等价值实际上毫无意义。在他们看来，真正的价值在于自然无为，在于人的生命和精神的自由。而这种价值并非普通人所能理解的。世俗人们所执着的价值，不过是对生命的伤害，是对精神的束缚，可是人们并不自觉，沉溺于狭隘的价值观念中不能自拔，"与物相刃相靡，其行尽如驰而莫之能止，不亦悲乎！终身役役而不见其成功，苶然疲役而不知其所归，可不哀邪！"（《庄子·齐物论》）因此，道家主张，应该确立更高层次的价值取向以挽救人们在价值选择和追求上的可悲命运。为此，他们用"物无贵贱"的价值标准论，作为唤醒人们超出世俗的价值观念的警钟，也作为达到高层次的价值取向的宝筏。这显然对提高人们的精神境界和价值观水平有积极意义。

那么，道家所主张的价值取向是什么呢？

（四）"贵夫无为"的价值取向论

　　道家的最高价值取向是"无为"。老子说："道常无为而无不为"（《老子》第三十七章），"为无为则无不治"（《老子》第三章）。又说："是以圣人处无为之事"（《老子》第二章），意谓行"无为"，就没有什么事情做不成的；以"无为"的态度和方式处事，就会使天下大治。因此圣人应以无为的态度行事。庄子也说："无为而无不为"（《庄子·徐无鬼》），"无为为之之谓天"，"无为言之之谓德"，"无为而万物化"（《庄子·天地》），"无为也则用天下而有余"（《庄子·天道》）。因此，他认为"莫若无为"（《庄子·在宥》），"贵夫无为"，"无为也而尊"，主张"以无为为常"（《庄子·天道》）。可见，道家认为"无为"具有至高无上的价值。"无为"观念散布于《老子》和《庄子》全书，老、庄著书立说的最高目的就在于宣扬"无为"价值观，甚至于他们的本体论、认识论也是为了说明这一价值观而创设的。徐复观先生认为，道家的宇宙论可以说是他的人生哲学的副产物。这种看法是有道理的。

　　那么，什么是"无为"呢？道家所倡的"无为"包含三层含义：一是指人自身没有私求，对外界不妄干预的处世态度；二是指顺任自然，不加强制的存在状态；三是指自由自在，不受束缚的精神境界。这三层含义统一于"自然"。人无私求、不妄作、不强制，是顺应自然的状态和过程；而无束缚的自由则是顺应自然之结果。"自然"是就天地运行状态而言，"无为"是就主体活动态度而言，二者角度有别但实质上是一致的。因此，可以说"无为"即"自然"，两个概念是二而一的。老子说："人法地，地法天，天法道，道法自然。"（《老子》第二十五章）就是说，人、地、天、道都要效法"自然"，顺应自然，都应处于不受外力干涉、不受外在束缚的自然而然的状态。这句话，可以看作道家哲学的总纲，也是道家价值观的核心。

　　道家以自然无为作为价值取向，就是认为自然无为的态度、状态和境界对于人的生存和发展具有绝对的意义，它是高于其他一切价值的东西。因此，人应该以此为追求的目标，以此为人生的立足点，以此为人的"安身立命"之所。

自然无为对于人的意义在于：

1. 全生保身

道家重视生命的价值，把全生保身作为人生论的出发点。老子说："贵以身为天下，若可寄天下；爱以身为天下，若可托天下。"（《老子》第十三章）庄子说："善吾生者乃所以善吾死也。"（《庄子·秋水》）都主张对生命应该自贵自爱，反对轻生贱体。而自然无为则是他们提出的全生保身的基本原则。老子反对杨朱过分执着于"自贵""自重"的养生态度，认为只有采取自然无为的态度才能真正达到全生保身的目的。他说："天长地久，天地所以能长且久者，以其不自生，故能长生。是以圣人后其身而身先，外其身而身存。"（《老子》第七章）又说："吾所以有大患者，为吾有身，及吾无身，吾有何患？"（《老子》第十三章）这种"外其身"而存其身，"后其身"而先其身，"不自生"而全其生的养生之道，老子称其为"啬"，"治人、事天、莫若啬。……是谓深根、固柢、长生、久视之道。"（《老子》第五十九章）"啬"的根本原则就是自然无为。庄子论养生，认为"养形"不足取，"养神"是关键。怎样"养神"呢？他说："纯粹而不杂，静一而不变，淡而无为，动而以天行，此养神之道也。"（《庄子·刻意》）他提出的"守一""守舍""心斋""坐忘"等养神方法都是"淡而无为，动而以天行"的具体运用。庄子在《庄子·养生主》篇把这种顺任自然、恬淡无为的养生之道概括为"为善无近名，为恶无近刑，缘督以为经，可以保身，可以全生，可以养亲（身），可以尽年"。可见，道家充分肯定自然无为对于全生保身的重要意义，即对于人的生命的价值。

2. 复归本性

道家认为人的本性原是素朴无欲、纯朴无华、淡漠无求的，如婴儿一般纯真，如天地一样自然。后来由于知识日增，智力日进，欲求日炽，政教日繁，财物日富，使人丧失了这种自然本性。于是贪欲、争夺、自私、欺诈等观念和行为愈演愈烈。社会上各种禁忌、器物、技巧、法令、文艺；儒家倡导的礼乐制度和仁义道德，不但没有克服这种人性的异化，反而加剧了人性异化过程。所谓"天下多忌讳，而民弥贫；民多利器，国家滋昏；人多技巧，奇物滋起；法令滋彰，盗贼多有。"（《老子》第五十七章），所谓"五色令人目盲，五音令人耳聋、五味令人口爽，驰骋畋猎令人心发狂，难得之货令人行妨。"（《老子》第十二章）；又所谓"有虞氏招仁义以挠天下也，天下莫不奔命于仁义，是非以仁义易其性与？……自三代以下者，天下莫不以物易其性矣。"（《庄子·骈拇》）

面对这种人性异化的严重现象，老庄主张"复归于朴"，即恢复人的纯朴本性。复归的根本途径就是顺自然，行无为。具体而言，就是要人们在心灵上，致虚守静，不为纷杂的外物所扰乱，即"致虚极，守静笃。万物并作，吾以观复"（《老子》第十六章）；在待人上，无私不争，不去追逐声名货利，即"无欲而民自朴"（《老子》第五十七章）；在处事上，无为不矜，不急功近利，炫耀自己，即"为无为，事无事"（《老子》第六十三章），"无为故无败，无执故无失"（《老子》第六十四章）；在人生态度上，轻利寡欲，不贪图名利财物，声色犬马，所谓"知足不辱，知止不殆，可以长久"（《老子》第四十四章），在认知方式上，绝巧弃智，不耍弄聪明才智卖弄技巧，所谓"绝圣弃智，民利百倍，绝仁弃义，民复孝慈；绝巧弃利，盗贼无有"（《老子》第十九章）。道家认为只要在这些方面，都坚持自然无为的原则，那么人性就能复归到"见素抱朴""敦兮其若朴"的自然本性，从而人们就会"含其明""含其聪""含其知""含其德"，达到"万物将自化""天下始玄同"的理想境地。庄子称此为"无为复朴"（《庄子·天地》）。可见，有为导致了人性异化，无为促成了人性复归，因此自然无为的价值实质上乃是人性本身的价值。

3. 精神自由

道家（尤其是庄子）追求人的精神自由，视精神自由为一种崇高的理想境界。精神自由有两个层次：一是如大鹏"水击三千里，抟扶摇而上者九万里。去以六月息者也"和蜩、鸠"决起而飞，抢榆枋而止，时则不至而控于地而已矣"（《庄子·逍遥游》）。这种自由是有限的相对的自由；一是如至人、真人、神人"乘天地之正，而御六气之辩，以游无穷者"（《庄子·逍遥游》），"乘云气，御日月而游乎四海之外"（《庄子·齐物论》）。处于这种自由天地中，"物莫之伤"（《庄子·逍遥游》），"死生无变于己"（《庄子·齐物论》），"登高不慄，入水不濡，入火不热"，"翛然而往，翛然而来"（《庄子·大宗师》）。这种自由是无限的绝对的自由。庄子认为相对自由要通过发挥人的自然本性来达到。郭象在《庄子注》中说："苟足于其性，则虽大鹏无以自贵于小鸟，小鸟无羡于天池，而荣愿有余矣。故小大虽殊，逍遥一也。""足于其性"就是顺应自身的自然之性去行动，而不勉强有为。而绝对自由则必须超越物物的差别和物我的差别，与万物一体，与大道同一，才能实现。就是庄子说的"能假于道也若此。"（《庄子·大宗师》）

无论"足于性"，还是"假于道"，其实质都是自然无为。也就是说，自然无为乃是达到精神自由（相对自由和绝对自由）的现实途径。庄子说："逍遥无为也"（《庄子·天运》），"逍遥乎无为之业"（《庄子·大宗师》），明确地把无为和精神自由（"逍遥"）联系在一起。在庄子看来，自然无为是现实的起点，而精神自由是理想的终结。无为对于人的精神自由的价值由此可见。

4. 天下大治

无为的政治价值也是道家十分重要的观念，他们认为治理天下的根本原则就是"无为而治"。老子说："为无为，则无不治"（《老子》第三章）。庄子说："无为也则用天下而有余，有为也则为天下用而不足。"

"帝王无为而天下功。"（《庄子·天道》）又说："顺物自然，而无容私焉，故天下治矣"（《庄子·应帝王》）。道家的"无为而治"主要包括两个方面：（1）坚守大道，不怀私欲，不用私智。老子说："道常无为而无不为，侯王若能守之，万物将自化"（《老子》第三十七章），"我无为而民自化，我好静而民自正，我无为而民自富，我无欲而民自朴。"（《老子》第五十七章），"爱国治民，能无知乎？"（《老子》第十章）"以智治国，国之贼，不以智治国，国之福。"（《老子》第六十五章）"圣人之治，常使民无知无欲。"（《老子》第三章）。就是说，统治者和百姓都遵循自然之道，无知无欲，天下就能大治大安。（2）顺应民性，不加干预，不加强制。统治者自己要"常无心，以百姓心为心"（《老子》第四十九章），"治大国，若烹小鲜"（《老子》第六十章），只"处无为之事，行不言之教"（《老子》第二章），"去甚，去奢，去泰"（《老子》第二十九章）。

　　庄子以"治马"为喻，形象地说明了无为而治的原则。他说伯乐治马，"烧之，剔之，刻之，雒之，连之以羁絷，编之以皂栈，马之死者十二三矣；饥之，渴之，驰之，骤之，整之，齐之，前有橛饰之患，而后有鞭策之威，而马之死者已过半矣"。他认为善治天下者绝不能采取这种"有为"的办法，而应该依民之"常性"，使其"同乎无知"，"同乎无欲""居不知所为，行不知所之，含哺而熙，鼓腹而游"，"织而衣，耕而食"（《庄子·马蹄》）。就是说，实行无为而治的原则，使百姓无知无欲，自然而然地生活。

　　总之，只有顺大道，顺民性，不怀私欲，不用私智，不固执，不干预，不强制，不妄为，才会使百姓安居，天下大治。这正是自然无为的政治价值之所在。

　　正由于无为对于人生、人性、精神、政治都具有重大意义，因此道家认为它是至高无上的价值。老子说："无为之益，天下希及之。"（《老子》第四十三章）就是说，"无为"的好处，什么也赶不上它。

　　"无为"作为价值，在道家哲学里，有两种不同的位置：一是它作为达到其他价值的手段的价值，在这个位置上，老子常用"为无为"（实行无为）来表示；二是它本身作为人们追求的理想目标的价值，在这个位置上，老子则用"以至于无为"（达到无为）来表示。前者，"无为"是工具价值；后者，"无为"是目标价值。道家把"无为"作为价值取向，是在工具和目标两个方面，来说明"无为"对于人的生存和发展所具有的重大意义的。以上我们论述的"无为"对于养生、复性、精神和治世的作用，着重于从工具价值方面阐明了无为之可贵。下面我们再从价值理想目标方面，讨论"无为"的意义。

（五）"至人"人格和"至德之世"的价值理想论

任何一种价值哲学，不但有现实的价值取向，而且有理想的价值追求。理想的价值追求，凝结在对理想人格的塑造和对理想社会的设计上。道家哲学用以表述理想人格的概念甚多，例如圣人、真人、至人、神人、德人、天人等，而最能代表其特征的，则是"至人"。它对理想社会的描绘，也用语不少，如"小国寡民""天下有道""至治""圣治"等，但最具概括性的是"至德之世"。因此，我们以"至人"人格和"至德之世"分别概括道家哲学所追求的理想人格和理想社会。凡上述其他概念用语所包含的内容，也分别纳入此二概念之中予以阐述。

道家追求的有价值的"至人"人格，既不同于儒家道德型的"君子"人格，也不同于墨家功利型的"兼士"人格，而有其自身的鲜明特征。其主要特征是：

1. "法天贵真"的人生宗旨

至人的人生基点和最高指导原则是"法天贵真"，这是老子和庄子都明确肯定的。老子说。"人法地，地法天，天法道，道法自然"（《老子》第二十五章），"信言不美，美言不信"（《老子》第八十一章）。刘勰云："老子疾伪，故称美言不信"（《文心雕龙·情采》）。庄子更为具体地指出："圣人法天贵真，不拘于俗。愚人反此，不能法天而恤于人，不知贵真，禄禄而受变于俗，故不足。"（《庄子·渔父》）又说："不离于真，谓之至人"（《庄子·天下》）。所谓"法天"，就是效法自然，以自然法则和自然状态为立身的根据，不沉溺于人事；所谓"贵真"，就是珍爱真实的本性，保持精诚的品质和感情，不矫饰虚伪。在道家看来，"法天"和"贵真"是统一的，因为"真者，所以受于天也，自然不可易也"（《庄子·渔父》）。二者统一于自然，统一于"道"。这样，"法天贵真"其实就是与道合为一体。老、庄认为，至人和俗人区别的根本标志就在于，他以保持内在的与道合一的自然本性为人生的最高准则，不受世俗礼仪、规范的束缚和习惯、风气的浸染。俗人的特征则是"拘于俗"，"湛于人伪"（《庄子·渔父》）。因此，"法天贵真"就成为至人人格的首要条件。

2. "无己无为"的处世态度

如果说"法天贵真"是至人处理天人关系——人与自然关系的基本原则，那么，"无己无为"就是至人处理人际关系的原则。"无己"，就是取消自我中心，"无为"，就是任顺自然而无所作为。"无己无为"的具体表现是内无私欲，外无索取，对己无所求，对人无所争。名利、权位、功业统统置之身外，甚至对道德、知识、文化也漠然待之。老子说："圣人处无为之事"（《老子》第二章），庄子说："至人无为"（《庄子·知北游》）；"至人无己，神人无功，圣人无名"（《庄子·逍遥游》），"圣人不从事于务，不就利，不违害，不喜求"（《庄子·齐物论》），都是对这种人格特征的高度概括。

老、庄还把"无己无为"的至人人格与有己有为的普通人格作了比较，以说明至人人格的优越性。老子说：无己无为的人"不自见故明，不自是故彰，不自伐故有功，不自矜故长。夫惟不争，故天下莫能与之争。"（《老子》第二十二章）而有己有为的人是"企者不立，跨者不行，自见者不明，自是者不彰；自伐者无功；自矜者不长。"（《老子》第二十四章）庄子说，有己有为的人"其寐也魂交，其觉也形开。与接为构，日以心斗。""与物相刃相靡，其行尽如驰而莫之能止，不亦悲乎！终身役役而不见其成功，苶然疲役而不知其所归，可不哀邪！"（《庄子·齐物论》）而"无己无为"的至人"不刻意而高，无仁义而修，无功名而治，无江海而闲，不导引而寿。无不忘也，无不有也，淡然无极而众美从之。"（《庄子·刻意》）这就是说，有己有为的人从自我中心出发，执意追求，因此，陷溺于社会斗争而不能自拔，着力于奋勉劳作而一无所获，是一种典型的悲剧人格，而无己无为的至人却"无为而无不为"，具备了"天地之道，圣人之德"。比那些"山谷之士""平世之士""朝廷之士""江海之士""导引之士"的人格，更有价值。

3. "用心若镜"的认知方式

道家哲人对"至人"的认知方式也发表了独到的见解，他们指出，"至人"在认识上应该采取虚静的方法。这种方法，老子叫作"致虚极，守静笃"（《老子》第十六章），庄子叫作"用心若镜"（《庄子·应帝王》）。从他们的论述看，"用心若镜"的虚静认知方式，有四个特点：（1）破除"成心"的客观性。庄子说人们在认识时都是"随其成心而师之"，即从主观固执的偏见出发，因此造成了认识上的偏蔽和分歧。他认为，只有破除"成心"，去掉内心的"己见"和"私欲"，使自己具有空明的心境，才能客观地反映对象，把握宇宙的本体——道。破除"成心"也就是老子要求的"致虚极"，使心灵达到极端的虚无。而这一点只有至人才能做到。因为至人"尽其所受乎天，而无见得，亦虚而已"（《庄子·应帝王》）。（2）"不将不迎"的静止性。庄子说："至人之用心若镜，不将不迎，应而不藏，故能胜物而不伤。"（《庄子·应帝王》）就是说，至人的用心，空明洁净，寂静不动，如同镜子，物去不追随（"不将"），物来不迎接（"不迎"），只是自然而寂静地反映而无所隐藏。所以，能够胜物而不被物所损伤，保持自己的主体地位。老子说的

"守静笃"也略同此意。（3）"涤除玄览"的直觉性。老子指出，认识
"道"，须把内心打扫得干干净净，不染一点灰尘，不留一毫障碍，并用
内心直觉的方法，即所谓"涤除玄览"（《老子》第十章）。"玄览"是
深观远照的意思，既非一般的感觉，也非抽象的思考，而是一种理性直
觉。庄子形容这种方法是"以神遇而不以目视，官知止而神欲行"（《庄
子·养生主》）。（4）"万物一齐"的相对性。道家哲人认为，普通人的
认知方式，固执于事物彼此的界限，把各种事物看成是千差万别，各式
各样，性质稳定，界限分明的，这种绝对性认知方式，"劳神明为一而
不知其同"（《庄子·齐物论》），因而陷于无穷无尽的彼与此、可与否、
是与非、善与恶、美与丑的争辩之中。而至人则站在道的立场上观察事
物，超越了事物的差异性，看到事物间的区别都是相对的，所谓"以道
观之，何贵何贱？"（《庄子·秋水》）"万物一齐，孰短孰长？"（《庄
子·秋水》）"天地一指也，万物一马也。"（《庄子·齐物论》）"莛与楹，
厉与西施，恢恑憰怪，道通为一。"（《庄子·齐物论》）正由于至人坚持
"万物一齐"的相对主义，所以才不分彼此，不辨是非，对待一切差异和
矛盾都"解其纷，和其光，同其尘"（《老子》第五十六章），"和之以
是非而休乎天钧"（《庄子·齐物论》）。虚静认知方式的这四个特征可
以概括为"虚"（"虚极"）、"静"（"静笃"）、"玄"（"玄览"）、"齐"
（"齐物"）。稷下道家提出的"静因之道"（《管子·心术上》），荀子主
张的"虚一而静，谓之大清明"（《荀子·解蔽》），韩非子宣扬的"虚
以静后，未尝用己"（《韩非子·扬权》），都是对这种认知方式的继承和
改造。

4. "遗物离人"的独立意志

至人的意志特征是超然物外的独立性。老子形容超越万物之上的道
是"寂兮寥兮，独立而不改"（《老子》第二十五章）。因而，与众不同
的得道之人是"众人熙熙，如享太牢，如春登台。我独泊兮其未兆"，
"众人皆有余，而我独若遗"，"俗人昭昭，我独昏昏，俗人察察，我独

闷闷"，"众人皆有以，而我独顽以鄙。"（《老子》第二十章）庄子也常用"独志""独有"描绘至人的独立意志。至人的独特之志，突出表现在：（1）摆脱了宗法传统的束缚，解除了功名利欲的桎梏，敢于对抗权威，反对传统。所谓"举灭其贼心而皆进其独志"（《庄子·天地》），"绝圣弃智"，"绝仁弃义"，"绝巧弃利"，"绝学无忧"；"遗物离群而立于独"（《庄子·田子方》）。（2）内心坚定，不为物移，不为情动，行动果断，精神自由。庄子说："至人有世，不亦大乎，而不足以为累。天下奋棅而不与之偕，审乎无假而不与利迁，极物之真，能守其本，故外天地，遗万物，而神未尝有所困也，通乎道，合乎德，退仁义，摈礼乐，至人之心有所定矣。"（《庄子·天道》）又说："出入六合，游乎九州，独往独来，是谓独有。"（《庄子·在宥》）

那么，如何形成这种有独特意志的人格呢？道家指出，其关键在于把握大道。因为"道"本来就是在天地之先，越万物之上的独立本体，人如果能"体道""得道"，就会形成不同凡俗的独立意志。老子把体悟"道"叫作"食母"，说"我独异于人，而贵食母"（《老子》第二十章），庄子称洞见"道"谓之"见独"，说"朝彻，而后能见独，见独，而后能无古今；无古今而后能入于不死不生"（《庄子·大宗师》）。可见，"食母"和"见独"，就是形成"至人"人格的根本途径。

道家从重视客观的独立的道出发，十分重视人格的独立性，认为有独立性的人格是最高尚的人格。庄子说："独有之人，是谓至贵。"（《庄子·在宥》）因为，只有他"遗物"而不受"物役"，"独与天地精神往来"，"上与造物者游，而下与外死生无终始者为友"（《庄子·天下》）；只有他"离群"而不同凡俗，"人皆取先，己独取后"；"人皆取实，己独取虚"；"人皆求福，己独曲全"；"常宽于物，不削于人，可谓至极"（《庄子·天下》）。

5. "游心无穷"的精神境界

道家哲人，特别是庄子，对至人的精神境界作了淋漓尽致的描绘。如：

"藐姑射之山，有神人居焉；肌肤若冰雪，淖约若处子，不食五谷，吸风饮露，乘云气，御飞龙，而游乎四海之外，其神凝，使物不疵疠而年谷熟。"（《庄子·逍遥游》）

"之人也，之德也，将磅礴万物以为一，世蕲乎乱，孰弊弊焉以天下为事！之人也，物莫之伤；大浸稽天而不溺，大旱金石流、土山焦而不热。是其尘垢秕糠，将犹陶铸尧、舜者也，孰肯以物为事！"（《庄子·逍遥游》）

"至人神矣！大泽焚而不能热，河汉沍而不能寒，疾雷破山风振海而不能惊。若然者，乘云气，骑日月，而游乎四海之外，死生无变于己而况利害之端乎！"（《庄子·齐物论》）

"夫至人者，上关青天，下潜黄泉，挥斥八极，神气不变。"（《庄子·田子方》）

这些描绘说明，至人生活在不遭任何伤害，不受任何限制，不要任何条件的绝对自由之中。这种绝对自由并不是现实的形体自由，而是理想的精神的自由。庄子多次说至人是："乘物以游心"（《庄子·人间世》），"游心乎德之和"（《庄子·德充符》），"游心于淡"（《庄子·应帝王》），"游心于无穷"（《庄子·则阳》）。可见他并不是真的让至人寄身于世外，而是说至人的心灵可以在无穷环宇中遨游飞翔而不受局限。庄子用形象夸张的语言形容至人的神奇，不过表达了他对理想人格的精神自由境界的憧憬与向往。他所构筑的"四海之外""圹垠之野""无何有之乡""无穷无朕之域"都不过是想象中的幻化之境。至人能在这种境域中飞翔，正表现了他的精神无拘无束，无牵无碍，自在逍遥，绝对自由。

那么，至人这种"逍遥而游""游心无穷"的精神境界何以能达到呢？庄子认为这不是通过道德的修养而达到的，"至人之于德也，不修而物不能离焉，若天之自高，地之自厚，日月之自明，夫何修焉！"（《庄子·田子方》）也不是通过知识的学习取得的，"宾宾以学子为"，"至人之以是为己桎梏"（《庄子·德充符》）。绝对自由的精神境界的实现，要以"守气"和"为道"为根本条件。庄子在《庄子·达生》篇，借关尹之口回答子列子关于"至人潜行不窒，蹈火不热，行乎万物之上而不慄。请问何以至于此"的问题时说："是纯气之守也，非知巧果敢之列。"在《庄子·田子方》篇，借老聃之口回答孔子关于达到至人境界"其方"的问题时说："已为道者解乎此。"所谓"纯气之守"，就是坚守纯粹的自然元气，使自己的本性与自然元气同一；所谓"为道"，就是把握宇宙本体，使自己的精神与天地万物的本根融合，"归精神乎无始"（《庄子·列御寇》）。庄子认为与自然元气同一就会超脱于世俗之外；与世界本根合一，精神就能进入绝对永恒之域。这样人就会达到"游心无穷"的自由境界了。可见"守气""为道"，是进入至人的精神境界的根本途径，"游心于物之初"（《庄子·田子方》）和"游心于无穷"（《庄子·则阳》）是一回事。

庄子说"游心无穷"的精神境界是"至美至乐"的境界，达到这种境界的人格是最有价值的人格，"得至美而游乎至乐，谓之至人。"（《庄子·田子方》）

庄子塑造的至人形象，其实是对老子的"婴儿""赤子"形象的发展。老子常用"婴儿"来比喻"得道""守气"之人。他这样描绘婴儿的形象："含德之厚，比于赤子，蜂虿虺蛇不螫，攫鸟猛兽不搏。骨弱筋柔而握固，未知牝牡之合而朘作，精之至也。终日号而不嗄，和之至也。"（《老子》第五十五章）这显然与庄子"物莫之伤"是相似的。老子说要达到像婴儿那样"德之厚""精之至""和之至"的状态，必须"专气致柔"（《老子》第十章）、"常德不离"（《老子》第二十章），这也与庄子说的通过"纯气之守""为道"，以达到至人境界是相通的。因之可以说，自由人格乃是道家学者共同追求的理想。

以上从人生宗旨、处世态度、认知方式、独立意志、精神境界等方面可以看到道家所崇尚的至人人格结构的基本逻辑。就是，从"法天贵真"的人生宗旨出发，依靠"无己无为"的道德力量，"虚极静笃"的智慧力量和"遗物离人"的意志力量，而达到"游心无穷"的精神境界。这种人格的类型既不同于儒家的道德型的"君子"，也不同于墨家的功利型的"兼士"，更不同于法家的政治型的"法术之士"，而是一种超越型、自由型人格。

道家关于理想社会的设计，集中展现在老子"小国寡民"和庄子及其后学的"至德之世"两种蓝图中。这两种蓝图虽然有些区别，但基本的画面构图是共同的。从价值论的角度看，道家理想社会的特征是：

1. 自然

道家理想社会蓝图的底色和基调是自然主义，这个社会不需要政治、经济、军事的机构，不需要文化、技术的设施，不知有什么知识道德和艺术。即使有一些社会设备也不应用。老子说："使有什伯之器而不用"，"虽有舟舆，无所乘之；虽有甲兵，无所陈之。使人复结绳而用之。"（《老子》第八十章）庄子说："纯朴不残，孰为牺尊；白玉不毁，孰为珪璋。道德不废，安取仁义；性情不离，安用礼乐；五色不乱，孰为文采；五声不乱，孰应六律。"（《庄子·马蹄》）又说："至德之世，不尚贤，不使能。上如标枝，民如野鹿。端正而不知以为义，相爱而不知以为仁，实而不知以为忠，当而不知以为信，蠢动而相使不以为赐。是故行而无迹，事而无传。"（《庄子·天地》）道家认为，这种取消文化的自然状态才是最有价值的"圣治""至治""至德之世"。

2. 素朴

社会的自然性和民性的素朴性是统一的，而且自然主义的社会是以素朴的民性为基础的。素朴就是无欲无知，无私无为，完全依常性本能而生活。庄子说："彼民有常性，织而衣，耕而食，是谓同德；一而不党，命曰天放。故至德之世，其行填填，其视颠颠。""同与禽兽居，族与万物并"，"同乎无知，其德不离；同乎无欲，是谓素朴；素朴而民性得矣。"（《庄子·马蹄》）这与老子说的"见素抱朴，少私寡欲"是一致的。保持素朴常性的自然之民，必然会形成淳厚纯朴的民风，虽然一切活动和行为"若性之自为，而不知其所由然"（《庄子·天地》），但人们却能"相爱""相使""朴鄙""不争""不相与为怪，不相与为谋，不相与为事。"（《庄子·庚桑楚》）而且，"知作而不知藏，与而不求其报"（《庄子·山木》）。完全没有文明社会中那些在仁义道德名义下，争名夺利，相轧相盗的恶劣风气。

3. 平等

人们在自然面前一律平等，这是在自然之世和自然之民的社会中必然形成的社会关系。贵贱、贤不肖、智愚的严格区分是不存在的，尊卑、上下、主奴的森严等级也是没有的，更说不上什么上以治下、下以服上的不平等关系。《庄子·人间世》说："与天为徒者，知天子之与己，皆天之所子。""天子"与普通人都是自然之子，因此便无贵贱之分。《庄子·马蹄》篇说："至德之世，同与禽兽居，族与万物并，恶乎知君子小人哉。"每个人与禽兽、万物一样都是自然的族类，那还有什么"君子"与"小人"的区别呢？庄子还指出，人间的不平等根源于人们的情欲，至德之世的人都根除了情欲，"同乎无知，同乎无欲"，因此天下平等。这已经从自然原则的平等论深入到人性原则的平等论了。对于平等的价值，庄子明确地予以赞扬，他说："平为福，有余为害者，物莫不然，而财其甚者也。"（《庄子·盗跖》）这虽然着重指财富平均的意义而言，但也包含着对整个社会平等的价值评估。

4. 自由

至德之世，不但是平等社会，也是自由社会。其自由表现在人们不受任何社会规范的束缚和制约。从主体方面看，内心的私欲、外在的追求都荡然无存，因此已不会成为精神的桎梏；从客体方面看，礼仪制度、法律章程、道德规范皆一无所有，因此也不能成为个性的枷锁。"不知义之所适，不知礼之所将。猖狂妄行，乃蹈乎大方。"（《庄子·山木》）所以，"儵然而往，儵然而来"，"日出而作，日入而息，逍遥于天地之间而心意自得。"（《庄子·让王》）然而，正如平等不过是在自然和人性基础上的平等一样，自由也不过是在极低的生理需要满足基础上的和简单的生活方式中的自由。这种自由的内涵当然是十分贫乏的，"卧则居居，起则于于"（《庄子·盗跖》）；"其行填填，其视颠颠""含哺而熙，鼓腹而游"（《庄子·马蹄》）；"春耕种，形足以劳动，秋收敛，身足以休息"（《庄子·让王》）；"其生可乐，其死可葬"（《庄子·山木》）。可这种几乎近于动物式的自由，在庄子看来却是十分可贵的。

5. 安宁

至德之世，人民不遭动乱争斗之苦和天灾人祸之害，生活是安定宁静的。这种安宁有两方面的含义，一是指人们的生活能得到满足，相安无事。老子说："甘其食，美其服，安其居，乐其俗"（《老子》第八十章）。庄子说："耕而食，织而衣，无有相害之心，此至德之隆也。"（《庄子·盗跖》）这并不是说，至德之民，食物真的"甘"，衣服真的"美"，居处真的"安"，风俗真的"乐"，而是因为人民恬淡知足，没有奢望，所以虽吃的粗疏却觉得甘，穿的破旧却觉得美，住的简陋却觉得安，风俗质朴却觉得乐。这种安宁可以说是一种心理上的满足。二是指人与自然的关系和谐，不相为害。庄子说，至德之世大自然是生机勃勃的，"万物群生，连属其乡，禽兽成群，草木遂长。"人与自然的关系是融洽的，"禽兽可系羁而游，鸟鹊之巢可攀援而窥"，"同与禽兽居，族与万物并"（《庄子·马蹄》）。这种社会生活安宁、自然环境和谐的社会，正是道家理想的人间乐园。

正由于至德之世人们的民生安宁，民性自然，民心恬淡，因此，人们既用不着为避害而远徙，也不需要为趋利而奔走。于是就形成了"邻国相望，鸡犬之声相闻，民至老死，不相往来"（《老子》第八十章）的国际关系。这种封闭性的关系，是落后的，但在道家看来是社会安定，政治清明，民风淳朴的表现，所以也是一种价值标志。

从以上可以看出，道家所追求的有价值的社会，是建立在极低劣的生产水平，极贫困的物质条件和极简陋的生活方式基础上的自然、素朴、平等、自由、安宁的社会。在道家学者的憧憬中，它是一个充满了真、善、美的理想乐园。可在我们看来，它是一个原始社会和小农经济的混合体，具有明显的反文化，反文明，反革新特征。道家之所以把这种社会作为理想目标，并非是以历史必然性为根据的，而是从对当时社会的批判出发的。他们看到，社会上存在着许多弊病和罪恶，灾难和不幸，战乱和争斗，于是愤世嫉俗，以激烈的批判精神进行价值重估，通过对原始社会的回忆，从头脑中虚构出美好的乌托邦。它的意义并不在于是否符合历史规律，能否成为现实，而在于提出令人神往的目标，导引人们的价值取向。可以说，它只具有价值意义。

（六）"为道日损" 的价值实现论

道家的价值取向集中到一点就是自然无为，无论是现实的价值目标，还是理想的价值人格和价值社会，都是以自然无为为尺度的。自然无为是"道"的根本属性，在道家哲学中"道"既是标志世界本原的本体论范畴，也是标志最高价值的价值论范畴。道家文化的各种价值类型和形式，都凝结在"道"里。《老子》《庄子》常用"从道""为道""好道""尊道""贵道""德道""体道"表述人与道的关系，在此关系中，"道"显然是作为人们追求和实现的价值对象存在的。道家认为，人们要达到道的目标，实现道的价值，必须遵循"为道日损"的路线。"为道日损"就是道家哲学的价值实现论。

"为道日损"是老子提出的。他说："为学日益，为道日损。损之又损，以至于无为。无为而无不为。"（《老子》第四十八章）《庄子》也引用了这一观点。

道家认为，实现价值（"道"）和追求知识（"学"）不同，追求知识必须日积月累，不断增益，积累得越多，知识就越丰富；而实现价值则必须一天比一天减少、磨损，减少又减少，直至达到无为的境界。达到了无为境地，就没有什么价值实现不了的。若借用两句诗形容，就是"宝剑锋从磨砺出，梅花香自苦寒来。"

这里的问题在于，损什么？怎样损？老子和庄子认为"为道日损"的对象一是欲，二是智。他们把这两点看作是产生一切负价值——假、恶、丑的根源，是实现正价值的障碍。老子提出"见素抱朴，少私寡欲"（《老子》第十九章）的主张，庄子也要求"洗心去欲"（《庄子·山木》），使人们"同乎无欲"（《庄子·马蹄》）。在他们看来，私欲是最大的祸害，"罪莫大于可欲，祸莫大于不知足，咎莫大于欲得"（《老子》第四十六章），"持而盈之，不如其已。揣而锐之，不可常保。金玉满堂，莫之能守。富贵而骄，自遗其咎"（《老子》第九章）；"其爱必大费，多藏必厚亡"（《老子》第四十四章）。"欲"的具体危害在于，一伤民性，"欲恶之孽，……始萌以扶吾形，寻擢吾性"（《庄子·则阳》）；二损天机，"其耆欲深者，其天机浅"（《庄子·大宗师》）；三累道德，"恶欲、喜怒、哀乐，六者累德也"（《庄子·庚桑楚》）；四危性命，"将盈嗜欲，长好恶，则性命之情病矣"（《庄子·徐无鬼》）。正由于欲有这么多的"罪""祸""咎"，是妨碍价值实现的阻力，所以，竭力要求"寡欲"以至"去欲"，即要将"欲"损减到最低程度。他们认为，不断损减私欲，价值就能够实现了，所谓"不见可欲，使心不乱"（《老子》第三章）；"无欲以静，天下将自定"（《老子》第三十七章），"知足不辱，知止不殆，可以长久"（《老子》第四十四章），"素朴而民性得矣"（《庄子·马蹄》）。

不但要损"欲"，而且还要损"智"。老、庄所说的"智"指的是关于仁义礼智的知识和关于技术机巧的本领，并非人的全部知识和智慧。他们认为这种智同私欲一样，也是形成假、恶、丑的原因。"慧智出，有大伪"（《老子》第十八章），"虽智大迷"（《老子》第二十七章）；"民之难治，以其智多，故以智治国，国之贼"（《老子》第六十五章），这是老子对智的评价。"智也者争之器也"（《庄子·人间世》）；"智为孽"（《庄子·德充符》），"天下每每大乱，罪在于好知"（《庄子·胠箧》);"天下好知,而百姓求竭矣"(《庄子·在宥》);"多知为败"(《庄子·在宥》);"巧者劳而知者忧"(《庄子·列御寇》),这是庄子对智的否定。正由于智是引起伪、迷、争、乱、竭、败的负价值,和实现价值("道")是背道而驰的,所谓"好智而无道"(《庄子·胠箧》)。因此,老、庄主张"绝圣弃智","去知与故"。他们认为,通过损智,就能体道得道,实现价值,"绝圣弃智,民利百倍"(《老子》第十九章);"不以智治国,国之福"(《老子》第六十五章)。不仅如此,"去智"后人们也会"无用知之累"(《庄子·天下》)。

老子和庄子不但明确指出了"日损"的对象,而且还论述了"日损"的方法。

老子的损法是"塞其兑,闭其门;挫其锐,解其纷;和其光,同其尘"(《老子》第五十六章)。就是堵塞私欲和知识的孔窍,关闭私欲和知识的门户;挫折锋芒,消解纷扰,含敛光耀,混同尘世。这包括两个层次:第一个层次是"塞闭",首先防止欲、智进入内心;第二个层次是"挫解",当私欲私智已经进入内心,危害纠缠人的心灵之时,就用挫磨、解除的办法使其减损消失。"挫解"也就是"涤除",老子说,通过这种办法就能达到"玄同"的境界,与道合一。

庄子的损法是"坐忘"和"心斋"。"堕肢体,黜聪明,离形去知,同于大通,此谓坐忘。"(《庄子·大宗师》)徐复观先生说:"'堕肢体'、'离形'实指的是摆脱由生理而来的欲望。'黜聪明'、'去知',实指的是摆脱普通所谓的知识活动。"(《中国艺术精神》第72—73页)庄子认为,这样就和大道融通为一。《庄子·大宗师》中说,颜回先忘掉了"礼乐",后又忘掉了"仁义",但都不够,直到"坐忘"才同于"大通"。

"唯道集虚,虚者,心斋也。"(《庄子·人间世》)冯友兰先生说:"去掉思虑和欲望,就是所谓'心斋'。"[①]《庄子·人间世》篇借颜回与孔子的对话,描述了"心斋"方法的重要作用。颜回针对专横独断、残暴

---

① 《中国哲学史新编》第二册,人民出版社1982年版,第129页。

成性、"轻国""轻民"的卫君，提出了"端虚勉一""内直外曲""成而上比"三种感化方法，孔子都认为"恶可"！孔子说，只有"心斋"一法，才会使心境空明，"虚室生白，吉祥止止"，即达到道的境界。

老子的"塞兑""挫解"，庄子的"坐忘""心斋"，虽有区别，但其共同点都是"损"。他们认为，通过这些方法，"损之又损"以至达到"无为"的境地，就可以使人格成为"至人"，社会达到"至德"，使价值目标和价值理想得以实现。

如果说，儒家"人能弘道"的价值实现论是以人的能动性和道的现实性为基础的话，那么，道家"为道日损"的价值实现论则是以人的自然性和道的超越性为根据的。老、庄认为，人的本性是自然素朴，后来由于欲的扩张和智的积累，努力去求名、谋利、立功、建业，陷于有为的苦海之中。于是，人性异化，离开自然素朴之性越来越远，社会也日益退化。在人性异化和社会退化过程中，真正的价值丧失，负价值泛滥成灾，"世丧道矣，道丧世矣。世与道交相丧也"（《庄子·缮性》）。因此，所谓价值实现就是"反其性情而复其初"（《庄子·缮性》），"复归于朴"（《老子》第二十八章），即复归到人的自然本性。向自然人性的复归也即是"复归于无极（道）"（《老子》第二十八章）。由此看来，价值实现和人性复归、大道复归三者是统一的。

由于人性的异化和道的丧失是"人为"文化发展的结果，是"朴散则为器"（《老子》第二十八章）的结果。因此，要复归人性，复归于道，就必须超越社会现实中存在的一切非自然的人为的东西，使人的精神摆脱形而下之"器"的束缚而进入形而上之"道"的境界，也就是超出于人世的一切利害得失之上。超越性乃是道的本质特性，老子和庄子都认为，道是超越时间、空间和物质世界之上的，也是人的感官不能直接感知的。它"先天地生"（《老子》第二十五章），"在太极之先而不为高，长于上古而不为老"（《庄子·大宗师》）。这种超越性，当然要求与它合一的人，达到它的境界的人，也超越现实存在的利器奇物、财货宝藏、仁义礼乐。而超越的根本途径就是"去欲""去智"。

由此可见，"为道日损"的价值实现论，是以道家的自然人性论和道本体论为根据的，是由人性论和本体论必然得出的逻辑结论。

道家的价值论，无论从其体系的哪个环节看，都富有特色。它是以反命题的形式立足于中国哲学价值论体系中的。儒倡"义以为上"，道要"绝仁弃义"；墨重"天下之利"，道要"绝巧弃利"；法贵"权力法治"，道要"殚残圣法"。仁义、功利、权力都是"人为"的内容，因此，道家与儒墨法"对着干"的实质就是高举"自然无为"的标志，和"重人为"的观念反向而动，背道而驰。道家如此大唱反调，的确有其消极性的影响，它会使人消极处世，懒于做事，不思进取。历史上中国人身上存在的因循顺应，听天由命，萎靡不振，柔弱退让，安于现状等缺点，就与道家的思想影响有关。但是，从另一方面看，道家的强烈批判精神，对揭露和认识社会的丑恶现象，重估和翻转传统的价值观念，反对和破除社会的偶像崇拜，都有一定的作用。它的"自然无为"的价值取向，对于把人们从名缰利锁中解脱出来，从欲火情海中拯救出来，实现精神自由，保养自然生命，也有意义；它的"无为而治"的政治理想，对于抑制封建统治者的严刑峻法、暴力专制、任意干涉，也有好处。总之，道家在一定程度上补救了儒墨法价值取向上的偏失，缓解了儒墨法价值追求中的张力。具体地说，它以自然价值补救了过分强调人为价值之偏，以个体价值补救了过分强调群体价值之过，以自由价值补救了过分强调规范价值之弊。并以柔弱缓和了刚强，以退让弱化了进取，以淡泊唤醒了痴迷，以旷达放松了拘谨，以宁静安定了躁动。如上所述，这种"补救"和"缓解"产生的影响都是双重性的。由此可见，道家的价值论在中国传统哲学价值论体系中，相对于儒家的主导地位和墨法的两翼地位而言，处于十分重要的补充地位。中国封建社会里许多知识分子的头脑中，或儒道观念并存，或出入儒道之间，就充分表现了"尚自然"和"重人为"两种基本价值取向既相反又相成，既交胜又交用，既互对又互补的结构特征。这个特征又决定了传统价值体系内部震荡性与稳定性、伸缩性与坚实性同时共存的状态。

范畴系列篇

一　义利论

——道义与利益的选择

义利是中国传统哲学中最基本的价值范畴，义利之辨贯穿于中国古代哲学的整个过程，渗透于社会生活的许多领域。儒家学者认为，义利关系是人类社会生活中的基本矛盾，因而，也是人生应该解决的首要问题。程颢说："大凡出义则入利，出利则入义，天下之事，惟义利而已。"（《程氏遗书》卷一一）朱熹说："义利之说，乃儒者第一义。"（《朱文公文集》卷二四《与延平李先生书》）这表明，义利观是传统价值论的核心问题。

"义"的原意为"礼仪"的"仪"，后来假借为"适宜""合宜"，指公正、合理而应当做的事情或行为。在进入理论领域后，即表示人们的道德规范和政治原则。"利"的本意为"锋利"，后引申为"利益、好处""财利"。在价值论中指人们的物质利益和功利。义利问题在传统价值论中就是道德规范、政治原则和物质利益、实际功利何者为满足人们存在和发展需要的重要价值，人们在社会生活中应该选取道义还是应该追求利益。具体地说，义利问题包括两个层次：一是义与利的关系问题；二是义与利的价值地位或价值等级问题。义利之辨就是围绕这两个问题展开争论的，而前一个问题的讨论是为解决后一个问题服务的。

在中国古代历史上曾经出现过三次义利之辨的高潮，即春秋战国时期的义利之辨、两汉前期以盐铁会议为中心的义利之辨、宋代时期二程和李觏、王安石，朱熹和陈亮、叶适开展的义利之辨。这几次高潮的出现，都与社会领域特别是经济领域发生的震荡变革有关。除这几次高潮之外，学者们也很注意义利问题的探索和讨论，但争论都没有这几次激烈。综观整个中国思想史上的义利之辨，哲学家们提出的主要观点大体上可归纳为五种理论形态：

（一）重义轻利论

孔子是重义轻利论的开创者，他首次将义与利作为相互对应的价值取向范畴确立下来，明确提出了两个关于义利关系的命题：一是"君子喻于义，小人喻于利"（《论语·里仁》）；二是"见利思义"（《论语·宪问》）。第一个命题，通过君子人格与小人人格的对立，表明义与利的对立以及义高于利的价值观念。第二个命题，是通过对人格完备之"成人"的基本条件的说明，表述其见利思义，义然后取的价值选择原则。孔子说："见利思义，见危授命，久要不忘平生之言，亦可以为成人也。"（《论语·宪问》）可见，孔子是通过人格价值来说明义利二者的价值地位的，其基本观点是认为义高于利，人应该重义轻利，以义作为最高的价值选择目标。孔子重义但并不完全排斥利，舍弃利，只是认为应该以道义作为统帅利益的原则，当利益不合道义时，坚决舍弃；而当利益符合道义时，可以选取，此即所谓"见利思义""义然后取"。孔子说："不义而富且贵，于我如浮云。"（《论语·述而》）又说："富与贵，是人之所欲也，不以其道得之，不处也。"（《论语·里仁》）又说："富而可求也，虽执鞭之士，吾亦为之。如不可求，从吾所好。"（《论语·述而》）这种以"道""义""可"为标准的态度就是对不义不取，义然后取的价值选择原则的最好注释。孔子的重义轻利、见利思义的义利观是儒家义利观的基石，它对后代影响极大。

荀子沿着孔子的思路讨论义利，提出了自己的义利观，主要观点有四，一曰义利两有："义与利者，人之所两有也，虽尧、舜不能去民之欲利，然而能使其欲利不克其好义也。虽桀、纣亦不能去民之好义，然而能使其好义不胜其欲利也"（《荀子·大略》）。道义和利欲都是人所需要的，利不能去，义不可克。二曰先义后利："先义而后利者荣，先利而后义者辱。荣者常通，辱者常穷"（《荀子·荣辱》）。"国者，巨用之则大，小用之则小。……巨用之者，先义而后利，……小用之者，先利而后义。"（《荀子·王霸》）这是将先义后利作为治理国家的基本原则。三曰重义轻利："许由、善卷，重义轻利行显明"（《荀子·成相》）。许由不接受尧的让位，善卷不接受舜的帝位，荀子看来这是一种重义轻利的高尚道德。四曰以义胜利："义胜利者为治世，利克义者为乱世。上重义则义克利，上重利则利克义"（《荀子·大略》）。"不能以义制利，不能以伪饰胜，则兼以为民。"（《荀子·正论》）这是以"义胜利"与"利克义"为区别治世与乱世的标志。根据这一系列观点，荀子指出好利是君子与小人的共同要求，但二者追求利欲的途径大相径庭，"好利恶害，是君子小人之所同也，若其所以求之之道则异也"（《荀子·荣辱》）。君子"持义不挠"，坚定地把义作为最高原则，小人却"惟利所在"，不顾正义（《荀子·荣辱》《荀子·不苟》）。由此可见，荀子在继续坚持孔子以义利之辨为君子小人之分的同时，对重义轻利的价值观有进一步的发展，他一方面用义与利乃"人之所两有"、好利乃"君子小人之所同"的命题明确肯定了利益的价值；另一方面又将义利之辨从人格意义推广到了道德领域和政治领域，把"先义后利""以义制利"提到了道德规范和治世原则的高度。这两方面显然是荀子的"好利而恶害是人之所生而有也"（《荀子·荣辱》）的人性本恶论和"化性而起伪"的人性改造论在价值观中的贯彻。"先义后利""以义制利"就是"化性起伪"的价值观内容。

在汉代，继承和发挥重义轻利价值观的代表人物是董仲舒。如果说荀子是从人的性恶引申出"义利两有"观念的话，董仲舒则是从养生即生命的存在上论证了义利的价值。《春秋繁露·身之养莫重于义》说："天之生人也，使人生义与利：利以养其体，义以养其心。心不得义不能乐，体不得利不能安。义者心之养也，利者体之养也。"以"养心"与"养体"说明义、利的作用，深刻认识到了人的精神需要和物质需要都是人生存的必备条件，两者不能偏废。董仲舒是在承认这一理论前提的基础上确立自己的义利观的。首先，他从心贵于体推出义重于利。"体莫贵于心，故养莫重于义。义之生人也，大于利。……夫人有义者，虽贫能自乐也；而人无义者，虽富莫能自存。吾以此实义之养生人大于利而厚于财也。"（《春秋繁露·身之养莫重于义》）就是说人的精神心灵比肉体更为贵重，道义即使在人的物质生活贫困的条件下也能使人的心灵处于安乐境地。因此，义大于利。其次，他从天能养生推出爱利兴利。"天常以爱利为意，以养长为事，春秋冬夏皆其用也。王者亦常以爱利天下为意，以安乐一世为事，好恶喜怒而备用也"（《春秋繁露·王道通三》），"圣人之为天下兴利也，其犹春气之生草也，各因其生小大而量其多少"（《春秋繁露·考功名》）。即是说，"爱利""养长"为天之养生职能，王者亦应法天而兴利天下。再次，他从善出于性推出利会败义。"凡人之性，莫不善义，然而不能义者，利败之也。"（《春秋繁露·玉英》）"民不能知而常反之，皆忘义而殉利，去理而走邪，以贼其身而祸其家。"（《春秋繁露·身之养莫重于义》）人之本性有为善为义之可能，而利却会破坏人为善的可能，使人"忘义""去理""走邪"，而陷于恶道。董仲舒把这些观点凝结为一个公式，就是"仁人者正其道不谋其利，修其理不急其功"（《春秋繁露·仁人者夫不得为仁》），以表述他道义高于功利、重于功利，但又不完全否定功利的价值观。"不急其功"并非不要其功，这种观点和孔子的义利观基本一致。由孔子开始经荀子加工而至董仲舒，重义轻利的观点臻于定型，后儒的见解基本不逾此范围。如晋代傅玄既云"丈夫重义如太山，轻利如鸿毛。可谓仁义也。"（《傅子》）又云："仁人在位，常为天下所归者，无他也，善为天下兴利而已矣。"（《傅子》）宋代张载，既言生死去就"惟义所在"（《语录》），又言"义公天下之利"（《正蒙·大易》），都和董仲舒的意思相近。

明末清初的王夫之也还是在肯定义利二者都有价值的基础上，强调义的主导地位。他说："立人之道曰义，生人之用曰利。出义入利，人道不立；出利入害，人用不生。"（《尚书引义》二）认为义的价值在于树立人道原则，利的价值在于提供生存资料。进而他指出，义是利的主导和前提，"利原义之所必得"，"离义而不得有利也"（《尚书引义》二）；"以廉耻、礼乐之情，为生物、理财之本"（《诗广传·小雅·第十论》，这就把义之价值置于利的价值之上了。根据这种看法，王夫之坚决反对"离义"之利（即私利），主张严辨义利，他说，"君子、小人之辨"，"中国、夷狄之别"，"人、禽之异""智、愚之分"，"义、利而已矣。"（《读通鉴论》《尚书引义》）由此可见，王夫之也是重义轻利派。

（二）崇义非利论

以孔子为代表的一派儒家学者，虽然重义贵义，但并不完全否定利之价值。只是在价值等级上认为义高于利，因而在价值取向上主张重义轻利，先义后利；见利思义，合义取利。而以孟子为代表的儒家一派，却把这一观点推向极端化，将重义轻利修正为崇义非利，无限推崇道义价值，完全否定利益、功利价值。这是因为，孟子之时，"杨墨之言盈天下"，"天下之言不归杨则归墨"，杨朱取"为我"，拔一毛而利天下不为也；墨子主"交利"，倡言兴天下百姓之利。二者从私利、公利两方面对孔子的重义轻利观念都是一种冲击。孟子为了"力距杨墨"，维护儒家的义利价值观，就自觉不自觉地把义与利推到绝对对立的程度，扯起了崇义非利的旗帜。孟子见梁惠王，在回答梁惠王"叟！不远千里而来，亦将有以利吾国乎？"的问题时说："王何必曰利？亦有仁义而已矣！"（《孟子·梁惠王上》）关于言行与功效的关系，孟子甚至认为"大人者，言不必信，行不必果，惟义所在"（《孟子·离娄下》）。关于处理各种人际关系的原则，他明确主张"君臣父子兄弟，去利，怀仁义以相接也"（《孟子·告子下》）。他说，一个国家在处理人际关系时，如果"终去仁义怀利以相接，然而不亡者，未之有也"；如果"去利怀仁义以相接也，然而不王者，未之有也。"所以，"何必曰利"（《孟子·告子下》）！可见，"仁义而已""惟义所在"；"何必曰利""去利怀义"就是孟子义利观的核心论点。为什么如此绝对地崇义非利呢？因为在孟子看来，仁义之价值即是人本身的价值，它根源于人的善性，所谓"仁，人心也；义，人路也"（《孟子·告子上》），"仁义礼智根于心"（《孟子·尽心上》）。而利则是与善对立的恶，"鸡鸣而起，孳孳为善者，舜之徒也；鸡鸣而起，孳孳为利者，跖之徒也。欲知舜与跖之分，无他，利与善之间也"（《孟子·尽心上》）。由于义利之别即是善恶之分，因此以利治国就必然引起社会动乱，国家危亡，"王曰何以利吾国，大夫曰何以利吾家，士庶人曰何以利吾身，上下交征利而国危矣"（《孟子·梁惠王上》）。只有"去利怀义"，社会才会安定，国家才会振兴，人际才会和谐。

孟子崇义非利的价值观，还有一个重要方面就是把义直接说成利，即"以义为利"。《孟子·梁惠王上》云："未有仁而遗其亲者也，未有义而后其君者也。"意思是说，仁义之人绝不会遗弃父母，怠慢君主。对此，北宋程颐解释说："君子未尝不欲利，……'未有仁而遗其亲，未有义而后其君'，不遗其亲、不后其君便是利。仁义未尝不利。"（《程氏遗书》卷十九）孟子这种"以义为利"的观念，对《礼记·大学》的作者有明显影响，《大学》云："长国家而务财用者，必自小人矣。……小人之使为国家，灾害并至。虽有善者，亦无如之何矣！此谓国不以利为利，以义为利也。""以义为利"和孔子说的"义以生利"语虽相近，其实不同。"义以生利"是指以道义为指导原则去取利、兴利；而"以义为利"则是完全排斥利益、财用，直接把道义作为利益。因此，它并不是对功利价值的肯定，只不过是崇义非利的一种表现形式。

由孟子提出的崇义非利观念，在战国末期虽然受到以韩非为代表的法家学者的批判，但在汉代却有重振之势。我们已经指出，董仲舒的义利观是沿着孔、荀的路子走，尽管他认为义重于利，但绝不非利。可是，晚于董子六十余年的贤良文学们，在汉昭帝元始六年（公元前 81 年）

召开的盐铁会议上，却举起孟子崇义非利的旗帜，对从武帝时起就长期当政的法家人物桑弘羊，展开了攻击。他们指责桑弘羊"崇利而简义，高力而尚功"，引起了民心和风俗的败坏，竭力宣扬"古者贵德而贱利，重义而轻财"的观念，并学习孟子答梁惠王的语气，提出"贵何必财，亦仁义而已矣"的主张，认为"远浮利，务民之义"才能治国。（此段引语均见《盐铁论》）盐铁会上贤良文学对孟子义利观的高扬，不但使儒家义利观取代了法家的尚利观念，而且使孟子思想焕发了激情和活力，逐渐成为儒家思想的正宗，仅次于孔子。由此，我们就不难理解，董仲舒"正其道不谋其利，修其理不急其功"的公式，何以到了班固所写的《汉书·董仲舒传》中变成了"正其谊（义）不谋其利，明其道不计其功"。"不计其功"与"不急其功"意思有异，显然，这是班固根据孟子思想对董子作了修正。而这一修正后的公式，却对后代产生了极其深远的影响，成为崇义非利论者的基本信条。

宋代理学家中的主流派二程、朱熹，在义利观上实质上也是继承了孟子的衣钵。他们大肆宣扬义与利的绝对对立，把崇义非利论发展到了登峰造极的地步，其特点是：（1）以"公私""理欲"分辨义利。"义与利，只是个公与私也"（程颐《遗书》卷十七）；义即"天理之所宜"，利即"人欲之私"（朱熹《四书集注》），必须将"天理、人欲、义利、公私"分别得明白（《朱子语类》卷四十一）。（2）以"不善""有害"否定功利。朱熹说："对义言之，则利为不善"（《论语或问》卷四），又说："曰事求可，功求成，吾以苟为一切之计而已，是申（不害）、商（鞅）、吴（起）、李（斯）之徒所以亡人之国而自灭其身，国虽富其民必贫，兵虽强其国必病，利虽近其为害也必远"（《朱文公文集》卷七十五）。（3）以"心存""心制"推崇仁义。朱熹说："盖天下万事本于一心，而仁者，此心之存之谓也，此心既存，乃克有制；而义者，此心之制之谓也。……自天子以至于庶人，人人得其本心以制，万事无一不合宜者。夫何难而不济！"（《朱文公文集》卷七十五）就是说，人的一切行为都受思想指导，仁是人心的本质存在，义是人心的制裁作用。因此，在仁义指导下则无事不宜，无事不成。（4）以"存理""灭欲"崇义非利。程、朱既以理与欲的对立来分辨义利，因而他们主张通过从人心上存天理灭人欲的途径来崇尚道义，禁绝功利。程颐说："不独财利之利，凡有利心，便不可。"（《二程遗书》卷十六）朱熹说："学者须是革尽人欲，复尽天理"（《朱子语类》卷十三），"克得那一分人欲去，便复得这一分天理来，克得那二分已去，便复得这二分理来"（《朱子语类》卷四十一）。由此可见，程朱理学已经由从外在的价值目标上崇义非利，深入到从内在的价值意识上崇义非利，强调在人的内心展开斗争，解决义与利的矛盾。

然而，这样做并非没有困难，因为不论是外在的利益还是内在的利欲，都是现实的存在，也是人的客观需要，要"革尽""灭尽"谈何容易。朱熹自己也觉得这是个难题，他说："利"，"是个里外牵连底物事，才牵着这一边，便动那一边，所以这字难说"（《朱子语类》卷三十六）。就是说，利的价值既不能明确肯定，又不能彻底否定，实在进退两难。但这并没有动摇他们崇义非利的立场，他们祭起了孟子"义即是利"的法宝摆脱困境。程颐说："仁义未尝不利"，"利，合义者善也"（《二程遗书》卷十九）。朱熹说："正其义则利自在，明其道则功自在。"（《朱子语类》卷三十七）又说："利是那义里面生出来底。凡事处制得合宜，利便随之"；"义便兼得利"（《朱子语类》卷六十八）。这些说法，表面上好像肯定了利，事实上"利在义中""义兼得利"的命题本身，就是以义的价值包容、取代利的价值，使利丧失了独立的价值地位。而且，如果按照这种"正其义则利自在"的逻辑，连义利矛盾、义利对立的问题都不会存在了，何必谈论义利之辨！

总之，程朱理学的义利观是孟子崇义非利的又一次崛起和进一步发挥，他们自己也承认"孟子拔本塞源，不肯言利"（程颐《遗书》卷十八）的观点是他们的理论渊源。理学家运用这种义利观，一方面对李觏、王安石、陈亮、叶适等人的重功利观念进行批判；另一方面对弟子们进行价值观教育，朱熹就把《汉书》版的董仲舒语"正其义不谋其利，明其道不计其功"作为白鹿洞书院的学规，列为学习和修养的重要内容。甚至说，董仲舒"极好处，也只有正义明道两句"（《朱子语类》卷一三七）。正是通过这一反一正的双向开展，形成了思想史上第三次义利之辨的高潮，从而也使儒家的义利观朝着"惟看义当为不当为"（程颐）、"只是理会个义"（朱熹）的极端化方向发展到了顶峰。关于这种极端化的意义，理学家们认为，它可以使人们在现实的价值选择中目标专一，不受干扰，毫不犹豫地以"义"所体现的封建道德为至高无上的价值取向，从而挽救封建社会后期所面临的各种危机，和朱熹同时代而略早的理学家胡宏在一首题为《利欲》的诗中说："消磨利欲十分尽，免得临机剖判难。"（《濂洛风雅》卷五）就清楚地表述了这种看法。

宋代哲学中的心学一派，尽管在本体论上与程、朱一派有分歧、有争论，但在价值论上却基本一致，也竭力主张崇义非利。当陆九渊在白鹿洞书院宣讲孔子的"君子喻于义，小人喻于利"时，朱熹大力赞赏说："义利分明，是说得好"（《陆九渊年谱》）。陆九渊"说得好"在什么地方呢？首先，他明确地把义与利绝对对立起来，说"私意与公理，利欲与道义，其势不两立"（《陆九渊集·卷十四·与包敏道》）。其次，他把义利之辨视为人生观（为人之道）的首要问题，认为"凡欲学者，当先识义利公私之辨。今所学果为何事？人生天地间，为人自当尽人道。学者所以为学，学为人而已，非有为也。"（《陆九渊年谱》）"为人"就是行道义，"有为"就是求功利，崇义乃是人生的根本原则。最后，他以义利之辨为最高标准，评价历史，品评人格，判别学术。他说，"上古道纯德备"，人们"通体纯是道义"，"功利之说不兴"，"周道之衰，民尚机巧，溺意功利，失其本心"，自孟子没后，千有五百余年之间，"功利之习泛滥于天下"，"后世所以大异于古人者，正在于此"。（《陆九渊集》）历史在他眼里成了由尚道义到重功利的退化史。他说，"居仁由义，大人之事备矣"（《与郭帮逸》）；"愚不肖者之蔽在于物欲"（《陆九渊集·与邓文范》）；"常俗汩没于贫富、贵贱、利害、得丧、声色、嗜欲之间，丧失其良心，不顾义理，极为可哀"（《陆九渊集·与符复仲》）。大人与俗人，贤者与愚者的区别在他看来只是义利之分。他还说，杨朱、墨翟、告子、许行，"功利之习入于骨髓"（《宜章县学记》），佛学把个人生死当成大事，为免苦而出世，实质上也是"惟利惟私"（《陆九渊集·与王顺伯》）。不但用"义利二字判儒释"，而且用义利二字判儒墨。这些就是陆九渊的崇义非利价值论的主要观点，比起程、朱理学，可谓是有过之而无不及！

总的说来，中国哲学史上的崇义非利论，从孟子开始，中经汉代，到了宋代的二程、朱、陆手里，道理已差不多说尽了。如果在义利观上说出新的道理，提供新的论证，那就只能对崇义非利论进行批判了。此之谓"反者道之动"！

（三）崇利简义沦

和重义轻利、崇义非利的价值观相反，中国哲学史上还存在着一种崇利简义论。这种义利观在先秦是以商鞅、韩非一派法家为代表的，他们通过对儒家义利观的尖锐批判，提出了自己的义利观，汉代儒者把它概括为"崇利而简义"（《盐铁论·非鞅篇》）。"简"者，轻视也，轻视"义"并不等于绝对否定、完全不承认道德之价值，只是认为功利价值高于道德价值。

关于法家崇尚功利，主张"功利尽举""功用为的"，以功利作为评估一切价值的标准，我们在"法家的权力价值论"部分已经作了比较充分的论述，这里我们着重说明法家对仁义道德价值的轻视和贬低，他们的主要观点如下。

1. 世情尚争，不用仁义

商鞅、韩非都认为随着历史的演变，特别是人们物质生活条件的变化，人们的价值观也随之变化。上古时代由于人少财多，所以人们悦仁好义、竞于道德，"当今"社会民众财寡，人们为财利而争夺，仁义就没有什么价值了。处于"大争之世",如果还去崇仁尚义,那就违背了时代要求,必然造成危害。"故文王行仁义而王天下,偃王行仁义而丧其国,是仁义用于古,不用于今也"(《韩非子·五蠹》)。适用于"当今之世"的价值观念,只能是崇尚利益,提倡竞争。

2. 人情好利,不贵仁义

法家认为,人的本性是趋利避害,一切都以是否对自己有利为出发点,以利益为评价标准和取舍原则,不会主动自觉地去崇尚仁义道德。《管子·侈靡》云:"百姓无宝,以利为首。一上一下,唯利所处。利然后能通,通然后成国"。其书《管子·禁藏》篇又云:"凡人之情,见利莫能勿就,见害莫能勿避。……利之所在,虽千仞之山,无所不上,深渊之下,无所不入焉"。韩非也说:"安利者就之,危害者去之,此人之情也。"(《韩非子·奸劫弑臣》)既然人性好利,当然不会追求仁义价值。韩非说,医人吮人之伤,含人之血,并非是讲仁爱,而是"利所加也",车工欲人富贵,也不是贵仁义,而是为了卖舆得利。(《韩非子·备内》)孔子是"天下圣人","修行明道以游海内,海内说(悦)其仁,美其义而为服役者七十人",天下之大,只有七十人崇尚仁义;而七十人中,真正能做到仁义者仅一人。这说明民"寡能怀于义","贵仁者寡,能义者难也。"(《韩非子·五蠹》)

3. "利"使国强,"义"使国弱

法家认为,一个国家要强大兴盛,必须以经济实力为基础,这就得发展农业,积累财富,重视利益,"尽其地力以多其积"。只有"人主挟大利以听治","人臣挟大利以从事",为政"计之长利",就会"民用官治则国富,国富,则兵强,而霸王之业成矣"。(《韩非子·六反》)如果崇尚仁义,"称先王之道以籍仁义","以仁义教人",那就会使人"去求利之心",国"遗社稷之利",天下之众,"其谈言者务为辩而不周于用","行身者竞于为高而不合于功","言仁义者盈庭,而政不免于乱"。

（《韩非子·五蠹》）其结果必定导致国家的衰弱和危亡。因此，韩非的结论是："慕仁义而弱乱"，"不慕仁义而治强"；"道先王仁义而不能正国"（《韩非子·外储说左上》）。

4. "功"使人贵，"义"使人情

韩非认为，在崇力、尚争的时代，一个人的价值不在于别的因素，完全看他能否为国家建立功业以及功业的大小如何。如果能尽力致功，功当其事，就能够受到奖赏，得官爵，享富贵。就是说，人贵在功，功利是人的价值标准。可是，儒家宣扬仁义道德，主张恩施贫困，哀怜百姓，把廉价的仁义惠爱赐给一切人，从而使无功者得赏，有罪者得免。而且，社会崇尚仁义，还会使人们"美仁义之名而不察其实"，"美其声而不责其功"，"不事力而衣食，则谓之能；不战功而尊，则谓之贤"。（《韩非子·五蠹》）这样一来，人们自然就"用力者寡"，"产利也惰"，"功臣堕其业"，"农夫惰于田"，"战士惰于阵"。因此，法家认为"不得以行义成荣"；"行仁义者非所誉，誉之则害功"。（《韩非子·五蠹》）对人的价值的承认，应该"以功赏而不以仁义赐"（《韩非子·奸劫弑臣》）。

法家从世情、人性、强国、贵功四个方面，说明了功利与道义的对立，以及崇利简义的必要性。虽然，在先秦法家中，以《管子》书中某些篇章为代表著作的齐国法家，比较强调道德的价值，提出"礼义廉耻，国之四维"的重要思想，认为"四维不张，国乃灭亡"（《管子·牧民》）。但是，他们也同时认为道德的好坏决定于物质经济条件，只有在人们的物质欲求、物质利益得到满足的情况下，道德水平才会提高，所谓"仓廪实，则知礼节；衣食足，则知荣辱"（《管子·牧民》）。仍然是把物质利益价值置于比道德更重要的地位。所以，从总体上看，"崇利简义"是法家各派的共同思想。

崇利简义论是先秦法家在中国哲学史上的第一次义利之辨高潮中，针对儒墨的义利观而提出的，它不但在秦和汉代前期的统治实践和社会

现实中发挥了巨大作用，而且即使在独尊儒术的思想文化格局形成之后也继续发生影响。在西汉以盐铁会议为中心的第二次义利之辨高潮中，桑弘羊等法家批判贤良文学们的崇义非利论，就用崇利简义论作为思想武器。他们提出的主要观点，一是国强在利。针对文学们攻击盐铁国营是"利蓄而怨积，地广而祸构"，桑弘羊明确指出："商君相秦也，……外设百倍之利，收山泽之税，国富民强，器械完饰，蓄积有余。是以征敌伐国，攘地斥境，不赋百姓而师之赡。故利用不竭而民不知，地尽西河而民不苦"（《盐铁论·非鞅》）。二是人性尚利。针对文学们"古者贵德而贱利，重义而轻财"（《盐铁论·错币》）的观点，桑弘羊认为"天下穰穰，皆为利往，赵女不择丑好，郑姬不择远近，商人不愧耻辱，戎士不爱死力，士不在亲，事君不避其难，皆为利禄也"（《盐铁论·毁学》）。三是人以财贵。针对文学们"贵何必财，亦仁义而已矣"的看法，桑弘羊反驳说："子贡以著积显于诸侯，陶朱公以货殖尊于当世。富者交焉，贫者赡焉。故上自人君，下及布衣之士，莫不戴其德，称其仁"（《盐铁论·贫富》）。如果一个人"内无以养，外无以称，贫贱而好义，虽言仁义，亦不足贵也"（《盐铁论·毁学》）。四是仁义无功。桑弘羊指出儒者空谈仁义，对于治世安国，不但无功而且有害，"孔子修道鲁、卫之间，教化洙、泗之上，弟子不为变，当世不为治，鲁国之削滋甚"。"儒者之安国尊君，未始有效也"（《盐铁论·论儒》）。此外，桑弘羊和他的支持者们还针对文学们"崇礼义，退财利，复往古之道"（《盐铁论·利议》）的主张，提出儒家的仁义价值适于古而不适于今，"时异各有所施"，"今欲以敦朴之时，治抗弊之民，是犹迁延而拯溺，揖让而救火也"（《盐铁论·大论》）。时代变了，"道尧、舜之德无益于治"（《盐铁论·遵道》）。桑弘羊等人的这一系列观点，几乎都是先秦法家崇利简义论的旧话重提。由于讨论的主题是盐铁国营问题，义利观只是被用来作为论证的依据，所以崇利简义论本身在理论上并无大的进展。而且，因为当时最高层已经趋向于以儒家思想为指导思想，所以经过盐铁会议以后，法家崇利简义的观念日益失势，儒家特别是孟子一派的崇义非利论逐渐成为价值观念的正宗。

法家崇利简义的义利观，虽然对批判儒家重义轻利、崇义非利的观念有积极作用，但由于它矫枉过正，从一个极端跳到了另一个极端，有狭隘功利主义倾向，所以在汉以后的义利之辨中，即使重视功利的学者也很少有人直接搬用法家的义利观，而是在汲取它的积极成果的同时，注意摒弃它的片面性，力图比较全面地理解义利关系。当然，要真正做到这一点，并非易事，还需要付出辛勤的理论劳动。

（四）义利兼重论

和儒家的重义轻利、法家的崇利简义比较，义利兼重论无疑是比较全面的看法，墨家是这种义利观的最早倡导者。在先秦百家争鸣时期，最早批判孔子的是墨家，墨家学者从小生产者利益出发，针对孔子的重义轻利观，提出了自己一套比较系统的义利论，在中国哲学史上别开生面。墨家哲学的主题是"兼相爱、交相利"，其中就包含着义利兼重的思想。直接关于义利的价值观念，墨家主要提出了下列几点。

1. 世以义"治"

墨家之义，含义有二：一是指道理、主义而言，如"一人一义，十人十义""壹同天下之义"等；一是指道义、道德而言，如"天欲义而恶不义""为义之君子"等。和"利"相对的"义"，系指后者而言。墨家十分重视道义、道德之价值，他们认为义是人类生存、生活富裕、社会安定的重要条件，"天下有义则生，无义则死，有义则富，无义则贫，有义则治，无义则乱"（《墨子·天志上》）。义何以有如此重要之价值呢？因为，在墨家看来，"义"的本质就是爱人利人，其具体内容为"为人之国若为其国"，"为人之都若为其都"，"为人之家若为其家"，"为彼者由（犹）为己也"（《墨子·兼爱下》），即像爱自己、利自己那样去爱别人、利别人。如果人们都做到了这一点，那么，自然就会国不相攻，家不相贼，强不劫弱，众不暴寡，诈不谋愚，贵不傲贱。于是，社会安宁，天下太平。而"不义"的实质就是"亏人自利""恶人贼人"，具体表现为"大国之攻小国也，大家之乱小家也，强之劫弱，众之暴寡，诈之谋愚，贵之傲贱"（《墨子·兼爱下》）。由此可见，义是人民生存、社会安定、天下和平的重要法宝。所以，"夫义，天下之大器也"（《墨子·公孟》）。正因为义之价值十分重要，墨子反复要人们"鼓而进于义"，"用义为政于国家"，"率天下之百姓以从事于义"，并且主张要明于"知义与不义之别"（《墨子·非攻上》）。墨子甚至认为，义比人的生命还要重要，"子墨子曰：万事莫贵于义。今谓人曰：予子冠履而断子之手足，子为之乎？必不为。何故？则冠履不若手足之贵也。又曰：予子天下而杀子之身，子为之乎？必不为。何故？则天下不若身之贵也。争一言以相杀，是贵义于其身也。故曰：万事莫贵于义。"（《墨子·贵义》）

2. 人以利"生"

墨子不但贵义，而且也贵利。他说，衣食之利，是人类生存的条件；财富之利，是国家固本足用的基础。一人、一家、一国，若财利不足，则不能"待凶饥"，不能作"贸易"。因此，物质利益具有十分重要的价值，所谓"衣食者，人之生利也"（《墨子·节葬下》）；"国家富，财用足，百姓皆得衣饱食，便宁无忧"（《墨子·天志中》）。正由于人以利而生，国以利而富，所以人们就以利为追求的对象，努力在"利之中取大"，并以获得利益为满足。《墨辩》从这个意义上解释"利"，提出了"利，所得而喜也"（《墨子·经上》），"得是而喜，则是利也"（《墨子·经说上》）的重要观点。这种观点，实质上是从人的情感和态度上给"利"下了定义，是以人的喜悦之情，肯定"利"的价值。墨家除了把利作为物质利益即财物、财利而外，还赋予利以更广泛的含义，举凡给人带来益处的一切，包括美好的人类情感（"相爱"）、和谐的人际关系、安定的社会秩序，都属于利的范围。他们所主张的"兴天下国家百姓人民之利"，就包括衣食之利和其他一切有益的事物。当然，其他利益也都是以物质利益为基础的。

3. 义因利"贵"

墨子义利兼重的观念，除了以上对"义""利"各自价值的看法之外，还有一个重要观点就是认为义利二者是统一的。义利统一的第一个方面就是义以利为内容，为基础；利的价值决定义的价值。《墨子·经上》云："义，利也。爱利此也，所爱所利彼也。爱利不相为内外，所爱利亦不相为外内。"就是说，义的实质内容是利，爱人利人者是主体（"此"）；所爱和所利的对象是客体（"彼"）。彼与此虽然有区别，但爱与利是统一的，不应有内外之别。不能说爱（义）是内，利是外；也不能说爱（义）是外，利是内。《大取》篇又云："义利不义害"，即是说义以利为内容而不以害为内容。根据这一观点，墨子指出所有一切合义的观念和行为都包含利的内容，"忠，以为利而强低也"，"孝，利亲也"，"功，利民也"（《墨子·经上》）。一句话，利于人即是义。正因为利是义的内容和基础，义不能脱离利而孤立存在，所以，墨子认为义的价值乃是由利的价值决定的。墨子说："所谓贵良宝者，为其可以利也。……不可以利人，是非天下之良宝也"；"而义可以利人，故曰：义，天下之良宝也"（《墨子·耕柱》）。就是说，"义"的价值所在正在于其能"利人"。

4. 利由义"正"

义以利贵，只是义利统一的一个方面，另一方面就是利以义保持其正确的方向；义统率利的价值。墨子认为，利益有相反的两个方向：一曰"亏人自利"；一曰"舍己利人"。"亏人自利"不但没有任何价值，而且是十分有害的。墨子尖锐地批判了"亏君而自利""亏父而自利""亏兄而自利""亏臣而自利""亏子而自利""亏弟而自利"的恶德和"贼人以利其身""乱异家以利其家""攻异国以利其国""夺人车马衣裘以自利"的罪行。只有"舍己利人"的思想和行为才具有崇高的价

值，墨子竭力主张人们要努力"国家百姓人民之利"，高度赞扬那些
"有财者疾以分人，有力者疾以助人"；"利人乎即为，不利人乎即止"
的高尚品德。"亏人自利"就是"不义"，"舍己利人"就是合"义"。
因此，只有坚持道义、正义的原则，才能使利沿着正确的轨道和方向发
展。正是在这个意义上，墨子提出："义，正也"（《墨子·天志下》）。
"义，正也"就是要以道义、正义来端正人们的思想言行，制约利益的
发展方向。由于义是"天志"的最高原则，"天之志者，义之经也"
（《墨子·天志下》），所以，"以义正利"即是"以天正人"。由于人的
"自利""利己"心相当顽强，要做到"舍己利人"十分不易，所以
"以义正利"的过程必须有高度的自觉性和自律能力，"夫义，天下之大
器也。……必强为之"（《墨子·公孟》）。由此可见，墨子所谓的义就是
公利。谋公利，即是行正义；行正义，即是兴天下之利。正义与公利是
完全统一的。

以上四点中，前两点分别就"义"与"利"的功能价值而言，后两
点就义与利的内在统一而言。结合起来就形成墨家义利兼重的价值观。
墨家的义利观，由于重视"利"的价值而遭到儒家的批评，孟子认为它
和杨朱的"为我"都是不顾仁义的"无君无父"之论，甚至骂其为"禽
兽"；也由于重视"义"的价值而受到法家的攻击，韩非认为它和儒家一
样都是空谈仁义的"无功无用"之谈，甚至斥之为"蠹虫"。这一方面
说明了墨家克服了义利观上的两种极端化的偏颇而两面受敌；另一方面
也注定了墨家义利观不受统治阶级认可而必然"中绝"的命运。汉以后
由于儒家的独尊，墨家义利观也随之消沉不显，然而它并未完全绝迹，
也不可能完全绝迹，它深刻地积淀于民族价值观念的结构中。后代一些
反对儒家重义轻利、崇义非利观念的哲人们事实上汲取了墨家义利兼重
的合理性来矫正儒家之偏。尽管他们大都未亮出墨家的旗帜，但思想史
上的认同还是显而易见的。

在先秦，除墨家之外，兼重义利的就得数《易传》了。《易传》是
战国中后期的作品，它对义利问题的论述尽管未充分展开，但却提出了

对后代影响极其深远的论点。《易传》认为，仁义是人道的根本原则，"立人之道曰仁与义"（《说卦》）。同时，它指出，义与利是统一的，"利者，义之和也"，"利物足以和义"（《乾·文言》）。意谓利于他物就是义的和谐，施利于他物就符合义。这个简明精练的命题中，包含着十分深刻的意蕴供后人挖掘。

如果说，在汉代以盐铁会议为中心的第二次义利之辨高潮中，批判贤良文学的桑弘羊等人公开打的是法家旗号的话，那么，在宋代的第三次义利之辨高潮中，批判理学的李觏、苏洵、叶适、陈亮等人却在事实上继承和发挥了《易传》思想，同时也吸取了墨家的合理因素。他们提出的主要观点是：

1. "人非利不生"

他们针对儒家贵义而贱利的观点，突出强调了利欲的价值。李觏说："利可言乎？曰：人非利不生，曷为不可言？欲可言乎？曰：欲者人之情，曷为不可言？言而不以礼，是贪与淫，罪矣！不贪不淫，而曰不可言，无乃贼人之生，反人之情？世俗之不喜儒，以此。孟子谓'何必曰利'，激也。焉有仁义而不利者乎？"（《李觏集·原文》）叶适进而指出，物质生活好了，道德水准才会相应提高，"夫衣食逸则知教，被服深则近雅。"（《叶适集·丁少詹文集序》）在此基础上，他们还强调，发展生产对于治理国家和满足人们物质生活需要的重要性。李觏说："治国之实，必本于财用"（《李觏集·富国策第一》）；叶适说："夫聚天下之人，则不可以无衣食之具"（《叶适集·财计上》）。

2. "道无功则虚"

他们明确批判了汉儒否定功利而崇尚道义的片面观点，认为道义不能离开功利，功利是道义的内容和基础。叶适说："正谊不谋利，明道不计功，此语初看极好，细看全疏阔。古人以利与人，而不自居其功，故道义光明。后世儒者，行董仲舒之论，即无功利，则道义者乃无用之虚语尔。"(《习学记言》卷二十三) 又说:"为文不能关教事,虽工无益也;笃行而不合于大义,虽高无益也;立志不存于忧世,虽仁无益也。"(《叶适集·赠薛子长》) 因此,他提倡"以功和义",反对"以义抑利"。陈亮也持相同观点,认为功利是道义的内容,"功到成处,便是有德;事到济处,便是有理"(陈傅良:《致陈同甫书》)。他甚至说,历代那些顺应时代,有所作为,有所建树的人物,即使行为有不合道义的地方,仍然是有价值的。"古今异宜,圣贤之事不可尽以法,但有救时之志,除乱之功,则其所为虽不尽合义理,亦自不妨为一世英雄"(转引自朱熹《寄陈同甫八》)。

3. "义利相为用"

他们在强调功利价值的基础上,认为义利是互相作用、彼此结合的,既不能离开道义说功利,也不能脱离功利谈道义,而应该将二者结合起来,统一起来。北宋苏洵说,单独靠义,是行不通的;但单靠利也不行。"徒头""徒利"都不合适,只有"义利、利义相为用,而天下运诸掌矣"(《嘉祐集·利者义之和论》)。所谓"义利、利义相为用"包括两个方面,一方面,以利统率义,这叫"利义"。苏洵说,行义"必即于利。即于利则其为力也易,戾于利则其为力也艰。利在则义存,利亡则义丧"(《嘉祐集·利者义之和论》)。另一方面,以义统率利,这叫"义利"。苏洵说,"义者,所以宜天下,而亦所以拂天下之心"(《嘉祐集·利者义之和论》)。"宜天下"指"宜乎君子";"拂天下之心"指违背了一般人的贪利之心。因此,以义统率利,就是使道德规范对人们有约束力。苏洵的这些观点是根据《易·乾传》中的"利者,义之和""利物足以和义"的命题发挥引申出来的,可以说是对义利关系相当深刻的看法。但是,它仍然遭到崇义非利论者朱熹的批评。朱熹认为,苏洵的错误一是把义看成"惨杀而不和","须着些利则和",这等于说"义是苦物,恐人嫌,须着些利令甜"。"此不知义之言也"。二是把义利分开了,"如此则义是一物,利又是一物"。这是不懂"义中自有利"

（《朱子语类·易十》）。在朱熹看来，义本身即是"和"，无须以利来"和"；义中自有利，无须以利相"着"。可见，他是用否定利之独立价值的"以义代利"论来反对苏洵义利并重的"义利相用"论。

4. "义利可双行"

中国思想上的第三次义利之辨，是以南宋陈亮与朱熹的辩论为代表的。这次辩论是"义、利"问题和"王、霸"问题结合在一起展开的，"王、霸"是"义、利"在政治上的表现，从仁义出发的政治是"王道"，以利欲指导的政治是"霸道"。朱熹认为，尧舜三代的王道是内本天理，外行仁义；而汉、唐的霸道，从内到外都是利欲，所谓"心乃利欲之心，迹乃利欲之迹"，"无一念之不出于人欲"。虽然，汉、唐之君也"假仁借义"，但"其全体只在利欲上"，所以，汉、唐不能与三代比隆。（朱熹《寄陈同甫书》）。针对这种义利对立、崇义绌利的观点，陈亮首先指出，义和利是统一的，不能截然分开。三代圣王不但行仁义，也讲求生民之利，"禹无功，何以成六府；乾无利，何以具四德？"（《宋元学案·龙川学案》）后世儒者说三代圣王不讲利欲，那是经"孔子一洗，故得如此净洁"（《陈亮集·又乙巳秋书》）。汉、唐帝王如汉高祖、唐太宗本领宏大，功业显赫，"禁暴戡乱，爱人利物"，但其心"发于仁政"，"无一念不在斯民"（《陈亮集·策论》），上接"三王之心迹"，使三代之"心"，"无常泯"；三代之"法"，"无常废"（《陈亮集·又乙巳春书之一》）。所以，汉、唐同样体现了三代的义理，故也有"三代之隆"。其次，他认为，义理和功利都有价值，不能崇此而非彼。关于义理之价值，他说："君臣，天地之大义也。……大义废而人道阙矣"（《陈亮集·问答六》）；"忠孝者，立身之大节，……人之至情也。"（《陈亮集·史传序》）"仁义礼乐，先王所以维持天下之具。"（《陈亮集·问答二》）关于功利的价值，他说："人才以用而见其能否，安坐而能者，不足恃也；兵食以用而见其盈虚，安坐而盈者，不足恃也"（《陈亮集·上孝宗皇帝第一书》）。甚至认为，孔子说仁义也"计人之功"（《陈亮集·又乙巳春书之二》），孟子言王道也"切于事情"（《陈亮集·勉强行道大有功》）。由此，他十分强调功利价值，反对超越功利，空谈义理，认为那些不讲功利，只会"低头拱手以谈性命"的儒者，是社会的废物。根据以上观点，陈亮明确提出"王霸可以杂用，则天理人欲可以并行"（《陈亮集·又丙午秋书》）。这就是著名的"义利双行，王霸并用"论。

对于上述义利统一、义利双行的观点，朱熹大为惊骇，十分忧虑。他说，这种义利观直接排摈"孟子董子之言"，"此大可骇"，学者习此功利之说"便可见效"，"此意甚可忧"。"熹窃以为今日之病，唯此为大。其余世俗一等低下见识，未足为吾患也"（《文集·答石天民》）。并说，陆九渊兄弟的"心学"，未足可畏，浙东陈亮等人的"功利"之学，才是天下"大病"。于是决心严辨义利，以破除其影响。由此可见，义利并重的观点对崇义非利论的冲击何等激烈，当时在义利问题上的斗争何等尖锐，正统儒学维护重义轻利或崇义非利论的态度又何等坚决。

然而，义利并重论并没有因宋明理学和心学的严厉批判而销声匿迹，到了明末清初，它又在唐甄、颜元、李塨等人对宋明理学的反思和批判中"别开生面"。唐甄在肯定"忠孝，大伦也，仁、义、信，美德也；道，大路也"（《潜书·破崇》）等道义价值的同时，着重强调功利价值，批判宋明道学"儒者不计功"的观念。他说，道义是和物质利益分不开的，"财用足，礼义兴"（《潜书·善施》）；功利出于人们的心性，"众人有庸见矣，谓功不必出于心性"，"岂有心性无功者哉？心性无功，是有天地而不生万物也"（《潜书·良功》）；功利也是一切生物的普遍法则，"万物之生，毕生皆利，没而后已，莫能穷之者。若或穷之，非生道矣"（《潜书·良功》）。因此，应该以养民利民的实际功效作为衡量道义的标准，"为仁不能胜暴，非仁也；为义不能用众，非义也"（《潜书·有为》）。"廉者必使民俭以丰财；才者必使民勤以厚利。举廉举才，必以丰财厚利为征"，"廉而不能养民，其去贪吏几何？……才而不能养民，其去酷吏几何？"（《潜书·考功》）根据这些基本观点，唐甄指出，儒者的可贵就在于建功兴利，讲求功效，"儒者之为贵者，能定乱，除暴，安百姓也。若儒者不言功，……何异于匹夫匹妇乎？"（《潜书·辨儒》）"儒者不言事功，以为外务。……世既多难，己安能独贤！"（《潜书·良功》）他激愤地说，不讲功利，对社会毫无用处的贤者，其价值连碎砖烂瓦都不如，"贤而不致于用，吾见其不瓦砾若也"（《潜书·贞隐》）。这实在是对崇义非利论者的尖锐批判。

颜元更是把义利兼重论发展到较为成熟的程度，明确提出了"正其谊（义）以谋其利，明其道而计其功"（《四书正误》）的主张。颜元认为：（1）计功谋利是人类活动的基本原则。"世有耕种而不谋收获者乎？世有荷网持钩而不计得鱼者乎？抑将恭而不望其不侮，宽而不计其得众乎？"（《习斋言行录》）（2）道义和功利是密切联系不可分割的统一体。"五伦"离不开"六艺"，"六艺尤在人情物理用功"，去"六艺"而讲"五伦"，"即为空虚，即为支离"。"德性以用而见其醇驳，口笔之醇者，不足恃！学问以用而见其得失，口笔之得者，不足恃！"（《习斋年谱》卷上）道德修养也是"身心一致加功"的义利统一过程。（3）义利结合才是最高的价值。"以义为利，圣贤平正道理也。尧舜'利用'，尚书明与'正德'、'厚生'并为三事"，"利者，义之和也"，"义中之利，君子所贵也"。（《四书正误》）据此，颜元指出，孟子非利仅是为了反对"掊克聚敛者耳"，并不是完全否定利益。后儒乃云不谋利计功，"过矣"！"宋人喜道之"，是为了"文其空疏无用之学"（《四书正误》）。他说，这种不计功利而空谈义理的学说，"便是老无释空之根"，它连先秦时讲"为我"的杨朱和尚"兼爱"的墨子都不如。从汉儒到宋儒不过是"通二千年成一欺局！"总之，颜元的结论是："正谊（义）便谋利，明道便计功，是欲速，是助长；全不谋利计功，是空寂，是腐儒"（《习斋言行录》）。可以说，颜元比较全面地翻了自汉至宋的正统儒学重义轻利、崇义非利的案，以"正其谊（义）以谋其利，明其道而计其功"的新公式取代了"正其谊不谋其利，明其道不计其功"的旧模型。使义利统一、义利兼重的价值观，达到了近代以前传统哲学所能达到的理论高度。

（五）义利双弃论

以上四种义利观或对义利中的一面或对义利二者总还有所肯定，而中国哲学史上还有一种观点对义利二者皆持否定态度，此即所谓"义利双弃"论。

义利双弃论渊源于道家，老子、庄子是其代表。我们知道，道家的最高价值取向是自然无为，主张崇尚自然，因任天性，不贵人为。表现在义利观上，就是"绝仁弃义"，"绝巧弃利"（《老子》第十九章），完全否定义利的价值。他们提出的主要理由是：

1. 义利是天道的反面

老、庄以道为世界的本原，也以道为价值源泉，道的特征是"道法自然"，"道常无为"；"不争"而"好静"，"集虚"而"无私"。庄子说："虚静恬淡寂寞无为者，万物之本也"（《庄子·天道》）。正由于此，道才是宇宙间"至尊""至贵"的最高价值。而仁义和利益，既是人们有为的产物，又是人们争夺的对象，"自虞氏招仁义以挠天下也，天下莫不奔命于仁义"（《庄子·骈拇》），"民乃始踶跂好知，争归于利，不可止也"（《庄子·马蹄》）。甚至以身"殉利"、以身"殉仁义"。这不但和天道的本性是完全对立的，而且是对天道的损害，此所谓"毁道德以为仁义"（《庄子·马蹄》）。因此，为了复归天道，"循道而趋"（《庄子·天道》），就必须绝义弃利。

2. 义利是人性的异化

道家认为人的本性和天道一样也是自然无为、素朴无欲的。老子说："见素抱朴，少私寡欲"（《老子》第十九章）。庄子说："性者，生之质也"（《庄子·庚桑楚》），"形体保神，各有仪则，谓之性"（《庄子·天地》）。都以素朴、少私、寡欲为人的自然素质。他们说，由于人们抛弃了自然本性，产生了自私心、占有欲，才去追求仁义道德和物质利益。义利本身就是人性异化的表现，"自三代以下者，天下莫不以物易其性矣。小人则以身殉利，士则以身殉名，大夫以身殉家，圣人以身殉天下。故此数子者，事业不同，名声异号，其于伤性以身为殉，一也"（《庄子·骈拇》）。儒家崇义轻利，以为取义的君子比求利的小人高尚，可是在道家看来，二者在人性异化上并无区别，"彼其所殉仁义也，则俗谓之君子，其所殉财货也，则俗谓之小人。其殉一也，则有君子焉，有小人焉，若其残生损性，则盗跖亦伯夷也，又恶取君子小人于其间哉！"（《庄子·骈拇》）义利既然"削性""伤性""损性"，为了保持人的自然本性，"反其性情而复其初"（《庄子·缮性》），就必须绝义弃利。

3. 义利是历史的倒退

道家认为，上古之世乃是人类历史的黄金时代，当时，人们都遵循天道，顺应本性而生活，无私无欲，不争不夺，既不受道德规范制约，也没有财利富贵的引诱，自由自在，无忧无虑。可是，随着文明的发展，智慧的增长，行政的产生，财富的积累，才出现了仁、义、礼、智、名、利之类的东西，致使人间产生了浮华、竞争、昏乱和愚昧。老子说，这是人类历史的大倒退，"夫失道而后德，失德而后仁，失仁而后义，失义而后礼。夫礼者，忠信之薄也，而乱之首也"（《老子》第三十八章）；"大道废，有仁义；智慧出，有大伪"（《老子》第十八章）。庄子进而指出，这种历史的倒退是圣人造成的，"至德之世"，"同乎无知，其德不离，同乎无欲，是谓素朴"，"及至圣人，蹩躠为仁，踶跂为义，而天下始疑矣。澶漫为乐，摘僻为礼，而天下始分矣。……毁道德以为仁义，圣人之过也"；"民乃始踶跂好知，争归于利，不可止也，此亦圣人之过也"（《庄子·马蹄》）。可见，仁义、名利都是历史倒退的产物，它不但没有什么价值，而且是价值失落的表现。

4. 义利是社会的祸害

老、庄认为，自义利产生以后，它给社会造成了严重的危害。一切争夺残杀、欺诈虚伪、战乱动荡、犯罪堕落，莫不是由追求利欲而引起的，也莫不是打着仁义的招牌而进行的。老子说："天下多忌讳而民弥贫；民多利器，国家滋昏；人多伎巧，奇物滋起；法令滋彰，盗贼多有"（《老子》第五十七章）；"祸莫大于不知足，咎莫大于欲得"（《老子》第四十六章）。庄子说：圣人以仁义治天下，"则是重利盗跖也。……为之仁义以矫之，则并于仁义而窃之。何以知其然邪？彼窃钩者诛，窃国者为诸侯；诸侯之门而仁义存焉。则是非窃仁义圣知邪？故逐于大盗，揭诸侯，窃仁义，并斗斛权衡符玺之利者，虽有轩冕之赏弗能劝，斧钺之威弗能禁。此重利盗跖而使不可禁者，是乃圣人之过也"（《庄子·胠箧》）。一言以蔽之，义利是人间最大的祸害，它仅是对盗贼有好处的东西。

根据以上认识，道家竭力主张"退仁义""弃名利"。他们指出，义利双弃、义利兼忘，是顺应天道，复归人性，返回至德之世，消除人间祸害的根本途径，"绝圣弃智，民利百倍，绝仁弃义，民复孝慈；绝巧弃利，盗贼无有"（《老子》第十九章）。"攘弃仁义，而天下之德始玄同矣。"（《庄子·胠箧》）

道家的义利双弃观念，虽不及儒家的重义轻利论影响巨大，但仍在思想史上留下痕迹。西汉时的《淮南子》一书，就有把道家义利观与儒墨混合的倾向，在一些篇章中，明确反对功利和仁义，主张全性保身，乐德乐道，宣称"至德天地之精也，是故生不足以使之，利何足以动之！"（《淮南子·俶真训》）"天下之大利也，比之身则小。"要人们"名不动志，利不动心"（《淮南子·诠言训》）。魏晋时的嵇康、阮籍在否定儒家的礼法名教时，也继承发挥了道家的义利双弃论，提出"仁义务于理伪，非养真之要术；廉让生于争夺，非自然之所出"（《嵇康集·自然好学论》），"害无所避，利无所争"，"无是非之别，无善恶之异，故天下被其泽，而万物所以炽也"（《阮嗣宗集·大人先生传》）等观点。

北宋道学中受道家思想影响较深的邵雍，把义利兼忘的人生态度提到最高人生境界和最高人格特征的高度。他说："天下将治，则人必尚义也；天下将乱，则人必尚利也。尚义则谦让之风行焉，尚利则攘夺之风行焉。"（《皇极经世·观物内篇》）又说："君子喻于义，贤人也；小人喻于利而已。义利兼忘者，唯圣人能之。君子畏义而有所不为，小人直不畏耳。圣人则动不逾矩，何义之畏乎？"（《皇极经世·观物外篇》）这里，既严于义利之辨，以尚义尚利为治乱之象征和君子小人的分野，又将义利兼忘作为圣人人格的标志和最高人生境界的特征，实在是儒家重义非利论和道家义利双弃论相结合的最好范例。

中国传统哲学的义利观，主要有以上五种观点。这五种观点，就学派而言，义利双弃论、崇义简义论、重义轻利论和崇义非利论的学派特征都十分鲜明，而义利兼重论，则是墨家和部分儒家学者的共同主张，特别是汉代以后，提出义利统一、义利兼重的几乎都是儒家学者。这说明，义利不但是学派之间争论的重大问题，也是儒学内部争论的重要问题之一。而儒学内部的争论也是儒法、儒墨之争在儒学内部的反映。可见，在传统哲学中，讨论义利问题的并非仅有儒家，其他各家也都有自己的义利观，儒家的义利观也并非只是重义轻利或崇义非利一派，还有不少学者主张义利兼重。当然，从总体上看，西汉以后，儒家的重义轻利论和崇义非利论基本上处于主导地位，其他观点则处于从属和补充的地位。但从观点的合理性来说，义利双弃失之虚无，崇利简义和崇义非利都失之极端，重义轻利亦有偏颇，而义利兼重论则比较全面。今天，我们要在马克思主义关于政治和经济、道德和利益等辩证关系思想的指导下，建立适合社会主义现代化建设时期需要的新的义利观，完全可以通过扬弃来汲取传统义利观中积极合理的成分。

二 德力论

——道德与实力的权衡

德力是中国传统哲学中关于道德价值与力量价值的一对重要范畴。德力之辨从先秦开始，贯穿于哲学史的整个过程，它往往与义利之辨、王霸之辨结合进行。在个人，它表现为道德品质与气力、能力的关系；在社会，它表现为道德教化与经济实力、强权实力、军事实力的关系。当德力相对并列构成范畴时，二者往往标志着实现某种价值目标的工具，而不是标志价值目标本身。

中国哲学史上的德力之辨，既在学派之间展开，也在学派内部进行。就是说，不但儒、墨、道、法各派对德力价值的观点不同，即使在儒家内部，主流派与旁流派、正宗派与别宗派，也对德力价值的看法有异。大体有下列几种观点。

（一）尚德轻力论

孔子是德力问题的最早提出者，也是尚德轻力论的倡导者。他说："骥不称其力，称其德也"（《论语·宪问》）。意思是说，称赞千里马，并不是赞美它的气力，而是赞美它的品德。这句比喻性的话，是儒家关于德力并举的最早表述，也是儒家尚德轻力的基本命题。而且正由于它以比喻形式出现，所以具有较大的包容性和弹性，既可以说明个人的道德与能力之关系，也可以说明国家的道德风尚与物质实力之关系。历代的《论语》解释者，也常从这些方面引申和阐释此句话的含义。当然，孔子的德力观并非仅仅表现在这句话上。《论语》中关于"崇德""尚德""弘德"的说法和观点随处可见。例如，在个人修养上，他提出"志于道，据于德，依于仁，游于艺"（《论语·述而》）；在人格评价上，他认为"君子怀德，小人怀土"（《论语·里仁》）；在治世原则上，他主张"为政以德"，"道之以德"（《论语·为政》），"远人不服，则修文德以来之"（《论语·季氏》）；在社会理想上，他殷切期望"民德归厚"（《论语·学而》）。对于力，孔子并不完全否定，只是认为"力"之价值地位在"德"之下，"德"比"力"更为重要。例如，"道之以政，齐之以刑，民免而无耻，道之以德，齐之以礼，有耻且格"（《论语·为政》）就是认为行政强制力和刑罚威慑力都不如德化、礼治更有价值。又如，"仁者必有勇，勇者不必有仁"（《论语·宪问》）。仁者不贵勇力，不着意务勇力，但自然会具备勇力，但一个有勇力的人，未必即具备仁德。再如，"桓公九合诸侯，不以兵车，管仲之力也。如其仁。如其仁。"（《论语·宪问》）齐桓公多次会合诸侯，并不凭借武力，这都是管仲的功劳，这就是管仲的仁德所在。可见，无论是行政权力、法制强力、个人勇力、军事武力，固然都有意义，但其价值都在道德之下。这就是孔子关于德力价值的基本观点。

孟子继承了孔子的思想，对德力问题作了比较明确充分的论述。他认为，德和力分别是实行王道和霸道的工具或手段，王、霸是两种对立的政治路线。所谓王道，也就是仁政，其宗旨在于保民、行德；所谓霸道，就是以强力和武力统治人民，霸道虽然也讲仁义，那只不过是假借仁义以为幌子。所以，孟子说："以力假仁者霸，……以德行仁者王"；"以力服人者，非心服也，力不赡也，以德服人者，中心悦而诚服也，如七十子之服孔子也"（《孟子·公孙丑上》）。孟子提倡王道，反对霸道，于是将德与力对立起来，尚德而非力。在孟子以前，孔、墨都使用过王、霸概念，但并未将二者明显对立，因之对德与力虽然说有价值地位高低之分，但也未形成德力对立的观念。从以上我们引用的孔子称赞管仲"如其仁，如其仁"的话，就可以明显看出孔孟在德力观念上的差异。

孔子重德轻力、孟子崇德非力的观念，对后代儒者影响甚大。汉代盐铁会议上，在辩论义利的同时，也涉及到德力问题。贤良文学们针对法家"废德而任力"的价值观念，提出"王者崇礼施德，上仁义而贱怪力"的路线。在内政上，他们反对"以权相倾""峭法盛刑"的强力政治，主张"礼义者国之基也，而权利者政之残也"的德治仁政；在外交上，他们反对任兵而战、兴师而伐的武力政策，主张"贵以德而贱用兵"的怀柔策略。总之，要像文王那样"以道德为城，以仁义为郭"，要像汤、武那样"以道德为胄，以仁义为剑"，用"崇德贱力"取代"废德任力。"（《盐铁论》）由于当时的争论中心是围绕汉武帝时的内外政策展开的，所以对于德力问题，基本上是引用孔、孟的既成观点，在理论上并无新的发展。但却在理论与实际的结合上使尚德非力观念扩大了影响。

使重德轻力价值观在理论上有较大进展的是南宋时陈亮与朱熹的一场辩论。当时讨论的主题是王、霸，但深层次的价值观念则是义、利和德、力。朱熹提出的主要看法是：（1）王道与霸道是两种对立的政治路线。"古之圣人致诚心以顺天理，而天下自服，王者之道也"，"齐桓晋文，则假仁义以济私欲而已。……则固霸者之道也"（《四书或问·孟子或问》）。（2）历史从三代到汉唐是由王道到霸道的退化运动。夏、商、周三代帝王"心术"最正、最好，能以"道心"治天下，所以天理流行，社会上一切都是光明的、至善的，实现了仁的理想境界，是王道政治。三代以后，从秦汉至唐，帝王"心术"不正，"人欲横流"，社会上一切都是混乱的、黑暗的，是霸道政治。（3）王道和霸道的对立体现了价值观上理与欲、公与私、义与利、德与力的对立。王道："致诚心以顺天理""皆出于至公而无一毫之私心""仁义为先而不以功利为急""以德行仁，则其仁在我而惟所行矣"。霸道："假仁义以济私欲""举世没于功利，而不知仁义之固有"、做事"都是自智谋功力中做来"，"以力假仁者，不知仁之在己而假之也。"（《四书或问》《朱子语类》）

（4）王霸对立不只表现于政治领域，在人们的日常生活中也是存在的。一般人物在日常行事中，只要出于"天理""至公""仁义"，并"以德行仁"者，"虽在下位，何害其为王道"。因为，"能行其道，则不必有其位，而固已有其德矣"。这样的人，"用之则为王者之佐，伊尹大公是也；不用则为王者之学，孔孟是也"（《四书或问·孟子或问》）。反之，"凡日用常行应事接物之际，才有一毫私心，便非王道，便是霸者之习，此不可不省察也"（《朱子语类》卷八十三）。由此可见，朱熹把王霸、德力之辨，从政治扩大到历史、道德、生活等广阔领域，而成为普遍的价值观念问题。而且，他还把德力与理欲、义利、公私作为同等系列的价值范畴，互相对应起来，以强化其崇德非力观念。

儒家的重德轻力观念，从先秦经汉代而至宋，达到了理论的极致，后儒虽仍有所论说，但大抵未越出朱熹的藩篱，理论上再未掘出新意。

（二）全力凝德论

在儒家中，荀子的德力论与孔、孟有同有异，乃别为一宗。其特点是，在伦理价值上，他奉行重德轻力，略同于孔、孟，可是在政治价值上，又主张全力凝德，王、霸皆可，与孔、孟有别。他的主要看法如下。

1. 力为德役

荀子认为，"君子以德，小人以力。力者，德之役也"（《荀子·富国》）。就是说，君子是用德者，小人是用力者，用力的人受用德的人支配，为用德的人服务。为什么这样说呢？荀子说，百姓的成功、和睦、财富、安宁、长寿，只有依靠君子的德化才能实现。这显然是把道德看成社会的支配因素，而将劳力、能力视为从属因素。德力对立，既是人格等级的差别，也是阶级地位的差别。这种观念其实是孟子"劳心者治人，劳力者治于人"的另一说法。

2. 全力凝德

荀子指出，要建立一个统一强大的国家，必须在政治上隆礼、尚贤、平政、爱民；在经济上务本事、积财物，增强实力；在军事上兵劲城固，修饰器械，增强武力。这些条件概括起来就是，"全其力，凝其德。力全则诸侯不能弱也，德凝则诸侯不能削也，天下无王霸主，则常胜也。是知强道者也"（《荀子·王制》）。这就从政治上充分肯定了德和力的价值。

3. 德兼者王，力兼者弱

德和力不但具有强国的价值，而且在兼并别国、实现统一的军事斗争中也有重要价值。荀子认为，用道德和用武力是实行兼并的两种重要策略，二者固然都能实现目的，但比较而言，以德兼并胜于以力兼并。他说："彼贵我名声，美我德行，欲为我民，故辟门除涂，以迎吾入，因其民，袭其处，而百姓皆安，立法施令莫不顺比；是故得地而权弥重，兼人而兵俞强，是以德兼人者也。非贵我名声也，非美我德行也，彼畏我威，劫我势，故民虽有离心，不敢有畔虑，若是则戎甲俞众，奉养必费；是故得地而权弥轻，兼人而兵俞弱，是以力兼人者也"。总之，"以德兼人者王，以力兼人者弱，……古今一也"（《荀子·议兵》）。虽然荀子对德力在兼并战争中的作用都有所肯定，但更崇尚德的价值，希望通过"德兼"以取得"兵不血刃，远迩来服"的效果。

4. 粹而王，驳而霸

对于和德力密切联系的王霸问题，荀子也有自己的独特之见。他认为王霸是两种各具特征的政治模式和政治路线，从纲领宗旨上看，"隆礼尊贤而王，重德爱民而霸"（《荀子·强国》）；从内政重点上看，"王者富民，霸者富士（指武士）"（《荀子·王制》）；从人才方针上看，"尊圣者王，贵贤者霸"（《荀子·君子》）；从道德原则上看，"义立而

王，信立而霸"（《荀子·王霸》）；从外交政策上看，"王夺之人，霸夺
之与"（《荀子·王制》）。由此可见，荀子所谓的王道，是指完全以礼义
道德为最高宗旨的政治路线，而霸道则是不废道德但更重视强力，即不
能完全奉行礼义道德的政治路线。正是在这个意义上，荀子说："粹而
王，驳而霸"（《荀子·强国》），"驳"就是混杂不纯之意。荀子认为，
霸道的价值地位处于立足于大处治国与立足于小处治国二者之间。"国
者，巨用之则大，小用之则小，綦大而王，綦小而亡，小巨分流者存。
巨用之者，先义而后利，安不恤亲疏，不恤贵贱，唯诚能之求，夫是之
谓巨用之。小用之者，先利而后义，安不恤是非，不治曲直，唯便辟亲
比己者之用，夫是之谓小用之。巨用之者若彼，小用之者若此；小巨分
流者，亦一若彼，一若此"（《荀子·王霸》）。"巨用之"即立足于大处
治国，此乃王者之道，"小用之"即立足于小处治国，此乃亡国之道，
"小巨分流者"有些方面像"巨用之者"，有些方面像"小用之者"，介
于"巨用"和"小用"二者之间，此乃霸者之道，也是存国之道。可
见，荀子以德力混杂、义利交用为霸道的特征，并未将王与霸绝对对立
起来，只是认为霸不如王而已，和孟子崇王抑霸有明显不同。

　　荀子的德力、王霸观念，虽然是儒家的别宗，但却对后代有重要影
响。西汉的政治价值观，基本上是在德的基础上德力兼重、王霸并用的。
就拿董仲舒的思想来说，一方面他主张以仁义教化为根本，实现王道、
仁政、德治；另一方面又宣扬王霸并用，"春秋之道，大得之则以王，
小得之则以霸，……霸王之道，皆本于仁"（《春秋繁露·俞序》）。王霸
之别，仅是"大""小"之分，并非善恶之异。王霸并用就是德力并行，
用董仲舒的话说就是"阴者阳之助""刑者德之辅"（《春秋繁露·天辨
在人》）。董仲舒的德力观，其理论渊源，显然是孟、荀思想的综合，其
现实内容，则是汉代初期统治阶级的奋发有为，封建国家实力强大，重
事功，好武力这种时代精神的反映。汉宣帝说："汉家自有制度，本以
霸王道杂之"（《汉书·元帝纪》），就是对西汉王霸杂用的政治格局和德
力并行的价值观念的明确总结。

其实，不仅是汉代，中国封建社会的每个朝代，其政治路线和统治策略，实际上无不是德刑并举、文武兼备、王霸杂用，从价值观上说，即是德力并重。只是汉以后的统治阶级，在理论上和口头上更加大肆标榜仁义，宣扬道德，以德治、仁政外衣掩盖其力治、霸道之实，对民众进行欺骗和愚弄。已基本丧失了汉代皇帝自称"王霸杂用"的气概。

（三）义圣力暴论

墨家在社会生活中既尚德又重力，"德行之厚"和"赖力者生"都是他们所推崇的价值。在政治领域，也不尊王抑霸，而是认为"霸王之业，可行于天下矣"（《墨子·辞过》）。对于"王天下"的尧舜禹汤文武和"霸诸侯"的齐桓、晋文、楚庄，都十分赞赏，称扬他们"功名蔽天地""功名传于后世"（《墨子·所染》）。在墨家看来，王霸之别主要在于功业成就之大小，而不在于尚德尚力的差异。这是和儒家，特别是和孟子的大不相同之处。

然而，墨子在政治领域，却以德力为价值标准，区别了"圣王"之政和"暴王"之政，提出了"义圣力暴"论。

墨子认为，王道和霸道并不是两种不同的政治模式，但"义政"和"力政"却是两种根本对立的政治路线。他说："顺天意者，义政也，反天意者，力政也。然义政将奈何哉？子墨子言曰；处大国不攻小国、处大家不篡小家，强者不劫弱，贵者不傲贱，多诈者不欺愚。此必上利于天，中利于鬼，下利于人，三利无所不利。故天下美名加之，谓之圣王。力政者则与此异，言非此，行反此，犹倖驰。处大国攻小国，处大家篡小家，强者劫弱，贵者傲贱，多诈欺愚。此上不利于天，中不利于鬼，下不利于人，三不利无所利。故举天下恶名加之，谓之暴王。"（《墨子·天志上》）

又说："兼之为道也义正，别之为道也力正。曰：义正者何若？曰：大不攻小也，强不侮弱也，众不贼寡也，诈不欺愚也，贵不傲贱也，富不骄贫也，壮不夺老也。是以天下之庶国，莫以水火毒药兵刃之相害也。若事上利天，中利鬼，下利人，三利而无所不利，是谓天德。故凡从事此者，圣知也，仁义也，忠惠也，慈孝也。是故聚敛天下之善名而加之。是其故何也，则顺天之意也。曰：力正者何若？曰：大则攻小也，强则侮弱也，众则贼寡也，诈则欺愚也，贵则傲贱也，富则骄贫也，壮则夺老也。是以天下之庶国，方以水火毒药兵刃之相贼也。若事上不利天，中不利鬼，下不利人，三不利而无所利，是谓之贼。故凡从事此者，寇乱也，盗贼也，不仁不义，不忠不惠，不慈不孝。是故聚敛天下之恶名而加之。是其故何也，则反天之意也。"（《墨子·天志下》）

由此看来，墨子以顺天意，行兼爱，利天下者为"义政"，而以反天意，行攻伐，害天下者为"力政"。"义政"乃"圣王"之道，"力政"为"暴王"之道。以历史为例，他称尧、舜、禹、汤、文、武为三代圣王，以桀、纣、幽、厉为三代暴王。

不仅如此，墨子还认为，历史是从"义政"到"力政"的退化过程，"逮至昔三代圣王既没，天下失义，诸侯力正。是以存夫为人君臣上下者之不惠忠也，父子弟兄之不慈孝弟长贞良也。正长之不强于听治，贱人之不强于从事也。民之为淫暴寇乱盗贼，以兵刃毒药水火退无罪人乎道路率径。夺人车马衣裘以自利者并作。由此始，是以天下乱"（《墨子·明鬼下》）。他的历史使命，就是以"义政"取代"力政"，恢复"圣王"之道。

墨子不以德力论王霸，而且盛赞齐桓、晋文的霸业，这和"仲尼之徒，无道桓、文之事者"（孟子）的儒家诚然大相径庭；他的"义政""力政"的内容，也和儒家王道、霸道的含义甚不相同。可是，他以义、力之别明圣、暴之辨的思维方式和儒家却极其类似。儒家通过崇德非力来尊王抑霸，墨子则通过崇义非力来尊圣贬暴；儒家（朱熹）把历史说成由"王道"到"霸道"的退化过程，墨子则把历史看作从"义政"到"力政"的退化过程。这表明，儒、墨在政治上都有崇德非力的共同观念，也都具有通过"法先王"来宣扬自己政治价值理想的共同思路。

（四）务力废德论

和尚德轻力的观念相反，历史上也有一些学者主务力废德论。这种观点，在先秦，是以商鞅、韩非等法家人物为代表的，后代也有人弘扬其说。

商鞅、韩非在学术上是作为儒、墨的否定力量而出现的，他们所"废"的"德"，是指儒、墨所宣扬的仁义、忠孝、慈惠等道德，他们所"务"的"力"，包括经济实力、军事实力、政治权力、法治威力、刑罚暴力、君主势力、臣民能力等诸多方面。他们德力观的主要内容是：

1. 当今争于力，古人亟于德

商、韩认为价值观念是随历史发展而变化的，在不同时代，人们有不同的价值取向，"古人亟于德，中世逐于智，当今争于力"（《韩非子·八说》）。尚德与尚力表现了古今之别、时代之异，时处当今之势，仍用古人之德，违背了历史趋势，不符合时代要求。因此，尚力废德是历史的必然。

2. 富强起于力，贫弱由于德

商、韩总结了历史经验，分析了当代实际，认为国家的富强在于经济和军事实力，"能越力于地者富，能起力于敌者强"（《韩非子·心度》），"国多力，而天下莫之能侵也"（《韩非子·饬令》）。如果不重实力而空谈仁义道德，国家必然会贫困衰弱。从历史上看，"成欢以太仁弱齐国，卜皮以慈惠亡魏王"（《韩非子·内储说上七术》），"偃王仁义而徐亡，子贡辩智而鲁削"（《韩非子·五蠹》），"慕仁义而弱乱者，三晋也，不慕仁义而治强者，秦也"（《韩非子·外储说左上》）。可见，务力废德是国家富强的必由之路。

3. 务力则国治，尚德则国乱

在内政方面，商、韩认为，只有重视权势、以法治国、赏罚分明、严刑重罚，实行强力政治，才会使臣民畏于强力制裁和暴力惩罚而服从统治，不敢犯上作乱，社会才能安定，天下才会大治。如果以仁义为本，以慈惠为怀，不忍诛罚，施行德治，臣民就无所畏惧，无所约束，为奸作乱，卑主危国。韩非说："力多，则人朝，力寡，则朝于人。故明君务力。"（《韩非子·显学》）又说："夫严家无悍虏，而慈母有败子。吾以此知威势之可以禁暴，而德厚之不足以止乱也。"（《韩非子·显学》）又说："夫严刑者，民之所畏也，重罚者，民之所恶也。故圣人陈其所畏以禁其邪，设其所恶以防其邪，是以国安而暴乱不起。吾是以明仁义爱惠之不足用，而严刑重罚之可以治国也。"（《韩非子·奸劫弑臣》）

4. 尽力者有功，恃德者无用

就个人来说，其价值支柱在于功业、功名，有了功业，富贵、爵位、赏誉就随之而来。而每个人的实际能力和实际劳绩，则是建功立业的根本条件。所以说。"人力尽而功名立"（《韩非子·用人》），"好力者其爵贵"（《韩非子·心度》）。反之，如果无能力、无实绩，口谈仁义，空言道德，"务以仁义自饰"，"修行明道以游海内"，内"无耕之劳"，外"无战之危"，那么，在法治社会，在竞力时代，就不可能"有富之宝"，"有贵之尊"。个人的价值就不会得到提高。在法家看来，儒、墨之流，就是一些"称先王之道以籍仁义，盛容服而饰辩说"（《韩非子·五蠹》）的无用之徒，于国于人都没有什么益处。

可见，法家通过历史的古与今、国家的强与弱、政治的治与乱、个人的荣与辱等多方面的对比，充分说明了务力废德价值观的重大意义，并对儒家的贵德轻力观进行了激烈的批判。

在历史上，法家的德力观曾是地主阶级上升时期的占主导地位的价值观之一，并在实践中发挥了重大作用。汉以后，随着儒家思想的独尊，法家的务力废德论也随之消沉。汉代中期的盐铁会议就是法家德力论由显到沉的一个转折。这次会议上，儒、法双方就义利、德力问题展开辩论，桑弘羊等法家政治家，为坚持和维护务力废德价值观的主导地位发表了十分激烈的言论。

文学们攻击商鞅"废德而任力，峭法盛刑，以虐戾为俗"，"文察则以祸其民，强力则以厉其下"，"无恩于百姓，无信于诸侯，人与之为怨，家与之为仇"（《盐铁论》）。桑弘羊等人针锋相对地指出，儒家的贵德观念，"华于言而寡于实，繁于乐而舒于民"，"重怀古道，枕籍诗书，危不能安，乱不能治"；"悦西施之美无益于容，道尧舜之德无益于治"。历史上，"徐偃王行义而灭，鲁哀公好儒而削"，就是由于他们"知文而不知武，知一而不知二"。如果，人们都贵德而非力，"释末耜而学不验之语，旷日弥久而无益于理，往来浮游，不耕而食，不蚕而衣，巧伪良民，以夺农妨政，此亦当世之所患也。"而且，推行德治而不用强力，也不能防奸矫邪，除乱求治，"无法势，虽贤人不能以为治，无甲兵，虽孙、吴不能以制敌。是以孔子倡仁义而民不从风，伯夷遁首阳而民不可化"。可见，"虽言仁义，亦不足贵者也"，"安国尊君，未始有效也。"（《盐铁论》）

而法家商鞅、韩非的尚力路线，"内立法度，严刑罚，饬政教，奸伪无所容。外设百倍之利，收山泽之利，国富民强，器械完备，蓄积有余。是以征敌伐国，攘地斥境，不赋百姓而师以赡。故利用不竭而民不知，地尽西河而民不苦"（《盐铁论·非鞅》）。法家严刑峻法的强力政策，是为了锄"无用之苗"，惩"无用之民"。"无用之苗，苗之害也，无用之民，民之贼也。锄一害而众苗成，刑一恶而万民悦"，"令严而民慎，法设而奸禁。网疏则兽失，法疏则罪漏"。"今刑法设备而民犹犯之，况无法乎？"（《盐铁论》）

桑弘羊等人对尚德轻力论的批判和对务力废德论的弘扬，虽然紧密结合了当时的实际，为汉武帝以来在法家思想指导下的具体政策和政治实践进行了辩护，但其基本的理论观点，仍然是商鞅、韩非的旧调重弹。

这说明，由先秦法家提出的尚力废德价值观，到西汉中期并无新的理论进展。经过这次争论以后，由于儒家对排除尚力废德观念更加自觉，由于统治阶级竭力维护儒家思想的优势地位，尚力废德论就只能作为一股暗流而存在。后世一些崇尚这种观念的思想家，例如王安石等人，也常是对其加以儒学改造后而吸取利用的。

（五）德力具足论

如果说，尚德轻力和务力废德都因为各执一端而有所偏的话，德力具足论则是比较公允全面的看法。较早提出这一观念的哲学家是东汉唯物主义者王充，他在巨著《论衡》中，沿着既"问孔""刺孟"且又"非韩"的学术方向，对德力问题作了比较系统的论述。他的基本观点是。

"治国之道，所养有二：一曰养德，二曰养力。养德者，养名高之人，以示能敬贤；养力者，养气力之士，以明能用兵。此所谓文武张设，德力具足者也。"（《论衡·非韩》）

为什么治国之道要养德养力、德力具足呢？王充提出了如下理由：

1. "世不乏于德，犹岁不绝于春也"——德是社会的必要因素

韩非认为在人类历史上，上古竞于道德，后世由于人多财寡，互相争夺，道德就无用了。"世衰事变，民心靡薄"，因此应该以力治世。王充指出，这种看法是不对的。"夫世不乏于德，犹岁不绝于春也。谓世衰难以德治，可谓岁乱不可以春生乎？人君治一国，犹天地生万物。天地不为乱岁去春，人君不以衰世屏德。"（《论衡·非韩》）就是说，道德在人类社会是必然存在的，也是普遍需要的，人类社会不可能出现没有道德因素的时期，如同每年的自然季节中不可能没有春天一样。既然天地不因乱岁去春，人世就不应因为世衰而废德任力。王充的这种类比，诚然十分牵强，但他的意图显然是用自然界的春天

的必然性来说明社会上道德的必要性，由此来肯定道德价值的普遍性。他以春天的生物功能，比喻道德在人类社会上的重要作用，提出即使在衰世，也应重视德治，而不能像韩非那样，废德任力，"任刑独以治世。"（《论衡·非韩》）他说："治人不能舍恩，治国不能废德，治物不能去春。"（《论衡·非韩》）把以德治世看作在任何时候都绝对必要的普遍法则。

2. "治国之道，当任德也"——德是治国的重要原则

王充还具体论述了道德在治国中的重大作用。他说，对于维持人的生命存在、满足人的生理需求而言，"礼义不如饮食"，"礼义在身，身未必肥；而礼义去身，身未必瘠而化衰"。但人不能因此而"弃礼义求饮食"，"以为无益而废之"。因为，道德自有它独特的社会作用。首先，道德对人民有教化作用，"民无礼义，倾国危主。今儒者之操，重礼爱义，率无礼之士，激无义之人。人民为善，爱其主上，此亦有益也。闻伯夷风者，贪夫廉，懦夫有立志；闻柳下惠风者，薄夫敦，鄙夫宽。此上化也，非人所见"。其次，道德对强敌有感化作用。王充说，战国时，魏国的段干木道德高尚，操行卓立，魏文侯仰慕其德，表式其闾。当时强大的秦国耳闻其德，就不去攻打魏国。"秦以兵强，威无不胜，却军还众，不犯魏境者，贤干木之操，高魏文之礼也"。可见，高尚的道德也会使强敌受到感化。正由于道德有如此作用，王充指出，道德的价值极端重要，它是治国存国的重要原则和条件，"礼义至重，不可失也"；"国之所以存者，礼义也"；"治国之道，当任德也。"（以上引文均见《论衡·非韩》）

3. "人生莫不有力"——力是人生的基本条件

道德的价值固然重要，但王充指出"德不可独任以治国"（《论衡·非韩》），必须同时重视力的价值。王充所谓的力，是一个含义广泛、包容性很大的概念，既指物质性的体力、气力、劳力、勇力、兵力，又指

精神性的智力、才力。他说："垦草殖谷，农夫之力也；勇猛攻战，士卒之力也；构架斫削，工匠之力也；治书定薄，佐史之力也；论道议政，贤儒之力也。"又说："人有知学，则有力矣。文吏以理事为力，而儒生以学问为力。"（《论衡·效力》）王充认为，各种人的各类力，有尊卑等级的不同，但力是人生的基本条件，"人生莫不有力，所以为力者，或尊或卑"（《论衡·效力》）。

关于力的治国价值，王充主要指出了三点，一是力能致富。王充不同意孔子"去兵""去食"的观点，认为衣食是人生最根本的物质需求，必须充分予以满足，这就要积累大量的物质财富。而社会物质财富只有靠人的劳动才能创造，"力胜贫，慎胜祸。勉力勤事以致富"（《论衡·命禄》）。二是力能为功。治国应建功立业，"观治国，百工之类也；功立，犹事成也"（《论衡·定贤》），"治国须术以立功"（《论衡·定贤》）。而要建功立业，就必须用力尽力，"长巨之物，强力之人，乃能举之。重任之车，强力之牛，乃能挽之。是任车上阪，强牛引前，力人推后，乃能升逾"。对于治国来说，"文力之人，助有力之将，乃能以力为功"（《论衡·效力》）。三是力能胜敌。治国既要重文治之功，还要重武力之功，只有武力强大，才能卫国强国，御侮胜敌。"童子操刃与孟贲战，童子必不胜，力不如也"；"六国之亡，皆灭于秦兵。六国之兵非不锐，士众之力非不劲也，然而不胜，至于破灭者，强弱不敌，众寡不同。"（《论衡·非韩》）由此可见，"养力"对于治国何等重要，尽管王充没有从正面明确阐述刑罚威力的重要作用，但从他反对韩非"专意于刑""任刑独以治世""欲独任刑用诛"来看，他只是反对"独任""专意"，并不完全否定刑罚的作用。

4. "修德，……力少之强助也"——德与力是相辅相成的

王充认为，德与力不但各自有其相对独立之价值，而且德和力是相互作用、相互结合的。二者之间是相辅相成的统一关系。一方面，德能助力。当力少者遇到强力之人与其相斗时，如果力少者"修礼尽敬"，

那么力强者就会不忍相犯。譬如，"使童子变孟贲之意"，"孟贲怒，而童子修礼尽敬，孟贲不忍犯也"（《论衡·非韩》）。魏国修德敬贤，尊段干木之德，终于"却强秦之兵，全魏国之境"，和童子修礼尽敬使孟贲不犯一样，就是以德助力的例证。此外，王充还指出，就治国而言，道德对人力的指导作用也十分明显，"使礼义废，纲纪败，上下乱而阴阳缪，水旱失时，五谷不登，万民饥死，农不得耕，士不得战也"（《论衡·非韩》）。由此，王充说，道德本身虽说无实际功效，但要取得实际功效却必须靠道德相辅相成，所谓"道无成效于人，成效者须道而成"；"事故或无益而益者须之，无效而效者待之"（《论衡·非韩》）。另一方面，力能助德。王充认为，知识和学问本身就是力量，"人有知学，则有力矣"（《论衡·效力》）。人如果发挥"知学"的力量，自觉加强道德修养，不断进行自我改造，就能提高道德水平，达到崇高的道德境界。他说："学问日多，简练其性，雕琢其材也。故夫学者所以反情治性，尽材成德也"（《论衡·量知》）。这里，王充虽然说的是"知学之力"对"成德"的作用，但却包含着力能助德的一般观念。此外，王充还认为，德高的人，如果缺乏强有力者的帮助，也不会发挥其重要作用，"火之光也，不举不明。有人于斯，其知如京，其德如山，力重不能自称，须人乃举，而莫之助，抱其盛高之力，窜于闾巷之深，何时能达？"（《论衡·效力》）这也是力能助德的一个方面。

　　总之，王充认为，德和力两种价值，无论对个人、对国家都是不可或缺的，偏重一端而废弃另一端的任何一种观点，皆不可取。他的结论是："事或可以德怀，或可以力摧。外以德自立，内以力自备。慕德者不战而服，犯德者畏兵而却。徐偃王修行仁义，陆地朝者三十二国，强楚闻之，举国而灭之。此有德守，无力备者也。夫德不可独任以治国，力不可直任以御敌也。韩子之术不养德，偃王之操不任力。二者偏颇，各有不足。偃王有无力之祸，知韩子必有无德之患。"（《论衡·非韩》）

　　中国古代哲学的各种德力观中，王充的德力具足论尽管比较全面，但也不是没有缺点。如果说在《论衡·非韩》篇中，由于他重点是批判韩非的废德任力论，所以突出强调了德的意义，是可以理解的话，那么，在整个《论衡》中对人的能动力量重视不够，甚至因受自然宿命论的束缚，认为"昌衰兴废，皆天时也"（《论衡·治期》），就是严重的缺陷了。而且，他的"德力具足"论中所谓的"力"，主要指的是武力，兵力，对其他"力"的作用虽有提及但也阐发不够。王充的这些缺点，是旧唯物论者的通病，不足为怪。

综观上述关于德力价值的各种观点，我们可以看出，孔、孟的重德轻力论在封建社会中是占统治地位的，无论在人生领域，还是在政治领域，他们都重视道德的意义和作用，而对物质性实力不够重视。这对于鼓励人们加强道德修养，促进国家重视道德建设，无疑有重要意义。但对人们提高改造客观世界的能力，对国家增强经济实力和军事实力以及强化行政权力和法制威力，无疑会产生不利影响。法家的强力政治论，固然会补充重德轻力论的局限，但却因为走向另一极端也会在实际中造成危害。在继承传统德力观的积极因素方面，荀子的全力凝德论和王充的德力具足论比较而言，似有较多的合理之处。在此两种观念的基础上，再吸取孔、孟、商、韩、墨的合理因素，一并予以扬弃和改造，就可以作为我们建立社会主义社会的德力观的借鉴。

三　义生论

—— 道义与生命的比值

　　义生问题是道义、道德、人生理想等价值与人的生命价值的关系问题。人的生命包括灵与肉即精神生命与肉体生命两个方面。所谓精神生命，就是人的人生信念、道德情操、人格作风、奋斗精神等精神素质和精神活力的总和；所谓肉体生命，即是人的形体结构、生理机能、自然寿命等肉体素质和物质活力的存在。古代哲人们以义与生并举讨论价值问题时，主要指人的肉体生命的价值和道德、道义的关系。由于道德、道义即是精神生命的内容，所以义与生的价值关系，实际上也就是精神生命和肉体生命的关系。

　　此外，生和死是生命的两个侧面，有生才有死，有死才有生，生命的价值和死亡的价值是联系在一起的。只有当一个延续的生命终于成为一段静止的历史时，我们才易于发现其整个生命的内涵，才便于准确地估量一个人整个生命的价值，这就是死亡对生命价值的折射。因此，中国古代哲学在讨论生命价值时，自然也包含着对死亡价值的探讨。

　　义生问题，在先秦已经提出来了，后来的不少哲学家也多有论述。古代哲学的义生论，主要有下列几种观点。

（一）舍生取义论

　　中国古代哲人绝大多数是重视人的生命价值的，早在西周初年的《尚书·洪范》中，就把"寿"和"考终命"（长寿善终）列为五种幸福中的两项内容，说："五福：一曰寿，二曰富，三曰康宁，四曰攸好德，五曰考终命。"充分表现了商、周时代人们对生命价值的重视。到了春秋时代，孔子更明确地表达了自己的生命价值观念。一次马厩失火被焚，孔子从朝廷回来，急问"伤人乎"而不问马（《论语·乡党》），虽然是对一件偶然事件的态度，但却表现出了对人的生命的关切。他还认为那些有勇无谋，轻率冒险，而不珍惜生命的人，不值得称赞。说："暴虎冯河，死而无悔者，吾不与也。"（《论语·述而》）正由于珍惜生命，所以孔子对死丧之事，常怀恻隐之心，哀戚之情，"子食于有丧者之侧，未尝饱也。子于是日哭，则不歌"（《论语·述而》）；正由于珍惜生命，所以孔子对于人生之理极为关注，而对于死后鬼神之事，不重穷究，所谓"未知生，焉知死"（《论语·先进》）。

孔子珍视人的生命，但并非认为生命的价值高于一切，而是主张人在维护生命的过程中，更应该在追求伟大的真理、崇高的道德和宏大的事业，这些正是人生的真正意义所在，是高于生命的价值。因之，当道义价值与生命价值发生冲突，不得不在二者之中进行选择时，人应该选取道义而牺牲生命。对此，孔子曾提出了几个重要观念：一曰"朝闻道，夕死可矣"（《论语·里仁》）。即早晨知道了人生之真理，即便晚上死去，也值得。人生大道比生命更有价值，若不知人生大道，即使长命百岁，又有何意义。二曰"自古皆有死，民无信不立"（《论语·颜渊》）。孔子认为充足的粮食、充足的军备和百姓对国家的信心，是治理政事的三项要务，而在三者中，百姓的信心最为重要；没有粮食，人不过死亡而已，但百姓对政府缺乏信心，国家群体就不能存在。就是说，信义重于生命。三曰"见利思义，见危授命"（《论语·宪问》）。这是孔子对"成人"——完美人格的条件规定，他说"成人"的高标准是具智、廉、勇、艺四长而又能"文之以礼乐"。然而降格以求，也应做到"见利思义，见危授命，久要不忘平生之言"（《论语·宪问》）。即在义与利发生冲突时，以义为取向；见人有危难需要解救时，能献出生命，并恪守平日的诺言。就是要置仁义忠信之德于生命价值之上。四曰"无求生以害仁，有杀身以成仁"（《论语·卫灵公》）。孔子认为凡"志士仁人"，在生命与仁德发生矛盾时，没有为了保全生命而损害仁德的，只有牺牲生命以实现仁德的。当然，仁德的意义有大有小，层次有高有低，一个人如果未为小仁小义而牺牲，后来却以仁道成其大功，仍然算是正确处理了生命与道义的价值冲突。孔子说，管仲在齐桓公杀公子纠时，不但未以自杀相殉，尽君臣之义，反而做了桓公的宰相。表面看来似乎不仁，但后来却"相桓公，霸诸侯，一匡天下，民到于今受其赐"，这仍然是成全了仁德，实现了道德价值；而且，比起那些匹夫匹妇守着小节小信，在山沟中自杀更有价值（《论语·宪问》）。可见，在孔子看来，"杀身成仁"作为一种价值取向，必须进行具体分析，并非在任何情况下都要靠牺牲生命以实现道义的完美，不能将道义和生命绝对对立起来。

把孔子关于道、信、义、仁等价值与生命价值的关系和地位的观点概括起来，可以说是"生命诚可贵，仁义价更高，二者冲突时，宁把生命抛"。用孔子的话说，就是"民之于仁也，甚于水火；水火，吾见蹈而死者矣，未见蹈仁而死者也。"（《论语·卫灵公》）水火是人民的生活条件，"民非水火不生活"（《孟子·尽心上》），但仁义道德比水火更为急需。人们常为蹈水火而丧身，但为践履仁德献出生命的人却极少见。因此，人们应该努力去实现仁德的价值。

孟子忠实继承了孔子的义生观，认为生命和道德都是人所需要的，都应予以重视，但当二者相矛盾不能并有，只能择其一时，应以仁义道德为抉择方向。他说："鱼，我所欲也；熊掌，亦我所欲也。二者不可得兼，舍鱼而取熊掌者也。生，亦我所欲也；义，亦我所欲也。二者不可得兼，舍生而取义者也。"（《孟子·告子上》）为什么在生与义不可得兼时，要"舍生取义"呢？孟子回答说，因为"义"比"生"更为我们所需要，是"所欲有甚于生者"。就是说，道义比生命的价值更高。道义之所以高于生命，其根本原因在于，孟子把仁义礼智等道德视为人的先验本性，作为人与动物区别的根本标志。离开了仁义道德，人就不能称之为人，人的生命也就与动物的生命没有任何区别了。所谓"仁，人也"，"仁，人心也"，"仁，人之安宅也；义，人之正路也"，"不能居仁由义，谓之自弃也"等论断，就是对仁义价值的说明，也就是孟子主张"舍生取义"的根本理由所在。

根据道义价值高于生命，义生不可得兼时应舍生取义的价值观念，孟子提出了一些重要的人生原则：（1）求生有道，不苟且偷生。孟子说："生亦我所欲，所欲有甚于生者，故不为苟得也；死亦我所恶，所恶有甚于死者，故患有所不避也。"（《孟子·告子上》）他举例说，一筐饭，一碗汤，得着便活下去，得不着便死亡。但如果以侮辱性的呼喊给人吃喝，就是过路的饿人都不会接受；如果将饭食用脚踩踏后给予人，连乞丐也不屑接受。就是说，人绝不应不顾道义，不顾人格，只求保全生命，苟且偷生。《礼记·檀弓》有段故事，可以为孟子的这一观点佐证："齐大饥，黔敖为食于路，以待饿者而食之。有饥者蒙袂辑屦贸贸然来。黔敖左奉食，右执饮，曰：'嗟！来食！'扬其目而视之，曰'予唯不食嗟来之食以至于斯也。'从而谢焉，终不食而死。"这个饿死不食"嗟来之食"的故事，充分显示了"饥者"以为道义和人格高于生命的价值观念。（2）养生之道，先立乎大者。孟子认为，人们都珍惜生命，爱护身体，但应知道生命和身体的构成要素中有贵贱、大小之别，"养其小者为小人，养其大者为大人"，如果"养小以失大"，就是一个糊涂人；应该"先立乎大者，则其小者不能夺也"。所谓"大者"，就是人的道德觉悟、仁义意识，它是心灵的本体，生命的主宰，人生的柱石。孟子的养生之道，实际是以养心为本，养德为主，"饱乎仁义也，所以不愿人之膏粱之味；令闻广誉施于身，所以不愿人之文绣也"（《孟子·告子上》）。这是仁义价值高于生命价值在养生之道中的具体贯彻。（3）尽道而死，即为正命。孟子认为，人生之道，就是为仁义而尽力。保持人的道德本心，培养人的道德本性，是人生的最高价值所在，是人生的安身立命之所。如果能"尽其道而死"，不论短命也好，长寿也好，都是"正命"。只有犯罪而死的人所受的才不是正命。因此，为了实现仁义的崇高价值而牺牲生命，绝不是否定或贬低了生命的价值，而是真正实现了生命的内在价值。(《孟子·尽心上》)孟子提出的这些人生原则，都是为了解决"生"与"义"的矛盾，而使生与义的价值统一起来。当然，这种统一是以道义价值为主导的。

孔子的"杀身成仁"和孟子的"舍生取义"，是儒家关于道德与生命价值问题的最高处理原则。这种观念充分表现了儒家以道德为最高价值取向的根本特征，对中华民族的价值观念产生了极其深远的影响，培养了一大批为实现崇高理想、高尚道德和完美人格而不惜牺牲生命的仁人志士、英雄豪杰。从宋末谢枋得的"义高便觉生堪舍，礼重方知死甚轻"和文天祥的"人生自古谁无死，留取丹心照汗青"，到清代林则徐的"苟利国家生死以，岂因祸福避趋之"；从资产阶级革命家秋瑾的"一腔热血勤珍重，洒去犹能化碧涛"，到无产阶级革命家陈毅的"取义成仁今日事，人间遍种自由花"。莫不闪耀着"杀身成仁""舍生取义"的价值观的光辉。

（二）贵生持义论

先秦儒家的最后一位大师荀子，其义生观和孔子、孟子有同有异，形成了他自己颇有特色的见解。

首先，荀子认为生命和道义都是人之所以为人的重要因素，是决定人的价值的基础。"水火有气而无生，草木有生而无知，禽兽有知而无义，人有气有生有知亦且有义，故最为天下贵也。"（《荀子·王制》）物质、生命、知觉、道义都是人所具备的要素，都是人所不可缺少的，而其中的道义，乃是人与动物区别的标志，是确定人的价值的最高特征。尽管荀子按照资质要素的不同，排列了水火、草木、禽兽与人在宇宙间的价值地位等级，以说明道义对于人的重要价值，但他同时也肯定生命对于人的价值意义，肯定了生命是人的重要价值要素。

其次，荀子进而指出，礼义对于养生的重要作用。他说："人莫贵乎生，莫乐乎安，所以养生安乐者莫大乎礼义。人知贵生安乐而弃礼义，譬之是犹欲寿而刎颈也，愚莫大焉。"（《荀子·强国》）生命是宝贵的，可是养育生命，不只要靠衣食等物质条件，更重要的是依靠礼义规范，道德原则，只有这些精神营养才会使生命焕发光彩，充满活力，真正具有价值。如果废弃礼义而侈谈养生，那么肉体生命即使久长，也没有意义，和刎颈自杀没有什么区别。这样，荀子就将生命价值和礼义价值统一起来了，要人们为了生命价值而重视礼义价值。

最后，荀子主张在道义价值和生命等其他价值发生冲突时，以维护坚持道义的至高原则为价值取向。他说："义之所在，不倾于权，不顾其利，举国而誉之，不为改视，重死而持义不挠，是士君子之勇也。"（《荀子·荣辱》）这就明确指出，道义原则是至上的价值，权力、利益、生命都不能动摇它的地位，当义与权、利、生发生矛盾而需要抉择时，人应该"持义不挠"而不顾其他。虽然荀子在这里没有明确提出"杀身成仁""舍生取义"的要求，但"重死而持义不挠"，就是要人把"义"置于"生"之上。

和孔、孟相比，荀子固然也十分重视义的价值，以其为人的标志、为养生的条件，但却更注意义与生的统一。他是在具体说明义生统一的基础上，强调义之价值的，比起孔、孟更显得公允、全面。

荀子的义生观，到了汉代，发生了较大的影响，董仲舒明显接受了荀子"义以养生"的观点，提出"身之养重于义"的命题。他把养生具体区分为"养心"与"养体"两个方面，认为"天之生人也，使之生义与利。利以养其体，义以养其心。心不得义不能乐，体不得利不能安"（《春秋繁露·身之养重于义》）。在这两个方面中，他指出，"心"对于人的生命更为重要，因此，义的养生意义更大，"体莫贵于心，故养莫重于义。义之养生人大于利"（《春秋繁露·身之养重于义》）。又说："夫人有义者，虽贫能自乐也。而大无义者，虽富莫能自存。"（《春秋繁露·身之养重于义》）就是说，义的价值就是人的精神生命（"心"）的价值，道义和人的精神生命是一致的，它高于肉体生命的价值。没有"义"，即使人的肉体由于得到丰富的物质条件而健康长寿，但实际上不过是一个没有精神生命的躯壳，"虽富莫能自存"。

（三）义贵于生论

先秦墨家，极其重视群体的生命价值，他们认为人们的生存权利是上天赋予的，也是上天所维护的。对于人，"天欲其生而恶其死""欲其富而恶其贫"（《墨子·天志上》）。可是，在当时的社会现实中，人民的生存权利不但得不到保障，而且被践踏损害，百姓"饥寒冻馁而死者""疾病而死者""伏水火而死者""为刑戮"而死者、受"攻城野战"而死者，"不可胜数"。为了维护人们的生存权利，为"人之生利"而斗争，墨家提出了一系列理论和主张。

一方面，他们提出"赖其力者生"，要求人们靠强力劳动，强力工作，创造生存条件。另一方面，他们提出"天下有义则生"（《墨子·天志上》），主张依靠道义维护保障人民的生存权利。

墨家所谓的"义"，就是兼相爱，交相利，非攻，节用，即人们之间互助互利互爱的人际关系和和平安定的社会环境。墨家认为，这些都是人们生存的基本社会条件，所以他们说"天下有义则生，无义则死"（《墨子·天志上》）。

正由于墨家把"义"作为维护社会群体生命的道德规范和政治原则，所以墨子认为义的价值高于个人的生命价值。他说："万事莫贵于义。今谓人曰：'予子冠履而断子之手足，子为之乎？'必不为。何故？则冠履不若手足之贵也。又曰：'予子天下而杀子之身，子为之乎？'必不为。何故？则天下不若身之贵也。争一言以相杀，是贵义于其身也。故曰：万事莫贵于义也。"（《墨子·贵义》）"天下不若身之贵"而"贵义于其身"，就是墨家对道义价值与生命价值的高下评定。

墨家重视道义价值，认为义贵于生，由此他们极端鄙视那些只看重个人一己之生命而置道义于不顾的"别君""别士"。墨子说："别君之言曰：'吾恶能为吾万民之身，若为吾身。此泰非天下之情也。人之生乎地上之无几何也。譬之犹驷驰而过隙也。'是故退睹其万民饥即不食，寒即不衣，疾病不侍养，死丧不葬埋。别君之言若此，行若此。"（《墨子·兼爱下》）显然，别君、别士是以生命短促为由，把个人生命当作至高无上价值的个人主义者。

墨家不但是"义贵于生"价值观的弘扬者，而且还是这种价值观的奉行者。他们以道义为事业，为道义而献身。在"天下莫为义"的时代，"生不歌，死无服"，"腓无胈，胫无毛"，"独自苦而为义"，赴汤蹈火在所不辞，真正表现了以个体生命服从社会道义的高尚精神。

我们在论述墨家哲学的价值论时已经指出，墨家所说的义，其内容是兴天下之利，道义价值的实质是功利价值。所以，他们的"义贵于生"，是要求把"国家百姓人民之利"置于个人生命之上，这与儒家的"舍生取义"形式相类而取向有别。就是说，儒家的义生观处理的是道德与生命的关系，以道德为取向；而墨家的义生观则是处理天下公利与个人生命的关系，以功利为取向。

（四）弃义全生论

道家的义生观与儒墨不同，甚至相反。他们的基本看法是摒弃仁义，保全生命。

老子认为人生的最高原则是"法道""无为"，表现在生死问题上就是主张保全自然生命，以尽天年。他说："出生入死，生之徒十有三，死之徒十有三。人之生，动之于死地，亦十有三。夫何故？以其生生之厚。盖闻善摄生者，陆行不避兕虎，入军不被甲兵。"（《老子》第五十章）就是说，生和死的机会是相等的，生者气之聚，死者气之散，生生死死皆自然之理。善摄生者，守"道"抱"德"而不厚其生，乐"天"处"变"而不忧其死。这样，兕虎、甲兵都无以害之。可见，老子对于生命的根本态度是顺应自然。因此，他反对厚养益生，认为以外物增益其生或借外物以滋补其生，不但无益反而有害，认为"夫唯无以生为者，是贤于贵生"（《老子》第七十五章）。即不过分看重生命的人，比过分看重生命的人高明。他提出："深其根固其柢，长生久视之道也。"

老子既然以生命为自然之道，因此他主张为了保全自然生命，首先，必须"绝仁弃义"。因为仁义和天道是背道而驰的，大道废，有仁义"（《老子》第十八章）。仁义违背自然，是病态社会的反常现象，它不但妨碍自然人性的保持，也危害自然生命的进程，只有抛弃仁义的桎梏，人的生命才会保全。其次，必须"后其身外其身"，即把自己的生命置于人后，置之度外。他说："天长地久，天地所以能长且久者，以其不自生，故能长生。是以圣人后其身而身先，外其身而身存。"（《老子》第七章）当生存不为己，处事不占先，对生命不过分重视时，反而能得以长生，得以保全。又说："吾所以有大患者，为吾有身，及吾无身，吾有何患。"（《老子》第十三章）"有身"就是有我有私，"无身"就是无我无私，不把自己的生命看成完全是私有品，反而能免患而全身。再次，必须"知足知止"，即不贪心，不多欲，知道满足，适可而止。老子认为过分追求财货声色都是对生命的危害，"五色令人目盲，五音令人耳聋，五味令人口爽，驰骋畋猎令人心发狂"（《老子》第十二章）。"益生曰祥（灾殃），心使气曰强，物壮则老，谓之不道，不道早已（死）。"（《老子》第五十五章）只有"知足不辱，知止不殆，可以长久。"（《老子》第四十四章）总之，在老子看来，仁义、私心、货利都是对生命的危害，它们的价值都不及生命重要，"名与身孰亲？身与货孰多？"（《老子》第四十四章）"贵以身为天下，若可寄天下，爱以身为天下，若可托天下。"（《老子》第十三章）

庄子基本上继承和发挥了老子的义生观，也认为仁义道德规范是对自然生命的妨害。他借老子与孔子关于仁义的对话，明确批评儒家"不仁则不成，不义则不生"的观点，说这是"乱人之性也"（《庄子·天道》）。并指出，仁义不过是"桎梏凿枘"，"儒墨乃始离跂攘臂乎桎梏之间"，是"无愧而不知耻也"（《庄子·在宥》）。因此，他和老子一样，竭力主张"绝仁弃义"，把人的自然生命从"桎梏"中解放出来。庄子对于生命，虽然也持顺应自然的态度，说："古之真人，不知说（悦）生，不知恶死。其出不䜣（欣），其入不距。翛然而往，翛然而来而已矣。不忘其所始，不求其所终，受而喜之，忘而复之"（《庄子·大宗师》）。又说："适来夫子时也，适去夫子顺也。安时而处顺，哀乐不能入也"（《庄子·养生主》）。但他比老子更注重养生之术、卫生之经、全身之道。在这方面，除了"常因自然而不益生"的主张与老子无甚区别外，庄子还提出了许多新的看法。例如，他主张不以有涯之生逐无涯之事。他说："吾生也有涯，而知也无涯，以有涯随无涯，殆已"（《庄子·养生主》）；主张沿着中间路线生存处世，"为善无近名，为恶无近刑，缘督以为经，可以保身，可以全生，可以养亲，可以尽年"（《庄子·养生主》）；主张取消生死之间的绝对对立，"生也死之徒，死也生之始，孰知其纪。人之生气之聚也，聚则为生，散则为死。若死生为徒，吾又何患？故万物一也"（《庄子·知北游》）；主张在随波逐流中保存生命，"行不知所之，居不知所为，与物委蛇，而同其波，是卫生之经已"（《庄子·庚桑楚》），"宁其生而曳尾于涂中"（《庄子·秋水》）。而这一系列主张的最高目标，即是使个人生命与宇宙大全合而为一，"生非汝有，是天地之委和也；性命非汝有，是天地之委顺也"（《庄子·知北游》），"天地与我并生"，"万物与我为一"，"死生无变于己"（《庄子·齐物论》）。

由此可以看出，老、庄道家的"弃义全生"论，既不同于儒家以道德为最高价值而宁可"舍生取义"，又不同于后代神仙家对长生不死的追求，也不同于杨朱的"贵生""贵己"。而是以个人生命与宇宙生命（道）的合一为最高价值。正如詹剑锋先生在《老子其人其书及其道论》一书中说的："老子摄生之论，与神仙家长生不死之想固毫无关系，与杨朱贵生之论亦风马牛不相及。……盖老子所谓摄生，只是'抱一勿失'，'交乐乎天，不以人物利害相撄'，则一切得失、祸福、穷通，无足以挠其心者，甚至'死生亦无动于己'，如是则身心泰然"。生死"交乐乎天"，就是道家对生命价值的最高追求。

（五）轻义贵生论

老、庄道家虽然已有"重生力""贵生"的思想，但并不是他们思想的主流，他们对于生命的基本价值态度是"常因自然"，而不是"贵生为己"。真正主张贵生的是春秋战国之际的杨朱。

杨朱本人的历史，后人知之甚少，但他的名字，多见于先秦子书。《庄子》所说的"阳子居"，《孟子》所说的"杨子"，《吕氏春秋》所说的"阳生"，都是指的杨朱。

杨朱没有留下完整的著作，从先秦各家的转述来看，其义生观的要点主要是。

1. 轻义利

《韩非子·显学》说："今有人于此，义不入危城，不处军旅，不以天下大利，易其胫一毛，世主必从而礼之，贵其智而高其行，以为轻物重生之士也。"就是说，杨朱一流，不愿为天下大义，入危赴难而战斗，也不愿为天下大利，牺牲一己而献身。义、利对于他们，其价值不及一根毫毛之重要。无论这种义、利，体现的是天下公益，还是集团利益，他们都不屑一顾。虽然杨朱一派还未明确提出"绝仁弃义""绝巧弃利"的口号，但轻视义利的观念，还是十分鲜明的。他们之所以轻义利，其原因和老庄道家类似，认为义利对人的生命是一种累赘，即所谓"以物累形"。"形"即指人的形体，"物"即指名、利、仁、义等身外之物。在杨朱看来，名、利、仁、义之类，当人们为之奔走竞争，追求索取时，人的生命就会受其牵累危害，大悖于重生之道。

2. 重生命

价值是人的主体选择，有所轻必有所重，杨朱轻义、利，但崇尚个人生命之价值，认为它是高于一切的。《淮南子》说："全生葆真，不以

物累形，杨子所立也。"（《氾论训》）《韩非子》也说他是"轻物重生之
士"（《韩非子·显学》）。杨朱"全生""重生"，把生命作为主体，而
把天下的一切都视作是为生命服务的东西，是实现生命价值的工具或条
件。据《吕氏春秋》中几篇记述杨朱学派的资料，杨朱派认为生活中一
切都是为了养生、养身。"物也者，所以养性（生）也，非以性（生）
养也。"（《吕氏春秋·本生》）"身者，所为也，天下者，所以为也。"
（《吕氏春秋·审为》）例如，帽子是为头服务的，衣服是为身体服务的，
如果一个人砍头去换帽子，杀身去换衣服，任何人都知道是不应该的。
因为头和身是"所为"，帽子及衣服是"所以为"。从这一基本观念出
发，他们以个人的身体、生命为最高价值。

为了维护和确立生命的价值，杨朱派主张人的欲望应有适当的满足，
使生命得到最好的发展。根据欲望的满足情况，他们将生命的价值分为四
个等级："全生""亏生""死亡""迫生"。"所谓全生者，六欲皆得其宜
也"；"所谓亏生者，六欲分（半）得其宜也"；"所谓迫生者，六欲莫得
其宜也，皆获其所甚恶者"；"迫生不若死"。"全生为上，亏生次之，死次
之，迫生为下。"（《吕氏春秋·贵生》）由此看来：第一，杨朱派以欲望皆
得其"宜"的全生为生命价值的最上层次，而以欲望莫得其"宜"的迫生
为生命的最低层次。"宜"不是不足，也不是过度，而是恰到好处。因此，
杨朱既不是节欲派也不是纵欲派。第二，杨朱派认为六欲莫得其宜的"迫
生"比死亡的层次还要低下，因为"迫生"是在外力逼迫下不得已接受自
己所"甚恶"的东西，而死不过是"无有所以知，复其未生也"而已
（《吕氏春秋·贵生》）。"迫生不若死"，就是说，被人逼迫而屈辱的生命
毫无价值，不如死。这点充分表明，杨朱的"贵生"意在追求生命的自由
和欲望的适度，和老庄的"全生"并不完全相同。

3. 主为我

这是杨朱轻义贵生观的理论基础，孟子说："杨子取为我，拔一毛而
利天下，不为也。"（《孟子·尽心上》）《吕氏春秋·不二篇》也说：

"阳生贵己。""为我""贵己"就是以自己的利益为唯一的价值尺度，每个人都不做有利于社会的事，也都不做有害自己的事。杨朱认为，只要人们都依此原则行事，自己管自己，各人顾个人，社会上就不会有争夺，天下就能大治。杨朱从"为我"出发，顺理成章地会得出"轻义""重生"的结论，因为道义的实质正是为人为公，生命的主体正是我自己。"为我"的人生观和轻义重生的价值观是完全一致的。

杨朱派的义生观在战国时代影响很大，当时，"杨朱、墨翟之言盈天下，天下之言不归杨，则归墨"（《孟子·滕文公下》）。将杨、墨相提并论，似乎过分夸大了杨朱的影响，但也说明在孟子看来，杨朱的影响不可小视。由于杨朱的轻义重生观和儒家的"舍生取义""杀身成仁"信条背道而驰，所以遭到孟子的激烈攻击，孟子说他是"无君"，并将他和墨家并斥之为"禽兽"。由于杨朱的义生观和道家的"弃义全生"论也有出入，所以，也遭到庄子一派的不满，声言要"钳杨、墨之口"（《庄子·胠箧》）。在儒家、道家的两面夹攻下，杨朱派的价值观念就逐渐销声匿迹，不显于世。至于魏晋时代成书的《列子·杨朱》虽然假借杨朱之名，但它不顾一切地宣扬纵欲主义，和先秦杨朱的观点已经相去甚远，当然其中也不是毫无杨朱思想的遗迹，但基本观点乃是魏晋时代一种腐化堕落思想的反映。

（六）珍生务义论

秦汉以后，儒家思想在传统价值观念结构中逐渐升位，其他各家的义生观影响减弱。魏晋玄学重振老、庄，道家的弃义全生论一度抬头，隋唐佛学以生为苦，曾使许多人入空门而求解脱，但从总体上说，二者都没有取得主导地位。宋明理学兴起后，儒家的道德至上论进一步以新的理论形式弥漫朝野，"饿死事小，失节事大"的"舍生取义"价值观，成为绝对不可动摇的原则，指导人们的价值取向。针对这种情况，明末清初的王夫之提出了他的不同凡响的义生观——珍生务义论。

王夫之以天人关系作为逻辑前提，从天的"厚人之生，正人之德"论证人必须既"珍生"又"务义"，生命和道德兼顾。他提出的主要观点是：

1. 生受于天，生应珍

王夫之发挥《周易》"天地之大德曰生"的重要思想，认为"天地之生也，则人以为贵"，"自然者天地，主持者人。人者天地之心"。（《周易外传·无妄》）人的生命受之于天地之气，"生者，所以舒天地之气而不病于盈也。生于人为息，而于天地为消"（《周易外传·临》）。人"自未生以有生，自有生以尽于生"，其实质都是"与化俱而体天道者也"（《周易外传·复》）。王夫之以天地之气说明了人的生命本质，充分表现了他对生命的唯物主义理解。生命的本质既然是天地之气，同宇宙生机是同一的，当然人应该珍视生命，认识生命的价值来源。他说："圣人者人之徒，人者生之徒。既已有是人矣，则不得不珍其生。"（《周易外传·临》）人既然属于生物，就应该珍视自己的生命；珍视生命就应该珍视自己的身体，反对一切鄙视身体和生命的观点。他批评道家和佛教说："贱形必贱情，贱情必贱生，贱生必贱仁义，贱仁义必离生，离生必谓无为真而谓生为妄，而二氏之邪说昌矣。"（《周易外传·无妄》）王夫之指出，珍视生命是天经地义的事，无论从天道看，还是就人道言，都是应遵循的原则，"圣人尽人道而合天德。合天德者，健以存生之理，尽人道者，动以顺生之几"（《周易外传·无妄》）。

2. 生以载义，生可贵

从天人关系看，人的生命诚然有其本身的价值，但这种价值归根结底只不过是自然价值在人生命中的体现，并非生命的社会价值。生命的社会价值，必须从人的生命与道义的关系来考察。王夫之认为，人的生命的价值就在于它是人间道义的载体，他说："将贵其生，生非不可贵也，……生以载义，生可贵"（《尚书引义》卷五）。就是说，人的生命承担了道义，所以才是可贵的。宇宙间的生物，都有生命，都是天地阴阳之气的大化流行，体现着生生不息的天地之德，但并非一切生命都具有真正的社会价值，草木动植的生命虽有"生"却无"义"，所以无社会价值可言，只有体现社会道义的人的生命才是有价值的。如果一个人生活不讲道德，不顾道义，他的生命不过和草木禽兽一样，也就谈不到什么价值。王夫之的这种观点，和荀子说的"人有气有生有知亦且有义，故最为天下贵也"（《荀子·王制》），基本意思是一致的，但王夫之重在阐明"生"与"义"的关系，从道义对生命的依赖，以肯定生命的价值，比荀子的论述更为具体深入。

3. 义以立生，生可舍

生以载义仅是生与义关系的一方面，指生命对于道义的作用。生义关系还有一个方面，即道义对于生命的作用，王夫之也有阐发。他说："义以立生，生可舍。"（《尚书引义》卷五）所谓"义以立生"，就是人的生命意义要依靠道义来确立，道义是人的生命的本质和人生的追求目标。如果当实现道义和保存生命发生冲突的时候，人应该舍弃生命以实现其道德理想，即"舍生取义"。在这种情况下，"生与义不两重也"。王夫之举例说，武王死后，管、蔡叛国，周室面临严重危机，这时周公既没有被困难所吓倒，也不为自身的安危忧虑，率兵东征，讨平叛乱，完成了文王力图成就的事业。这就是"既不惜其名，则亦不贵其生"，做到了"义以立生，生可舍"。由于这样的"舍生"不是为一己之名利，而是为了天下之正义，因此是真正实现了生命的最高价值。王夫之"义以立生，生可舍"的观点，显然是对孟子"舍生取义"的继承和发展。

4. 义之必利，义当务

"生以载义"和"义以立生"二者是完全统一的，道义要以生命来体现，生命要靠道义来升华，脱离生命的道义，是虚空，不具道义的生命，是僵尸。然而，二者统一的基础是什么呢？王夫之认为，道义是统一二者的基础。他说："立人之道曰义，生人之用曰利"，"义之必利"，"离义而不得有利也"。（《尚书引义》卷二）就是说，义是人道的原则，利是人生的根本，然而只有遵循道义原则，才能兴利远害，为人的生命提供条件。如果不义而贪利，不但不能创造维持生命的条件，反而会危害生命。他以鲧和禹治水为例说明这一观点，鲧治水急功近利，"于义不精"，见水之"为利则不见为害"，"爱尺寸之土以与水争命"，结果"狎滔天之势，以与水朋虐于中原"。而大禹治水"正性定命，循义所安而不食其利"，"捐刑与水而不受其饵"，"地有所不惜，燀有所不忧，草木之材，投之炎火"。结果，"伏洪水于方刚"，"率浩浩荡荡之狂流以归壑而莫能抗。"鲧"以利"治水而得害，禹"循义"治水而兴利，一败一成，说明"义之所自正，害之所自除，无他，远于利而已矣"（《尚书引义》卷二）。于是，王夫之得出结论："智莫有大焉也，务义以远害而已矣。"（《尚书引义》卷二）

王夫之的义生论，在中国哲学史上，达到了前所未有的高度和深度，其特征在于，他把唯物的观点和朴素的辩证法结合起来，论述了义与生的关系，既充分肯定了生命的可贵，又突出强调了道义的价值。特别是阐明了二者的辩证统一，使体现道德理想的生命和提高生命价值的道义，统一于人生过程。他不但从理论上弘扬了这种义生统一的价值观，而且在实践上实现了自己的价值理想。在民族危难时期，他为了民族大义"行夷狄，素患难，而介然以其坚贞之志与日月争光"（《尚书引义·君陈》），使自己的生命发出了道义的光辉。

中国传统哲学的义生观，基本上有重义、重生和生义兼重三大派。重义派的主流由孔、孟开创，至宋明理学发展到顶点，重生派以老庄、杨朱为代表，魏晋玄学家中不少人亦有此倾向，义生兼重派由荀子导其源，董仲舒扬其波而由王夫之集其成。此三派中重义派影响最大，他们提出的"杀身成仁""舍生取义""饿死事小，失节事大"等口号，长期以来，成为人们处理道义与生命关系的基本原则，在这一原则的指导下，一方面使不少人标新立异的创造生机和离经叛道的自由生命被封建道德桎梏所窒息，成为僵化价值规范的牺牲品；另一方面，也培育了许多为了民族大义、民众利益、社会正义和道德理想，视死如归，英勇献身的英雄豪杰、仁义志士、民族先烈。但从总体上看，这种置道义价值于生命价值之上的观念，愈到封建社会后期，愈向极端化的方向演变，其妨碍社会进步和束缚个体生命的弊端愈益突出。比较而盲，荀子的"贵生持义论"和王夫之的"珍生务义论"，虽然也有强调封建道德价值的倾向，但究竟给予人的个体生命以更多的关怀，其理论的合理性比孔孟特别比程朱理学要优越一些。在现代化建设中，我们要建立新的义生价值观，就要在马克思主义的指导下，批判地继承传统义生观中的积极成果，对各派各家的主张都应扬长避短，予以改造汲取，尤其是对王夫之"生以载义""义以立生"的辩证观念，更应加以珍视。

四　德智论

——道德与知识的评价

　　德与智是传统哲学标志道德和智力二者的价值地位及其相互关系的范畴。由于智力包括知识和才能两个侧面，所以德智关系包括道德价值与知识价值、才能价值的内容。中国传统哲学关于德智问题的讨论，包含着许多层次，例如道德和智力的界说问题、道德和智力的内在结构问题、道德修养和智力培养的途径方法问题，等等。这里我们仅从价值观的角度，叙述古代哲人们关于道德价值与智力价值的地位比较和关于二者关系问题的思想，即重德还是贵智的问题。

　　中国哲学关于德智价值的讨论，远在周初就开始了。周人提出的"敬德保民""修德配天"的思想充分表现了对道德价值的自觉和重视，同时，也给知识和才能以一定地位。《尚书·洪范》载箕子对周武王陈"洪范九畴"，其中就说"人之有能有为，使羞其行，而邦其昌"。就是说，使那些有才能的人提高德行，国家就会繁荣昌盛。据《周礼》载，西周时，大司徒以"乡三物"教万民。所谓"乡三物"是指"六德""六行""六艺"，而"六德"包括"知、仁、圣、义、忠、和"。可见，西周时，在以道德价值为主的前提下，统治者已注意德智同重，"知""仁"并举。但对德智价值还没有从理论上予以说明和展开。至春秋战国，诸子学兴，德智的价值评估才在理论上成为重要问题之一，此后历代哲学家无不对此问题发表看法。其代表性观点约有下列数种。

（一）"既仁且智"论

先秦儒家极重道德价值。孔子力言"崇德""尚德""好德""执德""恒德"。主张将道德置于其他一切价值之上，贯彻于社会生活各个领域之中。政治上主"为政以德"，人格上主"君子怀德"，修养上主"据于德"，风气上主"民德归厚"，甚至外交上也主张"修文德以来之。"（引语均见《论语》）孟子继承孔子思想，也高度弘扬道德价值，提出"贵德尊士""尊德乐道""尊德乐义"等观点，主张"以德行仁"，"以彰有德"，"沛然德教溢乎四海"（《孟子》）。荀子在许多观点上批判孟子，但在"贵德"上则与孔、孟完全一致，认为"无德不贵"，"维德之基"，"尚贤推德天下治"。也主张"克明明德""以德兼人""以德为政"（《荀子》）。

关于先秦儒家的道德价值观，我们在"儒家的道德价值论"中已作了系统论述，这里我们着重要研究的是，在儒家重德主义的价值系统中，如何确立智力和知识的地位，如何处理德与智的关系。

儒家关于道德和智力的价值关系，集中表现在"仁智并举"的观念中。孔子曰："仁者安仁，知者利仁"（《论语·里仁》）。又曰："知者乐水，仁者乐山；知者动，仁者静；知者乐，仁者寿。"（《论语·雍也》）又曰："知者不惑，仁者不忧，勇者不惧。"（《论语·子罕》）并将仁、智、勇并称为"君子道者三"（《论语·宪问》）。孟子认为仁与智是圣人的两个基本条件，他称颂周公、孔子都是"仁且智"的圣人。他引用子贡的话赞孔子："学不厌，智也；教不倦，仁也。仁且智，夫子既圣矣乎"（《孟子·公孙丑上》）。并以"仁、义、礼、智"合称为人之四德，斥责那些不具此四者为"人役"，说"不仁不智，无礼无义，人役也"（《孟子·公孙丑上》）。荀子指出："仁知之极也，夫是之谓圣人"；"知而不仁不可，仁而不知不可。既知且仁，是人主之宝也，而王霸之佐也。"（《荀子·君道》）并说："不仁不知，辱莫大焉。"（《荀子·正论》）他认为，诸子之学各有其蔽，唯孔子"仁知且不蔽"，"故德与周公齐，名与三王并"。（《荀子·解蔽》）他评论管仲说："管仲之为人，力功不力义，力知不力仁，野人也，不可以为天下大夫。"（《荀子·大略》）可见，孔、孟、荀都将仁、智并举，主张德、智兼重。

儒家所谓的智或知，主要指伦理规范知识而非自然科学知识，其对象范畴主要是"知命""知道""知人""知德""知仁""知礼""知言""知义""知贤""知过""知世"等。因此，关于智的价值，也着重在"成人""成德"的意义上予以肯定，但对智在认识物理方面的意义也有涉及。概而言之，他们对智的价值提出的主要观点是：

1. "智者不惑"

孔子言"知（智）者不惑"乃与"仁者不忧"相对应。"不忧"指仁者坦荡乐观，无私虑无私求，不汲汲于富贵，不戚戚于贫贱，只关注于悲天悯人。在任何情况下都能先天下之忧而忧，后天下之乐而乐。也即孔子所谓"仁者安仁"（《论语·里仁》），"仁者先难而后获"（《论语·雍也》）。"不惑"指智者明达道义，知己知人，对于是非、善恶、利害，能分析判断，并处事得宜，不为复杂的事物所迷乱。也即孔子所谓的"知（智）者利仁"（《论语·里仁》），"务民之义，敬鬼神而远之，可谓知也"（《论语·雍也》）。孔子自称他"四十而不惑"（《论语·为政》），并经常为弟子"辨惑"，他回答子张"崇德辨惑"之问时说："爱之欲其生，恶之欲其死。既欲其生，又欲其死，是惑也"（《论语·颜渊》）。就是说，当爱一个人时，希望他生，当厌恶他时，又想要他死。这样既要他生又要他死，好恶无常，反复不定，就是惑。在回答樊迟问"辨惑"时说："一朝之忿，忘其身，以及其亲，非惑欤？"（《论语·颜渊》）意谓忍不住一时的愤怒，忘了自己的生命安危，乃至于忘了父母家属，这不是惑吗？可见，孔子认为"惑"是一种感情用事，好恶不定，喜怒无常，缺乏理智的精神状态。"智"的价值就在于把人从这种迷惑中解脱出来，达到明慧清醒的理智心境。

达到了这种心境，就会在精神上周流无滞［"知（智）者动"］，在情感上乐观愉悦［"知（智）者乐"］。

2. "是非之心"

孟子认为智是人固有的善性要素之一，它和仁、义、礼共同构成人的善性，"恻隐之心，仁也；羞恶之心，义也；恭敬之心，礼也；是非之心，智也。仁、义、礼、智非由外铄也，我固有之也"（《孟子·告子上》）。所谓"是非之心"即对道德是非的分辨识别意识。通过分辨，达到守是去非，坚持仁义的目的。所以孟子又说："仁之实，事亲是也。义之实，从兄是也。智之实，知斯二者弗去是也。"（《孟子·离娄上》）在孟子看来，这种是非辨别意识是人人皆有的德性，因而也是人之所以为人的规定性之一，"无恻隐之心，非人也；无羞恶之心，非人也；无辞让之心，非人也；无是非之心，非人也"（《孟子·公孙丑上》）。孟子将仁义礼智皆摄归于心，由心之善而推出性善，从而把智作为善性，作为人之所以为人的根据。这就明确肯定了"智"的道德价值地位。

3. "智通统类"

荀子常以"仁厚"与"智能"并举，以"智"与"愚"相对，他所谓的"智"有更多的知识才能成分。智的内容不但包括道德，而且还包括物理（"可以知，物之理也"），智的标准是主观与客观的符合一致，"知有所合谓之智"（《荀子·正名》）；智的来源是从后天获得的，"非生而具者也"（《荀子·荣辱》）。既然"智"并非仅指道德而言，所以任何人都可有智，"有圣人之知者，有士君子之知者，有小人之知者，有役夫之知者"（《荀子·性恶》）。根据对智的这种理解，荀子着重从知性方面肯定智的价值。他认为，智的重要价值在于"是是非非""明事达数"，所谓"是是非非谓之智"（《荀子·修身》），"智者，明于事达于数"（《荀子·大略》）。而智的崇高价值在于"明通而类""智通统类"。"统类"一方面指同类事物的共同本质和规律；另一方面指人的知识的纲领和原则。荀子说："伦类以为理"（《荀子·臣道》）；"伦类不通，不仁不一，不足谓善学"（《荀子·劝学》）。人们认识达到的最高水平就是"通类""知类""征知必借待天官之当薄其类，然后可也"（《荀子·正名》）；智慧的价值就是"通统类"，即通晓各类事物的基本法则，掌握各种知识的纲领原则。智慧的这种价值，只有在"圣人""大儒"身上才能体现出来。荀子说："脩蕅兮其用统类之行也，……如是则可谓圣人矣"（《荀子·儒效》）；"多言则文而类，终日议其所以言之千举万变，其统类一也，是圣人之知（智）也"（《荀子·性恶》）。又说："奇物怪变，所未尝闻也，所未尝见也，卒然起一方，则举统类而应之，……是大儒者也"（《荀子·儒效》）；"志安公，行安修，知（智）通统类，如是则可谓大儒矣"（《荀子·儒效》）。可见，荀子认为"智通统类"是理想人格的重要条件，智慧之价值和人格之价值是统一的。

由上可知，孔、孟、荀都十分重视"智"的价值，但其着眼点同中有异，孔子主"知（智）者不惑"，重在智的心境价值，孟子主"智辨是非"，重在智的道德价值，荀子主"智通统类"，重在智的认知价值。但在把智作为"成人""成德"，实现理想人格的条件这一点上，他们的观点是一致的，可谓殊途同归，异曲同工。后来宋明儒学，在德智观上，强化孔孟观念而淡化荀子观念，从而使"智"的认识价值更加薄弱。

先秦儒家在讨论智的价值的基础上，进而说明了仁与智、德与智的关系。他们的基本看法包括两个方面，一是认为仁是智的统帅，孔子曰："择不处仁，焉得知（智）"（《论语·里仁》），"知（智）及之，仁不能守之，虽得之，必失之"（《论语·卫灵公》）。孟子云："不仁，是不智也"（《孟子·公孙丑上》）。二是认为智是仁的条件。孔子曰："未知（智），焉得仁？"（《论语·公冶长》）孟子曰："智之实，知斯二者（指仁、义）弗去是也。"（《孟子·离娄上》）荀子曰："心知道然后可道，可道然后能守道以禁非道。"（《荀子·解蔽》）

正由于儒家认为"智"是"仁"的必要条件，重视智的价值。所以，他们强调多闻多见，博学于文，好学深思；主张兴教育，设庠序；崇尚学而不厌，诲人不倦。正由于他们认为"仁"是"智"的统帅，处于主导地位。所以，孔子提出："弟子入则孝，出则弟（悌）。谨而信。泛爱众而亲仁。行有余力，则以学文。"（《论语·学而》）这表明，在儒家的价值系统中，仁义道德的价值层次高于知识智能，"智"处于"德"的从属地位。仁智统一是在人道原则（仁义）基础上的人道和理性的统一，理性的自觉是为了实现道德的理想。归根结底，他们遵循的是贤人路线而不是智者路线。

儒家重德主义观念对中国封建社会的影响是深远的。越是到封建社会后期，它的观念越是强化。这里以宋代史学家司马光的德才之辨为代表，可见一斑。司马光说："夫聪察强毅之谓才，正直中和之谓德。才者德之资也，德者才之帅也。……德胜才，谓之君子；才胜德，谓之小人。……君子挟才以为善，小人挟才以为恶。挟才以为善者，善无不至矣；挟才以为恶者，恶亦无不至矣。……夫德者人之所严，而才者人之所爱，爱者亦亲，严者亦疏，是以察者多蔽于才而遗于德。苟能审于才德之分，而知所先后，又何失人之患哉？"（《资治通鉴》卷一周纪）这实在是对儒家先德后智、先德后才论的透彻阐发。

儒家在以仁统智、先德后才的前提下肯定知识和智能的价值，固然存在着忽视自然知识价值的严重缺陷，但同时又有"不语怪力乱神""敬鬼神而远之"，即反对宗教迷信，避免盲目信仰的长处。这种两重性是中国古代关于知识和智能价值观的基本特征，在长期的封建社会中造成了实用技术知识发达，理论自然科学薄弱，宗教信仰观念淡漠的复杂影响。

（二）"贤良圣智"论

墨家为了实现"兼爱"理想，培养"兼士"人格，既主张"贵义"——崇尚道德，又主张"益智"——尊重知识。墨子曾指出，古代天下混乱，如同禽兽，人们为了建立社会制度，理顺社会秩序，于是就选举各级"正长"，实行统一管理，"一同天子之义"。作为国家行政长官的"天子""三公"，应该具备什么条件呢？墨子认为他们必须是"贤良圣知（智）辩慧之人"（《墨子·尚同中》）。这虽是从选择统治者的角度立论，却明确表示了墨家对道德价值和智慧价值的观点。"贤良"是道德要求，"圣智"，是识知才能方面的要求，二者结合，德智统一，是墨家的基本看法。

墨家崇尚的道德是"兼相爱，交相利"，他们崇尚的"圣智"也具有与儒家不同的含义。首先，墨家以"知功利"为智。墨子说："是故古之知（智）者之为天下度也。必须虑其义而后为之行。是以动则不疑，速通成得其所欲，而顺天鬼百姓之利，则知（智）者之道也"（《墨子·非攻下》）。就是说，智者懂得"义"的实质是天鬼百姓之利，懂得了这一点就会"不疑"，就会"速通"，行动就有了明确的方向。如果一个人有"誉义之名"，而不知"义"的实质是百姓之利，那就"犹盲者之与人命白黑之名，而不能分其物也"（《墨子·非攻下》），谈不到什么"智"。其次，墨家以"得下情"为智。墨子说："知（智）者之事，必计国家百姓之所以治者而为之，必计国家百姓之所以乱者而辟之。然计国家百姓之所以治者，何也？上之为政，得下之情则治，不得下之情则乱"（《墨子·尚同下》）。所谓"得下之情"就是"明于民之善非"（《墨子·尚同下》），即了解百姓赞同什么，反对什么，支持什么人，反对什么人。再次，墨家以"论物著明"为智。墨子重视实际知识，认为知识来源于"耳目之实"，是人以感官接触事物而得到的。后期墨家根据来源的不同，把知识分为由传授得来（"闻知"）、由亲身经验得来（"亲知"）和由辨察推理得来（"说知"）三类。但这些知识本身还不能说都达到了"智"的水平。他们认为，只有人们运用心知对事物进行分析比较，把握了事物的规律，达到了深切的认识，才是"智"。所谓"恕（智），明也"（《墨子·经上》）；"恕（智）也者，以其知论物，而其知之也著，若明"（《墨子·经说上》）。可见，后期墨家把把握规律的理性知识叫作"智"。这三点说明，墨家关于"智"的内容和范围，远远超出了儒家所局限的道德领域，包括了社会知识和自然知识在内；他们关于"智"的层次，也不仅指以其知"过物"的感性知识，也重视以其知"论物"的理性认识。

在对"智"作上述规定的基础上，墨家提出了关于"智"之价值的观点。他们认为知识和智能对于培养人格，把握真理，指导行动，实现功利都有重要意义。

墨家追求的理想人格是"兼士"，"兼士"的条件之一就是"教人以道"。墨子说："为贤之道将奈何？曰：有力者疾以助人，有财者勉以分人，有道者劝以教人。"（《墨子·尚贤下》）要以"道"教人，首先自己要掌握"道"，要有关于"道"的丰富的知识。墨子把"隐匿良道而不相教诲"（《墨子·尚贤下》）视为大恶；而将"有道相教"视为大善。就是认为，掌握了知识智能是形成理想人格的重要条件。

墨家十分重视经验知识，特别是直接经验，他们认为人的经验知识来源于与客观事物的直接接触，所以是极可信赖的。于是，他们把经验看成区分真伪、判断是非的重要标准，"天下之所以察知有与无之道者，必以众之耳目之实，知有与亡，为仪者也。请（诚）惑（或）闻之见之，则必以为有，莫闻莫见，则必以为无"（《墨子·明鬼下》）。并将"察百姓耳目之实"作为判断言论是非的"三表"之一，充分表明了他们对经验知识的重视。但墨家并不是狭隘的经验主义者，他们在重经验知识的基础上也十分强调逻辑思维，特别是后期墨家明确系统地提出用"以故生，以理长，以类行"（《墨子·大取》）的逻辑思维形式来"明于道"，即既区分事物的类属，又分析事物的原因，并进行正确的推理，以达到对真理（"道"）的把握。可见，墨家认为"见闻"之知、"论理"之智，才是把握真理的必要条件。

墨家不但认为知识智能有权衡是非、达到真理的作用，而且还指出知识智能是人们行为的指导。墨子说，知识和言论，不但能够给人指出行动的方向，而且还能告诉人们行动的方法。方向就是"所以为"（《墨子·兼爱中》），方法就是"所以为之若之何也"（《墨子·耕柱》）。他批评孔子回答叶公子高问政时，只讲"善政"的标志，而没有说明达到善政的方法，所以这种知识是"不以人之所不知告人，以所知告之"（《墨子·耕柱》），并没有多少价值。知识的真正价值，就在于通过指出方向，说明方法，以指导人们的行动，用墨子的话说就是"足以举行"。"言足以复行者常之，不足以举行者勿常。"（《墨子·耕柱》）

墨家价值观的核心是功利，对于知识、智能的价值，归根结底他们是放在功利的意义上来肯定的。他们认为，知识和智能的价值就在于能为国家百姓人民兴利除害，"利人多，功故又大，……此则知（智）者之道也"（《墨子·非攻下》）。为了充分发挥知识智能在实现功利目标中的作用，墨家十分重视知识的学习和传授，他们说："智少而不学，功必寡"，"智多而不教，功适息"（《墨子·经说下》）。墨子本人，正是为了多得"功善"，才辛辛苦苦奔走，"上说下教"，宣传自己的治世之道。他自信地认为"行说人者，其功善亦多"（《墨子·公孟》），竭力反对道家宣传的"为学无益"的观点。

由于墨家对知识智能的价值有比较充分的认识，所以他们十分重视总结生产知识和应用技术，并热心于积累和整理科学材料。《墨辩》中保存的有关点、线、面、体的几何学知识，有关杠杆、天平、滑车、斜面等力学知识，有关阴影、倒影、平面镜、凹面镜、凸面镜等光学原理，就充分说明了墨家（特别是后期墨家）知识视野的广阔和科学意识的浓厚。这与儒家以诗书礼乐六艺为"智"的主要内容，形成了鲜明的对照。当然，在墨子本人那里，科学尚未能摆脱迷信观念的束缚，特别是他的"明鬼""天志"说，严重损害了他的科学精神和知识智能价值观念，就这一点而言，显然比"不语怪、力、乱、神"的孔子后退了。

（三）"绝圣弃智"论

儒、墨两家虽然对德、智的内容和含义有不同理解，但在重视德智上却有共同点，他们都肯定道德和知识智能的价值。而传统哲学中的道、法两派，正与儒、墨相反，竭力否定德、智价值。"绝圣弃智"论是老子提出的，法家韩非接受和改造了这种观点。

道家所否定的德智，主要指的是仁义道德、名物知识、文饰技巧，概而言之，就是儒家、墨家所谓的仁义礼智。老子和他的继承者庄子，从自然无为的根本思想出发，对德和智进行了激烈的批判，他们认为：

1. 德和智是社会退化的产物

人类的历史最初是自然无为的黄金时代，那时并没有什么仁义道德和知识智慧，后来逐步向"有为"的过程退化，才出现了仁义礼智。老子叙述这种退化过程是："失道而后德，失德而后仁，失仁而后义，失义而后礼。夫礼者，忠信之薄而乱之首；前识者，道之华而愚之始"（《老子》第三十八章）。"道"和"德"的阶段是自然无为的时代，后来沿着仁—义—礼—智（"前识"）的历程日渐退化，一代不如一代。为了挽救这种历史倒退而产生的危机，就必须"绝仁弃义""绝圣弃智"。

2. 德和智是人性退化的表现

老、庄都以自然素朴、诚实无华为人性的美好标志和本质特征，他们认为随着历史的退化，人性也发生异化，虚伪、争斗、利欲、浮华就是人性异化的表现，而仁义和智慧，则起了催化剂的作用。老子说："大道废，有仁义；智慧出，有大伪。"（《老子》第十八章）庄子说："自虞氏招仁义以挠天下也，天下莫不奔命于仁义，是非以仁义易其性与？"（《庄子·天道》）"道德不废，安取仁义？性情不离，安用礼乐？……毁道德以为仁义，圣人之过也。"（《庄子·马蹄》）又说："德荡乎名，知（智）出乎争。名也者，相轧也，知（智）也者争之器也。二者凶器，非所以尽行也。"（《庄子·人间世》）正由于仁义智慧是"乱人之性"，制造"伪""争"的凶器，所以为了使人性"复归于朴"，必须"绝仁弃义""绝圣弃智"。

3. 德和智是社会动乱的根源

老子说："民多智慧，而奇物滋起；法物滋章，而盗贼多有。"（《老子》第五十七章）庄子说，现实社会中，偷窃了一只"钩"的人遭到刑杀，而"窃国者"却成了诸侯。为什么呢？"诸侯之门而仁义存焉"。正由于大盗、诸侯打着"仁义"的招牌行窃，所以社会才动乱不止。他又说："天下每每大乱，罪在于好知（智）。"（《庄子·胠箧》）因此，"圣人不死，大盗不止"，"绝圣弃知，大盗乃止"；"攘弃仁义，而天下之德始玄同矣"。（《庄子·胠箧》）

根据对德、智价值的否定，道家提出了"以愚治国"的愚民政策。老子说："古之为道者，非以明民也，将以愚之也。夫民之难治也，以其智也。故以智治国，国之贼也，以不智治国，国之德也。"（《老子》第六十五章）又说："圣人之治也，虚其心，实其腹，弱其志，强其骨。恒使民无知（智）无欲也。"（《老子》第三章）这种愚民政策，正是道家"绝仁弃义""绝圣弃智""绝巧弃利""绝学无忧"的价值观在政治领域的贯彻。

如果说道家否定德智价值着重于复归人的自然本性，那么法家否定德智则主要出于政治上的考虑。韩非认为，对于治世来说，统治者既不能"务德"，也不能"用智"，只能"任法"。关于韩非"贵法不贵义"，"务法不务德"的观点，我们在"法家价值观"一章已作了分析，这里我们重点论述他的"非智""反智"观。韩非的主要论点是：

1. 德智过时论

韩非认为道德、智谋都曾经在历史上起过重要作用，成为人们重要的价值取向，但随着历史的发展，它们的价值都失落了，代之而起的是强力的升值。他说："上古竞于道德，中世逐于智谋，当今争于气力。"（《韩非子·五蠹》）在崇尚权力、暴力的时代还要说仁义、尚智谋，就违背了"古今异俗，新故异备"的历史法则，犹如守株待兔一样愚蠢。

韩非以历史进化的观点，否定德智价值，比道家以历史退化的观点论证"绝圣弃智"，固然要高明一些，但从价值观上说也并非科学。因为道德和智能的具体内容虽然会随着历史的演进而改变，但道德和智能本身的价值并不会过时。

2. 民智无用论

　　韩非认为人民都是愚昧无知的，他们永远无法了解国家政治的意义。让人民掌握了知识智能，不但对国家推行政策无益，而且还会增加困难，引起混乱。他说，老百姓都像无知的婴儿一样，全然不了解国家政策给他们的好处，抱怨之言层出不穷。"今上急耕田垦草以厚民产也，而以上为酷，修刑重罚以为禁邪也，而以上为严；征赋钱粟以实仓库，且以救饥馑备军旅也，而以上为贪；境内必知介，而无私解，并力疾斗所以禽虏也，而以上为暴。此四者所以治安也，而民不知悦也"。由此可见，"民智之不足用亦明矣"（《韩非子·显学》）。韩非把统治者的"急耕""重罚""征赋""去私"等政策统统说成是为了"利民""治安"，把老百姓对这些政策的"酷""严""贪""暴"的不满一概斥之为愚昧，并由此得出"民智之不足用"的结论。进而指出，如果企图用"得民之心""用民之智""听民""适民"的方法来治世，必然使国家陷入混乱局面。所谓"为政而期适民，皆乱之端，未可与为治也"（《韩非子·显学》）。这种否定民智的论调，比起老子"使民无智无欲"的说法，有过之而无不及。

3. 智能卑主论

　　法家否定知识智能的价值和他们维护君主绝对权威的观念是密切相关的。在君臣关系上，法家一贯主张"尊君卑臣"，使君主处于至高无上的地位，使臣下处于绝对服从的境地。这就必然要压抑臣下的知识、智慧和才能，以免对其失去控制。韩非认为，如果弘扬智能的价值，就会产生"卑主尊臣"的恶果，君主权威肯定要受到威胁。"今世皆曰：尊主安国者，必以仁义智能。而不知卑主危国者之必以仁义智能也。"（《韩非子·说疑》）智能之所以会"卑主"，原因在于"智士者未必信也，为多其智，因惑其信。以智士之计，处乘势之资而为其私意，则君必欺焉"（《韩非子·八说》）。当然，韩非并非真的希望臣下皆是无知无能之辈，他不过是要将臣下的智能置于君主的驱使之下，纳入君主的意志之内，从而使臣下的知识、才能都变成"明君"的知识、才能，"有功者君有其贤，有过者臣任其罪"（《韩非子·主道》）。如果臣下凭借自己的聪明才智而妄发议论，那是绝对不能允许的。

4. 智能乱法论

韩非把知识智能和法律法令、仁智之士和法术之士完全对立起来，认为智能的升值必然危害法治的价值。他说："道法万全，智能多失"，"臣下饰于智能，则法禁不立矣"，"使民饰于智，不知道之故，故劳而无功"。（《韩非子·饰邪》）这是因为，智能之士常用他们的知识智能指责法令，诽谤法令，一方面会造成思想混乱，另一方面会影响法令的威力。所谓"圣智成群，造言作辞，以非法措于上""是教下不听上，不从法也"。（《韩非子·诡使》）由此，韩非主张"明主之道，一法而不求智"（《韩非子·五蠹》）。

由于法家对知识、智能持否定态度，所以视崇尚仁义礼智的儒、墨两家知识分子为仇敌，指斥他们为害虫，竭力主张加以排斥。后才秦始皇和李斯推行"焚书坑儒"之政，就是对韩非价值观的政治实践。

总之，道家的"绝圣弃智"论和法家的"谴贤去知"（《商君书·禁使》）论，是中国哲学史上否定德、智价值的典型观点。虽然他们通过否定德智而确立的价值目标不同，一为"自然无为"，一为"法治权力"，但其给予文化传统的消极影响，却是共同的。

（四）重智重才论

孔孟的重德主义和老、庄、商、韩的非德智主义，都对智的价值有所忽视。特别是重德主义倾向，随着儒家独尊地位的确立，在封建社会基本上占着优势，渗透于政治、文化、教育诸多领域。有些思想家，对它的偏颇有不同程度的认识，于是就突出智的价值，他们或者指出智是德的统帅，或者认为智是人的力量，或者强调智育对培养人才的重要意义，提出了许多真知灼见，大大充实和丰富了古代的德智价值观。

1. "智者，德之帅也"

这是三国时魏国刘劭在《人物志》一书中提出的重要论点。刘劭对儒家道德的整体结构进行了思考，他把仁、义、礼、信、智不是视为五种道德规范，而是看作构成道德的五大要素，并认为五要素在道德整体结构中的地位和作用各不相同。"夫仁者，德之基也。义者，德之节也。礼者，德之文也。信者，德之固也。智者，德之帅也。"（《人物志·八观》）这里，他把"智"作为道德的统帅，置于很高的地位。为什么说"智是德之帅"呢？刘劭认为，这是由"智"的明察远见的作用决定的。他说："夫智出于明，明之于人，犹昼之待白日，夜之待烛火，其明益盛者，所见及远。及远之明难。"（《人物志·八观》）由于"智"是人的明察远见的能力，所以它就会对道德发挥统帅指导作用。在刘劭看来，考察和品评人物，认识他的智力十分重要，他的《人物志》，论辩人才，分别流品，研析疑似，就贯穿着他的这一精到见解，受到后代许多学者的赞赏。后来，南宋叶适提出："学明而后德显也"（《答吴明辅书》）。明末清初的王夫之提出："多识而力行之，皆可据之以为德"（《张子正蒙注》）。清初戴震提出："德性资于学问，进而圣智"（《孟子字义疏证》卷上），可以说是对刘劭"智为德帅"观的呼应。

2. "人有知学，则有力矣"

这是东汉哲学家王充的著名论点。王充十分重视知识、学问、才能的价值，在《论衡》中专门写了《别通》《程才》《量知》《效力》等篇论述知识智能的价值，提出了许多卓见。首先，王充认为识见、知识是人与动物区别的标志，是人的价值依据。"倮虫三百，人为之长，天地之性，人为贵，贵其识知也。"人若不"好道乐学"，没有知识才能，就与动物一样，"饱食快饮，虑深求卧，腹为饭坑，肠为酒囊，是则物也"（《论衡·别通》）。王充的这一看法，比荀子的"人之所以为人者，非特以二足而无毛也，以其有辩也"（《论衡·非相》）更为明确深刻，它将知识从人异于物的特性规定，提到了人贵于物的价值地位。其次，王充指出，知识就是力量。"人有知学，则有力矣，文吏以理事为力，而儒生以学问为力。"（《论衡·效力》）他说，知识作为一种力量，与"壮士之力""农夫之力""工匠之力"虽有不同特点，但其价值是一样的，都应给予高度重视。甚至认为，在一定条件下，知识这种力量具有更为重要的价值，汉高祖建功立业，既依靠了"以力为功"的樊、郦，更依靠了"以知为力"的萧何。再次，王充认为，知识才能是道德的基础。他说，知识学问对提高人们的道德水平具有重要的作用，"学问日多，简练其性，雕琢其材也。故夫学者所以反情治性，尽材成德也"（《论衡·量知》）。他指出，知识转化为道德，如同"蒸谷成饭""铸铜为器"一样，是在一定基础上的升华过程。如果缺乏知识学问，提高道德就没有认识基础，很难养成高尚的道德。根据这一看法，王充提出，当时的多数知识分子，道德水平高于不学无术的"文吏"官员。他说："儒生不为非而文吏好为奸者，文吏少道德而儒生多仁义也。"（《论衡·量知》）

王充的上述观点，对于纠正儒家重德主义的偏颇，反对道、法非智主义的荒谬，弘扬知识智能的价值，都具有十分重要的意义，使传统德智价值观别开生面。特别是"人为贵，贵其识知也""人有知学，则有力矣"的命题，其意义比英哲培根的"知识就是力量"有过之而无不及。遗憾的是，王充的光辉思想并未被后代学者所重视，更未能在社会实践中发扬光大。

3. "学术者，人才之本也"

清代颜元是批判程朱陆王哲学的伟大思想家，他在德智观上的鲜明特点就是强调实用知识的价值。颜元认为，将来的世界不应该是"文"的世界，而应该是"实"的世界。在"实"的世界，历史的主题不再是"家家虚文"，而是"开物成务"，创立事功，这就需要大量的人才，而知识学问，就是培养人才的基础。他说："盖学术者，人才之本也；人才者，政事之本也；政事者，民命之本也。无学术则无人才，无人才则无政事，无政事则无治平，无民命。"（《习斋记余》卷下）颜元所谓的学术，不只是"修身"的德性之知，更主要的是"经世"的实用之知，"博学之则兵、农、钱谷、水火、工虞、天文、地理，无不学也。"（《四书正误》）后来，他的学生把经世之学的范围开拓得更为宽泛，明确提出"可参以近日西洋诸法"。颜元以经世致用来确定知识的范围，以培养人才来弘扬知识的价值，是中国早期启蒙思想的突出表现。后来，龚自珍的"我劝天公重抖擞，不拘一格降人才"的呐喊；郑观应"泰西之强，强于学，非强于人也"（《西学》）的认识；严复"民智者，富强之原"（《原强》）的论断，康有为"今日之教，宜先开其智"（《公车上书》）的建议，就是继承了颜元等17世纪早期启蒙思想家的观念，而在新历史条件下对知识价值的呼唤。

虽然上述三种重智论，在重德主义占统治地位的价值世界中，透露了几道知识、智能的奇光异彩，但从总体上说，并没有摆脱知识从属于道德的价值格局，特别是王充、刘劭，还着重从智对德的促进作用上弘扬智之价值。颜元的见解固然已有鲜明的启蒙性，但也没有突破"三物四教六府六艺"的"尧舜周孔之道"的旧形式。

除以上三种比较重视智能、知识的观点外，还有极少数人主张重才轻德，魏晋时代的徐干、曹操和葛洪是其代表。徐干提出"明智为先"，认为为民造福，使物尽用，靠明哲而不凭德行。在德才不兼备的情况下，圣人所取，当以明智为先。曹操提出"唯才是举"，明确认为取人用人，唯才是举，不拘德行。葛洪主张"舍仁用明"，仁指仁德，明指见识。他认为，明高于仁、才优于德是天地间的普遍规律，历史的进步，文明的演进，应归功于聪明才智，而不归功于德行。此三人的看法，在传统价值观中实属罕见，富有反儒家传统的精神，然而却有矫枉过正之嫌，因此不被重视，也很难流行。

（五）"德识才学"论

传统德智价值观中，比较能够全面看问题的一种观点，严格说来并不是哲学家提出的，而是由史学家和诗学家所阐发的，这就是"德识才学"论。

唐代著名史学家刘知几，撰成了我国历史上第一部史学评论专著《史通》，并首次提出了"史才三长"的著名理论。认为真正的史学家应具备史才、史学、史识三个条件。他说："史才须有三长，世无其人，故才少也。三长谓才也，学也，识也。"（《旧唐书·刘子玄传》）史才，指收集、鉴别和驾驭史料以叙述历史，撰写史著的能力；史学，指对丰富史料、历史知识和其他有关知识的掌握；史识，指见解和观点以及忠于史实的高尚品质和勇敢精神等。刘知几认为，这"三才"对于一位杰出的史学家都是不可缺少的，"夫有学而无才，亦犹有良田百顷，黄金满籯，而使愚者营生，终不能致于货殖者矣。如有才而无学，亦犹思兼匠石，巧若公输，而家无梗楠斧斤，终不果成其宫室者矣"（《旧唐书·刘子玄传》）。"三才"中，史识尤为重要，"犹须好是正直，善恶必书，使骄主贼臣，所以知惧，此则为虎傅翼，善无可加，所向无敌者矣"（《旧唐书·刘子玄传》）。

尽管刘知几关于才、学、识的具体内容和要求仅限于史学领域，而且也有封建正统思想局限，但他对才、学、识重要性的论述，却体现着十分可贵的价值观念，具有普遍的意义。他不仅涉及德与智的价值评定，更重要的是对构成智力的基本要素（才能、知识、见识）进行了分析和评价。

由于刘知几的"三才"说包含着普遍适用的人才价值观念，所以，后代学者也将其推广于其他领域。清文学家袁枚在《续诗品·尚识》中说："学如弓弩，才如箭镞。识以领之，方能中鹄。善学邯郸，莫失故步。善求仙方，不为药误。我有神灯，独照独知。不取亦取，虽师勿师。"认为一个优秀诗人也应具才、学、识"三才"，并以"弓弩""箭镞""神灯"为喻，说明三者的不同作用及其相互关系，还特别强调了"识"的重要性。

刘知几的"三才"说中，虽然有某些"德"的要求，如"好是正直，善恶必书"，但这种品质是作为"识"的内容提出的，并未单独列出"史德"一项，显得不够全面。清代著名史学家章学诚说："刘氏所谓才学识，犹未足以尽其理也。"（《文史通义·史德》）根据这一看法，章氏提出"史德"以补益之，并论述了"史德"对于史学家的重要性，"能具史识者，必知史德。德者何？谓著书者之心术也。夫秽史者所以自秽，谤书者所以自谤，素行为人所羞，文辞何足取重"（《文史通义·史德》）。他说，无"史德"的著作，"读其书者，先不信其人，其患未至于甚也"（《文史通义·史德》）。

章学诚特标史德补益刘知几之"三才"说，从价值观上看无疑是全面的见解，因此梁启超亟称之。他综合概括了刘、章二氏的观点，具体阐发内容，严密区分层次，提出了"史家四长"说。梁启超说："刘子玄说，史家应有三长，即史才、史学、史识。章实斋添上一个史德，并为四长。实斋此种补充甚是，要想做一个史家必须具备此四种资格"。又说："至于这几种长处的排列法，各人主张不同。子玄以才为先，学次之，识又次之。实斋又添德于才学识之后。今将次第稍为变更一下，先史德，次史学，又次史识，最后才说到史才。"（《中国历史研究法》）梁启超的德、学、识、才的价值层次排列，未必科学，但他明确列出四大要素以作为史学家的条件，不失为一种较全面的看法。

"三才""四长"之说，或为史学家说法，或为诗人们立道，直接看来，乃为一种专业人才观念，但其包含的普遍价值观念有着重要意义。它认识到，一个有用之才，应该在德、识、才、学诸方面都有所发展，才能取得较高成就。正如章学诚说的，"夫才须学也，学贵识也，才而不学，是为小慧，小慧无识，是为不才"（《文史通义·史德》）；"非识无以断其义，非才无以善其文，非学无以练其事"（《文史通义·史德》）。当然，一个人要全面具备这几种素质，并非易事。刘知几说："自复古已来，能应斯目者，罕见其人。"（《旧唐书·刘子玄传》）章学诚也说："才、学、识三者，得一不易，而兼三尤难。"（《文史通义·内篇三》）全备虽难，但提出这种要求，是完全必要的。

把这种对人才素质的全面要求应用于教育上，就是人才培养目标问题。康有为、梁启超提出以德育、智育、体育为"学纲"，王国维提出以体育、心育（包括智育、德育、美育）为培养"完全之人物"的教育"宗旨"，使完全之人物"备真善美之三德"。后来，蔡元培提出，以体育、智育、德育、美育为培养"健全的人格"所不可缺一的四项内容。这已经大大突破了传统儒家哲学中关于以德统智，以智助德的价值观念结构，表现了德智价值观向近现代迈进的历史轨迹。

传统哲学中的德智价值观，尽管有道家、法家非德非智主义的冲击，有刘劭、王充、颜元等强调智能、知识的纠偏，但孔、孟儒家的"且仁且智"以仁统智的观念长期处于主导地位。这种观念，由于强调道德的重要作用，鄙弃有才无德之辈，所以对培养崇尚气节，重视品德的仁人志士，起了积极的价值导向作用。近人梁启超说："夫使一国增若干之学问知识，随即增若干有学问、有智识之汉奸奴隶，则有之不如其无也。"就是对这种重德观念积极性的充分肯定。然而，儒家把"智"归结为"德"的附庸，把"智"的范围主要局限于"知人""知己"的道德觉悟，在价值观念上形成了偏斜。甚至如司马光那样，以德才之辩论君子小人之分，固然意在扬善，但确有极端化之弊。这种观念在实践上曾经造成了束缚文化科学发展（特别是自然科学）和影响人才全面成长的不良后果。通过对传统德智观的反思，我们的认识是，在德智价值观上，必须坚持道德和知识才能的辩证统一，既反对重才轻德，又反对重德轻才。在精神文明建设中，既要抓思想道德建设，又要抓科学文化建设，在教育上，使受教育者在德、智、体、美各方面都得到全面发展；在人才的培养和选拔上，坚持德才兼备的方针。

五　理欲论

——理性与物欲的取舍

理与欲是传统哲学价值论中一对极其重要的范畴，它从主体的内在结构方面，说明人的价值追求及其所包含的矛盾。"理"在传统哲学中约有三义，一是指物之必然法则，如戴震云："分之各有其不易之则，名曰理。"二是指人之本然善性，如程颐云："性即理也，所谓理，性是也。"三是指人生之当然准则，如二程弟子谢良佐云："天理，当然而已矣。当然而为之，是为天之所为也。"此三义，概括言之，即是事物的规律和人生的规范，朱熹云："穷理者欲知事物之所以然与其所当然者而已。""欲"在传统哲学中，指人的欲望、需求，包括生理欲求和物质欲望，如物欲、利欲、情欲之类。

理欲作为一对相互对应的范畴，主要是指人的社会法则特别是道德理性与人的生理欲求、物质欲求的关系问题。从价值论来说，其实就是道德价值和物质利益、生存需要的价值关系。

中国哲学价值论中的理欲之辨，先秦已经提出，至宋明达到高峰。在漫长的历史中，哲人们深入研讨，激烈争论，提出了各种理欲观，产生了深远的影响。

（一）以理制欲论

孔、孟不以理欲对举，但并非没有理欲观念。孔子云："君子谋道不谋食，君子忧道不忧贫。""富与贵是人之所欲也，不以其道得之，不处也。"又云："非礼勿视，非礼勿听，非礼勿言，非礼勿动。""克己复礼为仁"。又云："无求生以害仁，有杀身以成仁"，"见利思义"，"义然后取"。又云："七十而从心所欲，不逾矩。"（均见《论语》）这里的"道"与"食"、"道"与"富贵"、"礼"与"己"、"仁"与"生"、"义"与"利"、"义"与"取"、"矩"与"欲"等对应的关系中，事实上都包含理与欲的关系。从这些命题可以看出，孔子虽不主张去欲、灭欲，但却认为应该轻欲、制欲、克欲，道、礼、仁、义、矩就是制欲、克欲的原则和规范。

孟子除了和孔子有许多一致的看法之外，在理欲观上有两点重要发展，一是"义理"说，明确将"义""理"并举。"心之所同然者何也，谓理也、义也，圣人先得我心之所同然耳，故理义之悦我心，犹刍豢之悦我口。"（《孟子·告子上》）这就将理、义看作同义概念，认为"义"即是"理"，赋予理以明确的道德内容。二是"寡欲"说，"养心莫善于寡欲；其为人也寡欲，虽有不存焉者寡矣；其为人也多欲，虽有存焉者寡矣。"（《孟子·尽心下》）将"寡欲"作为"养心"之道，作为德行基础，明确表示了对欲的态度。从孔到孟，儒家理欲对举，以理制欲或以理节欲的思想进一步明确，但还未形成较为系统的理欲观。

到荀子，儒家的理欲观才可以说系统化了。荀子不但把道与欲、理与欲作为一对范畴明确提出，而且对二者的价值地位作了较周密地论述。他的主要观点是：

1. 礼义循理

荀子认为理是事物的形式和法则，其表现于人类社会就是伦理规范即仁义礼法。他说：仁人者"忠信以为质，端悫以为统，礼义以为文，伦类以为理，喘而言，臑而动，而一可以为法则。"（《荀子·臣道》）又说："义者，循理"（《荀子·议兵》），"礼之理诚深矣"（《荀子·礼论》），"诚心行义则理"（《荀子·不苟》），"仁义法正有可知可能之理"（《荀子·性恶》）。他把社会伦理和仁义礼法都看作"理"的具体表现，都提高到"法则"的高度,这是对孟子"义""理"并举的重大发展。这种"礼义循理"即礼义符合法则、遵循法则的观念,从法则的意义上大大提高了儒家道德的价值地位,比之孔、孟把仁、义、礼说成"天命",说成"人性",更具有理性色彩。

2. 欲不可去

荀子认为,人的欲望是对外界事物的反应,人们追求和实现欲望的满足是必不可免的。他说:"性者,天之就也;情者,性之质也;欲者,情之应也。以所欲为可得而求之,情之所必不免也;以为可而道之,知(智)所必出也。"(《荀子·正名》)又说:"若夫目好色,耳好声,口好味,心好利,骨体肤理好愉佚,是皆生于人之性情者也。……夫好利而欲得者,此人之性情也。"(《荀子·性恶》)正由于追求欲望的满足是人性之本然,所以上自天子,下至守门人,圣如大禹,暴如夏桀,都有永远不可满足的共同欲望。"虽为守门,欲不可去";"虽为天子,欲不可尽"。(《荀子·性恶》)"饥而欲食,寒而欲暖,劳而欲息,好利而恶害,是人之所生而有也,是无待而然者也,是禹、桀之所同也。"(《荀子·非相》)由此,他还指出,欲望的有无,只是有生命和无生命两类不同物质区别的标志;欲望的多寡,也只是人们性情在欲望数量上的差异,二者都不是区分社会治乱的标准。"有欲无欲,异类也,生死也,非治乱也。欲之多寡,异类也,情之数也,非治乱也。"(《荀子·正名》)可见荀子把人的欲望说成自然本性,以此肯定欲望的必然性和普遍性,否定企图通过"去欲""灭欲"来治人治世的荒谬性,他断言:"虽尧、舜不能去民之利欲"(《荀子·大略》)。

3. 利欲即恶

荀子虽然认为欲望、利欲是"天之就""生之所以然","不事而自然"的本性,但并不由此而承认这种本性就是价值。反之,他认为人的这种本性是恶的,是反价值的。他说:"今人之性,生而有好利焉,顺是，故争夺生而辞让亡焉；生而有疾恶焉，顺是，故残贼生而忠仁亡焉；生而有耳目之欲，有好声色焉，顺是，故淫乱生而礼义文理亡焉。然则从人之性，顺人之情，必出于争夺，合于犯分乱理而归于暴。故必将有师法之化，礼仪之道，然后出于辞让，合于文理，而归于治。用此观之，然则人之性恶明矣，其善者伪也。"（《荀子·性恶》）就是说，情欲、利欲的发展会导致辞让、忠仁、礼义、文理的灭亡，因此它的性质是恶而不是善。这里，荀子已明确将欲与理对立起来，认为欲是"犯分乱理"的反价值，纵欲的人和禽兽一样，"纵性情，安恣睢，禽兽行"（《荀子·非十二子》）。

4. 以理制欲

欲既是性，又是恶；既"不可去"，又"不可纵"。那么，最好的办法就是"导"和"制"，即以"道"或"理"对"欲"实行引导和节制。荀子认为，欲望本身虽是"天之自然"，人力不能取消，但人对欲的追求却受心的制约，而制约于心的"欲"和禀受于天的"欲"却大不相同了。"欲不待可得，而求者从所可。欲不待可得，所受乎天也；求者从所可，所受乎心也。所受乎天之一欲，制于所受乎心之多计，固难类所受乎天也。"（《荀子·正名》）例如，人都迫切求生而强烈恶死，但有人却弃生而就死，这并不是把生的欲望变成了死的欲望，而是考虑到在某种情况下"不可以生而可以死也"（《荀子·正名》）。这种在"可以"与"不可以"之间的选择就是心的制约作用。又如，有时某种天生的欲望非常强烈，但行动却没有完全按欲望去做，这是由于心的节制；有时某种天生欲望不很强烈，但行动却超过它，这也是由于心的指使。"欲过之而动不及，心止之也"，"欲不及而动过之，心使之也。"（《荀子·正名》）欲的恶，充分表明了制欲和导欲的必要性；而心对欲的这种支配作用，充分证明了欲可以被制约和引导的可能性。欲可以由心制约、支配、引导，但心是按照什么标准来制欲呢？荀子指出，制欲的标准是"理"。他说："心之所可中理，则欲虽多，奚伤于治！""心之所可失理，则欲虽寡，奚止于乱！"（《荀子·正名》）又说："圣人纵其欲兼其情，而制焉者理也。"（《荀子·解蔽》）"导之以理，养之以情，物莫之倾，则足以定是非决嫌疑矣。"（《荀子·解蔽》）有时，荀子也提出以"道"为标准，"君子乐得其道，小人乐得其欲。以道制欲，则乐而不乱；以欲忘道，则惑而不乐"（《荀子·乐论》）。对于制欲、导欲来说，"道"和"理"是同义的概念。由于在荀子看来，"道"或"理"在社会伦理领域中的表现就是"仁义礼法"，所以以理制欲或以道制欲，实质就是将欲纳入仁义礼法的规范，使欲符合仁义礼法的要求。他说："虽尧舜不能去民之欲利，然而能使其欲利不克其好义也。……上重义则义克利"，"义胜利者为治世"。（《荀子·大略》）这就把"以理制欲"的理欲观和"以义胜利"的义利观完全统一起来了。

荀子"以理制欲"的理欲观，是先秦哲学中最为系统的理欲价值观，它的基本精神在于通过以理制欲、以理导欲，把反价值的"恶"改造为正价值的"善"，人的自然情欲是"恶"；但人的中理之欲则是"善"。因此，欲是否有价值，关键不在于它的有无、多寡，而在于它是"中理"，还是"失理"。这不但不同于道家的"忘欲"，也不同于孟子的"寡欲"，但却开启了法家韩非理欲观的先河。

（二）任理去欲论

法家韩非是大儒荀况的学生，又深入钻研《老子》。他在法家思想的基础上，吸取儒、道二家因素，提出自己的理欲观。其理论要点是：

1. "理之为物之制"

韩非认为"道"是万物的总规律，"理"是一事物区别于它事物的具体法则。由于受这些具体、特殊的法则的制约，一事物才区别于它事物。自然和社会上的一切事物都有自身固有的"理"，都要受"理"的制约，所以说："理之为物之制"（《韩非子·解老》）。"理"在社会领域的体现就是"法"："法所以制事"（《韩非子·八说》）。理是物之规范，法是人之规范。韩非要人们"缘道理而从事"（《韩非子·八说》），在认识论意义上就是要求人们按客观规律办事，在价值论意义上就是要人们"明法术度数之理"（《韩非子·奸劫弑臣》），重视社会规范的价值，遵循法律法令，以法作为行动的最高准则。韩非以法为理，和荀子以礼义为理，表现了法家和儒家对理的不同解释。

2. "人不免于利欲之心"

韩非继承和发展了荀子的性恶论，认为利欲之心是人的本性，上自王公贵族、士君子，下至一般平民，人人都有利欲之心，毫无例外。他说："人无毛羽，不衣则不犯寒；上不属天，下不着地，以肠胃为根本，不食则不能活。是以不免于利欲之心。"（《韩非子·解老》）因此，在社会生活中，各种人际关系的实质都是利益关系。韩非所谓的"利欲"，包括生理欲求、物质利益、荣华富贵、名位权势等，范围比较宽泛。

3. "邪心诱于可欲"

韩非发挥了老子的思想，认为人的私心私欲，是为非作歹、违法乱政的根本原因。他说："祸难生于邪心，邪心诱于可欲。可欲之类，进则教良民为奸，退则令善人有祸。奸起则上浸弱君，祸至则民人多伤。"（《韩非子·解老》）又说："人有欲，则计会乱；计会乱，则有欲甚；有欲甚，则邪心胜；邪心胜，则事经绝；事经绝，则祸难生。"（《韩非子·解老》）由利欲而产生的邪心，对人有极大的危害，它不但在心理上使人产生忧虑，而且在行动上会使人陷于失败，最终给人带来祸害。"利欲之心不除，其身之忧也"，"不知足者之忧终身不解"。"故曰利欲甚于忧，忧则疾生；疾生则智慧衰；智慧衰则失度量；失度量则妄举动；妄举动则祸害至。"（《韩非子·解老》）这说明私欲私心的膨胀和循道缘理是矛盾的，"衣食美则骄心生，骄心生则行

邪僻而动弃理。"（《韩非子·解老》）

4."任理去欲，举事有道"

为了解决欲和理的矛盾，韩非主张依理行，去私欲，按道理、规范办事，此之谓"任理去欲，举事有道"（《韩非子·南面》）。韩非要求的"去欲"，并非是要根除人的一切生活欲望，而是指除去私心私欲，反对多欲甚欲。他说："不以小功妨大务，不以私欲害人事。"（《韩非子·难二》）又说："有欲甚，则邪心胜"，"圣人衣足以犯寒，食足以充虚，则不忧矣。"（《韩非子·解老》）他认为，人如果"去欲""少欲"，其行动自然能"任理""缘理"，符合规范。"圣人在上，则民少欲，民少欲，则血气治而举动理。"（《韩非子·解老》）"不以欲累心，不以私累己"，就会做到"属轻重于权衡，不逆天理"（《韩非子·大体》）。韩非的"任理去欲"是对《老子》"唯啬"思想的发挥和改造，他说，"多费之谓侈"，"少费之谓啬"，"啬之为术也，生于道理，夫能啬，是从于道而服于理者也。"（《韩非子·解老》）我们在上文已经指出，韩非之"理"的价值论含义即是"法"，因此，"任理去欲"的实际内容就是行公法、去私意。他说："夫法令者以废私也，法令行而私道废矣。私者所以乱法也。"又说："所以治者法也，所以乱者私也。法立则莫得为私矣。"（《韩非子·诡使》）

从上可以看出，韩非的理欲观，既有荀子的影响又不同于荀子，既有老子思想的痕迹又有别于老子，它是典型的法家思想。他"任理"而是为了"崇法"而不是为了"尚德"，他"去欲"是为了"明法制"而不是为了"任自然"。由于法的价值在于"公功""公利"，因之，"任理"价值也就是功利价值。"任理"—"明法"—"尚功"，在韩非的价值论中，是完全统一的。如果仅从字面来看，"任理去欲"似乎和儒家的"以理制欲"，道家的"少私寡欲"无大差异，但深入到内在实质，就可发现，它和"崇仁义"的儒家，"法自然"的道家大异其趣。

（三）明理灭欲论

荀子的"以理制欲"论，不但被法家韩非吸收和改造，更为后代儒家继承和发展。《礼记》是我国汉初儒家讲礼的著作，其中不少篇章出于荀子后学，《乐记》就是其中的代表。《乐记》在讲到礼乐的起源和作用时，提出了"天理"和"人欲"这对范畴，在儒家的价值论历史上具有十分重要的意义。

《乐记》云："人生而静，天之性也。感于物而动，性之欲也。物至知知，然后好恶形焉。好恶无节于内，知诱于外，不能反躬，天理灭矣。夫物之感人无穷，而人之好恶无节，则是物至而人化物也。人化物也者，灭天理而穷人欲者也。于是有悖逆诈伪之心，有淫泆作乱之事。是故强者胁弱，众者暴寡，知者诈愚，勇者苦怯，疾病不养，老幼孤独不得其所。此大乱之道也。"

此论以"生而静"为人性，为天理，以"感物而动"为人欲；认为人欲发展、好恶无节的结果是"灭天理"、反道德。由此它主张存天理而灭人欲。存天理灭人欲的过程就是复归于人性之静的道德修养过程。《乐记》说："先王之制礼乐也，非以报口腹耳目之欲也，将以教民平好恶而反人道之正也。"可见，《乐记》把"天理"与"人性"统一了起来，而将"天理"与"人欲"对立起来。"天理"与"人欲"的对立，就是善与恶的对立。这显然是一种绝对崇尚天理而完全否定人欲的价值观念，它和荀子以"中理"与"失理"来区别人欲的可否，已有很大不同。

《乐记》的理欲观，受到宋明道学家们的高度赞赏，并将其进一步系统化和理论化。二程、朱熹极其重视天理人欲之辨，他们把价值论与本体论、认识论、政治论、历史观紧密结合起来，对理欲进行全方位的考察。朱熹说："孔子所谓'克己复礼'；《中庸》所谓'致中和，尊德性，道问学'；《大学》所谓'明明德,'《书》曰'人心惟危，道心惟微，惟精惟一，允执厥中，'圣贤千言万语，只是教人明天理，灭人欲。"（《朱子语类》卷十二）认为儒家的全部价值观念、伦理思想都围绕着"明天理、灭人欲"这一主题。如果说《礼记·乐记》只是提出"人欲盛而天理灭"，尚未明确地把"灭人欲"作为"明天理"的条件，那么，二程、朱熹便是明确、自觉地认识到这一点了。

程、朱"明天理、灭人欲"的理论，包括以下主要内容。

1. 天理是善

朱熹认为，天理、人性、人心三者是统一的。天理是人性的本原，人性是天理的体现；天理是人心之本然，人心是天理的承载，它们的实际内容都是三纲五常。朱熹说："所谓天理，复是何物？仁、义、礼、智岂不是天理？君臣、父子、兄弟、夫妇、朋友岂不是天理？"（《朱文公文集·答吴斗南》）又说："仁义，天理之自然也；居仁由义，循天理而不得不然者也。"（《四书或问·孟子或问》）"父子、兄弟、夫妇，皆是天理自然"（《朱子语类》卷十三）"天理只是仁义礼智之总名，仁义礼智便是天理之件数"（《朱子语类》卷十三）。既然天理是性之本原，心之本然，仁义礼智之总名，那么天理当然是善的。"性即天理，未有不善者也"（《孟子集注》卷十一），"理便是天理，又那得有恶！孟子说性善，便都是说理善。"（《朱子语类》卷九十五）朱熹把儒家道德提到人性、天理的高度，又赋以"善"的特性，就从人性论、本体论的意义上抬高了仁义礼智的价值地位。道德价值一旦升值到人类本性、宇宙法则的绝对高度，就必然导致对人欲的绝对否定。

2. 人欲是恶

朱熹认为一些人由于禀受了"偏驳污浊"之气，迷惑于"耳目鼻口"之欲，而又不能"克己复礼"，于是就被"私欲蔽惑而失其理"，从而陷于"人欲之私"。人欲是"恶的心"，"众人物欲昏蔽，便是恶底心"（《朱子语类》卷七十一）。之所以为恶，一则它不属于"天地之性"而属于"气质之性"。天地之性是理，是本然之性，"盖本然之性，只是至善"；气质之性则理、气相杂，有善有恶。人欲就源于"昏浊"的气质之性，它只能是恶。二则它不是"本然之心"而是"疾疢之心"。"本然之心"是天理，是纯善；"疾疢之心"乃是心出了毛病，背离隔塞了本然之心，只能是恶，"人欲者，此心之疾疢，循之则其心私而且邪"（《朱文公文集·辛丑延和奏札二》）。三则它违害了仁义礼智，颠倒错乱了人伦秩序、道德规范。"人有是身，则耳目口体之间，不能无私欲之累，以违于礼而害夫仁。人而不仁，则自其一身莫适为主，而事物之间，颠倒错乱，益无所不至矣。"（《四书或问·论语或问》）无论从人性看，还是从人心看，抑或从道德看，"人欲"都只是"恶"。

这里，应该注意，二程和朱熹对"人欲"的规定有所不同。二程认为"人心"即是"私欲"，朱熹则认为，二者不能等同。"人心"有善有恶，"私欲"则只是恶；二程认为凡"欲"即是"人欲""私欲"，朱熹则认为，二者也不相同。"若是饥而欲食，渴而欲饮，则此欲亦岂能无"（《朱子语类》卷九十四）。"饮食者，天理也；要求美味，人欲也。"（《朱子语类》卷十三）就是说，追求维持生存的物质欲望如饮食要求是合理的，"合当如此"，属于天理；而超出这个限度之外，过高追求物质享受，"合不当如此"，这才是"人欲""物欲"。由此看来，朱熹认为并不是一切欲望都是"恶"，而是仅把"人欲""物欲""私欲"视为恶，或者说，"人欲"是"天理"之"过"，即超出了"天理"的限度，才成为"恶"。

3. 理欲相对

朱熹特别强调"天理人欲之分"，认为在价值领域，在道德范围，天理与人欲是相互对立、彼此反对的。"天理人欲常相对"（《朱子语类》卷十三），"天理人欲之间，每相反而已矣"（《论语集注》卷七）。天理人欲的相对相反，从性质上说，是善与恶、是与非、公与私的对立，"同是事，'是'者便是天理，'非'者便是人欲"（《朱子语类》卷四十）；"凡一事便有两端，是底即天理之公，非底乃人欲之私"（《朱子语类》卷十三）。从形式上说，双方相互战胜、相互克服、相互消长。"天理人欲，此胜则彼退，彼胜则此退，无中立不进退之理"，"人之一心，天理存则人欲亡，人欲胜则天理灭。""譬如刘、项相拒于荥阳成皋间，彼进得一步，则此退一步；此进得一步，则彼退一步"（《朱子语类》卷十三）——此言相互战胜。"未知学问，此心浑为人欲；既知学问，则天理自然发现，而人欲渐渐消去者，固是好矣。然克得一层又有一层，大者固不可有，而纤微尤要密察"（《朱子语类》卷十三）；"盖克去己私，便是天理"（《朱子语类》卷十一）——此说相互克服。"天理人欲相为消长分数，其为人也寡欲，则人欲分数少，故虽有不存焉者寡矣，不存焉寡，则天理分数多也；其为人也多欲，则人欲分数多，故虽有存焉者寡矣，存焉者寡，则是天理分数少也。"（《朱子语类》卷六十一）——此谓相互消长。

天理人欲的对立表明，二者的矛盾是不可调和的，"天理人欲，不容并立"（《孟子集注》卷五）。在人心中，不存在既是天理又是人欲的中间物，也不存在既非天理又非人欲的中间物。人心中存在的"不是天理，便是人欲"（《朱子语类》卷四十一），"盖人只有天理人欲，日间行住坐卧，无不有此二者"（《朱子语类》卷四十二）。人的心灵，便是"天理人欲相胜之地"。这样，朱熹就把人的心灵，一分为二，作为价值与反价值即善与恶斗争的战场。

4. 明理灭欲

正由于天理人欲之辨是是非、公私、善恶之辨，二者的关系是相互对立的，所以，要明天理，就必须灭人欲；理欲之辨的归宿就是"革尽人欲，复尽天理"，"遏人欲而存天理"。如何明理灭欲呢？

一曰主敬集义。即虔诚专一，明辨是非，顺理而行。程颐说："敬只是持己之道，义便知有是有非"，"敬、义夹持，直上达天德如此"，"存此，则自然天理明"（《遗书》）。又说："敬只是涵养一事。必有事焉，

须当集义。"（《遗书》）

二曰格物致知。即通过穷尽事物之理，达到对内心固有天理的认识。朱熹说："格物致知，彼我相对而言耳。格物所以致知，于这物上穷得一分之理，即我之知亦知得一分，于物之理穷二分，即我之知亦知得二分，于物之理穷得愈多，则我之知愈广。"（《朱子语类》卷十八）

三曰防微杜渐。即对于处在萌芽状态或细微不显的私欲立即克除。朱熹说："一念之萌，则必谨而察之"；"遏人欲于将萌，而不使其潜滋暗长于隐微之中，以至离道之远也。"（《中庸章句》第一章）又说："大者固不可有，而纤微尤要密察"（《朱子语类》卷十三）；"小则密规之，大则众戒之"（《朱文公文集》卷七十四）。

四曰层层深入。即一层一层往内心深处克服，使人欲尽除，天理复明。朱熹说，灭人欲，"如剥百合，须去了一重，方始去那第二重"，又"如做屋柱一般，且去了一重粗皮，又慢慢出细"（《朱子语类》卷四十一）。这样，循序渐进，层层深入，"克得那一分人欲去，便复得这一分理来，克得那二分已去，便复得这二分理来"（《朱子语类》卷四十一）。

五曰持久用力。即是坚持不懈，毫不动摇，长期努力，达到众理贯通的至善境界。朱熹说："克之克之而又克之"（《朱文公文集·克斋记》），"至于用力之久，而一旦豁然贯通焉，则众物之表里精粗无不到，而吾心之全体大用无不明矣。"（《补大学格物致知传》）

这五条，前两点着重言明理，后三点着重言灭欲，实际上明理灭欲是统一过程的两个方面，天理明则人欲灭，人欲灭则天理明，二者相互作用、相辅相成、互为条件。"果天理也，则敬以扩之"，"果人欲也，则敬以克之"（《朱文公文集·戊申封事》）。"己私既克，天理自复，譬如尘垢既去，则镜自明，瓦砾既扫，则室自清"（《朱子语类》卷四十一）。

程朱理学的理欲观，是对先秦儒家重理轻欲，以理制欲向极端化的发展。它通过理与欲的绝对对立，无限推崇天理价值而根本否定人欲价值，把天理（即儒家的道德）提到高于一切，重于一切，大于一切的至高无上的价值地位，甚至要人们为了存天理而不惜抛弃生命。程颐说：

"饿死事极小，失节事极大。"就是这种道德绝对主义和禁欲主义价值观的集中表现。"极小""极大"的悬殊价值地位，实际上包含着封建地主阶级的根本利益和劳动人民的根本利益的尖锐对立，也充分证明了程朱理学要以统治阶级的价值取向取代劳动人民价值追求的企图。

宋明时期的陆九渊、王守仁心学一派虽然在本体论、认识论上与程、朱"殊途"，但在价值观上却是"同归"。由于他们认为，"心外无理，心外无物"，"心即是理"，"良知即天理"，所以"明理灭欲"，在心学中就被置换为"存心去欲"，"欲去则心自存矣"（陆九渊），"良知之发，更无私意障碍"（王守仁）等价值命题。但在实际内容上，理学与心学都是封建道德价值至上论者。

（四）理存于欲论

程朱理学"明理灭欲"的禁欲主义倾向，在理论观点上是偏颇的，在思想方法上是片面的，在社会实际中也是行不通的。于是，一些纠偏矫枉之论应运而兴。在理学内部，宋代晚于二程而作为朱熹师辈的胡宏（胡五峰），就反对天理与人欲的绝对划分，他说："天理人欲同体而异用，同行而异情"（《胡宏集·知言》）。又说："好恶，性也。小人好恶以己，君子好恶以道。察乎此则天理人欲可知。"（《胡宏集·知言》）并认为"道充乎身，……存乎饮食男女之事"（《胡宏集·知言》）。这是说，天理人欲同出乎人的天性，皆以好恶为体，且天理"存乎"人欲之中。胡宏在理欲统一的基础上提出要注意二者的区别与矛盾，使人免受情欲的牵累。明代朱派的重要哲学家罗钦顺也认为"夫人之有欲，固出于天，盖有必然而不容己，且有当然而不可易者。于其所不容己者而皆合乎当然之则，夫安往而非善乎？惟其恣情纵欲而不知反，斯为恶耳。"（《困知记》）这实际上已否定了程朱以人欲为绝对的恶的看法，认为出于"必然"而又合乎"当然"的"欲"，不但不是恶，反而是善。

在理学外部，陈亮与朱熹就义利、王霸问题进行辩论时，就明确反对朱熹把"革欲复理"观念运用于历史评价，而认为夏、商、周三代帝王心中都是"天理流行"，三代以后帝王心中"未免利欲之私"的观点。陈亮提出，人"受形于天地"，就不能"赤立""露处"，天然地具有追求"衣""食""室庐"等生活条件的欲望。因此，万物必皆备，人欲不可除。所谓"道"，不过是"喜怒哀乐爱恶得其正而已"（《文集·勉强行道大有功》）。他说，历史上都是王霸并用，理欲并行，怎能绝对划分为纯粹是"天理流行"的王道盛世和仅只是"人欲横流"的霸道衰世。

在这些观念的基础上，明末的王夫之、清初的戴震提出了比较系统的"理存于欲"价值观。

1. "理欲同体"

天理人欲同体的观念，早于朱熹的胡宏已经提出（见上文），朱熹也承认此点，他说："天理人欲同体"（《朱子语类》卷十三），又说："天理人欲同行异情"（《孟子集注》卷二）。但他主要强调天理人欲的对立。王夫之吸取了朱熹的"同体""同行"思想，把注意的重点放在理欲的统一性上。他说："天理原不舍人欲而别为体"（《周易内传》四上）。又说："理自性生，欲以形开，其或冀夫欲尽而理乃孤行，亦似矣，然而，天理人欲同行异情。异情者，异以变化之机，同行者，同于形色之实。"（《周易外传·屯》）就是说，天理来于人性，人欲起于人体，二者统一于人的生命活动，同源于人的生命实体（"形色之实"）。尽管二者变化的契机不同（"异情"），一是道德追求，一是物欲追求，但在人的实际生活中是同行而不离的。因此，他认为，要想使人欲净尽，而让天理"孤行"是根本不可能的。"庆源云：'须是人欲净尽，然后天理自然流行'。此语大有病在。以体言之，则苟天理不充实于中，何所为主以拒人欲之发？以用言之，则天理所不流行之处，人事不容不接，才一相接，则必以人欲接之，如是而望人欲之净尽，亦必不可得之数也。"（《读四书大全说》卷六）无论是以体言，抑或是以用言，天理人欲都不能截然分开，凡是人的活动，人的交往，都是天理人欲同行不离的过程，"随处见人欲，即随处见天理"（《读四书大全说》卷八）。

戴震进一步提出"自然"和"必然"的范畴，以说明人欲与天理，即自然人性与社会规范的统一关系。"欲者，血气之自然"，"由血气之自然，而审察之以知其必然，是之谓理义；自然之与必然，非二事也。就其自然，明之尽而无几微之失焉，是其必然也。如是而后无憾，如是而后安，是乃自然之极则。若任其自然而流于失，转丧其自然，而非自然也。故归于必然，适完其自然。"（《孟子字义疏证》卷上）他认为，人欲为自然，天理为必然，二者有区别，但不可分割。天理之必然即在人欲之自然之中；人欲之自然通过天理之必然的调整、治理而达到"极则"的合理境地，从而实现二者的高度统一，即"归于必然，适完其自然"。戴震把社会规范——天理称为"必然"，并不确切，称之为"当然"似更准确。但他运用"自然"与"必然"这对范畴，深刻论证了人欲与天理的辩证统一关系，达到了相当高的理论水平，有力地反对了道学家将自然与必然割裂开来、对立起来的形而上学观点。而且，比王夫之以"性"与"形"（"理自性生，欲以形开"）来论证二者的统一性更为深刻具体。

2. "理存乎欲"

"理存乎欲"或"理寓于欲"，乃是"理欲同体"的一个侧面。"理欲同体"重在说明理欲的统一性，而"理存乎欲"则是在此基础上，突出论证天理对于人欲的依赖性，批判程朱理学在割裂、对立二者的前提下，片面地绝对地推崇天理价值而否定人欲的极端观念。

王夫之说："礼虽纯为天理之节文，而必寓于人欲以见。（自注：饮食，货；男女，色）……惟然，故终不离人而别有天，终不离欲而别有理也。"（《读四书大全说》卷八）又说："理尽则合人之欲，欲推即合天之理。于此可见：人欲之各得，即天理之大同，天理之大同，无人欲之或异。"（《读四书大全说》卷四）"天下之公欲即理也。"（《张子正蒙注》四）就是认为，天理即存在于人的饮食男女之欲当中，人的各种欲望有条理、有秩序地在社会生活中表现出来，就是天理；如果离开了人欲，离开了人们为满足各种欲望而进行的社会活动，天理根本无从依附，无从表现。同时，王夫之还提出，人们共同的统一的欲望（"公欲"）就是天理；当人与人的各自相异的欲望消失了，大家都为满足共同的、合乎共同人性的欲望去活动，那本身就是"天理之大同"，就是"可欲之谓善"。可见，王夫之不但认为人欲是天理的实际内容，而且还认为满足"公欲"是天理的崇高目标。他自称这种看法"朴实有味"，"从此求之，则不堕俗儒，不入异端矣"（《读四书大全说》卷四）。

戴震沿着王夫之的思路，也明确提出："理者，存乎欲者也。"（《孟子字义疏证》卷上）他认为，欲是人的自然本性，一切的德，一切的善都基于欲，离欲则无理可言，去欲则无理可得。由此，他直接以欲释理，提出了对理的两点解释：一曰欲而无失便是理。"理也者，情之不爽失也"；"人伦日用，圣人以通天下之情，遂成天下之欲，权之而分理不爽，是谓理。"（《孟子字义疏证》卷下）二曰欲而中节即天理。"天理者，节其欲而不穷人欲也。是故欲不可穷，非不可有。有而节之，使无过情无不及情，可谓之非天理乎？"（《孟子字义疏证》卷上）"无失"和"中节"，一从反面说，一从正面言，都在于说明理寓于欲，离欲无理，所谓"未有情不得而理得者也"（《孟子字义疏证》卷上）。

从王夫之的"欲推即合天之理"到戴震的"欲而中节可谓理"，理欲的统一甚至于发展到理欲的同一了，这事实上已取消了理欲对立，简直是在借用天理的旗帜，为人欲的价值张目。

3. 欲遂其生

王夫之和戴震，从"理寓于欲"出发，进而肯定了人欲的价值地位，他们在论证角度上各有侧重。王夫之重点以"人性"论"欲"之价值，他发挥孟子"可欲之谓善"的思想，指出"可欲，则谓之善也，人同此心也，心同此理也。不拂乎天下之情，必其不违乎天下之性，而即可以善天下之动，人欲之，彼即能之，实有其可欲者在也。此盖性之相近，往往与天理而相合者也。"（《四书训义》卷三十八）就是说，共同的"人欲"，即合乎共同的"人性"；适应共同人性的要求，就能引导人们为共同的"可欲"去活动，这即是"善天下之动"，而此完全是符合天理的。据此，他既反对"去人欲"，也反对"薄于欲"，而主张普遍地甚至最好地去满足人之"共欲"。"饮食男女之欲，人之大共也。""吾惧夫薄于欲者之亦薄于理，薄于以身受天下者之薄于以身任天下也。……君子敬天地之产而秩以其分，重饮食男女之辨而协以其安。苟其食鱼，则以河鲂为美，亦恶得而弗河鲂哉？苟其娶妻，则以齐姜为正，亦恶得而弗齐姜哉？"（《诗广传》卷二）王夫之由"共欲"和"人性"的统一，论证了人欲与天理的统一，进而由理与欲的统一论证君子应将权利（"以身受天下"）和义务（"以身任天下"）相统一，使人们的物质利益"秩以其分"，使人们的生活欲求"协以其安"。这是从人性的共欲来论证人欲的价值，反对禁欲主义。

戴震则重点以"人生"论"欲"之价值。他说："凡出于欲，无非以生以养之事"（《孟子字义疏证》），人欲是人为了生命的存在而产生的；没有欲，生养之道就全废了。这是人生的根本问题，"人之生也，莫病于无以遂其生"（《孟子字义疏证》）。可见，戴震认为人的物质欲望、生理欲望和人的生命、人的生活的价值是统一的。或者说，人欲具有生命之价值。这种看法，比王夫之认为人欲具有人性之价值更具有唯物色彩。不仅如此，他还进而由人生价值推出人欲是一切道德的基础。他说："欲遂其生，亦遂人之生，仁也。欲遂其生，至于戕人之生而不顾者，不仁也。不仁实始于欲遂其生之心，使其无此欲，心无不仁矣。然使其无此欲，则于天下之人生道穷促，亦将漠然视之。己不必遂其生而遂人之生，无是情也。"（《孟子字义疏证》）

又说："己知怀生而畏死，故怵惕于孺子之危，恻隐于孺子之死，使无怀生畏死之心，又焉有怵惕恻隐之心？推之羞恶辞让是非，亦然。使饮食男女与夫感于物而动者，脱然无之，以归于静，归于一，又焉有羞恶，有辞让，有是非。此可以明仁义礼智非他，不过怀生畏死、饮食男女，与夫感于物而动者之皆不可脱然无之，以归于静，归于一，而恃人之心知异于禽兽，能不惑乎所行，即为懿德耳。古圣贤所谓仁义礼智，不求于所谓欲之外，不离乎血气心知。"（《孟子字义疏证》）

就是说，仁义礼智等道德都产生于"遂生""怀生"之欲。由于人皆"欲遂其生"，皆有"怀生畏死"之心，如果将此"欲"此"心"，推己及人，于是就生恻隐之仁，羞恶之义，辞让之礼，是非之智；如果不能由自己"欲遂其生"推广到"遂人之生"，就是不仁，不义，不礼，不智。可见，道德"实始于欲遂其生之心"，是"感于物而动"的欲的产物，道德在欲之内，不在欲之外。人欲既是"以生以养之事"，具有现实的生命价值；又是仁义礼智之"实始"，具有潜在的道德价值。怎么能将人欲笼统简单地归之为"恶"呢？总之，戴震认为："生养之道，存乎欲者也，感通之道，存乎情者也。二者，自然之符，天下之事举矣。"（《原善》卷上）；"圣贤之道无私而非无欲"，"君子亦无私而已矣，不贵无欲"（《原善》卷上）；"圣人之道，使天下无不达之情，求遂其欲，而天下治。"（《与某书》）

王夫之以"欲"论"性"，戴震以"欲"论"生"，都是针对宋儒"灭人欲"的禁欲主义而进行的价值观念的翻转。王夫之说：道学家们"离欲而别为理"，是"厌弃物则而废人之大伦矣"（《读四书大全说》）。戴震更为尖锐地指出："酷吏以法杀人，后儒以理杀人"（《与某书》），"人死于法，犹有怜之者，死于理，其谁怜之?!"（《孟子字义疏证》）程、朱理学，表面上是"明理灭欲"而尊道德，实质上是"以意见为理而祸天下"（《孟子字义疏证》）。

4. 一于道义

王夫之和戴震都肯定人欲的自然合理性，反对以理灭欲，但他们并不认为任何意义的"欲"都是善，都直接具有价值。他们一致提出，对于"欲"必须加以节制，不能放纵。

王夫之提出的节制原则是"顺乎天理"。他说："人之有情有欲，亦莫非天理之宜然者。苟得其中正之节，则被衿鼓琴，日与万物相取与，而适以顺乎天理。"（《周易内传》卷四）又说："人欲之所溺，必自画于不及，私意之所驰，必妄引于太过。乃以审夫天理自然之则，所为大中之极。"（《四书训义》卷二）就是说，要将人的自然欲求引导到"顺乎天理"的方向和轨道上来，使欲"不溺""不驰"，符合"中正之节""大中之极"的标准。

戴震提出的节制原则是"一于道义"。他说："人有欲，易失之盈；盈斯悖乎天德之中正矣。心达天德，秉中正，欲勿失之盈以夺之。故孟子曰：养心莫善于寡欲。禹之行水也，使水由地中行；君子之于欲也，使一于道义。治水者徒恃防遏，将塞于东而逆行于西，其甚也，决防四出，泛滥不可救；自治治人，徒恃遏御其欲，亦然。能苟焉以求静，而欲之蕲抑窜绝，君子不取也。君子一于道义，使人勿悖于道义，如斯而已矣。"（《原善》）戴震反对"灭欲""遏欲"，但主张"寡欲"，主张"一于道义"以"导欲"。目的是使人欲"勿失之盈"而达到"中正"的标准。

"顺乎天理"和"一于道义"都是要将人欲引导到符合道德规范和社会规范的道路上来。为了更明确地说明这一点，王夫之主张区分"公欲"与"私欲"。认为"公欲"是顺乎天理的，而"私欲"乃是违背天理的。"人欲之大公，即天理之至正"（《读四书大全说》卷三）。戴震主张严辨"欲"与"私"，认为"不善"在于"私"，而不在于"欲"；生活理想是无私而非无欲。他说："欲之失为私"，"私生于欲之失"（《孟子字义疏证》）。由此可知，他们以"天理""道义"节欲、导欲的要害是解决"公"与"私"的矛盾，是反对"私"而不反对"欲"。就是要"以无私通天下之情遂天下之欲"（《孟子字义疏证》）。在反"私"这一点上，王夫之、戴震和程朱在本质上并无原则分歧，可是在崇尚"公欲""遂天下之欲"这个方面，王夫之和戴震都远远高出于程、朱，程、朱虽未一概否认饮食男女之欲，但毕竟制欲太过，并未给"公欲""天下之欲"以应有的地位，使人不能达其应达之情，不能遂其当遂之欲。

从总体上看，以王夫之、戴震为代表的"理存于欲"价值观，在理欲统一的基础上，肯定了"公欲""天下之欲"的价值，纠正了程朱理学"明天理、灭人欲"的道德至上论，为传统价值观的革新，发挥了启蒙和先觉的作用，在中国哲学的价值论史上，意义是深远的。

除上列四种理欲观之外，中国哲学史上还有三种关于"欲"的观点。这些观点，虽然不是以理欲相对的形式讨论问题，但它们对待物欲、情欲、利欲的态度，仍有一定的影响。

（五）节欲说

墨家尚功利，重道义，以兴天下之利为己任。根据这一宗旨，他们一方面注重人民最基本的欲求的满足，认为"民，生为甚欲，死为甚憎，所欲不得，而所憎屡至"（《墨子·尚贤中》）。因此主张"使饥者得食，寒者得衣，劳者得息"（《墨子·非命下》），"百姓皆得煖衣饱食"（《墨子·天志中》）。反对"亏夺民衣食之财"（《墨子·非攻下》）。另一方面，他们主张对超出基本欲求之外的欲望，实行节制，节制的基本原则是"宜"。《墨子·经下》云："无欲恶之为益损也，说在宜。"就是说，欲恶之情，宜则得益，不宜则受损。受损的表现是"伤生损寿"（《墨子·经说下》）。那么，怎样节欲，才能使欲恶得宜呢？墨家提出的具体办法是：第一，"去六辟而用仁义"。《贵义》篇云："必去六辟，嘿则思，言则诲，动则事，使三者代御，必为圣人！必去喜，去怒，去乐，去悲，去爱，去恶，而用仁义。"即用仁义压抑、排除人的情欲。第二，"去其无用之费"。饮食足以充饥饿则止，不极五味之调，芬香之和，衣裳足以御寒暑则止，不求舒适，华美；宫室足以圉风寒暑雨则止，不求高大豪华；一切工具器物，能用即可，不求其他装饰（见《墨子·节用》）。第三，"乐之为物当禁而止"。"大钟鸣鼓琴瑟竽笙之声""刻镂华文章之色""犓豢煎炙之味""高台厚榭邃野之居"等，一切乐、美，甘、安的为乐之物都应予以禁止。因为，"仁者之为天下度也，非为其目之所美，耳之所乐，口之所甘，身体之所安。以此亏夺民衣食之财，仁者弗为也。"（《墨子·非乐上》）

墨子的节欲，正是为了"欲天下之富而恶其贫"，"万民衣食之所以足"，保障广大百姓的"生"之"欲"得到基本的满足，并不是笼统地否定人生的一切欲望，这是墨家节欲说的重要特点，它和儒家为明天理、尊道德而提倡节欲、制欲、灭欲根本不同。

（六）无欲说

无欲说是道家提出的，道家对欲的态度，与儒、墨皆不同，他们主张"常使民无知无欲"，"无欲以静，天下将自定"（《老子》第三十八章）。道家所谓的"无欲"，并不是要人完全放弃欲求，而是指将欲望降到最小限度，知足知止，满足现状，没有过高的追求。

道家之所以否定人欲的价值，是因为人欲对"天道""人性""生命"是一种极大的祸害。老子说："大道甚夷，而民好径，朝甚除，田甚芜，仓甚虚，服文采，带利剑，厌饮食，财货有余，是谓盗竽，非道也哉。"（《老子》第五十三章）庄子说："将盈耆欲，长好恶，则性命之情病矣。"（《庄子·徐无鬼》）又说："欲恶之孽，……始萌以扶吾形，寻擢吾性。"（《庄子·则阳》）"非道""病性命""擢吾形"，就是欲的危害。道家认为"欲"是和"道""性""命"对立的负价值，所以应该否定和涤除。

由此，道家高度赞扬"无欲"的重要意义，他们指出，奉行"无欲"，第一，可以"法道"，即可以使人与自然之道达到高度的一致。道家认为，"人法地，地法天，天法道，道法自然"（《老子》第二十五章）是人类社会的最高价值原则，而"无欲"则是实现这一原则的根本条件，所谓"保此道者不欲盈"（《老子》第十五章）；"致道者忘心矣"（《庄子·让王》）。第二，可以"得性"，即可使人民保持自然素朴的本性而不丧失。老子说："见素抱朴，少私寡欲"，"无欲而民自朴"（《老子》第五十七章）。庄子说："同乎无欲，是谓素朴，素朴而民性得矣。"（《庄子·马蹄》）第三，可以"养生"，即可以保养身心，维护生命，调养人生，延长寿命。老子云："甚爱必大费，多藏必厚亡。知足不辱，知止不殆，可以长久"（《老子》第四十四章）。庄子曰："无劳汝形，无摇汝精，乃可以长生，目无所见，耳无所闻，心无所知，女（汝）神将守形，形乃长生"（《庄子·在宥》）。

先秦道家的无欲说，对后代的影响是很大的，魏晋时期，王弼继承老、庄的观念，主张"无所欲求"、"和而无欲"（《老子注》），以"无欲"为治道，反对人们的物质欲望和物质利益。他说："苟存无私，则虽赏而不窃，私欲苟行，则巧利愈昏。"（《老子指略》）北宋道学的创始人周敦颐受道家影响甚深，他以道家的无欲说反对孟子的寡欲说，认为寡欲尚不彻底，只有无欲才是学圣、成圣之道。他说："孟子曰：养心莫善于寡欲。……予谓养心不止于寡焉而存耳，盖寡焉以至无。无则诚立明通。诚立，贤也，明通，圣也。"（《养心亭说》）又云："圣可学乎？曰可。曰有要乎？曰有。请闻焉！曰：一为要。一者无欲也。无欲则静虚动直，静虚则明，明则通，动直则公，公则溥。明通公溥，庶矣乎！"（《通书》）无欲不但是修养的准则，而且是学圣的诀窍。

道家主无欲，既不是为了尚仁义之德，像儒家那样，也不是为了兴天下之利，如墨家那样，更不是为了明法令规范，若法家那样。而是为了崇天道，贵人生，天道、人生的价值本质都是自然。所以，道家是以自然与人欲对立，和儒、墨、法以某种社会规范与人欲对立均不相类。可见，同是否定或轻视人欲，但各家运用的价值标准却不相同，这是应予十分注意的。

（七）纵欲说

中国哲学史上，主张对人的物欲、情欲予以放任的学者很少，但并非没有。据《荀子》载，先秦时的它嚣、魏牟主张任欲而行，不必节制。荀子评论说："纵情性，安恣睢，禽兽行。不足以合文通治，然而其持之有故，其言之成理，足以欺惑众愚，是它嚣，魏牟也。"（《荀子·非十二子》）荀子记叙过略，又无它书可考，此二人为纵欲论所"持之故"和所"言之理"是什么，今不可知。魏晋时成书的《列子·杨朱篇》，可算是古代比较系统的纵欲说了。《杨朱篇》作者首先把纵欲享乐提到人生目的的高度，"人之生也奚为哉？奚乐哉？为美厚尔，为声色尔。"其次，又赋予纵欲以养生之道的意义，"晏平仲问养生于管夷吾，管夷吾曰：'肆之而已，勿壅勿阏。'晏平仲曰：'其目奈何？'夷吾曰："恣耳之所欲听，恣目之所欲视，恣鼻之所欲向，恣口之所欲言，恣体之所欲安，恣意之所欲行。"为什么养生之道在于"恣欲"呢？作者认为，如果不恣欲，就会"阏聪""阏明""阏颤""阏智""阏适""阏性"，"凡此诸阏，废虐之主"，都是对生命的毁残，只有"去废虐"，"纵情欲"，才会"熙熙然以俟死"，尽生命之乐。

纵情恣欲既是人生的目标，又是养生的途径，当然具有崇高之价值，其价值就在于"乐生""逸身"。《杨朱篇》的作者还从人生短促，困苦良多；生虽异遇，殖则同枯；名利累身，生命最贵等方面论述了恣情纵欲的意义。他说："百年，寿之大齐，得百年者千无一焉。设有一者，孩抱以逮昏老，几居其半矣。夜眠之所弭，尽觉之所遗，又几居其半矣。痛疾哀苦，亡失忧惧，又几居其半矣。量十数年之中，逌然而自得亡介焉之虑者，亦亡一时之中尔。"正由于命促而苦多，故应及时行乐。又说："万物所异者生也，所同者死也。生则有贤愚、贵贱，是所异也，死则有臭腐、消灭，是所同也。""仁圣亦死，凶愚亦死，生则尧舜，死则腐骨；生则桀纣，死则腐骨，腐骨一矣，孰知其异？"正因如此，所以"且趣当生，奚遑死后？"勿失"当年之至乐"。还说："生民之不得休息，为四事故：一为寿，二为名，三为位，四为货。有此四者，畏鬼、畏人、畏威、畏刑：此谓遁民也。"四者皆为身累，无须强求，不如纵情享乐，"从心而动"，"从性而游"，"丰屋美服，厚味姣色，有此四者，何求于外？"

《杨朱篇》宣扬的纵欲说，是它的"为我""利己"价值观的有机组成部分。它说："损一毫利天下不与也，悉天下奉一身不取也。人人不损一毫，人人不利天下，天下治矣。"可见，享乐主义是利己主义的题中应有之义。

在中国哲学史上，像《杨朱篇》这样公然竭力鼓吹利己享乐、恣情纵欲者，可以说是十分罕见的。但有此一说，正表现了古代价值观的多样性和复杂性，古代中国人的价值追求并非仅有重理轻欲的儒学一家而别无分店。

以上我们概述了中国哲学史上主要的几种理欲价值观，这些观点可以概括为重理轻欲、理欲统一和纵欲轻理三派，其中重理轻欲派在历史上占着上风。而在重理轻欲派中，由于哲学家们对理的规定和内容认识不一，所以崇尚的价值目标也不一致。儒家以"德"释理，他们通过重理轻欲，大讲为人之道，崇尚的是道德价值；墨家以"利"释理，他们通过重理轻欲，大谈兴利之道，崇尚的是功利价值；道家以"道"释理，他们通过重理轻欲，弘扬养生之道，崇尚的是自然价值；法家以"法"释理，他们通过重理轻欲，推行治民之道，崇尚的是法治价值。而且，由于哲学家们对欲的起源和欲的性质看法不同，所以在如何对待欲的问题上也有分歧。有的把欲归之为先天固有的人性（如荀子、韩非），认为欲不可去，只能引导、制约，将其纳入礼、法的规范；有的将欲归之为后天外物诱惑的产物（如二程、朱熹），认为欲不可存，只能克己复礼，灭欲明理。尽管有种种分歧，但重理轻欲则是他们共同的主张。重理轻欲派，在历史上对强化道德理性（儒家），提高法律权威（法家），增强自然法则观念（道家），培养公众利益意识（墨家），从而，对协调社会关系，维护社会安定，都发挥了积极的作用。也就是说，他们突出强调了人们的理性精神。但对人们合理欲望的满足和在这种欲望支配下发挥进取精神和竞争行为，却起了明显的压抑限制作用。因此，比较而言，以王夫之、戴震为代表的理欲统一论比重理轻欲论有着更多的合理因素和辩证思想。虽然他们对理与欲的矛盾方面和人们在利欲问题上的尖锐冲突，有些估计不足（特别是戴震），但从总体上看，他们对理欲的辩证统一和二者的价值意义，看法比较全面。由于理欲关系中凝结着道德和利益、精神和物质、公和私、群和己等种种矛盾，所以任何一种将二者绝对对立起来，抬高一方而取消另一方的片面性，都会对社会造成危害，对人的发展形成障碍。坚持辩证统一的方法，使理与欲相反相成，协调发展，是唯一合理的价值取向。

六 公私论

——公利与私利的估量

中国传统哲学中，公私这对范畴，主要包括三层含义：一是指公共道义与私人意愿之间的关系，古代哲人称作"公义"与"私意"；二是指国家、民族、阶级的整体利益与个人、家庭或小集团利益之间的关系，古代哲人称作"公利"与"私利"；三是指道义与物欲的关系，哲人们叫作"公义"与"私欲"。在第三层意义上，公与私的关系和义与利、理与欲的关系基本上是重合的。第二层意义是公私论的主要内涵。

公私之辨，早在春秋时期就提出了，后来逐步形成了价值观的重要范畴。春秋时代是奴隶制向封建制的过渡时期，随着新的生产关系的出现，一些诸侯国强盛起来。经济上，他们在周天子所有的"公田"之外，大量开垦和占有"私田"；政治上，他们"挟天子而令诸侯"，不听从周天子的命令，致使"礼崩乐坏"，"正命"衰微。这样一来，原来的周王与诸侯的君臣关系淡化了，而各诸侯国内君臣关系却突出了，形成了"公室"（君）与"私门"（臣）的矛盾。经济上和政治上的这种利益冲突，表现在价值观上就是公与私两种价值取向的矛盾。于是，公私之辨就成了哲学家们讨论的重要价值问题之一，进入传统哲学的价值论领域。

对于公私问题，先秦哲学各派皆从不同角度，不同程度有所论列，后代的哲学家也提出了许多重要见解。其主要观点是：

（一）公正无私论

春秋前期流行的公私观念，主要是作为"忠"的一层含义被运用的。当时，由于诸侯国国君地位的提高，忠于"周室"的观念明显地变为忠于诸侯国国君的"公室"。凡是以"公室"的利益为重，没有私心、私利的臣僚，都被赞以"忠"的美誉，反之，以私害公，损公肥私则被斥为"不忠"。所谓"无私，忠也"（《左传·成公九年》）；"以私害公，非忠也"（《左传·文公六年》）例如，鲁国的季文子，连相宣公、成公、襄公三君，廉洁无私，死后人们称赞他："忠于公室也。相三君矣，而无私积，可不谓忠乎！"（《左传·襄公五年》）此外，当时讨论的义利之辨，实质上也反映了公、私利益之争，包含着公、私价值取向的对立。

正由于公私观念开始时从属于"忠"和"义利"观念，所以在孔子的价值论中，并未以公私为重要的价值范畴。孔子明确肯定"公"的言论，只有一句话："宽则得众，信则民任焉，敏则有功，公则说（悦）。"（《论语·尧曰》）意谓在上位的人，能宽大，便易得众心；能有信，民众便信任；能敏勉从事，便有功效；能推行公道，则人心悦服。这显然说的是为政之道，要求当政者行公道而不偏私，并从社会效应上称赞了"公"的价值。此外，我们还可以从孔子本人"出则事公卿"（《论语·子罕》）的志向和"入公门，鞠躬如也，如不容"（《论语·乡党》）的恭谨态度看出，孔子对公室的极端敬重。这其中也表现了一种价值意识。由此看来，孔子肯定公道、公正，公事的价值观念是很明确的，但却很少论述公私问题。他的公私观主要包含于义利观念之中。

孟子极重义利之辨，对公私的论述也甚简略。只是在论及井田制时，他说："方里而井，井九百亩。其中为公田，八家皆私百亩，同养公田。公事毕然后敢治私事，所以别野人也。"（《孟子·滕文公上》）孟子认为，实行井田制是实行仁政的先决条件，而井田的耕种原则是"公事毕然后敢治私事"，先把公田耕种完毕才能去料理私人事务。他还引用《诗经》"雨我公田，遂及我私"的诗句表达这一观念。这里虽然说的是井田的耕种原则，但其中体现着"先公后私""以公为重"的价值观念。孟子特意用了一个"敢"字，以增强此耕种原则的价值色彩。除此之外，孟子还谴责过"独于富贵之中有私龙（垄）断焉"的卑贱行为

（《孟子·公孙丑上》）。孟子在价值意义上使用"公""私"概念，仅此二处而已。

在先秦儒家中，真正把公私问题提到价值观念、道德观念的高度而予以重视的，当推荀子。荀子对公私的基本观点是"公正无私""志爱公利"（《荀子·赋篇》）。具体地说，第一，荀子认为公与私是两种完全对立的价值取向。他说，为"公道""公利"和为"私欲""私门"是两种对立的道德，也是两种对立的人格。奉行公道维护公利的人臣，"上则能尊君，下则能爱民，政令教化，形下如影，应卒遇变，齐给如响，推类接誉以待无方，曲成制象，是圣臣者也"。而追求私欲培植私门的人臣，"上不忠乎君，下善取誉乎民，不邮公道通义，朋党比周以环主图私为务，是篡臣者也。"一个国君，"用圣臣者王"，"用篡臣者危"（《荀子·臣道》）。他还把以公道公利为价值取向的人称为"公士"，而把以私欲私利为追求目标的人斥为"小人"。"不下比以暗上，不上同以疾下，纷争于中，不以私害之，若是则可谓公士矣"。"言无常信，行无常贞，唯利所在，无所不倾，若是则可谓小人矣"（《荀子·不苟》）。公私不但是区分圣臣与篡臣、公士与小人的标志，而且也是区别明君与昏君的重要标志，"公生明，偏生暗"，"而禹、桀所以分也"（《荀子·不苟》）。第二，荀子指出，应该推崇"公道""公利""公义"等正价值，反对"私欲""私见""私利"等负价值。他主张，道德上应该以"公义胜私欲"（《荀子·修身》），政治上应使"公道达而私门塞"，"公义明而私事息"（《荀子·君道》）；处理政务要"听断公"（《荀子·荣辱》），选用人才要举"公正之士"（《荀子·君道》）；讨论问题要"以公心辨"，"贵公正而贱鄙争"（《荀子·正名》）。不但臣下要"致忠而公"（《荀子·臣道》），君主也要为公，"上公正则下易直矣"（《荀子·正论》）。总之，无论在任何方面，对任何人都应把"公正无私"作为价值目标。第三，荀子认为，"公"具有普遍的价值意义。他不仅把"公"作为处理君臣关系的道德要求，而且把"公"推广到社会生活的许多领域，提出了"公

义""公道""公心""公察""公断""公正""公利""公平""公
士""法度公"等一系列价值概念。特别是，他提出了"公平者职之
衡也"（《荀子·王制》），"纂论公察则民不疑"（《荀子·君道》），
"公察善思论不乱"（《荀子·成相》）等重要观点，肯定了"公"的
政治价值和认识价值。他在回答"入秦何见"的询问时说："入其国，
观其士大夫，出于其门，入乎公门，出于公门，归于其家，无有私事
也；不比周，不朋党，偶然莫不明通而公也，古之士大夫也。"（《荀
子·强国》）在荀子看来，"明通而公"、"无有私事"乃是理想政治的
必要条件。这就不只是赞扬"公"的道德意义了。第四，荀子还提出
了实现"公道""公利"价值的正确途径。他说，实现"公"必须做
到三点，一是"忍私"，即克制私欲。"志忍私然后能公"（《荀子·儒
效》）。所谓"忍私"，就是抛弃私欲，一切遵循"公道通义"所规定
的原则，"并己之私欲，必以道夫公道通义之可以相兼容者，是胜人之
道也。"（《荀子·强国》）二是"安公"，即以公道为人生的立足点。
"志安公，行安修，知通统类，如是则可谓大儒矣。"（《荀子·儒效》）
三是"上公"，即在上的执政者成为"公"的榜样。他说："上者下之
仪也"，"上者下之本也"，"上宣明则下治辨矣，上端诚则下愿悫矣，
上公正则下易直矣。"（《荀子·正论》）又说："人主不公，人臣不忠
也。""人主则外贤而偏举，人臣则争职而妒贤"；"人主……无恤亲
疏，无偏贵贱"，"人臣则轻职业让贤"（《荀子·王霸》）。这三点，
既是实现"公道"价值的途径，又是三个价值层次，"忍私"只能成
为"小儒"，"安公"才会达到"大儒"，而"上公"则不但能使个人
形成为公的高尚品德，还进而能使天下"旁辟曲私之属为之化而公"
（《荀子·议兵》）。

由此可见，在先秦儒家中，只有荀子才提出了比较系统的"公正
无私"价值观。这是由于到了战国时期，公私矛盾更为普遍，公私冲
突更为激烈，荀子为了解决这个价值冲突问题，才对公私问题作了比
较系统的考察和概括。当然，荀子的公私观，绝不是反映了社会整体

利益和价值，而是把新兴地主阶级的利益冠以"公"的美名，要人们为其服务。他所谓的"公"并不是也不可能是真正的公共利益和公正道义。尽管如此，荀子把公与私作为一对价值范畴明确提出并作了较系统的论述，在传统的价值论历史上，仍有重大意义和深远影响。

（二）"道公不私"论

儒家（特别是荀子）所说的公而无私主要是指一种道德价值，而道家的公私观却具有超越道德的意义。他们认为公而不私乃是"道"的基本价值品格。"道"在老子、庄子的哲学中，既是本体范畴，又是价值范畴，"道"的"无为""清静""柔弱""无欲""不争"等品性，无不具有价值意义，而"公"也是道的重要价值品性之一。老子说："万物莫不尊道而贵德，道之尊，德之贵，夫莫之命而常自然。"（《老子》第五十一章）人也是万物之一，当然也要"尊道而贵德"，以"道"为崇高价值，以"道"的各种品性，为自己追求的价值目标。

"道"之"公"是一种伟大而普遍的价值。老子说，对于宇宙万物，"道生之，德畜之，长之育之，亭之毒之，养之覆之，生而不有，为而不恃，长而不宰，是谓玄德。"（《老子》第五十一章）庄子说："道者为之公"（《庄子·则阳》），又说："道不私故无名"（《庄子·则阳》）。这种公而不私的价值，表现于自然，就是"天无私覆，地无私载"（《庄子·大宗师》），"天不赐（私），故岁成"（《庄子·则阳》），"天地所以能长且久者，以其不自生，故能长生"（《老子》第七章）；表现于社会政治，就是"知常容，容乃公，公乃王"。（《老子》第十六章），"五官殊职，君不私，故国治"（《庄子·则阳》）；表现于人生，就是"绝圣弃智""绝仁弃义""绝巧弃利""见素抱朴""少私寡欲"（《老子》第十九章）。由此可见，道家所谓的"公"，并不是指以公义、公利为重的道德价值，而是一种博大、宽宏、包容、公正的气度和理想境界。

这种理想境界的特征就是顺应自然，毫无私意，既不以己害物，也不以物害己。庄子说得很清楚。"游心于淡，合气于漠，顺物自然，而无容私焉"（《庄子·应帝王》）。他还以吕梁丈夫蹈水为喻，说明这一观点，吕梁丈夫在"悬水三十仞，流沫四十里，鼋鼍鱼鳖之所不能游"的急流中"披发行歌而游于塘下"。当孔子问他的"蹈水之道"时，他说："从水之道而不为私焉，此吾所以蹈之也。"（《庄子·达生》）庄子所谓的"无容私""不为私"，就是顺应自然而不任己意，以开敞的心灵对待万物。这样就能突破主观私意的局限性，与大道合一，达到崇高的理想境界。一句话，顺应自然合于天道就是"公"，以一己的私意、私智、私力、私情、私利干预自然就是"私"。

道家把合于天道、顺应自然的境界叫作"公"，他们主张人应该把这种境界作为选取的最高价值目标。庄子通过河伯与北海若对话的寓言，说明人的价值追求。"河伯曰：'然则我何为乎，何不为乎？吾辞受趣（取）舍，吾终奈何？'北海若曰：'无拘而志，与道大蹇。……无一而行，与道参差。严严乎若国之有君，其无私德；繇繇乎若祭之有社，其无私福；泛泛乎其若四方之无穷，其无所畛域。兼怀万物，其孰承翼？是谓无方'。"（《庄子·秋水》）"辞受取舍"就是价值选择，北海若指出的选择方向就是"兼怀万物""无所畛域"的"公"，否定的则是"一行""拘志""私德""私福"之类的"私"。

道家要人们取"公"舍"私"，其实就是要取"道"舍"己"，尊天道去人为，公与私矛盾实质上是天与人的矛盾。当人通过取公舍私，解决了天人矛盾之后，就会实现人的自我超越，与宇宙价值的道合为一体，达到精神的绝对自由。这种境界，在道称为"玄德"，在人叫做"至德"，是最奥妙、最崇高的价值理想。

自老庄提出"道公不私"的价值观念之后，对后代的哲学家有深刻影响，特别是魏晋时期，不少"托好老庄"的哲人都崇尚这种观念并予以发挥。就拿嵇康来说，他专门写了《释私论》，提出了"越名教而任自然"的重要命题。他说，"名教"的本质是济私，而其特点则是假公济私，似是而非，"谖言似信，不可谓有诚；激盗似忠，不可谓无私，此类是而非是也”（《嵇康集·释私论》）。他深刻指出，名教为那些"宰割天下，以奉其私"的名利之徒，广开了"荣利之涂"。于是，他主张，克服主观偏见，摆脱私欲束缚，实现"越名教而任自然"，达到与道合一的大公世界。"矜尚不存心，故能越名教而任自然；情不系于所欲，故能审贵贱而通物情。物情顺通，故大道无违。"（《嵇康集·释私论》）显然，在嵇康看来，"名教"与"自然"的对立，就是私与公的对立。这就是把庄子"通者为之公""道不私"的观念，发展为批判"名教"的锐利思想武器了，大大突出了道家公私观的批判精神和道德意义。

总之，道家的"道公不私"价值观，主要不是对"公义"道德的崇尚，更不是对"公利"价值的向往，它追求的是一种精神自由的境界。这种境界，虽然有其玄虚、抽象的一面，但在对自私自利的人心和物欲横流的世风的批判上，却有强烈的现实感和一定的积极性。

（三）"公法废私"论

与儒家从伦理角度、道家从自然角度论证公私价值不同，法家是从法治主义来谈论公私关系的。就是说，儒家的公私之辨从属于义利之辨，道家的公私之辨从属于天人之辨，而法家则把公私问题视为与法治有关的价值观，作了充分、系统的论述，他们对公私之辨的重视程度和探讨深度，远远超过了先秦其他学派。以韩非为代表的法家，关于公私问题提出了如下重要论点。

1. 公私相背

韩非继承了前期法家"废私立公"的思想，明确认为公和私是对立的，二者不能并存。他说："古者苍颉之作书也，自环者谓之私，背私谓之公，公私之相背也，乃苍颉固以知之矣。"（《韩非子·五蠹》）这是以公和私的字形来说明公与私的对立。"厶"为私字，"公"字从"八"从"厶"，"八"犹背，所以背厶为公。"私"的含义是为自己打算

（"自环"），与此相反，不为自己打算就是"公"。韩非的解释，后来被视为对公、私二字的经典之训，汉代许慎在《说文解字》中就引用韩非的观点释"私"（厶）字。韩非不但从字义上说明公私对立，还进而指出了二者对立的基础，他说："匹夫有私便，人主有公利。不作而养足，不仕而名显，此私便也；息文学而明法度，塞私便而一功劳，此公利也。"（《韩非子·八说》）又说："私行立而公利灭也"（《韩非子·五蠹》）。就是说，公私相背是基于利益的冲突，由于君臣之间的利益不同，人臣追求个人的私利，必然损害国君的"公利"；君主为了维护"公利"，肯定要人臣废私利。君臣异利必然导致"君臣异心"（《韩非子·饰邪》）。韩非尽管把君主代表的封建地主阶级的私利说成"公利"，掩盖了它的阶级实质，但是他认为公私对立是基于利益冲突的观点，却是十分深刻的。

2. 公私有分

正由于公私对立是利益冲突，所以韩非反复强调"公私有分""明主审公私之分"，要求君主严格区分公私的界限，切不可认为公私"同利"，受"不察之患"（《韩非子·五蠹》）。所谓"明公私之分"，实质是要君主清醒地认识人臣的私心、私义、私利对公义、公利的危害，认识公与私的价值冲突。他说："明主之道，必明于公私之分，明法制，去私恩。夫令必行，禁必止，人主之公义也，必行其私，信于朋友，不可为赏劝，不可为罚沮，人臣之私义也。私义行则乱，公义行则治，故公私有分。人臣有私心，有公义：修身洁白，而行公行正，居官无私，人臣之公义也；污行从欲，安身利家，人臣之私心也。明主在上，则人臣去私心，行公义；乱主在上，则人臣去公义，行私心。……故曰：公私不可不明。"（《韩非子·饰邪》）这就是说，只有明确区分"人主之公义"与"人臣之私心""人臣之公义"与"人臣之私义"，并把人臣之"私心""私义"引导到"公义"的轨道，纳入于"公义"的范围，天下才会大治。韩非还认为，公私之分就是善恶之分，而善恶是赏罚的依据，如果不明公私，就会使善恶混淆，赏罚颠倒，国家必不能富强。

"名赏在乎私恶当罪之民，而毁害在乎公善宜赏之士，索国家之富强，不可得也。"（《韩非子·六反》）可见，在韩非看来，审明公私是关系国家治乱强弱、生死存亡的关键问题。

3. 立法废私

在明于公私之分的认识基础上，韩非提出了处理公私价值冲突的基本原则和方法，这就是"立法废私"。韩非认为法是君主公利、公义的集中表现，它的价值本质就是"公"，所以称之为"公法"。只有通过立法、明法、执法，才能抑制和约束人臣的私心、私利，从而使整个国家形成统一的公利价值观。他说："私者，所以乱法也"；"夫立法令者，以废私也。法令引而私道废矣"（《韩非子·诡使》）。他指出，以法废私是古代治国的基本经验，"古者世治之民，奉公法，废私术，专意一行，具以待任"（《韩非子·有度》）。根据这一经验，"当今之时，能去私曲，就公法者，民安而国治；能去私利，行公法者，则兵强而敌弱"（《韩非子·有度》）。总之，"道私者乱，道法者治"，"法立，则莫得为私也"（《韩非子·诡使》）。显然，韩非立法废私的根本目的，就是要臣民以君主的公利、公义作为"专意一行"的价值规范，以地主阶级的利益作为整个社会的至高无上的价值。

由此看来，法家公私观的特点在于论证法治的必要性，而不在于弘扬道德的崇高性，他们的公私之辨，是从属于"公法"价值观的。然而，他们对公私本身对立性质的揭示，却对儒家论证道德价值提供了重要的启迪，宋明时的理学家中，不少人从韩非的公私观中吸取了理论营养，来阐述他们的公私之辨。

（四）"天下为公"论

西汉初期戴圣编纂的《礼记》一书，是孟、荀之后儒家思想发展的重要著作，是研究儒家价值观的重要史料。其中许多篇章出自荀子后学之手，表现了荀子一派儒家价值观念的新发展，《礼运》就是这方面的代表文章之一。

《礼运》对礼的内容、本质、作用的论述，要旨不出荀子之论，而其"天下为公"论则大大发展了荀子的公私观，提出了独创之见，对后代产生了重大影响。

我们已经指出，在先秦儒家中荀子对公私问题讨论得最为充分，观点也比较明确，他主张"公正无私""公义胜私欲"，要求以"公义"为社会一致的价值取向。但是，荀子的公私观，基本上仍属于道德观念。《礼运》篇在继承荀子"志爱公利"观念的基础上，从历史演进的角度，大大扩展了公、私观念的内容，把公、私看作社会发展两个不同阶段的根本标志，即社会由"大同"之世进入"小康"之世的标志。

《礼运》认为，"大同"之世的特点是"天下为公"，"小康"之世的特点是"天下为家"。由这一根本区别，形成了两个历史阶段的许多差异：

就人际关系说，"大同"时代是"人不独亲其亲，不独子其子，使老有所终，壮有所用，幼有所长，鳏寡孤独废疾者，皆有所养。男有分，女有归"；而"小康"时代是"各亲其亲，各子其子"。

就权力关系言，"大同"时代是"选贤与能，讲信修睦"，权力由"贤能"之人执掌，而"小康"时代是"大人世及以为礼"，权力由父子相传（"世"）或兄弟相传（"及"）。

就财产关系看，"大同"时代是"货恶其弃于地也，不必藏于己，力恶其不出于身也，不必为己"；而"小康"时代是"货力为己""以功为己"。

就社会秩序论，"大同"时代是"谋闭而不兴"，"盗窃乱贼而不作"，"外户而不闭"，社会安定和平；而"小康"时代是"谋用是作""兵由此起""城廓沟池以为固"，社会争夺动荡。

既然"为公"与"为私"（"为家""为己"）分别是"大同"与"小康"两个社会阶段的根本特征，那么，公私之辨就已超出了伦理道德的范围，而成为两种不同的社会价值。《礼运》对这两种社会价值，虽然未明确地肯定一个，否定一个，但它事实上认为"大同"社会是优于"小康"时代的，"公有"是高于"私有"的，这从它"大道之行也，天下为公"和"今大道既隐，天下为家"的论断中是不难看出的。"道行""道隐"意在揭示"为公"的"大同"社会和"为家"的"小康"社会的根源，同时也包含着作者对两种社会的不同价值评价。

当然，《礼运》的宗旨并不是希望退回到三代以前的"大同"时代去，而是在于指出，当社会已进入"大道既隐，天下为家"的"小康"时代，当务之急就是推行礼治，"礼义以为纪，以正君臣，以笃父子，以睦兄弟，以和夫妇，以设制度，以立田里"；"以著其义，以考其信，著有过，刑仁讲义，示民有常。"表现了作者维护等级制度、宗法关系的鲜明立场。然而，这并不意味着作者认为"小康"社会之价值高于"大同"时代，它只是表明，既然历史不能退回到更合理、更美好的"大同"之世，人们就只好实行礼治，使"天下国家可得而正也"。

由此可见，《礼运》篇以公（"天下为公"）与私（"天下为家"）区分了两种不同层次的社会价值，而作者价值态度中确实渗透着对"天下为公"的倾慕之情。正由于此，《礼运》篇才对后代一些追求美好社会理想的中国人起了重大的启迪作用。特别是到了近代，洪秀全、康有为、孙中山，都以"大同""天下为公"作为他们追求的最高社会理想，共产主义者也借"大同"和"天下为公"作为宣传共产主义理想的思想资料。当然，共产主义社会与《礼运》说的"天下为公"的"大同"之世，有着本质的不同，它是人类社会发展的必然趋势和光明前景。

（五）"天理无私"论

公私之辨在魏晋、隋唐时期，理论上没有大的进展。只是韩愈在论述儒家入世伦理与佛道出世伦理的分歧时，运用公、私概念来标志两者的区别，颇有意义。他说："凡吾所谓道、德云者，合仁与义言之也，天下之公言也；老子所谓道、德云者，去仁与义言之也，一人之私言也。"（《原道》）意思是说，儒家的道德内容是仁义，而仁义的价值在于齐家、治国、平天下，是为公的，因此是"公言"；佛家道家的道德内容是去仁与义、空虚寂灭，其价值在于求个人清静超越而"外天下国家"，是为私的，因此是"私言"。儒家与佛道的对立，从理论内容上看是"仁义"与"空寂"的对立，从价值取向上看是为"公"与为"私"的对立。韩愈的这种看法，无疑是十分深刻的，他以"公""私"来说明儒家与佛道在价值观上的根本分歧，是对公私价值观的一个重大贡献。

沿着韩愈的思路，宋代理学家们进而提出了"天理无私"的价值观，他们认为天理与人欲、义与利的对立，归根结底就是公与私的对立，即社会群体利益与个人利益的对立。因此，"存天理，灭人欲"的实质就是立公去私。他们的主要看法是：

1. 理欲之分即公私之分

二程明确提出，天理是"公心"，人欲是"私心"。他们说："天理无私，一入于私，虽欲善其言 行，皆非礼"（《二程集·粹言》卷二）。天理的内容是"仁"，"问'如何是仁？'曰：'只是一个公字。学者问仁，则常教他将公字思量'。"（《二程集·遗书》卷二十二上）因此，"以私己为心者，枉道拂理，……不仁孰甚焉！"（《二程集·粹言》卷二）朱熹也持相同的看法，说"然天理人欲，同行异情。循理而公于天下者，圣人之所以尽其性也；纵欲而私于一己者，众人之所以灭其天也。二者之间，不能以发，而其是非得失之归，相去远矣。"（《孟子集注》卷二）"循理"就是"公于天下"，"纵欲"、即的"私于一己"，"理欲"之实乃"公私"也。不仅程朱一派，陆九渊的主心派对理欲对立的看法，也别无二致，他说："私意与公理，利欲与道义，其势不两立"（《与包敏道》）。这充分说明，理欲之分即公私之分乃是理学家的共同看法。

2. 义利之辨即公私之辨

理学家不但以公私分理欲，还以公私辨义利。张载提出天下之公利即义之所在，"义，公天下之利"（《横渠易说》），义与利的对立，其实乃是公利与私利的对立。二程则明确指出，"天下之事，惟义利而已"（《二程集·遗书》卷十一），而"义与利，只是个公与私也"（《二程集·遗书》卷十七）。朱熹也以公私释义利，他说："或问义利之别？曰：'只是为己为人之分'"（《朱子语类》卷十三）。他在注解《孟子·梁惠王》时，还认为"仁义根于人心之固有，天理之公也；利心生于物我之相形，人欲之私也。"（《孟子集注》卷一）理学家把义利之辨归结为公私之辨，表明了他们要突出地解决社会整体利益与个人利益的矛盾，要求人们不要为了个人利益而损害以社会整体利益为名义的统治阶级的基本利益，从而达到维护统治阶级整体利益和社会秩序的目的。

3. 以公胜私

既然天理人欲之分，义利之辨，归根结底是公私之别，那么要"存天理灭人欲""正其义不谋其利"，就必须严辨公私，以公理胜私欲。二程反复强调，要"将公字思量"，"克尽己私"，他说："有分毫私，便不是王者事"（《二程集·遗书》卷五）。即使是公事，如果带着私意去做，也是违背公理的，"虽公天下事，若用私意为之，便是私"（《二程集·遗书》卷五）；即使是父子之爱，若怀有私意去为，也是不道德的，"父子之爱本是公，才著些心做，便是私也"（《二程集·遗书》卷十八）。所谓"著些心做"，就是怀着为个人的某种打算去做。在二程看来，在公私的价值选择上，必须一心为公，毫无私意。朱熹也指出，公私之辨不能有丝毫的含糊，以公胜私不能有一点动摇。他用"克己复礼"来说明处理公私矛盾的原则立场，"己者，人欲之私也！礼者，天理之公也。一心之中，二者不容并立，而其相去之间，不能以毫发，出乎此，则入乎彼；出乎彼，则入乎此也。"（《四书或问·论语或问》卷十二）他比喻说，公私之战，"譬如刘、项相拒于荥阳成皋间，彼进得一步，则此退一步；此进得一步，则彼退一步。"（《朱子语类》卷十三）因此，必须毫不退让地"克去己私"，"复尽公理"，把公作为唯一的价值目标。

理学家们把理与欲、义与利都归结为公私之辨，从社会实际看，反映了当时社会上公与私的矛盾对立十分尖锐，一方面，人民大众的利益（他们所谓的"私"）与封建统治阶级的利益（他们所谓的"公"），达到了不可调和的地步；另一方面，抵抗外来侵略的公共利益与苟且偷生、畏敌保命的个人私利也日益突出。从价值理论看，理与欲、义与利包含的内容比较复杂，其中既有个人利益与社会整体利益的关系问题，还有道德理想与物质利益、精神生活与物质生活的关系问题，等等，而公与私的意蕴则比较单纯，它在儒家价值观体系中主要指公利与私利的关系问题，基本上属于道德范围之内。因之，将理欲、义利归结为公私，就缩小了价值域，以便于人们在实际生活中明确选择目标，遵循具体的道德价值规范。

正由于公私范畴与理欲、义利在含义上有如上差异。所以宋明时期，一些哲学家在义利、理欲问题上虽然反对传统儒家的"贵义贱利"说和程朱派的"存理去欲"说，但在公私问题上都竭力主张"大公无私"论，当然他们对公私的具体内容有自己特殊的解释。例如，北宋时的功利主义者李觏，明确反对"贵义而贱利"，认为"人非利不生"，主张"利欲"可言，但他所肯定的功利，仅指公利而言，对私利他是坚决否定的。李觏说："天下至公也，一身至私也，循公而灭私，是五尺竖子咸知之也。然而鲜能者，道不胜乎欲也"（《李觏集·上富舍人书》）。又如，明末清初的王夫之，反对将理欲绝对对立起来的观点，提出，"不离欲而别有理""理必寓于人欲以见"的理欲统一说，但他所谓的欲，也是指"公欲"，"天下之公欲"即理也（《张子正蒙注中·正篇》）。至于"私欲"，他是坚决反对的，"人所必不可有者，私欲尔"（《读四书大全说》卷八）；"奉此大公无私之天理以自治，则私己之心，净尽无余"（《读四书大全说》卷五）。"私欲净尽，天理流引，则公矣"（《思问录》内篇）。他不仅反对"私欲"，且反对"私心"。王夫之把反对"存理灭欲"和主张"大公无私"二者结合起来的关键，在于他把"公欲"和"私欲"加以区分。再如，清初戴震第一个旗帜鲜明地提出理学家的"存理灭欲"之说是"以理杀人"，公开主张"理者存乎欲者也"（《孟子字义疏证》上）。但在公私关系上，他却坚决反对"私欲"，主张"去私"，他说："欲之失为私，私则贪邪随之矣"（《孟子字义疏证》下）；"欲不流于私则仁"（《答彭进士允初书》），和王夫之的公私观基本一致。可见，李觏、王夫之、戴震等人，虽在义利、理欲问题上与程朱派有别，但在主张以公去私、大公无私的价值观上是相同的。

（六）"合私成公"论

中国哲学史上，绝大多数哲人们都主张公而无私，认为公与私是对立的价值取向，但也有少数哲学家肯定"私"的价值，认为不能把公和私绝对对立起来，主张探求二者的统一。

北宋王安石，提出了"仁义"道德论，认为"道德"就是"仁义"，"不知仁义之无以异于道德，此为不知道德也"（《道德经注》）。此看法虽是儒家的传统观念，但王安石作具体解释时却提出了自己一些新见解。其中在"为己"与"为人"的关系上，给"仁义"以新的规定，颇有个性。王安石说，如杨朱那样为己、利己；如墨子那样为人、利他，都是片面的，是"得圣人之一而废其百者也"，不足以称为圣人的"仁义之道"。因为，墨子摩顶放踵以利天下，知为人、利人而不知为己，"吾知其不能也"，杨子利天下拔一毛而不为，知为己、利己而不知为人、利人，"亦可谓惑矣"。所以，在王安石看来，墨子之道则"不仁"，杨子之道则"不义"，"二子之失于仁义而不见天地之全，则同矣"。据此，王安石提出："为己，学者之本也"，"为人，学者之末也。""学者之事必先为己，其为己有余而天下之势可以为人矣，则不可以不为人。故学者之学也，始不在于为人，而卒所以能为人也。"（《王文公文集》卷二十六《杨墨》）就是说，为己、利己是道德的开端或基础，为人、利人是道德的终结或归宿，"仁义之道"是为己、利己与为人、利人的统一。而且，王安石还指出，只有先做到爱己、知己、为己、利己，才能最终达到爱人、知人、为人、利人。"爱己者，仁之端也，可推以爱人也"，"能使人知己、爱己者，未有不能知人、爱人者也"。他说，这是人们价值观念演变的必然规律，"欲爱人者必先求爱己，此亦理之所必然"；"能利狭而后能泽广，明天下之理也"。（引文均自《王文公文集》卷十六《荀卿》）

王安石所谓的"为己、为人""爱己、爱人"，虽不能完全归结为"为私、为公"，但从他的论述和举例来看，明显地包括公私统一的价值观。这种公私统一观是以私为基础以公为目标的，它和那种以私利为宗旨的所谓"合理利己主义"并不相同。

如果说王安石的公私统一论是以公为目标的话，那么明代李贽的公私观则更强调私的一面。李贽从揭露假道学的虚伪价值观念出发，以激烈的言论批判了理学"存公理，灭私欲"的公私观，提出了具有划时代意义的"以私为心"论。

首先，李贽认为"人必有私"，自私是人的自然本性。他说："夫私者，人之心也，人必有私，……此自然之理，必至之符，非可以架空而臆说也。"（《藏书》卷三十二《德业儒臣后论》）又说："势利之心，亦吾人禀赋之自然矣"（《明灯道古录》卷上）。正由于私心是人的自然本性，因此它是普遍的人性，"大英雄""大圣人"也不能例外，"财之与势，固英雄所必资，而大圣人之所必用也，何可言无。吾故曰：虽大圣人不能无势利之心。"（《明灯道古录》卷上）李贽所谓的"私心"，其内容包括"穿衣吃饭""好货""好色""勤学""进取""多积金宝""多买田宅为子孙谋""博求风水为儿孙福荫"等欲求。他说人的这些欲求，都是自私利己的，"自朝至暮，自有知识以至今日，均之耕田而求食，买地而求种，架屋而求安，读书而求科第，居官而求尊显，博求风水以求福荫子孙。种种日用，皆为自己身家计虑，无一厘为人谋者"

（《焚书》卷一《答耿司寇》）。在自私利己这一点上，任何人的行事"殊无甚异于人者"（《焚书》卷一《答耿司寇》）。可见，在李贽看来，"人必有私"，人之私心是自然性的，普遍性的，古今皆同，人人无异。这显然是对韩非的人性自私论的继承和发展。

其次，李贽认为"私为人心"，自私是人的善德价值。承认人性自私，并不一定以自私为价值，荀况认为人性本恶，但主张通过"人伪"以"化性"，韩非认为人性本私，但要求以"公法"去私。人性自私只是对人性的现象学描绘，却不一定得出以自私为善的价值论观点。可是李贽与前人的不同之处正在于，他不但认为人性自私，而且明确认为自私的满足就是善德。他的主要看法是：（1）有私而后人心乃见。"夫私者，人之心也。人必有私，而后其心乃见，若无私，则无心矣。"（《藏书》卷三十二《德业儒臣后论》）认为人有私则有心，无私则无心，直接把"私"视为"人心"之价值所在。这和孟子"仁也者，人也""仁，人心也"的价值观形成了鲜明的对照。（2）利欲即是人伦物理。"穿衣吃饭，即是人伦物理，除却穿衣吃饭，无伦物矣"（《焚书》卷一《答邓石阳》）。穿衣吃饭是人们最基本的利欲，李贽把他提高到了"人伦物理"的价值高度，予以肯定，明确与理学家的"天理人欲之辨"相对立。（3）私心即是做事动力。"服田者私有秋之获，而后治田必力；居家者私积仓之获，而后治家必力；为学者私进取之获，而后举业之治也必力。做官人不私以禄，则虽召之必不来矣；苟无高爵，则虽劝之必不至矣。虽有孔子之圣，苟无司寇之任，相事之摄，必不能一日安其身于鲁也决矣。"（《藏书》卷三十二《德业儒臣后论》）为私正是人从事一切事业的动力，即使是圣人的作为也都出于自私的动机。（4）民之所欲即是善。李贽说："凡世间一切治生产业等事，皆其所共好而共习，共知而共言者，是真迩言也。"（《焚书》卷一《答邓明府》）"迩言"就是普通百姓关于日用衣食的浅显切近的言论；这些言论是百姓从私利出发的"共好""共习""共知""共言"，它反映了"民情之所欲"。李贽认为应该"以百姓之迩言为善"，就是肯定"民之所欲"即是善德。反之，"非民情之所欲，故以为不善，故以为恶耳"（《明灯道古录》卷下）。他指出，那些心怀自私而口谈"利他""为公"的假道学，是真正的恶，不如"市井小夫，身履是事，口便说是事。作生意者，但说生意；力田作者，但说力田。凿凿有味，真有德之言，令人听之忘厌倦矣"（《焚书》卷一《答耿司寇》）。总之，自私不但是人的天性而且是合乎道德的价值，那些否定私心的言论毫无实际价值可言，"为无私之说者，皆画饼之谈，观场之见，但合隔壁好听，不管脚跟虚实，无益于是，只乱聪耳，不足采也"（《藏书》卷三十二《德业儒臣后论》）。

最后，李贽赞赏"忠孝节义"，推崇"忘私忘身"的道德价值。李贽肯定"私心"为"善"，反对假道学心口不一、言行相悖的虚伪品质，但他并不是绝对的利己主义，对于那些真正"为公""利他"的人，他还是十分称赞的。他不但在自己的史评著作中表彰了许多忠臣、孝子、义夫、节妇，而且还明确主张忠孝双全的封建伦理道德。他说，忠和孝是统一的，孝亲并不妨碍忠君，忠君是大孝。"忠以事君，敬以体国，委身以报主，忘私忘家又忘身，正孝之大者"（《续焚书》卷三《李贤》）。"忘私忘家又忘身"即是尽忠，也即是为公，这表明，李贽反对的不过是假公济私、言公行私的"假公"，对于真正的"忘私"之公，他是充分肯定、高度赞扬的。当然，他把"忘私"和"忠君"结合起来，仍然没有越出封建伦理道德的藩篱。

由上可以看出，李贽的公私观有着强烈的批判精神和异端特色，尽管还没有完全摆脱封建正统价值观的束缚，但其中所体现的离经叛道倾向已异常鲜明。遗憾的是，李贽把人性归结为自私，并从人性自私的事实判断直接得出"无私则无心""穿衣吃饭即人伦物理""迩言为善"等价值判断，理论上并不正确，逻辑上也不严密。这当然就解决不了价值观上的公私冲突，于是，就出现了新的公私统一观："合私成公"。

"合私成公"论是明末清初的杰出思想家顾炎武提出的。顾炎武继承了李贽人性自私的观点，认为"人之有私，固情之所不能免矣"。说"私"是人情所不能免，就等于承认"私"出于人性之当然。由此出发，顾炎武反对理学家以天理之"公"，禁绝人欲之"私"的价值观念，主张承认个人利益的合理性，对个人私利"非惟弗禁，且从而恤之。"他说，要求人们达到"公而无私"的价值境界，不过是一种理想，事实上是达不到的，"世之君子必曰有公而无私，此后代之美言，非先王之至训也。"然而，和李贽不同，顾炎武并不同意把自私自利作为一种善德价值，而是主张在承认和满足个体利益的前提下，实现公共利益，从而把公和私统一起来，所谓"合天下之私以成天下之公，此所以为王政也。"根据这一原则，他指出，对于当官的人，一方面要求他们"以公灭私"；另一方面又要关心他们的私利，使其"禄足以代其耕，田足以供其祭，使之无将母之嗟，室人之谪，又所以恤其私也"。（以上引文均自《日知录》卷三《言私其豵》）

其实，不只是顾炎武，明清之际的不少学者，对公私问题的看法也与顾氏相近。就拿与顾炎武年龄相当的黄宗羲来说，他认为自私自利是人的本性，"有生之初，人各自私也，人各自利也"，"好逸恶劳，亦犹夫人之情也"（《明夷待访录·原君》）。因此，人之"自利"有着自然的合理性。但是，他提出不能只讲自私自利，"徒以自私自利，不可以治天下"（《明儒学案·蕺山学桑》）。而应该把个人私利和天下公利统一起来，在保证个人私利的同时，又使"天下受其利"。他所理想的境界是，一方面，"人各得自私也，人各得自利也"；另一方面，"天下有公利"而能"兴之"，"天下有公害"而能"除之"。据此价值原则，黄宗羲激烈地批判了封建君主只求个人私利的卑鄙行为。他说，君主利用自己的权力"使天下之人不敢自私，不敢自利"，但他们却"以我之大私为天下之大公"，"以天下之利尽归于己，以天下之害尽归于人"。所以，"为天下之大害者，君而已矣。"（《明夷待访录·原君》）同时，黄宗羲还提出君臣的关系不应该是主仆关系，臣的行事准则应该是"为天下，非为君也，为万民，非为一姓也"；视"天下之治乱，不在一姓之兴亡，而在万民之忧乐。"这才是臣道的"大公"（《明夷待访录·原臣》）。

顾、黄的公私观在"天崩地解"的时代，的确有振聋发聩的启蒙作用，具有对传统价值进行批判和总结的重要意义，虽然他们在理论上并没有真正解决个人私利和天下公利如何统一的问题，并有许多自相矛盾，不能自圆其说之处，但是提出这一问题本身就有不可磨灭的功绩。何况，即使就价值理论本身来看，他们关于公私统一、合私成公的论点，比起王安石的"私本公末"说、李贽的"私为人心"说，都大大前进了一步，达到了中国古典哲学公私价值观的探索可能达到的理论高度，开导了近代严复、梁启超等人"（公私）两利为利，独利必不利"（严复：《天演论·导言》）；"善能利己者必先利其群，而后己之利亦从而进焉"（梁启超《十种德性相反相成义》）等思想观点的先河。

　　总观传统哲学关于公私价值观的论述，概而言之：第一，"崇公非私"的观念，在历史上长期处于主导地位，儒、墨、道、法各派哲学的主流都宣扬公而无私，大公无私。主张"为私"（战国时的杨朱主张"拔一毛而利天下不为也"，可归之为"为私"派）或"公私统一"的哲人们为数不多。因此，公而无私的价值观源远流长，深入人心。第二，同言"崇公尚公"，但其所谓"公"的内容，各派有异，儒家言"公义"，重在道德；墨家言"公利"，重在功利；道家言"公道"，重在自然；法家言"公法"，重在法治；《礼运》言"公天下"，重在社会。"公"之价值中包含着不同的价值取向。归其要旨，莫不是着眼于解决群体利益与个人利益的矛盾。第三，"崇公非私"价值观在历史上的作用是双重的，在封建社会的上升和发展时期，它对于巩固国家政权、维护社会统一，保障公共利益主要起着积极的作用，而到了封建社会衰落时期，它妨碍民众利益，束缚个性自由，抑制社会竞争的一面日益突出，起了阻止新的生产关系成长的消极作用。明末清初李贽、顾炎武、黄宗羲等启蒙学者对"私"的肯定和强调，就是对这种消极性的反思和批判。由于以上几点，中国传统哲学的公私价值观无论在理论上还是在历史作用上都十分复杂，必须具体分析，予以扬弃。

七　群己论

——群体与个人的位置

群己作为价值论范畴，是指社会价值与个体价值的关系。它主要包括社会群体利益与个人利益、社会群体的共同要求与个体的特殊性两层关系。在整体利益与个人利益的关系这层意义上，它和公私范畴是重合的。群与己也可以表述为"兼"与"独"，张岱年先生说："群与己，是人生中根本对立之一。在生活中，我们应当为群而忘己呢，还是应当为己而不顾群？也即是，应当兼利天下，为群努力，甚至牺牲自己呢；还是洁身自爱，独善其身，不闻不问群众的事情？"[1] 重群则会兼利天下，重己则求独善其身，这是两种对立的价值观。

中国传统哲学中关于群己价值的讨论从先秦开始，直至近代，提出了许多重要看法，颇有意义。

（一）"群居和一"论

儒家重视群体价值，但又肯定个人的自我价值。从孔子、孟子以至荀子，看法基本上是一致的。孔子认为个人总是存在于社会群体之中，"鸟兽不可与同群，吾非斯人之徒与而谁与？"（《论语·微子》）因此，社会群体的价值是崇高的，人应该兼善天下，把实现"老者安之，朋友信之，少者怀之"（《论语·公冶长》），作为人生理想。为此他和他的弟

---

① 张岱年：《中国哲学大纲》，商务印书馆 2015 年版，第 607 页。

子提出以"仁""礼"来维护社会群体的和谐和安定,"仁"是维护社会群体和谐的情感纽带,"礼"是维护社会秩序安定的制度规范。任何一个个人,维护群体价值的方式有内外两个方面,从内在心理情感方面说要做到"仁以为己任"(《论语·泰伯》),即把爱人作为自己的责任和义务。表现在处理人际关系上总的原则是"己欲立而立人,己欲达而达人"(《论语·雍也》);"己所不欲,勿施于人"(《论语·颜渊》)。从外在行为规范方面说要做到"克己复礼"(《论语·颜渊》),即把自己的言行举动都纳入礼的轨道,具体地说就是"非礼勿视,非礼勿听,非礼勿言,非礼勿动"(《论语·颜渊》)。孔子所提出的"忠""孝""悌""敬""信"等道德要求,其实都是"仁""礼"的具体化。在孔子看来,"仁为己任"和"克己复礼"是群己关系的基本原则。他所谓的"杀身成仁""约我以礼"就是认为群体价值高于个体价值。

然而,孔子在维护群体价值的前提下,不但不否认而且还十分重视个体之价值。孔子的个体价值观突出表现在:第一,他强调个人的能动性。"为仁"固然是崇高的价值理想,但仁的实现要靠每个个人的努力,他说:"为仁由己,而由人乎哉?"(《论语·颜渊》)"我欲仁,斯仁至矣"(《论语·述而》)。第二,他重视个人意志的独立性。孔子说:"三军可夺帅也,匹夫不可夺志也。"(《论语·子罕》)一个人有了自己坚定的意志就不会为外物所夺,而且越是经历严峻环境的考验,此志越显出其特立不移的光辉,"岁寒,然后知松柏之后凋也。"(《论语·子罕》)第三,他推崇个体人格的尊严性。孔子主张为社会群体服务,但他认为这个群体必须符合他自己的社会理想,即他所谓的"道"。当"道"可行时,个人应该为"道"献身,"当仁不让",甚至"杀身成仁",而当"道"不行时,个人则宁保持其独立人格,也绝不随波逐流,同流合污。所谓"天下有道则见,无道则隐"(《论语·泰伯》),"道不行,乘桴浮于海"(《论语·公冶长》)。正由于孔子尊重个人的独立人格,所以当他要学生"各言其志"时,子路、冉有、公西华三人皆以仕进为心,唯曾皙无意用世,所答非正,希望"莫春者,春服既成,冠者五六人,童子六七人，浴乎沂，风乎舞雩，咏而归。"孔子听了不但没有批评他，反而"喟然叹曰：'吾与点也。'"（《论语·先进》）赞同曾皙所言。这表明，孔子认为，在道消世乱之时，曾皙不以仕进为志，而保持了他作为孔门狂士的独立个性，是可贵的。根据尊重个体的价值观念，孔子还形成了"因材施教"的教育思想。

总之，孔子认为对群体的关怀和自我的完善应该兼重，应该统一。"子路问君子。子曰：'修己，以敬。'曰：'如斯而已乎？'曰：'修己以安人。'"（《论语·宪问》）修己即自我的道德修养和完善；安人即为群体服务，使人安居乐业。修己是出发点，安人是归宿点，孔子要求自我价值的实现要以群体价值的实现为目标。

孔子既强调群体价值又尊重个体价值的观念，被孟子所继承，并有所发展。孟子一方面推行"仁政"，主张"兼善天下"；"老吾老以及人之老，幼吾幼以及人之幼"；"善与人同，舍己从人"。即以社会群体价值为重。同时，又明确提出"人人有贵于己者"。他说："欲贵者，人之同心也。人人有贵于己者，弗思耳。人之所贵者，非良贵也。赵孟之所贵，赵孟能贱之。"（《孟子·告子上》）就是说，希望尊贵，是人们的共同心理，但每个人自己都有可尊贵之处，只是不去思考它罢了。别人所给予的尊贵，并不是真正的尊贵，例如赵孟可以使某人尊贵，也可以使某人下贱。孟子认为每个人的自我价值是他真正的自有价值（"良贵"），而富贵爵位，并非一个人真正的价值所在。正因为孟子肯定了人的个体价值、自我价值，所以他主张培养个人的"至大至刚"的"浩然之气"，成为一个有独立人格的"大丈夫"。他说："居天下之广居，立天下之正位，行天下之大道；得志，与民由之，不得志，独行其道。富贵不能淫，贫贱不能移，威武不能屈：此之谓大丈夫。"（《孟子·滕文公下》）可见，孟子的主张是"为群"和"贵己"统一，"兼善"与"独善"并举。一言以蔽之，"得志泽加于民，不得志修身见于世。穷则独善其身，达则兼善天下。"（《孟子·尽心上》）

与孔、孟相比，荀子关于群己价值的论述，更为充分明确。他的观点可称之为"群居和一之道"（《荀子·荣辱》），其要点是：（1）"人能群"——能组成社会是人高于其他生物的价值所在："人有气有生有智亦且有义，故最为天下贵也。力不若牛，走不若马，而牛马为用，何也？曰：人能群。"（2）"明分使群"——划分等级是组成社会的条件："人何以能群，曰：分。分何以能行？曰：义。故义以分则和，和则一。"（3）"善群则生"——善于组成社会是人生存的基础："君者，善群也。群道当则万物皆得其宜，六畜皆得其长，群生皆得其命"，"人生不能无群"。（4）"善群则和"——善于明分使群是和谐统一的保证："先王之道，仁义之统，以相群居"，"以群则和"。总而言之，"先王案为之制礼义以分之，使有贵贱之等，长幼之差，智愚、能不能之分，皆使人载其事而各得其宜，然后使谷禄多少厚薄之称，是夫群居和一之道也。"（引文均见《王制》《荣辱》）可见，荀子高度肯定了"群居和一"的价值。

那么，荀子如何看待个体之价值呢？除了同孔、孟一样强调个体的能动性之外，荀子还提出了几点重要看法。一曰"重己役物"。他认为一个人要确立自己的价值，首先不要成为物欲的奴隶，而应成为善于主宰和控制物欲的主人，个人的价值并不在于占有的物质享受条件优越，而在于志向远大、精神高尚、心情愉快。他说："欲养其欲而纵其情，欲养其性而危其形，欲养其乐而攻其心，欲养其名而乱其行。……夫是之谓以己为物役矣。"反之，"心平愉，则色不及佣而可以养目，声不及佣而可以养耳，蔬食菜羹而可以养口，粗布之衣、粗之履而可以养体，局室、芦帘、藁蓐、敝机筵而可以养形。故无万物之美而可以养乐，无势列之位而可以养名。如是而加天下焉，其为天下多，其私乐少矣。夫是之谓重己役物。"（《荀子·正名》）在荀子看来，"己为物役"是没有价值的，"重己役物"才是个人价值之所在。二曰"正己不倾"。荀子认为，一个人有自己经过努力能够做到的方面，也有自己所不能做到的方面。个人的高尚道德、讲求信用、卓越才能，都是自己所能做到的；而要求别人必须尊重自己、信任自己、任用自己，则是自己所不能决定的。所谓"君子能为可贵，不能使人必贵己；能为可信，不能使人必信己；

能为可用，不能使人必用己"（《荀子·非十二子》）。因此，个人的价值如何，完全取决于自己，对个人价值的评价也只能以"道"为标准，而不能以他人的毁誉、用舍为尺度。一个人只要遵循大道，端正自身，不受外物所动摇，就会有真正的价值。"故君子耻不修，不耻见污；耻不信，不耻不见信；耻不能，不耻不见用。是以不诱于誉，不恐于诽，率道而行，端然正己，不为物倾侧，夫是之谓诚君子。"（《荀子·非十二子》）这和孔子说的"人不知而不愠，不亦君子乎"（《论语·学而》），意思是一致的。三曰"独立不畏"。荀子十分赞赏个人志向的独立性，他主张君子在实现自己的理想时，"天下有中，敢直其身；先王有道，敢行其意；上不循于乱世之君，下不俗于乱世之民；仁之所在无贫穷，仁之所亡无富贵。天下知之，则欲与天下共乐之，天下不知之，则傀然独立于天地之间而不畏：是上勇也"（《荀子·性恶》）。他还说，对于自己志向的坚持应该达到"权利不能倾也，群众不能移也，天下不能荡也"的程度（《荀子·劝学》）。荀子常称有独立志向和理想的人是"大勇"，是"成人"，是"大儒"。

可见，荀子在"贵群"的同时也主张"重己"，因而，在用世态度上，也是"兼""独"并用，能"兼"则"兼"，不能"兼"则"独"。他说："通则一天下，穷则独立贵名，天不能死，地不能埋，桀跖之世不能污，非大儒莫之能立"（《荀子·儒效》）。其实，荀子所讲的"群居和一之道"，本身就包括"明分使群"和使个人"各得其宜"两个方面。由于"群居"，故需求"一"；由于群中的每个个人都有其相对的独立性，个人与个人之间也存在着差异，所以只能"和"。"群居和一"可以作为儒家群、己价值观的总概括，它的特征是：在强调群体价值的前提下，肯定并重视个体之价值。并非如有的论者说的，在儒家"整体价值观念的一体化结构"中，"个体融化在社会整体之中"而没有什么价值。这种看法，显然无视于孔言"由己"，孟曰"贵己"，荀谓"重己"的个体价值观念。

先秦儒家的"群居和一"之论，后代儒家仍有论列，但随着封建专制的确立和强化，封建伦理的凝固和僵化，先秦儒家群己观中"贵己"

"重己"的因素渐渐削弱，而"贵群""为群"的一面日益升值，特别是秦汉之后的儒学直接以封建君主作为群体的表征。因此，个体的价值就变得无足轻重，以封建君主为代表的社会、国家群体，成了束缚人们个体独立、个性发展的枷锁。

（二）"尚同""齐一"论

如果说，从总体上看，先秦儒家的群己观基本上属于既贵群体又重个体的中道，那么墨家和法家的群己观则是一种极端之论。他们都特别强调为群的一面而忽视甚至否定个体之价值。

墨家主"尚同"、法家主"齐一"，虽然其具体含义有别，但在突出群体价值、崇尚社会统一的意义上，二者是相同的。

墨子在道德上把"兼"和"别"对立起来，提出"兼以易别"，在政治上把"同"和"异"对立起来，主张以"一同天下之义"取代"天下之人异义"。他所谓的"别"，就是重"吾身"自我价值而不重他人、不顾群体；他所谓的"异"，就是"十人十义""百人百义"，没有统一的观念和共同的意志。"别"和"异"中都包含着肯定个体价值的观念，墨子对二者都持否定态度，说明了他对个体价值是忽视的。在墨子看来，"兼爱"和"尚同"是保证群体价值的重要条件，为了保障它的实现，就必须"易别""去异"。因为重视个体价值的结果会使社会群体"厚者有斗而薄者有争"（《墨子·尚同下》），"离散不能相和合"（《墨子·尚同上》），"天下之乱若禽兽然"（《墨子·尚同上》）。后期墨家，继承和发挥了墨子这一观点，他们认为"兼"是一个标志整体、全体的概念，它和表示部分的"体"和"偏"是对应的。"体，分于兼也"，"偏者，体也"，"偏也者，兼之体也"（《墨子·经上》《墨子·经说上》）。就是说，"兼"是全体，"体"和"偏"都是全体的一部分。十分明确地从理论上揭示了墨家"贵兼"精神中所包含的重整体价值观念，可以说，墨家的"贵兼"和"贵群"实质上是一回事。而"贵群"所包含的实质内容即是社会群体的"功利"，所谓"国家百姓人民之利"。

法家的重群观念集中表现在他们主张的"齐一"之道上。商鞅反复讲"壹权"，讲"利出一孔"，其目的就是将社会的利益和观念同纳一轨，同铸一型。这种"轨"和"型"就是代表地主阶级利益的"法"。后来，韩非大力申说"用一之道"，主张"一匡天下"、"一民之轨"。希望通过"一政"、"一民心""一功劳""利出一孔""通一同情"的法治，达到"万民一从"。一国可使齐"的高度统一。这种高度统一的群体社会，在价值取向上的特征是"一建其趋舍"（《韩非子·解老》），使整个国家的人们有着一致的价值取舍标准。在法家设计的这种"齐一"社会中，不但普通百姓只能充当"耕战"的工具、守法的国民，而且在朝的大臣们也"动无非法"，"不游意于法之外"（《韩非子·有度》）。作为个体人的权利和自由都成为无足轻重的东西了。这样，丰富多彩、生动活泼的社会生活，就变得十分单调，异常死板。《尹文子》说："万事皆归于一，百度皆准于法，归一者简之至，准法者易之极"，正是对法家整体齐一的社会特点的概括。

由此可见，无论是墨家的"尚同于天子"，还是法家的"齐一于法"，都是一种强调群体价值而否定个体价值的观念。梁启超在谈到墨、法二家的这种特点时说，墨家叫人民都跟着皇帝走，主张绝对的干涉政治，"非惟不许人民行动言论之自由，乃并其意念之自由而干涉之。夫至人人皆以上之所是非为是非，则人类之个性，虽有存焉者寡矣。"法家"齐一其民"的结果"如陶之治埴，千器万器，同肖一型，个人之个性，为国家吞灭净尽。如谓国家为死物也，则更何说。若承认国家为一生机体，而谓组成机体之分子可以剥夺其个性而无损于机体生存之活力，吾未之前闻。法家言最大之流毒，实在此一点。"① 此看法甚有见地！

当然，墨家和法家所崇尚的群体价值，在具体内涵上并不相同。墨

---

① 梁启超：《先秦政治思想史》，商务印书馆 2017 年版，第 190 页。

家的群体是建立在"国家百姓人民之利"基础上的群体，法家的群体是统一于封建君主利益基础上的群体。或者说，墨家强调群体价值是要实现"天下之公利"，而法家突出群体价值是要实现"人主之公利"，这是墨、法两家的根本区别。

（三）"贵己""贵独"论

与墨、法两家过分强调群体价值相反，道家却从另一极端处理群己关系，将个体价值置于群体之上。《吕氏春秋·不二篇》曰："阳生贵己"。《汉书·艺文志》云：道家"清虚以自守，卑弱以自持。"《庄子·在宥》曰："独有之人，是谓至贵"。"贵己""自守""自持""独有"，实为道家重视个体价值的要义。

道家认为，人类的群体是由各个独立的个人构成的，在群体中每个人都是一独立的单位，自有其独立的价值。如果每个个体都保持一己之独立性，尊重自身的价值，那么，群体自然就得到了维护。这也即是说，个体是群体的基础，是群体的根本，因此应该"贵己""贵独""自持""自守"。

《老子》曰："贵以身为天下，若可寄天下，爱以身为天下，若可托天下。"（《老子》第十三章）就是说，以尊贵自己的态度去为天下，才可以把天下的重任担当，以尊贵自己的态度去为天下，才可以把天下重任交付给他。老子的"贵身"指爱护和尊重自己的个体生命和独立人格。在他看来，保持个体人格的独立完整是首要的价值。因此，老子认为，一个人对受辱和得宠都应该感到惊慌失措，如临大患。因为，受辱固然损伤了个体人格的尊严，受宠这种得之于他人的殊荣，会使一个人在赐宠者面前惶恐不安，从而使自我的独立人格萎缩，所以，要"宠辱若惊"（《老子》第十三章）。

从这种"贵己""贵身"观点出发，道家非常强调个体的独立性，甚至表示出和群体的疏离感。老子说："众人熙熙"，"我独泊兮"，"众人皆有余，而我独若遗"，"俗人昭昭，我独昏昏"，"俗人察之，我独闷闷"，"众人皆有以，而我独顽且鄙"。总之，"我独异于人"（《老子》第二十章）。庄子说："出入六合，游乎九州，独往独来，是谓独有，独有之人，是谓至贵。"（《庄子·在宥》）在老、庄看来，一个人的独立性，集中表现在他的价值取向与众不同。在"俗人""众人"眼里视为珍宝而执意追求的东西如名利、财货、权位、道德、知识等，在他看来轻若鸿毛，贱若粪土，掷之如瓦砾，弃之如敝履。而在"俗人""众人"看来毫无意义的东西，如大道，在他的价值天平上却是至高至重的。用老子的话说，叫作"我贵食母"（《老子》第二十章），用庄子的话说叫作"独与道游"（《庄子·山木》）。

既然个体生命、个体人格有如此崇高之价值，那么，怎样实现个体的价值呢？道家认为必须遵循"清虚""卑弱"之道。即《汉书·艺文志》所概括的"清虚以自守，卑弱以自持"。"自守""自持"是价值目标，"清虚""卑弱"是实现价值的途径。

所谓"清虚以自守"，就是以清静虚无、无欲无为的心境维护个体的自主性。道家认为，一个人如果内心有欲望有追求，就会受到追求对象的束缚，成为外物的奴隶，从而丧失主体的自由和独立。因此，只有涤除内心欲望，达到清静虚无的境界，才能成为万物的主宰，立于独立自主的地位。老子说："清静为天下正"（《老子》第四十章），"圣人无为，故无败"（《老子》第六十四章）。庄子说："无为也而尊，朴素而天下莫能与之争美"（《庄子·天道》）。虚静无为就能"物物而不物于物"（《庄子·山木》）。司马谈论道家的特点时说："其术以虚无为本，以因循为用。无成势，无常形，故能究万物之情。不为物先，不为物后，故能为万物主。"（《史记·太史公自序》）这是对"清虚以自守"的最好说明。

所谓"卑弱以自持"，就是以卑下柔弱的处世态度坚持个体的独立性。道家认为，强盛并不是真正的力量所在，并不能依赖刚强维持个体的独立地位。柔弱卑下是真正的动力所在，只有卑弱之道才能使自己立于不败之地。老子曰："柔弱胜刚强"（《老子》第三十六章），"柔弱者生之徒"（《老子》第七十六章），"天下之至柔，驰骋天下之至坚"

（《老子》第四十三章）。庄子曰："处卑细而不惫"（《庄子·田子方》），"丘山积卑而为高"（《庄子·则阳》）。都是指柔弱卑下之道对于实现个体价值的重要作用。

道家关于个体价值实现的途径，从表面上看似乎是消极的，但实质上是要通过消极的方式，达到积极的目的，取得巨大的价值成果。或者说，是通过自我否定而达到自我肯定。正如老子说的："圣人后其身而身先，外其身而身存。非以其无私邪？故能成其私。"（《老子》第七章）"后其身""外其身""无私"是方法，而"身先""身存""成其私"，就是个体价值的实现。

那么，老子、杨子、庄子等道家学者，是否完全不顾及群体之价值呢？并非如此。以道家之见，个体价值和群体价值有着内在的一致性，每个人的个体价值如果得以实现，群体价值就自然实现了。因为，每个人各处于自己所当然之位，既无利于人，亦无害于人，群体就相安无事，天下可平安而治。《吕氏春秋·执一篇》记载了楚王与道家学者詹何的一段对话，充分说明了道家关于个体与群体关系的观点。"楚王问为国于詹子。詹子对曰：何闻为身，不闻为国。詹子岂以国可无为哉？以为为国之本，在于为身，身为而家为，家为而国为，国为而天下为。故曰：以身为家，以家为国，以国为天下。此四者异位同本。故圣人之事，广之则极宇宙，穷日月，约之则无出乎身者也。"正因为"为国之本，在于为身"——群体的基础在于个体，所以在个体价值的实现中就包含着群体价值的实现。

如果说，道家看到群体价值对于个体的依赖性，不失为一种深刻之见的话，那么，他们否认个体价值的实现对于群体的依赖，企图只通过个体自身的内心虚无和态度卑弱来达到"贵己""贵独""自守""自持"，则完全陷入谬误了。其实，人的个体实现与群体实现是相互依存、相互作用、密不可分的。离开个人实现，孤立地强调群体价值实现（如法家、墨家那样），固然失之于片面，但是，反其道而行之，单纯强调个人实现，否认群体对个人实现的重大作用，也是一种极端的偏颇之论。

何况，离开了社会群体的条件，个人的价值根本不可能实现。

先秦道家"贵己""贵独"的群己价值观，后来虽然经过汉代"独尊儒术"的冲击，在一个相当长的历史时期受到压抑，处于低谷，但到了魏晋时期却再度回升，重放异彩。哲学家和诗人们在对外在权威的怀疑和否定中，深藏着对个人生命、人格、才性和命运的思索和追求。他们或者在大自然的怀抱中寻找人生的慰藉；或者在对才性的品评中寄托人格的理想；或者"游心太玄"以求精神超越，或者"放浪形骸"以示轻蔑礼法。于是，标志群体价值的"名教"与标志个体价值的"自然"就形成了尖锐的矛盾与冲突，两汉以来以维护群体统一为目标的政治制度和伦理规范大大贬值。王弼的"修己莫若自保"（《周易略例·颐卦》）的"自保"论，嵇康的"有主于中"（《答难养生论》）的"意足"论，郭象的"形小不为不足"（《齐物论注》）的"性足"论，都是"贵己"——重个体价值的理论表现形式。然而，和先秦道家的个体价值论比较，魏晋哲学家们的观点却明显表现出了避祸求安、应付乱世的忧患意识和好逸恶劳、自我解脱的消极情调。这是由他们当时所处的险恶社会环境决定的。在天下分崩，军阀混战，杀夺无常，动荡不安的乱世，"自保""自安"当然就成了维护个体价值的一种特殊方式。

（四）"必兼不独"论

原始儒家以群体价值为主导的群己统一价值观，在向两极方向强化的同时，也就意味着另两极的淡化：墨、法强化了群体而淡化了个体；道家强化了个体而淡化了群体。为了迎接来自两方面的挑战，儒家不得不对自己的观念，进行新的理论加工。第一次理论加工的是以董仲舒为代表的汉儒。董仲舒用天人异质同构的宇宙秩序、"三纲五常"的政治伦理和独尊儒术的文化政策，来维护大一统的封建社会，用时又弘扬"天地之性人为贵"，主张通过"明于天性，知自贵于物"的价值自觉实现个体的人格价值（《汉书·董仲舒传》）。但是，由于他将"王道之三纲"提到了"天"的价值地位，大讲"王道之三纲可求于天"，并强调"大一统者，天地之常经，古今之通义也"（《汉书·董仲舒传》）。因此，"群体"的观念比原始儒学已大大升值了。结果，物极必反，导致了魏晋时期在道家旗帜下个体价值的又一次振兴。

第二次理论加工是宋明理学，理学家们总结了群己之辨在历史上曲折和反复的经验教训，在恢复儒家"道统"的口号下，又一次强调群体价值，以抵消自魏晋以来道、佛两家对儒家价值观的冲击。理学家群己观的基本特征是把封建社会群体的价值提高到了宇宙本体的地位，其总观点可以用张载的"立必俱立，知必周知，爱必兼爱，成不独成"（《正蒙·诚明》）来概括，可称之为"必兼不独"论。这里的"兼"与"独"，即包含着"群"与"己"的矛盾和对立。

张载的意思是说，要实现"与天为一"（《正蒙·神化》）、"民胞物与"（《正蒙·乾称》）的理想，其修养原则应该是立己亦立人（"立必俱立"），知人亦知物（"知必周知"），爱己爱人爱物（"爱必兼爱"），而不能只追求个人的自我的实现（"成不独成"）。显然，他认为要以群体的实现为最高价值，在群体实现的前提下实现个体的价值。这也是理学家的共同主张。

为了确立这种群己价值观，理学家们从各个角度进行了系统的论证。

1. 用"理一分殊"进行本体论的论证

"理一"与"分殊"是理学家说明世界整体和部分、统一性和多样性的一对范畴，他们认为，世界上的万物虽有差别，多种多样，但皆从理来，"只是此一理，万物分之以为体"。即各自从"理一"中分得各自的那一部分；"万殊便是这一本，一本便是那万殊"（《朱子语类》）。那么，"理一"与"万殊"的地位怎样呢？程、朱认为，"理一"是"原"，是"本"，是"体"，而"万殊"是"流"，是"末"，是"用"。"理一"统摄"万殊"，"万殊"从属"理一"。所谓"天下之理一也，涂虽殊而其归则同，虑虽百而其致则一。虽物有万殊，事有万变，统之以一，则无能违也。"（《程氏易传·咸卦》）又所谓"一月普现一切水，一切水月一月摄。"（《朱子语类》卷十八）既然在本体论上一般和整体是"本"，特殊和个体是"末"，那么以此为逻辑前提，在社会价值观上，"群体"价值决定"个体"价值，群体价值高于个体价值，就是顺理成章了。朱熹说："万物皆有此理，理皆同出一原，但所居之位不同，则其理之用不一。如为君须仁，为臣须敬，为子须孝，为父须慈。物物各具此理，而物物各异其用，然莫非一理之流行也"（《朱子语类》卷十八）。可见，每个个体都应在自己"所居之位"上，或仁，或敬，或孝，或慈，以达到对封建社会群体的维护，这就是"理一分殊"的在价值观上的表现。

2. 用"天命之性"和"气质之性"进行人性论论证

张载、二程、朱熹都认为人性是二元的，他们称之为"天命之性"（或"天地之性"）和"气质之性"。"天命之性"即体现天理的人类先天固有的普遍共同本性，其内容是仁义礼智，其性质是至善纯善；"气质之性"即每个个体形成时从气禀中获得的特殊性，其内容为才质、欲求，其性质是有善有恶。二者是"共性"与"个性"的区别，"人物之性有所谓同者，又有所谓异者。知其所以同，又知其所以异，然后可以论性矣。"（《朱子语类》卷四）由于天命之性是纯善，气质之性有善有恶，因此他们主张"变化气质"以"复其性"，即把个体人身上体现的气质之性复归到纯粹至善的天命之性上去。张载说："善反之，则天地之性存焉"（《正蒙·诚明》）。这种人性论实质上就是一种价值论，认为以封建道德为内容的天命之性是最高的价值，每个个人都应该向它认同。在群己观上，就是个体个性从属群体共性，并将个性复归到共性。

3. 用"天理"和"人欲"进行伦理学的论证

天理与人欲之辨是程、朱哲学的核心问题，其现实内容指的是社会群体利益与个体私利的关系，封建道德原则与个人物质欲求的关系。他们处理这种关系的基本原则是"存天理去人欲"，即个体利益服从群体利益，物质欲求服从道德原则。从而使群体价值处于绝对的至高无上的地位，为了实现群体价值，可以而且应该无条件地牺牲个体价值。

4. 用"道心"和"人心"进行心理学论证

"道心人心"最早见于《尚书·大禹谟》。"人心惟危，道心惟微，惟精惟一，允执厥中。"意思是，道义之心微而难明，众人之心危而难安，只有精一不杂，才能保持中而不偏。到了理学家程、朱手里，"道心"则成了一种体现宇宙普遍原则的道德观念和道德意识，"人心"则被释为表现个体特征的自然本能和物质欲望。程颐说："人心，私欲也；道心，正心也。"（《二程集·遗书》卷十九）他把"道心"与"人心"的对立看作"正"与"邪"的对立，主张用"精一"功夫，排除"人心"对"道心"的扰乱，保持"道心"的纯洁，达到"中和"的标准。朱熹纠正了程颐的说法，认为"人只有一个心，但知觉得道理的是道心，知觉得声色臭味的是人心。"（《朱子语类》卷七十八）不能说人心"不好"，更不能消灭人心。"道心，是义理上发出来的；人心是人心上发出来的。虽圣人不能无人心，如饥食渴饮之类，虽小人不能无道心，如恻隐之心是。"（《朱子语类》卷七十八）由此看来，朱熹认为，"道心"与"人心"包含着人的主体意识中道德观念与物质欲望、理性原则与感性形式、群体意识与个体意识等几层关系，不能只归结为"理"与"欲"，更不能等同于"正"与"邪"。

然而，程朱在"道心"与"人心"的价值位置上，观点却基本一致，都主张"道心"主宰"人心"，"人心"服从"道心"，即群体意识高于个体意识。朱熹说："必使道心常为一身之主，而人心每听命焉，乃善也。"（《朱子语类》卷六十二）又说："以道心为主，则人心亦化而为道心矣。"（《朱文公文集》卷五十一《答黄子耕》）为了说明这个道理，朱熹以子路、颜渊、孔子为例，以申其意："大凡人有己则有私。子路愿车马衣轻裘与朋友共，其志可谓高远，然犹未离这躯壳里。颜子不伐其善，不张大其功，则高于子路，然愿无伐善，无施劳，便是犹有此心，但愿无之而已，是一半出于躯壳里。孔子则离了躯壳，不知那个是己，那个是物。"（《朱子语类》卷二十九）显然，"道心"与"人心"即是"群"与"己"的关系，能化"己"为"群"，"人""己"不分，"群""己"融合，就达到了圣人境界。

理学通过"理一"与"分殊"、"天命之性"与"气质之性"、"天理"与"人欲"、"道心"与"人心"的深刻辨析，从本体、人性、伦理、心理等角度，系统论证了群己关系，从而使群体高于个体，个体服从群体的价值观建立在坚实的理论基础上，大大发展了儒家的价值论。然而，这种发展却使孔孟原始儒学的"贵己"观念大大地削弱了，个体的利益和个性被说成了微不足道的东西，甚至被视为大逆不道的祸害了。尽管程朱等人，大讲"孔颜乐处"的人格境界，大讲从自己做起"穷理尽性以至于命"，但其标准和归宿并不在于"成己"——实现个人价值，而在于"俱立""兼爱"——实现群体价值。"成己"是手段，而"为群"是目的。如果个体人格完全道德化了，完全变成"三纲五常"、"天理""道心"的奴隶，那么，即使"乐处"，即使"成圣"，也并不能提高个体的独立价值。

（五）"且任物情"论

当群己价值观上的片面性和偏狭性发展到极端程度时，必然在逻辑上引发出它的反命题。理学家们的"必兼不独"论所筑构的思想樊篱对个性的束缚，随着时代的变化，日渐显出它的弊端。于是，一些哲学家通过反思，提出了重视个体价值的新观点。

本来，宋明时期以陆九渊、王阳明为代表的心学派，就已十分强调"自作主宰""自立自重"的个体主观精神，尽管从内容上看，他们不过是强调个人的道德自觉意识和探求内心解决问题的修养方法。但是，这些命题在形式上却成了走向突出个体价值的通道。它的主怀疑、反盲从、扬自我、尚自律的特点，一旦脱离开封建道德价值目标，就成为个体价值、个性解放的发酵剂。

事实上，作为王阳明后学的泰州学派，正是借这种主观精神实现价值转换的，泰州学派的后继李贽就是典型代表。他发挥了泰州学派反儒学正统的一面，"好为惊世骇俗之论，务反宋儒道学之说"（沈瓒《近事丛残》），在群己观上进行了价值转换，提出了高扬个体的"且任物情"论。其要点是：

（1）承认个体差异。他说："夫天下至大也，万民至众也，物之不齐，又物之情也。"例如，"或欲经世，或欲出世；或欲隐，或欲见；或刚或柔，或可或不可，固皆吾人不齐之物情。"（《明灯道古录》卷上）就是说，天下千万其人，各有不同的个性和追求，不能一概而论。

（2）主张个性平等。既然"物情不齐"，个性有异，是一种客观存在，那么有不同个性的人就应该是平等的。"致一之理，庶人非下，侯王非高，在庶人可言贵，在侯王可言贱"，"曷尝有所谓高下贵贱者哉？"（《老子解》下篇）他说，不但普通人是平等的，即使是圣人，也在知能、德性上和百姓是平等的，"圣人所能者，夫妇之不肖可以与能"；"夫妇所不能者，则虽圣人亦必不能"（《明灯道古录》卷下）。"天下之人，本与仁者一般，圣人不曾高，众人不曾低"（《焚书》卷一）。因此，"勿下视世间之夫妇为也"，"勿高视一切圣人为也"（《明灯道古录》卷下）。

（3）尊重个体价值。人们之间的个体差异是存在的，也是平等的，那就应该尊重个体的价值。李贽提出，对于个体应该采取两种态度：一是"且任之矣"，就是任其自由发展；二是"获其所愿"，就是让其愿望满足。他说："对不齐之物情，圣人且任之矣"，"就其力之所能为，与心之所欲为，势之所必为者以听之，则千万其人者，各得其千万人之心，千万其心者，各遂其千万人之欲。是谓物各付物。"又说，使"天下之民，各遂其生，各获其所愿有"（《明灯道古录》上卷）。

从这种"且任物情"的个体价值观出发，李贽对维护封建社会群体价值的"礼教"持批判态度。他认为，"旧说"之"礼"，作为"一定不可易之物"，"以条约之密"对不齐之物情"一一而约束之，整齐之"，这根本违反了"物情"。是"拂人之性"的桎梏。因为"礼"严重束缚了个体的自由发展，结果是"人自苦难而弗从"（《明灯道古录》卷上）。进而，李贽指出，这种"礼教"表面上是维护群体价值，实质上是"欲强天下使从己"（《明灯道古录》卷上），即为了达到某些人的一己私利。这深刻地揭露了道学家和封建统治者宣传礼教、维护群体的实质。

在李贽看来，处理群己关系的原则是"因人而治""不齐而齐"（《焚书·论政》）。就是说，通过承认和尊重每个个体的价值以实现群体价值，每个个体的价值实现了，群体价值就自然实现。

李贽尊重个体的观点，在明末清初时期，并非一家独鸣。黄宗羲、王夫之、傅山等人也曾以不同形式，在不同角度上提出过类似观点。黄宗羲说，封建举业制艺把人们的思想束缚于"一定之说"，不许学者"取证于心"，这是"陷溺人心"、消灭个性的陷阱。他主张写文章"人人可以自见"，凡从"胸中流出"，"不名一辙"，"一往情深"的文章，才是天下之"至文"。他认为只有"涤其雷同，至情孤露"，才会使陷溺了的个性得到重振，"不异援溺人而出之也"（以上引文均见《南雷文约》）。

王夫之指出，为群的义务和个体的权利应该是统一的，如果忽视了权利也必然会看轻义务，所谓"薄于以身受天下者之薄于以身任天下也"（《诗广传》卷二）。"受天下"的权利是个体价值的内容，"任天下"的义务则是群体价值的要求。同时，船山还弘扬"自立以恒""独立不惧""自强不息""自健其行"的自主独立人格（《周易大象解》），充分表现了他对个体价值的尊重。

傅山也以他的"反常之论"呼唤个性解放，主张不为封建礼法所禁锢，一切"本自然之道"，"号令自我发，文章自我开"。他痛斥"奴性"，说遇事迁就的"奴君子"是"为狗为鼠"之辈；他指责"好缠理字"的"宋儒"把人性束得"版拗"如缠小脚；他宣称"私，天也"，说人一旦断绝了利欲就如没有生命的"泥塑"。他指出，"圣人"也有

"为恶之时"，"小人"也有"为善之时"，说孟子道人性皆善"是平地里起骨堆"，毫无根据（以上引文均见《霜红龛集》）。这些尖锐激烈的言论，无不闪耀着尊重个体、个性的思想光辉。

17世纪早期启蒙思想家的"且任物情"的个体价值观，后来被18—19世纪初的一些思想家所继承和发扬。龚自珍的"尊心""尊情""尊人"论，谭嗣同的"冲决网罗"论，严复的"开明自营"论，梁启超的"文明自由论"，都与17世纪早期启蒙思想的个体价值观有着一脉相承的内在联系。

这里应该指出，明清之际早期启蒙者在崇尚个体价值的时候，不但没有贬低或否定群体价值，反而十分重视群体的利益和个人为群体所承担的义务。就拿常发"惊世之言"的李贽来说，也认为"忠以事君，敬以体国，委身以报主，忘私忘家又忘身，正孝之大者。"（《续焚书》卷三）他们只不过是针对宋明理学家们把封建伦理绝对化的价值观进行批判，为个体、个性争得一定的价值地位而已。而且在进行批判时，他们或从孔孟原始儒学中汲取营养，或从老、庄道家思想中寻求借鉴。这表明他们尽管有"倒翻千古是非案"的战斗精神，但还未完全摆脱传统价值观的束缚，因而，也未能建立起有科学性的新的群己观念。总之，他们的批判还是传统价值系统内部的"自我批判"。

对中国传统哲学中的群己价值观，我们可以得出这样的结论：从横向结构说，墨家法家重群体，道家重个体，儒家主张群己统一，而这种统一是以群体价值为主导的。从纵向发展看，儒家的群己统一观念在封建社会长期占统治地位，到了封建社会后期，它的重群的一面得到了强化，随着资本主义因素的出现，17世纪的早期启蒙思想家弘扬了个体的价值，为近代中国价值观念的震荡和现代中国价值观念的翻转埋下了思想火种。从历史作用论，儒家的"群居和一"论，为维护中国社会的统一和民族的团结起了极其巨大的积极作用，对个人主义的滋长蔓延也有着重要的抑制作用，这一点直到今日还值得我们吸取。但它对群体认同的过分强化，的确潜在着压抑个性发展的消极性，越是到了封建社会后期，其危害就越严重，大大延缓了价值观念向近代化演变的历程。而且，先秦儒家的"贵己""由己"观念也主要伸张的是个体的道德人格实现，并未涉及个性多方面的发展，本身就存在着片面性。对这些，我们都应予以科学的分析和批判。群己价值，从根本上说，是个人与社会的关系问题，在社会主义社会，我们完全可能解决社会群体价值和个体价值的矛盾，把义务和权利、奉献和享受、创造与消费统一起来，克服传统哲学中群体价值和个体价值的分裂，确立在唯物史观指导下的群己统一价值观，实现群己和谐的理想。

八 天人论

——自然与人的关系

中国古代几乎所有的哲学家都"欲以明天人之际"，探讨人与自然的关系问题。中国哲学的天人关系学说，主要包括两个层面：一是天人关系本来如何，事实上是如何；二是天人关系应该如何。前者属于本体论问题，后者属于价值论问题。当然这两个方面是有密切联系的。"本来如何"是"应该如何"的理论根据，"应该如何"是"本来如何"的理论归宿。

从价值论角度来考察，天人关系问题意在讨论，人在宇宙间的价值地位和人与自然应建立什么样的关系才符合人类生存和发展的需要。对这两方面的问题，哲学家们提出了种种不同的主张，进行了长期的争论，无论是在观念上还是在实践上都产生了深刻而重大的影响，并形成了中国哲学的显著特色，至今仍为中外哲学家所瞩目。

天与人的关系或天道与人道的关系，按照辩证的观点来看是既相区别又相联系，既相对立又相统一的。中国传统哲学中，有的哲人着眼于区别和对立，有的哲人着眼于联系和统一。于是形成了主"分"派和主"合"派的斗争，而在主分和主合两派内部，提出的"分""合"模式又各不相同，也见仁见智，争论不休。所以，在天人关系问题的价值论解答中，就出现了十分复杂而又丰富多彩的理论场面。

（一）天人合一论

在诸多的天人关系模式中天人合一论占主导地位，绝大多数哲学家都主此说。所谓"天人合一"，从价值论上说，就是认为自然和人都有各自的价值，天人应该形成和谐、统一的价值关系；只有天人之间这种和谐统一的关系，才符合人类生存和发展的要求，才是人类的理想境界。这种天人合一思想，可以列举五种观点：

1. "知性知天"说

孔子从人本学的立场出发，已经提出了天人关系问题，按照他的看法，天与人是相通的。一方面，天赋予人以道德，所谓"天生德于予""天之未丧斯文也"。他的学生还说"死生有命，富贵在天"（《论语·颜渊》）；另一方面，人只有"知天""则天"才能达到精神自由的境界。孔子说，他自己就是通过"五十而知天命"的环节而达到"七十而从心所欲不逾矩"的境界的。此外，从政治上说，尧"则天"而治，才取得了成功，焕发了文采，"大哉尧之为君也。巍巍乎唯天为大，唯尧则之。荡荡乎民无能名焉。巍巍乎其有成功也，焕乎其有文章"（《论语·泰伯》）。孔子的这些论述，虽然还很不系统，但显然已经含有"天人合一"观念，并向人提出了"知天""则天"的要求。

沿着孔子这一思路，孟子从心性学的立场提出了"尽心知性知天"和"存心养性事天"（《孟子·尽心上》）的重要命题。他认为，人性根于人心，受于天赋，因此"尽心"就能"知性"，"知性"即可"知天"。人性的本质是善，人性的内容是"恻隐之心""羞恶之心""恭敬之心"和"是非之心"，四者分别是仁、义、礼、智之"端"（萌芽）。四端是善德的基础，并不是善德的完成。要使人性固有的四端形成完善的善德，就必须存养善性、充善端，而当仁义礼智四德发展到了最完美的程度，就可以达到圣人的境界。由此可见，"知性知天"的价值意义就是对善的认识，要认识到，善德既具有根于人心的先验性，又具有受于天的必然性，因此是人应该保持和追求的最高价值，"养性事天"的价值意义就是对善德的培养和发展，使它发展到最完美的程度，达到圣人的精神境界，圣人的精神境界就是与天合一的境界。

可以说，孟子的天人合一是指人性与天道的合一，"合一"的基础是仁、义、礼、智四德，"合一"的目标在于实现善德的价值，达到圣人的境界。正是在这个意义上，孟子一方面说"仁义礼智根于心"（《孟子·尽心上》）；另一方面又说"仁义忠信，乐善不倦，此天爵也"（《孟子·告子上》）。仁义礼智既是人的价值又是天的价值，这就是孟子天人合一说的精髓。

2. "尽性参天"说

与孟子的知性知天说相近，《中庸》提出了又一种人性与天道合一的观点。它认为人性是源于天的，即"天命之谓性"，因此人性与天相贯通。天人双方联系、贯通的中介是什么呢？《中庸》说："诚者天之道也；诚之者人之道也"。"诚"就是实实在在，没有虚伪；始终一致，没有中断，也即是一种真实性和悠久性的境界。这种境界既是天道的本然也是人应该达到崇高目标。如果达到了"至诚"境界，就可以成为圣人了。"诚者，不勉而中，不思而得，从容中道，圣人也"。正由于人与天在"诚"的基础上同一，所以《中庸》进而指出，达到了"至诚"的境界就能"尽性"，就可以"赞天地之化育""与天地参"。它说："唯天下之至诚，为能尽其性；能尽其性，则能尽人之性；能尽人之性，则能尽物之性；能尽物之性，则可以赞天地之化育；可以赞天地之化育，则可以与天地参也。"

这里，《中庸》赋予"诚"以三个层次的重大意义。一是发挥人和物的本性；二是辅助天地自然生长发育万物；三是使人与天地在宇宙间并立为三。这递进的三个层次，核心是充分肯定人的能动作用（辅助自然），高度确立人在宇宙间的价值地位（与天地参）。可见，《中庸》"尽性参天"的天人合一说，所包含的价值内容比孟子的仁义善德更为丰富，更加深刻，它不只是弘扬了"诚"的道德价值，更重要的是在"诚"的基础上高扬了人的主体价值。而且，人的这种主体价值地位并不是与客体（天地万物）相对立的，而是和客体协调和谐地处于统一之中。正是在这种高度的协调和谐中，人、己、物和天地都确立了各自合宜的地位，实现了自身应有的价值，"诚者，非自成己而已也，所以成物也。成己，仁也；成物，智也；性之德也，合外内之道也，故时措之宜也"。总之，"致中和，天地位焉，万物育焉。"

3. "天人合德" 说

战国时期儒家学者所撰的《易传》提出了"大人与天地合德"的价值理想。《文言》云："夫大人者，与天地合其德，与日月合其明，与四时合其序，与鬼神合其吉凶，先天而天弗违，后天而奉天时。天且弗违，而况于人乎？况于鬼神乎？""与天地合其德"就是与天地合其性，但这里的"德""性"内容与孟子的"善"（仁义）不完全相同。《易传》认为，天地的德性就是生生不息地生长发育万物，日新月异地使世界不断更新。《系辞》云："天地之大德曰生"。又云："日新之谓盛德"。这样一来，天地合德的基础就是"生"和"新"。《易传》所追求的基本价值就是"生生不息"和"日新其德"，这是《易传》天人合一论的特征所在。

《易传》认为，天道的"生"和"新"在人道中表现包括两个方面：一是奉行仁义，提高道德。所谓"立人之道曰仁与义"（《说卦》）；"日新其德"（《象》）。二是建立功业，创造文化。所谓"圣人所以崇德而广业也"（《文言》）；"富有之谓大业"（《系辞上》）。《易传》指出，这两方面是人应该追求的崇高价值，"盛德大业至矣哉"（《系辞上》）。《易传》在"生生"和"日新"的基础上，把盛德、大业作为价值目标，远远超过了思孟学派以"善"和"诚"为理想的价值层次，表现了宏伟的气魄和求实的精神。概而言之，《易传》主张天人合一，是为了"观乎人文以化成天下"（《贲·彖》），盛德、大业就是"人文"的构成要素。

在《易传》的作者看来，天地间的一阴一阳，相感相应，促成了万物生生不息继续不断的变化，这本身就是一种价值，是宇宙本然的善。

"一阴一阳之谓道，继之者善也"（《系辞上》）。而人如果能遵循和发扬这种价值，以"人文化成天下"，就可以达到"先天而天弗违、后天而奉天时"这种人与自然互相和谐的境界，也就可以实现"与天地合其德"的崇高人格。《易传》称天人不违、天人和谐的境界为"太和"，称与天地合德的人格为"大人"。在天人这种和谐的关系中，《易传》高度肯定了人的价值，以天地人并列为"三才"。在这一点上，它和《中庸》"赞天地之化育""与天地参"的观点是基本一致的。体现了儒家天人合一论的共同特征。

4."天人感应"说

汉董仲舒以"天人相类"为根据，提出了天人合一的新模式"天人感应"说。他认为，天体和人体有相似的结构和功能，"观人之体，一何高物之甚而类于天也"。"天亦有喜怒之气，哀乐之心，与人相副。以类合之，天人一也"（《春秋繁露》）。由于天人相类，所以天人之间相互感应，"人之所为，其美恶之极，乃与天地流通而往来相应"（《举贤良对策三》）。董仲舒的相类说和感应说，虽然既牵强又浅薄，但他的目的仍在于论证人应该追求的价值。在董仲舒看来，天所维护的价值是"三纲""五常"，"王道之三纲可求于天"（《春秋繁露·基义》），"夫仁、义、礼、智、信，五常之道，……受天之祐"（《举贤良对策一》）。人应该"法天立道"，"承天从事"，也要"布德施仁""设义立礼"。如果人君不能奉行"三纲五常"，那么"国家将有失道之败，而天乃先出灾害以谴告之；不知自省，又出怪异以警惧之，尚不知变，而伤败乃至"（《举贤良对策一》）。

可见，董仲舒的"天人感应"说意在宣扬"三纲五常"的价值，"三纲五常"既是天道又是人道，是天人合一的价值中介。"三纲五常"在董仲舒的价值体系中不但是道德价值也是政治价值，是"德"和"治"共同遵循的规范。以"三纲五常"为价值基础，董仲舒高度肯定了人在宇宙中的崇高地位："人受命于天，固超然异于群生，入有父子兄弟之亲，出有君臣上下之谊（义），会聚相遇，则有耆老长幼之施，粲然有文以相接，欢然有恩以相爱，此人之所以贵也"（《举贤良对策三》）。以实现"三纲五常"为目标，董仲舒也充分弘扬了人的能动性："治乱废兴在于己""事在疆勉而已矣"（《举贤良对策一》）。

5. "万物一体"说

儒家的天人合一论，到宋代趋于成熟，更加系统，张载明确提出了"天人合一"的命题，并被理学家们所接受。他们主张"天人合一"意在实现人与天地万物为一体的理想境界。

理学家们所谓的"万物一体"境界，绝不是把人混同于一物，而是确立"人为天地立心"的主体性，并建立人与天地自然的和谐统一关系。在这种统一和谐的境界中，天地生物的生生不息过程，是人的价值准则；人的主体仁爱精神，是天的价值体现。天心和人心，宇宙价值和人的价值，互相适应，互相贯通，一气流通，毫无碍滞。从理学家们的论述来看，这种"天人合一""万物一体"境界的具体特点是：

一曰"诚明"。张载说："性与天道合一存乎诚"（《正蒙·诚明》）。又说："儒者则因明致诚，因诚致明，故天人合一"（《正蒙·乾称》）。这是以人性与天道合一言诚。二程则曰："至诚者，天之道也"（《程氏易传》卷二）；"维其心诚一，故能亨通"（《程氏易传》卷二）。这是以人心与天道合一论诚。朱熹进一步发展说："诚者，理之在我者，皆实而无伪，天道之本然也。思诚者，欲此理在我者，皆实而无伪，人事之当然也"（《孟子集注》卷四）。这是以人与天理合一说诚。"诚"是真实无妄之谓，"明"是光明无隐之谓。理学家们认为，天人合一即是既真实又光明的境界。

二曰"生生"。理学家们发挥了《易传》"天地之大德曰生""生生之谓易"的观点，认为自然界处于自身生生不息的过程中，具有生长发育万物的功能，人和万物都来源于宇宙的生生之理，因之也和宇宙万物同一。张载说："天地之大德曰生，则以生物为本者，乃天地之心也。……人之德性亦与此合"（《横渠易说·上经·复》）。二程也说："生之谓性，万物之生意最可观，……人与天地一物也，而人特自小之，何耶？"（《二程集·遗书》卷十一）朱熹进而指出，天理境界，圣人气象，"浑论都是一个生意"，"天地生物之心，而人之所得以为心者也"（《孟子或问》卷一）。可见，天人合一，万物一体的境界是一个生机勃勃，生动活泼的生命境界，理学家们常用"鸢飞鱼跃""活泼泼地""生意盎然"对这种境界予以赞美。

三曰"仁爱"。生生不息的道德意义就是仁，天人合一在"仁"上得到了最充分的体现。理学家们直接从"生生"推导出了"仁"。张载说，天地以生物为心，人则以仁爱为心。二程说："生生之理便是仁也"（《二程集·遗书》卷十八）。他们认为，人之所以贵于万物，完全是人能超越自己的形体而达到与天地万物一体之仁，"仁者，以天地万物为一体"（《二程集·遗书》卷二），"仁者，浑然与物同体"（《二程集·遗书》卷二）。朱熹也指出，"仁者，天地万物之心"（《孟子或问》卷一），仁的基本内涵就是"心之德，爱之理"（《孟子集注》卷一）。"心之德"是从心上说，就人而言，"爱之理"是从理上说，就天而言，"仁"本身就是天理与人心合一的境界。陆九渊和王阳明，虽然不以天理为本体而言仁，但在主体人的内心中也包容着天之仁与人之仁的统一，这种统一也是万物一体之仁。明代王廷相坚持气本论，但在价值观上同样追求天地万物一体之仁，他说："仁者与物贯通而无间者也。万物并育而不相害，道并行而不相悖，天地之仁也。老者安之，朋友信之，少者怀之，圣人之仁也。故物各得所，谓之仁"（《慎言·作圣》）。可见，无论是理本论、心本论还是气本论，都认为仁是天人合一的崇高道德境界。

理学家的天人合一、万物一体境界显然是将孟子的"仁"（善性）、《中庸》的"诚"和《易传》的"生"以及董仲舒的"三纲五常"综合起来，又吸取了道家"万物与我为一"（庄子）的思想，建构了一套体系完整的价值观。在这个价值世界里，真实性（"诚"）、生命性

（"生"）、道德性（"仁"）高度融合，完美统一。这就是人应该追求的伟大理想和崇高境界。

"诚明""生生""仁爱"的天人合一境界在人身上的体现是什么呢？可以用张载的《西铭》来概括："乾称父，坤称母；予兹藐焉，乃混然中处。故天地之塞，吾其体，天地之帅，吾其性。民吾同胞，物吾与也。""富贵福泽，将厚吾之生也，贫贱忧戚，庸玉汝于成也。存，吾顺事；没，吾宁也"。这是理学家们一致同意、共同追求的人生价值。

尽管理学家们充分论证了天人合一、万物一体在本体论上的必然性和价值论上的应然性，但现实生活中的人却并非都能自然而然地达到这种境界，而且多数人与天地、万物隔绝阻滞，不能融为一体。理学家们认为，这是由于人们或为"气质"所缚，或为"见闻"所梏，或为"私意"所阻，异化了自己的本性，丧失了自身固有的价值。要解决这一矛盾，回归天赋的善性，达到与天地万物为一体的理想境界，就必须通过修养功夫，变化气质。他们提出的"大其心"（张载）、"格物致知"（朱熹）、"去欲存心"（陆九渊）、"致良知"（王阳明），都是穷理尽性、重新实现天人合一的修养途径。经过这样一个由本源上的天人合一，到现实中的天人相分，再到重新实现天人合一的过程，人就实现了自我完善，进入了理想境界。朱熹概括这一过程时说："人与天地本一体，只缘渣滓未去，所以有间隔。若无渣滓，便与天地同体"（《朱子语类》卷十七）。可见，要实现天人合一，与万物一体的价值理想，必须经历一番艰苦的自我改造。

从孟子的"知性知天"开始，中经《中庸》的"尽性参天"，《易传》的"天人合德"，董仲舒的"天人感应"，到宋明理学的"万物一体"，儒家的天人合一论发展到了顶点，包容了它的各个层次的价值内涵，如果观照一下其总体特征，不难看出，"仁"是各个要素统一、会聚的焦点，"善""诚""生"都是对"仁"的规定。程明道云："学者须先识仁，仁者浑然与物同体"；"仁者以天地万物为一体"（《二程集·遗书》卷二）。程氏门人杨时，明确以天地一体言仁。明代王阳明高扬天人一体，也指出这是"其心之仁本若是"（《大学问》）。可以说，儒家孔、孟至程、朱一系，主张天人合一，追求的目标归根结底是道德价值。

（二）"人与天一"论

老庄道家关于天人价值的看法，与儒家大异其趣，别为一途。他们不主张天人合一，而追求"人与天一"。所谓"人与天一"，就是否定人为，因任自然，实现与天绝对同一的境界。老庄认为，这种与天为一、物我浑然一体的天人境界，才是真正的价值。

老子的天人关系说的出发点是天与人的矛盾，他说："天之道损有余而补不足，人之道则不然，损不足以奉有余"（《老子》第七十七章）。天与人的矛盾状况表明，在现实生活中，许多人不但没有因任天道行动，反而常常违背了天道，因此，人与天处于一种非价值关系中。人要实现自身的价值，就必须消除天人矛盾，建立与天为一的关系。老子说："故道大、天大、地大、人亦大。域中有四大，而人居其一焉。人法地、地法天、天法道、道法自然"（《老子》第二十五章）。从价值观上看，这段话包括三层意思：一是认为人是"四大"之一，肯定了人的价值；二是排列了道、天、地、人的价值层次，认为在"四大"中，"道"是最高价值，人是最低价值；三是指出了"四大"之间应该形成的价值关系，主张人最终应该法天道，任自然。而法天道任自然的方式，就是老子反复强调的"无为"，人如果做到了"无为"，就可以与天为一，成为"圣人"，实现自己的价值。他说："圣人处无为之事"（《老子》第二章），所以圣人"无败"、"不病"、"身先"，即有最大的自由。可见，"无为之益，天下希及之"（《老子》第四十三章）。不难看出，老子法天道、任自然的天人关系说的要旨，就是要实现"无为"的价值。

庄子继承和发展了老子的"法天"思想，明确提出建立"人与天一"，"与天为一""与天为徒"的天人关系。他的基本观点是：

1. 天人对立是一种非价值关系

庄子对天人的区别作了明确的说明，"何谓天？何谓人？……牛马四足，是谓天；落马首，穿牛鼻，是谓人"（《庄子·秋水》）。"有天道有人道。无为而尊者，天道也，有为而累者，人道也。……天道之与人道也，相去远矣，不可不察也"（《庄子·在宥》）。显然，天与人的对立就是无为与有为的对立。天人的这种对立关系，对于人来说，只是"累"，不是"尊"。所谓"累"，就是束缚和压迫。"有为"的人总要追求声色货利、道德知识、名誉地位等等外在的东西，结果就使自己处于"物于物""为天下用"的奴隶地位，完全丧失了主体性，这就是"累"。当人的自主地位、自由状态丧失殆尽，还有什么价值可言？

2. "与天为一"是理想的价值境界

庄子认为，人要实现自己的价值，就必须"与天为一""与天为徒"。庄子的"与天为一"与儒家的天人合一不同，它是指精神绝对自由的境界，而且这种境界是与"无为"联系在一起的。庄子说，能与天为一的"神人""至人""真人"，由于超脱了世俗的束缚和桎梏，所以已从外物的奴隶地位变为主宰外物的自主地位，"物物而不物于物"；已从"犹有所待"的非自由境地进入"恶乎待哉"的自由境地，"乘天地之正，而御六气之辩，以游无穷者"（《庄子·逍遥游》）。甚至，"大泽焚而不能热，河汉冱（冻）而不能寒，疾雷破山，飘风振海而不能惊"（《庄子·齐物论》）。真可谓独来独往，自由自在！这就是"天地与我并生，而万物与我为一"（《庄子·齐物论》）的理想境界。在这种境界，天人的对立是完全消失了。

3. "天而不人"是实现"与天为一"的根本条件

庄子认为，要达到"与天为一"的绝对自由境界，其根本条件是放弃人为，舍人任天，庄子称之为"天而不人"（《庄子·列御寇》）。具体地说，一是要舍弃世俗，遗忘生命。"弃世则无累，无累则正平，正平则与彼更生，更生则几矣。……弃事则形不劳，遗生则精不亏。夫形全精复，与天为一"（《庄子·达生》）。二是要从天法天，不辅助天。"无以人灭天，无以故灭命，无以得殉名。谨守而勿失，是谓反（返）其真"（《庄子·秋水》）；"不以心损遭，不以人助天，是之谓真人"（《庄子·大宗师》）。三是要消除天与人之间的矛盾。"庸讵知吾所谓天之非人乎？所谓人之非天乎？"（《庄子·大宗师》）既然，所谓天者未必非人，所谓人者未必非天，那么，就不应该把天与人视为对立的，"天与人不相胜也，是之谓真人"（《庄子·大宗师》）。总之，就是"畸于人而侔于天"（《庄子·大宗师》），"独成其天"（《庄子·德充符》）。

在庄子看来，达到与天为一境界的人才是真正有价值的人，"謷乎大哉！独成其天"（《庄子·德充符》），这种人，在不知其价值的世俗人们眼里是"小人"，而在天看来则是"君子"；不与天为一的人，在世俗人眼里是"君子"，而在天看来却是"小人"。"畸人者，畸于人而侔于天。故曰，天之小人，人之君子，天之君子，人之小人"（《庄子·大宗师》）。"天之君子"就是庄子所追求的理想人格。

由此可见，道家的"与天为一"价值观不是以道德为取向，而是以人的自由为取向。就其价值层次来看，在否定封建道德这一点上它高于儒家的"天人合一"。然而，道家所谓的自由，并不是人在对客观必然性的认识和在对客观世界进行改造中获取的现实自由，而是一种超越现实的精神自由。在否定人的主体能动性这一点上，它显然低于主张"与天地参"的儒家思想。它的缺点正如荀子所批评的，是"蔽于天而不知人"（《荀子·解蔽》）。

（三）"天人之分"论

荀子是儒学的大师之一，但他在天人关系问题上的观念与孔孟不同，而是强调"明于天人之分"。他运用这一观点，既批判了孟子，也反对了庄子。荀子的"天人之分"论，包括两个层次：一是本体论层次；二是价值论层次。

在本体论层次上，荀子认为，天与人本来就是有区别的，天人各有其特殊的性质和功能。天的运行是不以人的主观意志为转移的客观物质过程，"天有常道矣，地有长数矣"。"天不为人之恶寒也，辍冬；地不为人之恶辽远也，辍广"。"列星随旋，日月递炤，四时代御，阴阳大化，风雨博施，万物各得其和以生，各得其养以成，不见其事而见其功，夫是之谓神；皆知其所以成，莫知其无形，夫是之谓天"（《荀子·天论》）。而且，天的运行变化，也没有任何目的和意识，"天行有常，不为尧存，不为桀亡"；"不为而成，不求而得，夫是之谓天职"（《荀子·天论》）。

人的一切活动，都是有意识，有目的的。人具有"明分使群"，结成社会，推行"礼法"，治理国家的能动性。"人有气有生有知亦且有义"，"人能群"（《荀子·王制》）。天、地、人的职分是"天有其时，地有其财，人有其治"（《荀子·天论》）。

天与人的这种区分，就决定了天与人之间根本不存在主宰和被主宰的关系。社会上的治乱祸福，在人而不在天。"治乱天邪？曰：日月星辰瑞历，是禹、桀之所同也，禹以治，桀以乱，治乱非天也。时邪？曰：繁启蕃长于春夏，蓄积收藏于秋冬，是又禹、桀之所同也，禹以治，桀以乱，治乱非时也。地邪？曰：得地则生，失地则死，是又禹，桀之所同也。禹以治，桀以乱，治乱非地也"（《荀子·天论》）。

荀子在本体论上对天人关系的这些看法，显然是符合客观事实的唯物主义观点。在此基础上，荀子进而提出人应该如何对待天，天人之间应该形成什么关系的价值论问题。在价值论层次上，荀子认为人应该"明于天人之分"，应该"制天命而用之"。即明确认识天人的不同职分，充分发挥人的主观能动作用，利用规律，改造自然，治理社会。他指出，天人之间形成这种关系具有十分重要的意义。

1. 能真正确立人的主体地位

在天人相分的关系中，天职与人职界限分明，人就知道哪些事人能做和应做，哪些事人不能做和不应做。从而，利用天地为人类服务，驱万物供人类役使，人的主体地位就会在宇宙间真正地得到确立。"如是，则知其所为，知其所不为矣，则天地官而万物役矣"（《荀子·天论》）。

2. 能正确发挥人的能动作用

天人既分，人就不会去向往与天地争职，陷于糊涂盲目的境地，而只是以清醒的理智指导自己，全心全意地发挥主体能动作用，改造自然，治理社会。"如是者，虽深，其人不加虑焉；虽大，不加能焉；虽精，不加察焉；夫是之谓不与天争职。……人有其治，夫是之谓能参"。荀子认为，这才是人的真正的能动性，而如孟子那样，放弃人治理自然和社会的努力，一味与天争职，不过是"舍其所以参，而愿其所参，则惑矣"（《荀子·天论》）。

3. 靠人力创造生存条件

天既然是无目的无意识的物质自然界，当然不会按照人的意志来满足人的需要，人的生存条件依靠人的努力完全可以创造出来，也只有依靠人的努力才能创造出来。"强本而节用，则天不能贫，养备而动时，则天不能病，循道而不贰，则天不能祸。故水旱不能使之饥，寒暑不能使之疾，祅怪不能使之凶。本荒而用侈，则天不能使之富；养略而动罕，则天不能使之全；倍道而妄行，则天不能使之吉"（《荀子·天论》）。社会财富（富）、生存资料（养）、健康水平（全）、生活境遇（吉），全靠自力更生，创造出来。

4. 靠"敬己"实现完美人格

个人能否成为完美人格，也不凭天赋，全靠自我的主观努力，"志意修，德行厚，知虑明，生于今而志乎古，则是其在我者也。"如果一个人重视自己的力量，不指望天赋、天赐，就会不断进步，成为君子；反之，只能流于小人之途。"君子敬其在己者，而不慕其在天者；小人错其在己者，而慕其在天者。君子敬其在己者，而不慕其在天者，是以日进也；小人错其在己者，而慕其在天者，是以日退也。故君子之所以日进，与小人之所以日退，一也。君子小人之所以相县（悬）者，在此耳"（《荀子·天论》）。

总之，荀子认为，只有"明于天人之分"，"制天命而用之"，才会使天人之间建立一种价值关系，才能使人的主体能动价值得以充分的发扬，"故明于天人之分，则可谓至人矣"（《荀子·天论》）。据此，他批判了孟子和庄子推崇天、赞颂天、期待天、放弃人的价值观念。"大天而思之，孰与物畜而制之！从天而颂之，孰与制天命而用之！望时而待之，孰与应时而使之！因物而多之，孰与骋能而化之！思物而物之，孰与理物而勿失之也！愿于物之所以生，孰与有物之所以成！故错人而思天，则失万物之情"（《荀子·天论》）。显然，荀子认为，孟子的"天人合一"、庄子的"人与天一"都是一种错误观念，建构的是天与人的非价值关系。依荀子所见，"天人之分"的根本价值就在于"骋能""制天""理物"，即高度施展人的主体能动性，改造自然，治理万物，实现价值。凝结为一个概念就是"治"，"人有其治"，"应之以治则吉"（《荀子·天论》）。"治"包括治理自然，治理社会，"骋能""制天""理物"就是"治"的具体内涵。当人的"治"达到了完美的程度，也就形成了天人之间的合理关系，"其行曲治，其养曲适，其生不伤，夫是之谓知天"（《荀子·天论》）。

荀子的"天人相分"价值观，在先秦哲学中独放异彩，在以后的中国哲学史上也属罕见，然而，遗憾的是，荀子并没有提出实现"骋能制天理物以治"这种价值的科学方法。他过分强调了天人区分的一面，而对天人联系的一面却重视不够（他并不否定天与人的联系），甚至提出"唯圣人为不求知天"（《荀子·天论》）的观点，忽视了对自然规律的探索。事实上，"知天"——探索自然，对于"制天""理物"，实现价值，是十分重要的。荀子把对天的"不知""不察""不虑"作为人"不与天争职"的要求，显然是将"明于天人之分"绝对化了。他批评了庄子"蔽于天而不知人"的片面性，而他自己又染上了另一种片面性。尽管"病情"不重，瑕不掩瑜，但终归美中不足，使人引以为憾，当然，也会使人引以为戒，去追求真理的全面性。

（四）"天人交胜"论

荀子之后，对天人相分观念作出了重大发展的思想家，当数唐代的刘禹锡。刘在《天论》三篇中，首先从哲学上唯物论与唯心论对立的高度，总结了以前的天人关系说。称神秘主义的天人感应论为"阴骘说"，称唯物主义的天人相分论为"自然说"，并表示自己坚持自然说的立场。

刘禹锡的天人实相异、交相胜的论点，在本体论上，是以对天的唯物主义规定为基础的。他认为，天是物质性的实体，是"有形之大者"；天没有意志，没有目的，其运行完全是一种自然过程，并有自身固有的规律性，"天形恒圆而色恒青，周回可以度得，昼夜可以表候"，"恒高而不卑，恒动而不已"，"一受其形于高大，而不能自还于卑小，一乘其气与动用，而不能自休于俄顷"。天的功能是自然而然地"生万物"。正由于天是物质性的自然，所以它不主宰人间，"是茫乎无有宰者"；也不干预人事，"非有预乎治乱云尔"。由此，刘禹锡提出天与人"实相异"、"交相胜""还相用"，即天与人本质不同，双方只是在作用和功能上相互超过，并不发生相互感应、相互干预的关系，即所谓"天之能，人固不能，人之能，天亦有所不能也。"

刘禹锡的"天人交胜"说的价值内涵是什么呢？就在于它高度弘扬了人本身的价值，对人在宇宙间的地位和人改造自然、治理社会的能力作了高度的评价。其主要观点是：

1. "人，动物之尤者也"

刘禹锡认为人在动物界是最优越、最杰出的一类，"人之尤"的具体表现是，"倮虫之长，为智最大，能执人理，与天交胜，用天之利，立人之纪"。人以自己的智慧和理性、利用和改造自然的能力、建立社会纲纪规范等方面，把自己与自然界区分开来，与动物区别开来，立于宇宙之间，处于"长""尤"的地位。这就是人类的价值所在，是人类主体性的确立。动类、植类虽然和人都是"乘气而生"，但人作为"倮虫之长""动物之尤""为智最大者"，其价值是远远高于动、植之上的。

2. "人之所能者，治万物也"

人既然"尤"于物，就能"治"物，刘禹锡说："天之所能者，生万物也；人之所能者，治万物也"。治万物包括"阳而艺树，阴而擎敛；防害用濡，禁焚用洒；斩材窾坚，液矿硎铓"以改造自然；"义制强讦，礼分长幼；右贤尚功，建极闲邪"以治理社会，这两大方面。在治万物中，"人之能"得到了充分的发挥，人的价值也有了充分地表现。刘禹锡对"人之能"的论述，是对荀子"骋能而化之"的继承和发展，都是对人的主体能动性的高度赞扬。

3. "人能胜乎天者，法也"

刘禹锡特别强调人在建立社会政治、法律制度方面的能动性。他认为，"法制"是人与天区别的根本标志，"天之道在生殖，其用在强弱；人之道在法制，其用在是非"；法制也是人能胜天的根本原因，"人能胜乎天者，法也"。如果法制崩溃，"人之能胜天之实尽丧矣"。他理想的社会是"法大行，则是为公是，非为公非，天下之人蹈道必赏，违善必罚"。在这种社会，人的主体能动性得到了充分发挥，人的价值才能得以实现。因而，就不会陷入对天命的迷信，把一切都看作是由人力决定的。"生乎治者，人道明，咸知其所自，故德与怨不归乎天"。"福兮可以善取，祸兮可以恶召，奚预乎天耶？"

刘禹锡对"人之尤""人之能""人之道"的价值肯定和弘扬，与他对天人相异、天人交胜的认识是完全统一的。在他看来，对人的价值弘扬到什么程度，就会对天人关系的认识达到什么程度。如果充分高扬人的主体能动价值，社会处于"法大行"的状态，就不会陷入迷信天命的境地；如果对人的能动性发扬不够，社会处于"法小驰"状态，那就会产生相信人力与迷信天命交错并存的情况；如果完全否认了人的能动性，社会处于"法大驰"状态，则"人之能胜天之实尽丧矣。夫实已丧而名徒存，彼昧者方瞽瞽然提无实之名，欲抗乎言天者，斯数穷矣"（以上引文均自《天论》）。

刘禹锡的天人关系说，既看到了自然规律和价值准则的区别，又看到了解决价值问题与解决天人关系问题的内在联系，这是比较精湛的观点。依刘禹锡的看法，把天道与人道分开，才能真正弘扬人的能动性价值；依孔、孟、程、朱儒家的看法，只有把天道与人道合一，才能弘扬人的道德性价值。二者相比，刘的看法无疑是一种唯物主义的观点，这集中表现在他反对把天价值化，认为价值只是属人的问题。天与人的关系是能动性的人与物质性的天的客观性关系。

刘禹锡的思想对后代一些哲学家产生了一定影响。明代王廷相说："尧有水，汤有旱，天地之道适然尔，尧、汤奈何哉？天定胜人者，此也。尧尽治水之政，虽九年之波而民罔鱼鳖；汤修救荒之政，虽七年之亢而野无饿殍。人定能胜乎天者此也，水旱何为乎哉？故国家之有灾殄，要之君臣德政足以胜之，上也"（《慎言·五行》）。明代吕坤也说："人定真足胜天"（《呻吟语·应务》）。他们都继承发展了刘禹锡的观点，不但坚持了"天人交胜"，还明确提出了"人定胜天"的命题，比刘禹锡更向前进了一步。

（五）"造天""合天"论

真正对传统哲学的天人合一关系说进行了系统总结的是明末清初的王夫之，王夫之发扬了以荀子、刘禹锡为代表的主分派思想，又继承了孟子、《周易》、二程、朱熹为代表的主合派观念。提出了"以人造天"

"以人合天"的综合性论点。

1. 王夫之从天人相分出发，主张"以人造天"，高扬了人的主体能动性

王夫之认为，天是无意识的物质自然界，"太虚即气，纲缊之本体，阴阳合于太和，虽其实气也，而未可名之为天；其升降飞扬，莫之为而为，万物之资始者，于此言之，则谓之天"（《张子正蒙注·太和篇》）。"拆着便叫作阴阳五行，有二殊，又有五位，合着便叫作天"（《读四书大全说》卷二）。天不但具有物质实体性，而且还有客观规律性。"'势'字精微，'理'字广大，合而名之曰天"（《读四书大全说》卷二）。

而人则是具有能动性的主体，"人之所以异于禽兽"，就在于禽兽只能"任天"，而人却能"以人道率天道"，从事"相天之大业"。"人之道，天之道也，天之道，人不可以之为道者也。语相天之大业，则必举而归之于圣人。乃其弗能相天与，则任天而已矣。鱼之泳游，禽之翔集，皆其任天者也"（《续春秋左氏传博议》卷下）。

总之，天人之别在于"天无为也，无为而缺，则终缺矣"；"人有为也，有为而求盈，盈而与天也争胜"（《尚书引义·洪范一》）。

根据天人相分的观点，王夫之批判了董仲舒天人混一、人副天数的谬说，他说："在天，在物，在人，三累而固有不齐之道器，执一则罔于所通矣。"（《尚书引义·洪范二》）"在天有阴阳，在人有仁义；在天有五辰，在人有五官。形异质离，不可强而合焉"（《尚书引义》卷一）。

王夫之的天人相分说，是一个本体论问题。在这种唯物主义本体论基础上，王夫之得出的价值观结论，不是取消人的能动性以"任天"，而是弘扬人的能动性以"相天""裁天""胜天"，乃至"造天"。其要点是：

（1）知理善动以化物。王夫之认为，天和万物是有规律性的，天的规律性对人有制约作用，此所谓"以天治人""天化裁人"。人是有认识和实践能力的，人只要认识了天的规律，并将这种认识通过实践"推行于物"，就能使物"乃成吾用"，变"自在"之物为"为我"之物而实现人的目的。这样，天道和人事，全都可以由人支配，"天道且惟其所裁，而况人事乎！"（《张子正蒙注·天道》）这个认识必然，掌握规律，发挥主动性以裁化万物的过程，王夫之叫作"知天之理者，善动以化物"（《读通鉴论》卷二）。

（2）竭人之能以造天。王夫之指出，"圣人之志在胜天"（《张子正蒙注·太和篇》）；"以人造天而仁者能爱"（《周易外传·系辞上传》）。而要"胜天""造天"，就必须充分发挥人的能动作用，实现人的本质，增长聪明智慧，坚持人道主义。"夫天与之目力，必竭而后明焉；天与之耳力，必竭而后聪焉，天与之心思，必竭而后睿焉；天与之正气，必竭而后强以贞焉。可竭者，天也；竭之者，人也。人有可竭之成能，故天之所死，犹将生之；天之所愚，犹将哲之；天之所无，犹将有之；天之所乱，犹将治之"（《续春秋左氏传博议》卷下）。可见，竭人之能，就能做到起死回生，化愚为哲，变无为有，拨乱返治，这就是"以人造天"的奇迹。

（3）修身慎动以造命。王夫之认为，不但人可以竭成能以造天，达到改造自然、改造社会的目的，而且人如果"修身""慎动"，就可以掌握自己的命运。他说，"天者，理也，其命，理之流行者也"。"生有生之理，死有死之理，治有治之理，乱有乱之理，存有存之理，亡有亡之理"。天命之理是无意识、无感情的必然性，"天之命，有理而无心者也"，"天固无喜怒"。人如果违背了天理，就会"寒而病，暑而病，饥而病，饱而病。违生之理，浅者以病，深者以死"；而如果能"循理以畏天，则命在己矣"。个人的穷通生死是如此，国家的治乱存亡亦如此。由此，王夫之主张"与天争权""受命造命"。不但"君相可以造命"，"修身以俟命，慎动以永命，一介之士，莫不有造焉"（《读通鉴论》卷二十四）。总之，只要顺从自然法则（"俟命"），发挥主体能动性（"修身""慎动"），"一介之士"也可以"造命"。

王夫之的"善动以化物""竭能以造天"和"慎动以造命"的思想，

把人的主体能动性阐发得淋漓尽致，达到了中国传统哲学的高峰。他虽然主要是讲人对自然的认识和改造作用，但其中却包含着深刻的价值观念，一是肯定了人在宇宙间的主体地位："自然者，天地，主持者人，人者天地之心"（《周易外传》卷二）；二是弘扬了人的道德功业："以天治人而知者不忧，以人造天而仁者能爱，而后为功于天地之事毕矣"（《周易外传·系菇卜传》第九章）。

2. 王夫之还继承了天人合一的论点，强调"尽人道而合天德"，追求天人和谐统一的价值境界

天人相分只是王夫之天人关系说的一个方面，另一方面，他还继续提倡天人合一论，这是直接从宋明理学那里继承来的。王夫之的主要看法是：

（1）"人继天道"。王夫之反对董仲舒"人副天数""天人相类"的说法，但却赞同程颐"天道"与"人道"有同一性的观点，认为"天与人异形离质，而所继者惟道也"（《尚书引义》卷一）。"道一也，在天则为天道，在人则为人道"（《张子正蒙注》卷九）。他还指出，人与动物的不同，就在于人能"继"天之道而动物不能"继"。这就把"天道"看成了"人道"之本原。

（2）"以道成性"。人所继之天道，在人即是人性，"天道之本然是命，在人之天道是性"（《读四书大全说》卷三）；"惟天有道，以道成性"（《张子正蒙注》卷一）。然而王夫之所谓的"性"只"是气质中之性"，不存在和气质之性相对立的"天地之性"。这与他认为理是气之理的观点是一致的。既然"理在气中"，当然"性在气中"（《张子正蒙注》卷一）。正是在这一意义上，他也说："性即理也"（《读四书大全说》卷七）。

（3）"性无不善"。王夫之说，人皆有与生俱来的"初命"之性，"初命"之性包括"理"与"欲"两个方面，"盖性者，生之理也。均是人也，则此与生俱有之理，未尝或异，故仁义礼智之理，下愚所不能灭，而声色臭味之欲，上智所不能废，俱可谓之为性"（《张子正蒙注》卷三）。然而，对人性所具的这两种成分，王夫之更重视的是"仁义礼智之理"，认为这是人性的本质，"乾道变化，各正性命，理气一源而各有所合于天，无非善也。而就一物言之，则不善者多矣，唯人则全具健顺五常之理。善者，人之独也"（《张子正蒙注》卷三）。所以，从本质上说，"性无有不善，为不善者非才，故曰人无有不善"（《尚书引义·洪范三》）。

（4）"尽人合天"。由于人性源于天道，人性在本质上是善的，所以只要"尽人道"，发挥人的作用，就能与天"合德"。王夫之说的"尽人道"，固然包含"复归"先天至善本性之意，但他更强调形成人性的后天因素，即突出了后天对"初命"之性的改造，使"性日生则日成"。他认为，人若发挥后天认知理性的作用，就可以达到与先验的道德理性符合，达到天人合一的境界，"通事物之理，闻见之知与所性合符，达所性之德，与天合德，则物无小大，一性中皆备之理。性虽在人而小，道虽在天而大，以人知天，体天于人，则天在我而无小大之别矣"（《张子正蒙注·天道篇》）。通过"尽人道合天德"，作为认识对象的客观之天，变成了价值之天；"以人知天"的真理追求，最终又归宿到"体天于人"的价值实现。

不过，王夫之追求的天人合一境界，仍有着自己的鲜明特征。一方面，天人合一境界是道德性的。他说："若夫人之有道心也，则'继之者善'，继于一阴一阳者也。一阴一阳，则实有柔、健、刚、顺之质。柔、健、刚、顺，斯以为仁、义、礼、智者也"（《尚书引义》卷一）。仁义礼智是儒家的传统道德。另一方面，天人合一境界是积极性的。他说："是故圣人尽人道而合天德。合天德者，健以存生之理；尽人道者，动以顺生之几"（《周易外传·无妄》）。又说："是故君子择善以法天。法天之正，极高明也，强不息也。……高明而健行者，易知可亲，而己不可阶升者乎？"（《尚书引义》卷一）"健动""高明""自强不息"，正是王夫之倡导的积极精神。总之，"仁义礼智"道德与"高明健行"

精神的统一，就是王夫之崇高的理想境界。

王夫之的天人关系说，把"圣人之志在胜天"和"作圣之功必以合天为极"两个命题纳于同一体系，将"天人相分"与"天人合一"熔为一炉。于是，天既是自然之天又是道德之天，人既是认知、实践主体又是价值主体，天人关系既是改造与被改造的事实关系又是人道与天德合一的价值关系，充分表现了王夫之的价值观既对宋明理学体系有很大突破又受这一体系严重束缚的特征。中国传统哲学的天人说，走到王夫之，已经达到逻辑终点，天人关系说终于被置于唯物主义的基础上，并且作了辩证的解释，但本体论、认识论与价值论相融合的中国式思维方式依然鲜明地保持着。

中国哲学的天人关系说，包括十分复杂的含义，通过价值论的角度予以审视，我们可以看出，就人的价值而言，以荀子、刘禹锡为代表的"主分"派，着重弘扬的是人认识和改造自然的能动作用；以思孟学派和宋明理学为代表的"主合"派，主要崇尚的是人的道德品质；以老庄为代表的"与天为一"派，意在追求人的精神自由，而以王夫之为代表的分合融一派，则把人的能动作用、道德理性和健动精神作为价值目标。他们都肯定和确立了人在宇宙间的主体地位。就天人关系言，固然天人合一论者把天人的和谐统一作为崇高理想，即使是天人相分论者，也并不否认天人之间的联系，更不主张天人之间的绝对对立，他们不过突出强调了天人之间的区别，反对将天意识化、道德化。就天人关系说的逻辑历程看，思孟学派的天人合一说是逻辑起点，老庄的"与天为一"和荀子、刘禹锡的"天人相分"是两个侧面的否定环节，而王夫之的"造天""合天"论则是逻辑终点。就理论地位看，"天人合一"论不但是多数哲人的主张，而且在长期封建社会处于主导地位，影响极为深远。

今天，我们评价天人合一的价值观，应该对其中的精华和缺陷进行具体分析。它直接把人性和天道同一，宣扬"道与性一"，把封建的仁义道德说成自然规律、宇宙本体，企图把它看成绝对永恒的原则，这显然是错误的。然而，主张"天人合一"的哲学家们以天人相互协调为理想，既反对人对自然的消极适应和绝对屈服，又反对破坏自然的盲目行动，主张把顺应自然和变革自然统一起来，这无疑是十分可贵的价值观念。他们由天人和谐而引申的人际和谐，追求"民吾同胞，物吾与也"的社会理想和人生境界，也体现着一种宽容仁爱的人道精神。这些与马克思主义所主张的人类"自身和自然界的一致"，"自然界和精神的统一"；反对"那种把精神和物质、人类和自然、灵魂和肉体对立起来的荒谬的、反自然的观点"有着内在的相通之处，很值得我们深思。

九 真善美论

——理想境界的追求

　　真、善、美是人类追求的最高价值，真是主体与客体必然性的符合，即主体对客观世界和人类自身的正确认识；善是主体与社会必然性的符合，即个人对社会生存和发展需要的满足；美是主体的自由与客体必然性的高度和谐统一，即客体的存在和属性对主体"美感"需要的满足。一般地说，真是认识的价值，善是道德的价值，美是艺术的价值。三者都是人类在思想和实践中所追求的理想境界。

　　历史上任何有创见的哲学体系都追求真、善、美及其统一，中国传统哲学也不例外，几乎多数哲人都把价值的最高取向，确定在真、善、美及其统一上，以此作为人生的理想境界。然而，对于什么是真，什么是善，什么是美，真善美应如何统一，哲学家们的看法很不相同。从总体上看，中国传统哲学家们提出的真善美论，可以说有四种典型模式。

（一）"尽美尽善"论

　　儒家创始人孔子提出了中国哲学史上第一个真善美的模式——"尽美尽善"论。《论语·八佾》篇中记载："子谓韶，'尽美矣，又尽善也'；谓武，'尽美矣，未尽善也'。"《论语·述而》载："子在齐闻韶，三月不知肉味，曰：'不图为乐之至于斯也。'""韶"和"武"是两种乐曲，孔子认为，韶乐不仅符合美的要求，而且符合善（道德）的标准；武乐虽然有美的形式，但未充分达到善。二者的差距，关键在于是否"尽善"。正由于韶乐"尽美尽善"，达到了极高的理想境界，所以孔子闻韶"三月不知肉味"，甚至说意想不到音乐竟能达到如此境界。这说明，在孔子看来，艺术必须"尽美尽善"，才能引起人的愉悦感。

孔子的"尽美尽善"论，作为对最高价值的追求，具有如下特征：

1. 他注意到了"美"和"善"的区别

孔子对于什么是善，什么是美虽然没有明确的说明，但从他对"善""美"两个概念的使用来看，显然注意到了二者的区别。韶乐"尽美尽善"，武乐"尽美未尽善"，本身就表明美与善有别。二者的区别在于："善"是指道德价值而言，如"不善不能改，是吾忧也"；"举善而不能，则劝"；"善人吾不得而见之矣"；"笃信好学，死守善道"；"子欲善而民善矣"；"乐道人之善"等语，都是把"善"作为道德意义而使用的（引语见《论语》）。"美"是指那些具有美的形式而供观赏的一种价值，如"恶衣服而致美于黻冕"，"黻冕"是具有文饰的衣冠；"不有祝鮀之佞，而有宋朝之美"，宋公子朝是当时有名的美男子；"有美玉于斯，韫椟而藏诸"，玉石是美观的；"卫公子荆善居室，始有，曰：'苟合矣。'少有，曰：'苟完矣'，富有，曰：'苟美矣。'"卫公子荆从俭致富，家中器用，尽用美饰，显得很美。这些语句中的"美"，皆指形式美好可观的特征（引语见《论语》）。可见，孔子已意识到，"善"是道德价值，"美"是审美、艺术价值，而且，二者是内容与形式的区别。把"善"和"美"区别为两类价值，无疑有着十分重要的意义。

2. 他重视"善"与"美"的统一

"善"和"美"两个概念在事实上有着密切联系，孔子虽然注意到了二者的区别，但他更多地重视二者的一致，而且，他的理想也在于追求"美"与"善"的统一。孔子的善美统一观，有两层含义。一是直接同一，孔子常常在道德价值的意义上使用"美"的判断，或者说他是以善释美，以美述善。例如，"子曰：君子成人之美，不成人之恶，小人反是。"（《论语·颜渊》）又如，"子张曰：何谓五美？子曰：君子惠而不费，劳而不怨，欲而不贪，泰而不骄，威而不猛。"（《论语·尧曰》）再如，"子曰：如有周公之才之美，使骄且吝，其余不足观也已。"（《论语·泰伯》）这里所谓的"美"，严格地说都是指道德意义上的"善"，美和善几乎是同一的。二是差异统一，就孔子追求的理想境界而言，他是在承认二者差异的前提下，主张二者的高度统一，"谓韶尽美矣，又尽善也"，就是追求"尽美"与"尽善"的统一。这种统一，其实就是美的艺术形式和善的道德内容的辩证关系，孔子虽然还未明确揭示这一点，但从其对"韶""武"两种乐曲的不同评价来看，他是意识到了这个问题的。如果说，善美的直接统一，表现了孔子对善、美二者的本质特征还认识的不够明确的话，那么，善美的矛盾统一，则是孔子一种自觉的价值意识和价值理想。

3. 他认为善高于美

在善与美的统一中，孔子更重视善的价值。从他对"尽善尽美"的韶乐高于"尽美而未尽善"的武乐的评价中，可以清楚看出，他认为善的价值层次在美之上。善之所以高于美，根本原因在于，孔子以道德为最高的价值取向。刘宝楠《论语正义》引《乐记》疏云："舜以文德为备。故云韶尽美矣，谓乐音美也；又尽善也，谓文德具也。……谓武尽美矣者，大武之乐，其体美矣；未尽善者，文德犹少，未致太平。""文德具也"正是"韶乐"高于"武乐"的关键所在。不仅音乐如此，孔子认为人之美也应以善德为根据，"子夏问曰：'巧笑倩兮，美目盼兮，素以为绚兮，何谓也？'子曰：'绘事后素。'曰：'礼后乎？'子曰：'起予者，商也，始可与言诗已矣。'"（《论语·八佾》）郑玄注释这段对话时说，孔子以"绘事后素"比喻美女虽有倩盼美质，"亦须礼以成之"。可见，孔子认为既有美容又合乎礼，才是人之美。也不仅对人的评价如此，孔子对自然美的看法也贯彻了这一原则，他认为自然美的价值并不在美的自身而在它的形象具有与人的善德相类似的特征，可以"比德"。

他所说的"知（智）者乐水，仁者乐山"（《论语·雍也》）；"岁寒，然后知松柏之后凋也。"（《论语·子罕》）水、山、松、柏之美完全在于可与"君子比德焉"。可见，孔子认为在美善统一中，善先于美，美从属善。

孔子崇尚的最高道德是"仁"。善美的统一，其精髓就是仁与美的统一。他提出的"里仁为美"（《论语·里仁》）的观念，可以说是对善美统一的最高概括。这样，"仁"的境界也就是"尽美尽善"的境界，"仁"的价值也即是善与美的价值。像礼仪这种仪式，其美不在于华贵的礼器，而在于与仁德的内容统一；像音乐这种艺术，其美不在于悦耳的钟鼓之声，而在于具备着仁德的内涵。所谓"礼云礼云，玉帛云乎哉！乐云乐云，钟鼓云乎哉！"（《论语·阳货》）"人而不仁，如礼何？人而不仁，如乐何？"（《论语·八佾》）

孔子没有明确提出过"真"的价值范畴，但从他重视"见闻""学知""学思""敏求"来看，孔子也并未忽视对"真"的追求。他反复强调"知天命"，其中隐然包含着对客观必然性的把握；他追求"不惑"的智者境界，表现了对客观真理的追求；他主张"毋意，毋必，毋固，毋我"（《论语·子罕》），也体现着要求主观与客观符合的意味；他提出的"众恶之，必察焉；众好之，必察焉"（《论语·卫灵公》）和"听其言而观其行"（《论语·公冶长》）的识人方法，也反映了不受假象干扰以求其真的思想。然而，孔子的求"真"归根结底还是从属于"善"的。他不但认为达善是求真的指导："择不处仁，焉得知（智）"（《论语·里仁》），"知（智）及之，仁不能守之，虽得之，必失之"（《论语·卫灵公》）。而且指出达善是求真的目的："知（智）者利仁"（《论语·里仁》）；"君子学以致其道"（《论语·子张》）；"君子学道则爱人"（《论语·阳货》）。这样，求真就丧失了独立的意义，求真的本质仍然是求善，"博学而笃志，切问而近思，仁在其中矣"（《论语·子张》）。

孔子以善为基础的善美统一论，在孟子那里又有新的发展。孟子关于善和美提出了两个十分重要的命题：一曰"可欲之谓善"；二曰"充

实之谓美"（《孟子·尽心下》）。认为"善"是人可以追求、可以使人
的欲望满足的东西，在孟子看来，它的内容不是别的，只是仁、义、礼、
智的道德。因为孟子对于利欲是坚决反对的，他认为"利"和"善"是
根本对立的，"舜与跖之分，无他，利与善之间也"（《孟子·尽心
上》）；对于个人的情欲他也主张克制，并把"寡欲"作为道德修养的重
要原则，"养心莫善于寡欲"（《孟子·尽心下》）。所以"可欲之谓善"
中的"欲"，显然是指人们对高尚道德的追求。关于"充实之谓美"，朱
熹解释说，"美"就是把仁义礼智的道德原则扩充到人的容貌形色的各
个方面，"力行其善，至于充满而积实，则美在其中"。既然"善"之
"可欲"，是对仁义礼智的追求；"美"之"充实"，是指仁义礼智的扩
充，"善"当然成了"美"的基本内容。善美统一于仁义礼智，基本上
没有超出孔子"尽善尽美"的模式。值得注意的是，孟子列出了一个
"善"—"信"—"美"—"大"—"圣"—"神"的理想人格的价值
序列，似乎包含着由"善"出发，经过真（"信"），进而求"美"的人
生境界追求。这与孔子由"知真""得美"而进于"至善"的人生境界
的追求历程，似有不同。

先秦的另一位儒学大师荀子，也有美善统一的思想。他认为，人的
美不在于容貌漂亮，而在于内在品德的高尚。他举例说，孔子、周公、
皋陶、闳夭、傅说、伊尹、禹、汤、尧、舜都长得不好看，然而人们不
仅不厌恶他们，而且对他们十分敬重，原因在于他们有高尚善德；反之，
桀、纣身材高大，面目姣美，力敌百人，可是却遭天下人唾骂，遗臭万
年，原因在他们是恶人、暴君（《荀子·非相》）。由此，他结论说："形
相虽恶而心术善，无害为君子也；形相虽善而心术恶，无害为小人也"
（《荀子·非相》）。这尽管是关于人的外貌美丑与内心善恶关系的看法，
但显然表现了荀子以"善""辨美恶"的思想。荀子还指出，人的自然
本性是"恶"的，善是通过后天的学习修养才形成的，所谓"人之性
恶，其善者伪也"（《荀子·性恶》）。人通过后天的努力，将"恶"性
改造为"善"，成"善"也就是成"美"。他说："无伪则性不能自美"

(《荀子·礼论》)，"君子之学也，以美其身"(《荀子·劝学》)。这里直接把"善"说成"美"，突出表现了其善美合一的观点。当然，荀子也并未将善美完全等同，他认为"美"是"善"达到了完满、纯粹的一种崇高境界，"君子知夫不全不粹之不足以为美也"(《荀子·劝学》)。这就是说，"美"固然是"善"，但却不是一般的"善"，而是"善"的极致，或者说是"至善"——绝对的善。这与孟子以善的"充实"为美，是一致的。

由上可见，儒家真善美论的基本模式是"尽善尽美"，善美统一。在这个统一体中，"善"处于主导和核心的地位，"美"和"真"都属于服务和从属的环节。从内容实质上看，"真"是"善"的认知，"美"是"善"的扩充；从追求过程上看，"真"是成"善"的条件，"美"是成"善"的极致；从价值等级上看，美高于真，善高于美。儒家这种"尽美尽善"的理想境界，对中华民族的精神结构产生了深远的影响，"所以然与所当然"统一〔(南宋)朱熹《朱子全书卷三·答或人》〕或"理性"支配"理智"(梁漱溟《东西文化及其哲学》，《梁漱溟全集》第1卷)的认知方式；"诗言志"和"文载道"的艺术主张；"人品"重于"艺品"、诗词贵有"寄托"的审美标准；"兴于诗，立于礼，成于乐"(《论语·泰伯》)的人格修养途径，无不是以善统真，以善御美；以真启善，以美成善的具体表现。追求这种"尽美尽善"境界的结果，一方面，道德价值深入蕴含于知识价值、艺术价值之中，从而利用各种价值形式使道德价值、道德人格得到高度弘扬。另一方面，使知识价值、艺术价值变成了道德的附属品，丧失了各自的独立意义，从而，影响了对客观真理的探求，妨碍了艺术美的发展。

（二）"信言不美"论

老子对儒家所追求的"尽美尽善"境界基本持否定态度，特别是反对以"仁义"为善、以"圣知"为真、以"礼乐"为美。但他并非反对一切真善美，而是追求一种超越世俗的真善美，追求不同于"尽美尽善"模式的真善美统一。

老子首先重视的是"真"的价值。他所谓的真，约有三义，一是指客观存在的真实性。老子说，"道"虽然是恍惚不定的东西，但却是真实性的存在，其中有象、有物、有精，而且"其精甚真，其中有信"（《老子》第二十一章）。二是指人的本性的素朴性。老子认为，人的自然本性是无欲、无求、无为，所谓"见素抱朴，少私寡欲"。这种素朴、敦厚的本性和自私、多欲、浮华、矫饰是相反的，所以是最根本的真实本性，后来庄子就称"素朴"为人的"真性"。三是指人的品德的诚信性。老子主张人的道德标准不是什么仁义，而应该是诚信。他反复强调"信"的价值，要求人们"言善信"，反对"忠信之薄"的礼。他说，"大丈夫处其厚，不居其薄，处其实，不居其华"（《老子》第三十八章）。信、厚、实，本质上就是真，所以老子认为将道德"修之于身，其德乃真"（《老子》第五十四章）。这三种含义上的"真"，都是与"大伪"相对的，老子认为，当时的社会是"大道废，有仁义；慧智出，有大伪"（《老子》第十八章）的病态社会。因此，应该特别强调"真"的价值。

在贵真的提前下，老子也重视善的价值。老子所谓的善，不是儒家的仁义礼智，而是指一种少私寡欲、无为不争的境界。他说："上善若水，水善利万物而不争"（《老子》第八章）；"善为士者不武，善战者不怒，善胜敌者不与，善用人者为之下"（《老子》第六十八章）；又说："天之道不争而善胜"（《老子》第七十三章）。对于这种含义的"善"，老子给予了崇高的评价："善行，无辙迹；善言，无瑕谪；善数，不用筹策；善闭，无关键而不可开；善结，无绳约而不可解。"（《老子》第二十七章）根据无为不争的原则，老子还把"守柔""知足""慈""俭""不敢为天下先"等作为善德的具体规范，予以推崇。由此可见，老子的"善"是抛弃"仁义"等一切"人为"的东西，恢复自然而然的人际关系的一种境界。

老子对"美"虽然未作过正面说明，对美的特征也没有明确的认识，但"五十精妙，则非弃美矣"（《文心雕龙·情采》）。老子提出的"象""味""妙""虚""玄"等概念，都可以说是对美的境界的描述，其本质就是"自然"。自然而然，即是老子所追求的美。

他说"道之尊，德之贵，夫莫之命而常自然"（《老子》第五十一章）。认为"道"和"德"之所以被尊崇、重视，就在于它具有"自然"的美质。举例来说，"大音希声""大象无形""大成若缺""大盈若冲""大直若曲""大巧若拙""大辨若讷"（《老子》第四十一章、第四十五章），就是自然之美的特征。它完全没有人工雕琢、人为做作、人力装饰的痕迹，而是一种自然天成，巧夺天工的美。宋代苏辙解释"大巧若拙"时说："巧而不拙，其巧必劳。付物自然，虽拙而巧。"（转引自《老子本义》）这是对老子所求之美的准确把握。依据对美的这种理解，老子希望人们"辅物自然而不敢为"（《老子》第六十四章），并对世俗所崇尚的美和艺术持否定和批判的态度。他说："五色令人目盲，五音令人耳聋，五味令人口爽，驰骋畋猎令人心发狂。"（《老子》第十二章）"五色""五音""五味"等都是人为的，它们都不合于"自然"，因此，不但无美可言，而且贻害无穷。

概言之，老子以实信无伪为"真"，无欲不争为"善"，自然无为为"美"。这三者其实都是对"道"的把握，道之为物，"其精甚真"；"天之道，不争而善胜"；"道法自然"，"道常无为"。道不但是宇宙本体，也是价值源泉。作为价值，它本身就是真、善、美的三位一体。人要达到真、善、美的理想境界，就必须认识道，体会道，同于道。老子说："道者同于道，……同于道者，道亦乐得之。"（《老子》第二十三章）当人与道处于和谐同一的境界中，就实现了真、善、美统一的价值理想。

老子主张的真、善、美的统一，是包含着内在矛盾和等级层次的统一。

就内在矛盾而言。第一，善与恶、美与丑是相对而存在的。"天下皆知美之为美，斯恶已；皆知善之为善，斯不善已。故有无相生，难易相成，长短相较，高下相倾，音声相和，前后相随。"（《老子》第二章）

正因为天下皆知美之为美、善之为善，于是才有了与美、善相对立的
"恶"（丑）和"不善"。美丑、善恶是相对待而存在，相比较而出现
的。犹如有无、难易、长短等一样，都是矛盾性的现象。第二，真与美、
善与美是有矛盾的"信言不美，美言不信；善者不辩，辩者不善。"
（《老子》第八十一章）真实可信的言辞是不美的，美的文辞是不真实可
信的；有道德的人是不善于词令辩说的，善于词令辩说的人是没有道德
的。词令辩说者之言，也是一种"美言"。这就是说，美者不真，真者
不美；善者不美，美者不善。美与真、美与善是有矛盾的。第三，美与
丑、善与恶是相互转化的。美丑、善恶的矛盾对立不是绝对的，"美之
与恶，相去几何"（《老子》第二十章）；"正复为奇，善复为妖"（《老
子》第五十八章）。美可以转化为丑，善可以转化为妖，它们之间虽有
矛盾，但却不是天悬地隔，截然对立而不可移易的。这三点，充分表现
了老子对真、善、美的辩证观点，这比儒家对真、善、美的认识要深刻
得多。

就等级层次而言，老子首先强调的是真的价值，在他看来，真是
道的首要规定，是道的最深刻的本质，因此是最高层次的价值。"道之
为物，惟恍惟惚。惚兮恍兮，其中有象；恍兮惚兮，其中有物；窈兮
冥兮，其中有精，其精甚真，其中有信。自古及今，其名不去，以阅
众甫。吾何以知众甫之状哉？以此。"（《老子》第二十一章）"道"虽
看不见，无形象，但它确实存在，而且是最真实的存在。正由于它是
最真实的存在，才能根据对它的把握，认识万物，了解万物。老子认
为，对道的把握就是对宇宙真理的把握，与道同一，就是与绝对真理
同一。而这就是最高的理想境界。王弼注说："道以无形无为成济万
物，……绵绵若存而物得其真，与道同体，故曰同于道。""同于道"
与"得其真"是一致的。

由"真"而下之，"善"属于低于"真"的第二层次的价值。老子
说，"上善……几于道"，"几"为接近之意，善固然有价值，但它并不
是与道同一的境界，而只是与"道"接近的境界。至于"美"，老子认

为，它只是实现善、进而实现真的工具，在三者中处于最低层次。他说："道者，万物之奥，善人之宝，不善人之所保。美言可以市，尊行可以加人。人之不善，何弃之有？"（《老子》第六十二章）王弼注云："美言之则可以夺众货之贾，故曰美言可以市也。"老子虽然认为美和真会有矛盾，但他并不否定"美"的价值。在他看来，道如果用美好的言辞加以阐明宣扬，就会使求善的人珍爱它、宝贵它；也会使不善的人保存它、不抛弃它。这样，人们就会受美言的影响而求善，进而去追求宇宙万物的真理（"奥"）。这一由美（"美言"）而善而真，也许就是老子对真、善、美的一种次第安排。"真"高于"善"，"善"高于"美"，就形成了一个价值的等级层次序列。

由此可见，老子关于真、善、美的统一是以真为基础的，善和美都由真派生、由真决定，从属于真。老子之所以崇真，是立足于他对当时社会的批判这种立场上的。在老子生活的时代，伪而不真、善者不真、美者不真，是随处可见的历史事实，即所谓"智慧出，有大伪"。在最美丽动听的言辞后面，隐藏着虚伪的灵魂和丑恶的思想，那些"服文采，带利剑，厌饮食，财货有余"的人物，外表和生活固然很美，但实质上却是虚伪残暴的"盗夸"之徒。即使儒家称颂的满口仁义道德的君子，其中又有多少真实诚信之人。这种伪而不真、美而不真、善而不真的普遍现象，一方面使老子看到了真、善、美的矛盾和转化；另一方面也使他充分认识到"真"的可贵价值。

如果说孔子的"尽美尽善"论着重从肯定的角度弘扬了道德的价值，那么，老子的"信言不美"论则着重从社会批判的意义上高扬了真理的价值。老子的真、善、美论在本质上是批判的，他以自己特有的批判精神，揭露了阶级社会中的虚伪和黑暗，抨击了文明社会中假、恶、丑。可是，老子的批判，包含着一定的消极性。他尽管看到了真与伪的对立和真与善、美的矛盾，但却企图采取一种超越于矛盾对立之上的随遇而安的态度，提倡"俗人昭昭，我独昏昏，俗人察察，我独闷闷"（《老子》第二十章）的生活方式。并由此主张一种容易通向相对主义的思想方法，要人们不要执着于真假、善恶、美丑的区分。这种超然态度和相对方法，虽说含有对世俗庸众的蔑视，但与孔孟主张"杀身成仁""舍生取义"以实现善的价值相比，其消极性是显然易见的。整个看来，老子的"信言不美"论既有积极的方面，又有消极的方面，它对后世的影响也是有两重性的。

（三）"至美至乐"论

道家的另一位大师庄子，虽然在本体论上与老子是一致的，但在真、善、美的价值论上却有自己的鲜明特色。他不但对真、善、美的丰富内涵进行了广泛、深入的探讨，而且提出了三者统一的新模式，充分展示了自己独树一帜的价值理想。

庄子追求的最高理想境界是"至美"境界，他说："至美至乐也，得至美而游乎至乐，谓之至人。"（《庄子·田子方》）什么是"至美"呢？庄子认为：

1. 至美是"天地之美"

庄子虽然经常称赞"人之美""才之美""言之美""服之美""治之美""功成之美"，但并不以这些美的对象为追求的终极目标，他津津乐道、孜孜以求的乃是"天地之美"。他说："夫天地者，古之所大也，而黄帝尧舜之所共美也。"（《庄子·天道》）又说："天地有大美而不言，四时有明法而不议，万物有成理而不说。"（《庄子·知北游》）所谓"天地之美"，就是整个大自然所具有的美的光辉。庄子描绘道："至阴肃肃，至阳赫赫，肃肃出乎天，赫赫发乎地，两者交通成和而物生焉。或为之纪，而莫见其形。消息满虚，一晦一明；日改月化，日有所为，而莫见其功。生有所乎萌，死有所乎归，始终相反乎无端，而莫知乎其所穷。"（《庄子·田子方》）大自然阴阳交和化生万物，生生不息无端无穷，这本身就是大美。

2."至美"是"恬淡素朴"之美

庄子认为，至美的本质就在于自然无为，恬淡素朴，无人工作为的痕迹。《庄子·天道》篇云："夫虚静恬淡，寂寞无为者，万物之本也。……静而圣，动而王，无为也而尊，素朴而天下莫能与之争美。"《庄子·刻意》也云："澹然无极而众美从之。"可见，在庄子看来，"虚静恬淡""寂寞无为""澹然无极""素朴"是"万物之本"的特征，也是"至美"的本质。正由于这种本质，才使它成为"众美"的源泉，美的最高境界。

3."至美"是无限之美

庄子求美，不局限于某个狭窄的范围，而是追求一种在时间、空间上都是无限的美。《庄子·天道》篇通过尧与舜的对话，表达了庄子对无限之美的向往："昔者舜问于尧曰：'天王之用心何如？'尧曰：'不敖无告，不废穷民，苦死者，嘉孺子而哀妇人。此吾所以用心已。'舜曰：'美则美矣，而未大也。'尧曰：'然则何如？'舜曰：'天德而出宁，日月照而四时行，若昼夜之有经，云行而雨施矣。'"尧的政绩固然是美的，但还不如天道自然那样既"美"且"大"，就是说还未达到无限之美的境界。在庄子看来，在无限的"大美"面前，有限的美是微不足道的，甚至是丑的。河伯看到"秋水时至，百川灌河，泾流之大，两涘渚崖之间不辨牛马"，于是"欣然自喜，以天下之美为尽在己"。可是当他至于北海，看到浩渺无际的大海时不免"望洋向若而叹"。北海若对他说："观于大海，乃知尔丑，尔将可与语大理矣！"（《庄子·秋水》）井蛙居于浅井自诩其美，而"东海之鳖"认为它岂能与"东海之大乐"相比。这些寓言中充满着对无限之美的赞颂。

4."至美"是自由之美

无限之美由于不受任何条件的制约，所以也即是自由之美。庄子认为，"至美"的境界是无拘无束，逍遥自在的自由境界，庄子称这种境界为"无待""逍遥"。对于主体人而言，自由境界有两重意义。一是指精神自由。庄子描绘的"至人""神人"，"乘天地之正，而御六气之辩，以游无穷"，"乘云气，御飞龙，而游乎四海之外"，就是这种精神自由境界。二是指创造自由。庄子在"庖丁解牛""痀偻者承蜩""津人操舟若神""吕梁丈夫蹈水""梓庆削木为鐻""工倕旋而盖规矩"等寓言故事中，描绘了一批工匠、艺人、船夫、射手、游泳能手在创造技艺上达到的高度自由。精神自由和创造自由这两种自由境界都是美的境界。庄子说，庖丁解牛（"砉然响然，奏刀騞然，莫不中音，合于《桑林》之舞，乃中《经首》之会。"）（《庄子·养生主》）就是说庖丁解牛符合音乐舞蹈的节奏，达到了审美的境界。

正由于"至美"是素朴的、无限的、自由的"天地之美"，所以庄子以之为最高的追求理想。他说："圣人者，原天地之美而达万物之理"（《庄子·知北游》）。又说："判天地之美，析万物之理，察古人之全"（《庄子·天下》）。他希望人通过"观于天地"，使自己"备于天地之美"（《庄子·天下》），达到"至美至乐"的境界。

庄子不但"尚美"，而且"贵真"，十分重视"真"的价值。他说："真者所以受于天也，自然不可易也。故圣人法天贵真，不拘于俗。愚者反此，不能法天而恤于人。不知贵真，禄禄而受变于俗，故不足，惜哉。"（《庄子·渔父》）"真"的本质是"受于天"，"真"的功能是"超于俗"，所以是很高的价值。

庄子所贵的"真"，包括许多类型，主要有：

"真宰"。《庄子·齐物论》云："非彼无我，非我无所取，是亦近矣。而不知其所为使。若有真宰，而特不得其朕，可行已信，而不见其形，有情而无形。"这种不见端倪却有实际作用，不具形象却是真实存在的"真宰"其实就是"道"。在道家看来，道是宇宙间最真实的存在，也是万物的本原，所以庄子说它仿佛是"真宰"，表示它是最高的"真"。

"真性"。真性就是万物本身固有的自然本性。它自然无为，毫无虚文矫饰，永远保持着它的自然本质。庄子说："马，蹄可以践霜雪，毛可以御风寒。龁草饮水，翘足而陆，此马之真性也。"伯乐治马，烧剔刻镂，饥渴驰骤，连之以羁馽，编之以皂栈，使前有橛饰之患，而后有鞭策之威，完全损害了马的真性，马死过半。自然无为，素朴无欲，也是人的真性，圣人以仁义礼乐、知识道德来治人，是对人的真性的妨害，所以庄子主张"绝仁弃义""绝巧弃利"来保护人的真性。

"真知"。"真知"又称"真其实知"（《庄子·知北游》），指对宇宙本根——道以及道与人的关系的认识和把握。其特点是"知天之所为，知人之所为者，至矣。知天之所为者，天而生也，知人之所为者，以其知之所知，以养其知之所不知，终其天年而不中道夭者，是知之盛也。"（《庄子·大宗师》）就是说对天和人的本质都达到了深刻真切的认识，掌握了终极的真理。庄子认为，一般人要获得"真知"是很难的，只有首先养成"真人"的人格，才能达到真知。他说："有真人而后有真知。"（《庄子·大宗师》）庄子主张"绝圣弃知"，否定世俗的认知价值，但对"真知"十分推崇，高度肯定"真知"的价值意义。

"真情"。庄子主张人应该有真情实感，充分流露自己的真情，才能使人感动。他说："真者，精诚之至也。不精不诚，不能动人。故强哭者虽悲不哀，强怒者虽严不威，强亲者虽笑不和。真悲无声而哀，真怒未发而威，真亲未笑而和。真在内者，神动于外，是所以贵真也。"（《庄子·渔父》）真情的特点是情感出于人的天性，不受任何客观外在条件的制约，"饮酒以乐为主，处丧以哀为主，事亲以适为主。……事亲以适，不论所以矣，饮酒以乐，不选其具矣，处丧以哀，无问其礼矣"（《庄子·渔父》）。只有摆脱一切"世俗之所为"，而一任受于天的自然情感流露，这种真情才是可贵的。"拘于俗"的情难免作假，假情假意，岂能动人，何有价值？

"真人"。"真人"是庄子追求的理想人格，"真人"的基本特征，一是"不以心损道，不以人助天"（《庄子·大宗师》），即顺应天道，合于自然；二是"无所与杂"，"不亏其神"，"能体纯素"（《庄子·刻意》），即能保持精纯素朴的本性；三是"无所甚亲"，"无所甚疏"，"抱德炀和，以顺天下"（《庄子·徐无鬼》），即与万物一体，和谐相处。这些特征从根本上说就是顺应自然法则，无欲无己无为。庄子对理想人格的赞颂之词有"真人""天人""至人""神人"等等，其含义大同小异，而以上三点主要是从"真"的意义上对理想人格的规定，除此之外，庄子还极力描绘了"真人""至人""神人"所达到的绝对自由的境界，而这种特征已远远超出了"真"的境界而达到美的境界了。

综上可见，庄子高度肯定了宇宙本体之真、人性之真、认知之真、情感之真、人格之真的价值。这几类真的共同本质就是主体与宇宙本体、人与自然规律的符合一致，也即是主体与客体必然性的统一。庄子认为这种统一的境界是理想的价值，他要求人们"返真""葆真""守真""贵真""全真"，实现"真"的价值。特别值得重视的是，庄子指出了"利"与"真"的价值冲突，他说，人们往往"见利而忘其真"（《庄子·山木》）。甚至尧、舜、禹、汤、文、武，"此六子者，世之所高也。孰论之，皆以利惑其真，而强反其性情，其行乃甚可羞也"（《庄子·盗跖》）。因此，实现"真"的重要条件就是"弃利"。

庄子对"善"论述较少，但也提出了一些独到见解。

第一，他对世俗以自我牺牲为善持怀疑态度。他说："士为天下见善矣，未足以活身。吾未知善之诚善邪，诚不善邪？若以为善矣，不足活身；以为不善矣，足以活人。……诚有善无有哉？"（《庄子·至乐》）庄子认为"活身"与"活人"是矛盾的，世俗所谓的"善"中，并不能解决此类矛盾，因之很难说是真正的善，也很难说不是善。由此，庄子对真正的善是否存在抱怀疑态度，怀疑本身就包含着否定。

第二，他对儒家以仁义为善进行坚决批判。庄子认为，儒家所鼓吹的仁义道德，是社会倒退，人性异化的产物。天下人奔命于仁义的结果，完全改变了人的自然质朴本性，束缚了人的真实情感的流露，并且给那些胡作非为的强盗打着仁义的旗号以谋私，提供了可能。仁义既然"毁道德""易人性""非人情""撄人心""挠天下"，当然就谈不上什么善，甚至可以称之为恶。要追求理想价值，必须"攘弃仁义"。在这一点上，他和老子的价值观是一致的。

第三，庄子以顺应自然、无为无己为善。庄子对善，提出了自己特有的标准：列子御风而行，庄子称赞其"冷然善也"（《庄子·逍遥游》），庖丁为文惠君解牛，因其固然，游刃有余，技艺纯熟，如同乐舞，庄子连称"善哉"（《庄子·养生主》），当大任公谈到，人生应谈"道流而不明居，得（德）行而不名处，纯纯常常，乃比于狂；削迹损势，不为功名。"庄子借孔子之口以"善哉！"赞之（《庄子·山木》），针对伯乐违背马的自然本性治马，庄子认为能使人民保持自然本性，"同于禽兽居，族与万物并，恶乎知小人君子哉？同乎无知，其德不离，同乎无欲，是谓素朴"，这样治理天下才可谓"善治天下"（《庄子·马蹄》）。这几处用善所作的价值评价，绝不是随意之词，明确表现了庄子以顺应自然、无为无欲为善的标准。他之所以认为儒家的仁义道德"不善"，也正是用这一标准判别的。

由此看来，庄子主张的"善"，在本质上和"美"并无差异，自然无为既是善，也是美。从"天地之道"而言是"美"，从"圣人之德"而言即是"善"，庄子的"善"是包含在其最高的"美"（"大美"）之中的。

综观庄子的真、善、美价值观，不难看出，"美"处于最高的价值层次，"真"次之，而"善"又次之。美、真、善都是人与道同一的境界。"善"是"循道而趋"的境界，《庄子·天道》篇中老子与孔子讨论仁义问题，孔子提出"君子不仁则不成，不义则不生"，老子则认为"夫子亦放德而行，循道而趋，已至矣。又何偈偈乎揭仁义。"这表明，儒家以仁义为善，道家以"循道而趋"为善；"真"是"知道达理"的境界，《庄子·秋水》篇云："知道者必达于理，达于理者必明于权，明于权者不以物害己"。"知道达理"就是认识和把握事物的规律及其变化，由此而保持自己的真性；"美"是"乘道而游""得道而乐"的境界，庄子说："若夫乘道德而浮游……无誉无訾，一龙一蛇，与时俱化，而无肯专为；一上一下，以和为量，浮游乎万物之祖，物物而不物于物，则胡可得而累邪！"（《庄子·山木》）又说："古之得道者，穷也乐，通亦乐。所乐非穷通也，道德于此，则穷通为寒暑风雨之序矣。"（《庄子·让王》）"美"已远远超出了"循道而趋"的"善"，也高于"知道达理"的"真"，乃是对道的欣赏、观照，与道的完全同一。达到"至美"境界，也就完成了最高的人格价值，"得至美而游乎至乐，谓之至人"（《庄子·田子方》）。

庄子认为真高于善，美高于真。他在表述自己的价值理想时，常说："原天地之美而达万物之理"（《庄子·田子方》），"判天地之美，析万物之理，察古人之全"（《庄子·天下》）。"原天地之美"以求美，"析万物之理"以求真，"察古人之全"以求善。美—真—善正是庄子对三者由高到低的价值层次的安排。庄子的真善美统一，是三者统一于"美"。庄子把自己的理想人格称为"至人""真人"，而不称为"善人"，甚至说"天下之善人少而不善人多"（《庄子·胠箧》），也表现了他追求美和真的价值理想。

庄子的"至美至乐"论对后代影响甚大，特别是魏晋时期，随着儒家"尽善"观念的动摇，哲学家和艺术家们从追求"以善统美"的价值理想转向"崇美尚真"的价值追求，重视以个人情感抒发为内容的"畅神"意境，强调对"至美"的艺术规律的探讨，在人物品藻、艺术创作、自然审美等活动中，美真统一的"至美至乐"境界成为人们追求的最高理想。中经唐、宋时代儒道的融合、斗争，到明代后期，庄子的"自然为美"观念又成为时代风尚，在文艺创作中主张"情真""情深""情至"，反对集中于"理"概念中的儒家伦理价值，利用各种形式鼓吹个性自由和情感解放。这是在资本主义萌芽因素滋长条件下，庄子"至美至乐"论的又一次复兴。从而，使人们对真、善、美及其相互关系的认识，出现了新的飞跃。可以说，中华民族重"至善"（道德）境界的理想主要是儒家建立的，而中华民族重"至美"境界的理想则主要是由道家庄子提出的。

（四）"诚仁乐"论

宋代理学的兴起，开创了中国哲学一个新的时代，传统哲学中的真善美论也转换为新的形式，即"诚""仁""乐"的关系问题。"诚""仁""乐"本来都是先秦哲学中的古老范畴，但在宋明理学中都被赋予了新的含义，成为从真、善、美角度表述人生理想境界的哲学概念。

"诚"在先秦典籍《大学》和《易传》中，皆是关于道德修养的概念，而在《中庸》中则带有明显的形而上学意义。《中庸》云："诚者天之道也，诚之者人之道也。"又云："不诚无物""至诚无息""诚者非自成己而已也，所以成物也。……合外内之道也"。这样，"诚"就变成了联系、贯通主体（人）与客体（天）的中心范畴，具有本体性和价值性双重含义。至宋代理学，"诚"的这种意义进一步被具体化、被深刻化。首先，他们把"诚"既视为宇宙的本体，又当作价值的根源，"诚"是宇宙本体与价值的合一。周敦颐以乾元为诚之源，又以诚为"五常之本，百行之原"（《通书》）。朱熹注云："诚，即所谓太极也。"又说："诚实理也，亦诚愨也"（《朱子语类》卷六）。以诚为"乾元""太极"，"实理"，是以宇宙本体言诚，以诚为"五常""诚愨"，又是以价值（道德）言诚。其次，他们认为诚的价值在于"真诚无妄"。程伊川率先提出"无妄之谓诚"（《河南程氏遗书》卷二上）的命题，朱熹进一步补充说："诚者真实无妄之谓"（《通书注》）。并反复申述说，诚"只是一个实"，"是自然的实"，"实有之理"，"诚意是实其意"。在以真实释"诚"时，气本论者张载以实指"实物"，说"诚是有物"；而理本论者朱熹则以实指"实理"，说"有此实理，方有此物"（张载《正蒙·诚明篇》和朱熹的注），但都认为"真实无为"乃是"诚"的价值本质。再次，他们提出"诚"是天人合一、心理统一的理想境界。张载说："天人异用，不足以言诚，天人异知，不足以尽明。所谓诚明者，性与天道，不见乎小大之别也"（《正蒙·诚明篇》）。朱熹说："所谓诚者物之终始，不诚无物者。以理言之，则天地之理，至实而无一息之妄。故自古至今，无一物之不实。而一物之中，自始至终，皆实理之所为也。以心言之，则圣人之心亦至实，而无一息之妄。故从生至死，无一事之不实。而一事之中，自始至终，皆实心之所为也。此所谓诚者物之终始者然也"（《中庸或问》）。张载以"天人合一"言"诚"，朱熹以"心理合一"言"诚"，二人都把诚作为一种崇高的理想予以弘扬。

显然，理学家们所说的"诚"是天之真实与人之真实，或理之真实与心之真实相统一的价值境界。这种价值并不具有认知的真理性的意义，而是指一种道德的真理性。

"仁"是儒家哲学的传统价值观念，到了宋明时代"仁"的价值由道德价值进而普遍化为一种宇宙价值。他们提出的重要观点是：（1）"仁"是宇宙本体的"生生之理"。二程、朱熹都把仁说成是宇宙的生生之理，即宇宙生命本质的潜能。他们认为自然界不是一种机械结构，而是一个生命过程，这种生命的内在功能就是"仁"。二程说："生生之理便是仁也"（《遗书》卷十八）。谢良佐曰："仁者何也？活者为仁，死者为不仁"（《上蔡语录上》）。朱熹亦云："仁者天地生物之心。"天地"别无所作为，只是生物而已，亘古亘今，生生不穷。"（《朱子语类》卷五十三）。又认为"仁是天地之生气"（《朱子语类》卷六）。"生理""生气""生物之心""活"都是对宇宙本体功能的规定，也即是对仁的本质的规定。在理学看来，"生生不息"并不是一种纯粹的自然性质，而是一种价值。（2）"仁"是人之本性的"全体之德"。宇宙本性的生生之理在人身上的体现就是人性、人心、人德。"仁"就是人"本心全体之德""本心之全德"（《四书集注》卷六）。"全德"就是包括一切道德、统摄一切德目的全体，实质上就是指人心和人性的本质。理学认为，人的本质就是仁；仁之价值也就是人的价值，"仁者，人之所以为人之理也"（《孟子集注》）。从内容上说，仁是"心之德"和"爱之理"的结合，即"心之德"上所体现的"爱之理"，而"爱之理"其实也就是天地"生之理"。这样，"仁"就是"人心"和"天理"的统一。（3）"仁"是"天地万物一体"的境界。张载在《西铭》中首先描绘了仁的境界："乾称父，坤称母，予兹藐焉，乃混然中处。故天地之塞，吾其体，天地之帅，吾其性，民吾同胞，物吾与也。"（《正蒙·乾称》）后来，程朱都一致推崇这种境界。程颢说："仁者浑然与物同体"，"仁者以天地万物为一体，莫非己也"（《河南程氏遗书》卷二）。朱熹虽然说"万物与我为一"不是"仁之体"，但也认为"仁者固能与万物为一"乃是"仁之量"。明代王守仁甚至说，大人本其心之仁，与儒子、鸟兽、草木、瓦石而为一体。天地万物一体的境界，就是人与天、人与人、人与物，即主体与客体的高度和谐统一。（4）"仁"是"至善"的价值。理学家认为"仁"是宇宙的"至善"，也即最高的价值。二程云："元者善之长也，斯所谓仁也"（《河南程氏遗书》卷十一）；又云："仁即道也，百善之首也"（《河南程氏遗书》卷二十二上）。朱熹说：仁义礼智"四者皆心之德，而仁为之主"（《朱子语类》卷二十）。王阳明认为，吾心之体便是造化生生之理，便是仁，也就是"至善"。理学家之所以说仁是"至善"，一是因为"仁"是万善之源，众德之本；二是因为"仁"是公而无私，毫无人欲。朱熹说："至善者即事理当然之极也"（《大学章句》），"至善，只是十分好处"（《朱子语类》卷十四）。王阳明说："至善者，明德亲民之极则也"（《大学问》）。都把仁视为绝对的至高的价值原则。

可见，理学家所说的"仁"是指主体（人）与客体（天）、个体（己）与群体（群）高度和谐一致的境界。他们认为这种和谐一致的基础就是宇宙的生机和人的生命。宇宙和人类的生生不息，一团和气，在他们看来就是"至善"——最高的道德价值。

"乐"最初指音乐，儒家认为音乐具有重要的道德教化作用，所以在孔子那里，"乐"主要是和道德联系在一起的。但由于音乐的感染作用会引起人的情感体验，故孔子也多次谈到情感体验之乐。例如，"知之者不如好之者，好之者不如乐之者"（《论语·雍也》）。又如"仁者乐山，知（智）者乐水"（《论语·雍也》）。特别是孔子有"吾与点也"（《论语·先进》）之叹，又有"回也不改其乐"（《论语·雍也》）之赞。这种情感体验虽然还不完全属于审美心理，但已带有审美体验的意味。

到了理学时代，乐就由一般的情感体验升华到精神境界的高度，它标志着主体与客体统一的美的境界。既然是审美境界，就必然包含主体和客体两个方面，构成"乐"的境界的客体和主体，理学家们都提出了自己独特的看法。

"乐"的客体对象，包括两个层次。一是自然生意之美。二程说，周敦颐"吟风弄月以归，有'吾与点也'之意。"又说："周茂叔窗前草不除去，问之，云：'与自家意思一般。'"（《河南程氏遗书》卷三）所谓"吾与点也"，指的是孔子对曾点以欣赏自然之美为快乐的赞叹，所谓"窗前草不除"是指对自然生生之意的愉悦情感。程颢常说："万物生意最好观"，程颐也以养鱼为乐。陆九渊欣赏"江汉以濯之，秋阳以暴之"这种自然界除旧布新的生机。明代吴与弼放身于自然界花草风月之间，陈献章以自然为宗，游身于山水之中，王阳明认为天地之间花草一般。可见，理学家都把自然生意当作审美对象，春风沂水，风月花草，鸟飞鱼跃，这些生机勃勃的境地，他们都引以为美，引以为乐。

二是道德本体之美。自然生机表现在人身上就是仁德，仁是万物与人的共同本质，理学家认为"仁"不但是道德境界而且也是审美境界，圣人不只是要以仁为善，还应以仁为美，以仁为乐。周敦颐"每令寻颜子、仲尼乐处，所乐何事"（《河南程氏遗书》卷二上）。颜渊"不迁怒，不贰过，三月不违仁"，孔子赞他在陋巷，一箪食，一瓢饮，人不堪其忧，而"回也不改其乐"。"孔颜乐处"就是以仁为乐。周敦颐说："夫富贵人所爱也，颜子不爱不求而乐乎贫者，独何心哉？天地间有至贵至爱可求，而异乎彼者，见其大而忘其小焉尔。见其大则心泰，心泰则无不足，无不足则富贵贫贱处之一也。处之一则能化而齐。"（《通书·颜子》）所谓"大"就是天地之仁，仁德中自有美处，名教中自有乐地，如果体会到了仁之美、仁之乐，就达到了与道德本体合一，心中则有无比的快乐。二程说，为学并不是追求知识，而是要达到以仁为乐的境地，"学至于乐则成矣。"（《河南程氏遗书》卷十一）朱熹则说得更为彻底："私欲克尽，故乐。"（《朱子语类》卷三十一）当去掉了有我之私"与万物为一，无所窒碍，胸中泰然，岂有不乐"（《朱子语类》卷三十一）。明代曹端说，仁就是乐，"乐者仁也，非是乐这仁，仁中自有其乐耳。"孔颜之乐，乐在"安仁""不违仁"。"仁者不忧"（《明儒学案》卷四十四），不忧就是乐。

乐的主体体验，也有两个层次，一曰"自得"之乐。"自得"就是对自然生意、道德本体都能从身心上体认，将这两方面的审美对象都内化为人的心境，毫无隔膜。自然界的生生之意即我的生生之心，宇宙本体的"至善之仁"即我的"仁爱之德"。程颢诗云："万物静观皆自得，四时佳兴与人同"（《河南程氏文集》卷三），又说："自家心便是草木鸟兽之心"（《河南程氏遗书》卷一）。朱熹说："凡天地万物之理，皆具足于吾身，则乐莫大焉。"（《朱子语类》卷三十二）都是在形容"自得"之乐。

二曰"自由"之乐。"自得"并不是乐的最高境界，乐的最高境界是"自由"之乐。自由之乐是指主体和审美客体完全合一而且使主体自身达到了"从心所欲不逾矩"的出神入化境界。程颢诗云："道通天地有形外，思入风云变态中。富贵不淫贫贱乐，男儿到此是豪雄。"（《河南程氏文集》卷三）描绘的就是自由之乐，朱熹说，"孔子七十而从心所欲不逾矩"才是真正的"乐"（《朱子语类》卷三十一），说的也是自由之乐；朱熹评论"吾与点也"之乐时说："胸次悠然，直与天地万物上下同流，各得其所之妙，隐然自见于言外"（《论语集注》卷六），形容的也是自由之乐。陆九渊说自由之乐就是"遂吾之志"，颜山农、何心隐说自由之乐就是"率性而行"。

"自得"之乐和"自由"之乐，虽然都是审美主体与审美客体合一的境界，但"自得"是"自由"的基础，"自由"是"自得"的升华，二者是两个不同层次的境界。

理学家以"诚""仁""乐"表示真、善、美的人生理想，实际上是把儒家道德理想化、超越化，把它说成是真、善、美的统一体。认为人实现了儒家的道德，就达到了真理境界、道德境界和审美境界。如果说，理学家以"理""心""性"论道德是将道德本体化，那么，他们以诚、仁、乐论道德则是将道德理想化。为了实现这一目标，他们不但发展了孔子的"尽美尽善"论，而且还汲取了庄子的"至美至乐"论和佛教的"禅悦"心态论，使自然和人在真善美的境界中完全合一。这种以诚仁乐所代表的真善美统一的模式是中国传统哲学中关于真善美统一的最后成果。

综上所述，中国哲学中关于真善美的价值理论，有老子主"真"的"信言不美"论，孔子主"善"的"尽美尽善"论，庄子主"美"的"至美至乐"论，和在儒家道德基础上将三者综合起来的"诚仁乐"论。其中特别是孔子对道德之善的崇尚和庄子对自然之美的欣赏，形成了中国传统文化的两大理想目标。通过这两个目标的追求，不断消融着个体与社会、人与自然的对峙冲突，实现着个体与社会、人与自然的和谐统一。也就是说，天人和谐、群己和谐的境界，就是中国传统哲学所认为的"至真""至善""至美"的理想境界。然而，在这种和谐统一中，主体的道德必然性和审美自由感固然有了充分的发展，但其追求客观真理的热情却受到了一定的冷却。因为，道家追求的"真"主要是人性之"真"，儒学追求的"诚"纯粹是道德之"真"，儒道两家都不太关注科学认知之"真"。看来，在我们民族的精神家园中，必须努力培植真理之树，才会使道德之叶和艺术之花更加繁茂，从而结出的理想之果才会更硕大，更丰美，更富有营养。

价值思维篇

一 中国哲学价值思维的融通性特征

价值论是中国传统哲学的核心。与西方哲学的异隔性、分析性思维方式不同，中国哲学价值思维的突出特征是融通性、综合性。无论是对价值与本体、价值与历史、价值与人生、价值与认识的关系，还是对价值各类型间的关系，中国哲人都将其视为相互贯通、相互渗透、相互融合的。这种融通性价值思维有着其产生的深刻根源，它所蕴含的思维经验和思维教训，至今仍有着重要的启示意义。

（一）价值至境与宇宙本体的融通

中国哲学中标志宇宙本体的有五大范畴，即道、气、无、理、心。这五大范畴，都不是纯粹的本体范畴，而是价值与本体融通的范畴。"道"是道家建构的宇宙本体，老子最早以"道"为最高的哲学范畴，他的"道"，既是"万物之奥"，又是"善人之宝"（《老子》第六十二章）。"万物之奥"是本体义，"善人之宝"是价值义。作为"万物之奥"的本体，"道"指的是天地万物产生、存在、变化的根本依据和普遍规律；作为"善人之宝"的价值，"道"则是指人应该追求的崇高境界和达到的理想目标。作为价值至境，老子赋予"道"以自然、虚静、柔弱、独立等价值品格，因此它是利、真、善、美的统一体。可见，价值至境与宇宙本体在"道"中是融通的。

"无"是魏晋玄学贵无派所设定的宇宙本体，它是对老子"道"本体论的改造。何晏论"无"，明确地将本体与价值合而言之，"天地万物皆以无为为本。无也者，开物成务，无往不存者也。阴阳恃以化生，万物恃以成形，贤者恃以成德，不肖恃以免身。故无之为用，无爵而贵矣！"（《王弼集校释·附录》）"开物成务""化生""成形"是"无"的本体功能；"成德""免身"则是"无"的价值功能。而"贵"乃是对"无"的价值地位的评定。王弼也提出，"以无为体""以无为用"不但是万物生成的规律，所谓"无物而不由"；而且是价值实现的通道，所谓"不求而得，不为而成"，既可"得德"，也可"尽德"（《老子注》）。可见，玄学家在"无"中也将价值至境与宇宙本体相融通。

"气"是中国哲学中源远流长的范畴，儒、道两家皆用之。先秦时期，"气"还未上升为本体范畴，道家言"自然之气"，儒家言"浩然之气"。"自然之气"是构成万物的原始材料，不具有价值意味，但"浩然之气"则是"配义与道""集义所生"的"至大至刚"的道德精神，纯粹是价值气象。直至北宋，"气"才升华为宇宙本体，张载是哲学史上第一位明确地以气为宇宙本体建构气一元论理论体系的哲学家。他认为气是宇宙万物的本根，而无形的"太虚"是气的本然状态，即所谓"太虚无形，气之本体"（《正蒙·太和》）。张载的"太虚之气"，本体意义昭然，但也并非无价值意味。他说："太虚之气"乃是人性和物性的本原，这种本原之性就是"天性"（"天地之性"），而天性是"无不善"的。张载赋予气的本性以纯善、至善的品质，就把本体范畴和价值范畴合而为一了。此外，张载又以"太和""不偏""诚明"等词形容"太虚之气"，也蕴含着鲜明的价值意味。

"理"作为本体范畴，始于北宋二程，完成于南宋朱熹。朱熹认为理是宇宙本体，"宇宙之间，一理而已。天得之而为天，地得之而为地，而凡生于天地之间者，又各得之以为性。"（《读大纪》，《朱文公文集》卷七十）同时，又明确地指出："理便是仁义礼智"，"天理只是仁义礼智之总名，仁义礼智便是天理之件数"（《答何叔京》，《朱文公文集》卷四十）。正由于理是仁义礼智之"总名"，所以"理"是"至善"，即最高的价值境界。以本体言之，理是"至极""太极"；以价值境界言之，理是"纯善""至善"。价值与本体在理本论中融通得紧密无间，合而为一。

南宋陆九渊、明代王阳明都是心本体论的筑构者。他们提出，"宇宙便是吾心，吾心即是宇宙"（《陆九渊集·杂说》），"心者，天地万物之主也"（《王文成公全书·答李明德》），"心外无物，心外无事，心外无理"（《王文成公全书·与王纯甫二》）等命题来说明"心"的本体意义，同时，他们也明确地赋予"心"以伦理道德的价值内涵，陆九渊云："仁义者，人之本心也"（《与赵监》），"其本心无有不善"［《与王顺伯（二）》］。王阳明云："心一而已，以其全体恻怛而言，谓之仁；以其得宜而言，谓之义；以其条理而言，谓之理，不可外心以求仁"（《传习录中》）。又云："至善者，心之本体也，心之本体，那有不善？"（《传习录下》）可见，在心本论中，"心"既是天地万物之"主"，又是仁义道德之"本"，既是终极的本体又是至善的境界，总之也是本体与价值的合一。

由此可以看出，中国传统哲学中标志本体的范畴无一不具有价值内涵，无一不是万物根源与价值渊源、宇宙本体与价值至境的融通合一。这种合一，是本体价值化和价值本体化的结果。遵循这种融通合一的思路，中国哲学特别是儒家哲学普遍认为，自然界的万物都有其自身的价值，金、木、水、火、土五行自身就具有仁义礼智信五德；东西南北四方、春夏秋冬四季都有与仁义礼智四德相应的价值内涵。

（二）价值追求与历史规律的融通

中国哲学在思考历史的本质和规律时，也从不脱离价值问题。自历史观从以"神意为本"的天命史观转向以"人事为本"的人本史观之后，哲学家们大都用价值追求与历史规律相融通的思路来说明历史的本质和历史的发展。这主要表现为：

1. "以德配天"——道德价值与历史的融通

夏殷统治者把天命神意视为人的主体意志不可改变的历史决定力量，周初的统治者在灭纣伐商的过程中，多少认识到了人在历史变革中的力量。他们提出了"皇天无亲，惟德是辅；民心无常，惟惠之怀"（《尚书·蔡仲之命》）的观点，认为历史并非绝对地由天命决定，"人德"对历史发展有重要作用。这种"以德配天"观点蕴涵着客观的神秘天命和主体的现实道德价值相融合以推动历史发展的思想，就是说统治者有好的德行，能赐惠于民，就会得到民心的支持，进而也会得到天命的辅助。尽管"天命"这种神秘的必然性与客观规律有性质上的不同，但这种以"德"为枢纽将"天"与"民"相贯通、相联结的历史观，为以后的思想家将价值追求与历史法则融合起来考察历史，提供了重要的思想渊源，它是哲学史上价值与历史融通的最初形式。后来儒家把历史的演变与道德价值的转换结合起来的思路，就是对这一观点的发挥。

2. "生意成势"——生存价值与历史的融通

把生存价值与历史规律相融通的代表人物是唐代的柳宗元，他通过"意"和"势"关系的讨论表达了这一思路。柳宗元认为历史发展有着"不得已"的客观必然之"势"。例如，"封建，非圣人意也；势也"（《封建论》），而后代郡县制取代封建制也是历史发展的必然结果。然而，在柳宗元看来，历史发展之"势"并不是脱离人活动的外在力量，它表现了人类对生存价值的追求。柳宗元把人们这种对生存价值的追求叫作"生人之意"。他说，由于人们的生存价值追求，引起了获取物质资料的斗争，而正是这种斗争造成了社会历史发展的客观必然趋势。可见，历史之"势"，实质乃是人类为满足生存需要、维护生存价值而进行主体活动表现出来的必然趋势。历史之"势"，虽不由"圣人"的个人之"意"支配，但却"受命于生人之意"，（《柳宗元集·贞符序》）因此，某个杰出人物（"圣人"）要在历史上发挥作用，不在于"穷异以为神""引天以为高",而完全在于"心乎生民",做到"利于人、备于事"(《柳宗元集》卷二、卷十九)。柳宗元这种"生民之意"以"成势"的观念,鲜明地体现了价值追求与历史法则融通的思路。

3. "同然即理"——公义价值与历史的融通

明末清初的王夫之继承发展了柳宗元的"生意成势"观,提出了"人之所同然者即为天"(《读通鉴论》卷七)的光辉命题。王夫之所谓的"天",即人类历史发展的客观趋势("势")和必然规律("理")的统一。"理依于势""势中见理","势字精微,理字广大,合而名之曰'天'"(《读四书大全说》卷九);"天"即是历史发展的客观力量的总称。王夫之所谓的"人之所同然""民心之大同"即民众共同的价值追求、价值意向或普遍认同的价值,大体相当于我们现在所说的"公义"——人们普遍认同的道义。由此不难看出,王夫之"人之所同然者即为天""民心之大同者理在是"的观点,体现了把历史客观法则与人们普遍追求的价值(公义)相融合的思想。更值得重视的是,王夫之对公义即"人之同然""心之大同"的基础作了深刻揭示。他认为,"同然""同心"的基础乃是"欲之所得",即人们共同的物质生活欲求的普遍满足。他说:"人欲之各得,即天理之大同:天理之大同,无人欲之或异"(《读四书大全说》卷四)。这显然是对柳宗元"生民之意"的进一步发展。于是,普遍的价值的追求和普遍的物质利益需要的满足与历史的客观规律达到了高度的统一。

从"以德配天"到"生意成势"再到"同然即理"。表明了中国传统哲学关于历史与价值融通的价值思维发展的基本环节。

(三) 价值意识与认识活动的融通

对于中国传统哲学来说,纯粹的独立的认识活动是不存在的,也是没有意义的。中国古代哲人把求真与闻道、穷理与尽性、致知与崇德视为不可分的统一过程，认为价值意识与认识活动是相互融通、合为一体的。在这种融通中，价值意识在认识中的主要表现是：

1. 对认识对象的价值选择

在以探求真理为认识目的的西方认识论中，客观事物对于人来说，都具有同等的认识意义，都可以作为认识对象。因此，对于西方哲学家来说，"认识什么"并不是认识论中的重要问题。然而，对于把求真作为得道手段的中国哲人来说，选择认识对象却是至关重要的问题，从孔子、老子开始，哲人们就主张对认识对象进行价值选择。《论语》云："子不语怪、力、乱、神。"（《论语·述而》）又云："务民之义，敬鬼神而远之，可谓知矣。"（《论语·雍也》）这不但表明了孔子对鬼神问题的回避、存疑态度，而且也表现了孔子以"人事""人生""民务"为重点认识对象的价值取向。从《论语》中可以明显看出，孔子所确定的"知"的对象多是为人、修德、治国之道，对于自然现象的认知，他很少言及。荀子则指出，凡是未选为认识对象的事物，人就不会去注意、去认识，即使遇到了这些事物，也会视而不见，充耳不闻。"心不使焉，则白黑在前而目不见，雷鼓在侧而耳不闻"（《荀子·解蔽》）。老子则反对一切对象性认识，认为通过感官门户去认识现象界的种种事物，只能给人带来危害。他主张把"道"作为唯一的认识目标，要人们通过"涤除玄览""致虚守静"的方式去"为道""得道""同于道""从事于道"。老子所谓的"知"，只是对道的"知"，这也是对认识对象的价值选择。此后，儒家哲人主张知人伦之理，道家哲人主张求天地本体，形成了中国哲学史上两个不同的认识对象的选取方向。这种不同的认识方向，乃是儒家崇仁义，道家尚自然的不同价值观念在选择认识对象上的表现。

2. 对认识主体的价值要求

中国哲学不但对认识对象有价值选择，而且对认识主体有价值要求。

所谓对主体的价值要求，就是要求认识主体具有崇高的品德修养，成为崇高的价值人格。早在西周初年，《尚书·洪范篇》就对认识主体的修养提出了明确的要求："敬用五事"，"貌曰恭，言曰从，视曰明，听曰聪，思曰睿。恭作肃，从作乂，明作哲，聪作谋，睿作圣。"这些要求包括了能力和道德两个方面，《洪范》认为达到这些要求，乃是成为一个好的认识主体的先决条件。后来，孔子提出要成为智者，首先得成为仁者，"择不处仁，焉得智"（《论语·里仁》）；"知及之，仁不能守之，虽得之，必失之"（《论语·卫灵公》）。孟子也说："不仁，是不智也"（《孟子·公孙丑上》）。荀子则提出，认识主体应该有"虚一而静"的修养，才能把握真理。他说："人何以知道？曰心。心何以知？曰虚一而静。"（《荀子·解蔽》）迄至宋明理学，儒家对认识主体的修养更为重视，亦更为严格。张载"崇德"，曰："崇德而外，君子未或致知也"（《正蒙·神化》）；程朱"主敬"，曰："未有致知而不在敬者"（《伊川语录》）。不仅儒家对认识主体有严格的价值人格要求，即使在认识对象的选择上与儒家有异的道家，也认为认识主体的修养是取得真知的前提。庄子云："且有真人而后有真知"（《庄子·大宗师》）。所谓真人就是无好恶爱憎之情感，忘生死善恶之区别的人。庄子认为，必有真人之修养，而后才能获得真知。由此可见，对认识主体提出价值修养的要求，乃是中国哲学的重要特征。

3. 认识过程中的价值参与

中国哲学认为，人的认识活动并非纯粹的主观反映客观的超情感、超利害过程，而是受人的爱恶之情、利害之心、苦乐之趣、取舍之志的影响过程。不同的价值意识对认识的方向、得失、正误、深浅、偏全会产生不同的影响。据此，孔子提出应以"乐之"的心境对待认识，他说："知之者不如好之者，好之者不如乐之者"（《论语·雍也》）；孟子提出要以"自得"的态度深造求道："君子深造之以道，欲其自得之也，自得之则居之安，居之安则资之深，资之深则取之左右适其源，故君子欲其自得之也。"（《孟子·离娄》）荀子提出须从"公心"出发认识事物，他说："公生明，偏生暗"（《荀子·不苟》）。先秦道家的宋钘、尹文学派，注意到了"私欲"对认识的干扰作用，认为利欲熏心的人不可能取得对事物的认识，"嗜欲充溢，目不见色，耳不闻声"；"夫心有欲者，物过而目不见，声至而耳不闻也。"（《管子·心术上》）这种观点，略似于俗语所说的"利令智昏"。与宋、尹学派只看到私欲的消极作用不同，韩非则看到了积极的情感对认识的促进作用，他说："母之慈于弱子也，务致其福，务致其福则事除其祸，事除其祸则思虑熟，思虑熟则得事理。"（《韩非子·解老》）宋明时代的哲人更是普遍地强调正确的价值意识对于认识的重要，张载有"大其心则能体天下物"的名言；苏洵有"为一身谋则愚，而为天下谋则智"的警语；程朱以"居敬持志"为"穷理之本"；王阳明反对"只求其聪明而不知养之以善"。这些认为认识过程必有情感、意志、利心等价值意识参与的看法和主张用端正的积极的价值意识以促进认识的观点，对中华民族的价值思维和认识观念有广泛的影响。

4. 认识目标中的价值意蕴

中国古代哲学关于认识目标的实现，也不仅仅局限于对客观事物的本质和规律的把握上，而是把事实认知和价值认识，把求真与求善都融通于认识目标之内，儒家与道家都把"道"作为最终的认识目标，孔子曰："朝闻道，夕死可矣"；老子说："唯道是从"。孔、老所谓的"道"尽管内涵有异，但都是宇宙法则和价值准则的统一。在他们看来，宇宙万物的最后本质和社会人生的终极价值是合二为一的统一体。《大学》一书，讲述"为学次第"，明确地把"格物致知"的认识和实现人生价值一以贯之地融会贯通，使认识目标从属于价值目标。宋明时期，程朱讲"穷理"，陆王讲"知心"，"理"和"心"既是宇宙本体，又是价值境界，"穷理"和"知心"的指向目标，都是真理和价值的合一。可见，在中国传统哲学中认识的目标中融合着价值意境，追求真理和追求价值，是人的认识活动一体之两面。

（四）价值实现与生命历程的融通

中国道家重视人的自然生命，而儒家则重视人的价值生命，道家主"养生"，儒家主"成人"。"养生"是为了肉体生命的延续，"成人"是为了价值生命的实现。由于儒家哲学在中国传统思想中处于主导地位，所以，价值实现与生命历程的融通，就成为中国哲学价值思维的突出特征之一。儒家关于价值与生命融通的主要观点是：

1. "人性本善"

先秦孟子一派的儒家哲人认为，人的本性是善的，人一生下来就具有先验的道德本性。孟子说："恻隐之心，仁之端也；羞恶之心，义之端也；辞让之心，礼之端也；是非之心，智之端也。人之有是四端也，犹其有四体也。"（《孟子·公孙丑》）"仁义礼智，非由外铄我也，我固有之也。"（《孟子·告子》）由于仁义礼智四端是人人生来固有的，所以孟子称之为"良知""良能"。由此看来，孟子言"善端"，指的是人之所以为人的特性，而非指人生来具有的一切本能。这种观点，到了宋明儒学，就形成了"天地之性"与"气质之性"二元并存的人性说，"天地之性"是纯善，而"气质之性"有善有不善。张载、二程、朱熹、陆九渊都持此观点。然而，无论是孟子的性善论还是理学家的"天地之性""气质之性"二元论，都给人的自然生命中注入了价值（道德）的种子，都使价值生命与自然生命相融通。

2. "生以载义"

既然人的生命中包含着价值因素，那么，人的生命当然就是价值的载体了。明末清初的王夫之提出了"生以载义"和"义以立生"的命题，他说："生以载义，生可贵"；"义以立生，生可舍"（《尚书引义》

卷五）。就是说，人的生命承担了道义，所以生命是可贵的；道义确立了人生的价值，所以道义是可贵的。王夫之这种观点，其实在先秦时代就出现了，荀子说："人有气有生有知亦且有义，故最为天下贵也。"（《荀子·王制》）但是，荀子仅将"生"与"义"并列，只说明了人兼有"生命"和"道义"两种因素，并没有指出生命和道义的内在关系，而王夫之从生命和道义的相互联结、相互作用上，阐明了生命和道义的价值，这显然是一种价值和生命融会贯通的运思方式。

3. "成身成性"

儒家认为，人的一生不只是肉体生命的成长过程，而且同时也是人生价值的开拓、追求和实现的过程。在先秦哲学中，道家追求人的自然生命的延长，弘扬"长生久视"之道。认为生命有宝贵的价值。墨家和儒家都认为人除了重视生命之外，还应重视社会道义价值。并特别指出生命价值是由道义所赋予的，如果离开了道义，生命本身就失去了价值，于是，他们都主张把生命成长和价值追求二者统一起来。尤其是儒家哲人，对这个问题的阐发相当充分。孟子提出，如果以肉体生命为人生的最高价值，那么人就会为了保全生命而无所不为，为了享乐生命而无恶不作。由此，孔、孟提出仁义价值高于生命价值，当仁义与生命发生冲突时，人应该"杀身成仁""舍生取义"；人的一生就是弘扬和实现仁义价值的过程，就是"修身、齐家、治国、平天下"的一生。后代儒家都继承和发展了这一基本观点。宋儒张载说："富贵福泽，将厚吾之生也；贫贱忧戚，庸玉汝于成也"；"存，吾顺事；没，吾宁也。"（《正蒙·乾称》）明末王夫之云："身者道之用，性者道之体。合气质攻取之性，一为道用，则以道体身而身成。大其心以尽性，孰而安焉，则性成"（《张子正蒙注》卷四）。他还认为人生一方面"有仁义礼智以正其德"，另一方面"有声色臭味以原其生"，两者是"互为体"而不可分割的。人的一生就是在"成身"的过程中"成性"，在"成性"的过程中"成身"。张载和王夫之所说的"厚生玉成""成身成性""原生正德"就是生命与价值相融通的人生过程。

上述中国传统哲学中关于价值与本体、价值与历史、价值与认识、价值与生命相互关系的思想表明，中国哲学特别是儒家哲学的价值思维，乃是一种典型的融通性思维。正由于这几个方面的融通，决定了中国古代的价值类型论中，也体现着各类型间相互蕴涵、相互融通的观点。儒家以善统真、美，凡是善的价值即是真的、美的；道家以真统善、美，凡是真的价值即是善的、美的。虽然，儒家崇善，道家贵真，价值取向不同，但其融通真、善、美的思维路径则是相同的。

中国传统哲学价值思维的融通性特征的最大的缺陷是将价值泛化，即以价值存在掩盖客观事实甚至取代客观事实，以价值评价制约事实认知甚至代替事实认知。然而，这种价值思维的突出优势是追求价值与事实、"应然"与"实然"的统一。中国古代的多数哲人，几乎都赋予客观事实以价值意义，都赋予事实判断以价值含义。他们融通价值与事实的方法主要是将主体人的价值意识和价值因素如情感、意志、信念、理想、德性、情操、美感等直接投射到客观事物之上，从而使主体与客体融合为一。如果说，现代西方哲学中的一些哲学家，是在承认事实客观性和肯定价值主观性的支点上将价值与事实分离开来，那么中国古代的哲学家则是在把客体主体化和主体客体化的基点上将价值和事实融通的。

二 老子"道"的价值意蕴

世界本体与价值渊源合一，宇宙法则与治世规范统一，乃是中国传统哲学的重要特征。"《老子》，明道之书也。"〔（明）焦竑《老子翼·序》〕"道"是老子哲学的基本范畴。老子的"道"既是世界的根本，又是他所追求的理想。关于老子"道"的本体论意义，学术界多有论列，而关于其价值论意蕴，则需要作深入探讨。

（一）"道"的价值品格

先秦哲学中言"道"之论甚多，几乎各派哲学都使用过"道"的概念，但真正以"道"为核心范畴建立哲学体系的是老子所创立的道家。老子的"道"，是一个多义的哲学范畴。它既具有本体论的品格，又具有价值论的品格，两种含义是交织在一起的。用老子的话说："道者，万物之奥，善人之宝。"（《老子》第六十二章）"万物之奥"是本体义，"善人之宝"是价值义。

作为"万物之奥"的本体，"道"是指天地万物产生、存在、发展变化的根本依据和普遍规律。"道"与天地万物的关系是"母"与"子""本"与"末""体"与"用"的关系。它是"万物之母""万物之宗""万物之奥"。因此，老子认为，人要把握天地万物，必须"从道""执道"。即遵从道的法则，依据道的本性来行动。

作为"善人之宝"的价值，"道"则是指人应该追求的崇高境界和达到的理想目标。从老子对道的赞美和要求人们对待道的态度来看，

"道"的价值品格是十分明显的。他赞美道为"尊"("道之尊"),为"大"("天下皆谓我道大"),为"宝"("道者,善人之宝")。这表明,他是把"道"作为最尊贵、最伟大的价值来看待的。因而,他要求人们"尊道"("尊道而贵德")、"贵道"("贵此道者何")、"保道"("保此道者不欲盈")、"为道"("为道日损")、"同于道"("同于道者道亦乐得之")、"从事于道"("故从事于道者")。这表明,他要人们把道当作崇高的价值理想来追求。

那么,道作为崇高伟大的价值理想或价值境界,有哪些基本品格呢?

1. 自然

老子说"道法自然"。"自然"不是指自然界本身,而是指不受外界制约,又无内在目的的一种毫无勉强、毫不拘谨的自在自由状态。童书业说:"老子书里的所谓'自然',就是自然而然的意思"①。自然的反面是"自生"(为己而生)、"自见"(自求表现)、"自是"(自以为是)、"自伐"(自己炫耀)、"自矜"(自高自大)、"自贵"(自居高贵)、"有为"(有意作为)。老子认为,自然状态是一种崇高的价值境界,它对宇宙万物和人都有重大意义,在这种境界里,"万物将自化","天下将自定"。侯王若能达到这种境界,"万物将自宾"(自动服从),民将"自富""自朴""自化"。

2. 虚静

老子以"道冲""橐籥""天下谷""玄牝之门""虚而不屈"形容道的虚空,用"归根曰静""静为躁君"描写道的清静。虚静是指道虚空无形、虚旷不盈,静清无扰、安静无躁的存在状态。老子认为虚静也是一种价值品性,有着重要的价值意义。"道冲,而用之或不盈"(《老子》第四章),"夫唯不盈,故能蔽而新成"(《老子》第十五章),"为

① 童书业:《先秦七子思想研究》,中华书局2006年版,第113页。

天下谷，常德乃足"（《老子》第二十八章），这就是虚的意义；"静曰复命"（《老子》第十六章），"清静为天下正"（《老子》第四十五章），"牝而以静胜牡"（《老子》第六十一章），"我好静而民自正"（《老子》第五十七章），这就是静的意义。

3. 柔弱

柔弱是道的又一价值品性，老子说："柔者道之用"（《老子》第四十章），"柔弱者，生之徒"，"柔弱处上"（《老子》第七十六章）。这显然是把柔弱也作为一种价值来赞扬的。柔弱和不争是紧密相联的，柔弱则不争。水就是柔弱不争的价值象征，"天下莫柔于水，而攻坚强者莫之能胜"（《老子》第七十八章）；"水善利万物而不争"，"夫唯不争，故无尤"（《老子》第八章）。在老子看来，柔弱的基本意义在于克刚胜强，有生命力，"弱之胜强，柔之胜刚"（《老子》第七十八章），"人之生也柔弱"，"天之道，不争而善胜"（《老子》第七十三章），"草木之生也柔脆"（《老子》第七十六章）。所以柔弱是"上善""处上"的高贵价值。

4. 独立

老子认为，道还具有独立的品性。他说："有物混成，先天地生。寂兮寥兮，独立而不改，周行而不殆"（《老子》第二十五章）。"独立"指道的绝对性，现象界的一切事物都是相对的，而道是个绝对体，既然是绝对的，所以就是独立无二的。既是独立无二的，所以它永远不依靠外在的条件和力量。这种超越相对、超越条件的独立性，之所以也是一种价值，关键在于它保持了鲜明的个性。老子说，得到了道的人就会"独异于人"，众人熙熙，"我独泊兮"；众人有余，"我独若遗"；"俗人昭昭，我独昏昏"；"俗人察察，我独闷闷"；众人皆有本领，"我独顽鄙"。这就从得道者的独立个性映现了道的独立价值。

由于道有上述价值品格，老子就赋予道以极高的价值地位。他认为：

（1）道是绝对的"利"。"天之道，利而不害"（《老子》第八十一章）。它促使万物生长，给万物注入生机，带来利益，但又不居功，不自恃，不干扰，不损害。这种"善利万物"而"不争""不害"，是绝对的完满的"利"。（2）道是高度的"真"。道之为物，"其中有象"，"其中有物"，"其中有精"。而且，"其精甚真，其中有信"（《老子》第二十一章）。就是说，道是最真实的存在。因而，把握了道，就是把握了宇宙真理；与道同一，就是与绝对真理同一，于是就能"以阅众甫"，认识万物。（3）道是至上的"善"。老子说："夫唯道，善贷且成"（《老子》第四十章）；"上善……几于道"（《老子》第八章）。掌握道的人，也即是"上善"的人，他"居善地，心善渊，与善仁，言善信，正善治，事善能，动善时"（《老子》第八章）；他"善行，无辙迹；善言，无瑕谪，善数，不用筹策；善闭，无关键而不可开；善结，无绳约而不可解"（《老子》第二十七章）。（4）道是极致的"美"。老子说："天下皆知美之为美，斯恶已"（《老子》第二章）。世俗生活中，美和丑（恶）是相比较而存在的，而道则是极致的美，自然而然的美。道之美，如"大音无声"，"大象无形"，"大盈若冲"，"大直若曲"，"大巧若拙"，"大成若缺"，用庄子的话说，就是天地间之"大美"。

　　可见，具有自然、虚静、柔弱、独立等价值品格的道，乃是利、真、善、美的统一体。在这个统一体中，老子认为，真是基础，利、善和美都是由真决定的，从属于真的。

　　"万物之奥"的本体根据和"善人之宝"的价值理想的统一，就是现代哲学上争论不休、纠缠不清的"实然"原则和"应然"原则的统一。老子是怎样将这相互独立的两个方面统一起来的呢？他的思路是，把从自己主体需要出发的价值追求直接投射于形而上学客观本体，使"事实是什么"和"应该怎么样"合而为一，都包容在道的内涵之中。这样做的结果，就把"应然"的价值原则上升为"实然"的本体法则，从而使由主体需要出发的价值追求，变成了由宇宙本体和规律决定的必然法则。于是，既为他所崇尚的价值理想建立了客观必然性的根据，又使他所构想的宇宙本体法则发挥了价值导向功能。就是说"万物之奥""万物之宗""万物之母"直接地成了"善人之宝""圣人之式""侯王之守"。"道"于是成了融合"天之道""人之道""圣人之道"为一体的"玄之又玄"的"众妙之门"。

（二）道的价值功能

老子把道作为崇高的价值理想，在中国传统的价值观演变历程中具有十分重要的意义，发挥了显著的功能。

中国传统的价值观念，在先秦时期，经历了两次重大的变革。第一次是在殷周之际，当时西周后起的奴隶主势力以"小邦周"取代"大国殷"，适合这次政治变革的需要，周初统治者对夏殷以来以天命神权为最高价值的传统观念进行了修正，提出了"皇天无亲，惟德是辅。民心无常，惟惠之怀"（《尚书·蔡仲之命》）的思想。这就是学术界所概括的"修德配命""敬德保民"观念。这种观念虽然表现了对道德价值的自觉和对民众价值的肯定，但天命神权的价值光环仍然得到维护，且处于至上的地位。第二次是春秋战国时期，当时奴隶社会"礼崩乐坏"，封建制度逐渐形成，随着社会的大变革，价值观念也起了相应的变化。在这个新旧交替，方生未死的时代，哲学家和思想家们都为建构新的价值体系力学深思，奔走呼号。以老、孔、墨开其端，庄、荀、韩殿其后的整个百家争鸣时代，可以说，就是价值观念转换、冲突、融合的时代。老子的道论，正是在这个时代发挥了它特有的价值功能。

1. "道大""人大"：对天命价值的重估

老子所处的春秋末期，殷周以来的传统价值观还有很大影响，传统价值观中占主导地位的是对天命的崇拜。这种观念认为人世间的吉凶、祸福、休咎、存亡都是由天命决定的，因此人要想得到满足自己需要的一切价值，如财富、权位、寿命、健康、功名、利禄，就必须迷信鬼神，崇拜天命，期待天命的恩赐。天命是一切价值之源，价值主宰。尊天、崇命则是实现价值的唯一途径。即使在孔子代表的儒家思想中，也还有"死生有命，富贵在天"的观念。在这种虚幻的天命价值观中，人的价值地位自然就得不到充分的肯定。老子正是对于这种观念进行了重估。首先，他以"天道"取代了"天命"，为价值确立了新的源泉。他指出，"道"不是人格神，它是一种客观存在，而且"象帝之先"，比上帝更根本。它"有利而无害""用之或不盈"，只要"从于道""同于道"，就可以获得一切价值。其次，他并称道、天、地、人为"四大"，提高了人的价值地位。老子说："道大，天大，地大，人亦大。域中有四大，而人居其一焉"（《老子》第二十五章）。这使人的主体价值升值到了很高的地位，改变了人服从于上帝、天命的旧传统。"道在帝之先"和"人与道同大"这两个观点结合起来，成为老子实现价值重估和价值翻转的基本原则，这在价值观念的变革史上具有十分重要的意义。可以说，它是春秋初年季梁、史嚚重民轻神思想的进一步发展，在春秋战国时期"远天道"（神意的天道）"重人道"思想潮中鸣奏着一支高亢的乐曲。

2. "人法自然"：对儒墨价值的批判

春秋战国之际，进行价值重估和实现价值翻转的不仅有老子代表的道家，孔子创立的儒家、墨子创立的墨家，也都提出了新的价值观以取代传统。儒家尚仁、义、礼、智；墨家倡兼爱、功利，都是从不同方面来弘扬人的主体地位。如果就重视人的价值而言，老和孔、墨是有共同点的，但从具体的价值取向来看，却有很大差异。老子认为要提高人的价值，必须遵循自然无为之道，把自然无为作为崇高的价值目标。他提出："人法地，地法天，天法道，道法自然"。这种递进地取"法"，最终的归结就是"人法自然"。就是使人处于不受强制，不受束缚，自然而然，自由自在的存在状态。他认为，只有如此，才能保持人的本性，保全人的生命，确立人的价值。以此为价值尺度，《老子》对当时已经流行的，后来由孔、墨鼓吹的价值观念，进行了尖锐批判。他说，儒墨主张的价值，其实是远离大道，违背自然的反价值，是"道"（自然无为）价值失落以后，人们陷入了迷误，社会走向邪恶的产物。所谓"大道废，有仁义；智慧出，有大伪。"（《老子》第十八章）"失道而后德，失德而后仁，失仁而后义，失义而后礼。夫礼者，忠信之薄而乱之首。"（《老子》第三十八章）因此，必须"绝仁弃义""绝圣弃智""绝巧弃利"（《老子》第十九章），废弃仁义礼智功利等价值追求，复归于道，取法自然。老子提出的这种思想，后来长期成为道家批判儒、墨价值观的理论武器，在思想史上产生了深远影响。

3. "用柔""知反"：对价值冲突的调节

道的价值品格体现在得道者价值态度和价值思维方式上，就是"反者道之动，柔者道之用"（《老子》第四十章），"用柔"指价值态度言，包括"后身""不争""知足"三个要点。所谓"后身"，就是在价值选择中谦居人后，谦让处下。老子说："后其身而身先"（《老子》第七章），"不敢为天下先，故能成器长"，"舍后且先，死矣"（《老子》第六十七章）。所谓"不争"，就是在价值生活中，不争夺、不竞争、谦和宽让。老子说："天之道，不争而善胜"（《老子》第七十三章），"圣人之道，为而不争"（《老子》第八十一章），"夫唯不争，故无尤"（《老子》第八章），"以其不争，故天下莫能与之争"（《老子》第六十六章）。所谓"知足"，就是减少主体需要，降低主体欲求，对价值的追求知道满足，知道确定合理的界限。老子说："见素抱朴，少私寡欲"（《老子》第十九章），"圣人去甚，去奢，去泰"（《老子》第二十九章），"知足不辱，知止不殆，可以长久"（《老子》第四十四章），"知足者富"（《老子》第三十三章），"祸莫大于不知足，咎莫大于欲得。故知足之足，常足矣"（《老子》第四十六章）。

"知反"指思维方式言，就是在认识价值和思考价值时，把握价值区别的相对性和转化性，不固执不拘泥于价值之间的对立。要看到美与丑、善与恶、智与愚、祸与福、荣与辱等价值都是互相依存而不是孤立的，而且都向相反的方面转化，"正复为奇，善复为妖"，"祸兮，福之所倚，福兮，祸之所伏"（《老子》第五十八章）。因此，社会上一切的价值对立、价值冲突都不是绝对的。

在老子看来，当时的人们在价值生活中不"用柔"，（不是后身而是先身，不是不争而是力争，不是知足而是贪欲），不"知反"（把价值看成绝对的），乃是"人之迷，其日固久"（《老子》第五十八章）！于是，形成了尖锐激烈的矛盾冲突和斗争。为此，他企图用这种办法来平息斗争，缓和矛盾。我们知道，春秋时期，乃是社会形态发生剧变的新旧交替时代，价值取向上的矛盾斗争不过是阶级利益上矛盾和斗争在社会意识中的反映，因此，企图通过退守、知足、不争的"用柔"态度和"知反"的思维方式从根本上来调节价值冲突是不可能的。但是，应该承认，老子从道的价值品格中引申出来的价值态度和价值思维方式，如果在一定的历史条件下，在一定的范围内和一定的程度上予以采用，的确可以起到某种调节、缓和价值冲突作用。西汉初年，用这种价值取向来安定社会，缓和矛盾，与民休息，取得了显著的效果，就是例证。

4. "为道日损"：对世俗价值的超越

道的价值内涵是超常的，幽隐的，不是外炫的，表面的，老子说"道隐无名"（《老子》第四十一章）。人要达到这种理想境界，就必须从现实世俗的各种价值追求中解脱出来，超越出来。所谓现实的世俗价值，就是一般的普通人们认为可以满足其需要的对象，如生活资料、物质财富、文化知识、技术、才能、法令、道德等。老子认为，要实现道的价值，就必须对这些世俗价值不断地减少、磨损。他说："为学日益，为道日损。损之又损，以至于无为，无为而无不为。"（《老子》第四十八章）就是说，实现道的价值和追求知识不同，追求知识必须日积月累，不断增益；而实现道的价值必须日日减少、磨损，以至达到无为的境界。达到了无为，就没有什么价值实现不了的。老子说："五色令人目盲；五音令人耳聋；五味令人口爽；驰骋畋猎令人心发狂；难得之货

令人行妨。"（《老子》第十二章）又说："天下多忌讳，而民弥贫；人
多利器，国家滋昏；人多伎巧，奇物滋起；法令滋彰，盗贼多有"。
（《老子》第五十七章）因此，这都是"损"的对象。又说："不尚贤，
使民不争，不贵难得之货，使民不为盗，不见可欲，使民心不乱"（《老
子》第三十五章），"绝学无忧"（《老子》第十九章），这些就是"损"
的好处。可见，道的价值，实现于对世俗价值的超越之中，超越世俗的
各种价值，正是道的价值功能。

老子认为，人如果与道同一，就能摆脱一切世俗价值的束缚，超越
平凡，而成为独立自由的人。这就是老子所谓的"圣人"，"圣人"乃是
人世间最有价值的人。应该说，老子道的超越功能是的确存在的。它可
以帮助人们从名缰利锁中解脱出来，从欲火情海中超越出来，从污泥浊
水中升华出来，去追求更远大更崇高的人生理想。

总之，道作为最高价值，它曾在社会的价值活动和人们的价值生活中
发挥着提高主体地位（"道大""人亦大"），批判儒家、墨家的价值取向
（人法自然），调节价值冲突（"用柔""知反"）和超越世俗价值（"为道
日损"）的重要功能。这种功能不仅在老子所处的春秋时期，而且在其后
漫长的封建社会中都对人们的价值生活发生了深远的影响。儒家的仁义道
德价值，墨家的兼爱功利价值，法家的权力价值虽然在春秋战国时期都对
人们摆脱天命观念的束缚，提高人的价值地位，发挥了不同程度的作用
（尽管儒家的"天命"观念和墨家的"天志"意识还有着反传统的不彻底
性），但由于他们的价值取向、价值态度、价值思维方式与老子道家不同，
所以其调节功能和超越功能都不及道家显著。

（三）道的价值局限

按照老子的看法，道是宇宙间最伟大、最崇高、最珍贵、最圆满、
最永久的价值，它虽然自然无为、虚极静笃、柔弱不争、独立不改，但
如果得到了它，就会实现一切价值，达到无限自由的境地。"天得一以

清,地得一以宁,神得一以灵,谷得一以盈,万物得一以生,侯王得一以为天下贞（正）。"（《老子》第三十九章）然而,如果我们以社会的进步、历史的前进和人类的发展为评判尺度,就可看出,老子的道作为一种价值理想,尽管有其积极功能但同时也存在着严重的局限性。

1. "微妙玄通"的神秘价值境界

老子说,他的道是"玄之又玄"的"众妙之门""玄牝之门"。又说,达到道的境界的人具有"玄德","玄德,深矣远矣"（《老子》第六十五章）,"微妙玄通,深不可识。"（《老子》第十五章）

"玄妙"既描绘了道的深远,也同时显示了道的神秘。"玄妙"的主要特征是:第一,道是有与无的统一,"常无,欲以观其妙;常有,欲以观其徼"（《老子》第一章）,"无名,天地之始;有名,万物之母"（《老子》第一章）。而且,从根本上说,道是"无"。"道隐无名"（《老子》第四十一章）,"道常无名"（《老子》第三十二章）,天下万物生于有,而"有生于无"（《老子》第四十章）。万有最终又"复归于无极"（《老子》第二十八章）,"复归于无物"（《老子》第十四章）。第二,道是不可认识难以把握的。它是"无状之状","无物之象","其上不皦,其下不昧",恍恍惚惚,渺茫不清;它其明若昧,其进若退,其夷若颣,若隐若现,窈冥难明;它"视之不见,听之不闻,搏之不得","迎之不见其首,随之不见其后"（《老子》第十四章）。道的这种本无性和难知性对于道本身和得道的人二者都是适用的。从价值意义上看,就是说道的价值境界和得道者的精神境界都是"玄妙"的,"深不可识"的。价值本是人们在现实的生活中存在和表现的一种主客体关系,它尽管由于主体需要的多面性、多层性和变动性,客体属性的多样性、变化性,而具有十分复杂和非常丰富的特征,也具有历史演变的特征,但任何价值都不是"玄之又玄"的东西。老子把价值"玄妙"化,诚然可以表现它崇高深远的超越品性,但却使它远离了人们的现实生活,成了不可企及,难以把握的对象,导向价值神秘主义。后来,老子学说的宗教化,成为道教的经典理论，显然与此有极大关系。人们在现实生活中不能达到的价值境界，只好到宗教中去信仰崇拜了。

2."见素抱朴"的朴素价值水平

道不但是"玄"而且是"朴"，老子称道为"无名之朴"，并主张"复归于朴"，反对"朴散则为器"。他赞扬说："朴虽小，天下莫能臣也，侯王若能守之，万物将自宾"（《老子》第三十二章）。他认为和道同一的人"敦兮其若朴"（《老子》第十五章）。可见，"朴"是道作为价值的重要特征。那么，什么才是"朴"呢？老子说："无名之朴，夫亦将不欲。不欲以静，天下将自定"（《老子》第三十七章）；"见素抱朴，少私寡欲"（《老子》第十九章）；"我无欲而民自朴"（《老子》第三十七章）。可见，朴的实质就是"不欲""寡欲""无欲"。老子要人们在价值追求中减少欲望，甚至根绝欲望，"处其厚，不居其薄；处其实，不居其华"（《老子》第三十八章）。他所谓的"浇薄"与"浮华"，不仅指"难得之货"之类的物质财富，还包括仁、义、礼、智、学、艺之类的精神价值。这虽然有反对剥削阶层追求物欲、贪得无厌、奢侈腐化和利用仁义礼智进行欺诈的进步性，但他不加分别地反对一切文化价值，甚至认为文化本身就是"伪"，是"迷"，是社会混乱的根源，只有根绝抛弃，百姓才会受益，天下才会安定，这就矫枉过正了。不仅精神文化价值，即使物质财富价值，也不能统统斥之为"甚"和"奢"。如果对物质财富、精神文化笼统予以否定、排斥，使人们的价值生活永远处于"见素抱朴"的低水平，使人类永远处于"为腹不为目"，只求吃饱肚子而不求其他的简陋时代，即使进步了，也还要"复归于婴儿"，再回到单纯无知的状态中去。那么，社会如何发展，人类如何进步。人们价值追求的水平和层次，从根本上说，是与社会发展水平、人类文明进步程度相同步的。老子的道价值论，确有不合这一趋势的局限性。

3."小国寡民"的倒退价值意向

老子称实现了道的社会是"天下有道"，有道的天下乃是他所追求的一切理想价值的综合体。这个社会是个"小国寡民"的乐园。其特征是：（1）工具简陋："有什伯之器而不用"；"虽有舟舆，无所乘之"。（2）文化质朴："民复结绳而用之"。（3）社会和平："虽有甲兵，无所陈之"。（4）秩序安定："邻国相望，鸡犬之声相闻，民至老死不相往来"。（5）生活舒适："甘其食，美其服，安其居，乐其俗"。（6）珍惜性命："民重死而不远徙"。（《老子》第八十章）

这种社会，用我们现在的眼光看，一方面，它没有压迫，没有剥削，没有争夺和战争，没有虚伪和欺骗。另一方面，它简陋、蒙昧、封闭、僵化，缺乏生机和活力，不求文明和进步。两个方面统一起来，它只能是老子所虚构的原始社会的幻影。从价值论角度来看，在这种社会里，价值主体的需要层次甚低，价值客体的功能效应甚弱，价值创造的意识甚差，价值体系的结构甚简。

事实上，在老子所处的春秋时代，已出现了万乘之国，万人大都，有了相当进步的生产工具、生活用具、技术器械；有了相当发达的文化、科学、艺术，而老子的价值意向却与社会进步相反，希望退回到远古蒙昧的原始时代去。尽管这种意向反映了小生产者反对压迫剥削，追求社会安定，希望生活舒适的愿望，但从历史发展和价值演进的方向来看，显然是一种倒退复古思想。

在历史上，老子的理想蓝图对于后世的进步思想家批判剥削阶级制度的不合理，对于农民起义者提出"等贵贱，均贫富"的纲领，曾起过某种启迪作用。但对于人们发展生产，创造文化，开拓前进，追求高水平高标准的价值目标，也产生了严重的消极影响。

4."道常无为"的消极价值态度

老子对道有两个基本规定：一曰自然；二曰无为。自然就存在状态而言，无为就主体态度而言。体现在人的价值活动中，自然指达到价值理想的境界而言，无为指对待价值追求和创造的态度而言。老子说"道常无为"（《老子》第三十七章），又说"圣人处无为之事"（《老子》第二章）就是要人按照道的无为品性从事价值活动。

无为作为一种主体的价值态度，是有二重性的。一方面，如上文所论，它具有缓和价值冲突和超越世俗价值的功能；另一方面，它也的确存在着消极性的局限。这种消极性，不仅表现在它以自然境界为最高理想，淡化甚至否定了人们对实际的功利、技巧、文化、道德、知识等价值的追求，而且还在于它对人们价值活动的能动性和价值创造的积极性的弱化作用。无为的基本特征是顺应自然，任物自化，不参与，不变革，不管辖。对自然对象如此，对社会对象也是如此。用老子的话说，就是"处无为之事，行不言之教，万物作焉而不为始"（《老子》第二章）；"生之、畜之……长而不宰"（《老子》第十章）；"以辅万物之自然而不敢为"（《老子》第六十四章）。在自然界让"物自化"，在社会上让"民自化"；老子认为"无为"有着极大的好处，"无为之益，天下希及之"（《老子》第四十三章）。其"益"何在呢？一句话只有成功没有失败。所谓"无为，故无败；无执，故无失"（《老子》第六十四章）；"为无为，则无不治"（《老子》第三章）。因此，他主张圣人应行无为之道，侯王应行无为之政，而百姓则应"虚其心，实其腹，弱其志，强其骨，……无知无欲"（《老子》第三章）。由此可见，无为之道中确实包含着一种"至柔"而不刚，"弱志"而不强，对万物"不始"（不开发）、"不宰"（不宰制）、"不执"（不把控）的消极主体态度。

当然，就"无为"之道的总体而言，它还含有对自然和社会不任意妄为，不过分干预；对自然价值和社会价值不据为己有，不居功自恃；在治国治民上，不侈靡贪婪，不扩张私欲，不骚扰强迫等合理因素。而且，老子也指出无为不过是达到"无不为"效果的手段，并不是最高目的。然而，尽管如此，无为所包含的消极性也还是相当明显的。

如果我们把老子的无为论与孔子"知其不可而为之"（《论语·宪问》）、荀子"制天命而用之"（《荀子·天论》）、《易传》"君子以自强不息"、法家"尽力务功"、刘禹锡"人能胜天"、王夫之"竭能以造天"等强调人的主体能动性的思想予以比较，无为论的消极性更显而易见了。

老子道论中所包含的价值品格，所具有的价值功能和所存在的价值局限，在中国历史上曾经产生了复杂而深远的影响。从民族精神上看，中华民族崇尚自然、珍视生命、尊重个性、追求自由，超越自我的价值观念，和听天由命、因循守旧、柔弱退让、消极处世的消极思想，都可以从老子的道论中找到渊源。从社会效果上看，它曾为汉初统治者提供了安定社会、休养生息、发展生产的理论指导，也曾为早期道教所借用，成为反剥削、反压迫的农民革命的思想武器。它曾为一些在理想与现实的冲突中，四处碰壁，理想失落，心灰意冷，消极避世的隐士，提供过一种安身立命的价值关怀，也曾对一些升华精神境界，提高人格品位，保持个性独立，超越世俗污浊的高士启迪了淡泊高远的人生智慧。今天，面对道的复杂的价值意蕴，我们应该用马克思主义的辩证法进行深入分析，合理地扬弃，从中废弃死的东西中救出活的东西，使之为建立社会主义的新的价值观念体系提供历史借鉴和思想营养。

三　张载"太虚"之气的
价值意蕴

张载是北宋时期杰出的唯物主义哲学家，他在哲学史上的突出贡献是建构了气一元论的本体论。张载认为宇宙万物的本质是气，"凡可状，皆有也；凡有，皆象也；凡象，皆气也"（《正蒙·乾称》），而无形的"太虚"乃是气的本然状态，"太虚无形，气之本体"（《正蒙·太和》）。张载以"太虚之气"为世界本原的本体论哲学，与程、朱的理本论，陆、王的心本论迥然有别，具有鲜明的唯物主义特征，在宋明哲学史上独树一帜，独成一家，对后世产生了深远的影响。然而，它作为中国传统哲学本体论的一种形态，仍然具有中国哲学将本体与价值相融通、相统一的共性。张载的"太虚"本体中蕴涵着丰富的价值品性，体现着深厚的价值意义。

（一）"太虚"的价值品性

张载坚持气一元论的唯物主义自然观，提出太虚之气是宇宙万物的本体。气作为宇宙的本体，它是宇宙间一切事物产生的根源，也是构成一切事物的原质。他说："太虚不能无气，气不能不聚而为万物，万物不能不散而为太虚。"（《正蒙·太和》）作为宇宙本体的太虚，它的基本特征是：（1）无形而有气。"太虚"的形态是无形的，但是性质是实有的气，"知太虚即气，则无无"。因此，太虚是有无虚实的统一，"有无虚实通为一物者，性也"（《正蒙·乾称》）。（2）变化而有理。"太虚无形，气之本体，其聚其散，变化之客形尔”；“天地之气，虽聚散、攻取百涂，然其为理也顺而不妄”（《正蒙·太和》）。（3）必然而永恒。太虚之气有聚有散“循是出入，是皆不得已而然也”；“聚亦吾体，散亦吾体，知死之不亡者，可与言性矣”（《正蒙·太和》）。总之，“太虚者，气之体”。它是“至虚之实”的物质存在，是“至静之动”的变化实体；“天”是它的存在状态（“由太虚，有天之名”）；“道”是它的变化过程（“由气化，有道之名”）。因此，它是“虚实、动静之机，阴阳、刚柔之始”，天地间“万品之流形，山川之融结”都是它凝聚的产物。然而，作为宇宙本体的“太虚”，虽然是客观的物质存在，它却蕴涵着丰富的价值品性。在张载看来，“太虚”的主要价值品性是：

1. “至诚”

张载说：“至诚，天性也”（《正蒙·乾称》），“天所以长久不已之道，乃所谓诚”（《正蒙·诚明》）。“诚”作为儒家哲学的重要范畴，其原意是真实无妄、笃实无伪。自先秦《中庸》《孟子》以来，它就有本体和价值、实然和应然双重含义。就本体和实然之义言，它是指本体、规律、万物的实存性；就价值和应然之义言，它是指道义、品德的笃实性。张载赋予太虚以“至诚”的品性，指的就是太虚及其规律的真实性和笃实性，也兼有本体属性和价值品性双重含义。就价值品性而言，诚与伪是对立的。张载认为，“太虚”是“诚有是物”而不是“伪实不有”，因而具有至高无上的笃实品质。后来，王夫之在《张子正蒙注》中，解释“诚”时，虽然强调了诚的本体实在性含义，认为“诚，以言其实有也”（《正蒙·天道》），但也注意到张载从价值品性上言诚的致思趋向，指出“诚者，天理之实然，无人为之伪也”（《正蒙·诚明》）。由太虚的“至诚”品性，张载还引申出天道的“信”的品德，他说：“天不言而信，神不怒而威；诚故信，无私故威”。（《正蒙·天道》）正由于“太虚”（天）具有诚、信的价值品性，所以才能不断地发挥生成万物、增益万物的功能，所谓“益物必诚，如天之生物，日进日息”

（《正蒙·乾称》）。而且，由于天以自己的诚信之德不断增益万物，所以天地间才能"富有""日新"。"富有，广大不御之盛与！日新，悠久无疆之道与！"（《正蒙·天道》）

2. "至善"

张载不但认为太虚有"至诚"之性，而且还认为太虚有"至善"之德。他说："天地以虚为德，至善者虚也"（《张子语录》中）。"至善"即至高无上的善，这种善的核心内涵不是别的，正是历代儒家所倡导的仁、礼、忠、恕等美好道德。张载明确指出："虚者，仁之原"，"虚则生仁"，"忠恕者与仁俱生"。（《张子语录》中）又说："天之生物便有尊卑大小之象，人顺之而已，此所以为礼也"，礼是"天叙天秩，如何可变"（《经学理窟·礼乐》）。"至善"的核心内容虽然是道德，但却不局限于道德，在张载看来，"至善"也指太虚完善无缺、圆满自足的品性。他说："太虚者，天之实也，万物取足于太虚，人亦出于太虚，太虚者，心之实也"（《张子语录》中）。就是说，"太虚"是天、物、人、心的本原，它包容着宇宙间一切存在的源头，是绝对完满的"足"。王夫之注释云："阴阳二气充满太虚，此外更无他物，亦无隙，天之象，地之形，皆其所范围也。"（《张子正蒙注·太和》）

3. "太和"

"太和"指太虚之气的和谐状态，因为这种和谐是宇宙的最高和谐，也是宇宙间一切万物和谐的根源，所以称为"太和"。张载说："太和所谓道，中涵浮沉、升降、动静、相感之性，是生絪缊、相荡、胜负、屈伸之始。……散殊而可象为气，清通而不可象为神。不如野马、絪缊，不足谓之太和。"（《正蒙·太和》）可见，他所谓的"太和"，是指太虚中阴阳二气矛盾运动、合同不悖、浑沦无间的和谐状态。在张载看来，这种和谐状态，既是阴阳二气的和谐，又是阴阳二气所引起的一切矛盾运动的和谐；既是本体自身的和谐，又是体与用即"气"与"神"的和谐；既是本体内在的和谐，又是由本体所生成的万物的和谐。王夫之在《张子正蒙注》中说："太和，和之至也。阴阳异撰，而其絪缊于太虚之中，合同而不相悖害，浑沦无间，和之至。未有形器之先，本无不和；既有形器之后，其和不失，故曰太和"；又说："太和之中，有气有神，……阴与阳和，气与神和，是谓太和。"（《张子正蒙注·太和》）正由于这种和谐是至高至极的，因此，张载认为它是一种美好、崇高的价值境界。人只有认识和把握了这种和谐，才算懂得了宇宙的法则，把握了《周易》的精髓，达到了崇高的智慧境界，"语道者知此，谓之知道；学《易》者见此，谓之见《易》。不如是，虽周公才美，其智不足称也已。"（《正蒙·太和》）

　　张载虽然崇尚和谐，但并不否定矛盾对立面之间的排斥、反抗和斗争，也不否认矛盾对立和斗争的价值。他只是认为：第一，矛盾对立面之间的斗争并不离开矛盾对立面的统一，所谓"两不立则一不可见，一不可见则两之用息"（《正蒙·太和》）；第二，矛盾对立面的差异、对立和斗争，最终要归结为和谐统一。所谓"有象斯有对，对必反其为；有反斯有仇，仇必和而解"（《正蒙·太和》）。由此看来，张载是在承认矛盾斗争价值的同时，崇尚和谐的。他认为矛盾对立面的排斥、斗争与和谐、统一二者都有价值，但和谐的价值高于斗争，是万物运动发展的理想状态。

　　张载的"太和"价值观，从渊源上说，是对《周易》价值观的继承和发展。《周易》乾卦的《彖辞》云："乾道变化，各正性命，保合太和，乃利贞。"意谓天道的变化使万物各具正性正命，只有保持高度的和谐才有益于万物生长。张载发展了这一思想，从太虚本体和谐状态的高度，弘扬了和谐价值的至高无上性，并在其中寄托了自己崇高的价值理想。

4. "神化"

"神化"是对太虚之气清通湛一和阴阳二气矛盾统一的变化机制的

描绘。他说："太虚为清，清则无碍，无碍故神"，"凡气清则通，昏则壅，清极则神"（《正蒙·太和》）；"虚明照鉴，神之明也"（《正蒙·神化》）——这是以清通虚明为"神"；又说："气有阴阳，推行有渐为化，合而不测为神"（《正蒙·神化》），"一物两体，气也。一故神（自注：两在故不测），两故化（自注：推行于一）"（《正蒙·参两》）——这是以阴阳二气的统一为"神"、以阴阳二气相互推荡产生变化为"化"。总之，"神"与"化"指的是太虚中阴阳二气既清通虚明又矛盾统一的微妙变化机制。所以张载说："神者，太虚妙应之目"（《正蒙·太和》）。在张载看来，太虚之气这种清通无碍的特性、阴阳不测的神妙和阴阳推荡的变化，不但是自然的规律，而且是至高无上的价值。他发挥《周易·系辞》"穷神知化，德之盛也"的价值意识，提出"神，天德；化，天道"（《正蒙·神化》），明确地赋予"神化"以价值意味。根据这一观点，张载把太虚之气变化而形成的物质性成果，都视为"糟粕煨烬"。他说："凡天地法象，皆神化之糟粕尔"；"万品之流行，山川之融结，糟粕煨烬，无非教也"（《正蒙·太和》）。以"神化"形容太虚，以"糟粕"比拟万物，显然包含着价值评定的意蕴。也就是说，"清通"而"神妙"的太虚，其价值地位是高于"昏壅"而"偏滞"的万物的（"偏滞于昼夜阴阳者物也"）。

张载不但以"神化"来规定太虚的价值品德，还进而以"神化"来形容太虚的价值功能。他说，"神化"表现了太虚充塞宇宙万物之间的普遍作用，"无远近幽深，利用出入，神之充塞无间也"（《正蒙·神化》）；表现了太虚中阴阳矛盾对天下万物的推动作用，"天下之动，神鼓之也"（《正蒙·神化》）；表现了太虚对宇宙万物的无限包容和终极统一的作用，"神无方，易无体，大且一而已尔"（《正蒙·神化》）。总之，"神化"是太虚本来具有的伟大功能，"神化者，天之良能，非人能"（《正蒙·神化》）。

如果说，价值品德（清通虚明、阴阳矛盾统一引起变化）是"神化"之"体"，那么，价值功能（鼓天下之动）则是"神化"之"用"。

太虚之"神化"价值存在于体用统一之中，它是体用兼有的价值品格。

从张载赋予太虚的价值品性来看，"至诚"可谓是太虚之"真"，"至善"可谓是太虚之"善"，"太和"可谓是太虚之"美"，而"神化"则可谓是对真、善、美的综合概括。这样一来，作为宇宙本体的"太虚"，不但具有客观实在的"实然"属性，而且具有真、善、美兼备的"应然"品格。它是本体与价值、实然与应然的统一体。就太虚是客观实在的"气"而言，张载的本体论与老子的"道"本论，程、朱的"理"本论、陆、王的"心"本论，是判然有别的，然而，就太虚具有真、善、美的价值品性而言，张载的运思方式与他们并无二致，都把本体与价值相融通，将实然与应然相统一。

（二）"太虚"价值品性的人文意义

"太虚"既然具有"至诚""至善""太和""神化"等价值品性，那么这些价值品性是如何体现于宇宙万物的本性之中，特别是如何体现于人的价值理想之中呢？或者说，太虚的价值品性对于人有什么重要意义呢？对此，张载在他的哲学中作了相当充分地论述。其实，他之所以要赋予太虚以价值意蕴，正是为了确立人的价值理念，建构人的价值理想。在张载看来，太虚价值品性的人文意义主要在于：

1. "太虚"是人性价值的渊源

张载把人性分为"天地之性"和"气质之性"二重结构，他说："形而后有气质之性，善反之，则天地之性存焉。"（《正蒙·诚明》）"天地之性"是人与宇宙万物共同的本性，就人而言，乃是人人共存的本性。天地之性的特征是纯善、至善，"性于人无不善"（《正蒙·诚明》）。"气质之性"是人的形体由于禀气有正、偏之别和后天习俗不同而具有的自然本性。气质之性的特征是善恶混。"人之刚柔、缓急、有才与不才，气之偏也。……性未成则善恶混。""故气质之性，君子有弗性者焉"（《正蒙·诚明》）。可见，张载认为天地之性是具有至善价值的人性，而气质之性则是价值与非价值相混的人性。人只有"强学以胜其气习"，"善返"以复归性源，就能实现人性的至善价值。

那么，人的本原善性即"天地之性"是从何而来的呢？张载明确指出，天地之性渊源于太虚之气。他说："合虚与气有，有性之名"，又说太虚"至静无感，性之渊源"（《正蒙·太和》）。太虚可称之为"天"，"所谓性即天道也"（《正蒙·乾称下》）。他还以水、冰为喻，来说明天地之性渊源于太虚，"天性在人，正犹水性之在冰，凝释虽异，为物一也。"（《正蒙·诚明》）正由于人的天地之性来源于太虚，因此太虚的至善本性就决定了人的天地之性的至善价值。所谓"至善者虚也""性于人无不善"。可见，在张载看来，人之性就其本原而言，也就是太虚之性，人性的至善价值归根结底，来源于太虚的至善品性。

然而，太虚作为宇宙万物的本体，其至善品性应该为人与物所共有，何以只有人才能体现这种至善的价值呢？张载回答说，诚然"性者万物之一源，非有我之得私也"（《正蒙·诚明》），但人与物是有区别的。物蔽塞不通，因而，虽也具有太虚所赋的善性，却无法呈现；人有自我觉悟，能"通蔽开塞"，所以能够"达于天道"，即能够"尽性"——把来自于太虚的善性充分呈现出来。

通过以上论证，张载就设定了太虚对于人性价值的渊源地位，也规定了人的天地之性的"至善"价值。

2. "太虚"是道德价值的根据

作为儒家哲人，张载崇尚的道德也是传统的仁、义、诚、礼、孝、忠、恕等。他认为，这些道德乃是最有价值的道德；是"至善"人性的具体内容。既然人的"至善"的天地之性渊源于太虚，那么作为至善内涵的一系列道德范畴也无不根据于太虚，即根据于天。他明确指出，仁和忠恕之德都源于太虚，"虚者，仁之原，忠恕者与仁俱生"（《张子语录》中）；至诚之德也以天（太虚）为根据，"至诚，天性也"（《正蒙

·乾称下》），"天所以长久不已之道，乃所谓诚"（《正蒙·诚明》）；仁义之德也渊源于天性，"天地人一，阴阳其气，刚柔其形，仁义其性"（《易说·说卦》）；礼乃"天地之体自然而有"，是"天秩天序"的表现；孝是天的"诚"在人间的表现，也是天对人的要求，"仁人孝子所事天诚身，不过不已于仁孝而已"（《正蒙·诚明》）。总之，一切道德价值都是渊源于太虚，都是以天为根据的。

道德本是人的行为规范，乃是人处理人际关系应该遵守的"应然"之则。张载把仁义忠恕等德都说成源于"太虚"，说成"天性"，就给这些"应然"原则，找到了必然性的根据。从而，把"应然"原则"实然"化、"必然"化了。这与程、朱将仁义礼智提到了"天理"的高度，有异曲同工之妙，都是通过把道德本体化来论证儒家道德的天然合理性。尽管二者所说的本体并不相同。

值得注意的是，张载虽然通过太虚的价值品性来论证人的道德价值，为弘扬儒家仁义道德寻求本体论的根据，但是他在崇尚道德价值的时候，并未完全否定人欲的价值，因而还没有陷入程、朱学派"存天理灭人欲"的道德绝对主义。他说："湛一，气之本；攻取，气之欲。口腹于饮食，鼻舌于臭味，皆攻取之性也。"（《正蒙·诚明》）又说："饮食男女皆性也，是乌可灭？"（《正蒙·乾称下》）尽管这种从"气之欲"推导"人之欲"，与从"气之本"推导"人之德"，在论证方式上毫无二致，但其肯定人欲的价值观念，无疑是比较通达、开明之见。

3. "太虚"是人格价值的标准

张载同历代儒者一样，也把"圣人""君子"作为理想的人格形象。但他却把圣人、君子这种人格价值的标准提到了宇宙本体"太虚"的高度。在他看来，只有认同和符合太虚价值品性的人，即达到与天性同一境界的人，才是圣人、君子。（1）太虚有"至诚"的价值品性，因此，人只有达到了"至诚"，才能尽天性、顺天理，从而达到君子、圣人人格的标准。他说："人能至诚则性尽而神可穷矣"（《正蒙·乾称》）；

"至诚则顺理而利，伪则不循理而害"；"不诚不庄，可谓之尽性穷理乎？性之德也未尝伪且慢，故知不免乎伪慢者，未尝知其性也"，"故君子诚之为贵"。（《正蒙·诚明》）"圣者，至诚得天之谓"（《正蒙·太和》）。（2）太虚有"至善"的价值品性，因此，人只有继承这种至善的品性，不以"气质之性"为性，才能回归到天地之性的至善，形成君子人格。他说："性于人无不善，系其善反不善反而已"，"善反之则天地之性存焉"。"故亹亹而继善者斯为善矣"；"故气质之性，君子有弗性者焉"。（《正蒙·诚明》）（3）太虚有"太和"的价值品性，因此，君子、圣人应该以和为端，以和为贵，具有兼爱天下、泛爱万物的崇高品德；达到以宏大宽容之心体察万物的精神境界。他说："和乐，道之端乎！和则可大，乐则可久，天地之性，久大而已矣"。（《正蒙·诚明》）"惟大人为能尽其道，是故立必俱立，知必周知，爱必兼爱，成不独成"（《正蒙·诚明》）；"大其心则能体天下物，……圣人尽性，不以见闻梏其心，其视天下无一物非我"（《正蒙·大心》）。"体物体身，道之本也，身而体道，其为人也大矣"（《正蒙·大心》）。（4）太虚有"神化"的价值品性，因此，圣人应该德合阴阳，智义兼用，顺时而化，与天地同流，鼓天下之动。他认为，这种神而化、大而化的境界，只有圣人人格才会勉力达到。他说："气有阴阳，推行有渐为化，合一不测为神。其在人也，智义利用，则神化之事备矣。德盛者穷神则智不足道，知化则义不足云。天之化也运诸气，人之化也顺夫时；……《中庸》曰'至诚为能化'，孟子曰'大而化之'，皆以其德合阴阳，与天地同流而无不通也。"又说："得圣人之任者皆可勉而至，……大几圣矣，化则位乎天德矣。"（《正蒙·神化》）

由此可见，太虚的"至诚""至善""太和""神化"等品性乃是君子人格和圣人人格的价值标准。也是人们应该努力实施的价值目标。在张载看来，人能在养成这些价值品性上下功夫、去行动，就是君子人格；而如果达到了这些价值标准，实现了这些价值品性，就成为圣人人格了。他说："君子之道，成身成性以为功者也；未至于圣，皆行而未成之地

尔";"大能成性之谓圣"。(《正蒙·中正》)

4. "太虚"是理想境界的蓝本

张载的"太虚"是一个至诚、至善的和谐本体世界,它既真且善且美,集一切美好价值之大成,因而,也是人间一切美好价值的总根源。所以,要在人间建构一个理想的价值世界,就必须以也只能以"太虚"所体现的价值范式为蓝本。以张载之见,人间的理想价值境界具有两个最基本的特征,一曰"天人合一",二曰"民胞物与",而这两个特征都是取法于"太虚"的。

(1) 天人合一。张载认为,天与人的本原都是太虚之气,天与人同出于气,太虚之气的品性是天人、万物的共同渊源,因此,"天性"与"人性"在本质是同一的。虽然,从自然观上言之,"天与人,有交胜之理"(《正蒙·太和》),但是,就价值观而言,"天人一物"(《正蒙·乾称》)、"天人之本无二"(《正蒙·诚明》)。这样,他就从"性者,万物之一源"(《正蒙·诚明》) 和"天地人一,阴阳其气,刚柔其形,仁义其性"(《易说·说卦》) 的前提,推导出了"天人合一"的价值目标。

不但从天人"共性"上推导出了天人应该合一,而且张载还从"性"的具体内容上论证了天人合一的价值理想特征。在他看来,至诚、至善、太和既然是"天性"的具体价值内涵,因此天人合一的境界也应该是至诚、至善、太和的境界。他说:"性与天道合一存乎诚"(《正蒙·诚明》),"儒者则因明致诚,因诚致明,故天人合一"(《正蒙·乾称》)。这就是说,天人合一是一种"诚明"的境界;他又说:天性于人"无不善",故"继善者斯为善矣",天人都以"仁义"为性,故天人合一也是一种"至善"的境界;他还说:"太和所谓道",而人"莫不性诸道"。人既然以"天地之塞"为"体",以"天地之帅"为"性",因此天人合一当然是"乾称父,坤称母;予兹藐焉,乃混然中处"的和谐境界。

(2) 民胞物与。天人合一体现的是天与人的和谐关系,"民胞物与"

体现的是人与人、人与物的和谐关系。"民胞物与"作为一种理想境界也基于太虚的价值品性。由于太虚的价值品性是任何人、任何物所俱存的，因此，从本原上说，人与人、人与物是平等的。既然，天下所有的人、所有的物都有共同的价值基元，所以，每个人都应该把民众看作自己的同胞兄弟，把万物看作自己的朋友同伴，爱一切人，爱一切物。具体到人与人的相爱，张载指出："大君者，吾父母宗子；其大臣，宗子之家相也。尊高年，所以长其长；慈孤弱，所以幼吾幼。圣其合德，贤其秀也。凡天下疲癃残疾、茕独鳏寡，皆吾兄弟之颠连而无告者也。"（《正蒙·乾称》）张载认为，只有建立这种相爱而和谐的社会关系，才是对至诚、至善的"天性"的充分体现，"人能至诚则性尽而神可穷也"（《正蒙·乾称》）；才是对"太和""神化"之"天道"的完全继承，"知化则善述其事，穷神则善继其志"（《正蒙·乾称》）。

"民胞物与"、泛爱万物的价值理想虽然蕴涵着某种平等追求，体现了对穷苦百姓的关爱，但这种平等、关爱仍然是以封建的宗法等级为条件、为界限的。而且，在张载看来，这种宗法等级秩序和尊卑上下关系，也是由"天理""天秩"决定的，"天子建国，诸侯建宗，亦天理也"（《经学理窟·宗法》）；"天之生物便有尊卑大小之象，人顺之而已"（《经学理窟·礼乐》）。于是，"民胞物与"的兼爱理想和尊卑上下的等级秩序都渊源于"太虚"，都是"太虚"之天的价值世界在人间的摹本。

（三）"太虚"价值理想的实现

张载不仅以太虚的价值品性为根据、为范式，建构了他的人性价值、道德价值、人格价值和理想境界价值的观念体系。而且，还具体设计了实现这一价值体系的途径和方式。张载认为，实现太虚体现的价值理想的根本在于使人成为价值主体，即成为价值的承担者。而要使人成为价值主体，关键是改变人的气质之性，使现存的人性向天地之性复归；只要人复归到自己的本性——天地之性，就能与宇宙本体认同，也就能把太虚至诚、至善、太和、神化的价值在人间实现，从而使现实的人间也成为一个至诚、至善、太和、神化的美好价值世界。张载把向天地之性的复归，叫作"反之本""善反之"，又叫作"尽性""穷理""尽道"。他说："形而后有气质之性，善反之则天地之性存焉"；"尽其性能尽人物之性，至于命者亦至人物之命，莫不性诸道，命诸天。……至于命，然后能成己成物，不失其道。"（《正蒙·诚明》）

那么，怎样才能变化气质以复归天地之性呢？张载指出，其途径包括寡欲、为学、大心、守礼、行实等环节。

1. "寡欲"

张载认为，天地之性体现的"天之理""天之道"，而气质之性的内容则是"人之欲"。人性的这种二重性，决定了人的两个相反的发展趋势，即"上达反天理，下达徇人欲者与"（《正蒙·诚明》）。而且，反天理是光明之道，徇人欲是黑暗之途，"烛天理，如向明，万象无所隐；穷人欲，如专顾影间，区区一物之中尔。"（《正蒙·大心》）因此，要变化气质、复归天地之性，首先必须克制人欲。克制人欲不是要灭人欲，因为"饮食男女皆性也，是乌可灭？"（《正蒙·乾称》）而是要寡欲。张载说："仁之唯成久矣，人人失其所好，盖人人有利欲之心，与学正相背驰，故学者要寡欲"（《经学理窟·学大原》）。寡欲就是"以理义战退私己"（《横渠易说·下经》），做到"知德者属厌（即满足）而已，不以嗜欲累其心"（《正蒙·诚明》）。张载认为，只有通过克己、寡欲，才能变化气质之性，复归天地之性，"惟其能克己则为能变，化却习俗之气性"（《经学理窟·学大原上》），最终达到圣人的人格境界，"圣人无私无我，故功高天下。而无一介累于其心"（《性理拾遗》）。

2. "为学"

寡欲只是变化气质以"成性"的基本前提，要真正成为价值主体，还必须通过"为学"，从认识上体认天理、天性，以增强变化气质的自觉性。张载指出："为学大益，在自求变化气质"（《张子语录》中）。"为学"的实质内容是"穷理尽性"，他说："穷理即是学也，所观所求皆学也"（《张子语录》下），"穷理多，如此可尽物之性"。在"为学"的方式上，张载强调了三点：一曰"渐"，即循序渐进，由浅入深，积少成多，由多返约。他说："穷理亦当有渐，见物多，穷理多，从此就约，尽人之性，尽物之性"（《易说·说卦》）；二曰"悟"，即彻底领悟，把握实质，得其精髓，洞达天道。他说："人有见一物而悟焉，有终身而悟之者"（《张子语录》上）。三曰"静"，即虚心宁静，涤除杂念。他说："虚者，止善之本也，若实则无由纳善矣"（《张子语录》上）；"敦笃虚静者仁之本，不轻妄则是敦厚也，无所系阂昏塞则是虚静也"（《近思录拾遗》）。因此，"始学者要静以入德，至成德亦只是静"（《经学理窟·学大原下》）；"变化气质与虚心相表里"（《经学理窟·义理》）。"渐"指方法言，"悟"指目的言，"静"指态度言，三者结合，乃是张载所主张的"为学"之方。

3. "大心"

变化气质，返归天性，不仅是一个"穷理尽性"的为学过程，同时，还是充分发挥自身具有的德性之知，以直接观照天地之性的心灵扩充、良心展开过程。张载把这一过程，称为"大其心"。他说："大其心，则能体天下物；物有未体，则心为有外。世人之心，止于闻见之狭；圣人尽性，不以见闻梏其心，其视天下，无一物非我。孟子谓尽心则知性知天，以此。天大无外，故有外之心，不足以合天心。"（《正蒙·大心》）所谓"大其心"，就是把自己先天具有的德性之知，予以充分发挥、扩展。从而，把自己的心灵，从狭隘的见闻中解放出来，从一己的嗜欲之中超越出来，达到与无限本体、无限天道的合一。以张载之见，常人的心灵受见闻、嗜欲的束缚，变得十分狭隘，其中充满了"成心"，"成心者，私意也"（《正蒙·大心》）。这种"成心"遮蔽了人本来具有的"天德良知"（"德性所知"），从而也阻隔了天性与人性的贯通。因此，他认为，要与天性、天道合一，即回归天地之性，就必须"大其心"。"大其心"则能"体天下物"，则能"视天下无一物非我"，则能"尽天下万物之性"，而"体天下物"正是"天性""天道""天心"的本质特征和价值功能。所以说，"大其心"才能"合天心"。由此看来，张载所谓的"大其心"既是对天下万物的认识过程，更是对自我心灵的解放过程。它是对孟子"尽其心"的继承和发展。

如果说，"为学"遵循的是"穷理尽性"的路线，那么"大心"则遵循的是"尽性穷理"的路线，前者是通过认识的深化进而开启向本性的复归，后者是通过心灵的扩充进而达到对天理的认同。二者相成互动，最终实现"天人合一"的价值境界和"成圣"的人格理想。张载说："自明诚，由穷理而尽性也；自诚明，由尽性而穷理也。"（《正蒙·诚明》）又说："儒者则因明致诚，因诚致明，故天人合一，致学而可以成圣，得天而未始遗人。"（《正蒙·乾称》）

4. "守礼"

"为学"（"穷理尽性"）和"大心"（"尽性穷理"）两条路径，虽然一个重在提高认识，一个重在开放心灵，但二者都还是主体自身内在精神的发展。要实现价值理想，在张载看来，仅靠内在功夫还是不够的，还要遵守外在的规范和制度。于是，他提出"守礼"的原则。他说："知及之而不以礼性之，非己有也，故知礼成性而道义出，如天地设位而易行"（《易说·系辞上》）；又说："能守礼己不畔道也"（《经学理窟·礼乐》）。为什么"知礼""守礼"是实现价值理想的重要途径呢？张载所谓的"礼"，不仅指道德规范，还包括纲常原则、社会制度，等等。张载认为：第一，礼本出于性，因此守礼就能保持天地之性。"礼所以持性，善本出于性。持性，反本也。凡未成性，须礼以持之"（《经学理窟·礼乐》）；"礼即天地之德也，如颜子者，方勉勉于非礼勿言，非礼勿动。勉勉者，勉勉以成性也"（《经学理窟·礼乐》）。第二，礼是事业的保障，守礼可以成就事业以推广价值。礼可以"滋养人德性，又使人有常业，守得定，又可学便可行，又可集得义"（《经学理窟·学大原上》）；"非知，德不崇；非礼，业不广"（《易说·系辞上》）。正由于礼可"持性"，又能"守业"，所以就能使气质之性返归天地之性，从而实现人生的价值，"使动作皆中礼，则气质自然会好。"（《经学理窟·气质》）

5. "行实"

"守礼"能"使人有常业"，而常业的建树必然求实、行实。由此，张载把实现价值理想的最终环节归结在"行实"上。张载所主张的"实"，包括"实行"和"实事"两个方面。"实行"指人的实际行动，重在强调知行结合的作风，"实事"指行为的实际效用，重在强调学用统一的效果。张载说："大人之事则在思勉力行"（《横渠易说·义理》）。"力行"的意义在于能够使"所闻""所知"通过实际行动而发扬光大，落到实处。"尊其所闻则高明，行其所知则光大，凡未理会至实处，如空中立，终不着踏着实地"（《经学理窟·义理》）；又说："学贵于有用"（转引自《河南程氏粹言》卷一），"须行实事"（《张子语录》中）。"实事"的意义在于能够把所学的知识、所设计的价值目标通过实践而转化为实际事物，"大人之事在行，不行则无诚，不诚则无物，故须行实事。"（《张子语录》中）在张载看来，"力行实事"，是圣人人格的实际标志，只有如此，才能达到圣人人格。他说："惟圣人践形为实之至"（《张子语录》中）。"践形"乃是"实行"和"实事"的统一。

张载强调"行实事"，把"实行"和"实事"看作实现价值的根本途径和达到圣人人格的最高标志，这与程颐所云"学也者，使人求于内也，不求内而求于外，非圣人之学"（《河南程氏遗书·卷二十五》）的脱离实际学风，形成了鲜明的对比，充分表现了关学的务实学风和践履精神。更为可贵的是，张载所倡导的"实事"，其内涵是"天下公利"，特别是"民利"。他认为，仁义道德与物质利益有内在的统一性，天下公利即义之所在，他说："义，公天下之利"（《横渠易说·上经》）。而且，他明确指出，利于个人、利于国君都算不上"利"（公利），只有利于民才是真正的"利"（公利），也才是"义"。"利，利于民则可谓利。利于身利于国皆非利也。利之言利，犹言美之为美。利诚难言，不可一概而言。"（《性理拾遗》）根据这一原则，他提出"为政者在乎足民"的治世原则。由此可见，张载"行实事"的具体内容完全在于"利民""足民"。尽管张载在个人道德修养上主张"寡私欲""忘荣利"，有贬低个人物质利益的片面性，但在社会价值实现上强调"利民""足民"，却是难能可贵，值得赞赏的。

总之，张载的价值实现论是一个由寡欲、为学、大心、守礼、行实诸环节构成的完整系统。在这一系统中，"寡欲"是前提，"为学""大心"是基础，"守礼"是保障，"行实"是归宿。它是一个由内到外、由知到行、由学到用的逻辑演进过程。通过这一演进过程，"气质自然会好""天性自然能存"（"善反之则天地之性存焉"），从而就会达到"与天同德""天人合一""民胞物与"的崇高价值理想境界。张载解释孔子"三十"而至"七十"的修养过程时说："三十器于礼，非强立之谓也；四十精义致用，时措而不疑；五十穷理尽性，至天之命，然不可自谓之至，故曰知；六十尽人物之性，声入心通；七十与天同德，不思不勉，从容中道。"（《正蒙·三十》）这里的个人修养过程虽然与我们上述的逻辑演进过程并非完全对应，但它却包括了上述逻辑链条的主要环节，"器于礼"——"守礼"，"精义致用"——"行实"，"穷理尽性"——"为学"，"尽人物之性"——"大心"。"与天同德"即是价值的实现。这充分表明，张载的价值实现论体现了儒家重视价值自觉性、弘扬主体能动性、强调现实实践性的鲜明特征。如果剔除张载在太虚价值品性预设上的先验性，在太虚价值人文意义阐发上的道德至上性，在价值实现上的封建性（礼）和神秘性（大心）等局限，张载的价值观念至今仍蕴涵着可供我们汲取的宝贵资源。

四 朱熹"理"的价值意蕴

"理"是朱熹哲学的最高范畴，是他整个哲学体系的出发点和终结点。朱熹哲学是以"理"作为一以贯之的主线而形成其内在联系，建立其逻辑结构的。"理"在朱熹哲学中，含义甚为丰富，其"本体"义、"形式"义、"规律"义，学术界论述颇多，而对其"价值"义，却探讨不够。其实，"理"作为价值范畴，在朱熹哲学中的重要性并不比它的"本体"义为低，在某种意义上说，甚至比"本体"义更为重要，更能体现朱熹哲学的基本特征。朱熹哲学中，"理"的价值含义，概而言之，约有四端。

（一）"至善之理"是万物价值的本原

朱熹以理为宇宙的本体，理是超自然、超时空的绝对，是形而上者。对于天地万物来说，理是"万物之根""生物之本""万物主宰"。理虽然"无形迹""无情意""无计度""无造作"，是个"洁净空阔的世界"（《朱子语类》卷一），但它却并非是"空""无"，而是"实理"，是实际存在的本体。朱熹关于本体之理的这些规定，和西方一般客观唯心主义哲学并无原则上的不同，它并不能突出体现朱熹哲学的特征。朱熹哲学的本质特征在于，它不但赋予理以本体义，还赋予理以价值义。在朱熹看来，这个作为宇宙本体、万物主宰的理。同时也是完美无缺，至善无瑕的价值本原，天地万物的价值都是由它决定、由它派生的。他说："理无有不善"（《朱子语类》卷八十七），又说："总天地万物之理，便是太极"，"太极只是个极好至善的道理"，"是天地人物万善至好底表德。"（《朱子语类》卷九十四）经过这样的规定，理就既成了"生物之本"，又成了"至善"之本，成了本体与价值的统一体。

那么，理为什么是"至善"呢？朱熹认为，第一，理是最高层次的善。理既然是宇宙本体，它当然就处于至高无上的地位，宇宙间的万事万物都是由它派生的，万事万物固然也会有其善，即有自身的价值，但都是形而下的低层次的价值，或者说是属于现象界的价值。这些"天下物事"的价值，流转无常，变化多端，表现繁杂，都达不到"善的极处"，都远逊于理的价值。相对于这低层次的价值而言，理是最高的价值。第二，理是绝对无恶的善。世间的一切物事，既然都是形而下者，是派生的，所以也都是相对的。物必有对，"有阴便有阳"，"有善便有恶"，"有其善，乃有不善杂焉"。而作为形而上的理，却是一种绝对的本体，"理则无对"，它是纯粹的善，"不以恶为对"的善，"理便是天理，又那得有恶"（《朱子语类》卷九十七）。作为宇宙本体的"理"（太极），既是最高的善，又是绝对的善，所以是"至善"。

朱熹把"至善"之理称为"极本穷原之善""善根""未发之善"（《朱文公文集》卷三十七，《与郭冲晦》）；而把现象界天地万物的善看作是"天理流行""造化发育"的结果。明确地把理的价值和万物的价值，看成本原和派生的关系。作为价值本原的理，怎样派生天地万物的价值呢？朱熹提出一个中介环节——"继善"。他说，从本原上看，天地只是一理，也只是一善；天地生生不息，万化流行，都只有一个"善根"。天地万物从这"善根"中发育流行出来，先验地就有了自身固有的价值。万物这种固有的价值就叫"继之者善"。他说："继之者善，方是天理流行之初，人物所资以始"（《朱子语类》卷七十四）；又说："继之者善，是流行出来。人方在胞胎中，受父母之气，则是继之者善。"（《朱子语类》卷九十四）这种"继善"过程，是宇宙间万物价值的发育过程，是生生不已、绵绵不绝的无限过程，"继之者善，生生不已之意"（《朱子语类》卷七十四）。

既然天地万物都是从"至善"之理流行发育而来，都是"继之者善"，那么现存的万事万物，包括人在内，就都应该是"善"，是价值性的存在。可是，事实上，现象界的人、物、事却并非皆善，而是有善、有恶；有正价值，也有非价值，甚至有负价值。为什么由"至善"的价值本原所派生的事物并非都是纯善呢？对于这一问题，朱熹用"性同气异"（《朱文公文集》卷五十九，答徐元聘）来解释，他说，万物之性，本无不同，都"继"了本原（理）的"善"，所以"本然之性只是至善"（《朱子语类》卷五十九），但由于各物气禀有异，于是，本原之善就"或有所蔽而不能明者。""如一江水，你将杓去取，只得一杓，将碗去取，只得一碗"（《朱子语类》卷四）。这就是说，就其本原言，理无不善，性也无不善，及其落实到气质上，则受到各自形气的局限，故有善有恶，有正价值，亦有负价值。朱熹云："只是理，故无不善"，"生之理为性"，"性则纯是善底"，然而，"若是有底物事，则既有善，亦必有恶。"（《朱文公文集》卷四十六）。

由此可见，朱熹的理是"至善"的价值本原，天地间万物的价值，都是由它派生的。天地间某个特殊的人或事物，是否有价值，关键在于它能否继本原之善，顺本原之善。由于本原之理决定了万物的"本然之性"，所以万事万物从根本上说都固有其先验的价值性。理的价值内涵，决定了朱熹的价值观乃是一种先验的价值观，朱熹的宇宙观乃是一种价值宇宙观。宇宙从其本体上说，是一个价值世界。

（二）"当然之理"是人生价值的准则

朱熹的理不但是宇宙本体和价值本原的统一，而且还是自然规律和价值准则的统一。《朱子语类》卷四十云："至于天下之物，则必各有所以然之故与其所当然之则，所谓理也。"又云："身心性情之德，人伦日用之常，以至于天地鬼神之变，禽兽草木之宜，由其一物之中，莫不有见于以其所当然而不可已与其所以然而不可易者。""所以然"之理，指的乃是事物之间的本质联系，具体地说是指一事物所以成为该事物的内在根据。朱熹说："事亲如何却须要孝，从兄如何却须要弟，此即所以然之故。"（《朱子语类》卷十八）。"所以然"回答的是"为什么如此"的问题；"所当然"之理，指的是行为应该遵循的原则，具体地说，是指一种行为应当与某种原则相符合，相对应，相一致。朱熹说："如事亲当孝，事兄当弟之类，便是当然之则"（《朱子语类》卷十八）。"所当然"回答的是"应当怎样"的问题。由此可见，"所以然"是指必然规律，"所当然"是指价值准则，理既是必然规律，又是价值准则。

"当然之理"作为价值准则，其含义是多层次的。首先，理是天下万物的价值准则，"天下万物当然之则便是理"（《朱子语类》卷一一七）。在朱熹看来，天下万物既有其生成的最终根据，也有其存在的价值原则，符合这种价值原则的物，就体现了其自身的价值。例如，"鸢飞戾天，鱼跃于渊"，符合万物生生不息的当然之理，因而这就是它们的价值所在。又如，"虎狼之父子，蜂蚁之君臣，豺獭之报本，雎鸠之有别"，顺应着万物皆以仁爱为心的当然之理，故可称之为"仁兽""义兽"（《朱子语类》卷四）。其次，理是人生的价值准则。朱熹说："理之所当然者，所谓民之秉彝，百姓所日用者也"（《论语或问》卷八）。人的一生会承担多种社会角色，从事各种社会活动，采取种种社会行为。这些活动和行为是否有价值、有意义，就看其是否遵循"当然之则"的理，"为君臣者有君臣之理，为父子者有父子之理，为夫妇、为兄弟、为朋友，以至于出入起居应事接物之际，亦莫不各有理焉；有以穷之，则自君臣之大以至事物之微，莫不知其所以然与其所当然。"（《朱文公文集》卷十四）再次，理是道德的价值准则。朱熹认为，人的行为表现固然多样，但是只有符合理的准则的行为，才是有道德的，才是善的。"为君止于仁，为臣止于敬"，"事亲当孝，事兄当悌"，都合于理的当然之则，因而都是具有道德价值的行为。这种道德行为与理的符合，并非外在的强制，而是人性本然决定的。本然之性中就体现了当然之则。他说："理之所当为者，自不容己，孟子最发明此处，如曰：孩提之童，无不知爱其亲，及其长也，无不知敬其兄。"（《朱子语类》卷十八）然而，由本性决定，却并非自然而然，道德行为与当然之理的符合，还必须经过人的主观努力，经过人的分析、判断、比较、选择，才会把本然的善性发挥出来。"当然之理"的这几层含义中，人生价值准则和道德行为准则的含义是主要的。朱熹虽然提出理是"天下万物的当然之则"，但其归宿点乃是人的起居、出入、应事、接物等人生活动，特别是道德活动所必遵的准则。

朱熹的理既是"所以然之故"又是"所当然之则"，二者究竟是什么关系呢？在朱熹看来，二者是统一的。其统一性在于："所以然"是"当然"的依据，"当然"是"所以然"的贯彻；"当然"从属于"所以然"，"所以然"决定着"当然"。也就是说，价值准则都是依据必然规律而来的，人的活动的价值原则，都是由人的内在本性所决定的。他说："凡有声色貌象而盈于天地之间者，皆物也。既有是物，则其所以为是物者，莫不各有当然之则而自不容已，是皆得于天之所赋而非人之所能为也。今且以其至切而近者言之，则心之为物，实立于身，其体则有仁义礼智之性，其用则有恻隐、羞恶、恭敬、是非之情，浑然在中，随感而应，各有攸主而不可乱也。"（《四书或问·大学或问》）就是说，"所当然"的价值准则，乃是由"天之所赋"的"性"决定的；人的本性是"体"，价值准则是"用"。这种统一表明，朱熹企图以"当然之则"贞定人的价值追求，又进而以"所以然之理"作为"当然之则"的根据，从而，把人生价值的追求转换为宇宙的必然规律。

在朱熹关于必然规律与当然准则相统一的看法中，深刻地包含着"实然判断"和"应然判断"相统一、真理和价值相统一的重要思想，虽然他的论证还不够严密，但能触及这一价值论的难题，本身就是一大贡献。

（三）"仁爱之理"是道德价值的总体

理作为价值本原、价值准则，都还是形式性的含义，从内容上看，朱熹的理蕴涵的乃是道德价值的总体，即仁义礼智的总体。朱熹说："天理只是仁义礼智之总名，仁义礼智便是天理的件数"(《朱文公文集》卷四十)。所谓"总名"，一是指仁义礼智等道德规范在理的层次上是一个总体，它们都是理的构成要素；二是指仁义礼智虽然在特殊性上各有自身的含义，相互之间也有区别。但都蕴涵着"理"、体现着"理"，"理"是它们的共同本质、根本原则，仁是"爱之理"，义是"宜之理"，礼是"敬之理"，智是"别之理"。"总名"和"件数"的关系表明，理与仁义礼智是总体与其构成要素的关系，又是普遍与特殊的关系。

仁义礼智虽然都是理的构成要素和特殊表现，但四者的地位却是不同的。在四者中，仁为四德之首，它包括着四德，统率着四德。朱熹云："以先后言之，则仁为先；以大小言之，则仁为大"(《朱子语类》卷六)，"仁包义、礼、智三者，仁似长兄，管属得义、礼、智"(《朱子语类》卷五十九)；又云："仁该全体，能为仁则三者在其中矣。"(《孟子集注》卷三)。仁为什么能"包四德""该全体"呢？这是因为：(1) 仁是整个宇宙的价值意识，是天地生存价值的标志。在朱熹看来，天地万物的生生不息乃是天地的根本价值、根本意义所在，而"生底意思是仁"，"仁是天地之生气"，"仁者天地生物之心"(《朱子语类》卷五十三)。(2) 仁是人的价值本质，是人的价值表征。朱熹认为，作为天地生物之心的仁，体现在人身上就是人的本性，就是人的本心，就是人的价值表征。"仁者，人也""仁者心之德""仁便是人心"。人的存在如果离开了仁、不表现仁，就没有什么价值。人不过是体现仁这种价值的载体，实现仁这种价值的材料，仁乃是人存在的根本意义所在。由于仁既是天地之心，又是人心；既是天地价值的标志，又是人的价值的表征。所以，它就是"四德之元"，义、礼、智都是仁的价值的表现和贯彻，都从仁发挥而来。"仁者仁之本体，礼者仁之节文，义者仁之断制，智者仁之分别。犹春夏秋冬虽不同，而同出乎春。"(《朱文公文集》卷五十八) 四德"统是一个生意"(仁)，"若无仁，义礼智三者俱是死物了。"

　　仁的这种地位和意义就决定了"仁"和"理"的关系：一方面，"仁是理"，"仁只是个爱的道理"，"爱之理"（《朱子语类》卷二十）；另一方面，"浑然天理便是仁"（《朱子语类》卷二十八）。于是，"仁包四德"就成了"爱之理能包四德"（《朱子语类》卷二十八）。这样一来，"仁爱之理"就是道德价值的总体了。由此不难看出，"理"作为道德价值的总体和"仁"作为道德价值的总体，在朱熹的哲学中其实是一回事。然而，通过上述的逻辑过渡，朱熹就把"仁"这种道德价值提高到了宇宙本体、自然法则的高度。天与人、性与理、心与理在"仁"的价值中实现了统一。"仁者，天地生生之理""仁者天地生物之心"，"天者只是个仁""仁者心便是理""仁者心之德"；这些命题都充分表现了这种统一性。

　　在朱熹哲学中，"天理"是和"人欲"对立的范畴，所谓"人欲"，按朱熹的解释，它是"心之疾疢""恶的心"、为"嗜欲所迷"的心。"仁爱之理"既是道德价值的总名，那么"人欲"当然是不道德的总名了，或者说是"恶"的总名了。于是天理与人欲的对立，就是善与恶、正价值与负价值的对立。凡是从天理出发的体现天理的事物都是正价值，凡是由人欲引起的事物都是负价值。天理与人欲的冲突就是人间一切价值冲突的实质和根源。义与利、群与己、公与私、王与霸、德与力等价值矛盾，都是由天理与人欲的对立引起的，都是天理与人欲对立的种种表现。人间的一切价值冲突都可以通约为道德价值的冲突。可见，一切价值的道德化，道德价值的"天理"化，乃是朱熹价值论的基本特征之一。

（四）"穷理""复理"是价值实现的途径

　　价值实现是主体为追求价值目标和价值理想而进行的实际活动。在朱熹哲学中，回归价值本原、遵循价值准则、落实道德价值，就是人所追求的价值目标。具体地说，主体如果使自己的精神境界升华到"至善之理"的价值本原，使自己的人生遵循了"当然之理"的价值准则，使自己的行为落实了"仁爱之理"的道德价值，那就是价值目标和价值理想的实现。那么，价值实现的基本途径是什么呢？朱熹认为"格物穷理""革欲复理"是价值实现的基本途径。

"格物穷理"就是通过事物探究其本然的道理。朱熹说："格物者，穷理之谓也。理无形而难知，物有迹而易睹，故因是物以求之。"（《朱文公文集》）"格物穷理"从表面的意义上看，只是一认识论命题，但"理"既然是本体与价值、"必然"与"当然"的统一，因而，"穷理"就不仅是认识事物的本质和规律了，同时还是对价值"道理"的探究和体悟，而这后一层含义是更基本的。朱熹谈到"穷理"的任务时说："自其一物中，莫不有以见其所当然而不容己，与其所以然而不可易者。"（《四书或问·大学或问》）又说："格物，是穷得这事当如此，那事当如彼。如为人君，便当止于仁；为人臣，便当止于敬。又更上一著，便要穷究得为人君如何要止于仁，为人臣如何要止于敬，乃是。"（《朱子语类》卷十五）可见，探究价值的准则（"当然""当如此"）和价值的必然性根据（"所以然""如何要"），乃是"格物穷理"的根本意义所在。从这层意义上看，"格物穷理"无疑更是一个价值论的命题。

朱熹既然认为"天之至理"即是"人之本性"，又认为"万理具于一心"，为什么还要从事事物物中去"穷理"呢？这是因为，人心中先验的"已知之理"如果不通过"格物"来探究，仍然是"悬空"的东西，没有得到经历的印证，"自家虽有这道理，须是经历过方得"（《朱子语类》卷十）。此外，人虽然"心包万理"，但仍很肤浅，没有达到极致，只有即天下之物而"穷之"，才能"以求至乎其极"（《大学章句》）。所以，必须通过"今日格一物，明日格一物"，达到一定程度，"则众物之表里精粗无不到，而吾心之全体大用无不明矣"（《大学章句》）。可见，格物穷理的目的在于对价值本原、价值准则、价值理想的切实、深刻、全面的理解和认识，以达到"豁然贯通"的水平。由此不难看出，从价值论的角度上说，"穷理"就是提高价值觉悟，增强价值判断、价值选择和价值追求的自觉性和理性水平，它解决的是价值意识的深化和价值觉悟的提高问题。

与"格物穷理"相联系，朱熹还提出了"革欲复理"的命题。"革欲复理"就是将人心中混杂的"恶"（人欲）革除净尽，使固有的"善"（天理）充分发挥出来，复归到"至善"的天理。"革欲复理"的价值意义是解决价值冲突，改变人心中价值与非价值、反价值夹杂、混战的状态，使道德价值的"天理"得以实现。如果说，"格物穷理"是通过理性认识途径提高价值自觉性的话，那么"革欲复理"就是在价值理性觉悟指导下所开展的价值选择活动。以此看来，"穷理"属"知"，"复理"属"行"；"知"是价值认识，"行"是价值实践。"格物穷理"指导着"革欲复理"，"革欲复理"又巩固、完成、深化着"格物穷理"，二者是相辅相成的。

总之，朱熹认为"格物穷理"的价值认识和"革欲复理"的价值实践，是实现"至善天理"这一价值理想和贯彻"当然之理"这一价值原则的基本途径。人生和人间的一切价值都是通过"穷理""复理"而实现的。

通过对朱熹理的价值内涵的初步揭示，我们可以看出，朱熹哲学的致思趋向是将宇宙本体价值化，将价值本体化。而其运思方式是，先赋予宇宙本体包括天地万物以价值含义，然后再以此为逻辑前提推论人的价值取向、价值追求和价值准则。最后再通过人的价值活动回归到作为宇宙本体的价值本原上去。他的本体论、认识论、方法论、人性论都是遵循着这种致思趋向和运思方式而展开的，都是从属于其价值论的。就价值论本身而言，价值本体化的结果，必然导致价值主体的泛化，不仅人是价值主体，宇宙万物都是价值主体；价值来源的先验化，不是由人设定价值，把人的实践作为价值形成的基础，而是由价值设定人，把体现天理的固有本性作为人间价值的先验根源；价值类型的道德化，把仁义礼智作为各类价值的尺度的实质，用其通约自然、社会的所有价值种类。天之元亨利贞、地之金木水火，都是仁义礼智的表现形式；价值性质的绝对化，"理"所标志的价值不是相对的，历史性的，而是永恒的，不变的，至高无上的，纯净无杂的。朱熹价值论的意义在于，从理论上为实现"实然"与"应然"、真理与价值的统一提供了思路；从历史上为道德成为社会上的本位价值开辟了道路，从而成为中国古代价值论史和价值演变史上的一个里程碑。

五 中国哲学中认识论与 价值论的融通

　　认识活动是主体对客观事物现象和本质的反映，其目的是求得主观与客观相符合，获得真理。价值活动是实现客体对主体需要的满足，其目的是求得客体与主体相一致，使主体健康发展。认识活动是主体走向客体，是主体的客体化过程；价值活动是客体走向主体，是客体的主体化过程。按照西方哲学的传统观念，在认识活动中不能把主体的需要和利益以及情感、兴趣、道德等价值因素掺杂到认识的过程和认识的成果之中，也就是说，要竭力排除价值因素对认识的干扰，以保证认识的客观性。然而，对于中国传统哲学来说，这种纯粹的不包含价值因素的认识是不可能的，也是没有意义的。中国古代哲人，总是把致知与崇德、穷理与尽性、求真与闻道，视为不可分的统一过程。认为认识活动与价值活动、真理追求与价值追求是相互渗透、相互贯通、融为一体的。这种融通的基本特征是以价值统率认识、以价值统摄真理，即"以善统真"。其具体形式可以概括为以下几个方面：

（一）认识主体的价值规定

　　中国哲学认为并不是任何人都能成为进行认识、掌握知识的主体，认识主体只是那些具有特定价值属性的人。据此，他们对认识主体提出了明确的价值要求，作出了明确的价值规定。这种要求和规定包括三个方面：一是认识主体必须具有良好的道德修养；二是认识主体必须养成高尚的价值人格；三是认识主体必须具备特定的社会资格。

关于认识主体的社会资格，孔子曾经提出："民可使由之，不可使知之"（《论语·泰伯》），又说："困而不学，民斯为下矣"（《论语·季氏》）。就是说，民是没有资格成为认识主体的，认识主体只能是那些圣人、智者和君子。这种规定，完全出于一种等级观念，即出于"唯上智与下愚不移"的价值意识。后来孟子从人性善出发，认为人生来都具有仁义礼智四端，所以"人皆可以为尧舜"。按照这一思路，人人都可以成为认识主体。然而，这只是一种可能性而已，就其现实性而言，由于"劳心者治人劳力者治于人"的社会等级差别，成为认识主体的也只能是"劳心者"。孔孟对认识主体的社会资格规定对后代产生了深远的影响，从汉唐迄至宋明，儒家哲人大都把认识活动视为统治者和圣贤们的专利，所谓"如古之无圣人，人之类灭久矣"（韩愈《原道》）；所谓"天不生仲尼，万古如长夜"（《朱子语类》卷九十三）。

关于认识主体的道德修养要求，早在西周初年《尚书·洪范》就提出了"敬用五事"的命题："貌曰恭，言曰从，视曰明，听曰聪，思曰睿。恭作肃，从作乂，明作哲，聪作谋，睿作圣。"这些要求包括了能力和道德两个方面，《洪范》认为达到了这些修养要求，才会成为一个好的认识主体。后来，孔子提出：要成为智者，认识主体首先要成为仁者，"择不处仁，焉得智"（《论语·里仁》）；"智及之，仁不能守之，虽得之，必失之"（《论语·卫灵公》）。孟子也说"不仁是不智也"（《孟子·公孙丑上》）。荀子则提出认识主体应该有"虚一而静"的修养，才能把握真理。他说："何以知道？曰心，心何以知？曰虚一而静"（《荀子·解蔽》）。宋明理学时代，儒家对认识主体道德修养的要求更加重视，也更为严格，张载有"崇德"之说，曰："崇德而外，君子未或致知也。"（《正蒙·神化》）程颐有"主敬"之论，曰："未有致知而不在敬者。"（《伊川语录》）不仅儒家如此，道家对认识主体的修养也颇为重视，虽然他们提出的修养内容与儒家有异，但也认为认识主体的修养是取得真知的前提，老子认为要取得对道的认识，把握道的真理，认识主体必须"损之又损，以至于无为"（《老子》第四十八章），损的对象是"前识"和"物欲"。因为"前识"是邪伪愚钝的表现，所谓"前识者，道之华而愚之首。"而"物欲"会使感官产生病态，所谓"五色令人目盲，五音令人耳聋"（《老子》第十二章）。所以只有对二者不断损减，才会使心灵达到"致虚极、守静笃"的本然状态。而这种状态正是认识"道"的先决条件。庄子与老子的观点基本一致，认为要获得对道的认识，主体必须超越自我，破除"成心"，达到"以明"境界。这实际上就是老子所说的"涤除玄鉴"。可见儒道两家都对主体提出了明确的修养要求。

关于认识主体的价值人格，儒家提出了君子、圣人的人格要求，孔子说君子"博学于文"，而圣人则可以"知天命"，并且能"生而知之"。在他看来，具有圣人人格的人，可以"生知"；具有君子人格的人，可以"学知"；其他的人，既不学，也不知，即不具有认识主体资格。孟子虽然说人人都有"良知""良能"，都有成为认识主体的可能性，但实际上他认为仅仅运用"耳目之官"的小人是不能充当认识主体的，只有那些发挥"心之官则思"的大人才符合认识主体的人格要求。大人即是圣人，他说"大而化之之谓圣"（《孟子·尽心下》）。道家与儒家的人格标准不同，但对认识主体也有明确的人格规定，老子说百姓皆"注其耳目"（《老子》第四十九章），而"无欲无为"的圣人却保持着"虚极静笃"的心态，具有质朴自然的人格特征。因此只有他们才能做到"不出户，知天下，不窥牖，见天道"，成为认识主体。所以，老子说："圣人不行而知，不见而名，不为而成。"（《老子》第四十章）庄子也提出"有真人而后有真知"（《庄子·大宗师》）。所谓"真人"，就是无好恶爱憎之情感、忘生死善恶之区别的人。他认为具有"真人"人格才能成为认识主体，获得真知。

中国古代哲人关于认识主体的价值规定说明，中国哲学主张：作为认识主体的人，不应该是自在的而应该是自为的，不应该是自发的而应该是自觉的，不应该是自然的而应该是使然的。这种自为性、自觉性和使然性，正是人的主体性的表现，也是人之所以为人的标志。

（二）认识对象的价值选择

在以探求真理为认识目的的西方认识论中，客观事物对于人来说都具有同等的认识意义，都可作为认识对象。因此，对于西方哲学家来说，认识什么并不是认识论中的重要问题。然而，对于把求真作为得道手段的中国哲人来说，选择认识对象却是至关重要的问题。从孔子老子开始，哲人们就主张对认识对象进行选择。

孔子指出认识的主要对象应是古代的礼乐和天命、现实的人伦和治道，而神秘的鬼神问题、玄虚的本体问题、自然界的现象和生产技术，都是不应属于认识的对象和范围。《论语》云："君子博学于文，约之以礼"（《论语·雍也》），"不知命无以为君子也。"（《论语·尧曰》）又云："务民之义，敬鬼神而远之，可谓知矣。"（《论语·雍也》）又云："子不语怪、力、乱、神。"（《论语·述而》）充分表明了孔子以天命、礼乐、人事、民务、治道为认识对象的价值取向。孟子认为"万物皆备于我"，无须外求，只要"尽心、知性、知天"就可以穷尽真理。他把认识对象转向人的心性，由于心性的内涵是仁义礼智四端，因此孟子的认识对象选择是一种道德选择。

老子则反对一切对象性认识，认为通过感官门户去认识现象界的种种事物，只能给人带来危害。他主张把"道"作为唯一的认识目标，要人们通过"涤除玄鉴""致虚守静"的方式去"为道""得道""同于道""从事于道"。这也是对认识对象的价值选择。在庄子看来，一切对象性认识都没有是非之分，都是人们从一己"成心"出发所形成的观念，因而都是没有意义的。只有去"知道""得道"才有价值。这和老子的选择是一致的。

墨子以是否"国家百姓人民之利"为选择认识对象的标准，因此他最关注的是国计民生问题。他对兼爱、非攻、节用、节葬、尚同、尚贤等问题的讨论，充分表现了他所选取的认识范围。

　　法家从君主专制和以法治国的价值追求出发，把自己的认识领域确定在社会政治和政权法律方面，而关于自然知识和思辨哲理，则涉及较少。

　　这些关于认识对象的选择意识，既表现在哲人们的认识活动之中，也体现于他们的认识理论之中。孔子说："多闻择其善者而从之，多见而识之"（《论语·述而》），主张对认识对象要"择善而从"。荀子则明确指出凡是未选为认识对象的事物，人就不会去注意，去认识，即使遇到了这些事物，也会视而不见，充耳不闻。他说："心不使焉，则白黑在前而目不见，雷鼓在侧而耳不闻"（《荀子·解蔽》）。又说："情然而心为之择，谓之虑"（《荀子·正名》），通过心的选择，"是之则受"，"非之则辞"（《荀子·解蔽》），从而确定认识对象。这是对认识对象进行价值选择的高度理论概括。

（三）认识过程的价值参与

　　中国哲学认为，人的认识活动并非是纯粹的主观反映客观的超情感、超利益过程，而是受人的情感、心态、动机、欲利等价值意识参与的过程。不同的价值意识会对认识的方向、偏全、深浅、正误、得失产生不同的影响。

　　关于情感心态因素对认识的影响，孔子曾有较明确的认识，他说："知之者不如好之者，好之者不如乐之者。"（《论语·雍也》）就是说，要深入地认识对象，仅仅客观地去了解它不如对它产生喜好之情；对它产生喜好之情，不如从它那里获得快乐。"好之""乐之"都是价值意识，但在孔子看来"乐之"是进行认识的最好心境。以这种心境进行认识，才会深化认识程度，提高认识水平，获得最佳效果。朱熹在阐释这种价值意识对于认识的积极效应时说："乐之者是好之已至，此理已得之于己。凡天地万物之理，虽具足于吾身，则乐莫大焉。"[1] 后来，孟子

---

　　[1] 《朱子语类》，转引自程树德《论语集释》（二），中华书局1997年版，第404页。

提出要以"自得"的态度深造求道，他说："君子深造之以道，欲其自得之也。自得之则居之安，居之安则资之深，资之深则取之左右逢其源。故君子欲其自得之也。"（《孟子·离娄下》）"自得"是指一种优游愉悦的心态，孟子认为，这种超然功利、不受强制的自得心态，才能深化认识。《学记》也指出人们要获得知识，必须心情舒畅，而不能拘谨、窘迫。它说："君子之于学也，藏焉修焉，息焉游焉。"这里虽然说的是学习心理，但也包含着对认识过程中情感心态作用的体认。不仅儒家认识到情感因素对认识的影响，法家韩非也看到了积极的情感对认识的促进作用。他说，母亲对幼子的慈爱之情，不仅是致福除祸的动力，而且还会推进对事理的深刻认识，"母之慈于弱子也，务致其福，务致其福则事除其祸，事除其祸则思虑熟，思虑熟则得事理。"（《韩非子·解老》）汉初的《淮南子》也认为，愉悦的情态，对认识有积极促进作用，所谓"同师而超群者，必其乐之者也。"（《缪称训》）。

关于动机在认识中的作用，孔子更为重视，他反复强调要激发认识动机，坚定致学志向。他说："三军可夺帅也，匹夫不可夺志也。"（《论语·子罕》）只要"志于学""志于道"，那么，即使生活困难，环境艰苦，也会为追求真理，勇往直前，"不改其乐"。孟子继承和发展了孔子的思想，着力阐发"专心致志"在认识中的重大作用，他说："不专心致志，则不得也。"（《孟子·告子上》）所谓"专心致志"不仅是强调在认识过程中要集中注意力，更重要的是要求为实现自己认识的价值目标（"志"）而努力奋斗。荀子也提出："无冥冥之志者，无昭昭之明；无昏昏之事者，无赫赫之功"（《荀子·劝学》）。相较于儒家而言，墨家对认识过程中价值意识参与的理解，似乎更加具体，更为深刻。《墨辩》的作者提出认识和知识由"闻、说、亲、名、实、合、为"七种因素构成，其中的"为"指的是认识的目的、动机和行为。它又根据目的、动机的不同，把"为"分为六种，即"存、亡、易、荡、治、化"（《墨子·经上》）。"存"是指使某种对象存在的目的，"亡"是指使某种对象消亡的目的，"易"是指交换商品的目的，"荡"是指荡平某种现象的目的，"治"是指治理事物的目的，"化"是指促使事物改变的目的。墨家认为，这种价值动机和价值目的的意识，是认识的构成要素，都会在认识过程中发挥作用，不同的目的、动机，对认识会产生不同的影响效果。这种观点显然是对古代认识论的突出贡献。

关于利欲对认识的影响，中国哲人们论述最多。春秋时的宋钘、尹文学派较早地看到了"私欲"对认识的干扰作用，认为利欲熏心的人不可能取得对事物的正确认识。他们说："嗜欲充溢，目不见色，耳不闻声"，又说"夫心有欲者，物过而目不见，声至而耳不闻也。"（《管子·心术上》）为此，他们主张在认识过程中要去掉私欲，达到心思纯一，认为只有心思纯一了，心情才会平静；心情平静了，注意力才会专一，从而也才能对所认识的客体明察秋毫，获得正确的认识和最高的智慧。所谓"世人之所职者精也，去欲则寡，寡则静矣。静则精，精则独立矣；独则明，明则神矣。"（《管子·心术上》）而为了"去欲"，他们提出要进行有目的的道德修养（"修此"），只有进行道德修养，才会正确、深刻地认识客观事物（"知彼"），"人皆欲知而莫索之。其所知，彼也；其所以知，此也。不修之此，焉能知彼？修之此，莫能（如）虚矣。虚者，无藏也。"（《管子·心术上》）宋钘、尹文对私欲这种价值意识在认识过程中消极作用的认识无疑是颇为深刻的，它对后代哲人颇多启迪。荀子提出必须从"公心"出发去认识事物，认为"公心""私心"两种不同的价值意识会导致不同的认识结果，所谓"公生明，偏生暗"（《荀子·不苟》）。为什么"公生明"而"偏生暗"呢？荀子指出，偏私之心会造成认识的片面性，因为从私意出发，就会只看到事物"可欲"的一面，而不考虑事物"可恶"的一面；只看到事物"可利"的一面，而不顾及事物"可害"的一面。荀子把这种认识的片面性称之为"蔽"，他指出，只有消除私欲干扰，使心处于"虚一而静"的"大清明"状态，才能"解蔽"。至宋明时代，哲人们更是普遍地强调正确的利欲观念对认识的重要意义，张载有"大其心则能体天下物"的名言，苏洵有"为一身谋则愚，而为天下谋则智"的警语，程朱以"灭欲"为"穷理"之本，王守仁反对"只求其聪明而不知养之以善"，这些观念明确地认识到了价值意识在认识中的重大影响，着力主张用端正的积极的利欲意识去促进认识。

正由于认识过程中有情感、动机、利欲等价值因素的参与，所以中国古代的哲人，尤其是儒家哲人，总是把认识活动与价值活动（特别是道德修养活动），视为统一的整体。先秦时期，孔孟以"仁智"并举、《中庸》主"诚明"互动、《大学》将"格物致知"与"诚意正心"贯通、荀子把"为学"与"隆礼"结合。迄至宋明，程、朱视"穷理"与"灭欲"为一体，王阳明倡"知"与"行"相合一，都充分表现了认识与价值互渗、相融的思想。这种思想对中华民族的价值思维和认识观念有广泛深远的影响，"利令智昏""当局者迷，旁观者清""不识庐山真面目，只缘身在此山中"等成语、谚语、诗句，都体现着价值意识会参与、影响人们的认识活动这种哲理。

（四）认识目标中的价值意蕴

中国古代哲学关于认识目标的实现，也不仅仅局限于对客观事物本质和规律的把握上，而是把事实认识和价值评价、把真理获得与价值实现、把求真与求善都融通于认识目标之内。而且认为真理是从属于价值的。关于认识目标中的价值意蕴，儒、墨、道、法都按照自己的哲学立场，作了阐发：

1. 儒家认识目标中的道德价值内涵

孔子把认识的最高目标确立为"闻道"，曰："朝闻道，夕死可矣"。（《论语·里仁》）他所谓的"道"虽然包含宇宙法则的内容，但主要指治世之道和为人之道。作为治世之道，他主张"德政"（"为政以德"）；作为为人之道，他追求仁义道德和君子人格。孟子和孔子的思路基本一致，但他将认识的制高点置于内在的心性上，认为"知性知天""养性事天"是认识的最高目标。他所谓的性、天，其内涵仍是儒家的仁、义、礼、智道德，这种道德扩充于政治领域即是"仁政"。《大学》通过对"为学次第"的论述，提出认识的目标在于通过"格物致知"最终达到"明德""亲民""至善"的价值理想。《中庸》以"修道"为认识活动的内容，而"道"的本质是"性"，"性"的来源是"天"，其思路与孟子略同。荀子明确提出"学止于礼"的命题，把认识的意义统摄于价值。《易经》大力弘扬"探赜索隐"的认识和"崇德广业"的价值的内在统一，认为《易经》具有追求真理和实现价值的双重功能。先秦儒家关于认识目标的设定，被汉儒、宋儒所继承和发展，董仲舒认为，认识的目的主要不是"察物"而是"知天"，认识事物本身只是认识"天意"的中介和手段。而所谓察"天意"的实质内容乃是"察仁义"。他说："察物之异以求天意"，"察于天之意，无穷极之仁也"（《春秋繁露·王道通三》）。程朱理学认为，认识的最高目的是"穷于理"，"格物致知"不过是"穷理"的途径和手段，而"天理"乃是"仁义礼智信"的总名。王阳明讲"知行合一""致良知"，把认识活动和道德自觉、道德实践完全融合一体。不难看出，儒家的认识目标内在地包含着真理内容和道德价值的统一，而且是以道德价值的实现为最终目的的。

2. 墨家认识目标中的实用价值追求

墨家虽然也重视道德，宣扬"兼爱"，但从认识目的的角度考察，墨家具有鲜明的功用意识。墨家认为，人们认识的价值，主要不在于形成一种理论观点进行言谈论辩，而在于指导人们的实际行为。他说："言足以迁行者常之，不足以迁行者勿常；不足以迁行而常之，是荡口也。"（《墨子·贵义》）又说："务言而缓行，虽辩而不听"（《墨子·修身》）。就是说，一种认识、言论，只有及之于行、见之于行、归之于行，才有意义，不然，只是一种毫无价值的空谈（"荡口"）。正是在这种意义上，他指出实行比认识更根本，所谓"士虽有学而行为本"（《墨子·修身》）。不仅如此，墨子还指出，对于人们的行为来说，其根本意义并不在于行为的动机，而在于行为的效果。所以，他主张考察人们的行为是否具有价值，应该"合其志功而观焉"（《墨子·鲁问》）。即把动机（"志"）和效果（"功"）结合起来观察、评定。这就是说，对于"言"的价值要以"行"为标准，对于"行"的意义要以"用"（功用）为尺度，他说："用而不可，虽我亦将非之。且焉有善而不可用者？"（《墨子·兼爱下》）。明确反对重言轻行、重志轻功的倾向。为了把认识目标中的知识价值和实用价值统一起来，墨子提出了检验和判断认识的是非、利害的三大标准——"三表法"：即"上本之于古者圣王之事""下原察百姓耳目之实""发以为刑政，观其中国家百姓人民之利"（《墨子·非命上》）。这三条标准体现了真理标准和价值标准的统一。由此可见，墨子的认识目标中蕴涵着鲜明的实用价值内容，而"实用"的宗旨是"国家百姓人民之利"。

3. 道家认识目标中的自然价值理想

道家的认识目标是"道"。"从道""从事于道""同于道"，既然是人的全部精神归宿，当然也是认识的最终目的和最高目标。道家的"道"是宇宙之体、普遍规律和崇高理想的统一。作为规律而言，对道的认识具有追求客观真理的意义，作为理想而言，认识道就是对价值的追求。道的价值意蕴，在道家哲学中包括诸多内涵，"自然"状态、"无为"态度、"虚静"品格、"大美"境界都是道的价值含义，而其核心乃是"自然"，其他都是"自然"的展开，由"自然"来统摄。在道家看来，认识"道"以获得客观真理和体现"道"以实现自然价值，是统一的认识过程中的两个方面。庄子以"庖丁解牛"的寓言，深刻地表达了这种思想。庖丁为文惠君解牛，一方面"依乎天理，批大郤，导大窾，因其固然"，这是对牛有深刻认识的表现；另一方面"手之所触，肩之所倚，足以所履，膝之所踦，砉然响然，奏刀騞然，莫不中音，合于桑林之舞，乃中经首之会"，这是"解牛"所体现的"自然"境界。而这两个方面，都融通于庖丁"以神遇而不以目视，官知止而神欲行"的对

"道"的体悟和与"道"同一的过程之中。正由于"解牛"的活动中包含着对客观对象的正确认识，所以文惠君曰："嘻，善哉！技盖至此乎？"然而，"解牛"又不单纯是一种基于认识的技术完成，还是一种价值实现，所以，庖丁说："臣之所好者道也，进乎技矣"。（《庄子·养生主》）"道"体现了价值和智慧，"技"体现了认识和技能，深刻地表明了道家把认识目标和价值目标合而为一的致思趋向，更表明了其以价值统摄认识的鲜明特征。

4. 法家认识目标中的功利价值意识

法家是中国古代的功利主义者，强烈的功利价值意识，内在地渗透在他们的认识目标论中。韩非明确指出："夫言行者，以功用为之的彀者也"，"今听言观行，不以功用为之的彀，言虽至察，行虽至贤，则妄发之说也。"（《韩非子·问辩》）这就是说，认识的目标仅仅在于"功用"，离开功用目的的认识活动是毫无意义的。为此，韩非明确提出"息文学""不听学者之言""无书简之文"的主张，认为这些不以"功用"为目的的认识、知识，是"多费"的、"杂反"的，甚至是"愚诬"的；为了实现认识的功用价值目标，韩非提倡"知道理""服从道理"。他所谓的"道理"指的是客观事物的规律。在他看来，人如果认识了客观事物的规律，就可以避免精神的浪费，"夫能啬也，是从于道而服于理者也"（《韩非子·观行》）；就能够摆脱自我的迷惑，"智短于自知，故以道正己。……身失道则无以知迷惑"（《韩非子·观行》），而节省精神、以道正己正是实现功用目的的条件。所以，他说："动弃理则无成功""弃道理而举动者"必"离（罹）于患，陷于祸"，而"得事理则必成功""夫缘道理以从事情，无不能成。"由此可见，"知道理""得事理"的认识活动完全是服务于功利目的的；认识的价值标准与认识的真理标准完全合而为一了。

由此可见，儒、墨、道、法都不把认识的目标确立在单纯的知识追求和真理把握上，而是赋予认识目标以深厚的价值意蕴。这与西方哲学为知识而认识、为真理而认识的致思趋向大相径庭。

综观中国哲学认识论与价值论的融通，我们可以获得深刻的启示。首先，这种融通表现了中国哲学从不把实然与应然、真理与价值，割裂开来，对立起来。长期困扰西方哲学家的事实与价值分属两个不同领域的所谓"休谟问题"，在中国传统哲学中是根本不存在的。中国哲学中的综合整体思维，始终以"合真善"的方式，思考认识问题和价值问题。从而，使实然与应然、真理与价值的互渗、相融、贯通成为中国哲学的突出特征。其次，认识与价值的融通过程及其所形成的成果，体现了科学精神与人文精神、工具理性与价值理性的统一。当代社会存在的科技与人文的矛盾、工具理性与价值理性的冲突，都可以从中国哲学中找到解决问题的智慧资源。中国哲学中"观乎天文以察时变，观乎人文以化成天下"的兼容、"格物致知"与"诚意正心"的贯通、"因诚致明"与"因明致诚"的互动，这些认识与价值融通的具体表现形式，对于协调科学与人文、工具理性与价值理性的关系，都有宝贵的启迪意义。最后，中国哲学关于认识与价值相融通的思想，在思想方式上具有直观性、笼统性、模糊性的特征，在价值取向上具有以善摄真、以德统智的倾向。因而，它对哲学认识论的发展和科学知识的发展，都具有一定的制约性。在继承发扬其优点的同时，应该对其局限性进行克服。通过现代认识论的洗礼和吸取西方近现代哲学的积极成果，使它在新的哲学思维水平上，焕发生机，助益人类。"无可奈何花落去，似曾相识燕归来"，中国传统哲学的辉煌时代虽已过去，但它所蕴藏的智慧之光，必将在21世纪中以新的形式重放异彩。

六 中国传统历史哲学中的
价值意识

历史哲学是从整体上对历史本质和规律的反思。历史哲学中的价值意识具有两个层次的意义：一是指哲学家思考历史本质和历史过程时对历史中所包含的价值因素的看法；二是指哲学家在评价历史事件和人物时所持的价值评价标准。本文中的"价值意识"，主要指的是第一层次含义。中国传统历史哲学中的价值意识，主要体现在其历史本体论、历史主体论、历史规律论和历史发展论中。

（一）历史本体论中的价值本位意识

历史的本质是什么？这是中国传统历史哲学思考的首要问题。夏殷时代的统治者皆以天命神权论回答，把"上帝""天命"视为历史的本质；西周统治者虽然已看到了人的力量，但其主导观念仍是天命史观。至春秋时代，随着"天道远，人道迩"思想的兴起，哲人们逐渐用人的活动来解释历史，此后人本史观遂成为历史哲学的主流。人本史观把历史的本质看成人的活动，历史以"人事为本"（仲长统），"成败以人事为主"（刘知己），历史就是"人事有代谢，往来成古今"的过程。然而，人的历史活动包括两个方面：一方面是活动的形式和规律；另一方面是活动的指向或目标。前者构成了历史的客观事实过程，后者构成了历史的主体价值目标。所谓历史本体论中的价值意识，就是指哲人们对历史活动过程中所包含的价值目标的看法。由于人们在历史活动中追求的价值目标是多方面、多层次的，构成了一个内容极其丰富的体系，因之就形成了价值目标体系中本位价值和非本位价值的区分。本位价值是占主导地位的、起决定作用的价值目标，非本位价值是处于从属地位、由本位价值决定并受其制约的价值目标。在中国历史哲学中，自春秋以降，哲学家们关于历史活动的本位价值目标问题有以下观点：

1."利"本位

在中国传统历史哲学中，不少哲学家从人性"好利"的人性论出发，认为人在历史活动中的价值追求目标是"欲利"（《管子·形势篇》）、"索利"（《商君书·算地》）、"计利"（《商君书·算地》）、"急利"（《韩非子·难四》）。一部历史就是"天下熙熙，皆为利来；天下攘攘，皆为利往"（《史记·货殖列传》）的活动过程。由此，他们提出物质利益乃是历史价值体系中的本位价值，它决定着社会的政治价值、法律价值和道德价值。荀子说："先王恶其乱也，故制礼义以分之，以养人之欲，给人以求，是欲必不穷乎物，物必不屈于欲，两者相持而长，是礼之所起也。"（《荀子·礼论》）司马迁说："礼生于有而废于无"（《史记·货殖列传》）。《管子》、贾谊、《淮南子》、司马迁、王充、李觏都认为："仓廪实，则知礼节，衣食足，则知荣辱"。基于以"利"为价值本位的观念，这些思想家们纷纷提出"治国之道，必先富民"（《管子》）、"民事之急，无甚于食"（谭峭）、"治国之实，必本于财用"（李觏）的主张。以物质利益价值为本位，映射出了哲学家们重视社会物质生活、强调社会物质生产的历史本体观念。

2."义"本位

历史上还有一些哲学家认为人类历史的价值本位是"义"而不是"利"。从孔子的"义以为上""民无信不立"、孟子的"有不忍人之心，斯有不忍人之政"，到朱熹的"必以仁义为先，而不以功利为急"，许多儒家哲人都认为："仁义"道德是人类历史中的本位价值。他们从"仁义根于人之心固有"（朱熹）的性善论出发，把仁义道德视为人类社会的基础和主导，认为道德不但可以衍生出知识价值、艺术价值，而且可以决定政治价值和物质利益价值。所谓"不处仁焉得智"（孔子）；"德者才之帅"（司马光）；"里仁为美"（孔子）；"为政以德"（孔子）；"利原义之所必得"，"离义而不得有利也"（王夫之）。可见，智、才、美、治、利等价值无不以"义"为基础和前提。由于他们认为"义之养生人，大于利而厚于财"（董仲舒《春秋繁露·身之养莫重于义》）。所以，就把"正其谊（义）不谋其利，修其道不计其功"（董仲舒）作为治世和人生修养的基本原则，把端正帝王"心术"，使帝王具有实现仁义道德价值之心，视为"天下万事之大本"（朱熹）。

3. "礼" 本位

礼是中国传统社会中长期存在的一种等级制度、伦理规范和礼仪程式。它是贯彻着伦理原则的政治制度。在传统历史哲学中，孔孟都重视礼，但强调的是礼的道德内容，并未以礼制为价值基础。真正以礼为价值本位的乃是荀子、《礼记》的作者以及汉代、宋代的一些儒者。他们或者把礼说成"体天地、法四时，则阴阳，顺人性"的天地人统一的体现（《礼记》）；或者认为礼是调节人的欲求与物质供应之间的矛盾的调节器（荀子）；或者视礼为"反本修古，不忘其初"，使人类得以延续的社会链条（《礼记》）；甚或把礼作为与动物相区分的"人之所以为人"的标志（《礼记》）。基于对礼的社会、政治、伦理等价值的认识，他们提出礼是人类社会的本位价值，其他一切价值都可以由礼派生出来。《礼记·曲礼》曰："夫礼者，所以定亲疏，决嫌疑，别同异，明是非也。……道德人义，非礼不成；教训正俗，非礼不备；分争辩讼，非礼不决；君臣上下父子兄弟，非礼不定；宦学事师，非礼不亲，班朝治军，莅官行法，非礼威严不行；祷祠祭礼，供给鬼神，非礼不诚不庄。"司马光云："礼之为物大矣！用之于身，则动静有法而百行备焉；用之于家，则内外有别而九族睦焉；用之于乡，则长幼有伦而俗代美焉；用之于国，则君臣有叙而政治成焉；

用之于天下，则诸侯顺飯而纲纪正焉"（《资治通鉴》卷一，汉纪三）。一言以蔽之，礼为一切价值之本，治国必须以礼。

4. "人文"本位

"人文"一词源于《易传·彖辞》："刚柔交错，天文也；文明以止，人文也。观乎天文，以察时变；观乎人文，以化成天下。""人文"与"天文"对言，以"文明"为内涵，约略相当于今时所用"文化"一词。然而，明确提出以"人文"为社会历史的价值本位的乃是唐代的吕温，他撰有《人文化成论》，阐释和发挥《易传》之旨，首先把"人文"说成是圣人遵循天地大道和自然功能而建立的社会法则，"夫一二相生，大钧造物，百化交错，六气节宣，或阴阖而阳开，或天经而地纪，有圣作则，实为人文。"其次，他认为"人文"具有"错综庶绩，藻绘人情，如成文焉"的美好价值。在此基础上，吕温指出，以人文化成天下，就可以"以致其理"即实现社会各个领域中的价值目标。他把"人文"分为"室家之文""朝廷之文""官司之文""刑政之文"和"教化之文"，认为"人文"是家庭、朝廷、国家、社会各社会组织中的价值之本，是道德、政治、法律、教育、艺术等各种社会领域的价值之基，只有通过"人文化成"才能达到理想的社会境界。

"利"本位、"义"本位、"礼"本位和"人文"本位等观点，表现了古代思想家对什么是历史的本质、什么是历史的决定因素的不同理解。如果说"利"本位观把物质利益视为人的第一需要，从而认为物质生活是社会的基础，是社会的决定因素的话，那么，"义""礼""人文"本位观则分别看到了道德、政治、文化对社会历史的重大影响，但他们错误地把非决定因素夸大为决定因素了。因此，历史哲学中的价值本位意识和历史本体理论有着内在的统一性。

（二）历史主体论中的圣人创价意识

自春秋以降，历史是人的活动的观念一直是中国历史哲学的主流。

但究竟谁是历史活动的主体，即谁在历史活动中起主宰作用呢？古代哲学家一般都忽视普通人特别是劳动人民的历史作用，而错误地认为圣人是历史的主体。不仅儒家高扬圣人，墨、道、法家也依据自己的思想原则和价值观念塑造自己的圣人形象。而尤以儒家的圣人观念在历史上影响深远。

儒家把圣人奉为历史主体，其主要根据有二：

1. 圣人是美好价值的化身

儒家思想中的圣人是根据尧、舜、禹、汤、文、武、周、孔等历史人物所塑造出来的理想人格，但一旦塑造出来之后圣人就成为一种价值象征、价值符号，在圣人身上凝聚着人类的一切美好价值。圣人的价值象征意义主要是：（1）宇宙人生"大道"的载体。"圣人之于道，命也"（《孟子·尽心下》）；"圣人者，道之管也"（《荀子·儒效》）；"道便是无躯壳的圣人，圣人便是有躯壳的道"（《朱子语类》卷一三〇）。（2）崇高智慧的化身。圣人"知通乎大道"（《荀子·哀公》）；"唯天下之至圣，为能聪明睿知"（《礼记·中庸》）；"圣人之称，明智之极名也"（刘劭《人物志·八观》）；圣人"上知天，能用其时；下知地，能用其财；中知人，能安乐之"（《韩诗外传》卷一）。（3）人伦道德的象征。"圣也者，尽伦者也"（《荀子·解蔽》）；"圣人万善皆备，有一毫之失，此不足为圣人"（《朱子语类》卷十）。总之，圣人是尽善尽美的"至足"者，是体现一切美好价值的"人之至者"。

2. 圣人是文明价值的创造者

儒家不仅从"道德之谓圣"的价值人格意义上尊崇圣人，还从"作者之谓圣"的价值创造意义赞颂圣人。"作者之谓圣"最早见于《礼记》，后世儒者都继承和坚持这一观点。意谓圣人是人类社会一切文明的创造制作者。儒家认为圣人的价值创造有四个特征：

（1）"定天下之业"的创价成果。从《易传》《周礼》《礼记》和韩愈《原道》的论述看，圣人创造的价值包括：生产工具（如耜、耒、罔、罟）、交通工具（如舟、车）、生活器用（如衣裳、宫室、杵臼、食物）、葬品丧仪（如棺椁、丧期）、商贾市场、符玺权衡、医药卫生、城郭甲兵、礼乐刑政、文化教育、书契文字等各类器具和各种制度。总之，人类社会的一切文明"皆圣人之所作也"（《周礼》）。"通天下之志，定天下之业，断天下之疑"乃是圣人为人类做出的"盛德大业"（《易传》）。假若没有圣人的价值创造，"人之类灭久矣"（韩愈《原道》）。

（2）"以利天下"的创价宗旨。《易传·系辞》说，伏羲氏作罔罟，为了使人们"以佃以渔"。神农氏作耜耒，为了使人们得"耒耨之利"；设市场交易财货，为了使人们"各得其所"。黄帝、尧、舜作舟车，为了"以济不通"；服牛乘马，为了"引重致远，以利天下"；作击柝为了"以待暴客"；作杵臼为了"万民以济"；作弓矢为了"以威天下"；作宫室为了"以待风雨"；作书契为了使"百官以治，万民以察"。韩愈认为，圣人创价的宗旨无不是为了"生养之道"，"害至而为之备，患生而为之防"（《原道》）。总之，圣人创造的物质文明、精神文明、社会制度，都是为了万民之利，百姓之福，国家之盛，天下之治。

（3）"法天地，依人性"的创价原则。《易传·系辞》说，伏羲氏"仰则观象于天，俯则观法于地，观鸟兽之文与地之宜，近取诸身，远取诸物"才创作了八卦和人类需要的器物、设施；《礼记·乐记》云："圣人作乐以应天，制礼以配地。礼乐明备，天地官矣；天尊地卑，君臣定矣；卑高以陈，贵贱位矣。"所谓"观天""法地""应天""配地"，就是依据宇宙的根本法则来创造制作。司马迁在谈到圣人制礼作乐时说："缘人情而制礼，依人性而作仪"（《史记·礼书》）。所谓"缘人情""依人性"，就是根据人情的状态和人的本性需要，创立各种制度使人得到满足。正如荀子所说："人生而有欲，欲而不得，则不能无求；求而无度量分界，则不能不争。争则乱，乱则穷。先王恶其乱也，故制礼义以分之，以养人之欲，给人之求"（《荀子·礼论》）。礼乐制度的根本意义就在于给人的欲求确定"度量分界"，从而使"欲"和"物"、人和人的矛盾得到调节，获得高度平衡，实现人类生存和发展的根本目标，达到"人道之正"的最佳状态。可见，圣人创价原则中贯彻了客体法则与主体需要的统一，个体需要与群体需要的协调。

（4）"因世权行"的创价过程。儒家认为圣人创造价值并不是一次性的功业，而是随着历史发展、社会进化而不断进展的。汉初思想家陆贾在《新语》中，把圣人创价的历史过程分为"先圣""中圣""后圣"三个阶段。他说："先圣"创造的价值是"定人道""立百官""生王道"，即创立人类初始文明，确定政治机构，这大约相当于夏、商及其以前的传说时期；"中圣"创造的价值是"设辟庠序之教，以正上下之仪，明父子之礼，君臣之义"，即建立教育制度，确定礼义规范，大约指西周时期；"后圣"创造的价值是"定五经，明六艺"，"绪人伦，修篇章"，即编辑文化典籍，建设人伦理论，概指孔子以后的春秋战国时期。陆贾把社会进化分为三个时期并不科学，但他认为圣人创造文明价值是一个历史过程，不失为一种深刻见解。这和他主张"制事者因其则"，"因世而权行"，反对只崇拜古代圣人的历史进步观是一致的。

正由于圣人是价值象征又是价值创造主体，所以儒家主张人人要加强修养成为"圣人"，君主要平治天下，成为"圣王"，这样就能在历史上发挥重大作用，成为历史主体。可见，儒家的历史主体论是建立在圣人创价论的基础之上的，历史主体和价值创造主体合一，乃是儒家英雄（圣人）史观的特征。

（三）历史规律论中的价值追求意识

中国历史哲学中的许多学者都认为历史发展是有规律的，但他们几乎都没有把历史规律视为自然的纯客体过程，而是寻求历史规律与人的主体活动的统一，反对离开人的价值追求孤立地肯定历史规律。从西周初年周统治者提出"以德配天"到明末王夫之阐发"理在欲中"，这种意识一直贯穿于传统历史哲学之中。它主要通过讨论以下几对范畴展示出来：

1. "天"与"德"

夏殷统治者把天命神权看作历史的决定力量和价值之源，各种祸福"有命在天"，非人力所能把握。周初统治者以"小邦国"取代"大国殷"，多少使他们看到了人的作用，于是他们提出了"皇天无亲，惟德是辅。民心无常，惟惠之怀"（《尚书·蔡仲之命》）的命题，对天命决定论作了修正。在他们看来，"人德"和"民心"对实现价值目标有着重要意义，所以要通过"敬德保民"以配合天命，接受天命的辅助，来实现价值。一个"德"字，表明了西周统治者对人的价值追求的肯定和对神秘的天命与人的价值追求关系的理解。此外，周人还认为天命的意志是靠人民的意志来体现的，人民的欲求会受到天命的回应，所谓"民之所欲，天必从之"（《左传》引《泰誓》）；"天视自我民视，天听自我民听"（《孟子》引《泰誓》）。这就使天命和民意统一了起来。这种以德配天的价值追求意识，为以后讨论历史规律与价值追求的关系问题提供了重要的思想渊源。

2. "势"与"意"

唐代柳宗元以阐发"势"和"意"的关系，表达了其对于历史发展规律与主体价值追求关系的看法。他在《封建论》一文中认为历史发展有其"不得已"的"势"，即客观必然趋势。他说，原始人类因自然压迫而有生产斗争，因物质欲望而起暴力争夺，从而逐渐形成了"封建"制，"封建，非圣人意也，势也"。这种封建制，经历了古代许多圣王，但谁都不能废除它，"盖非不欲去之也，势不可也"。而封建制后来被郡县制所取代，也是历史发展的必然结果。可见，历史规律所决定的客观趋势是不依圣人个人的意愿为转移的。然而，在柳宗元看来，历史发展之"势"并不是完全脱离人的活动的外在力量，而是包含着、表现着人的生存需要和价值欲求，并受人的生存需要和价值欲求所支配。他把人的这种生存需要和价值欲求叫作"生人之意"。他说，由于人们的生存需要及其由此产生的价值意向，引起了获取物质资料的斗争，而正是这种斗争造成了社会历史向前发展的客观必然趋势。

可见，历史的"势"不是别的，它就是人类满足生存需要进行价值追求活动所表现出来的必然趋势。历史发展不由"圣人"的个人之"意"所支配，而却"受命于生人之意"（《柳宗元集·贞符序》）。尽管柳宗元的"生人之意"概念还比较含混，没有把人的客观生存需要和主观价值欲求严格区分开来，但其"势意"统一观的确是对历史规律和人们价值追求关系的独到认识。据此，他还认为："圣人"之所以能在历史上发挥作用，有所建树，不在于"穷异以为神"，"引天以为高"，更不在于"夏、商其心"，而完全在于"利于人，备于事"，"心乎生民而已"（《柳宗元集》卷二、卷十九）。也就是关心和重视人们的生存需要，满足人们的价值要求（"利于人"）。

3. "天理"与"人心"

明末清初的王夫之继承了柳宗元"生人之意"的观点，对历史规律与人的价值追求的关系作了更为深入的论述。首先，他提出"理势合一"的规律论，认为人类历史不只有发展的必然趋势（"势"），而且这种必然趋势表现出一定的规律（"理"），"理依于势""势中见理"；"得理自然成势"，"势之顺者即理之当然"，"势"和"理"是统一不可分的。二者的统一就是"天"，"势字精微，理字广大，合而名之曰'天'"（《读四书大全说》卷九）。"天"就是支配历史发展的客观力量。其次，他提出了"即民见天"的动力说，认为历史发展的客观规律和动力与人民的要求和意愿（即价值追求）是统一的。他把人民的价值追求叫作"人之所同然""民心之大同""民之德怨好恶"。"同然"即价值认同，"好恶"即价值选择。他说人民合理的共同的价值要求就表现为历史的客观力量和趋势，即所谓"人之所同然者即为天"（《读通鉴论》卷七）；"民心之大同者，理在是，天即在是"（《读通鉴论》卷十九）。再次，他还借用"理欲"范畴，进一步论述了上述思想，提出"人欲之各得，即天理之大同；天理之大同，无人欲之或异"（《读四书大全说》卷四）。把人们的物质生活欲望的普遍满足即物质利益价值的实现（"人欲之各得"），视为与历史发展的普遍规律密切相关。可见，在王夫之的历史规律论中，作为历史发展客观规律的"天""理"，与作为价值追求的"民心""人欲"是统一的，历史客观规律并不在主体的价值活动之外。值得注意的是，王夫之并不是说任何个人的主观价值意愿都合于"天理"，而是认为只有人民的"心之同然""欲之同得"才和历史的规律相一致。所以，他有时把历史发展的客观必然趋势叫作"天行其大公"（《读通鉴论》卷一）。王夫之比柳宗元更明确更深刻地看到了历史规律与人的价值追求的内在关系。

从周初的"敬德保民""以德配天"，到柳宗元的"生人之意"以"成势"，再到王夫之的"心之同然"即"天理"，充分表明：中国传统历史哲学对历史发展客观规律和人的价值追求二者之间关系的探讨，经历了由含混到明确、由抽象到具体、由受缚于神权（西周初年的"以德配天"）到立足于理性的漫长历程，凝结了宝贵的思维成果。尽管其中还存在着许多内在矛盾和严重缺陷，但高扬人的价值追求的主体性，肯定历史规律与人的价值活动的内在统一性，这种致思趋向是难能可贵的。

（四）历史发展论中的价值转换意识

历史运动不但是有规律的，而且是有发展阶段和发展趋向的。那么，历史发展阶段和趋向与人的价值活动是什么关系呢？中国历史哲学对这一问题也提出了许多独到见解，其基本看法是：历史发展是价值转换过程，不同的阶段、不同的方向表现着不同的价值取向和价值变化趋势。具体言，有以下几种论点：

1."世降物备"的价值增值说

商鞅把历史进化分为上世、中世、下世。"上世"的社会特点是

"民知其母而不知其父"，其价值取向是"亲亲而爱私"；"中世"的社会特点是"贤者立中正，设无私"，其价值取向是"上贤而悦仁"；"下世"的社会特点是"作为土地货财男女之分"，其价值取向是"贵贵而尊官"。他认为不同时代"所重易也"，价值转变和上升乃是"必然之理"（《商君书·开塞》）。韩非以"上古""中古""近古"和"当今"描绘历史进程，明确指出了这一历史进程中价值的递进转换："上古竞于道德，中世逐于智谋，当今争于气力"（《韩非子·五蠹》）。他认为这种价值进化乃是社会物质条件变化的必然结果。东汉王充在批评厚古薄今论者"上世质朴，下世文薄"的观点时指出，社会的物质文明是发展的。"上世之民饮血茹毛，无五谷之食；后世穿地为井，耕土种谷，饮井食粟，有水火之调。观上古岩居穴处，衣禽兽之皮；后世易以宫室，有布帛之饰"（《论衡·齐世》）。物质生活条件的改善表明了物质价值的升值。北宋王安石继承发展了这一观点，认为太古时代是人兽无别的野蛮、蒙昧时代，后来由于圣人制作其间才进入文明时代。不仅物质价值在进化，即使作为"礼""义"的精神价值也是新故相除不断进步的。由此他提出"祖宗不足法""贵乎权时变"的革新主张。王夫之用"日新"说考察历史，认为人类经历了一个从野蛮到文明，从低级到高级的进化过程，从价值上看就是由"质"到"文"的上升。由此，他指出人类历史的进化是越往后越文明，历史就是"世益降，物益备"（《读通鉴论》卷十九）的价值增值史。随着价值增值，中华民族的未来必定能够"休养厉精，士佻粟积，取威万方"（《黄书·宰制》）。

2. "百代同道"的价值因袭说

孔子可视为这一观点的最早发轫者。他说："殷因于夏礼，所损益，可知也；周因于殷礼，所损益，可知也。其或继周者，虽百世可知也。"（《论语·为政》）"礼"是一种制度性的规范价值，在孔子看来，这种价值固然在历史发展中会有增减，但基本的价值原则是因袭、继承，一成不变的。由于这种继承性，所以，历史的发展"万变不离其宗"，"虽百世可知"，这和他"述而不作"的文化主张是一致的。后来荀子一方面主张"厚今薄古"，另一方面又说"古今一度""虽久同理"。他所谓的"度""理"，就是儒家的"礼义"规范。"礼义者，……始则终，终则始，与天地同理，与万世同久，夫是之谓大本"（《荀子·王制》）。显然，这是孔子因袭说的重版。董仲舒以提倡"天不变道亦不变"著称于史，落实在历史观上就是"王者有改制之名，无易道之实"。他的"道"，具体说就是"大纲人伦、道理、政治、教化、习俗、文义"。对这些政治、伦理、文化价值，他明确主张"尽如故"。从价值原则的因袭延续性出发，董仲舒认为历史的本质是不变的，"古之天下，亦今之天下；今之天下，亦古之天下"（《汉书·董仲舒传》）。就是大力批判汉儒"今不如昔"论的王充，也没有摆脱价值因袭说的束缚，他说："夫上世治者，圣人也；下世治者，亦圣人也。圣人之德，前后不殊，则其治世，古今不异。"又说："帝王治世，百代同道"（《论衡·齐世》）。"圣人之德"就是在圣人身上所体现的价值，这种价值予以客体化就成为"治世之道"。不仅圣人所体现的基本价值在历史上延续不变，而且，社会上流行的价值和人民的价值选择标准也是不变的。他说："今之声色，后世之声色也"；"人民好恶，以今而见古，以此而知来"。由于价值的因袭性，所以历史的本质是没有变异和进化的，"千岁之前，万世之后，无以异也"（《论衡·实知》）。王充显然没有觉察到这种论调和他的"汉盛于周""今胜于昔"的论断，何其矛盾！后来韩愈要维护儒家"道统"，清代张之洞要保持"中学之体"，其中都包含着因袭说的学脉。中国历史哲学中的价值因袭说，是一种价值保守主义，文化守成主义，它对中国社会的发展缓慢，尤其是近代的停滞落后，无疑产生了不良的影响。

3. "文质终始" 的价值循环说

历史循环论创始于战国末期的阴阳家邹衍，他认为历史的发展和王朝的更替是"五行"之德的循环转移。"五德终始"观中已经渗透着一定的价值意识。邹衍说："五德转移，治各有宜"（《史记·孟子荀卿列传》）。"宜"就是各有自身的价值。但由于他直接利用五种自然物作为历史转移符号，其价值循环意识还不很鲜明。秦汉时期"五德终始"说影响颇大，秦始皇以"水德"自居，刘邦建国后开始自称水德，后来引起争论，汉武帝改称土德，其理由之一如董仲舒所云："五行莫贵于土""五色莫贵于黄"，即土在五行中价值最高。可见，如何确定汉朝在五行中的地位，已明显的是一场价值（"贵"）争论了。在此基础上，董仲舒又提出了"三统之变"的循环论，认为历史发展是在黑统、白统、赤统"三统"中依次循环。"三统"循环中的价值因素有二：一曰"质"，二曰"文"。他说："立天法质而王，其道佚阳，亲亲而多质爱"，"立地法文而王，其道进阴，尊尊而多礼文"。"王者以制，一质一文"，"终而复始，穷则反本"。（《春秋繁露·三代改制质文》）由此他认为夏代属黑统，"法文"；殷代属白统，"法质"；周代，属赤统，"法文"。汉朝继周而起，应该复归黑统，又应以"质"为法。约与董仲舒同时而稍后的司马迁，虽然不同意邹衍的"五德终始"说，但却接受了董仲舒的"质文互变"观，并有所发挥。他说："物盛则衰，时极而转，一质一文，终始之变也"（《史记·平准书》）。他把"质文"互变与"忠、敬、文"的互相循环结合起来，认为夏尚"忠"、殷尚"敬"、周尚"文"。忠是提倡质朴淳厚，"敬"是崇敬天帝祖先，"文"是重视礼乐制度。"忠""敬""文"表示着三种不同的价值取向，每种价值各有其"弊"，发展到极点就会由盛而衰，必须以另一种价值去扶救，于是就形成：忠、敬、文的依次循环。东汉王充，完全接受了这种循环论，但更强调三种价值取向的社会整合功能，他说：忠、敬、文三者都有其负效应，发展至一定程度必须由后继的价值去整合补救。"上教以'忠'，君子忠，其失也，小人野，救野莫如'敬'；……上教用'敬'，君子敬，其失也，小人鬼。救鬼莫如'文'……上教以文，君子文，其失也，小人薄，救薄莫如'忠'"（《论衡·齐世》）。这样，忠、敬、文三者，不但有其自身的价值，而且对于前一种价值也各有其"救失"功能。时至北宋邵雍，把"五德终始"和"三统"说纳入于一个体系，又提出以时间为坐标的"元、会、运、世"说，但其中的价值意蕴已经不是循环转换，而是不断衰退了。总之，上述"五德转移""三统循环""质、文交替"和"忠、敬、文反复"等历史论中，都明显地渗透着价值内容。以价值循环论证历史循环，乃是中国历史哲学的鲜明特点之一。

4."道、德、功、力"的价值衰退说

道家鼻祖老子在历史发展问题上是一个退化论者，他不但具体设计了和太古时代甚为相似的"小国寡民"式的社会蓝图，而且认为人类历史是一个不断倒退的演变过程。对这一倒退过程的描述，他采取了两个视角：一是政治状态视角；一是价值视角。从政治视角看："太上，不知有之，其次，亲而誉之；其次，畏之；其次，侮之。"（《老子》第十七章）上古时代，百姓不知有统治者；其后的时代，百姓亲近赞扬统治者；再后的时代，百姓畏惧统治者；更后的时代，百姓轻侮统治者。社会政治状况可谓江河日下，今非昔比。从价值视角看："失道而后德，失德而后仁，失仁而后义，失义而后礼。夫礼者，忠信之薄而乱之首。"（《老子》第三十八章）社会价值取向，由自然之最高价值的道向"德""仁""义""礼"嬗递衰退，每况愈下，一代不如一代。老子认为，这种价值衰退是由于"奇物起""智慧出""贵货""尚贤"，即文明发展所造成的。而解决价值衰退的唯一办法是"绝巧弃利""绝仁弃义""绝圣弃智""反朴归根"，也就是复归到原始时代去。北宋邵雍受道家影响颇深，在历史观上也持退化论。他以"皇、帝、王、霸"划分历史阶段，对于四个阶段的价值特征，他分别从统治者的价值导向和人民的价值崇尚两个层次上予以说明。他认为，"三皇"之世，"以道化民者，民亦以道归之，故尚自然"；"五帝"之世，"以德教民者，民亦以德归之，故尚让"；"三王"之世，"以功劝民者，民亦以功归之，故尚政"；"五伯"之世，"以力率民者，民亦以力归之，故尚争"（《皇极经世·观物内篇》）。他说："皇、帝、王、霸"的历史阶段并非仅指历史上三皇、

五帝、三王、五霸等特定时代，凡是符合上述价值标准的朝代都可以"皇、帝、王、霸"来称谓。"用无为则皇也，用恩信则帝也，用公正则王也，用智力则霸也。"由于"力"是最低层次的价值，所以"霸以下则夷狄，夷狄则是禽兽也"（《皇极经世·观物内篇》）。可见，邵雍的历史退化论，完全是以价值的倒退特别是道德价值的倒退为标志的。朱熹将历史分为两大阶段：夏商周三代是"王道"盛世，三代以降是"霸道衰世"。而"王道"与"霸道"区分的价值标志是"理""欲"或"义""利"。王道盛世之所以一切"光明"是由于"天理流行""仁义昭著"；霸道衰世之所以处处黑暗，是因为"人欲横流""利欲之私"。他哀叹：由于"天道"失传，"道统"断线，"两千年间，有眼皆盲"，人们都在"利欲胶漆盆中"滚来滚去，越陷越深（《朱文公文集·答陈同甫书》）。如果说朱熹的价值退化历程的划分还失之宽泛的话，明代吕坤的说法就更为具体了。他在《呻吟语》中说："三皇是道德世界，五帝是仁义世界，三王是礼仪世界，春秋是威力世界，战国是智巧世界，汉以后是势利世界。"古代历史的步伐留下的就是这样一串道德日益堕落、价值日益倒退的足迹。

总之，中国历史哲学中的历史发展论，十分重视历史发展趋向和发展阶段中的价值问题。无论对历史发展持什么观点，进步的、因袭的、循环的，还是退化的，都以价值的演变作为论证的重要依据；无论属于哪一派的历史哲学家，儒家的、法家的、还是道家的，在历史发展观中都蕴涵着浓厚的价值意识。尽管我们不同意历史因袭论者、历史循环论者和历史倒退论者关于历史运动趋向的观点，也不同意历史进化论者关于价值进化范式的设定，然而，他们关于历史发展与价值演变相关、历史发展的阶段必然表现为价值范式转移的思想无疑是十分深刻的。

七 中国哲学中价值理性与工具
理性的统合意识

价值理性与工具理性的矛盾虽然是近现代哲学家、社会学家所揭示的，但它却是世界各民族文化中共同存在、由来已久的矛盾。在不同的文化和哲学中，对待这一矛盾的态度和处理这一矛盾的方式，颇有差异，这种差异是不同文化价值观差异的重要内容。中国传统文化和传统哲学，主张价值理性和工具理性相统合，即主张在统一和结合中，把握人的生存意义、终极价值和人的生存手段、谋生工具，而不同意将二者分离开来、对立起来。这种结合意识，具有鲜明的文化优势，对人类走进新的世纪，具有重要的启示意义。

（一）统合的形式

价值理性与工具理性最初是德国社会学家马克斯·韦伯提出的用以区分社会行动的概念。价值合理性是指由激情、理想、信仰所驱使的，本身即具有绝对价值的行动；工具合理性是指仅由功利目的所驱使并以能够计算和预测后果为条件来实现目的的行动。后来德国哲学家霍克海默等人进一步发挥了韦伯的思想，用"工具理性"指称一种科学技术至上的观念，认为"工具理性"使科学技术由解放的工具变为奴役的工具；工具理性优先是现代资本主义的基本精神。本文借用价值理性和工具理性概念，表示的是关于人的生存意义、生存理想、终极价值的思想与关于人的谋生手段、谋生工具、科技知识的思想二者的关系。

在中国传统哲学中，从先秦始，哲学家就注意到了价值理性与工具理性的关系问题，并进行了深入地思考，提出了一系列富有特色的见解，其主导性的观点是主张将二者统合起来，他们提出的价值理性与工具理性的统合方式，主要有四种：

1. "正德、利用、厚生"的生存统合

这种统合方式的论述，最早见于《左传》。文公七年载晋国欲缺言："九功之德，皆可歌也，谓之九歌。六府三事，谓之九功。水、火、金、木、土、谷，谓之六府。正德、利用、厚生，谓之三事。义而行之，谓之德礼。"又成公十六年载楚国申叔时说："民生厚而德正，用利而事节，时顺而物成。上下和睦，周旋不逆，求无不具，各知其极。"襄公二十八年载齐国晏子云："夫民生厚而利用，于是乎正德以幅之，使无黜嫚，谓之幅（福）利。"后出的伪古文尚书《大禹谟》正是根据这些论述，剿袭为文，将六府、三事之说，附会于夏代："德惟善政，政在养民。水、火、金、木、土、谷惟修，正德、利用、厚生惟和，九功惟序，九叙惟歌，……地平天成，六府三事允治，万世永赖。"由此可见，正德、利用、厚生之说，是春秋时期广为流行的观念，颇为各国政治家所重视。那么，这"三事"的具体内涵是什么呢？南宋蔡沈，在《书经集传》中对此有如下解释："正德者，父慈子孝、兄友弟恭、夫义妇听，所以正民之德也。利用者，工作什器、商通货财之类，所以利民之用也。厚生者，衣帛食肉，不饥不寒之类，所以厚民之生也。"关于做好"三事"的原则，他说："淳典敷教以正其德，通功易事以利其用，制节谨度以厚其生，使皆当其理而无所乖，则无不和也。"这就是说，"正德"是通过教化，推广道德，以端正人们的德行；"利用"是提高技术，创制器物，流通财货，以便于人民使用；"厚生"是发展生产，充实生活，以满足人们的生存需要。由此可以看出，"正德"属于价值理性，"利用"属于工具理性，而"厚生"则是作为二者归宿点的生存理性。"三事"说集中表现了春秋时代的思想家、政治家对价值理性和工具理性统

一性的理解。在他们看来，只有兼顾价值理性和工具理性，并将二者和谐地统合（"惟和"）起来，人们才会处于最和谐、最幸福的生存状态。所谓"上下和睦，周旋不逆，求无不具，各知其极""谓之幅（福）利"，就是对这种生存状态的赞美。

春秋时的"三事"说，尽管还失之笼统，但却产生了深远的影响。孔子虽然崇仁贵德，主张"义以为上"，特重价值理性，但也有"工欲善其事，必先利其器"的工具理性，也主张通过"足食""富之"来满足人们的物质生活需要；墨子主张"兼爱""交利"，强调"赖力者生""富国利民"，并精研守御之器，表现了价值理性和工具理性兼顾并重的思想。《易传·系辞》主张"崇德广业"并举，强调"备物致用，立成器以为天下利"；"观象制器""以利天下"。其价值理性和工具理性兼顾的意识更为鲜明。这些观念，虽然没有如《左传》那样将"三事"统合一体，但却显然受到正德、利用、厚生的影响。

2. "格物、致知、正心、诚意"的人生统合

《大学》提出，人生的崇高使命和远大理想应该是"在明明德，在亲民，在止于至善"。而实现这一理想的途径是格物—致知—诚意—正心—修身—齐家—治国—平天下。在这一递进的程序中，"修身"是中间环节，是格物、致知、诚意、正心的凝聚点，又是齐家、治国、平天下的起始点。也就是说，"修身"统合了格物、致知、诚意、正心，而又奠定了齐家、治国、平天下的基础。因此，"自天子以至庶人，壹是皆以修身为本"（《大学》）。既然修身是人生之道的核心，那么它所统合的四个环节或四个步骤，其含义何在呢？所谓"格物""致知"，在哲学史上历来有经验知识和先验良知两种解释思路，前者以朱熹为代表，后者以王阳明为代表，这是取朱熹之意。朱熹认为，"格物"即"即物而穷理"；"致知"即"推极吾之知识"。"格物致知"就是通过接触事物，积累经验，进而获得对客观事物和宇宙法则的认识。遵循这一思路，明末至近代的不少学者则将"格物致知"引申、发展为科学认识和科学知

识，把物理学、化学、博物学等自然科学统称"格致"之学，因之，明代编的《格致丛书》，清代编的《格致镜原》，汇辑的多是科学技术方面的著述。所谓"诚意""正心"，虽后儒亦有歧解，但都认为是指真诚其意、端正其心、实用其力、为善去恶的道德修养功夫。由此看来，《大学》的"格物、致知、诚意、正心"蕴涵着工具理性和价值理性的含义。而且，《大学》提出："欲修其身者，先正其心；欲正其心者，先诚其意；欲诚其意者，先致其知；致知，在格物"；"物格而后知至，知至而后意诚，意诚而后心正，心正而后身修"。这就从修身的程序次第和递进过程上将"格物致知"的工具理性和"诚意正心"的价值理性统一了起来。

《大学》的价值理性和工具理性的统合意识，是以个体为本位，以实现人生价值为目标的统合，它与"正德利用厚生"以群体为本位，以群体生存为目标的统合，显然不同。所以，它是一种新的统合形式。它标志着中国哲学中关于价值理性与工具理性关系的思考，已从维护人类生存发展到了实现人生价值，追求人生意义的新水平。

3. "德力俱足"的政治统合

道德和实力的关系是中国哲学史上的一个重要问题，孔子是德力问题的最早提出者，但论述简略，孟子继承和发挥了孔子的德力观，认为德力分别是实行王道和霸道的工具，但仍然坚持孔子崇德非力的观念，将德力绝对对立起来。荀子的德力观与孔孟有异有同，在伦理道德上，他奉行重德轻力的儒家传统，但在政治主张上，却主张"全力凝德"。他说："全其力，凝其德。力全则诸侯不能弱也，德凝则诸侯不能削也。"（《荀子·王制》）这一观念对后代有重要影响，西汉的政治观念中基本上是在德的基础上德力兼重的。然而，真正对德力兼重提出比较全面系统看法的是东汉的王充。他在《论衡·非韩》篇中，对尚德轻力和务力废德两种极端都进行了批评，明确提出："治国之道，所养有二：一曰养德，二曰养力。养德者，养名高之人，以示能敬贤；养力者，养气力之士，以明能用兵。此所谓文武张设，德力具足者也。"他不但认为，德力二者都有重要意义，而且还主张将二者结合起来，统一起来。他说，德和力不但各自有独立的价值，而且二者之间是相辅相成的关系。一方面，德能助力，道德对人力的发挥有规范指导的作用，如果没有道德推动和引导，那么"农不得耕，士不得战"。另一方面，力能助德，实力对道德水平的提高和道德理想的实现有辅助作用，如果有道德而无实力，那么再好的道德理想"何时能达"。因此，他说："事或可以德怀，或可以力摧。外以德自立，内以力自备。……德不可独任以治国，力不可直任以御敌也。"（《论衡·非韩》）"德力具足"是最佳的治国方略。

王充所说的德，主要指儒家的仁义道德，他所谓的力，虽主要指武力、兵力而言，但其含义却很广泛，既指物质性的体力、气力、劳力、勇力、兵力；又指精神性的智力、财力。他说："垦草殖谷，农夫之力也；勇猛攻战，士卒之力也；构架斫削，工匠之力也；治书定薄，佐史之力也；论道议政，贤儒之力也"；"文吏以理事为力，而儒生以学问为力"；"人有知学，则有力矣"。（《论衡·效力》）他认为，"力"的作用，不仅在于能御侮胜敌，还在于能脱贫致富，"力胜贫，……勉力勤事以致富"（《论衡·命禄》）；能建功立业，"文力之人，助有力之将，乃能以力为功"（《论衡·效力》）。

由此不难看出，中国古代的德力观中蕴涵着价值理性与工具理性的意识，王充的"德力具足"包含着价值理性和工具理性统合的深刻思想，而且从其含义的明确性而言，"力"比前两种统合观念中的"利用""格物致知"概念，更鲜明地具有工具理性的含义。王充的价值理性与工具理性统合的方式，其出发点既不是"养民""厚生"，也不是人生的"修身"，而是"治国"，他是从"治国之道"的政治视角提出价值意识和工具意识的统合的。于是，就形成了一种有别于生存统合和人生统合的政治统合方式。

4. "格物穷理尽性"的道德统合

宋明理学的程朱学派，是儒学发展的新阶段，在其建立的系统严密、内容丰富的理学哲学体系中，不但对儒家的本体论、认识论、心性论等有重大发展，而且也大大推进了儒家的价值论。价值理性与工具理性统合形式的创新，就是其中的重要成果。程、朱关于价值理性与工具理性的统合，集中表现在"格物穷理尽性"的命题上。这一命题的核心是"穷理"，"穷理"既是"格物"的实质和目的，又是"尽性"的前提和途径。朱熹说："所谓致知在格物者，言欲致吾之知，在即物而穷其理也"（《大学章句·格物传》），"格物致知只是穷理"（《答黄子耕书》）。这即是说，穷究宇宙天地之理乃是"格物"的实质和目的，也是其根本意义所在。他又说：理是"天命之性"的本体和根源，"只是这理，在天则曰命，在人则曰性"（《朱子语类》卷五）。因此，一旦穷尽了事物的理，也就极尽了人的本性，认识到了人的至善本质，此之谓"穷理尽性"。由于朱熹所谓的"理"是宇宙本体、事物法则和终极价值的统一体，所谓的"性"是作为人的百行万善之源的天地之性。所以，"格物穷理""穷理尽性"就包括着知识追求和价值实现的双重意义。就知识追求而言，这一过程是指通过接触事物，积累知识，达到对宇宙本质和规律的认识；就价值实现而言，这一过程是指通过接触事物，积累知识，达到对本体价值、终极价值的把握，进而提升和实现自身的价值。于是，"格物穷理""穷理尽性"就成了价值与认知、价值理性与工具理性合一的命题。

由于朱熹哲学中"理"和"性"的价值内涵，是儒家的仁义道德。所谓"天理只是仁义礼智之总名""性即天理，未有不善""本然之性，只是至善""天地之性亦仁而已"。因此，他的价值理性与工具理性的统合乃是一种道德统合。道德是价值理性的实质内容，又是工具理性的最终追求目标。

以上所述中国古代价值理性与工具理性的统合形式，既是类型上的区别，也是发展阶段上的划分。生存统合形式表现了战国以前在生产力比较低下、经济还不很发达的历史条件下，人们对满足生存需要的重视；人生统合形式反映了战国时期在政治多元、文化繁荣、学术争鸣时代，学者们对人生意义和人生理想的追求；政治统合形式标志着中央集权封建王国建成初期，思想家对治国方略的思考；道德统合形式体现了封建社会后期，面对着国势衰落的趋势，哲学家对强化道德力量的探索。总之，不同时代的历史背景和时代课题，以及中国社会的发展演变趋向，决定了中国哲学中价值理性与工具理性的统合，经历了始于生存统合形式，中经人生统合和政治统合，而终于道德统合形式的历程。

（二）统合的特征

中国哲学中关于价值理性与工具理性的统合，有着十分鲜明的特色和颇为独特的机制。分析和认识这些特征和机制，对于如何扬弃这一宝贵的智慧资源，有着重要的意义。贯通于中国哲学价值理性与工具理性的统合形式中的共同特征，主要有如下几点：

1. 以人为本

中国哲学主张价值理性与工具理性的统合，其出发点和制高点都是人，统合是为了人的生存和发展。中国哲学历来重视人的价值，孔子云："天地之性人为贵"。《老子》第二十五章云："道大、天大、地大、人亦大，域中有四大，而人居其一焉。"《易传》以天地人并立为"三才"，且以人为中位。"人贵"的比较对象既相对"物"而言，所谓"人贵于物"；又相对"神"而言，所谓"未能事人焉能事鬼""敬鬼神而远之""子不语怪、力、乱、神"（《论语·述而》）。这种"贵人"观念，体现在价值理性上，首先是以人为价值主体，其次是以人的道德、理想、人格为价值取向。在其价值理性中没有宗教信仰，没有拜物主义。体现在工具理性上，则以能给人带来现实的方便、利益、功效为选择工具的准则。《易传·系辞》在讲到"观象制器"时，对一切工具的意义都归结到对人的实际利益上，例如作网罟是为了"以佃以渔"、作舟楫是为了"以济不通"、服牛乘马是为了"引重致远"、作宫室是为了"以待风雨"、建集市贸易是为了"交易而退，各得其所"，作书契是为了"百官以治，万民以察"。总之，圣人作各种器用都是"以利天下""使民宜之""万民以济"，没有任何超现实的神秘主义的目的。

因此，在价值理性与工具理性的统合上，也将人的生存和发展作为最高的宗旨。"正德利用厚生"的统合宗旨是"养民"（"德惟善政，政在养民"）；"格物致知诚意正心"的统合宗旨是"修身"，进而齐家、治国、平天下；"德力俱足"的统合宗旨在于"治国"；"格物穷理尽性"的统合宗旨在于达到"众物之表里精粗无不到，而吾心之全体大用无不明"的"至善"的"圣人"境界。总之，统合的宗旨在于人，或人的生存条件的保障，或人的人生价值的实现，或人的社会政治环境的优化，或人的道德人格的养成。

2. 以德为主

如果说以人为本是价值理性和工具理性统合的宗旨，那么以德为主则是二者统合的主导。就是说，在价值理性与工具理性统合的各种形式中，道德价值都处于主导和优先的地位，而工具理性则处于从属的地位。在"正德利用厚生"的统合形式中，"正德"为首，在"德力俱足"的统合形式中"道德"为先，在《大学》"格物致知诚意正心"的统合形式中，其"物格而后知至，知至而后意诚，意诚而后心正，心正而后身修"的顺序充分表明，"格物致知"的工具理性是为诚意—正心—修身的道德修养服务的。至于"格物穷理尽性"的统合方式，更是把把握道德理性（"穷理"），作为最高的主导原则。尽管朱熹所说的"格物致知"，包括"动植大小""草木器用"等科学技术知识；尽管他也主张博学多识，重视探索自然现象的奥秘，还对天地结构、演化、日食、月食、潮汐、气象等现象提出了自己的解释，但是他的认识对象主要指向人伦道德领域，通过"格物"所穷的"理"，主要是儒家的道德准则，而且他探索自然、认识事物的最终目的也是为了实现至善的道德理想。他说："不穷天理、明人伦、讲圣言、遍世故，乃兀然存心于一草木一器用之间，此是何学问？如此而望有所得，是炊沙而欲成饭也。"（《朱文公文集·答陈仲齐》）由此可见，"格物致知"的工具理性归根到底，不过是实现"天理"价值理性的途径和方式。

价值理性与工具理性统合中以道德为主导的特征，源于西周初年兴起的"德治主义"思想，从学派影响上看，乃是儒家"义以为上"的道德价值至上论的突出表现。如果说，道家是用"自然"来统合价值理性和工具理性，把"自然"作为价值理性的核心内涵，作为工具理性的基本准则，进而消解了工具理性（如"抱瓮灌园""民有什百之器而不用"）的话，那么，儒家则是用道德来统合价值理性和工具理性的。

3. 以行为机

对于如何来统合价值理性和工具理性，通过什么机制来实现二者的统一，古代哲人也提出了自己的独特见解。在他们看来，人的实践活动是统合价值理性与工具理性的内在机制。《左传》在论述"正德利用厚生"三事时，明确提出"义而行之"，《尚书·大禹谟》论及三事时，也明确主张"三事允治"。就是要求统治者通过治国实践，将三者兼顾统一，贯彻落实。《大学》提出的"格物、致知、诚意、正心、修身、齐家、治国、平天下"的八条目，其贯穿的线索和递进的动力也是实践。只有通过认识实践、道德实践和政治实践，才能实现八条目的要求。"八条目"的每一环节都是知和行的统一，都不脱离实践功夫。王夫之《读四书大全说》卷一云："先儒分致知、格物属知，诚意以下属行，是通将《大学》分作两节，大分段处且如此说。若逐项下手功夫，则致知、格物亦有行，诚意以下至平天下亦无不有知。"王充的"德力具足"论，本意即是"治国之道"，它必须通过治国实践才能落实，自不待论。朱熹的"格物穷理尽性"论，也不是脱离实践的纯粹认知、修养活动，他一方面认为"论先后，知在先"，另一方面又提出"论轻重，行为重"。把"格物穷理"视为"知行相须"的过程，而且，就行是知的目的而论，他认为行比知更重要。他说："学之之博，未若知之之要。知之之要，未若行之之实。"（《朱子语类》卷十三）又说："某之讲学，所以异于科举之文，正是要切己行之。"（《朱子全书》卷四）由此不难看出，"行"——实践是中国哲人关于价值理性与工具理性统合的内在机制。

4. 以合为思

从思维方式上看，中国哲学中价值理性与工具理性统合的思维特征是"合"。"合"就是把不同因素统一、结合起来，形成一个有内在联系的整体。"正德、利用、厚生"在春秋时就统称"三事"，"三事"之称，充分表明在当时的人们看来，三者是一个缺一不可的整体，并且有着内在的有机联系，而不是三个孤立的要素。齐国晏子在谈到三事时说："民生厚而利用，于是乎正德以幅之，使无黜嫚"。南宋蔡沈在注释三事时说："使皆当其理而无所乖，则无不和也"。都认识到"三事"是有内在联系的统一整体。"格物致知"与"诚意正心"是求知和修德两个因素，然而，在《大学》中它们是作为统一的修身过程的不同阶段提出的，"八条目"是一个由八个环节构成的人生价值实现的链条，是一个前后衔接的有内在联系的整体。王充以"德力具足"作为治国之道，不仅认为二者应该兼顾，而且还认为德力相辅相成、互相促进，有内在的统一性，因此，他反对"独任"而强调"具足"。朱熹的"格物穷理尽性"更是一个统一的过程，是由感性到理性、由认知到道德、由天理到人心的认识、修养过程。总观以上四种统合形式，可以看出，辩证的统一——"合"是其共同具有的思维方式。具体地说，"正德利用厚生"和"德力俱足"是横向的结构性"合"，"格物致知诚意正心"和"格物穷理尽性"是纵向的过程性的"合"。中国哲学家正是通过"合"——辩证统一的思维，将价值理性与工具理性统合起来。

中国传统哲学中价值理性与工具理性统合的四大特征（以人为本、以德为主、以行为机、以合为思）贯穿着一个重要思路，就是认为作为工具价值的"利用""格物""致知""力"与作为价值理性的"德"

"诚意正心""理"有着内在的同一性，为什么价值理性与工具理性之间有这种同一性呢？为什么能从对客观事物的认识中、从科学知识中能推导出道德价值和人生价值呢？且看朱熹对这一问题的解答。朱熹在解释《大学》"致知在格物""格物而后知至"时说："所谓致知在格物者，言欲致吾之知，在即物而穷其理也。"在阐释"穷理"时说："穷理者，欲知事物之所以然与其所当然者而已。知其所以然，故志不惑；知其所当然，故行不谬"（《朱子全书》卷三）。"所以然"是指事物的内在本质和规律，"所当然"是指人的价值准则和行为准则；知"所以然"是认知理性，其意义在于"志不惑"；知"所当然"是价值理性，其意义在于"行不谬"。朱熹认为，"理"是"所以然之故与所当然之则"的统一体，所以通过"格物穷理"就既可把握作为工具理性的知识又可把握作为价值理性的道德。由此可见，在朱熹看来，工具理性与价值理性之间所以有同一性，其根源在于作为宇宙本体的"理"乃是宇宙规律和价值准则的统一体。这正是儒家哲学中价值理性与工具理性之所以能够统合的根本秘密所在。

（三）统合的意义及其局限

价值理性与工具理性的矛盾，是当代十分突出的文化矛盾之一。美国哈佛大学教授丹认为，"美国文明之未来，系于一场'机器'与'花园'的双方搏斗。'机器'代表不断发达的科学技术，'花园'则象征日益萎缩的人文精神"[①]。他用形象语言所揭示的矛盾就是价值理性与工具理性的矛盾。当今世界，由人与自然的紧张对峙所引起的环境污染、生态失衡、能源短缺等全球性问题，从主体的角度看，在很大程度上与没有处理好这一矛盾有关。因此，在即将到来的 21 世纪，探索价值理性与工具理性的和谐统一，将是人类面临的一个重要课题。以此言之，中国

---

① 转引自《读书》杂志 1995 年第 6 期。

哲学中价值理性与工具理性的统合意识，将会给人们提供有益的启迪。

1. 防止和克服科学技术的异化

科学技术是推动社会发展特别是经济发展的重要动力。近代以来，西方人把经济发展看作至高无上的目标，认为经济发展了，人民就会满足一切生存需要，获得生活的幸福。在这种思想的指导下，能够为发展经济、创造财富提供有效工具和快捷手段的科学技术日益受到重视。随着科学技术在推动社会发展中取得的一次又一次成功，人们对它的崇拜日甚一日，认为科技可以创造一切，深信凭借科技力量人类可以无限制地征服自然，驾驭自然。由此而导致了20世纪五六十年代以来全球性环境问题和生态问题恶化，自然界以它强而有力、重而无情的报复一次又一次地处罚着人类。于是，过去曾给人带来财富、文明和幸福的科学技术，而今却在某种意义上变成了奴役人的工具；本来属于工具理性的科学技术，摇身一变为价值理性，而关乎人类生存的终极意义和本真状态的价值理性却失落了。这就是科学技术的异化。面对科学技术异化过程的加剧而造成的恶果和危机，人们又提出了用人文主义纠正科学主义以防止和克服科技异化的时代要求。早在20世纪30年代，美国科学史家萨顿就在《科学史和新人文主义》一书中提出："人们必须找到把科学与我们的文化及其他部分结合起来的方法，而不能让科学作为一种与我们的文化无关的工具来发展。科学必须人性化，这意味着至少不能允许它横冲直撞。"① 正是相应于这一要求，中国哲学中价值理性和工具理性相统合的思想，才显示了它独特的启发意义和文化优势。按中国哲学家的思路，包含着科学、知识、技能、器用含义的"利用""格物致知""力"等工具理性，必须与"正德""诚意正心""天理"等价值理性相结合，才能正确地发挥其社会功能。而且，在二者的结合中，作为价值理性的"德""天理""诚意""正心"始终起着主导作用。这种价值理

---

① ［美］萨顿：《科学史和新人文主义》，华夏出版社1989年版，第125页。

性与工具理性相统合，且价值理性高于工具理性的观念，集中表现了中国古代科技观中的人文主义精神。正如英国剑桥达尔文学院的研究员唐通 1988 年在其《中国的科学和技术》中说的："中国传统是整体论的和人文主义的，不允许科学同伦理学和美学分离，理性不应与善和美分离。"① 可以设想，在 21 世纪，体现人文与科技、目的与手段、道德与功业相统一的中国哲学理性，经过重新阐释和现代转换，一定会对克服和纠正当代社会所存在的人文与科技冲突、目的与手段颠倒、道德与功业倾斜等社会文化弊端发挥积极意义。

2. 推动和启迪价值系统的重建

美国文化思想家丹尼尔·贝尔说："每个社会都设法建立一个意义系统，人们通过它们来显示自己与世界的联系。"② 在现代化建设过程中，中国社会也面临着价值系统的重建问题。重建中国的价值系统的基本思路是：我们所确立的价值，既要适应现代化的要求，又要避免和克服现代化过程中的弊端；既要体现时代精神，又能发扬民族特色；既要实现现代化的社会发展目标，又要提高人的素质。从这一要求考虑，我们的价值系统应该坚持物质文明、制度文明、精神文明的统一，富强、民主、文明的兼顾。中国古代"正德、利用、厚生"的价值系统中，虽于制度文明的价值未能言及，但主张物质文明与精神文明的兼顾，却十分可贵。张岱年先生说："三事将物质文明与精神文明统一起来，表现了全面的观点。"（《文化论·三事与诸子》）特别是在当前，随着市场经济的发展，社会上拜金主义、享乐主义甚为流行，见利忘义、为富不仁、贪污腐败、唯利是图的现象十分严重，因此在价值观的建设中，强调"正德"，强调"诚意""正心"，更具有特别重要的意义。

---

① 转引自葛荣晋主编《道家文化与现代文明》，中国人民大学出版社 1991 年版，第 302 页。

② ［美］丹尼尔·贝尔：《资本主义文化矛盾》，生活·读书·新知三联书店 1989 年版，第 197 页。

3. 突破和超越传统价值观的局限

中国古代儒家哲学中价值理性与工具理性相统合的思想，诚然有许多优点，但也有其固有的局限。首先，在价值理性与工具理性的比值上，它过分强调价值理性的地位和作用，而把工具理性特别是科学认知置于较低的从属地位，甚至有以价值理性取代工具理性的趋向。这无疑不利于工具理性独立地位的确定，严重影响和束缚了古代科学技术的发展。其次，在价值理性中，它过分突出道德价值，坚持道德至上的原则，而对其他价值如审美的价值、信仰的价值等不够重视，特别是把超越性的理想价值和终极价值都予以道德化，这就造成了价值取向上过分现实化而超越精神不足的缺陷。再次，在工具理性中，它重视实用技术而忽视科学理论，认为没有实用性的科学理论，不符合"利用、厚生"的标准，因此，没有重要意义。这种始于日常应用又终于日常应用的思维路径，形成了一种限制，使科学探索无法提升到理论建构和逻辑推演的层次。七十多年前，梁启超就指出：中国"多数人以为科学无论如何高深，总不过属于艺和器那部分。"（《科学精神与东西文化》）正是对这一局限的深刻揭示。总之，中国哲学在价值理性与工具理性的关系问题上，存在着以价值统摄认知、以人文包容科技、以实用消解理论的严重缺陷。这些缺陷显然不符合高科技飞速发展时代的要求，不利于现代化在中国的实现，因此，必须突破和超越。而突破和超越的重要途径是借鉴和吸取西方哲学特别是西方近代哲学重工具理性的长处，以补救自己的不足。

中国哲学中价值理性和工具理性的统合意识是中华智慧的重要成果，也是中国哲学对人类智慧的重大贡献。只要我们以社会发展和科技发展的要求为依据，以当代的时代精神为标尺，以辩证扬弃为方法，对其进行新的诠释、新的转换，用其所长，弃其所短，它必定能在 21 世纪，为人类处理价值理性和工具理性的矛盾，提供宝贵的智慧资源。

八 中国传统"节欲"修养观的价值论意义

"节欲"是中国传统文化中精神修养论的基础，先秦儒、墨、道、法各派哲学都主张节欲。孔子曰："克己复礼为仁"（《论语·颜渊》），又曰："从心所欲，不逾矩"（《论语·为政》）。孟子曰："养心莫善于寡欲"（《孟子·尽心下》）。荀子云："以道制欲，则乐而不乱"（《荀子·乐论》）。墨子云："去其无用之费"（《墨子·节用》）。老子云："见素抱朴，少私寡欲"（《老子》第五十七章）。庄子云："同乎无欲，是谓素朴，素朴而民性得矣"（《庄子·马蹄》）。韩非云："任理去欲，举事有道"（《韩非子·南面》）。尽管各派哲学关于"节欲"的意义和方式在观点上并不完全一致，但对"节欲""少欲"却是基本认同的。秦汉以后的哲学家，虽然有极少数如《列子·杨朱篇》的作者，宣扬纵欲说，但节欲仍然是多数哲人的主张。中国传统节欲观对于个人的道德修养具有重要意义，这一点学者们已有较多论述，尤其是从伦理学和人生哲学视角观照颇多，但对其价值论意义却涉及甚少。从价值论的角度考察，中国传统节欲观的意义体现于以下几个方面：

（一）节欲是对主体价值需要的调适：将人的需要从低级层次调适到高级层次

需要是人们活动的原动力，因而也是价值的动因。人作为主体，是为了满足其需要而追求价值、创造价值的。在现实世界中，人的需要是广泛的多样的，马克思说，人以其需要的无限性、广泛性区别于其他一切动物。对人的多样的广泛的需要，可以划分为不同的层次。根据唯物史观的"物质生活的生产方式制约着整个社会生活、政治生活和精神生活的过程"① 这一基本原理，可以把人的需要划分为物质性需要和精神性需要两个层次，其中物质性需要是首先的最低层次的需要，而精神性需要则是第二性的高层次的需要。从人的发展和解放的角度来看，人为了满足低层次需要而耗费的时间和精力越少，人的发展和解放程度越高。因此，人的发展和人的解放过程，就是从低层需要的满足向高层需要的满足即从物质性需要的满足向精神性需要的满足的不断提升的过程，也是不断解决低层需要与高层需要的矛盾、调适低层需要与高层需要的关系的过程。在中国哲学中"欲"这一概念，就是表达人的生理性、物质性需要的概念，而与这一概念相对应的"理""道""德"等等，则是表达人的精神性需要的概念。尽管各派哲学对理、道的具体内涵的规定不同，但将其作为与低层次的"欲"相对应的高层次的超越性需要的标志，却是基本相同的。于是"克己复礼""以理制欲""任理去欲"等命题，就内在地蕴涵着削弱、限制低层次的物质需要以提倡、强化、弘扬高层次的精神性需要的意义。

在中国古代哲人看来，饮食男女、衣食住行固然是人的基本需要，但是它的过度、过多、放纵必然会妨碍、危害人的精神性需要的发展，从而导致人的价值主体性的失落。所以主张通过"节欲"来保持和提升人的价值主体性。老子之所以主张"少私寡欲"，原因就在于"私欲"会导致人的与道同一的素朴本性的丧失，所谓"五色令人目盲。五音令人耳聋。五味令人口爽。驰骋田猎，令人心发狂。难得之货，令人行妨。"（《老子》第十一章）。总之，"祸莫大于不知足，咎莫大于欲得。"（《老子》第四十六章）孔孟之所以主张"克己""寡欲"，原因也在于物欲会妨碍人"欲仁""谋道""复礼""养心"，即会妨碍人对仁人道

---

① 《马克思恩格斯选集》第 2 卷，人民出版社 2012 年版，第 2 页。

德等精神价值的追求，从而使人丧失主体性而沦于与动物无别的境地。荀子虽然认为"欲不可去"，但也认为，欲若无"度量分界"、过度膨胀，就会使人"以欲忘道"，所以也主张"以道制欲"（《荀子·乐论》）。由此可见，古代哲人们的"寡欲"观、"节欲"观都有调适主体价值需要，提高人的需要层次，保证人的高层次精神需要不被物欲遮蔽、不被物欲拖累的含义。

（二）节欲是对主体评价标准的矫正：将个体的私利的评价标准矫正为群体的公利的评价标准

价值标准是判定客体是否具有价值的尺度，即判定客体是否符合主体需要的尺度。价值标准反映到人的主观意识上并运用于价值评价活动中，就是评价标准。由于价值主体既可以是作为个体的人，也可以是作为群体的人，所以，评价标准也有个体标准与群体标准之分。从内容上说，个体的评价标准反映的是个人的需要和利益；群体的评价标准反映的是群体的需要和利益，也就是说，个体标准的实质内容是私利，群体标准的实质内容是公利。于是，评价标准形式上的群己之别与评价标准内容上的公私之别，就内在地联系起来了。在中国哲学史上，儒、道、法各家的"节欲"观，都蕴含着解决公与私矛盾的内容。道家虽然不讲"公义"（道德）、"公利"（利益），但却主张"公道"。庄子曰："道者为之公""道不私故无名"（《庄子·则阳》），而与这"公道"对立的就是"私欲"。他们之所以提出"少私寡欲"，就是为了把人们的评价标准，转移到"道"的立场上，要人们在评价价值时，做到"以道观之"，而不是"以我观之"。法家的"任理去欲观"，则是要求人们"明公私之分"，"去私心行公义"。他们所说的"公义"既不是儒家所说的道德，也不是道家所说的大道，而是指"公法"。韩非说："当今之时，能去私曲，就公法者，民安而国治"（《韩非子·有度》）。显然，法家要以

"公法"为社会认同的评价标准。儒家认为理欲关系表现在评价标准上就是"公利"与"私利"的关系问题，这种观点在宋明理学家的论述中，最为鲜明。二程明确提出天理是"公心"，人欲是"私心"，朱熹也认为"循理而公于天下者，圣人之所以尽其性也；纵欲而私于一己者，众人之所以灭其天也。"（《孟子集注》卷二）。因此"节欲"的目的，就是要求人们在价值评价时，以群体的公利、天下的公利为标准，凡符合"公利"标准的则为是、为善，凡违背"公利"标准的则为非、为恶。

由此看来，中国古代的节欲观，具有矫正价值评价标准的重要意义。其中尤以儒家最为典型，它要求人们节制私欲，抑制私利，淡化私心，站在公利的立场上，评定价值。凡以公利为内容的评价标准，就表现为"公义""公道""公心"。当然，儒家所谓的"公"，指的是他们所属的那个阶级的整体利益，并非广大人民群众的整体利益，与我们今天所提倡的集体主义原则和人民利益标准，不可同日而语。但就矫正评价标准而言，儒家的节欲观在漫长的历史时期的确发挥了破私立公的积极作用。

（三）节欲是对价值取向的引导：
将人的价值选择方向引导到
超越性的追求上

价值需要决定着价值评价标准，而评价标准指导着人们的价值取向。人们在现实的价值活动中，追求什么，选择什么，是受其价值观念支配的，而评价标准则是价值观念的核心。价值取向实质上是人们内在的观念性的评价标准在实际行为中的表现。因之，评价标准的矫正，必然要通过引导价值取向表现出来。

中国古代儒家的节欲观，表现在主体需要上，处理的是理与欲的矛盾，表现在价值评价标准上，处理的是公利标准与私利标准的矛盾，而表现在价值取向上则展示为道德追求与物质利益追求的矛盾。这集中凝结在处理"义"与"利"的矛盾关系上。儒家主张节欲，就是要求人们在价值取向上超越利益，追求道德，即"义然后取"。

孔子明确提出"义以为上""义然后取""见利思义"等命题。这些命题中的价值含义就是要人们超越功利，追求道义。虽然孔子并不完全否认利益的价值，也认为适当的利益追求是允许的。所谓"富而可求也，虽执鞭之士，吾亦为之"（《论语·述而》）。但是他认为道德仁义的价值高于利益，主张人把追求道德价值置于最高位置，所谓"富与贵是人之所欲也，不以其道得之，不处也"（《论语·里仁》）。孔子提出的"见利思义""义然后取"的价值取向，是后世儒家义利观的基石。后来，孟子主张"去利怀义""舍生取义"，荀子主张"先义后利""重义轻利"，董仲舒主张"正其谊（义）不谋其利，明其道不计其功"，都是孔子思想的继承和发展。迄至宋明理学，程朱学派明确地以"理""欲"的观念分辨义利，认为"存天理、灭人欲"的价值需要意识，表现为价值取向，就是弃利取义。

道家的"少私寡欲"观念表现在价值取向上也提出"绝巧弃利"。但与儒家不同的是，它超越功利的目的，不是要引导人们追求道德，而是要人们"见素抱朴"，复归自然，与大道合一，达到"无为而无不为"的境界。

由此来看，儒道两家的节欲观都具有把价值取向引导到超越性目标的功能。无论这种超越性目标是指道德还是指自然，都是对人生境界的一种提升。

（四）节欲是对人格价值的升华：通过节欲养成圣人、至人、君子等高尚人格

高尚人格是中国古代哲学所追求的理想目标之一，儒家崇尚"君子""圣人"，道家倾慕"至人""真人"。为了达到这种人格境界，哲

人们提出了许多修养方法、锻炼途径，"节欲"就是他们设计的重要路径之一。关于节欲对于养成君子人格的意义，孔子阐述得非常清楚，他说"君子谋道不谋食，君子忧道不忧贫"，"君子食无求饱，居无求安；敏于事而慎于言，就有道而正焉，可谓好学也已"（《论语·颜渊》）。又说："士志于道，而耻恶衣恶食者，未足与议也。"（《论语·里仁》）。他显然认为只有"节欲"（食无求饱，居无求安，不耻恶衣恶食等等），才会"谋道"，才会成为君子。他还通过对自己"饭蔬食饮水"而"乐在其中"的生活态度的自我表白和对颜回"一箪食，一瓢饮，在陋巷"而"不改其乐"的高尚精神的赞扬，为人们树立一种进行节欲修养的人格形象。"节欲谋道"的价值观念，表现在价值追求上必然是"重义轻利"，所以孔子又以义利的对立，说明君子与小人两种人格的对立，所谓"君子喻于义，小人喻于利"（《论语·里仁》）。孔子的基本观点，得到了孟子的继承和发展。孟子认为，只有用道德理性节制耳目口腹之欲，才会成为品格高尚的"大人"。他把道德理性称之为"大体"，而把耳目口腹之欲称之为"小体"，说"从其大体为大人，从其小体为小人"，"先立乎大者，则其小者不能夺也。此为大人而已矣。"（《孟子·告子上》）。荀子虽然主张性恶论，以物欲为人之本性，认为"好荣恶辱，好利恶害，是君子小人之所同也。"（《荀子·荣辱》）。但也不同意让物欲任意发展。因为，在他看来，只有节制自己的欲望，把欲望纳入一定的社会规范之内，才能显现君子人格的高尚，所谓"君子之能以公义胜私欲也。"（《荀子·修身》）汉儒、宋儒尽管对天理、人欲的具体含义以及二者关系的阐发上比先秦儒家较为具体精细，特别是宋儒的程朱学派，更是把"存天理，灭人欲"提到了最高价值准则的地步，但是在通过节欲以养成君子人格，以达到圣人境界方面，他们与前代儒家的基本思路是一致的。

道家的人格理想，以"至人""真人"为标志，有别于儒家的君子、圣人。然而，在通过节欲途径以达到理想人格境界这一点上，二者却是异中有同。南宋陆九渊甚至说，天理人欲之分"不是圣人之言"，"其原盖出于老氏"(《语录上》,《陆九渊集》卷三十五)。纵观老、庄之论,不难看出,他们认为"私欲"深重的人,绝不会达到圣人、真人的人格境界。老子曰:"罪莫大于可欲,祸莫大于不知足,咎莫大于欲得"(《老子》第四十六章);庄子曰:"其嗜欲深者,其天机浅"(《庄子·大宗师》),又曰:"恶、欲、喜、怒、哀、乐六者,累德也"(《庄子·庚桑楚》)。因此,他们主张只有"寡欲""节欲",才能成为至人、真人。老子说"圣人处无为之事"(《老子》第二章),庄子也说"至人无为"(《庄子·知北游》)。所谓"无为",就是内无私欲,外无索取;对己无所求,对人无所争,"不从事于务,不就利,不违害,不喜求"(《庄子·齐物论》)。这种"至人"人格境界的基本特征是既自然,又自由,"游心于淡"是自然,"游心无穷"是自由。

可见,儒家和道家都把"节欲""寡欲"作为实现人格价值的基本途径。

(五)节欲是对理想社会的建构:通过节欲缓和社会矛盾、消除社会争夺,形成和谐、有序的美好社会

理想社会是人们价值追求的重要目标,在价值观念体系中处于重要地位。中国哲学的各派,都用浓墨重彩描绘了自己所追求的理想社会的蓝图。儒家的"德化"社会、道家的"至德"之世、墨家的"兼爱"乐园、法家的"法治"理想,就是中国古代哲人所设计的几种有代表性的理想社会模式。这种理想社会的建构,尽管各家按自己的运思方式提出了不同的途径。但"节欲"几乎是各家认同的原则。

儒家认为建构德化社会(礼治社会)的关键环节,是统治者要"子帅以正"即成为道德表率,并且"为政以德"即把道德原则贯彻于社会生活的各个领域。为此,他们要求统治者"克己复礼""存心养性"。要求社会成员"杀身成仁""舍生取义"。由于"礼"与"欲"、"心"与

"欲"、"义"与"利"具有矛盾对立的性质，所以"寡欲""节欲""去利"就成为达到"以仁存心""以礼存心"的修养境界，进而实现德化社会的必然要求。如果说，孔孟着重从人们的道德修养方面，申述"节欲"对德化社会的重要意义的话，那么，荀子则着重从社会群体的和谐和社会秩序的安定方面阐明了节欲的重要意义。他说，人皆有欲，但"物不能赡"，如果不予以节制，使人人都"从欲"而行，必然发生争夺，"争则乱，乱则离"，势必导致社会群体的崩解。因此，只有"制礼义以分之"，使人们的欲求各有"度量分界"，"各得其宜"，才能建构一个"群居和一"的美好社会（《荀子·荣辱》）。虽然，荀子从"为群"的角度提倡节欲与孔孟从"为人"的角度，主张节欲视角有异，但在把节欲作为建构理想社会的重要方式上，他们的观点是一致的。

道家追求的社会理想是"至德"之世，这种"至德"社会的重要特征就是"素朴""自然"。具体表现如老子所云："使有什伯之器而不用"，"虽有舟舆，无所乘之，虽有甲兵，无所陈之。使人复结绳而用之。"（《老子》第八十章）如庄子所说："纯朴不残，孰为牺尊；白玉不毁，孰为珪璋；道德不废，安用仁义；性情不离，安用礼乐；五色不乱，孰为文采；五声不乱，孰应六律。"（《庄子·马蹄》）。那么，怎样才能实现这种素朴、自然的社会理想呢？老庄提出必须节制人的欲望，减弱人的私求。老子曰："见素抱朴，少私寡欲"（《老子》第十九章），"无欲以静，天下将自定"（《老子》第三十七章）；庄子曰："同乎无欲，是谓素朴"，"同与禽兽居，族与万物并"。（《庄子·马蹄》）道家认为，通过节欲而建构的素朴、自然的至德之世，乃是一个平等、安宁的美好社会，人们"耕而食，织而衣，无有相害之心"（《庄子·盗跖》），"甘其食，美其服，安其居，乐其俗"（《老子》第八十章），无有争夺之事。他们都认为，节欲对于建构社会和谐秩序有重要价值。

墨家崇尚的"兼爱"乐园理想，以满足人民的基本生活欲求、维护人民的生存条件为宗旨。为了保证劳动人民的物质生活，墨家坚决反对超出人的基本生存需要的一切奢侈耗费和华而不实的作为，竭力主张

"先质而后文"。所谓"质"即是朴素、实用的意思。墨子认为，人们生活的各个方面，包括衣食、住行、礼仪、器用等，都不应追求奢侈、华美和修饰，而应以朴素、实用为原则。他提出的"节用""节葬""非乐"等主张，都是从"尚质"原则出发的。墨子曰："恶在事夫奢也。长无用，好末淫，非圣人之所急也"（《墨子间诂》）附录（《墨子佚文》）。不难看出，节欲也是墨家建构理想社会的重要原则。

　　法家希望建成一个法治社会，明确指出了"以法治国"（《韩非子·有度》）、"循法而治"（《韩非子·用人》）的口号。法治社会的主要特征是"农本"经济、专制制度、"法吏"文化、"缘理"生活。所谓"缘理"生活，就是遵循法律规范的生活。从韩非的论述来看，"缘理"生活的基本要求是"处实"（即重视实际内容，不求浮华）、"好质"（即重视质朴本质，不讲繁文）、"少欲"（即节制利欲之心，反对纵欲）。韩非说："有欲甚，则邪心胜；邪心胜，则事经绝；事经绝，则祸难生。"（《韩非子·解老》）。在他看来，人们物欲横流，必然导致社会"失度量""祸害至"，形成社会动乱。法家显然也把"节欲"作为建成理想社会的必要条件。

　　儒、道、墨、法都认为"节欲"对于建构理想社会具有重要意义，这充分说明了中国古代思想家对"节欲"的社会价值是基本认同的。

　　以上从五个方面简要论述了中国传统节欲观的价值论意义，这五个方面可以概括为一点，就是确立和提升人的价值主体地位。价值需要的调适、价值标准的矫正、价值取向的引导、价值人格的升华和价值社会的建构，都是为了使人超越生物性、远离自然性，由自然的人变为社会的人，由自在的人变为自觉的人，由生存的人变为发展的人，从而保持其"天地之性人为贵"的价值地位。以中国古代哲人的思路，人的生理性需要和物质性追求，尽管是必要的需求，但却不是唯一的，更不是最高的需求。只有道德生活、精神境界、自由意志、美好理想（包括人格理想和社会理想），才是人之所以为人的根本标志。明末清初的王夫之指出，"食色之欲"并不能区分人与动物，只有道德理性才是人异于动物之所在。他说："彻底显出诚仁、诚知、诚勇，以行乎亲、义、敬、别、信之中，而彻乎食色之内，经纬则备，中心不忒，方是人所以异于禽兽。"（《读四书大全说》卷十）中国古代哲学家通过节欲以实现和提高人的价值主体性的思想，无疑有贬低人的生理欲求、压抑人的个性发展，进而阻碍生产发展和市场竞争的消极作用，更有限制劳动人民追求其正当物质利益以满足其生存需要的思想统治功能，特别是到了封建社会后期，"存天理灭人欲"竟演变成了"以理杀人"的残暴工具。然而，这种价值观念也包含着修炼道德品质、提升精神境界、培养高尚人格和协调社会关系的合理因素。特别是在物欲横流、道德沦丧、享乐至上、信仰失落的特定历史条件下，它的积极作用更为明显。因此，对于古代节欲观的价值论意义，应该进行辩证地分析，应该结合具体的历史环境和社会问题，作出具体的评价。

九　中国传统价值思维对解决
全球问题的意义

人类已经迈进 21 世纪。这个世纪对于人类来说，既是充满美好希望的世纪，又是面临严峻挑战的世纪。日益严重的全球性问题如生态失衡、环境污染、资源枯竭、人口爆炸、南北贫富悬殊、东西矛盾冲突等都在困扰着人类。解决或缓解这些关系人类存亡的问题，乃是人类面临的艰巨任务。为此，首要的问题无过于实现价值观念的转变，即改变那些引发全球问题的价值意识，树立新的价值观念。在这一问题上，中国传统哲学中的价值思维和价值观念，将会成为宝贵的智慧资源。

当代的全球问题尽管复杂纷纭，但究其本质原因，无非是人与自然冲突加剧，人与人的矛盾尖锐，物质文明与精神文明失衡，科技价值与人文价值倾斜，增长追求与发展追求对立。而中国传统价值观的精华，正是在处理这些关系方面具有其重要功能，显示着独特优势。

（一）"天人合一"价值思维对协调人与
自然关系的深远意义

在当代的全球问题中，就危机的深刻性、普遍性而言，非生态环境问题莫属。生态失衡、环境恶化，是引发其他全球性问题的重要原因，是穷国与富国共同吞食的苦果，也是威胁人类生存的最大危机，对此，西方一些学者尖锐地指出，如果生态、环境问题得不到圆满的处理，"自然界将同我们一起消失"。生态失衡和环境污染之所以产生，从价值观念言之，是由于近代工业文明以来，西方主流文化以追求物质利益价值为至高取向，以改造自然、征服自然、奴役自然为满足物质欲望的基本途径，以拥有支配自然和其他物种生命的权力为确认和提升人的主体价值的根本方式。致使人与自然的关系日渐紧张，矛盾冲突日益严重，由此，引发了生态平衡的破坏和自然环境的恶化。因此，改变以自然为对手的价值意识，树立人与自然和睦共处、和谐共荣的价值观念，以此来调整人与自然的关系，是恢复生态平衡，保护自然环境，摆脱生态危机的先决条件。对于这种新价值观念的建立，中国文化蕴涵着宝贵的精神资源。中国古典哲学家大都标举"天人合一"之说。所谓"天人合一"，是在承认天人有别的前提下主张天人统一，人与自然和谐相处。《易·乾·文言》云："大人者与天地合其德，与日月合其明，与四时合其序"；老子云："人法地，地法天，天法道，道法自然"；庄子云："天地与我并生，万物与我为一"；张载云："天人合一存乎诚"，又云："乾称父，坤称母"，"天地之塞吾其体，天地之帅吾其性，民吾同胞，物吾与也"；程颢云："仁者以天地万物为一体"。这些"天人合一"的思维中，尽管包含着多重含义，但是，它认为人是天地所生，是自然整体的一部分，人与自然的关系不应是冲突、敌对的关系，而应是和谐相依的关系，无疑是其中的重要内涵。这种观念，虽然有对变革自然、改造自然的重要性认识不够之弊，但对于维持生态平衡、保护自然环境、重建人与自然的和谐关系，无疑具有重要意义。E. 拉兹洛说："西方的主流文化认为，人是为了自己的目的才征服并控制自然的。正是出现的文化转变则唤起人们注意，人类是地球上生物圈中的自我维持和自我进化的自然系统中的一个有机组成部分"。① 中国的"天人合一"思维恰恰符合这种正在出现的文化价值观念的要求。

---

① ［美］E. 拉兹洛：《决定命运的选择》，李吟波等译，生活·读书·新知三联书店 1997年版，第 77 页。

（二）"以和为贵"价值思维对形成共处
　　竞争意识的积极功能

　　20 世纪的大多数时间，人类是在冷战与对抗中度过的，两次世界大战东西军事对峙、超级大国争夺霸权、局部战争和地区冲突，都是矛盾和斗争的突出表现。尽管 20 世纪 80 年代以后，两极格局解体，"冷战"结束，东西方关系缓和，但对抗并未消失，世界不少地区仍被冲突所困扰。如果说生态环境危机是由人与自然的矛盾冲突所引发的话，那么战争与对抗问题则是由人与人的矛盾冲突所引发的。为了解决这一问题，改变对抗性政治思维，树立求同存异、共处竞争观念，乃是至关重要的。作为一种价值观念，求同存异、共处竞争要求人们重视统一与协调，尊重和谐与联系。中国儒家的"以和为贵"正是具有这种精神的价值思维。孔子说："君子和而不同，小人同而不和"（《论语·子路》）；有若说："礼之用，和为贵'先王之道'斯为美"（《论语·学而》）；孟子说："天时不如地利，地利不如人和"（《孟子·公孙丑下》）。儒家所谓"和"，不是不承认矛盾对立，而是主张存异求和，在多样性的矛盾差异中实现统一；也不是绝对地排斥斗争，而是主张，争之以礼，在和谐有序的关系中开展竞争。在现代文明阶段，由于世界各国家、各民族、各地区相互联系更为紧密，如果不注重协调，"以和为贵"，我们这个互相依存的世界就难以存在和发展。

（三）"见利思义"观念对矫正物质文明和
　　精神文明失衡的重要作用

　　在 20 世纪，现代化大工业的发展和科学技术的革命，大大推动了生产的增值和物质财富的积累，也大大提高了人们的物质生活水平和社会的物质文化水平。然而，工业化和技术化，本身却是"形而下"

的世俗化过程，它追求的至上价值目标是物质利益和物质享受，因此，它使人类在过度的物质追求和物质享受中沦为物欲的奴隶从而使精神价值失落，道德意识淡薄，人格变态，人性扭曲。当代世界上出现的诸多问题，如恐怖活动、贩毒吸毒、犯罪严重、艾滋病流行等无不与精神价值的失落有关。工业现代化所造成的物质文明与精神文明失衡现象，已经引起国际社会的关注，人们疾声呼吁：重建价值理性，复兴精神文明，认为"只有新的人道主义才能创造这种奇迹，才能决定人类的精神复兴"①。对此，中国儒家的义利观也有其可取之处。儒家义利观虽然有重义轻利，忽视物质利益的倾向，但它要求人们在追求物质利益时必须以道义、道德为指导，做到"见利思义""义然后取"，反对"见利忘义""为富不仁""唯利是图"。而且，儒家的义利观还内在地包含着重视精神生活、崇尚道德价值的趋向。这些对复兴人类精神，提升社会道德，重建物质文明和精神文明的平衡，显然具有积极功效。

（四）"正德、利用、厚生"观念是统合 科技力量与人文价值的有益借鉴

自培根提出"知识就是力量"的口号以来，科学技术价值越来越受到人们的重视，人们普遍认为掌握了科学技术便会成为自然的主人。20世纪可以说是科学、技术、工业三驾马车载着人类狂奔的世纪。飞速的科技发展和科技革命，增长了人改造自然、生产财富、控制社会、创造文化的力量，也激发了人的潜在才能和创新智慧。然而，科技力量也有其负效应，它在增强人的主体力量的同时也会阻碍人的全面发展；在推动社会进步的同时也能扭曲社会生活，在控制自然的同时也会破坏自然生态。科技力量代表着一种"工具理性"，如果把它的价值绝对化，就

---

① ［意］佩西：《世界的未来——关于未来问题一百页》，王消萍、蔡荣生译，中国对外翻译出版公司 1985 年版，第 158 页。

会使其成为奴役人的工具，从而导致人文价值的失落和终极关怀的丧失。在技术万能论和科技崇拜论流行的今天，科技的盲目发展至少部分地造成了对人类的威胁。法国学者埃德加·莫林等人说："在文明的孕育下，新的野蛮将会再次迸发。我们今天应该看到，科学技术文明正在产生其特有的野蛮"。①　为了消除科技万能、科技崇拜所产生的消极影响，就必须对科技价值与人文价值进行新的统合，即把科技发展与人文精神、人的全面发展以及人的终极关怀统一起来。在此方面，中国古代的"正德、利用、厚生"观念可以提供有益的启示。《左传》文公七年载："正德、利用、厚生，谓之三事"。成公六年载："民生厚而德正，用利而事节"。又襄公二十八年载："夫民，生厚而用利，于是乎正德以幅之"。"正德"是实行德化，端正品德；"利用"指提高技术，便利器用；"厚生"谓有益生存，充实生活。春种时代的智者们认为，只有将此"三事"兼顾和统一起来，才能治理国家，推进社会。以现代观念言之，正德，利用、厚生包含着追求人文道德、科技文明、物质生活全面发展的含义。后来汉代哲学家王充提出的"治国之道，所养有二：一曰养德，二曰养力"的"德力具足"论，可以说是对"三事"说的继承和发展。尽管中国古代的"正德、利用、厚生"观念，含义还失之笼统、宽泛，但它所体现的精神完全可以启迪我们对科技力量和人文价值进行新的整合。

（五）"生生之道"对树立可持续发展观念的宝贵启示

从社会发展观上反思全球问题产生的观念误区有二：一是把单纯的物质财富增长等同于社会发展，因此狂热追求物质财富的增长，不顾资源的限度，无视生态环境的承受力；二是只顾眼前的发展不考虑发展的可持续性，急功近利，不惜牺牲子孙后代的利益。为了纠正这种误区，

① ［法］埃德加·莫林：《地球·祖国》，马胜利译，生活·读书·新知三联书店 1997 年版，第 95 页。

1987 年布伦特兰报告提出了"可持续发展"概念。虽然这一概念的内涵十分广泛，而且颇多争论。但作为一种价值观念，其基本精神仍是明确的，就是要人类在社会发展问题上，立足现在，着眼长远，关怀未来，使发展成为"一种满足当代人需要，又不损害子孙后代满足其需要能力的发展"。这种价值追求无疑是合理的、积极的、美好的。中国古代的发展观虽然还没有可持续发展的完整思想，但它的一些智慧因素，仍然值得吸取。例如，《周易》提出的"生生之道"就是十分深刻的思想。《周易·系辞》云："天地之大德曰生""生生之谓易"。意思是说，天地的盛德在于常生万物，这种生成万物的过程生生不绝、持续不久、恒久不息，就是变易。唐代孔颖达《周易正义》释："生生，不绝之辞，……后生次于前生，是万物恒生谓之易也"。明代来知德《周易集注》释"生生"为"始终代谢，其变无穷"。根据"生生之谓易"的天道，《周易》提出人道的"盛德"、治世的"大业"应该坚持"恒久"、持续的精神，所谓"可久则贤人之德""穷则变，变则通，通则久""日月得天而能久照，四时变化而能久成，圣人久于其道而天下化成"。为了达到"恒久其道"，《周易》要求人们"彰往察来""藏往知来""安不忘危""存不忘亡"。不难看出，《周易》"生生之道""恒久其道"中所体现的正是一种持续发展意识，它对于当今世界树立可持续发展观念、采取可持续发展战略，实在是一种宝贵的智慧资源。

全球问题所涉及的范围甚广，且都具有现代性特征，中国传统价值观念所蕴含的精华虽丰，但却属于传统意识。因此，要从中国传统价值观中吸取有助于解决全球问题的智慧资源，必须对其进行新的阐释或加以适当改造，必须抛弃其特定的历史性内容而弘扬其对当代仍有意义的普遍性含义，而这的确是一项艰巨而复杂的任务。然而，只要我们以全人类可持续发展的共同利益为选择尺度，以辩证的分析为研究方法，那么，我们必定能从中华民族和世界各民族的传统智慧中吸取到有益的营养，并将其与现今时代的价值智慧相结合，从而为人类点亮走出全球问题困境、迈向光明前景的智慧之灯！

主要参考文献

陈瑛等：《中国伦理思想史》，贵州人民出版社 1985 年版。

冯契：《中国古代哲学的逻辑发展》（上中下），上海人民出版社 1983—
　　1985 年版。

冯友兰：《中国哲学史新编》（全七册），人民出版社 1982 年版。

葛荣晋：《中国哲学对人的类价值的探讨》，《中国哲学史研究》1987 年
　　第 1 期。

李德顺：《价值论——一种主体性的研究》，中国人民大学出版社 1987
　　年版。

李德顺：《价值论》（第 2 版），中国人民大学出版社 2007 年版。

李泽厚、刘纲纪主编：《中国美学史》（一、二卷），中国社会科学出版
　　社 1984 年版、1987 年版。

梁启超：《先秦政治思想史》，商务印书馆 2017 年版。

蒙培元：《理学范畴系统》，人民出版社 1989 年版。

沈善洪、王凤贤：《中国伦理学说史》（上），浙江人民出版社 1985
　　年版。

汤一介：《论中国传统哲学中的真善美问题》，《中国社会科学》1984 年
　　第 4 期。

汤一介：《再论中国传统哲学中的真善美问题》，《中国社会科学》1990
　　年第 3 期。

王玉樑：《21 世纪价值哲学》，人民出版社 2006 年版。

王玉樑：《当代中国价值哲学》，人民出版社 2004 年版。

王玉樑：《价值哲学》，陕西人民出版社 1989 年版。

萧萐父、李锦全主编：《中国哲学史》（上下），人民出版社 1982 年版。

叶朗：《中国美学史大纲》，上海人民出版社 1985 年版。

张岱年：《文化与哲学》，中国人民大学出版社 2006 年版。

张岱年：《中国伦理思想研究》，上海人民出版社 1989 年版。

张岱年：《中国哲学大纲》，中国社会科学出版社 1982 年版。

张立文：《朱熹思想研究》，中国社会科学出版社 1981 年版。

朱伯崑：《先秦伦理学概论》，北京大学出版社 1984 年版。

朱贻庭主编：《中国传统伦理思想史》，华东师范大学出版社 1989 年版。

后　记

窗外骄阳似火，蝉声噪耳，室内热气如蒸，汗流浃背，此时，我写完了这本书的最后一个字。1987 年当我开始撰写这部书稿时，也恰值西安的暑季。经过三个寒暑，著书既成，如释重负。停笔四顾，为之踌躇满志，浮想联翩，欣慰之心和惶恐之感，同时而生；感激之情和期待之意，一并涌来。

从 20 世纪 80 年代初以来，我就十分关注国内哲学界关于价值问题的讨论，并把学习和研究的方向，集中到中国传统哲学的价值论上。我曾先后以此课题为哲学专业的本科生和研究生开设课程，在刊物上发表论文，去兄弟院校作学术报告，都受到欢迎。现在，我终于把多年来教学和研究的心得体会凝结成书。从而，在 20 世纪 80 年代初以来的价值问题讨论中，总算拿出了这个比较系统的介绍中国传统哲学价值论的长篇书面发言，参加争鸣；在新中国成立以来的中国哲学史研究领域里，总算拓开了一块价值论的园地，供人游览。尽管这是一本尝试性著作，很不成熟，但探路之石，引玉之砖，自有其价值在。即使尝试有误，探索无功，能提供一些经验教训资人借鉴，也有意义。于是，我感到欣慰！

然而，中国传统哲学的价值论研究，是个新领域，大课题。虽然多年来自己兢兢业业，勤勤恳恳，殚思竭虑，孜孜以求，下笔时力求做到辞必立诚，言必有据，说必自圆，论必成理，但无奈学识疏浅，才思驽钝，读书有限，见闻孤陋，许多资料没有掌握，不少问题未能吃透，一些环节不曾贯通。因此，书中建构的体系，提出的观点，设计的框架，引用的资料，可能有误；至于内容疏漏之处和文字粗糙之病，更未尽去。

这些失误或不足，会不会轻谩先哲，贻误后学？会不会使先哲之智慧经过我头脑的折射而减弱光彩，后学之睿思由于读我的拙作而磨损灵光？假如学既不足以传先哲之神，书又不能启后学之思，于世何益？于是，我觉得惶恐！

一部书的写成、出版，绝不只是作者个人努力的结果，社会的支持，师友的帮助，同志的关心，家人的配合，都是必不可少的条件。我衷心感谢：张岱年先生近年来发表的关于研究中国传统哲学价值观的论文，启发了我的思路。萧萐父老师的关心、鼓励和指导，增强了我的信心，深化了我的思考；书成之后，他不弃浅陋，拨冗为序，高论卓见，揄扬鼓励，足以使燕石生辉。学术界许多先贤、同辈、后学的著作、论文和研究成果，也曾使我受到启迪，获益良多。我衷心感谢：国家社会科学基金会本着繁荣和发展社会科学的宗旨，资助了这一研究课题。陕西人民出版社满怀弘扬中华优秀文化，支持学术著作的热忱，接受了这本书的出版！责任编辑竹守章同志，以认真负责的精神、丰富的经验和卓越的才能，从内容、观点到结构、文字，每个环节都认真审定，精心编辑。此外，陕西社会科学院《人文杂志》主编王玉樑研究员、西北政法学院科研处叶志标处长等都关心、支持本书的写作。王有信同志和几位学生，在繁忙的工作、学习之余，牺牲休息时间，帮助誊抄书稿，精雕细刻，一丝不苟。对这些同志也在此一并致谢。还要说到，我的妻子毛改英同志二十多年如一日，全力支持我的教学、研究和写作，不但承担了全部沉重烦琐的家务，还帮我搜集、查找资料，抄写稿件，任劳任怨，情深谊厚。愿上面提到的我的老师、朋友、同志、学生、亲人的名字随着本书一起为人所知。

书若无人读，万卷徒空虚。写书、出书，总希望有众多的读者。我期望这本书出版后能受到学术界的关注，能有较多的人阅读。无论是买之、读之、评之、赞之、批之，我都感谢不已。若能陈述高见，发表异议，指点得失，绳削斧正，更是十分欢迎。我相信，各种反应，对鞭策激励作者皆有裨益，对修改提高作品都有帮助，所谓"搔痒能着赞有益，入木三分骂亦精"。如果此书能引起更多学人研究中国传统价值观的兴趣，从而有高水平的著作面世，我将感到欣喜。砖块一抛，果然叨满斛珠玑，瓦缶一击，竟引动黄钟雷鸣，初衷既偿，其乐何如！

赵馥洁

1990 年 8 月 10 日于西北政法学院

增订本后记

大江东去，逝者如斯！拙著《中国传统哲学价值论》初版距今已十八年之久了。十八年间，世事变迁，学术演进，使人颇有今昔之感。

李白诗云："却顾所来径，苍苍横翠微。"回顾 1991 年，该书初次面世之时，中国学界对哲学价值论的研究，方兴未艾。作为第一部研究中国传统哲学价值论的学术专著，出版后受到哲学界特别是价值哲学界和中国哲学史界学者们的广泛关注和赞誉。1996 年国家哲学社会科学规划办公室曾专门就该成果发《成果要报》向中央领导和有关部门通报该成果的主要内容和学术观点。《人民日报》、《光明日报》、《陕西日报》、《西安日报》、《中国社会科学》、《哲学动态》、《人文杂志》、《管子学刊》、《理论导刊》等全国 14 家报刊发表了报道和书评。张岱年、萧萐父、李锦全、李德永、周桂钿等中哲史专家都高度评价了该成果"开拓创新""填补空白"的学术价值。张岱年先生还来信鼓励。该书 1994 年获陕西省政府社科优秀成果一等奖，1995 年获首届中国国家教委人文社会科学优秀成果二等奖。十多年来，很多著作、论文都署名引用了该书的学术观点，一些中国哲学史学科点也将该书列为研究生的重要阅读著作。但我自知，这些都是对我的鼓励和鞭策，该书仍有许多不足之处，况且，博大精深的中国传统哲学中的价值论、价值观，还有许多问题需要探索和发掘。

对一个学者来说，必须在自己所从事的专业领域，继续开拓，不断推进，才会保持学术上的生命活力。于是，我在两个方面进行深化研究，一是从历史的角度考察传统价值观的演变历程，这方面的成果，凝结成了《价值的历程——中国价值观的历史演变》一书，2006 年由中国社会科学出版社出版；二是探索中国传统哲学的价值思维方式，这方面的心得，相继写成了多篇论文发表。由于这部分成果属于中国传统哲学的价值理论领域，在《中国传统哲学价值论》再版时，我将其予以修改、充实作为该书的"价值思维篇"。在增补内容的同时，利用再版之机，我还对该书进行了认真修订。一是纠正了初版校对时未发现的错别字；二是全面核对了典籍引文；三是修正了一些观点表述，使其更为准确鲜明。这样，就在保持原作基本体系框架和学术观点的基础上，赋予《中国传统哲学价值论》以新的形象。故名之曰：增订本。

《中国传统哲学价值论》增订本之所以能在人民出版社出版，首先要衷心感谢人民出版社领导的大力支持和柯尊全编审的热心帮助。尊全同志很关注我对中国哲学史中价值问题的研究，时有电话询问我有何新作。由于近年来，书店已找不着该书的踪影了，而很多学人常来信索要，加之我也有增订该书的意愿，当我把这一想法告知他时，他欣然同意编辑出版此书。经过他的积极努力和认真工作，这本书才会以崭新的面容呈现在书店台架和读者面前。对此盛情厚意，我"中心藏之，何日忘之！"

同时，我还要对西北政法大学的领导和科研处的同志表示衷心谢忱，没有学校的经费支持和科研处汪世荣、李永兴等同志的热心帮助，这本书的出版也是不可能的。还有，我的老朋友、陕西省社科院王玉樑研究员多年来一直关心和支持该书再版，并热心给予帮助；我的几位研究生认真完成了该书的部分校对工作，我也对他们表示谢意。

在《中国传统哲学价值论》增订本出版之时，当年关心、鼓励和启发我研究这一领域，我曾多次当面请教的张岱年先生、萧萐父先生都已驾鹤西去，可他们的音容笑貌依然历历在目，他们的谆谆教诲依旧言犹在耳。今谨以此书祭奠二位先生的在天之灵。

学问乃寂寞之道，著书属寂寞之业。平生治学，创获无多；多年著述，乏善可陈，唯有一点，差可自许，聊以自慰，曰：耐得寂寞。

赵馥洁

2008 年 11 月 27 日于西北政法大学静致斋